Pourquoi e
Sartre a écrit
Les Mots

PERSPECTIVES CRITIQUES

Collection dirigée

par

Roland Jaccard

POURQUOI ET COMMENT SARTRE A ÉCRIT *Les Mots*

Genèse d'une autobiographie

MICHEL CONTAT, JACQUES DEGUY, GENEVIÈVE IDT,
JACQUES LECARME, PHILIPPE LEJEUNE,
JEAN-FRANÇOIS LOUETTE, JOSETTE PACALY, SANDRA TERONI

SOUS LA DIRECTION DE
MICHEL CONTAT

OUVRAGE PUBLIÉ
AVEC LE CONCOURS DU CNRS

PRESSES UNIVERSITAIRES DE FRANCE

ISBN 2 13 047442 x

Dépôt légal — 1re édition : 1996, octobre

108, boulevard Saint-Germain, 75006 Paris

Sommaire

Avertissement

La question a été beaucoup posée, ces dernières années : « Qu'est-ce que la critique génétique ? » Cet ouvrage collectif, écrit par des chercheurs qui n'étaient pas au départ généticiens du texte, tente d'apporter une réponse en acte, au-delà ou en deçà de la théorie. Conçue dès l'origine comme devant aboutir à un livre, la recherche sur la genèse des Mots *de Sartre – menée dans le cadre de l'Institut des textes et manuscrits modernes du CNRS, dont le programme est d'élucider les procédures de l'écriture en mouvement – a duré plusieurs années. Elle a été difficile, tâtonnante, excitante ; nous avons mis du temps à comprendre comment les différents dossiers, tous lacunaires, dont nous disposions se partageaient entre manuscrits génétiques (c'est-à-dire correspondant* pour Sartre *à un certain état de son texte) et collection de hasard. Nos échanges ont été vifs, nos discussions serrées ; le travail collectif est toujours resté amical : nous progressions au fur et à mesure que l'un ou l'autre d'entre nous apportait une objection inattendue, une vue nouvelle. La recherche a ses moments d'euphorie et d'abattement. Nous avons craint parfois, quand la complexité du dossier se faisait confusion dans nos têtes, que le livre ne voie jamais le jour. La séquence génétique présentée par les dossiers à disposition se révélait pleine de trous, comme disent les biochimistes modernes, et ces trous menaçaient d'engloutir notre projet. Puis nous sommes arrivés, pour les principales étapes de cette genèse, à un accord sur les* hypothèses. *On en trouvera, cohérentes entre elles, même si des divergences mineures subsistent, dans chacune des contributions. Au moment de passer à la rédaction, chacun, comme il est naturel et souhaitable, a « repris ses billes » et a donné son point de vue. Cette notion de point de vue (d'approche méthodologique) est pour nous essentielle. Comme l'est aussi le style d'exposition propre à chacun. Nous n'avons pas cherché à produire un ouvrage univoque mais à conjuguer sur un même corpus génétique des regards critiques différents, ce en quoi ce livre est une première. Aucune des contributions n'aurait pu être rédigée sans le travail collectif, les échanges, les mises au point qui l'ont précédée. La dette individuelle de chacun au groupe est grande, nous n'avons pas jugé nécessaire de partout la signaler, en identifiant celui ou celle qui a surgi avec une idée nouvelle. Pas plus que nous n'avons cru devoir répéter dans chaque chapitre l'admiration que nous avons pour le texte, pour le travail artistique et intellectuel de Sartre. Les lecteurs seront peut-être surpris du ton parfois vigoureusement contestataire de certaines des contributions. C'est encore une leçon de Sartre. Il ne vomissait rien davantage que le respect. Il a notre estime à tous, pour son œuvre, et l'amitié de chacun de nous, pour sa générosité. Mais* Les Mots *n'est pas seulement une œuvre d'art, c'est aussi un livre d'intellectuel, un essai de contribution à une anthropologie culturelle, et c'est à ce titre que le travail de Sartre, révélé dans les manuscrits, et à l'œuvre dans le texte final, est discuté sans complaisance. En nous lisant, certains penseront peut-être à cette phrase de Borges dans « La Bibliothèque de Babel » : « Il y a des chercheurs officiels, des* inquisiteurs... »[1] *Nous avons mis parfois Sartre à la question, mais c'est qu'il s'était offert à nous dans cette posture, avec cet essai critique, cet essai-martyre. Voilà pour le ton. Pour le fond, nous avons tenté, aussi simplement que possible mais avec le vocabulaire adéquat, de contribuer au débat intellectuel – ce débat que Sartre savait animer mieux que personne – et à la connaissance de ce qu'il appelait un « objet littéraire ». Nous ne l'avons pas fait avec sa méthode, mais avec les nôtres, qui pour la plupart lui doivent beaucoup mais se voudraient autonomes. Aucun de nous ne pense comme lui pouvoir viser la totalité, mais nous avons pensé qu'en nous y mettant à plusieurs nous avions une chance de l'approcher. Notre question est fille de la sienne*[2]*, et nous la formulerions ainsi, avec apparemment plus de modestie : « Quels moyens avons-nous aujourd'hui de comprendre pourquoi et comment un ouvrage littéraire est réalisé ? » Ainsi, le livre a été organisé en chapitres bien définis.*

Pour ma part, en introduction, j'ai tenté une sommaire ontogenèse du projet autobiographique sartrien, en prenant au sérieux (mais pas au tragique) ce que Sartre lui-même affirmait de ce projet, à savoir qu'il était politique autant que littéraire, et j'ai essayé de reconstituer son mouvement intellectuel interne, en le plaçant lui-même dans celui de l'œuvre entier. Suit une présentation détaillée du corpus manuscrit, accompagnée d'une description de la technique d'écriture de Sartre pour Les Mots, *de son « traitement de texte ». Puis Philippe Lejeune, reprenant sur les manuscrits l'étude qu'il avait faite précédemment de l'ordre du récit dans le texte final, examine minutieusement les transformations que cet ordre a reçues en cours d'élaboration, et il propose des hypothèses sur les motifs qui président à ces transformations. Après ce point de vue d'ensemble, qui porte sur les effets rhétoriques de la narration comme telle, Geneviève Idt étudie, par une focalisation plus étroite sur quelques passages du texte, notamment la fin, le travail proprement stylistique, ou scripturaire, qu'a accompli Sartre aux diverses étapes par une rhétorique de la phrase ou de l'unité brève, dont elle suit les transformations. Jacques Lecarme et Jacques Deguy, séparément et différemment, mettent au jour, du point de vue du lecteur, l'intertextualité qui est l'une des principales caractéristiques des* Mots, *texte cultivé s'il en est, texte au « second degré », dont Sartre lui-même disait à une traductrice qu'il jouait sur les « galli-*

1. J.-L. Borges, *Œuvres complètes*, t. 1, Gallimard, « Pléiade », p. 495.
2. « Que peut-on savoir d'un homme aujourd'hui ? », dans la préface à *L'Idiot de la famille*.

cismes ». Dans « Sartre palimpseste » J. Lecarme étudie les variations du métatexte, du péritexte et des avant-textes, en cherchant la logique idéologique qui sous-tend ces variations et en la discutant. Il fait suivre ce travail d'une très utile table des concordances intertextuelles du texte final des Mots, *telles qu'elles apparaissent à un lecteur qui a connu le goût de la banane quand elle est consommée sur place, c'est-à-dire au milieu des années 60. J. Deguy inventorie aussi les références culturelles qui apparaissent dans les manuscrits des* Mots, *et son étude décrit le dialogue polémique avec la culture héritée du grand-père Schweitzer que les variations de ces références indiquent. Un index thématique, placé à la fin de cette contribution, les identifie et permet de les repérer rapidement et de s'y reporter. Sandra Teroni étudie la constitution d'une image de soi à travers les biffures et les corrections, et montre les variations des figures au sens littéraire de ce terme. Josette Pacaly lit les avant-textes d'un point de vue (ou d'écoute) psychanalytique et elle vérifie l'affirmation freudienne selon laquelle l'inconscient ne connaît pas le temps : elle montre que se retrouve dans les manuscrits la prédominance d'une problématique narcissique sur une problématique œdipienne, prédominance qu'elle avait déjà mise au jour dans le texte des* Mots *et qu'elle voit vérifiée par le travail de la censure opéré de « Jean sans terre » (premier titre de l'autobiographie) aux* Mots. *Enfin Jean-François Louette, conjuguant le point de vue philosophique et l'analyse littéraire, montre le sens global de l'œuvre, qui est de proposer un « universel singulier », et il éclaire et discute cette notion en éprouvant sa validité sur un passage qui met en abyme le sens de l'écriture littéraire chez Sartre, la scène des « Fées », véritable « scène primitive » où se joue le rapport du texte au silence, à la voix, au corps maternel.*

Les lecteurs remarqueront non pas des redites (nous les avons autant que possible éliminées) mais des recoupements entre les études ; ce sont les inévitables croisements et rencontres qui s'opèrent dans un travail fait à plusieurs sur un même corpus. Ces reformulations dues à l'éclairage choisi par chacun concourent, pensons-nous, à une pédagogie de la répétition particulièrement utile dans le cas d'un corpus complexe et inconnu des lecteurs.

*Il faut souligner que ce travail d'*interprétation de la genèse *n'entend pas se substituer à une édition critique des* Mots, *qui reste à faire, notamment pour ce qui concerne l'établissement d'un texte sûr*[1].

1. Le manuscrit permet dans certains cas de rectifier des leçons fautives de l'édition originale, la seule revue par Sartre, qui ne les a probablement pas aperçues. N'en donnons que deux exemples : page 97 de l'édition 1964 dans la collection « Blanche » se lit « Ils [*les enfants bourgeois du siècle dernier, au théâtre*] rentrèrent chez eux, stupéfaits, amollis, insidieusement préparés à des destins cérémonieux, à devenir Jules Favre, Jules Ferry, Jules Grévy », alors que cette même phrase, au manuscrit, donne « anoblis » au lieu de « amollis » ; et, page 209, une phrase devenue célèbre se lit « Je réussis à trente ans ce beau coup : d'écrire dans *La Nausée* – bien sincèrement, on peut me croire – l'existence injustifiée, saumâtre de mes congénères et mettre la mienne hors de cause », alors que le manuscrit donne, plus logiquement, « décrire ». Le texte de l'édition courante Folio (1992) reproduit ces erreurs (ou, pour le moins, ces lectures discutables) et en ajoute d'autres, comme (p. 104) « prendre la parole » au lieu de « perdre la parole », dans la phrase : « Je décidai de perdre la parole et de vivre en musique » (p. 103 de l'édition originale).

Les appendices documentaires comprennent une brève anthologie d'avant-textes, transcrits des manuscrits auxquels les études se réfèrent. Pour la scène des « Fées » nous reproduisons en fac-similé les huit feuillets d'avant-texte, et, pour la fin, les cinq feuillets correspondants. Afin de montrer les difficultés de lecture que peut occasionnellement présenter l'écriture de Sartre qui est en général très lisible, nous donnons aussi en fac-similé un court passage qui ne figure plus dans la version finale. Enfin, nous présentons un rassemblement de déclarations et de témoignages de Sartre et de personnes de son entourage sur l'élaboration de son autobiographie, et nous donnons une bibliographie sélective se rapportant au texte des Mots.

Pour finir, les rédacteurs du présent ouvrage tiennent à dire que sans les efforts de Michel Rybalka qui a fait entrer le manuscrit principal à la Bibliothèque nationale et qui a concouru ensuite avec Mauricette Berne au développement du fonds, leur travail n'aurait pas été possible.

Michel CONTAT

Note additionnelle. — Nous avons dit que le dossier de la Bibliothèque nationale pour Les Mots *était lacunaire et que nous présentions donc nos analyses comme des hypothèses susceptibles d'être modifiées par la découverte d'autres documents de genèse. Au moment de corriger les épreuves de cet ouvrage, est apparu en salle des ventes (Hôtel Drouot, 20 juin 1996) un cahier comportant 43 pages de notes prises par Sartre en vue de son autobiographie, en 1954. Ces notes couvrent toute la vie de Sartre jusqu'au présent de leur écriture ; elles confirment ce qu'il déclare dans de nombreuses interviews d'époque : qu'il veut montrer en quoi sa vie illustre une génération intermédiaire entre celle qui a fait la Grande Guerre et en est revenue « avec des mépris et des droits » et celle qui a vécu les années 30 comme une avant-guerre et a eu le sentiment qu'elle mourrait à la guerre. Pour sa propre vie d'adulte, il indique trois périodes : de 30 à 39, la* vie privée *; de 39 à 44 : la* vie clandestine *; de 44 à 54 : la* vie publique. *Ces notes nous apprennent trois choses sur la préparation de son autobiographie : qu'il a relu de près ses carnets de guerre, qu'il a fait des lectures systématiques (notamment des livres de Drieu La Rochelle) pour contraster sa génération avec la précédente, et qu'il envisageait le titre* Autocritique *pour l'ensemble de son autobiographie. L'enfance n'est presque pas prise dans le champ de ces notes.*

Les auteurs de cette étude remercient très vivement Mme Arlette Elkaïm-Sartre, les Éditions Gallimard, en la personne de M. Antoine Gallimard, et la Bibliothèque nationale de France, en la personne de Mme Florence Callu, directrice du Département des manuscrits, d'avoir donné leur accord pour la publication en appendice – ou la citation dans le corps des chapitres – d'une bonne part des manuscrits inédits qui constituent le dossier de genèse des *Mots*. Sans leur bienveillance et leur intérêt pour notre recherche, ce livre n'aurait pu voir le jour.

Introduction : une autobiographie politique ?

MICHEL CONTAT

Il y a un paradoxe des *Mots*, ce court récit d'enfance, apparemment désengagé, tellement éloigné de la politique et de l'idéologie que c'est ce livre-là, à première vue inoffensif à l'égard d'une conception traditionnelle de la littérature, qui a décidé l'Académie suédoise à décerner à son auteur, en 1964, le prix Nobel de littérature. Le paradoxe est que, pour Sartre, son autobiographie avait le sens d'un récit de conversion aux valeurs révolutionnaires et que *Les Mots* se lisent aujourd'hui comme les souvenirs d'enfance d'un grand écrivain, au pire, et, au mieux, comme l'élucidation de sa vocation littéraire par un intellectuel – brillant parodiste, dialecticien habile, mais aveugle aux conflits de sa propre psyché et égaré en politique, selon la *doxa* du jour. Même par ceux qui le disqualifient pour les positions procommunistes qu'il a prises dans les années 50 et pour son soutien aux maoïstes français durant les années 70, Sartre n'en est pas moins considéré comme un écrivain de première grandeur, et l'unanimité se fait pour déclarer *Les Mots* un chef-d'œuvre de l'autobiographie[1]. Il se pourrait que le discrédit actuel de la

1. Un procès politique est encore en cours aujourd'hui (1995), et pas seulement à Paris, mené avec véhémence : le procès de Sartre, intellectuel engagé. Que lui est-il reproché ? D'avoir été un « mauvais maître ». De s'être trompé plus souvent qu'à son tour, quand son ancien « petit camarade » de l'École normale, Raymond Aron, voyait juste et pensait clair au sujet des événements de l'époque, du cours de l'histoire, et faisait les choix appropriés. Ce n'est certes pas le lieu ici pour prendre la défense de Sartre dans ce procès qui vise de toute évidence, dans un rapport de force *actuel* (dans la situation spécifique des années 90), à disqualifier les positions des intellectuels de gauche durant les années 1945-1980, que Sartre a illustrées, à tous les sens du terme. Pour ceux qui avaient placé leurs espoirs en l'Union soviétique, l'année 1989 et la suite, à laquelle nous assistons ou prenons part, sont un cruel démenti. Dans l'avant-propos de 1960 à la réédition d'*Aden Arabie* de son ami Paul Nizan, tué durant la retraite de Dunkerque en 1940, Sartre écrivait « Aujourd'hui, l'Est édifie » et ce fut sans doute son illusion majeure, celle de toute la gauche « progressiste » en ces années-là, les « années Khrouchtchev ». Sartre apparaît à présent comme le bouc émissaire de cette gauche intellectuelle. Du point de vue politique, il est certain que ses écrits connaîtront, au gré des conjonctures, des jugements fluctuants.

politique en tant que telle, la disparition du rôle de l'intellectuel et la faveur donnée à l'autobiographie non seulement comme genre littéraire mais comme pratique culturelle soient liés par quelque rationalité qu'il faudrait mettre au jour. L'abandon de tout projet de révolution sociale a certainement pour corollaire l'enterrement de l'intellectuel qui se pensait l'agent éclairé de cette révolution. Succédant à ce que Kafka appelait « l'histoire mondiale de ton âme », reste l'ego-histoire, dans laquelle on peut voir une réduction historienne de l'idée philosophique sartrienne d' « universel singulier », qui est le dévoilement d'une essence à travers un vécu. Mais c'est une autre question, qui relève de l'histoire des idées et des mentalités. On voudrait ici, sous l'angle littéraire et génétique, exposer comment et pourquoi le projet d'autobiographie politique de Sartre, tel qu'il l'a déclaré à partir de 1953, a dévié, s'est déplacé dans une préface (« Paul Nizan », 1960) et un texte de deuil (« Merleau-Ponty vivant », 1961), puis dans diverses interviews qui constituent ce que Philippe Lejeune a appelé son « autobiographie parlée »[1]. La question se pose ainsi : pourquoi Sartre n'a-t-il pu *écrire* son autobiographie politique ? Est-ce parce qu'il n'*était pas* un politique ou est-ce parce que l'autobiographie politique d'un écrivain est un genre impossible ? Et, dans ce cas, qu'est-ce qui dans le genre littéraire de l'autobiographie rend le compte rendu de l'engagement politique impossible, ou nécessairement inauthentique ?

Le désir d'autobiographie

En un sens, toute l'œuvre littéraire de Sartre – en tout cas toute son œuvre romanesque – peut être considérée comme un projet fondamentalement autobiographique, projet littéraire qui correspond strictement à une philosophie fondée sur le *cogito*. L'existentialisme, avant d'être un humanisme, est un autobiographisme, parce qu'il demande à l'être humain de se situer comme sujet dans la perception qu'il a du monde et de ses entours et dans l'action qu'il exerce sur le monde, sur les autres. Pour une conscience de ce type, le projet autobiographique coïncide avec le projet existentiel : rendre compte de soi, donner une forme narrative (ou dramatique), par une écriture *communicative*, à sa propre expérience du monde, donner à autrui une *vérité de soi* qui puisse indiquer celle de tous.

Chez Sartre, le projet de lier roman et autobiographie, littérature et philosophie, précède la formulation conceptuelle de sa propre philoso-

1. Voir dans Philippe Lejeune, *Je est un autre*, Seuil, 1980, le chapitre intitulé « Sartre et l'autobiographie parlée ».

phie. Ses premiers écrits sont romanesques : le premier roman, partiellement publié dans une revue d'étudiants quand Sartre a dix-huit ans, est inspiré directement de son expérience de lycéen à La Rochelle, qui a découvert le Mal dans la violence faite à l'un de ses professeurs, le narrateur se joignant lui-même à la persécution de cet humilié et offensé, qui est un personnage dostoïevskien tourné au grotesque : « Jésus la Chouette, professeur de province ». Le deuxième roman, intitulé « La Semence et le Scaphandre », se réfère au premier en ces termes : « Je fis un petit roman d'une aventure qui m'était arrivée quelque temps auparavant ; j'eus quelque succès dans un cercle restreint et je fus décidé par ce mince triomphe à ne plus faire d'autres récits que ceux d'événements de ma propre vie. » Ainsi, dès le seuil de l'œuvre, est affirmée avec une auto-ironie ambiguë, à la fois sévère et rieuse, la liaison de l'autobiographie et de la littérature[1]. A trente ans, Sartre réussit ce qu'il appelle dans *Les Mots* « ce beau coup », *La Nausée* ; l'aventure extraordinaire d'Antoine Roquentin, qui écrit la biographie de Rollebon et qui découvre l' « existence » dans le jardin public de Bouville, c'est encore une dramatisation de l'expérience de Jean-Paul Sartre, professeur de province, aspirant-écrivain, philosophe « en panne de thèse », comme l'a montré Jacques Deguy dans son étude de *La Nausée*[2]. La nouvelle « L'enfance d'un chef » donne le modèle de ce que pourrait être une biographie politique d'inspiration existentielle : elle raconte comment on devient un fasciste, et fait comprendre (et juger) ce

1. Voir J.-P. Sartre, *Écrits de jeunesse,* édition établie par M. Contat et M. Rybalka, Gallimard, 1990. On s'aperçoit aujourd'hui, avec la publication des posthumes, que toute la vie de Sartre est « couverte » par ses écrits, ses récits, ses carnets, ses lettres autobiographiques (encore pour une bonne part inédites), ses entretiens. Qui voudrait lire une « chronologie biographique » complète de Sartre pourrait prendre ses textes dans l'ordre suivant :

- enfance : *Les Mots* (Poulou, plus « L'enfance d'un chef » et plusieurs passages du « Journal de guerre ») ;
- adolescence : « Jésus la Chouette » (M. Paul) ;
- jeunesse lycéenne : « La Semence et le Scaphandre » (Tailleur), plus « Paul Nizan » ;
- jeunesse normalienne : « Une défaite » (Frédéric) ;
- années de province : *La Nausée* (Roquentin) ;
- années parisiennes d'avant guerre : *L'Age de raison, Le Sursis* (Mathieu) plus les autoportraits dans les carnets de guerre ;
- années de guerre : *Carnets de la drôle de guerre, Lettres au Castor,* « La mort dans l'âme » (journal), *La Mort dans l'âme, La Dernière Chance,* plus le « Journal de Mathieu » ;
- années de maturité, Libération-années 50 : « Merleau-Ponty vivant » (plus sans doute les lettres à Michelle Vian) ;
- années 60 : lettres à Lena Zonina (pour l'intime) ; les entretiens du film *Sartre par lui-même* (pour le public), plus, pour la politique depuis l'après-guerre jusqu'en 1974, les entretiens de *On a raison de se révolter,* plus, pour un regard rétrospectif sur la vie entière, les « Entretiens avec Sartre, août-septembre 1974 » de Simone de Beauvoir (dans son volume de *La Cérémonie des adieux*) ; *L'Espoir maintenant* [1980], dialogue avec Benny Lévy.

2. Voir Jacques Deguy, « *La Nausée,* ou le désastre de Lanson », *Roman 20-50,* n° 5, juin 1988, p. 25-35, et son volume sur *La Nausée,* Foliothèque, p. 49-53, 155-168.

choix par l'élucidation (ironique) d'une enfance et d'une adolescence qui emprunte des traits généraux à l'époque (à la situation)[1].

Le cycle romanesque des *Chemins de la liberté*, commencé en 1938, et dont l'action commence à la même date, a pour protagoniste un professeur de philosophie, « écrivain du dimanche », qui est, par rapport à l'auteur, ce que Sartre appellera, pendant la rédaction même de son roman, un *alter ego* décapité[2] : Sartre lui a donné la plupart des traits de sa propre personnalité et de sa propre vie, mais pas le principal, qui est son âpre passion d'écrire. Après la guerre, une fois Sartre devenu écrivain professionnel, le roman achoppera sur cette distance grandissante entre l'expérience propre de Sartre, qui est celle d'un écrivain en voie de consécration, c'est-à-dire transformé en « bien culturel » et même en « monument national », et l'expérience d'un intellectuel anonyme (le

1. J'ai suggéré ailleurs que « L'enfance d'un chef » est une rêverie agressive sur ce qu'aurait pu être la vie de Sartre s'il avait été propriétaire et le fils de l'ingénieur Mancy au lieu d'être son beau-fils. On a souvent fait observer que cette nouvelle se lit autrement une fois qu'on a lu *Les Mots,* dans la mesure où les deux textes se recoupent sur plusieurs points (voir notamment G. Idt, 1972, J. Pacaly, 1980, J.-F. Louette, 1993). Lors des entretiens pour le film *Sartre par lui-même,* en 1972, j'avais fait remarquer à Sartre cette similitude et il avait réagi très vivement. Voici le dialogue, non conservé au montage :

Jean Pouillon. – Je trouve que les nouvelles du *Mur,* c'est implicitement une morale, ce qu'il ne faut pas être ! « L'enfance d'un chef »...

Sartre. – Ah oui ! Ça c'est évident : on ne doit pas être cet enfant !

M. Contat. – Ce qu'il y a de frappant pour « L'enfance d'un chef » c'est qu'il y a une description d'une enfance qui ressemble d'assez près à la vôtre...

Sartre. – Au départ...

J.-L. Bost. – Non.

S. de Beauvoir. – Ça non !

Sartre. – Ah non. Absolument pas.

S. de Beauvoir. – Du tout, non.

Sartre. – C'est une erreur considérable. Elle ne ressemble pas à la mienne parce qu'il n'y avait pas... Je n'avais pas de père. Et par conséquent tout le problème de l'homme qui est au front et que devient son fils... Deuxièmement, je n'étais pas fils d'industriel. Et j'étais au contraire fils de... disons petit-fils mettons de fonctionnaire. Et je n'avais pas beaucoup d'argent. Ma famille n'en avait pas beaucoup et elle vivait à l'aise...

S. de Beauvoir. – Vous n'aviez pas d'héritage, de poste à prendre...

Sartre. – Pas d'héritage ! Je n'étais même pas, comme je le dis d'ailleurs dans *Les Mots,* je n'ai jamais eu, jusqu'au moment où j'ai pu le payer avec l'argent gagné, je n'ai jamais eu quoi que ce soit qui soit à moi. Parce que l'argent, ou bien c'était mon beau-père qui me le donnait et un beau-père n'est jamais le père... ou bien ça avait été mon grand-père. Je n'ai jamais eu de l'argent que ma mère ait gagné ou que moi j'aie pu gagner. Sauf à partir du moment où je suis sorti de l'École. D'autre part enfin, je n'ai jamais été antisémite.

Contat. – Ah non !

Sartre. – Alors donc... mais je veux dire, cet antisémite, ça n'est pas par hasard dans la nouvelle. Elle vient de cette enfance et de cette réalité. Non, je crois qu'il n'y a vraiment aucun rapport... Je crois que je l'ai inventée, mais ce n'était pas très difficile parce que de mon temps il y avait des tas de gens qui étaient comme ça, des tas de gens qu'on voyait. Il s'agissait au fond d'expliquer pourquoi on était antisémite dans une première tentative, mais le personnage n'a de commun si vous voulez avec le personnage sympathique de mes œuvres, de Mathieu, que le sentiment qu'il a de sa contingence, seulement il réagit comme un salaud, c'est-à-dire qu'il se crée immédiatement une attitude, des droits et tout ça.

Pouillon. – C'est ce que je voulais dire. Le problème de la contingence est un problème moral, il s'agissait de savoir comment il réagit.

Sartre. – Et il y au moins deux façons.

2. « Eux [Roquentin, Mathieu], c'est moi décapité » (*Carnets de la drôle de guerre,* nouv. éd., Gallimard, 1995, p. 594 (1re éd., 1983, p. 410)). Voir ci-dessous, n. 1, p. 7.

personnage s'appelle Mathieu Delarue, autant dire n'importe qui, « l'homme de la rue ») qui est pris dans les combats de la résistance, comme le voulait le scénario assigné au roman. Sartre laissera celui-ci inachevé, parce que, disait-il, « les problèmes de l'après-guerre, de la division des forces politiques qui avaient fait la Résistance, ne pouvaient plus être traités à travers un récit de la résistance aux occupants allemands, période où les choix étaient simples »[1]. *Les Chemins de la liberté* avaient été conçus comme un roman immergé dans l'Histoire et dont le thème profond était précisément la découverte de la liberté par des individus qui assumaient leur situation historique, en l'occurrence ce que Sartre, « historisant » ainsi la notion heideggérienne d' « être-pour-la-mort », appelle, dans ses carnets de 1939-1940, leur « être-pour-la-guerre ». Il abandonne donc son personnage dans un camp de prisonniers où il devient le chef d'un réseau d'évasion. Nous n'avons pour cette partie-là du roman que des ébauches. Et l'on peut certainement affirmer que *Les Chemins de la liberté* ont buté sur un télescopage entre l'inspiration autobiographique et la réflexion politique, télescopage qui apparaît littérairement dans la forme du Journal qu'adopte Sartre vers 1949 pour la rédaction du récit de Mathieu au stalag[2]. La capture par l'histoire met le protagoniste en position de sujet tout en le faisant échapper à sa subjectivité, ce qui fait écrire à Mathieu : « Je sais : pour tenir un journal, il faut n'avoir rien à faire ; et je suis venu jusqu'à mon âge sans jamais écrire sur moi. Mais ce cas-ci est un peu différent : nous ne faisons rien, bien sûr, mais nous sommes les sujets passifs d'une métamorphose. » Sartre, lui aussi, ne s'est mis à écrire directement sur lui qu'à partir de la guerre, dans ses carnets. Mais il ne vient progressivement à l'autobiographie qu'à partir du moment où son objectivation par l'action politique (le fait qu'il est perçu par son public comme un écrivain engagé dans une lutte collective) le met en demeure d'interroger ses motifs singuliers d'écrire de la littérature. La transposition romanesque de son engagement dans l'histoire en train de se faire paraît impossible à Sartre, à la fin des années 40 et au début des années 50, alors que cette transposition sur le plan dramatique, dans *Le Diable et le Bon Dieu*, ne lui pose pas de problèmes, précisément parce qu'elle échappe au réalisme : Goetz, le héros de la pièce, est un mythe historique, la pièce se déroule dans l'Allemagne du XVIe siècle, mais elle est un drame d'inspiration romantique. Mathieu, au contraire, est un intellectuel parisien qui ne se distingue de Sartre que par le fait qu'il ne

1. Voir l'interview de Sartre par Robert Kanters et Françoise Giroud publiée dans *L'Express*, 17 septembre 1959.
2. Voir le « Journal de Mathieu », dans *Les Temps modernes*, n° 434, septembre 1982, p. 449-475. Ce texte ne nous était pas connu lors de l'édition des romans de Sartre dans la Pléiade (1981).

construit pas une œuvre. L'échec du roman « engagé », c'est-à-dire traitant des problèmes de l'époque, laisse donc à Sartre le terrain libre pour une autobiographie directe, pour un livre à la première personne où le « je » du narrateur coïnciderait avec celui de l'auteur. Mais il n'y viendra pas sans un détour préalable, qui est littérairement un échec. Pour expliquer cet échec, il nous faut revenir en arrière.

Durant les mois de la « drôle de guerre », de septembre 1939 à mai 1940, Sartre avait rempli quinze carnets qu'il avait appelés « Journal de guerre » et qu'il destinait primitivement à la publication. Ce n'étaient pas des carnets intimes – il y a chez Sartre une condamnation très vive du journal intime à la Amiel – mais un témoignage sur un soldat dans la guerre, une réflexion sur les causes de cette guerre, sur son propre comportement social durant les années 20 et 30. Petit à petit, ces carnets se transforment en atelier d'écriture et en exercice de conversion morale : Sartre cherche à renouveler le genre même du carnet d'écrivain[1], et, pour cela, la valeur fondamentale qu'il cherche à y construire tout en l'illustrant est celle de l'authenticité. L'authenticité consiste à assumer la situation qui vous est faite, afin de la transformer, et elle implique d'abord une prise de conscience qui permettra éventuellement l'action. Elle exige donc que le sujet ne se mente pas : qu'il traque en lui les touffeurs de la mauvaise foi, les rigidités de l'esprit de sérieux. En d'autres termes, l'authenticité, comme but moral, s'atteint par la sincérité, la transparence à soi et aux autres. Ce qui d'emblée confère un caractère *public* à l'écriture, aux carnets eux-mêmes, qui doivent pouvoir être lus par des tiers. Ils vont donc circuler, d'abord au sein de « la famille », comme Sartre appelle le groupe d'amis et de jeunes protégés que lui et Simone de Beauvoir ont formé et entre lesquels existent des rapports érotiques mais aussi des rapports moraux de transparence réciproque. En fait, ces rapports sont beaucoup moins transparents qu'ils veulent l'être – ils sont même marqués par le mensonge et la duperie –, mais c'est l'insatisfaction devant cette duperie qui en fait néanmoins des rapports moraux. L'authenticité est une exigence et un travail, elle ne peut devenir un état permanent, elle n'est jamais gagnée une fois pour toutes. Sartre, dans les carnets, tente d'y atteindre par l'autocritique, l'auto-analyse, c'est-à-dire, littérairement, par l'autoportrait. Ils contiennent ainsi de nombreux éléments d'autobiographie sans jamais tendre à celle-ci : Sartre n'y raconte pas sa vie de façon systématique avec l'in-

1. Voir Geneviève Idt, « Préhistoire de Sartre biographe d'après *Les Carnets de la drôle de guerre* », *in* H. Harth et V. Roloff (éd.), *Literarische Diskurse des Existentialismus*, Tübingen, Stauffenberg Verlag, 1986, p. 57-74 ; Philippe Lejeune, *Moi aussi*, Seuil, 1986, le chapitre intitulé « Les enfances de Sartre » ; M. Contat et J. Deguy, « *Les Carnets de la drôle de guerre* de Jean-Paul Sartre : Effets d'écriture, effets de lecture », *Littérature*, n° 80, décembre 1990, p. 17-41.

tention d'en faire un récit chronologique qui le mènerait jusqu'au présent ; il traite de certains thèmes pour tenter de s'élucider en se décrivant sans parti pris. Il fait, par exemple, l'histoire de son rapport aux femmes, l'histoire de son rapport à la propriété – c'est-à-dire à l'argent, puisqu'il ne possède rien –, l'histoire de son rapport à autrui.

Dans le premier des carnets, on trouve une vingtaine de pages sur ses rapports à la guerre[1]. Ces pages forment un fragment d'autobiographie thématique : Sartre y explique que la guerre de 1914 lui est apparue comme un jeu auquel jouaient les grandes personnes, un jeu d'abord simplement ennuyeux, lorsqu'il vivait chez son grand-père, puis un jeu lourd et même pesant, quand il a vécu chez son beau-père, qui était réformé pour raisons de santé et parlait avec un sérieux mortel de ses responsabilités de chef d'entreprise, comme s'il s'était agi d'une participation décisive à l'effort de guerre. Sartre voit dans cet ennui la source de son antimilitarisme et de son pacifisme d'étudiant à l'École normale. Son dégoût de la guerre était tel qu'il se refusait à lire de la littérature de témoignage comme *Le Feu* de Barbusse et *A l'ouest rien de nouveau* de Remarque. Mais il reproche à son antimilitarisme de ne pas avoir été constructeur : le pacifisme n'a de sens qu'en temps de paix et seulement dans la mesure où il construit la paix. La guerre, dit Sartre en substance, doit être refusée « comme une ordure » quand on est en paix et il faut tout faire pour l'éviter, mais il ne sert à rien de la refuser intellectuellement une fois qu'elle est survenue : il ne reste plus qu'à s'y plonger. Elle permet de « vivre existentiel », c'est-à-dire en prise directe avec les données nues de la condition humaine, la violence, la finitude, la présence permanente d'autrui, l'organisation sociale, le conflit, la pénurie, la nécessité de faire des choix dans une situation imposée.

Le principal reproche, de caractère à la fois politique et moral, que s'adresse Sartre en septembre 1939 est de ne pas avoir eu le courage *intellectuel* d'être soit munichois soit anti-munichois en 1938, de n'avoir pas choisi. La guerre a choisi pour lui, elle lui a dévoilé son historicité. Il ne s'est pas engagé : le voilà embarqué. Il lui reste à penser la guerre, et lui-même dans la guerre. Pourquoi nous battons-nous, se demande-t-il ? Contre le nazisme, mais aussi contre le fascisme larvé qui règne en France depuis 1938, depuis l'échec du Front populaire. Cet échec, Sartre ne l'analyse pas dans les carnets qui nous sont parvenus. Il est possible qu'il le fasse dans ceux qui sont perdus, mais, à en juger par

1. Acquis en 1991 par la Bibliothèque nationale au cours d'une vente, ce carnet était en possession d'un collectionneur depuis le début des années 60. Cinq autres carnets étaient restés entre les mains de Sartre, et sa fille adoptive, Arlette Elkaïm-Sartre, les a publiés en 1983, chez Gallimard, sous le titre *Les Carnets de la drôle de guerre.* La nouvelle édition qu'elle en a donné en 1995 comprend le premier carnet et elle est publiée sous le titre *Carnets de la drôle de guerre, septembre 1939 - mars 1940.* C'est à cette dernière édition qu'il sera fait référence dans la suite du présent ouvrage.

les analyses qui se trouvent dans les carnets publiés, la réflexion de Sartre porte moins sur la politique, au sens du jeu des partis et de leurs responsabilités dans des rapports de forces idéologiques et sociaux, que sur l'histoire en tant que totalité en mouvement à laquelle les individus concourent sans avoir de prise sur elle. La réflexion de Sartre est non pas politique mais existentielle en cela qu'elle vise la façon dont un individu peut se comporter intellectuellement et moralement dans la guerre : ainsi intitule-t-il le récit de sa vie au jour le jour « Les tribulations d'un stoïque »[1].

Les carnets de guerre ayant circulé dans le cercle des intimes de Sartre, certains d'entre eux ont été perdus[2]. Cette perte ne l'a que modérément affecté[3]. S'il avait eu dès le départ l'idée qu'ils pourraient être publiés, il a dû se rendre à l'évidence qu'il ne pouvait plus en être question après la défaite française. Il ne s'est donc pas beaucoup soucié de les retrouver. Après sa libération du stalag où il était prisonnier, il a reconstitué de mémoire les pages de son journal qui relataient la débâcle[4]. Et tout le travail philosophique amorcé sur les carnets a été repensé, réélaboré, réécrit dans *L'Être et le Néant*. Les pages qu'il avait consacrées au *Journal* de Jules Renard, il les a reprises dans un article pour la revue *Messages*, en 1944. La guerre finie, quand une publication était à nouveau envisageable, il ne restait en somme que les passages autobiographiques qui fussent inédits et originaux ; tout l'aspect témoignage-d'un-soldat-de-deuxième-classe-dans-la-drôle-de-guerre ne présentait plus d'intérêt éditorial puisque, par ailleurs, Sartre transposait son expérience de soldat sous une forme romanesque dans le troisième tome des *Chemins de la liberté*, *La Mort dans l'âme*. Ce titre était celui-là même qu'il avait choisi pour la publication, en 1942, dans un numéro de la revue *Messages* imprimé en Belgique, des pages reconstituées de son Journal de guerre. Ainsi l'on voit une même expérience vécue donner

1. Dans sa présentation de la nouvelle édition des *Carnets*, A. Elkaïm-Sartre donne un fragment de brouillon inédit, écrit par Sartre « vers 1953 » – c'est-à-dire à l'époque où il commençait son autobiographie –, après qu'il eut feuilleté son premier carnet : « Je faisais une guerre à mon image, bourgeois, j'avais choisi mon arme par recommandation ; pacifiste, je l'avais prise pacifique ; antimilitariste, je l'avais voulu faire comme simple soldat (antimilitariste *parce qu'*intellectuel) ; inapte à la vie physique (borgne), je la faisais dans l'auxiliaire. Agé de trente-quatre ans, je la faisais avec des réservistes, c'est-à-dire des hommes mariés et pères de famille. D'autre part la drôle de guerre réfléchissait notre volonté profonde de ne pas nous battre puisque Hitler n'attaquait pas *pour laisser pourrir* cette guerre, connaissant nos sentiments. C'est dire que je me réfléchissais dans cette guerre qui se réfléchissait en moi et me réfléchissait son image. Le résultat fut que j'écrivis d'abord sur la guerre et finalement *sur moi*. Elle devint une *retraite* » (*Carnets*, p. 10).

2. Simone de Beauvoir les avait communiqués à Jacques-Laurent Bost, ancien élève de Sartre, devenu l'ami du couple et l'amant de Simone de Beauvoir. Blessé sur la Somme, il avait été évacué et sa musette qui contenait cinq ou six carnets de Sartre fut égarée.

3. Voir Sartre, *Lettres au Castor*, Gallimard, 1983, vol. 2, p. 262, et Simone de Beauvoir, *Lettres à Sartre*, Gallimard, 1990, vol. 2, p. 178.

4. Voir « La mort dans l'âme », dans Sartre, *Œuvres romanesques*, édition établie par M. Contat et M. Rybalka, Gallimard, « La Pléiade », 1982, p. 1559-1584.

lieu à trois types différents de textualisation, du vrai Journal au vrai-faux Journal (avec un *je* énonciateur qui n'est pas exactement celui de Sartre) et enfin au roman[1].

Les conditions d'une autobiographie

A quarante ans, en 1945, le genre autobiographique, pour l'écrivain Sartre, n'est pas encore à l'ordre du jour. Pour rendre compte littérairement de sa vie, il a jusqu'ici recouru à la fiction, et l'état de la littérature dans les années de l'entre-deux-guerres n'était pas tel qu'il permît à un jeune écrivain d'entrer dans les lettres en produisant une autobiographie déclarée. L'idée domine encore que l'on écrit une autobiographie vers la fin de sa vie. Le seul genre littéraire admis pour la littérature « personnelle » est le Journal intime, que d'ailleurs aucun écrivain français de cette époque ne publie d'entrée de jeu. Il faut être Gide pour livrer aux lecteurs (en 1939) un *Journal* tenu avec régularité et qui relève d'une authentique culture de soi plus que d'une exposition complète, laquelle est encore l'objet d'une censure : Gide ne publie pas la totalité de son *Journal.* Et, surtout, celui-ci s'adosse à une œuvre qui le légitime et le protège. Comme le dit, à l'époque, un excellent lecteur de Gide, le jeune Roland Barthes : « Je doute que le *Journal* ait grand intérêt, si au préalable, la lecture de l'œuvre n'a pas éveillé la curiosité sur l'homme. »[2] Une telle œuvre, avec la position qu'elle entraîne dans le monde littéraire, et les responsabilités que cette position entraîne dans le monde social par la voie des médias, Sartre ne la produit que dans les années de l'immédiat après-guerre. C'est alors une célébrité soudaine et excessive qui libère pour lui la voie de l'autobiographie, dans la mesure même où elle lui ferme les chemins du roman. Le personnage de Mathieu s'éloigne trop de lui pour qu'il puisse encore en faire son porte-parole ; lui-même vit une situation trop différente de celle du « n'importe qui » que Mathieu incarnait assez bien[3]. Il lui faut donc un personnage mythique pour porter au vif ses contradictions d'intellectuel bourgeois placé en position de chef et qui tente de rejoindre la lutte sociale du côté des opprimés. Goetz aura cette fonction

1. Voir nos Notices et nos notes pour *Les Chemins de la liberté* dans *Œuvres romanesques,* Pléiade (désormais *OR*). Dans une note, p. 653, des *Carnets de la drôle de guerre,* Arlette Elkaïm-Sartre identifie les fragments « La mort dans l'âme » donnés dans la Pléiade comme appartenant au journal de Mathieu, ce qui est plausible, mais elle ne donne pas ses raisons. Quoi qu'il en soit, il est certain que, pour ce qui concerne la débâcle, l'expérience de Mathieu est celle de Sartre. Il n'en ira pas de même pour l'activité de Mathieu dans le camp de prisonniers.

2. Voir Roland Barthes, *Œuvres complètes,* t. 1, Seuil, 1993, p. 23 (« Notes sur André Gide et son *Journal* », article paru en 1942 dans *Existences*).

3. Voir dans *Le Sursis* (*OR,* p. 755-756) la conversation entre Odette et Mathieu sur le thème (mélancolique) du « n'importe qui ».

expressive et cathartique. C'est dire que la création littéraire sartrienne se canalise en deux voies séparées : l'autobiographie, d'un côté, le théâtre, de l'autre. Quant à sa créativité intellectuelle, elle s'investit de plus en plus dans l'essai, et particulièrement la biographie, avec ce que celle-ci permet de projections ; enfin son agressivité – celle de Roquentin – s'applique efficacement à la polémique. Au théâtre, Sartre excelle parce qu'il ne se soucie pas le moins du monde d'en renouveler les formes : il prend celles que les dramaturges de son temps et ceux du XIXe siècle lui offrent, et il en joue en virtuose. Pour l'autobiographie, on l'a vu avec les carnets, il se pose davantage de questions formelles, précisément parce que la question éthique de l'authenticité y est en jeu : on ne peut construire une image de soi s'assumant dans le monde si l'on adopte une forme déjà éprouvée par un autre.

Pas question de réécrire les *Confessions*, *Si le grain ne meurt* ou *L'Age d'homme* pour son compte. S'il a fort bien pu couler son expérience de jeune homme libre dans un Oreste taillé aux mesures du néo-classicisme et même lui attribuer le trait distinctif qu'il tient pour le plus décisif de son propre être-au-monde, celui de ne pas être propriétaire[1], il ne peut écrire « la *Nausée* de son âge mûr »[2] sans envisager une forme nouvelle pour un récit à la première personne du « je » singulier nommé Jean-Paul Sartre. Il n'y arrive pas directement, mais par la voie de la biographie, à laquelle il s'est essayé avec le *Baudelaire* (1946) et qui vient remplacer le genre romanesque pour Sartre à partir du *Saint Genet*. Il traite ses héros biographiés comme les personnages d'une fiction dialectique, ne se soucie pas de rechercher les faits et d'y coller, mais construit un caractère psychologiquement cohérent en fonction de la structure existentielle qu'il veut mettre au jour. Le seul personnage de biographie qui entretienne un rap-

1. Voir *Les Mouches*, acte III, scène VI : « Je veux être un roi sans terre et sans sujets », qui annonce « Jean sans terre », ainsi que se nommera d'abord l'entreprise autobiographique. Le thème de l'usufruitier est développé de la façon suivante dans un brouillon de « Jean sans terre » : « C'est que je n'avais pas de droit sur l'argent qu'on dépensait pour moi. Mon grand-père était à la retraite quand nous lui retombâmes sur le dos : pour nous entretenir il reprit du service. Il gagnait ma vie à la place de ce mari, de ce père qui n'avait pas su vivre. Nous n'avions rien à nous ; nous étions tolérés. De cela résulte que j'ai vécu dans l'aisance sans être propriétaire. Mon premier rapport avec les ustensiles se fit par la médiation du sentiment. L'usufruitier : je tenais tout de Dieu le père, du Dieu d'amour. J'appris à jouir sans posséder. [...] Ma mère se remaria. Mon beau-père s'était engagé à me traiter comme un fils : il tint ses engagements, il essaya même de m'aimer. Je n'essayai pas. Le lien qui nous unissait : respect et courtoisie : mon second foyer n'était pas non plus le mien. D'autant que c'était à La Rochelle. J'étais turbulent, ma mère craignait que je n'abusasse de ses bons sentiments. Puisqu'elle m'imposait à lui, il fallait que je me fisse supporter : "Ton oncle est déjà bien gentil de s'occuper de toi, ne lui rend pas la tâche trop difficile." De 1916 à 1920, j'ai vécu chez *un autre*. Par la suite, pensionnaire puis demi-pensionnaire à Paris puis de nouveau pensionnaire à l'ENS (quatre ans) et enfin un an à la Cité universitaire puis le service militaire. C'est-à-dire la propriété collective. Je n'ai jamais eu de foyer ni de propriété : rien qui fût *à moi*. Qu'on n'aille pas croire que j'en aie souffert : tout au contraire, j'y ai gagné une sorte de légèreté joyeuse et contemplative. Les ustensiles m'étaient donnés par l'amour des particuliers ou par la disposition collective. Je suis un usufruitier de ce monde » (F ITEM 8, Vente Drouot du 10 mai 1995).

2. Formule que Simone de Beauvoir utilise au sujet de *La Reine Albemarle ou le dernier touriste* (*La Force des choses*, Gallimard, 1963, p. 217).

port relativement étroit avec les faits est celui d'Henri Martin, le marin communiste, dont il prend la défense, en 1953[1]. Quand Sartre, après cet écrit de circonstance, en viendra à l'autobiographie, il le fera plutôt en écrivant sa propre *biographie* ; c'est-à-dire en conservant deux traits essentiels de ses biographies existentielles : la thèse dialectique et la fictionnalisation du héros (ou la relative indifférence aux données factuelles). Poulou sera traité selon la méthode biographique mise au point dans le *Baudelaire* et le *Saint Genet*, méthode qu'il développe dialectiquement de façon plus complexe, plus « totalisante », dans le *Flaubert* qu'il entreprend parallèlement à l'autobiographie[2].

L'après-guerre est marqué pour Sartre par la prise de conscience de sa responsabilité d'écrivain, qu'il mesure non seulement à sa notoriété mais au rôle qu'il assume de guide charismatique intellectuel (*opinion leader*, au sens des théoriciens de la communication) avec sa revue *Les Temps modernes*[3]. C'est elle qui le fait véritablement entrer dans l'arène, non pas comme homme politique briguant des suffrages ou comme militant d'un parti, mais comme intellectuel politique, c'est-à-dire comme écrivain soucieux de définir et de légitimer une politique intellectuelle. Ainsi conçu, le rôle de l'intellectuel engagé ne consiste pas seulement à prendre parti dans les conflits politiques et sociaux du moment, mais à réfléchir sur le sens que peut prendre la littérature dans un monde qui a été unifié par la guerre (le *one world* de la guerre mondiale, et le *one world* des communications de masse)[4]. Cette question est à l'origine de l'essai, plus circonstanciel que théorique, *Qu'est-ce que la littérature ?* qui analyse, après un rapide survol historique des fonctions successives de l'écrivain, la situation de l'écrivain en 1947. C'est *en tant qu'écrivain* que Sartre aborde la politique, avec le souci de définir les conditions d'un exercice libre du « métier littéraire »[5]. Et c'est à partir d'une analyse de la lecture, comme libre activité, et de l'écriture, comme dévoilement et proposition de vérité, donc comme libre appel à la liberté du lecteur, que Sartre conclut à la nécessité d'une action politique en faveur d'une société où cette liberté pourrait devenir

1. Voir *L'Affaire Henri Martin*, textes de quinze écrivains, documents, commentaire de Jean-Paul Sartre, Gallimard, 1953.

2. Le parallélisme des *Mots* et du *Flaubert* est assez clairement indiqué dans une page de *L'Idiot de la famille* (éd. de 1971, p. 1598 ; éd. de 1988, p. 1606) où Sartre commente la « prédestination » de Gustave (« l'impératif qui l'a requis d'écrire ») et note : « J'ai raconté ailleurs comment un malentendu me fit croire à huit ans que mon vénérable grand-père m'ordonnait d'écrire. Il n'en fallut pas plus pour que je me crusse chargé de mission. Encore y avait-il là une situation particulière, une famille, un patriarche qui m'indiquait la route à suivre. Nul doute qu'il en soit de même pour beaucoup d'écrivains. Mais Flaubert ? » Les deux entreprises tentent bien de répondre à la même question : Pourquoi et comment devient-on écrivain ?

3. Voir Anna Boschetti, *Sartre et « Les Temps modernes » : une entreprise intellectuelle*, Paris, Éditions de Minuit, coll. « Le Sens commun », 1985.

4. Voir *Cahiers pour une morale*, Gallimard, 1983, p. 152.

5. Voir *Situations II*, Gallimard, 1948, p. 280 : « La politique du communisme stalinien est incompatible avec l'exercice honnête du métier littéraire. »

effectivement celle de tous, ou en tout cas la liberté du plus grand nombre, au lieu d'être celle d'une élite privilégiée. On affirme parfois que Sartre s'est rallié au socialisme révolutionnaire par mauvaise conscience d'héritier de la culture, de bourgeois cultivé, et qu'il a eu de la complaisance pour le Parti communiste par remords d'avoir été sous l'Occupation « un écrivain qui résistait plutôt qu'un résistant qui écrivait », pour employer ses propres termes[1]. Il aurait en somme cédé à la pression culpabilisatrice qu'exerçait sur les intellectuels démocrates et progressistes le « parti des fusillés ». Cet argument n'est pas faux, mais il est très réducteur. En réalité, l'engagement politique de Sartre repose sur la conviction que la littérature est la forme la plus haute – parce que la plus élaborée et la plus complexe – de la communication entre les hommes, et aussi celle qui implique de part et d'autre la plus exigeante générosité : la littérature est reconnaissance réciproque des libertés. On dira donc que la politique révolutionnaire est pour Sartre la tentative de créer les conditions de la *création littéraire*, parce qu'il conçoit celle-ci comme une création à deux, une création duelle, où écrivain et lecteur sont impliqués dans leur essence même d'êtres humains et par une communauté de situation, ce qui entraîne qu'il faut « écrire pour son époque », sans souci de la postérité[2]. La politique, au sens sartrien, consiste en définitive à donner *existence* à la littérature comme manifestation de l'essence de l'homme, qui n'est rien d'autre que la liberté de la conscience.

C'est ici qu'intervient la réflexion de Sartre sur la morale, sa tentative de tenir la promesse formulée à la fin de *L'Être et le Néant* et qui était de donner la morale pouvant découler de l'exercice de la « réflexion purifiante » ou « réflexion non complice », évoquée mais non décrite dans les dernières pages de ce qui restait un « essai d'ontologie phénoménologique », selon le sous-titre du traité. Comment passer de l'ontologie à la morale, sur le plan philosophique, de la mauvaise foi à l'authenticité, sur le plan pratique ? Cette question que Sartre avait abordée en examinant sa vie personnelle – et en particulier sa vie amoureuse – dans ses carnets de guerre, il la retourne en tous sens dans ses cahiers de « Notes pour une morale »[3]. Sans le rapporter directement à Gide, c'est bien le thème gidien de l'authenticité qu'il reprend en lui donnant un fondement philosophique. La conscience de la gratuité de l'être-là humain (la « réalité humaine » selon la terminologie de *L'Être et le Néant*), la conscience donc de la contingence de l'existence pointe vers la spontanéité et la générosité comme valeurs premières, contre l'esprit de

1. Dans ses entretiens avec John Gerassi (1972), cité dans les *OR,* Pléiade, p. LVIII.

2. Voir le court mais important essai-manifeste « Écrire pour son époque » (1946), *Les Temps modernes,* n° 33, juin 1948, repris dans M. Contat et M. Rybalka, *Les Écrits de Sartre,* Gallimard, 1970, p. 670-676.

3. C'est le titre que Sartre lui-même porte sur le premier des cahiers qui seront publiés en posthumes sous le titre *Cahiers pour une morale.*

sérieux qui consiste pour le pour-soi à se vivre comme être de droit, comme plénitude d'être, comme en-soi. Le manque (ou la « lacune », comme le dit Mallarmé, cité par Sartre) étant constitutif du jaillissement de la conscience en tant qu'elle imagine, la générosité apparaît comme la « structure originelle de l'existence authentique »[1]. La générosité se manifeste par le don, qui est reconnaissance pratique de la valeur d'autrui en même temps qu'affirmation de soi comme valeur dans l'acte généreux lui-même. En donnant quelque chose à l'autre, je le reconnais, je l'oblige et je m'oblige à recevoir quelque chose de lui en retour. Le don serait alors exercice de la réciprocité, en quoi il serait éminemment moral, puisqu'il implique la reconnaissance de la liberté par elle-même au sein de l'échange. L'œuvre d'art, née du pouvoir néantisant, du pouvoir « lacunaire » de la conscience, est certes création, création du monde qu'elle dévoile, mais, en tant qu'elle offre ce monde à autrui, elle est tout en même temps don, exercice de la générosité, puisqu'elle s'adresse à l'autre, l'implique dans sa structure même en recourant à un langage intelligible et établit ainsi une communication. L'artiste donne l'œuvre au spectateur, au lecteur, à l'auditeur, et il attend que celui-ci concoure à la création en la recevant. Mais Sartre, reprenant à Marcel Mauss son analyse du potlatch, montre ensuite très bien que le don, qui ne peut s'effectuer que dans la réciprocité, asservit, aliène le récipiendaire qui ne peut pas rendre un don égal ou supérieur à celui qu'il reçoit. Dans une structure de conflit et d'inégalité, le don devient arme, moyen pour le donateur d'affirmer sa supériorité sur le récipiendaire. Le potlatch est une guerre. C'est ici que l'analyse par Sartre de l'œuvre d'art comme exercice de la générosité tourne court. « L'anéantissement par le don me dégage comme pur pour-soi transcendant la situation. C'est Philoctète donnant son arc, chez Gide. En donnant, ma liberté surgit sur écroulement du monde. En même temps, je reconnais la liberté de l'autre, car je considère l'autre comme essentiel et le monde comme inessentiel : la finalité du monde vient justement de ce que je le transmets. »[2] Sartre installe là un tourniquet dont il ne sortira plus : l'œuvre est don, mais l'œuvre asservit l'autre dans la mesure où elle attend de lui une reconnaissance (aux deux sens du terme : salut et gratitude, obligation). Philoctète abandonne son arc, mais il attend pour ce geste une récompense : la gratitude des Grecs. On verra ressurgir ce thème dans *Les Mots* et s'affermir la méfiance de Sartre à l'égard de ses motifs profonds d'écrire (le désir d'immortalité), qu'il a tendance à confondre avec l'être de la littérature elle-même, ce qui l'entraînera de plus en plus à la disqualifier au profit de l'action révolutionnaire. Celle-ci conserve pour finalité la construction d'un monde où la réciprocité serait possible en fait et non plus seulement en droit ; tant que ce monde n'existe pas dans la réalité,

1. *Cahiers pour une morale,* p. 509-510.
2. *Ibid.,* p. 382-383.

la littérature apparaît – à l'instar de la morale – comme une mystification, le refuge d'un orgueil créateur égal à celui de Dieu, *ens causa sui*. La morale d'écrivain fondée sur la générosité propre à l'acte créateur restera une morale impossible tant que les conditions de l'échange libre des œuvres créatrices n'auront pas été réalisées, tant que le monde des travailleurs-producteurs n'aura pas été remplacé par un monde d'artistes-créateurs, tant que « n'importe qui » ne sera pas artiste, fils de ses œuvres, divin en somme (puisque Dieu n'est que la projection de l'idée trop humaine d'un être cause de soi, tiré par lui-même du Néant)[1]. Pour autant que nous le sachions, l'abandon de cette « éthique d'écrivain pour des écrivains »[2] et celui du roman *Les Chemins de la liberté* sont concomitants et obéissent à une même raison : une méfiance à l'égard de la littérature, pour cause d'impuissance. Ce n'est pas que Sartre ait perdu son propre pouvoir créateur, c'est que l'alliance de la littérature et de la morale lui paraît, à la fin des années 40, révéler chacune l'incapacité de l'autre à créer les conditions de leur propre exercice. Ce sentiment de se heurter à une aporie qui serait comme l'autre nom de l'histoire (ou du réel) a sans doute entraîné chez Sartre la détermination d'élucider les motifs de son propre choix d'écrire, le choix de l'imaginaire, qu'il sait remonter à l'enfance[3].

1. Voir *ibid.*, p. 533 et s., un développement qui se conclut ainsi : « Et dans ce dernier cas la Création est pure description mythique du dévoilement : Dieu n'est rien d'autre que l'homme » (p. 542).
2. *Situations IX*, Gallimard, 1971, p. 33.
3. Sur la dizaine de cahiers que Sartre nous a dit (en 1967) avoir écrits sur la morale dans les années 1947-1948, nous n'en connaissons à l'heure actuelle que trois. Les deux premiers ont été publiés. Le troisième, dont nous ne sommes pas du tout certain qu'il fut bien le troisième de la série, est inédit. Il appartient aux collections du Humanities Research Center de l'Université du Texas à Austin et a été acquis vers 1960 par Carlton Lake chez un marchand d'autographes de Saint-Germain-des-Prés, à qui il avait été remis, pour vente, par le secrétaire de Sartre. Le fait que ce dernier, poussé par des besoins d'argent, ait vendu ce manuscrit (que, sans doute pour cette occasion, il a signé et titré « L'enfant et les groupes »), montre bien qu'il ne lui attachait plus d'importance pour son travail en cours (la *Critique de la raison dialectique*, d'une part, et « Jean sans terre », d'autre part). Le cahier, de 200 feuilles, est couvert des folios 1 à 117 (foliotation faite par le HRC), au recto seulement. Le titre donné ne correspond au contenu que des trente premières pages (l'enfant comme point de vue pour une phénoménologie du groupe familial, lui-même élément de la socialité qui est la réalité immédiate de l'enfant). Un plan est donné page 31 :

« Ainsi l'enfant comme surgissement dans le monde de l'Autre se découvre : 1 / comme ayant le passé de l'Autre et son avenir (entreprise) ; 2 / comme ayant une essence ou un caractère intelligible Autre et une valeur comme Autre dans le monde de l'Autre (race, nationalité, etc.), 3 / comme faisant partie en tant qu'Autre des totalités concrètes qui sont le point de jonction de tous les Autres en tant qu'ils sont eux-mêmes Autres (société).

« C'est à partir de ces considérations que nous allons pouvoir examiner les fins que pose devant elle une liberté aliénée, c'est-à-dire à soi-même autre et dans le monde de l'autre. C'est-à-dire : les valeurs - le sacré - le langage. »

On peut lire ce plan comme le schéma abstrait des *Mots* – les valeurs y étant la littérature (Lire), le sacré, son institutionnalisation, le langage, son exercice (Écrire). Les valeurs et le sacré sont traités dans le texte, lequel s'arrête avant d'aborder le langage. Le texte ne fait jamais de référence directe à la biographie de Sartre. Le groupe familial occasionnellement évoqué est celui du père, de la mère et de l'enfant – si référence il y a, ce serait plutôt le monde de Proust : « [Les bijoux de ma mère] ne sont montrés qu'à l'occasion de cérémonies sociales elles-mêmes solennelles et qui pour moi demeurent obscures (elle part pour un grand dîner) et parfois effrayantes (cette broche à son col cela signifie qu'elle "sort" ce soir et que je resterai seul dans le noir, etc.). »

Mais c'est par le détour d'une autre enfance que Sartre va aborder la sienne, car il a découvert son *alter ego* noir. Jean Genet est Sartre inversé : un enfant de l'Assistance publique, voleur, homosexuel, révolté, devenu écrivain scandaleux – alors que Sartre se vit comme un rejeton de la bourgeoisie, voué familialement à l'écriture comme à une cléricature et venu à la révolte pour avoir vécu trop docilement son enfance. Il fut Abel, comme l'est Mathieu dans *L'Age de raison* et *Le Sursis* aux yeux du pédéraste Daniel, qui se sent Caïn[1]. Genet *est* Caïn ; le thème se voit superbement mis en place dans le dernier chapitre du livre II (« Première conversion : le Mal ») de *Saint Genet, comédien et martyr.* Le passage à la révolte, dans la mythologie biblique que Sartre emprunte pour rendre compte de son propre itinéraire, est bien la transformation d'Abel en Caïn qui devait marquer sa propre conversion (devenir traître à sa classe), et ainsi structurer en une opposition avant/après son autobiographie. Dans d'autres textes ce sera Ariel et Caliban, ou l'Ange et la Bête, selon une dialectique pascalienne qui ressurgit de ses lectures de jeunesse[2]. Genet le Voleur est donné en exemple avec moins d'ironie que ne semble l'indiquer le titre de parodie hagiographique ; Sartre dit l'admirer pour avoir voulu sans faiblesse son destin alors que d'autres, comme lui, étaient « occupés à bouffonner servilement pour plaire »[3]. Genet et Mallarmé, sur qui il va aussi commencer un essai un peu plus tard, sont les deux seuls écrivains pour qui Sartre dit professer une admiration *morale*, à cause de leur radicalisme, de leur extrémisme, de leur face d'ombre. Cet extrémisme littéraire, au début des années 50, Sartre veut lui donner une traduction politique, et, pour ne pas se trouver une nouvelle fois dans l'impuissance de celui qui ne choisit pas quand la situation – en l'occurrence la guerre froide – y contraint, il se leste de réalisme : il se rapproche des communistes, en un premier temps, non pas pour leurs vertus propres, mais parce qu'il juge que, dans le rapport des forces de la guerre froide qui s'aggrave avec le conflit coréen, les chances de la paix se trouvent à l'est plutôt qu'à l'ouest, étant donné l'infériorité en armements du bloc soviétique. C'est par réalisme, pense-t-il, que les communistes veulent la paix, ce sera donc par réalisme que, après l'échec de sa tentative de créer une formation politique échappant à l'alternative des blocs (l'éphémère Rassemblement démocratique révolutionnaire), il se résout à se ranger aux côtés des communistes français dont il désapprouve par ailleurs la politique intellectuelle. Il adopte ainsi une politique dont il a montré les limites, la politique de Hoederer

1. Voir plus bas dans le présent volume, le commentaire de Sandra Teroni, p. 336. Pour un commentaire sur Abel/Caïn, on se reportera aussi au texte de Jacques Lecarme, ci-dessous, p. 205 et s.

2. Pour Pascal, voir le « Carnet Midy », *Écrits de jeunesse,* p. 477-479 ; pour Ariel et Caliban, voir *Situations II,* p. 12, 243. C'est Jean Guéhenno qui, avec son essai *Caliban parle* (1928), réintroduit en France, après Renan, ce personnage shakespearien comme figure de l'expression populaire en littérature contre la culture des cultivés.

3. Voir *Saint Genet, comédien et martyr,* Gallimard, 1952, p. 55.

dans *Les Mains sales.* A quoi s'oppose ce réalisme ? A l'idéalisme abstrait de Hugo. Le jeune héros de la pièce n'est pas nommé ainsi pour rien : derrière son romantisme de martyr terroriste qui se proclame irrécupérable, c'est bien le romantisme de Victor Hugo qui est visé, cet humanisme idéaliste qui a été celui de son grand-père Schweitzer, réincarnation de Hugo en universitaire radical-socialiste[1]. La conversion de Sartre au réalisme de Hoederer consiste pour lui à accepter d'avoir les mains sales en se commettant avec les communistes dont il a pourtant dénoncé le système concentrationnaire en URSS[2]. Par là il donne congé à l'idéologie Schweitzer, rêverie optimiste de fonctionnaires qui repose sur la haine des hommes tels qu'ils sont. Irrécupérable pour la bourgeoisie (mais trop récupéré, juge-t-il), il cède à la tentation de se faire récupérer par ceux-là mêmes que les bourgeois (les lecteurs du *Figaro*) désignent comme les ennemis du genre humain, les communistes, et il a le sentiment, ce faisant, de devenir enfin « Caïn lançant des flèches aux étoiles »[3], de tourner définitivement la page sur Abel. L'année de la conversion de Sartre est aussi celle du prix Nobel de la paix attribué à Albert Schweitzer, déjà canonisé par la pièce de Gilbert Cesbron (suivie du film), *Il est minuit, Docteur Schweitzer* – et l'on peut imaginer l'exaspération que celle-ci provoqua chez le dramaturge du *Diable et le Bon Dieu*[4]. L'homme de théâtre, le polémiste de « Les Communistes et la Paix » (juillet 1952) et l'essayiste de *Saint Genet* annoncent simultanément que Sartre est résolu : « Il y a cette guerre à faire et je la ferai. »[5] En d'autres termes : « Je pense avec beaucoup d'autres qu'il faut abréger les convulsions d'un monde qui meurt, aider la naissance d'une communauté de production et tenter de dresser, avec les travailleurs et les militants, la table des valeurs nouvelles. C'est pourquoi la Sainteté me répugne, avec ses sophismes et sa mauvaise foi, sa rhétorique et sa délectation morose ; elle n'a qu'un seul usage aujourd'hui : permettre aux hommes de mauvaise foi de raisonner faux. »[6] L'épisode dit des « pigeons voyageurs »[7] ne sert que de cause occasionnelle à une conversion annoncée.

1. Voir sur ce point la fine analyse idéologique que propose Jean-François Louette dans son *Jean-Paul Sartre*, Hachette, coll. « Portraits littéraires », 1993, p. 22-27. Notons cependant que Sartre prend vigoureusement la défense de Hugo dans le tome 3 de *L'Idiot de la famille*.

2. Voir l'éditorial signé par Sartre avec Merleau-Ponty (qui l'a rédigé) : « Les jours de notre vie », *Les Temps modernes*, n° 51, janvier 1950, p. 1153-1168.

3. Voir manuscrit des *Mots*, manuscrit « Vian », FSdB 145, MV 174, et l'analyse qu'en font ci-dessous Jacques Lecarme, p. 233, et Josette Pacaly, p. 261 (pour la désignation des manuscrits, voir ci-dessous, « Le dossier génétique pour *Les Mots* », p. 46).

4. Les deux pièces sont créées en 1951, le film tiré de Cesbron sort en 1952.

5. Dernière réplique du *Diable et le Bon Dieu*.

6. *Saint Genet*, p. 192.

7. Arrestation de Jacques Duclos, secrétaire général du PCF (la police trouve des pigeons dans le coffre de sa voiture), et campagne anticommuniste consécutive aux manifestations violentes contre la visite à Paris du général Ridgway (mai 1952).

Raisonner juste, pour Sartre, durant la période où il se range aux côtés des communistes, ce sera faire sa part au réel et prendre congé de l'imaginaire, c'est-à-dire contester la littérature, cette entreprise de déréalisation. En réalité, et c'est François George qui nous met sur la voie[1], la conversion de Sartre est une conversion de l'objet de son désir : désormais ce n'est plus la littérature, mais le réel qui devient le désirable, ce qui revient à faire du réel son imaginaire, du Parti communiste un fantasme de libération, de l'Union soviétique telle qu'elle est une société qui édifie l'avenir[2]. Il y a bien une esthétique qui correspond officiellement à ce projet : le réalisme-socialiste. Mais Sartre, héritier de Flaubert (quoi qu'il en ait), de Mallarmé et du roman américain, n'en veut pas. Ce qui veut dire qu'en termes de littérature sa conversion ne trouve pas d'autre traduction que le réalisme critique qu'il a déjà mis en œuvre dans ces *Chemins de la liberté* qu'il ne peut plus poursuivre. C'est donc la littérature tout entière qui lui devient suspecte.

Émergeant de son livre sur Genet, qui a fini par lui peser, Sartre, en panne de projet littéraire, décide d'écrire en toute liberté, d'improviser un livre qui ne lui demande nulle lecture, un livre de vacances, pour lequel il peut se contenter de papier, d'une plume, et de laisser parler sa sensibilité. Et comme il part faire du tourisme en Italie, il écrit sur ce qu'il vit : l'expérience d'un touriste en Italie. Cela donne, ou plutôt ne donne pas *La Reine Albemarle ou le dernier touriste*, car le livre n'aboutit pas[3]. Une des raisons de cet échec – en dehors du fait que Sartre, à son habitude, donne à son projet, au fur et à mesure qu'il le conçoit, des proportions inatteignables – tient peut-être au statut indécis du narrateur. Le « je » qui parle dans les fragments connus, qui empruntent comme dans *La Nausée* la forme d'un journal, à la fois est et n'est pas Sartre ; c'est une conscience située, mais située d'une façon très générale : un touriste français qui a vécu la guerre et l'occupation et qui a grandi au Quartier latin ; un intellectuel solitaire, n'appartenant à aucun groupe et n'entretenant avec l'Italie qu'un rapport de regard. C'est donc une conscience phénoménologique, celle d'un individu « sans importance collective », comme l'indiquait l'épigraphe célinienne de *La Nausée*. Bref, Sartre, à quarante-six ans, semble vouloir reprendre avec l'Italie le rapport que Roquentin avait avec Bouville : un rapport de spectateur. Sartre n'est pas « Sartre » en Italie : il n'est pas un écrivain célèbre et engagé, approché en tant que tel par les autres. Le narrateur

1. Voir F. George, *Deux études sur Sartre,* Bourgois, 1976, p. 234.

2. Illusion dans laquelle Sartre donne en plein, jusqu'au mensonge conscient de lui-même : « La liberté de critique est totale en URSS et le citoyen soviétique améliore sans cesse sa condition au sein d'une société en progression continuelle » (interview dans *Libération,* 15 juillet 1954).

3. Arlette Elkaïm-Sartre a publié les fragments dont elle disposait ; il en existe d'autres, encore inédits. Voir Sartre, *La Reine Albemarle ou le dernier touriste,* Gallimard, 1991.

n'est pas nommé dans le texte. Bien évidemment, si ce texte avait paru, il aurait porté sur la couverture le nom de l'auteur Jean-Paul Sartre, ce qui aurait suffi pour que cette identité soit assignée au narrateur par les lecteurs. Dans l'état où nous trouvons le texte, la difficulté de cette position d'énonciation anonyme apparaît lors de la visite que le narrateur fait dans son palais romain à un écrivain italien. Le texte ne le nomme pas, il est réduit à une initiale, « mon ami L. », et seuls peuvent le reconnaître ceux qui connaissent l'auteur du *Christ s'est arrêté à Éboli* et de *L'Orologio*, mais ces textes ne sont pas nommés non plus. Dans son édition de *La Reine Albemarle*, Arlette Elkaïm-Sartre donne à ce fragment sur Rome relatant la visite à L. le titre « Visite à Carlo Levi », qui ne figure pas au manuscrit – ce qui se justifie dès lors que le nom de l'auteur est donné en couverture, mais rend moins sensible le malaise du scripteur ; on reste néanmoins frappé, dans ce passage qui relate une rencontre et une conversation entre deux écrivains, par ce fait que L. ne traite justement pas le narrateur en écrivain : il pourrait aussi bien être un Français quelconque, n'importe qui. Tout se passe comme si Sartre ne voulait pas être Sartre dans son propre texte, c'est-à-dire ne voulait pas thématiser sa situation d'écrivain en 1952[1]. C'était la condition pour que ce livre devienne effectivement « la *Nausée* de son âge mûr ». Mettre au jour le sens de cette situation somme toute particulière impliquait que soient élucidées pour Sartre l'origine de sa vocation d'écrivain et les vicissitudes de son projet. L'échec de *La Reine Albemarle* s'ajoute donc aux autres raisons que nous avons vues plus haut pour mener Sartre à l'autobiographie déclarée et à cette révélation que le choix d'écrire répondait chez lui à une névrose.

Après l'abandon de *La Reine Albemarle* et à partir de 1953, deux projets se trouvent en concurrence dans le travail de Sartre, deux projets dialectiquement et existentiellement liés comme le sujet à l'objet et réciproquement, mais littérairement tout à fait séparés, la biographie de Flaubert et l'autobiographie, mais ils sont tous les deux suscités par la conversion de Sartre et répondent tous les deux à la question : « Comment devient-on écrivain ? » Annoncée dans *L'Être et le Néant*, la psychanalyse existentielle de Flaubert revient à l'ordre du jour à la faveur d'un défi que se lancent, en 1953, Sartre et Roger Garaudy, le philosophe officiel du marxisme communiste français : rendre compte d'un même écrivain chacun par sa méthode propre, le matérialisme historique, pour l'un, et, pour l'autre, la méthode qui ne porte pas encore de nom mais que Sartre a définie dans le *Saint Genet* comme

1. J'ai tenté d'en faire la démonstration dans « Enquête en cours sur un livre inexistant. Genèse d'un inédit de Sartre : "La Reine Albemarle ou Le dernier touriste" », *in* A. Grésillon et M. Werner (éd.) : *Leçons d'écriture. Ce que disent les manuscrits. Hommage à Louis Hay*, Paris, Minard, 1985, p. 217-240.

échappant aux « limites de l'interprétation psychanalytique et de l'explication marxiste »[1]. Sartre propose Flaubert et se met au travail. Pour cette première phase de son étude, rapidement jetée sur le papier, il ne semble pas qu'il procède à d'énormes lectures. Celles-ci sont plutôt vouées à des ouvrages d'économie et de philosophie marxistes, qui nourrissent « Les Communistes et la Paix » et divers écrits politiques de cette période[2].

La « décennie autobiographique » (1953-1963), comme l'appelle Geneviève Idt, apparaît comme une période d'action intellectuelle menée au détriment de la littérature ; elle est marquée par des polémiques, des ruptures, des alliances précaires et un grandissant sentiment d'impuissance. L'hypothèse de G. Idt (voir ci-après, p. 137), selon laquelle le projet d'autobiographie politique de Sartre se forme dès 1952 comme un projet d'autocritique et qu'il est annoncé dans la « Réponse à Albert Camus » (« Si vous me trouvez cruel, n'ayez crainte : je parlerai de moi bientôt et sur le même ton » (*Situations IV*, p. 122), peut trouver confirmation dans une lettre de Merleau-Ponty à Sartre, datant du 8 juillet 1953 (c'est-à-dire d'après la publication dans *Les Temps modernes* de la « Réponse à Claude Lefort », article où Merleau-Ponty s'était senti attaqué par Sartre autant que Sartre s'était senti attaqué par Merleau-Ponty à travers l'article de Lefort, « Sartre et le marxisme »).En effet, dans cette longue lettre de justification et d'accusation, Merleau-Ponty écrit notamment ceci : « [...] Ton procédé, qui est d'interpréter les autres psychologiquement en dernière analyse, il suppose que tu confondes le cours de tes pensées avec le cours du monde. Crois-tu donc être en plein monde, penses-tu échapper seul à la psychanalyse existentielle, et que la colère où je t'ai vu soit *toute sainte* ? [...] Peut-être aurais-tu été plus près des choses en remplissant la vraie fonction politique de l'écrivain, qui est de se montrer aux prises avec ses difficultés, de s'objectiver devant les autres : en faisant les "Mémoires

1. *Saint Genet*, p. 536.
2. Sans certitude quant à leur succession exacte, nous pouvons énumérer les textes dans l'ordre suivant, de 1953 à 1957 (première période d'élaboration mentale et scripturale de l'autobiographie) : « Réponse à Claude Lefort » (*Temps modernes*, avril 1953) ; *L'Affaire Henri Martin* (achevé d'imprimer 20 octobre 1953) ; Texte sur les Rosenberg (juin 1953) – *Kean* (été 1953) ; « Les Communistes et la Paix, III » (*Temps modernes*, avril 1954) ; Jean sans terre (conception, fin 1953 ?) ; Première version du Flaubert ; Préface à Cartier-Bresson (avril-juin 1954) ; Texte sur les peintures de Giacometti (juin 1954) ; Jean sans terre (été 1954, en Italie, puis à Salzbourg) ; *Nekrassov* (début 1955) ; Jean sans terre (été 55, en Italie ?) ; *Les Sorcières de Salem* (novembre 1955) ; « La Chine que j'ai vue » (novembre 1955) ; « Le réformisme et les fétiches » (janvier 1956) ; « Le colonialisme est un système » (janvier 1956) ; « Le fantôme de Staline » (*Les Temps modernes*, fin 1956) ; « Questions de méthode » (début 1957) – « Le Séquestré de Venise » (*Les Temps modernes*, novembre 1957, probablement commencé vers 1955) ; « Des rats et des hommes » (juillet 1957) ; *Critique de la raison dialectique* (commencée après « Questions de méthode », terminée fin 1958 ou début 1959, y compris le « tome II »).

d'un rat visqueux". [...] »[1] Ce titre est-il suggéré par Merleau-Ponty à Sartre, ou bien celui-ci en a-t-il fait état dans les discussions et les échanges de lettres avec lui qui ont, selon les termes de Sartre, constitué, en 1952-1953, leur « "travail de la rupture" au sens où Lagache a si bien montré que le deuil est un travail »[2] ? Un tel titre, en tout cas, répond bien aux intentions premières de Sartre, qui étaient d'écrire des mémoires critiques dans lesquelles tous les intellectuels de sa génération pourraient se reconnaître. Qu'on se rappelle l'apostrophe aux lecteurs des « Communistes et la Paix » (juillet 1952) : « Beaux enfants, chers rats visqueux, vous courez à la guerre ! Vous pouvez m'en croire. C'est un rat visqueux qui vous parle. Vous courez à la guerre et vous nous y entraînez. »[3] Le « rat visqueux », dans le vocabulaire politico-intellectuel des années 50, est, comme la « vipère lubrique », la dénomination de l'intellectuel progressiste par les communistes (plus personnellement, Sartre avait été traité de « hyène à stylographe » par l'écrivain soviétique Fadéev au Congrès de Wroclaw, en 1948). Sartre précise d'ailleurs dans une note : « Le rat visqueux n'a pas trahi. Mais le Parti est sûr qu'il eût pu le faire si l'occasion s'en était présentée. Bref, c'est un mot qui désigne cette catégorie d'individus – très répandus, hélas, dans notre société : le coupable à qui l'on ne peut rien reprocher. »[4] Revenant sur cette période, neuf ans après, pour expliquer une conversion qu'il n'a jamais voulu attribuer à un quelconque sentiment de culpabilité, Sartre dira avec humour des communistes français : « [Ils] vinrent me voir à propos de l'affaire Henri Martin. Ils tentaient de réunir des intellectuels de tout poil, lustrés, visqueux ou lubriques pour la porter devant le grand public. »[5] Les rats, comme le rappelle aussi le roman de Bernard Frank qui porte ce titre et qui parut en 1953, ce sont d'abord les rats de cave de Saint-Germain-des-Prés, les existentialistes contaminés par le jazz autant que par la psychanalyse du visqueux qu'avait proposée

1. Cette lettre de neuf feuillets manuscrits remplis recto-verso d'une fine écriture et accompagnée des notes dactylographiées (3 ff) d'une conférence donnée par Merleau-Ponty le 29 mai 1953 au Collège philosophique et que lui reprochait Sartre par ouï-dire, est importante pour comprendre les rapports intellectuels et affectifs des deux philosophes. Sartre y fait référence (« il m'écrivit une très longue lettre, j'y répondis par 40° à l'ombre, ce qui n'arrangea rien » (*Situations IV*, p. 258)), sans faire état de son argumentation, qui est, en gros, celle de « Sartre et l'ultra-bolchevisme » paru dans Merleau-Ponty, *Les Aventures de la dialectique*, Gallimard, 1955. Elle se trouvait en possession de Jean Cau et a été préemptée par la Bibliothèque nationale dans la vente de sa succession, en décembre 1993. L'échange de lettres entre Sartre et Merleau-Ponty a été publié, avec une note introductive de François Ewald, dans le *Magazine littéraire*, n° 320, avril 1994, p. 67-86.

2. Voir « Merleau-Ponty vivant », *Les Temps modernes*, n° 184-185, p. 354. Dans la reprise de ce texte sous le titre « Merleau-Ponty » dans *Situations IV*, p. 258, le nom de Daniel Lagache, le condisciple de Normale Sup à qui Sartre dut peut-être ses premières connaissances en matière de psychanalyse, est avantageusement remplacé par celui de Freud.

3. *Situations VI*, p. 86.

4. *Ibid.*, p. 88.

5. *Situations IV*, p. 248.

L'Être et le Néant. « Mémoires d'un rat visqueux » aurait donc été un excellent titre pour une autobiographie critique qui aurait mené Sartre jusqu'au seuil de la conversion dont Merleau-Ponty l'engageait vivement à rendre compte. *Le Traître* aurait bien convenu aussi, mais c'est André Gorz, disciple de Sartre qui prendra ce titre pour son autobiographie, en 1958. A lire aujourd'hui *Les Mots* sous le regard de Merleau-Ponty, on pourrait également choisir « Le Séquestré du Cogito » ou « Le rat de bibliothèque » pour titrer une autobiographie d'où la politique et le social seront, en cours d'élaboration, progressivement effacés ou estompés, au profit de la littérature, c'est-à-dire d'un style parfaitement *maîtrisé*[1].

La première phase d'écriture

Si l'on en croit Simone de Beauvoir, à qui l'on peut relativement se fier, car elle écrit ses Mémoires d'après ses carnets-agendas, Sartre commence son autobiographie, avec beaucoup de difficulté, en juillet 1954, en Italie, où il séjourne avec Michelle Vian pour se reposer de son voyage en URSS (fin mai-juin) qui l'a surmené[2]. Fin août, Simone de Beauvoir emmène Sartre en voyage en voiture ; elle raconte qu'à Strasbourg, dans un restaurant, il lui a déclaré : « La littérature c'est de la merde. » « Pendant tout le repas il a exhalé son dégoût. La fatigue le rendait misérabiliste ; écrire lui demandait un tel effort qu'il n'y trouvait plus aucun sens. »[3] Elle relate ensuite qu'après avoir traversé la Bavière, ils sont descendus dans un hôtel à Salzbourg (septembre) et que là, « Sartre se remit à travailler », mais elle ne précise pas à quoi – il est vraisemblable que ce soit à l'autobiographie commencée. Pour l'année suivante, après avoir récapitulé les activités de Sartre de 1952 à 1955 (« Les Communistes et la Paix », travail philosophique pour fonder la dialectique à laquelle il est « converti » ; « longue étude fouillée [sur Flaubert et son œuvre], mais de forme trop négligée pour qu'il envisageât de la publier »), elle ajoute : « Il poursuivait aussi son autobiographie, cherchant à travers son enfance

1. L'expression courante « rat de bibliothèque », appliquée à l'enfant Sartre par son grand-père, se trouve dans le manuscrit « Beauvoir » (f° SdB 236) et disparaîtra dans le manuscrit « Vian » comme dans la version publiée. L'adjectif visqueux, collé à Sartre dès 1943, n'apparaît pas une seule fois dans le texte des *Mots*, ni d'ailleurs dans les manuscrits conservés. On peut voir là un bel effacement d'un titre choisi par Sartre ou lancé par Merleau-Ponty comme un défi. Quant au relatif effacement du politique et du social, de « Jean sans terre » aux *Mots*, on lira ci-après les remarques de Geneviève Idt, p. 175, Jacques Lecarme, p. 191, 222 et 231, et Jacques Deguy, p. 300.

2. « En Italie où il alla se reposer avec Michelle, il commença une autobiographie ; mais il n'arrivait pas, m'écrivit-il, à joindre deux idées » (*La Force des choses* (1963), p. 331). Il n'y a pas de lettres pour la période 1952-1959 dans les *Lettres au Castor,* éditées par Simone de Beauvoir ; si elles existent, peut-être n'ont-elles pas été publiées pour ménager des personnes vivantes.

3. *La Force des choses,* p. 333.

les raisons qui l'avaient poussé à écrire. »[1] Que conclure de ces informations extérieures, mais qui émanent de quelqu'un qui suit de près le travail de Sartre ? Que l'autobiographie est mise en chantier dans un moment de dépression, de doute profond non seulement sur la valeur de la littérature mais sur la justification de son propre choix d'écrire. Que ce travail est entrepris en voyage, c'est-à-dire avec la mémoire pour seule source, et qu'il coïncide avec une interrogation philosophique sur les fondements de la dialectique, c'est-à-dire de l'intelligibilité de la praxis. Que la praxis, pour l'individu Sartre, c'est l'écriture littéraire, une « mini-praxis »[2], mais qu'il la conteste en tant que telle, chez lui comme chez Flaubert. Que le travail autobiographique est plusieurs fois interrompu par des écrits de commande ou des écrits répondant aux exigences politiques de l'heure, et par des voyages quasi officiels (Chine, en septembre-novembre 1955).

Dès la première mention publique de son projet, dans une interview publiée en novembre 1953 (et qui porte sur *L'Affaire Henri Martin*), Sartre dit de cette autobiographie qu'elle « ne cherche pas à retracer [sa] vie sous un aspect individuel » : « J'essayerai plutôt de m'y définir en tant que membre de cette génération qui a vécu la guerre de 1914, l'entre-deux-guerres, l'occupation et l'après-guerre. » Il s'agit donc bien d'un projet d'autobiographie politique, où ce sont les événements historiques qui conditionnent les choix que peut faire un individu non pas en tant qu'individu isolé, aux particularités singulières, mais en tant que membre et représentant d'une génération.

Aux premiers tâtonnements de cette autobiographie semblent appartenir des feuillets de brouillon où Sartre résume son évolution et son projet existentiel et politique en termes philosophiques :

> Je ne voulais pas être le premier dans un cadre institutionnel, le premier d'une élite. Je voulais être tout. Être tout l'homme parce que tout l'homme était en moi contesté. Cette totalité il fallait la recomposer et ne plus cesser de l'être. Il fallait l'être *en acte* et dans le plein emploi de soi-même. Le salut, c'était ça : se faire totalité pour voir la totalité. Mon rapport originel avec les autres hommes devait être non de les commander ni de leur obéir mais de les être. Et je devais nécessairement les être comme la substance (totalité) est aussi les modes finis. Les être, c'est-à-dire les exprimer dans leur particularité tout en les faisant s'évanouir dans l'ensemble. Ainsi mon rapport avec eux était de les exprimer, de vivre ce qu'ils vivaient pour le rendre comme expression du tout. Ce fut Huysmans qui me parla d'un réalisme qui se dépasse vers autre chose (Grunwald) mais le mien ne se dépassait pas vers la spiritualité mais seulement vers le tout de l'univers et de la condition humaine. Cette orgueilleuse volonté était par son autre face une application modeste : on m'avait

1. *Ibid.*, p. 369. Après 1955, il n'y a plus de mention de l'autobiographie de Sartre dans *La Force des choses*.

2. Voir *L'Idiot de la famille,* 1971, p. 1014 : « cette mini-praxis qu'est la littérature ».

fait homme, je voulais vivre cette réalité d'homme avec application, jusqu'au bout, faire, comme on dit, mon métier d'homme. J'étais un homme appliqué. J'avais horreur de la spécialisation et des « hommes supérieurs » au sens de Zarathoustra. Et si j'ai choisi la littérature, c'est à coup sûr parce qu'elle parlait de tout, de l'eau de goudron, des automates, des perversions. Je ne me rendais pas compte que parler d'un automate ce n'était pas la même chose que *faire* un automate. La littérature parle de tout mais ne fait qu'en parler. Je l'ai compris : 1 / quand je parlais avec Giacometti de ses sculptures. En parler ce n'était pas les faire ; 2 / quand je parlais de ce que j'écrivais. Bref le christianisme, Spinoza et l'humanisme démocratique me présentaient une sorte de synthèse. Mais cette synthèse devait être compromise par l'existence du *travail salarié.* Comment être le tout si l'humanité est divisée en deux et si j'ignore les souffrances et le labeur de la plus grande partie. L'humanisme bourgeois se fait éclater lui-même. A partir de là on passe à l'idée de la lutte des classes. On éclate soi-même. J'ai répugné à l'idée de lutte des classes parce qu'elle introduisait en moi la contradiction. Mon « intérêt idéologique » le plus fort c'était qu'elle fût surmontée. Mais déjà je changeais : car il fallait qu'elle fût surmontable *au-dehors* pour qu'elle le soit en moi. J'étais sur la pente, j'acceptais de changer l'extérieur pour me changer, je me croyais donc conditionné du dehors. Alors que jusque-là je pensais : « se changer plutôt que le monde ». Ce qui est ridicule. Platon : morale ou politique d'abord. J'avais dit *morale.* L'évolution : pour surmonter le conflit en moi il fallait le surmonter dehors : RDR. J'apprenais qu'il était insurmontable. Ce mode de conscience malheureuse. Reste à se mettre avec ceux qui veulent qu'il n'y ait plus de classes. Mais ce n'est pas pour demain. N'importe : leur idéal est le mien, leur intérêt rejoint mon intérêt idéologique. Mais la totalité sera *pour demain,* pas pour aujourd'hui. Ruse et artifice : en un sens, je l'accepte : eh bien oui, je ne veux pas le socialisme. En un autre sens ruse : je serai la totalité, moi bourgeois, si je me mets avec eux, les prolétaires, si je lutte avec eux contre la bourgeoisie.

Je ne dirai pas que j'ai senti le délaissement de l'homme dans le monde. Mais je dirai que je n'ai pas senti que ma place était faite dans le monde. Sous la croûte d'une comédie avec les adultes qui était abstraite je me suis développé sous la médiation des autres. Je suis le plus public et le plus seul. Toujours entouré, je n'ai besoin de personne. Parce que j'ai poussé en mauvaise herbe.

Inassimilable[1].

On le voit bien, c'est de son cas particulier qu'il parle, dans ces premières textualisations. Mais, à peu près au même moment, il déclare dans une interview : « A travers mon histoire, c'est celle de mon époque que je veux transcrire. »[2] Et il reprendra ce thème, en l'élaborant, dans tous les entretiens que l'on peut appeler le « paratexte d'annonce » des *Mots.* En juin 1955, il prévoit son autobiographie sous la forme d' « un

1. F^os^ ITEM 9 et 10 (vente Drouot du 10 mai 1995). La référence que fait Sartre à Joris-Karl Huysmans se rapporte sans doute au texte de celui-ci sur « Les Grünewald du Musée de Colmar » (1905) repris dans *Trois Églises, Trois Primitifs,* Plon-Nourrit, 1908. Pour une édition critique de ce texte, voir J.-K. Huysmans, *Les Grünewald du Musée de Colmar. Des primitifs au retable d'Issenheim,* édition établie par P. Brunel, A. Guyaux, C. Heck, Hermann, 1988.

2. Pour les références de ces déclarations, voir la section « Sartre sur son autobiographie » dans l'Appendice du présent ouvrage, p. 445.

épais volume ou deux au maximum ». Ce n'est que dans un entretien de 1957, au moment où il a déjà écrit l'essentiel de ce qui s'appelle encore « Jean sans terre » sur manuscrit, mais dont il ne révèle pas le titre, qu'il déclare : « La première chose que je dois essayer d'expliquer dans une autobiographie, c'est pourquoi j'écris. [...] Je n'ai pas été capable de le savoir avant les trois ou quatre dernières années. Pourquoi ? Parce que je tenais tellement à ce projet d'écrire que tout ce que je pouvais dire sur lui, c'étaient des choses qui m'étaient dictées par lui-même. Mais ce qui me constituait, moi, et qui donnait son sens à tout le reste, j'étais parfaitement incapable de le comprendre. » C'est l'enseignement du marxisme vécu dans un rapprochement de plus en plus étroit avec la politique de l'extrême gauche qui lui a permis, dit-il, de prendre le recul nécessaire pour se saisir en étant saisi par les autres comme un homme d'une certaine espèce, et qu'il a pu comprendre ainsi ce que représentait pour lui le choix très ancien d'écrire, choix qu'il fait remonter à sa huitième année. En 1957 encore, Sartre affirme qu'il mène le premier volume de son autobiographie jusqu'à sa vingtième année. Et en 1960, dans un important entretien avec Madeleine Chapsal, il résume de la façon suivante la thèse qui donne une armature à l'autobiographie de son enfance : « La vie littéraire fut calquée, dans mon imagination, sur la vie religieuse, et je ne songeais qu'à faire mon salut. »[1] Il déclare encore : « Tout cela, je l'ai ignoré jusqu'à quarante ans : simplement parce que je ne m'interrogeais jamais sur mes motifs d'écrire. Je contestais tout, sauf ma profession. Si bien qu'un jour, en écrivant des considérations sur la morale, je me suis aperçu que je faisais une éthique d'écrivain pour des écrivains, en prétendant parler au nom de ceux qui n'écrivaient pas. C'est ce qui m'a contraint à remonter aux sources de cette attitude bizarre et à chercher les présuppositions – ou, si l'on préfère, les investissements de mon enfance. A présent, je suis sûr que c'est cela. D'autant plus que des écrivains un peu plus âgés que moi – à peine – ont eu la même évolution : c'est l'époque qui formait ses futurs auteurs. »[2] Ici, Sartre pense probablement à Michel Leiris, son aîné de cinq ans, mais peut-être aussi à deux de ses contemporains et amis, Nizan et Merleau-Ponty.

Nous venons de voir comment Sartre parle de son autobiographie durant la période où il l'élabore. L'examen du dossier génétique lacunaire dont nous disposons permet quelques hypothèses sur les campagnes d'écriture mais ne donne pas de certitudes[3]. La dactylographie que Sartre fait

1. Genre de phrase qu'aurait pu dire Renan, pour qui la vie de savant fut en effet calquée sur la vie religieuse.
2. Voir *Situations IX*, 1972, p. 33.
3. Voir ci-après « Le dossier génétique pour *Les Mots* », p. 44-45.

établir pour le début de « Jean sans terre » date probablement le texte de 1955[1]. Toutes les références internes donnent l'année 1956 pour le manuscrit que foliote Simone de Beauvoir (à une date que nous ne pouvons déterminer)[2]. Ce manuscrit ne comporte aucune indication interne d'écriture au-delà de 1956. Tout semble donc indiquer qu'après une première campagne d'écriture en 1954-1955 qui aboutit au tapuscrit « Jean sans terre », Sartre en entame une seconde, en 1956, qu'il paraît abandonner en 1957 (année au cours de laquelle il parle encore de son autobiographie comme d'un travail en cours[3]). L'hypothèse que permettent les éléments matériels, les références internes des feuillets manuscrits et les informations externes est que Sartre a travaillé par intermittence à « Jean sans terre » de 1954 à 1957. Rien de ce qui subsiste des brouillons ne nous permet d'affirmer qu'il a continué à l'écrire entre 1957 et 1963, rien non plus ne nous permet d'affirmer le contraire, quoique ce soit le plus vraisemblable et que Sartre le confirme lui-même dans la version « brute » (la transcription avant révision) de son entretien avec Madeleine Chapsal qui date du 5 janvier 1960 et où il dit qu'il y a longtemps qu'il n'a pas touché à son autobiographie et ajoute qu'il n'en a écrit qu'un seul chapitre, celui où il explique pourquoi il écrit[4]. La comparaison des papiers et des particularités graphiques de l'écriture de Sartre dans les brouillons du manuscrit « Beauvoir » avec d'autres papiers et d'autres graphies datant de cette période n'a pas été poussée, pour la raison que la datation, pour ce qui concerne l'interprétation de l'évolution « intellectuelle » du projet, ne nous a pas paru nécessaire. En effet, l'analyse génétique du corpus disponible montre que durant la « décennie autobiographique », l'évolution idéologique de Sartre est quasi nulle, qu'il n'a eu dans l'élaboration de l'autobiographie que des problèmes d'écriture et de choix de l'ordre narratif, car la thèse dialectique était posée dès le début de l'entreprise[5]. Malgré la rupture avec le PCF consécutive à l'écrasement par l'Armée rouge de l'insurrection en Hongrie en octobre-novembre 1956, la discussion que Sartre mène avec le marxisme et qui se formule de la façon la plus claire dans « Questions de méthode » (1957) ne connaît pas de tournant mais un approfondissement. Ce ne sont donc pas des motifs politiques qui peu-

1. Voir tapuscrit « Jean sans terre », p. 34 (« J'ai cinquante ans [...] »).

2. Voir le manuscrit « Beauvoir » où est indiqué l'âge du scripteur : « plus de cinquante ans » (F SdB 256) ; « j'écris cela à cinquante et un ans » (F SdB 359, passage biffé). Voir aussi la démonstration probante que fait Jacques Lecarme dans le présent volume (p. 226) sur la référence d'une déclaration de Michel de Ghelderode que Sartre commente dans un passage éliminé des brouillons.

3. Voir dans l'Appendice, les déclarations à Olivier Todd (printemps 1957), au journal allemand *Welt am Sonntag* (octobre 1957).

4. Voir le passage en question de cette transcription brute, ci-dessous, dans l'Appendice « Sartre et quelques autres sur son autobiographie », p. 452.

5. Voir sur ce point l'analyse que fait Philippe Lejeune des fiches établies par Sartre, sans doute au début de son travail (ci-dessous, p. 63 et s.), analyse que confirme Jacques Lecarme de son côté (p. 194 et s.).

vent expliquer la suspension (ou le report) du projet autobiographique. La période 1952-1963 est idéologiquement homogène[1].

Pour ce qui concerne la réflexion sur l'autobiographie comme genre littéraire et comme exercice d'authenticité existentielle, 1957, en revanche, marque une date importante, celle de la préface que Sartre donne, sous le titre « Des rats et des hommes », à l'autobiographie « non littéraire » d'André Gorz[2]. Ce livre qui donne naissance à son auteur selon les exigences d'une psychanalyse existentielle et d'une saisie « objective » de soi par la méthode marxiste a fort probablement mené Sartre à s'interroger sur le rôle du style littéraire dans sa propre entreprise autobiographique et peut lui avoir inspiré de la méfiance à l'égard des séductions de ce style. A la même époque, il transfère celui-ci à son étude sur le Tintoret, qu'il dit plus tard avoir abandonné précisément parce qu'il n'était pas satisfait du style adopté, par quoi il faut probablement entendre le « ton » de ce texte, véhément, tendu, nerveux[3].

Enfin, *Le Scénario Freud*, essai de biographie cinématographique, composé en 1958-1959, est tout entier saturé d'une réflexion-rêverie sur la filiation et la naissance du génie inventeur. Le Sartre de « Jean sans terre » y apparaît Jean sans père en filigrane d'un Freud secouant l'un après l'autre les pères de ses épaules. Comme l'a suggéré J.-B. Pontalis – et bien que le projet de l'autobiographie précède de plusieurs années l'écriture du scénario – au cours de celle-ci Freud, sans doute, « a *interprété* Sartre »[4], si bien même que l'autobiographie est constamment différée, parce que les limites de l'auto-analyse dans la saisie du sujet par lui-même apparaissent à Sartre plus clairement.

1. Je prends ici le terme d'idéologie au sens que lui donne Sartre dans « Questions de méthode » quand il affirme que l'existentialisme est une idéologie à l'intérieur du marxisme, lequel est l'horizon philosophique indépassable de notre temps (voir p. 14 et 21 de l'édition de 1985 de *Critique de la raison dialectique*, précédé de *Questions de méthode*). Une variante intéressante entre le manuscrit « Beauvoir » et le manuscrit « Vian » (FMV 195) qui date de 1963 est l'ajout que Sartre fait de l'expression « matérialiste convaincu » pour se caractériser au présent dans un passage où il attribue son persistant « idéalisme épique » à une compensation contre la perte de l'Alsace et de la Lorraine en 1870 (*Les Mots*, coll. « Folio », p. 88). Son ralliement intellectuel au « matérialisme historique » date de « Questions de méthode » ; jamais auparavant Sartre ne s'était identifié comme « matérialiste » ; il avait même protesté hautement contre cette étiquette à l'époque du *Mur* (voir Pléiade, p. 1813) ; et l'essai « Matérialisme et révolution » de 1946 concluait que le matérialisme était un mythe qui risquait d'étouffer le projet révolutionnaire (*Situations III*, 1949, p. 225 ; *Situations philosophiques*, 1990, p. 140). Dans le texte final des *Mots*, le « matérialisme » dont l'auteur se dit aujourd'hui « convaincu » s'oppose à l' « idéalisme » dont il a dit, p. 39, qu'il a « mis trente ans à [se] défaire ».

2. Voir ce qu'en disent ci-dessous Geneviève Idt (p. 126 et s.) et Jean-François Louette (p. 382 et s.).

3. Voir *Les Écrits de Sartre*, p. 314. Sur le texte « Le séquestré de Venise », voir le commentaire de Michel Thévoz dans son article « La psychose prophétique du Tintoret », *Obliques*, n° 24-25, « Sartre et les arts » [1981].

4. Voir Sartre, *Le Scénario Freud*, Gallimard, 1984, préface de J.-B. Pontalis, p. 19.

Deux textes autobiographiques de diversion

Après son entretien avec Madeleine Chapsal (janvier 1960), où Sartre donne en détail le programme intellectuel de son autobiographie sans faire allusion, dans la version publiée (et soigneusement revue par lui), au fait qu'il a entrepris de l'écrire, on n'enregistre plus de déclaration qui puisse faire penser que son projet tient toujours. Ainsi, il ne l'évoque pas dans une interview datant du début de 1962, où il est interrogé notamment sur ses ouvrages en chantier[1]. N'y pense-t-il réellement plus ? Est-il bloqué dans sa rédaction parce qu'il ne veut pas mettre noir sur blanc ses sentiments sur le remariage de sa mère tant que celle-ci est vivante ? En mars 1960 il publie un texte d'inspiration autobiographique mais qui saute allégrement par-dessus son adolescence rochelaise pour évoquer ses années de lycéen, de khâgneux et de normalien : c'est le retentissant « Avant propos » à la réédition d'*Aden Arabie* de Paul Nizan, où il raconte les étapes de son amitié de jeunesse avec lui. L'année suivante, la mort de Merleau-Ponty lui donne l'occasion, pour un numéro d'hommage des *Temps modernes*, de faire l'historique de la revue et de s'expliquer sur sa propre évolution politique tout en faisant le portrait de son ancien condisciple à Normale Sup. Les deux textes sont donc des portraits où le portraitiste se représente pour mieux faire ressortir la différence entre lui et le portraituré ; ils seront d'ailleurs recueillis dans un volume de *Situations*, le volume IV, portant ce sous-titre : *Portraits*. Celui de Nizan et celui de Merleau-Ponty se suivent dans le recueil et remplissent autant de pages que le volume des *Mots*. Ils forment, bien que ce ne soit pas leur finalité avouée, une autobiographie de sa jeunesse et des années d'après guerre et nous donnent très exactement ce récit de conversion annoncé dans les interviews où Sartre évoque son autobiographie avant la publication des *Mots*. Ce sont deux textes de révolte, écrits dans un style différent : l'un de violente autocritique pour vanter la jeune révolte de l'ami disparu, l'autre d'autocritique politique qui tourne à l'autojustification.

L'article d'hommage à Merleau-Ponty philosophe est ambigu, car Sartre n'y discute pas la philosophie de Merleau-Ponty, mais propose une interprétation psychologisante de la trajectoire politique de celui-ci sans analyser en retour les motifs psychologiques de la sienne. S'il y a eu deux versions de l'article sur Merleau-Ponty[2], c'est parce que Simone de Beauvoir, à la lecture de la première ébauche, a reproché à Sartre de s'être accablé, de s'être donné, par une sorte de sentiment de culpabilité toute

1. Voir l'Appendice et les commentaires de Philippe Lejeune, p. 453.

2. La première version a été publiée sous le titre « Merleau-Ponty » dans la *Revue internationale de philosophie*, 39e année, n° 152-153, 1985.

affective, un rôle de farceur, d'irresponsable politique face à Merleau-Ponty. A propos d'un débat public qu'il relate et au cours duquel, en son absence, Merleau-Ponty avait pris sa défense contre Raymond Aron, Sartre écrit par exemple : « Si Merleau ne se fût chargé de disputer à ma place, si j'avais dû moi-même répondre aux objections d'Aron, l'imposteur eût été démasqué, chassé. Mais Merleau-Ponty fut obligé, fût-ce par allusion, de se référer à ma pensée politique. Comme on ne se réfère pas au néant, il la remplaça par la sienne. S'il s'en aperçut, ce fut après coup. » Sartre se reproche sa cécité à l'histoire, son volontarisme instantanéiste, son anarchisme rousseauiste : « Pour ce qui est de moi, je m'engouffrais dans toutes les frontières ouvertes, avec ce résultat : une opiniâtre distraction d'esprit – la chose du monde la mieux partagée – et qui fut récemment nommée de son vrai nom, la bêtise. » On comprend que sa vigilante compagne ait réagi à un tel accès de masochisme, provoqué par le deuil et le remords. Dans la version publiée par *Les Temps modernes*, Sartre évitera encore la discussion qui aurait porté sur les années 50-60, où Merleau-Ponty et lui ont été politiquement séparés. Racontant l'histoire de la revue sous l'angle politique c'est bien évidemment à une apologie qu'il aboutit : s'il a eu tort de laisser Merleau-Ponty définir seul la politique des *Temps modernes* jusqu'en 1950, il a eu raison de prendre les positions qui sont encore les siennes – et donc celles de la revue – au moment où il écrit. Elles se résument à ceci : unité d'action avec les communistes, nécessitée par la lutte contre la guerre d'Algérie, malgré les divergences philosophiques qui subsistent avec eux. Et le retrait de Merleau-Ponty du politique – en réalité son ralliement à une politique de gauche modérée et « acommuniste » – se voit finalement mis au compte de sa configuration psychologique, de sa situation existentielle, de son rapport à une enfance trop heureuse, à sa mère veuve, à un secret de famille auquel est faite une allusion cryptique[1]. Sartre résume ainsi le comportement existentiel de Merleau-Ponty : « Un de ses traits les plus constants fut de chercher partout l'immanence perdue, d'être rejeté par l'immanence même vers un transcendant et de s'éclipser aussitôt. » Le rapport au catholicisme, plus tard au socialisme, et à sa nécessaire incarnation dans une URSS chaotique et monstrueuse, mais *réelle*, Sartre le met au compte d'une indépassable nostalgie d'un paradis perdu, celui de l'enveloppement par la mère. Et, plutôt que de discuter les idées au nom desquelles Merleau-Ponty en est venu à prendre ses positions à l'égard de l'URSS et des communistes, il décrit ces idées, en retrace l'histoire et il oppose son propre « monisme de la vérité » à la « vision des facettes de l'être » chez

1. Sartre dit Merleau-Ponty « tourmenté par les secrets archaïques de sa préhistoire » (*Situations IV*, p. 191), ce qui renvoie au secret de sa naissance adultérine, depuis révélée par des biographies de S. de Beauvoir (Cl. Francis et F. Gontier, 1985 ; Deirdre Bair, 1990).

Merleau-Ponty comme deux dispositions existentielles qui doivent se comprendre par des enfances en tous points opposées. C'est que Sartre, sans faire dans ce texte de références explicites à sa propre enfance, est tout entier mû par le souci de l'élucider, c'est-à-dire par son projet autobiographique – d'où le biographisme herméneutique qui domine dans son hommage équivoque à Merleau-Ponty, là où ses lecteurs de l'époque auraient sans doute attendu une mise au point philosophique et politique, puisque c'est la politique qui a séparé les deux amis. La note finale de ce récit d'une « amitié sans bonheur » est très affective, elle évoque « une blessure indéfiniment irritée », dans une tonalité de deuil littéraire qui a été donnée par la référence initiale à Montaigne dans le brouillon : « Que d'amitiés j'ai perdues : sans qu'il y ait la faute de personne ; parce que c'étaient eux, parce que c'était moi. »

Tout se passe comme si les textes sur Nizan et sur Merleau-Ponty, textes suscités par les circonstances, étaient venus s'insérer dans le projet autobiographique en occupant une place qui était prévue dès l'origine de ce projet total, mais qui restait vide parce qu'un abîme s'était ouvert sous les pas de l'autobiographe : celui d'une adolescence par-dessus laquelle il ne pouvait pas sauter dans son récit et qu'il ne pouvait pas non plus revivre par l'écriture. Philippe Lejeune a indiqué ailleurs la persistance de ce nœud névrotique[1] et il développe ici, en étudiant les modifications de l'ordre du récit qui apparaissent dans les avant-textes des *Mots*, son hypothèse sur le blocage qui arrête à l'enfance l'autobiographie publiée de Sartre[2]. On ajoutera que les *Mémoires* de Simone de Beauvoir ont aussi pu faire obstacle au projet autobiographique de celui-ci, puisqu'à partir de 1958, Sartre devient personnage biographié par le « témoin de sa vie »[3]. Les *Mémoires d'une jeune fille rangée*, en 1958, ont raconté sa rencontre avec Sartre, ont fait de lui un portrait en jeune génie, candidat à l'immortalité ; *La Force de l'âge*, en 1960, a fait le récit de leurs années obscures et de leurs débuts littéraires. Ces Mémoires livrent donc une chronique de la vie publique et intime de Sartre ; sa compagne s'est emparée de sa vie, avec son consentement, bien sûr, et même sa collaboration pour certaines interprétations ; toujours est-il que la toile est couverte, le terrain occupé, l'herbe coupée sous ses pieds : il ne lui reste plus

1. Voir son article « Ça s'est fait comme ça », *Poétique*, n° 35, n° 269-304.
2. Voir ci-dessous, p. 77 et s.
3. On pense là évidemment au titre *Victor Hugo par un témoin de sa vie* donné aux souvenirs de l'épouse Adèle Hugo sur le grand homme, mais on pense aussi à cette phrase des *Mots* : « Ma vie a quelques témoins sourcilleux qui ne me passent rien » (p. 195). Phrase qui évoque aussi ce que Michel Leiris, dans une note de *L'Age d'homme*, dit de sa femme : « [...] mon témoin, autrement dit : le regard qui assiste au déroulement de ma vie, devant qui ma vie doit prendre une signification et par qui je serai jugé méritant ou coupable » (Éd. Folio, 1973, p. 211). C'est exactement ce qu'est pour Sartre Simone de Beauvoir. Ce qui est bien marqué par l'expression « Mon petit juge » avec laquelle il s'adresse à elle dans ses lettres de guerre.

que son enfance et son adolescence qui soient littérairement vierges, non colonisées par la parole d'une autre, ou alors son présent d'écrivain. Il est fort possible que cette vampirisation biographique l'ait d'abord éloigné de son projet autobiographique, puis incité à le concentrer sur l'enfance. Durant l'été 1961, en Italie, ayant plus ou moins tiré un trait sur sa vie, il songe à écrire un testament littéraire pour lequel il aurait repris un titre de George Moore, « Mémoires de ma vie morte ».

Un projet de préface politique

Un autre projet, en revanche, a pu servir de relance à l'autobiographie politique telle qu'il l'avait d'abord conçue. En septembre 1962, les éditions du Parti communiste italien, les Editori Riuniti, en la personne de Mario Alicata, responsable de la culture à la direction du PCI, lui demandent une préface pour un recueil de ses écrits politiques des années 50, notamment des « Communistes et la Paix ». Sartre donne son accord, et se trouve dans le plus grand embarras, à la fois idéologique et littéraire. Embarras idéologique, d'une part, parce que ces articles sont en gros favorables au PCF, avec lequel le PCI est certes en désaccord sur beaucoup de points ; mais du moment que celui-ci cherche une unité d'action avec le parti français, il demande à Sartre de supprimer les dix dernières pages du « Fantôme de Staline » où les communistes français sont vivement attaqués ; Sartre l'accepte, par amitié pour Alicata et Togliatti – c'est-à-dire aussi par suivisme à l'égard du PCI, dont il se considère à l'époque comme une sorte de militant. Embarras littéraire, d'autre part, car cette préface, il la veut justement littéraire, c'est-à-dire écrite « en style » et totalisante, mais elle doit être brève – une cinquantaine de pages au plus. La difficulté est de l'écrire dans un style qui ne soit pas trop différent de celui des textes présentés. Or la série « Les Communistes et la Paix » est écrite dans un style bâtard : tantôt polémique, donc littéraire, tantôt philosophique, donc, selon lui, sans style. Écrire en style signifie pour Sartre donner plusieurs significations aux mots, jouer sur les formules, sur les gallicismes, sur les allusions culturelles : c'est en somme faire fond sur une culture commune à ses lecteurs et à lui-même. Ayant à commenter ses écrits politiques à l'intention du public italien, et plus précisément du public communiste italien, il est bloqué : la préface ne s'écrit pas. Pourtant il se sent une obligation de l'écrire pour expliquer qu'il n'est pas une girouette, que ses rapports avec les communistes sont dramatiques, c'est-à-dire liés au temps et à l'action, conditionnés par la situation, par leur praxis et par son office d'intellectuel ; ce sont donc des rapports dialectiques, vivants et passionnés. La situation politique en France pose plus que jamais une alternative : ou la disparition de la gauche ou l'unité d'action – et puisque l'appareil français du parti a l'air de changer quelque peu,

Sartre doit, comme intellectuel compagnon de route, revendiquer tous ses articles des années 50, mais dans une perspective dialectique afin de reprendre les dialogues interrompus et renouer les alliances défaites. Il se trouve donc une nouvelle fois avec le projet de s'exprimer tout entier dans un texte court, à cinquante-sept ans, comme il l'a réussi une fois à trente ans, avec *La Nausée* ; et, de fait, il se retrouve devant la nécessité de dialoguer avec le Parti communiste français, ce qui lui apparaît alors comme son destin, parce que l'événement de sa vie s'est produit non pas en 1914, avec la guerre, mais en 1917, avec la révolution russe. C'est elle qui lui donne un âge, une génération, une place ; il ne peut pas y échapper.

En définitive, parce que cette préface présente trop de difficultés, il ne l'écrira pas ; le livre ne paraîtra qu'en 1964 avec une préface de Mario Alicata lui-même[1], et effectivement sans la deuxième partie du « Fantôme de Staline » (intitulée « Était-ce bien le moment... »), que Sartre conserve en revanche dans le recueil *Situations VII, Problèmes du marxisme 2,* paru l'année suivante en France. Cette préface semble en tous les cas avoir occupé l'esprit de Sartre à une période où il voulait se consacrer entièrement à la rédaction de son ouvrage sur Flaubert qui lui cause aussi de grandes difficultés, dues notamment au fait qu'après chaque interruption, il doit relire son énorme manuscrit, réapprendre son savoir, se réapproprier ses idées et les ajuster à son évolution intellectuelle. De la préface aux *Damnés de la terre* de Frantz Fanon (rédigée en septembre 1961) à l'achèvement des *Mots* (en été 1963), Sartre ne publie que quelques courts articles de circonstances, notamment, en avril 1962, un article intitulé « Les Somnambules » où il médite sombrement sur le cessez-le-feu en Algérie et les dangers de son sabotage par l'armée. La fin de la guerre d'Algérie ne marque chez lui aucun soulagement[2]. Les événements de sa vie qui semblent lui redonner un élan sont ses voyages en URSS à partir de juin 1962, son action pour un dialogue culturel entre l'Est et l'Ouest et sa liaison amoureuse avec son guide et interprète Lena Zonina (à qui il va dédier *Les Mots* sous la mention, énigmatique pour le lecteur, « A Madame Z. » et à qui il écrit la longue série de lettres qu'il intitule la « Lettre à Madame Z. »[3]).

1. Voir J.-P. Sartre, *Il Filosofo e la politica*, Roma, Editori Riuniti, 1964 ; *Situations VII* paraît en janvier 1965, chez Gallimard.

2. Il écrit dans « Les Somnambules », *Les Temps modernes,* n° 191, avril 1962 : « En 1945, les Parisiens criaient de joie parce qu'on les délivrait de leurs souffrances ; aujourd'hui ils ont ce soulagement taciturne parce qu'on les débarrasse de leurs crimes » (p. 1393).

3. Titre donné en référence explicite à la « Lettre à Madame Z. » de l'écrivain polonais Kasimierz Brandys, que Lena Zonina et Sartre connaissaient personnellement. La traduction française de cette nouvelle a été publiée dans *Les Temps modernes,* n° 295, février 1971 ; le texte raconte le rêve d'un Barbe-Bleue qui s'étonne que sa neuvième femme ne s'effraie pas du meurtre des huit précédentes.

Les éléments d'information donnés ici concernant le projet de préface pour les Editori Riuniti proviennent du récit fait par Sartre à Lena Zonina dans les lettres qu'il lui adresse en 1962. J'ai pu lire ces lettres avant leur vente, en 1991, à la Bibliothèque nationale, où elles font l'objet d'une réserve de communication pour un délai de trente ans. Ce délai paraît légitime, à cause du caractère intime des lettres en question, et en vertu du principe énoncé par Emmanuel Lévinas : « Il n'est pas question de publier, malgré les

La dernière campagne d'écriture

Il apparaît aussi que ce sont des motifs pécuniaires, comme fréquemment pour Sartre, qui ont hâté la publication de l'autobiographie interrompue. En effet, au début de 1963, un éditeur anglais, qui aurait eu le projet de publier simultanément en douze langues des textes brefs et inédits d'écrivains mondialement connus, propose à Sartre une somme importante[1]. Celui-ci, à court d'argent, décide de lui donner le début de son autobiographie et il reprend son manuscrit pour le retravailler en fonction de cette nouvelle destination. Cette ultime campagne d'écriture se déroule en deux temps. D'abord elle s'effectue entre mars (date probable) et avril 1963[2] ; puis d'importantes modifications sont apportées à la dactylographie au cours de l'été, avant sa publication. La dernière campagne a essentiellement deux finalités : 1 / ajuster le texte à un public

interdictions de l'auteur, des textes qui ont été confiés à quelqu'un ou qui simplement sont restés, ni de publier malgré les héritiers. Alors, devant un tel cas de conscience, le mieux est de ne détruire en aucun cas l'œuvre, mais de la conserver et de s'en remettre à l'avenir. C'est le temps qui jugera. Attendre, voilà. Conserver et attendre... » (*La Règle du jeu*, n° 6, janvier 1992).

Interrogée par Sandra Teroni à la suite d'une communication que j'ai faite au colloque *L'autobiographie au XX*^e^ *siècle* (Université de Bergamo, octobre 1991 – Actes publiés dans le volume *Il testo autobiografico nel novecento,* 1993) et qui présentait comme ici le projet de préface aux écrits politiques de Sartre, Rossana Rossanda, qui a succédé en 1963 à Mario Alicata au poste de responsable de la culture au PCI, dit ne pas avoir été au courant de cette demande ; elle en déduit qu'il n'en était donc plus question en 1963 ; elle rappelle que Sartre avait été associé vers 1962 à un projet de revue culturelle auquel travaillait Alicata, qui devait s'appeler *Arte e Rivoluzzione* et qui n'a pas abouti.

Pour ce qui concerne les rapports officiels et politiques de Sartre avec Lena Zonina, traductrice mise à disposition de Sartre en 1962 par l'Union des écrivains soviétiques, voir l'article bien documenté de Ewa Bérard-Zarzycka, « Sartre et Beauvoir en URSS », *Commentaire,* n° 53, printemps 1991, p. 161-168. Simone de Beauvoir donne dans *Tout compte fait,* 1972 (p. 317-319) un bref portrait de Lena Zonina ; ce qu'elle dit de leurs relations avec celle-ci ne laisse rien entendre de la liaison amoureuse que Sartre a eue avec elle et qui a duré jusqu'en 1967, semble-t-il. La nouvelle de Simone de Beauvoir « Malentendu à Moscou » (1967), publiée dans la revue *Roman 20-50,* n° 13, juin 1992, transpose cette liaison en une relation père-fille naturelle retrouvée dont l'épouse prend ombrage. Lena Zonina, qui avait souhaité la publication des lettres de Sartre après censure des passages mettant en cause des personnes vivantes, est morte à Moscou le 2 octobre 1982, à l'âge de soixante-deux ans. Dans le livre de G. Saint Bris et V. Fédorovski, *Les Égéries russes* (J.-C. Lattès, 1994), se trouve un bref chapitre, superficiellement documenté, sur la relation de Sartre avec Lena Zonina (« amour profond doublé d'une grande amitié intellectuelle », selon les termes de V. Fédorovski), avec quelques extraits de lettre inédites (et non envoyées) de celle-ci à Sartre.

Les lettres de Sartre à L. Zonina forment une sorte de lettre-journal à caractère autobiographique. Elles ne font guère référence au travail sur *Les Mots* (voir ci-après, les deux notes suivantes).

1. Nous n'avons pas retrouvé la trace de cet éditeur et de son projet ; c'est pourquoi nous mettons le verbe au conditionnel. Le récit, plusieurs fois fait par Sartre oralement, est confirmé dans une lettre à L. Zonina.

2. La lettre où Sartre fait état de cette proposition est datée 24-25-26 mai [1963] mais cette lettre récapitule « des mois » où Sartre n'a pu écrire à sa correspondante (en janvier il est à Leningrad avec elle ; en février, il travaille au Flaubert) ; le texte des *Mots* donne une datation interne : « Aujourd'hui, 22 avril 1963, je corrige ce manuscrit [...] » (p. 52) ; le manuscrit intitulé encore « Jean sans terre » est donné à Michelle Vian pour dactylographie et il est daté, de la main de Sartre, du 28 avril 1963. Les lettres à Zonina ne contiennent aucune autre information sur la rédaction des *Mots.* En revanche, Sartre parle de la réception du livre, et ensuite le commente lorsque Lena Zonina entreprend de le traduire en russe.

élargi, en enlevant les références culturelles trop françaises ou trop intellectuelles, ce qui revient à le rendre lisible pour un public international ; 2 / régler la distance du narrateur à l'enfant en ajoutant une conclusion qui boucle sur elle-même la signification globale du choix d'écrire et qui donne explicitement le point de vue de l'homme de cinquante-huit ans sur l'enfant qu'il a été et sur les illusions qui ont encore gouverné l'homme jeune qui écrivait *La Nausée*. Une importante modification (apportée au cours de la deuxième phase de cette dernière campagne dans l'ordre narratif et que Philippe Lejeune met au jour et analyse)[1] a consisté, par un coup de force chronologique, à réinsérer avant sa date l'évocation de l'idylle de Poulou avec sa mère et ainsi à expulser du récit d'enfance l'événement qui a mis fin à celle-ci, c'est-à-dire le remariage de sa mère avec l'ingénieur Mancy.

C'est au cours de cette révision que Sartre se serait avisé que son éditeur Gallimard, avec qui il est lié par un contrat et à qui il n'a plus donné de livre de bonne vente depuis *Les Séquestrés d'Altona* (1959) et plus aucun best-seller depuis *Les Mains sales* (1948), pourrait prendre ombrage de cette publication d'un inédit à l'étranger ; il en parle incidemment à Robert Gallimard qui est son interlocuteur responsable dans la maison et qui obtient rapidement l'avance dont Sartre avait besoin. Le texte paraît donc en prépublication dans *Les Temps modernes*, en octobre et novembre 1963, sous le titre enfin trouvé de *Les Mots*, et le volume sort au mois de janvier 1964.

Réception des Mots

La réception du livre est très favorable[2] ; mais ce qui sera surtout retenu est cet aveu de l'écrivain : « Depuis à peu près dix ans, je suis un homme qui s'éveille, guéri d'une longue, amère et douce folie et qui n'en revient pas et qui ne peut se rappeler sans rire ses anciens errements et qui ne sait plus que faire de sa vie. »[3] Le livre est interprété comme une sorte de reniement ou de retour à la littérature désengagée. C'est alors que Sartre, dans une interview qui a un grand retentissement, déclare à Jacqueline Piatier, pour *Le Monde*, qui titre sur cette phrase : « Je ne suis pas

1. Voir ci-dessous, p. 94 et s.

2. L'étude de la réception des *Mots* n'a pas été faite jusqu'à présent et n'a évidemment pas sa place dans la perspective génétique qui est ici la nôtre. Elle est à faire néanmoins, et elle sera grandement facilitée, tout au moins pour la réception immédiate (presse et revues), par les archives des Éditions Gallimard. C'est pourquoi nous ne donnons pas dans la bibliographie du présent volume les références des comptes rendus parus en 1964, mais seulement les principales études parues depuis cette date.

3. *Les Mots*, p. 205.

désespéré et ne renie pas mon œuvre antérieure. »[1] Il ne fait pas ses adieux à la littérature, il relativise celle-ci : « L'absolu est parti. Restent des tâches, innombrables, parmi lesquelles la littérature n'est aucunement privilégiée. » Et il fait cette déclaration qui a reçu d'innombrables commentaires : « En face d'un enfant qui meurt de faim, *La Nausée* ne fait pas le poids. » La même année, *Les Mots* paraît en traduction russe dans *Novyi Mir*, avec une préface de Sartre qui justifie son livre par deux raisons auprès des lecteurs soviétiques :

> D'abord je voudrais retracer le long chemin sinueux qu'ont suivi les Français de mon âge, quelles catastrophes et quels bouleversements ont déchiré leur optimisme faussement candide et leur idéalisme ; je voudrais dire comment d'autres – j'en suis – en sont venus à rejoindre le camp des exploités et des opprimés, à travailler, dans la mesure de leurs moyens, pour l'avènement du socialisme. La grande affaire de notre vie aura été votre Révolution ; nous ne l'avons pas vécue directement mais de loin, avec retard, avec un certain provincialisme, mais cette confrontation permanente des hommes de l'Occident avec les grands événements de l'URSS suffit à prouver que le monde n'a qu'une seule histoire, qui révèle à chacun l'une ou l'autre de ses faces mais qui nous unit tous dans la mesure même où elle divise et oppose. Par cette première raison je crois pouvoir proposer mon livre au public soviétique : sans doute il s'arrête aux environs de 1915 mais d'autres suivront, qui retraceront ma vie entière. Pour l'instant il fallait montrer de quels enfants sont faits les hommes que nous sommes devenus. Dans une vie le premier âge compte plus que les autres : on s'en dégage lentement mais on ne le quitte jamais tout à fait.
>
> L'autre raison n'a pas été comprise : des critiques m'ont reproché d'être trop dur pour cet enfant que j'ai été. On aime que les Mémoires montrent quelque complaisance, que l'auteur, en s'attendrissant, invite le lecteur à s'attendrir sur soi. En vérité je ne suis ni dur ni tendre et ce n'est pas au petit garçon que j'en ai mais au milieu, à l'époque qui le formèrent et surtout au mythe de l'enfance, tel que les adultes l'ont forgé. Je demande qu'on prenne ce petit livre pour ce qu'il est : une entreprise de démystification[2].

Les deux raisons invoquées par Sartre pour justifier le caractère apparemment non politique des *Mots* relèvent de la politique intellectuelle : montrer la collectivisation d'un individu – il dirait en réalité « nous » quand il écrit « je » –, et opérer la démystification d'une enfance trop littéraire ; l'adieu à la littérature serait donc un adieu à une enfance tout entière mystifiée par l'idéologie littéraire bourgeoise. Resterait à raconter la reprise de soi, la personnalisation de l'adulte, la lente édification d'un intellectuel révolutionnaire. C'est ce que Sartre n'a pas fait. Il n'a pas écrit d'autobiographie politique sous la forme d'une suite aux *Mots*,

1. « Jean-Paul Sartre s'explique sur *Les Mots* », interview par Jacqueline Piatier, *Le Monde*, 18 avril 1964. Voir d'autres extraits, ci-après, p. 454 et s.

2. Préface, intitulée « Ot avtora », à la traduction russe des *Mots*, par L. Zonina, *Novyi Mir* [Moscou], n° 10, octobre 1964, p. 60. Le texte intégral est donné ci-après, p. 456. Il s'agit du texte original, qui nous avait été communiqué par Lena Zonina. La dédicace « A Madame Z. » figure aussi en tête de la traduction du texte des *Mots*.

comme il l'avait prévue, sans peut-être y croire tout à fait, une fois *Les Mots* publié. Cependant le projet n'est pas abandonné et on le verra réapparaître sous plusieurs formes imprévues, annoncé de diverses façons.

Un autobiographie politique disséminée

Qu'attend-on d'un autobiographe politique ? A la fois une chronique du temps et une analyse politique, comme dans les *Souvenirs* de Tocqueville, qui portent sur l'année 1848 à 1849, date à laquelle il quitta le ministère des Affaires étrangères, et qui ont été écrits en 1850-1851 mais publiés seulement en 1893, trente-quatre ans après sa mort. L'exemple contemporain le plus caractéristique d'autobiographie d'un intellectuel politique est sans doute donné par les *Mémoires* de Raymond Aron, écrits en 1982-1983 et publiés en 1983. Le sous-titre de ces *Mémoires, 50 ans de réflexions politiques*, indique exactement ce qu'ils sont : la justification rationnelle, par l'analyse des rapports de forces dans le monde, des prises de position d'un intellectuel qui se définit lui-même comme un « spectateur engagé ».

Les Mots, de toute évidence, se situe aux antipodes de cette démarche rétrospective, rationnelle et analytique. Sartre s'y montre d'abord écrivain – styliste plutôt que mémorialiste – et apologiste de lui-même. L'autobiographie, telle qu'il la conçoit, est un travail de contestation. Mais que signifie penser contre soi ? Essentiellement, en l'occurrence, penser contre l'idée que son grand-père lui a inoculée et qu'il s'est faite ensuite lui-même de la littérature, mais certainement pas contre sa propre pente, contre la radicalité de ses refus, c'est-à-dire contre son tempérament – penser contre soi, c'eût été, pour Sartre, devenir un modéré ! – et moins encore contre ses choix politiques *présents*. On ne pense contre soi qu'au passé : contre celui qu'on a été et qui reste comme une mauvaise tentation. Se contester au présent, ce serait se donner tort dans le choix même qu'on exprime – et ce serait évidemment absurde et suicidaire pour un intellectuel politique. Sartre n'a donc pas pensé contre ses choix, mais pas non plus contre son choix originel qui était d'écrire. Il reste dans *Les Mots* « l'enfant qui voulait être un livre », selon l'heureuse formule de J. P. Eakin[1]. S'il a contesté quelque chose en lui cela a été son choix de l'imaginaire et son désengagement des années 30. Mais *Les Mots* n'est pas un essai pensé contre son auteur : il est pensé contre l'enfant qu'il a été, pensé contre sa famille et tout particulièrement contre Charles Schweitzer, ce parasite

1. Voir John Paul Eakin, « Sartre, the Boy who wanted to be a Book », in *Fictions in Autobiography. Studies in the Art of Self-Invention*, Princeton, Princeton University Press, 1985, p. 126-180.

de la littérature[1], pensé contre l'idéologie dominante, l'idéologie bourgeoise libérale. Entreprise comme le récit d'une conversion, cette « fable théorique », comme l'appelle Philippe Lejeune[2], ne raconte pas la conversion, mais l'inclut dans la pensée même qui anime l'ouvrage. Sartre, comme il est naturel, y est en accord avec lui-même au moment où il écrit : ce n'est en aucune façon un récit de crise. Nous l'avons dit, le texte est intellectuellement homogène à la période couverte par son écriture : au « tournant » de 1952 ne répondra un autre « tournant », proprement politique celui-là, qu'en 1970, moment où Sartre rompt définitivement avec « le socialisme qui venait du froid » pour se laisser dangereusement aller au souffle brûlant du socialisme qui venait d'Orient[3]. *Les Mots* est une tentative d'interpréter son « cas » avec les instruments de sa propre philosophie : l'existentialo-marxisme qu'il a conceptualisé dans les années 50, c'est-à-dire la dialectique, bien qu'il évite soigneusement d'utiliser son vocabulaire. Contrairement aux *Carnets de la drôle de guerre* qui constituent en eux-mêmes le récit d'une crise morale et intellectuelle, *Les Mots*, comme il convient au genre autobiographique, procède par un récit rétrospectif ; en revanche, l'essai est animé par le même désir de transparence présente (ou de vérité existentielle) que celui qui anime *La Nausée*, et c'est ce qui le distingue d'une autobiographie politique classique comme les *Mémoires* d'Aron.

Ce désir de transparence se manifeste de façon paradoxale par une écriture littéraire qui se veut une critique du style littéraire. Pour le lecteur, il est évident que l'intérêt du livre est d'abord dans son style, cette « contestation

1. Dans un des états du texte (ms. « Vian », FMV 96), Sartre a biffé le passage suivant sur son grand-père Schweitzer : « Bref cette vieille sentinelle de la culture en devenait peu à peu le parasite ; je sentais qu'il vivait des morts, ce qui n'allait pas sans compliquer mes relations avec eux : le prêtre faisait semblant de révérer les Saints mais il les tenait en sa puissance et ne se privait pas de les découper en tranches pour les transporter d'une langue à l'autre plus commodément. »

2. Voir « L'ordre du récit dans *Les Mots* de Sartre », *Le Pacte autobiographique*, Seuil, 1975.

3. Voir les deux préfaces de Sartre qui jalonnent sa pensée politique des années 70. La première est « Le socialisme qui venait du froid », pour le livre d'Antonin Liehm, *Trois générations : Entretiens sur le phénomène tchécoslovaque*, Gallimard, 1970, où Sartre écrit notamment : « C'est au régime qu'il faut s'en prendre, aux relations de production qui l'ont constitué et qui se sont renforcées et figées par son action : après le mois d'août 1968, il faut abandonner, à son propos, la planque du moralisme et l'illusion réformiste : on ne réparera pas la machine, il faut que les peuples s'en emparent et la jettent au rebut. » Le second texte est l'avant-propos au livre de Michèle Manceaux sur *Les Maos en France*, Gallimard, 1972, où Sartre commence par déclarer « Je ne suis pas mao » pour ensuite montrer que « violence, spontanéité, moralité : tels sont, pour les maos, les trois caractéristiques immédiates de l'action révolutionnaire » et que « les maos, avec leur praxis anti-autoritaire, apparaissent comme la seule force révolutionnaire – encore à ses débuts – capable de s'adapter aux nouvelles formes de la lutte des classes, dans la période du capitalisme organisé ». Autrement dit, c'est avec les communistes que la rupture est consommée au début des années 70 ; quant à l'idéologie libérale-démocratique, Sartre lui a tourné le dos dès les années 30 et elle est parfaitement représentée par Raymond Aron. L'ultime poignée de main avec celui-ci à l'occasion de la visite que les deux anciens « petits camarades » firent à l'Élysée pour intervenir en faveur des *boat people* vietnamiens (juin 1979) ne suffit pas pour attester d'une conversion *in extremis* au libéralisme. Dans les entretiens avec Benny Lévy, *L'Espoir maintenant* (1980), Sartre fait coexister son radicalisme avec une sorte d'approbation nostalgique de la social-démocratie à la suédoise (voir p. 81 du volume publié chez Verdier en 1991), et il ne sort pas de cette contradiction.

de la littérature par la littérature elle-même », selon l'expression de l'auteur dans le film *Sartre par lui-même*[1]. Mais cette idée de contestation n'est pas explicitement formulée : elle doit naître chez le lecteur par une prise de conscience du mirage même qu'exerce le style. C'est ce qui fait des *Mots* un objet littéraire ironique, dont l'ironie n'est pas toujours perçue. L'idée de contestation par le style se trouve dans l'avant-propos à *Aden Arabie* de Nizan. Sartre écrit qu'il est arrivé ceci à son ami aspirant écrivain après sa conversion au communisme : « Il ne fut pas jusqu'aux mots qui soudain se lestèrent : il s'en méfiait parce qu'ils servaient de mauvais maîtres, tout changea quand il put les tourner contre l'ennemi. Il utilisa leur ambiguïté pour égarer, leurs charmes incertains pour séduire. [...] On [*i.e.* les communistes] lui disait, à présent, qu'il ne s'était pas trompé, que la littérature est une arme entre les mains de nos maîtres, mais on lui donnait une mission nouvelle : en période négative, un livre peut être un acte si l'écrivain révolutionnaire s'applique à déconditionner le langage. Tout lui fut permis, même de se faire un style : ce serait, pour les méchants, la dorure d'une pilule amère ; pour les bons, un appel à la vigilance : quand la mer chante, n'y sautez pas. »[2] La littérature comme mise en garde contre la littérature, en somme. Et voilà qui explique la contestation de la littérature par la littérature elle-même, l'adieu à la littérature fait en « bel écrit ». Le problème avec Sartre, toutefois, c'est qu'il ne s'est jamais tout à fait considéré comme un écrivain révolutionnaire : de la même façon qu'il n'ose se dire, durant les années 70, un « intellectuel nouveau », il se considère en fait comme un « passeur », au début des années 60 : le dernier écrivain, celui qui, par sa critique radicale, incitera ceux qui écrivent à se faire autre que l'écrivain, même révolutionnaire : un révolutionnaire qui écrit, comme il aurait dû être un « résistant qui écrit » plutôt qu'un « écrivain qui résiste ». Un révolutionnaire n'écrit pas *Les Mots*, il écrit autre chose que de la littérature, ce que Sartre, plus tard, appellera de la littérature politique, mais qu'il n'a pas écrite non plus[3]. Sartre, avec *Les Mots*, a pensé mettre fin à la littérature – couronner cette mystification séculaire par un chef-d'œuvre qui la ferait exploser, en exposant ses séductions par le style, en parodiant l'écriture littéraire : une écriture qui s'exhibe comme littéraire, mais n'est pas dupe de ses séductions. En somme, pour la dernière fois, et avec éclat, il a voulu jouer le rôle de l'écrivain, avant de changer de costume et d'emploi. *Les Mots* est, dans l'esprit de Sartre, une sorte de *Concerto to end all Concertos*[4], de livre pour

1. Voir *Sartre, un film*, Gallimard, 1977, p. 112.
2. *Situations IV*, p. 174-175.
3. Voir les « Entretiens avec Jean-Paul Sartre, août-septembre 1974 » publiés à la suite de *La Cérémonie des adieux* de Simone de Beauvoir, Gallimard, 1981, p. 273-277, où Sartre définit la « littérature engagée et politique » qu'il voulait écrire après *Les Mots* comme une littérature qui séduirait par la vérité et non plus par le style.
4. Titre d'une composition de Stan Kenton, datant de 1946.

mettre fin à tous les livres. On reconnaît là son fantasme de maîtrise, et en même temps l' « ironisation » de ce fantasme :

> J'ai désinvesti mais je n'ai pas défroqué : j'écris toujours. Que faire d'autre ?
> *Nulla dies sine linea.*
> C'est mon habitude et puis c'est mon métier. Longtemps j'ai pris ma plume pour une épée : à présent je connais notre impuissance. N'importe : je fais, je ferai des livres ; il en faut ; cela sert tout de même. La culture ne sauve rien ni personne, elle ne justifie pas. Mais c'est un produit de l'homme : il s'y projette, s'y reconnaît ; seul, ce miroir critique lui offre son image. Du reste, ce vieux bâtiment ruineux, mon imposture, c'est aussi mon caractère : on se défait d'une névrose, on ne se guérit pas de soi[1].

L'autobiographie de contestation devient *in fine*, on le sait, une apologie du « n'importe qui », contre « les séductions de l'élite ». Mais le paradoxe est que l'autobiographie politique orale qui prendra le relais de l'élucidation de la vocation et de l'adieu à la littérature est rendue possible – est *pratiquement* suscitée – seulement par le fait que Sartre n'est pas « n'importe qui » aux yeux des autres, que le « bien culturel » qu'il était dès l'enfance dans sa famille et son milieu[2] est devenu un monument public national et une vedette internationale de la culture.

L'autobiographie politique parlée

En effet, une série d'entreprises conçues plus ou moins explicitement comme la suite et le relais des *Mots* ne doivent leur existence qu'à la célébrité de Sartre. La première est la « biographie autorisée » à laquelle Sartre consent en 1970, pour rendre service à son ami John Gerassi et aussi parce qu'il pense que ce dernier est le seul capable, par son expérience de militant, d'écrire une véritable biographie politique. Il commence donc avec lui une série d'entretiens en vue de ce livre – qui ne verra finalement le jour qu'après sa mort et après la publication d'une première biographie, réalisée par Annie Cohen-Solal, dont le premier souci n'est pas politique[3]. La seconde entreprise est le film *Sartre par lui-même*, tourné en 1972, sorti en 1976, et dont le projet originaire était de donner une suite cinématographique aux *Mots* en expliquant la trajectoire qui avait mené Sartre à la contestation radicale

1. *Les Mots*, p. 205. Dans le manuscrit « Vian » (F MV 447), Sartre avait écrit : « Seul, ce miroir critique lui offre une image qu'il peut modifier », ce qui donnait un tour de plus au tourniquet de la contestation littéraire : la littérature peut corriger la littérature à condition d'être critique, *ad nauseam*. Alors qu'il s'agit plutôt pour Sartre d'échapper à la littérature, par des livres qui forment « la culture » et non plus la littérature.

2. Voir *Les Mots*, p. 35 : « [...] qu'ils écoutent mon babillage ou l'Art de la Fugue, les adultes ont le même sourire de dégustation malicieuse et de connivence ; cela montre ce que je suis au fond : un bien culturel. »

3. Voir Annie Cohen-Solal, *Sartre, 1905-1980*, Paris, Gallimard, 1985 ; et John Gerassi, *Jean-Paul Sartre : Hated Conscience of His Century*, vol. 1 : *Protestant or Protester ?*, Chicago and London, University of Chicago Press, 1989. Cette dernière biographie est en partie fondée sur des entretiens enregistrés avec Sartre de 1970 à 1973. (Traduction française par Philippe Blanchard, *Sartre, conscience haïe de son siècle*, Monaco, Éditions du Rocher, 1992.)

des institutions bourgeoises, y compris la justice, contestation dont l'image emblématique avait été donnée dans la presse par la photographie du philosophe juché sur un tonneau à la sortie des usines Renault de Billancourt[1]. Revenant sur *Les Mots*, il explique que ce qui l'intéresse à présent, avec ce film, c'est d'exposer « le trajet d'*un* intellectuel », c'est-à-dire, encore une fois, un parmi d'autres, mais représentatif de tous. En troisième position, les entretiens réalisés de décembre 1972 à mars 1974 avec Pierre Victor (pseudonyme de Benny Lévy) et Philippe Gavi et qui ont été publiés sous le titre *On a raison de se révolter*, titre programme, mot d'ordre du gauchisme emprunté à Mao Tsé-toung, sont clairement, pour les premiers chapitres, une autobiographie politique sous forme de dialogue où Sartre justifie, critique parfois et en tous les cas explique son itinéraire d'intellectuel politique.

En 1974, Simone de Beauvoir entreprend à son tour des dialogues avec Sartre, qui avait perdu la vue l'année précédente, et elle les mène, en accord avec lui, avec l'intention de rassembler la matière d'une suite aux *Mots* ; mais cette fois les questions politiques ne sont pas abordées centralement. Simone de Beauvoir commence ces entretiens en disant à Sartre : « Vous avez beaucoup parlé de politique, aussi bien avec Gerassi qu'avec d'autres. On va parler du côté littéraire et philosophique de votre œuvre », et Sartre répond docilement : « Si vous voulez. » Elle conduit donc les entretiens par thèmes, un peu comme elle avait construit *Tout compte fait*, le volume de ses Mémoires qui se voulait conclusif, et elle a sans doute aussi à l'esprit le souvenir des Carnets de guerre de Sartre qui procédaient par l'examen approfondi de thèmes propres à susciter sa réflexion. Ainsi elle va faire parler Sartre de ses écrits de jeunesse, de ses amitiés, de ses lectures, de son rapport aux femmes, à son corps, à la nourriture, à l'argent. Et c'est après avoir traité de son rapport à l'idée de liberté que Sartre insiste pour parler directement de politique. Simone de Beauvoir s'en étonne, demande pourquoi cette insistance, et Sartre répond : « Parce que la vie politique a représenté une chose que je n'ai pu éviter, dans laquelle j'ai été plongé. Je n'ai pas été un homme politique, mais j'ai eu des réactions politiques ; de sorte que la condition de l'homme politique, au sens large, c'est-à-dire au sens d'homme touché par la politique, pénétré de politique, est une chose qui me caractérise. » Partant des idées de son grand-père, républicain qui votait radical, il retrace son propre itinéraire politique, en soulignant le fait que le tournant politique de sa vie est lié à la résistance à l'occupation allemande et au lien qu'il a pensé dès lors entre socialisme et liberté. Ces considérations, qui cou-

1. Pour un récit détaillé de la genèse de ce film d'Alexandre Astruc et M. Contat, dont le texte est publié sous le titre *Sartre, un film*, Gallimard, 1977, voir M. Contat, « *Sartre par lui-même* e l'autobiografia », *in* Sandra Teroni et Andrea Vannini (éd.), *Sartre e Beauvoir al Cinema,* Firenze, Ed. La Bottega del Cinema, 1989, p. 39-50. Version française, développée, « Le film *Sartre par lui-même* et l'autobiographie », *Les Temps modernes,* n° 531 à 533, octobre à décembre 1990, « Témoins de Sartre », vol. 2, p. 1159-1185.

vrent une cinquantaine de pages[1] sur les 400 que comportent les entretiens, n'apportent rien de substantiellement neuf aux entretiens précédents.

En 1974-1975, Sartre a investi l'essentiel de ses forces dans un projet d'émissions télévisées pour la chaîne française nationale Antenne 2, dont on sait qu'il a échoué et dont ne subsiste qu'un « Scénario » sans titre, de 32 pages dactylographiées (inédit). Le préambule indique que l'objet de la série télévisée est : « Sartre dans le siècle. Sartre non comme point de vie singulier, mais comme subjectivité abstraite »[2].

En 1975 encore, dans son « Autoportrait à 70 ans » que j'ai réalisé pour *Le Nouvel Observateur* et qui était destiné au public international, la question politique est abordée à plusieurs reprises, sans que Sartre consente à une remise en question de ses options politiques circonstancielles, même quand il les considère des échecs ou des erreurs. Son leitmotiv à ce sujet est : « Si c'était à refaire, je le referai. »[3] De la même façon, il refuse de se donner tort au sujet de son tournant procommuniste en 1952, malgré ce qu'il sait et pense aujourd'hui : « Les vérités sont "devenues" et ce qui compte c'est le chemin qui y mène, le travail qu'on fait sur soi et sur les autres pour y arriver. Sans ce travail, une vérité peut n'être qu'une erreur vraie. »

Dans l'ensemble de ces textes qui forment son autobiographie parlée, Sartre ne conteste précisément aucune de ses prises de position : il les explique par des insuffisances de sa pensée à l'époque ou par un manque de radicalité. C'est dans les entretiens avec Benny Lévy, finaux par contingence et certainement pas testamentaires par intention, que Sartre va le plus loin non dans la contestation de sa politique, mais dans celle de sa philosophie[4].

Si Sartre n'a pas été un politique, n'a pas proposé de pensée politique au sens où la conçoit Aron, c'est qu'il est non pas un esthète, mais un moraliste anarchiste qui considère la transparence des subjectivités l'une à l'autre comme l'objectif qui peut s'atteindre pratiquement par l'écriture, le dialogue et l'exposition de soi (au triple sens du verbe exposer : mettre en lumière, exhiber, mettre en danger) *dès à présent*, sans souci d'une conquête politique du pouvoir. Et c'est en quoi Sartre a amorcé une autobiographie politique en effet révolutionnaire. Elle est à l'évidence plus passionnelle que rationnelle, car son refus de la société, son refus même de penser la société est

1. Les pages 453 à 509 du volume de S. de Beauvoir, *La Cérémonie des adieux,* suivi de *Entretiens avec Jean-Paul Sartre* (août-septembre 1974), Gallimard, 1981.

2. L'étude la plus sérieusement documentée sur ce projet qui eut aussi pour titre de travail « 75 ans d'histoire par ceux qui l'ont faite » est celle de Michael Scriven dans son ouvrage *Sartre and the Media,* New York, St. Martin's Press, 1993, p. 98-115, qui reprend et précise un article publié par le même auteur, « Sartre attiré et repoussé par la télévision », dans *Les Temps modernes,* n° 531-533, octobre à décembre 1990, vol. 2, p. 1072-1095.

3. C'est ce qu'il déclare à propos de sa visite à Andreas Baader dans la prison de Stammheim qui avait suscité du scandale bien que Sartre ait déclaré désapprouver les méthodes et les actions terroristes de Baader (voir *Situations X,* p. 158).

4. Voir Jean-Paul Sartre - Benny Lévy, *L'Espoir maintenant, op. cit.*

d'abord un refus passionnel, il s'ancre dans le sentiment, entraîne une décision mais ne parvient, et ne cherche d'ailleurs même pas, à se fonder en raison : nulle part Sartre ne justifie rationnellement sa conviction que la vérité d'une société ne se révèle qu'au regard des moins privilégiés. Il pense certes l'intelligibilité du groupe en action, dans la *Critique de la raison dialectique*, mais pas l'institution de la société civile et celle de la sphère politique : c'est pourquoi d'ailleurs il se refuse à penser le Droit et la responsabilité des hommes d'institution. Ce refus pouvait se *raconter* dans les différentes circonstances de la vie qui l'ont renouvelé – c'est ce que fait en partie l'autobiographie orale ; mais il n'était pas possible à Sartre d'en rendre compte autrement que par la littérature : l'autobiographie politique lui était interdite, parce qu'elle est un genre de part en part rationnel qui obéit à une logique d'action, d'intervention ponctuelle, ce qui la rend du même coup non seulement impossible mais non souhaitable. En effet une autobiographie politique fige le passé sous le regard d'une position présente qui doit elle-même être dépassée ; pour l'action elle devient un obstacle ou un embarras, puisque le passé doit rester disponible pour de nouvelles interprétations. Sartre a donc procédé à une série d'actes autobiographiques qui ne sont jamais fermés ou directs, à l'exception des *Mots* qui dans l'autogenèse de l'intellectuel nouveau devait rester fondateur et ne plus souffrir d'interprétation nouvelle précisément parce que s'y exprimait un tourniquet névrotique dont seule l'action devait permettre de sortir. Si la littérature moderne est névrose et la lecture « courte névrose provoquée[1] », on ne sort de la littérature qu'en l'abandonnant ou en la faisant sauter. Comme le dit à peu près Francis Ponge, on ne sort pas de la forêt par des moyens d'arbre. Dernier ouvrage littéraire de Sartre, *Les Mots*, bouclés sur eux-mêmes, continuent de tourner sous nos yeux comme une « étrange toupie »[2]. L'ouvrir pour en démonter la fabrique, en analyser l'énergie, c'est à quoi nous invite l'existence des manuscrits ; l'exercice, comme on va voir, est difficile autant que gratifiant. Après quoi il convient de refermer l'objet pour le laisser reprendre sa vitesse propre. La traversée génétique nous a paradoxalement mis en présence du sujet écrivant, là où l'on s'attend souvent à découvrir des mécanismes langagiers ou psychiques, des processus. Que ce sujet ne soit pas son propre maître, cela apparaît dans les brouillons comme dans le texte final – celui qui est visé comme fin. Mais c'est bien celui-ci, l'objet littéraire, qui, au terme de l'analyse génétique (pour changer de métaphore : la mer vue par en dessous), recouvre son opacité chatoyante (la surface de l'eau vue en survol). Les chefs-d'œuvre séduisants ne sont jamais transparents ; la politique devrait l'être.

1. *L'Idiot de la famille*, t. III, éd. de 1973, p. 44 (éd. de 1988, p. 43).

2. « Car l'objet littéraire est une étrange toupie, qui n'existe qu'en mouvement. Pour la faire surgir, il faut un acte concret qui s'appelle la lecture, et elle ne dure qu'autant que cette lecture peut durer » (*Qu'est-ce que la littérature ?* (*Situations II*, 1948, p. 91)).

LE DOSSIER GÉNÉTIQUE POUR *LES MOTS*

1. *Nature des documents*

Les études qu'on va lire se fondent sur les documents génétiques pour l'autobiographie de Sartre – qu'il avait d'abord intitulée « Jean sans terre » et qui a paru finalement sous le titre *Les Mots* – tels qu'ils sont conservés au Département des manuscrits de la Bibliothèque nationale et tels qu'ils ont été transcrits sur base de données par l'équipe de chercheurs travaillant sur les manuscrits de Sartre à l'Institut des textes et manuscrits modernes (ITEM) du CNRS[1]. Les documents originaux sont d'ordres divers :

— fiches ;
— feuillets non classés ou classés approximativement, répartis en huit dossiers correspondant à des achats successifs (ces feuillets sont des « chutes », c'est-à-dire des feuillets que Sartre a remplacés par d'autres en travaillant son manuscrit selon une méthode d'écriture qui sera décrite ci-dessous, au § 3) ;
— une photocopie du dactylogramme d'un premier état de « Jean sans terre » ;
— le manuscrit qui a servi à la dactylographie de l'avant-dernière campagne d'écriture ;
— enfin le dernier tiers de cette dactylographie elle-même.

2. *Histoire de la collection*

Cette collection n'est pas complète, et c'est sa principale caractéristique, qui rend l'étude génétique des *Mots* hypothétique pour une large part. Il est difficile d'évaluer la proportion de l'ensemble du corpus génétique (tout ce que Sartre a écrit pour son autobiographie) représentée par la collection de la BN. On peut hasarder, au vu du travail de réécriture attesté par les feuillets conservés, que cette collection couvre d'une moitié à deux tiers de la totalité effectivement rédigée. Mais ce pourrait être moins. Nous connaissons

1. A cette recherche ont collaboré, outre les signataires du présent ouvrage : Mauricette Berne (BN), Marianne Bockelkamp (CNRS), Danièle Calvot (CNRS), Ernest Grandjean (CNRS), Chantal de Grandpré, Louis Hay (CNRS), Michel Rybalka (Washington University, Saint Louis), qui a notamment été un lecteur attentif de cet ouvrage et de sa bibliographie.

l'existence d'un certain nombre de feuillets isolés qui ont été vendus à des collectionneurs privés soit par des marchands d'autographes, soit en vente publique ; mais nous n'avons que très exceptionnellement des photocopies ou des transcriptions de ces feuillets (une quarantaine, probablement) et nous ignorons l'identité des propriétaires ; nous savons seulement qu'il n'existe pas de feuillets des *Mots* dans d'autres collections publiques.

Les documents de la BN proviennent de deux sources bien distinctes par la date : *avant* et *après* le plasticage, le 7 janvier 1962, de l'appartement de Sartre, 42, rue Bonaparte, à Paris. En effet, quand Sartre a déménagé à la suite de cet attentat de l'OAS, il n'a emporté avec lui que les manuscrits d'ouvrages qu'il entendait terminer, et le tri a dû être fait assez sommairement. Il a laissé sur place des liasses de brouillons (et aussi de lettres et de documents divers) qui étaient destinés par Mme Mancy, la mère de Sartre, à l'enlèvement par des chiffonniers. L'acquéreur de l'appartement, M. Moriceau, les a récupérés, triés, approximativement constitués en séquences distinctes et vendus petit à petit à des marchands d'autographes, puis, finalement, pour certains d'entre eux, directement à la BN ou à des collectionneurs qui en ont fait dépôt à la BN[1]. Le dernier lot de feuilllets provenant de cette source a été acquis par préemption lors d'une vente publique à Orléans en 1986, après la mort accidentelle de M. Moriceau.

La composition de l'autobiographie de Sartre s'est étendue sur dix ans, de 1953 à 1963, et a selon toute apparence été menée en quatre campagnes d'écriture, correspondant à quatre « états » d'un texte que Sartre a toujours considéré comme un seul texte et non comme les « versions » différentes d'un même projet[2]. Lorsqu'il a déménagé de la rue Bonaparte, Sartre a emporté le *manuscrit de travail* de son autobiographie, abandonnant les feuillets qui n'y trouvaient plus place. Tous les documents provenant des liasses récupérées par M. Moriceau sont donc antérieurs à janvier 1962. De toute évidence, ceux relatifs à la dactylographie de « Jean sans terre » étaient une partie seulement, et une partie de hasard, semble-t-il, des brouillons.

La deuxième source de documents est l'entourage de Sartre : Michelle Vian, qui a folioté et dactylographié le manuscrit qu'il lui avait donné en le datant et en le lui dédicaçant « A Michelle, le 28 avril 63 » (c'est pourquoi nous sommes convenus de nommer cette liasse le « manuscrit Michelle Vian », abrégé en « manuscrit Vian » ou « ms Vian ») ; Jacques-Laurent Bost, qui a tenté de constituer en séquence une liasse de feuillets qui sont des « chutes » du ms Vian et qui avaient été donnés par Sartre à Wanda Kosakiewicz, belle-sœur de Bost, chez qui Michel Rybalka avait opéré un premier classement, vers 1975. L'ensemble « Bost » (abrégé ici en « ens. Bost » ou « ens. Bost-Rybalka ») a été acquis par la BN en 1983, le « manuscrit Vian » en 1985. Quant

1. On peut considérer comme indélicat le procédé de M. Moriceau, qui était prothésiste dentaire de profession et collectionneur seulement d'occasion. Sartre lui-même, qui n'a pas ignoré au cours des années 70 les ventes de ses papiers auxquelles procédait l'acquéreur de l'appartement qu'il avait habité avec sa mère à partir de 1946, parlait avec une incrédulité ébahie du « culot » de ce personnage assez romanesque – qui n'a jamais tenté, et pour cause, d'entrer en relation avec lui. Reste que sans ce monsieur et quelques autres fouilleurs de corbeille à papiers tout aussi intéressés, l'étude génétique des écrits de Sartre des années 1946-1962 en serait réduite à mouliner dans le vide. Sans lui rendre un hommage trop appuyé, nous sommes bien obligés de saluer cette fructueuse indélicatesse.

2. Sur cette distinction, nous renvoyons à un article de portée théorique, « États et versions : la retouche, la reprise et la refonte dans l'œuvre de Claudel », par Antoinette Weber-Caflisch, in *Cahiers de textologie 2,* « Problèmes de l'édition critique » (M. Contat, éd.), Paris, Minard, 1988, p. 99-112. La différence peut se formuler ainsi : « La version suppose l'œuvre achevée et recommencée ; au contraire, de nouveaux états surgissent dans la durée du chantier (c'est ainsi qu'il peut y avoir plusieurs états d'une version) » (p. 103). Nous dirons donc que le chantier de « Jean sans terre » a été ouvert pendant dix ans, que le texte, à notre connaissance, présente trois états et qu'il a été achevé par le quatrième, *Les Mots,* seule version du récit d'enfance de Sartre.

à la dactylographie de « Jean sans terre », une photocopie en a été donnée à la BN par M. Contat et M. Rybalka, qui avaient obtenu communication en 1971 d'un double au carbone (sans corrections) par Simone de Beauvoir, Michelle Vian ou Arlette Elkaïm-Sartre (nous ignorons où il se trouve à l'heure actuelle).

3. *La méthode d'écriture de Sartre – les quatre états du texte*

Les feuillets manuscrits de Sartre sont presque tous de papier format 21×27, à réglure de petits rectangles de 4 mm×8 mm (papier dénommé à l'époque en papeterie « commercial 4/8 » – et que nous avons fini par appeler « papier Sartre »). Leur caractéristique qui saute aux yeux est qu'ils sont inégalement remplis : certains comportent 31 lignes, écrites de bord à bord, d'autres seulement une ou deux lignes. Sartre s'est en effet inventé pour son écriture littéraire (c'est-à-dire pour l'écriture faite de corrections et de modifications successives – alors que son écriture philosophique est d'un seul jet, sans ratures) un véritable « traitement de texte » avant la lettre. Il consiste à avoir toujours un feuillet au propre, pouvant être facilement lu par une dactylographe comme un ruban textuel continu, et qui peut être « enchaîné » avec un nouveau feuillet au propre[1]. Quand Sartre est insatisfait d'un passage, il le biffe par une ligne ondulée ou un croisillon après avoir tracé juste au-dessus un trait continu de bord à bord, et il le réécrit avec des modifications ou le change complètement, pour l'enchaîner au suivant. Dans cette opération qui s'apparente au montage de plans cinématographiques, les feuillets réécrits et non retenus passent soit à la corbeille (où ils peuvent être récupérés par un tiers ou détruits) soit à l'état de « chutes » conservées – c'est pourquoi nous utilisons ce terme pour désigner les feuillets qui ne s'intègrent pas dans la séquence d'un manuscrit arrêté à un certain état. Ces états nous sont indiqués par la foliotation. En effet, tant que Sartre ne met pas son manuscrit sous les yeux d'un tiers, il n'en numérote pas les pages : c'est un manuscrit de travail, sur lequel il peut en tout temps intervenir par suppression, modification, ajout de feuillets, ou permutation d'un ensemble de feuillets formant une unité (thématique/narrative). C'est la personne à qui Sartre donne à lire son manuscrit parvenu à un certain état qui le foliote.

Ainsi nous avons pour l'autobiographie *Jean sans terre/Les Mots* les quatre états suivants :

1 / la dactylographie « Jean sans terre » (probablement 1955) ;
2 / le manuscrit Simone de Beauvoir (ainsi nommé parce que c'est elle qui le foliote, et sans doute le lit en le préparant pour une éventuelle dactylographie, à une date non connue de nous) ;
3 / le manuscrit Michelle Vian, constitué en 1963, il est l'état le plus proche de
4 / la préoriginale dans *Les Temps modernes,* octobre et novembre 1963, qui atteste d'un travail accompli à partir de la dactylographie mais dont nous n'avons pas de traces manuscrites.

Il faut bien garder à l'esprit que les trois états précédant le texte publié n'ont constitué pour Sartre, au cours de l'élaboration de son autobiographie, qu'un seul manuscrit de travail, évolutif, auquel il revenait quand il décidait de reprendre son texte, abandonnant ou mettant de côté les « chutes ». Ainsi l'ensemble « Bost » n'est pas un manuscrit proprement dit, mais une simple collection de « chutes », et il en est de même des autres dossiers.

1. On en aura une représentation plus claire dans les fac-similés donnés ici, p. [435 et s.]

L'existence, dans l'ensemble « Bost », d'un feuillet dactylographié folioté48 (Ryb bg) indique qu'il y a eu une dactylographie d'un état du texte que nous ne connaissons pas (et sur lequel Philippe Lejeune propose plus loin une hypothèse).

Les épreuves corrigées de la préoriginale *TM* et de l'EO ne sont pas conservées.

4. *Description et désignation des documents*

En fonction de ce qui vient d'être dit de l'élaboration du texte des *Mots* et du caractère lacunaire de la collection disponible, le classement chronologique des feuillets s'avère impossible en toute rigueur pour ce qui concerne les originaux, puisque ceux-ci portent souvent des corrections entraînées par le travail de réécriture. Ce qui veut dire qu'un même feuillet physique peut appartenir à trois états différents du texte. Il faut donc chronologiser le travail d'écriture et de réécriture et non son support. En revanche, un classement est facilité par l'outil informatique, la base de données, où les feuillets transcrits peuvent être enchaînés les uns aux autres dans le sens paradigmatique, verticalement (génétiquement : rédaction antérieure, rédaction postérieure), et dans le sens syntagmatique, horizontalement (textuellement : feuillet précédent, feuillet suivant à l'intérieur d'un état du texte), selon le modèle suivant :

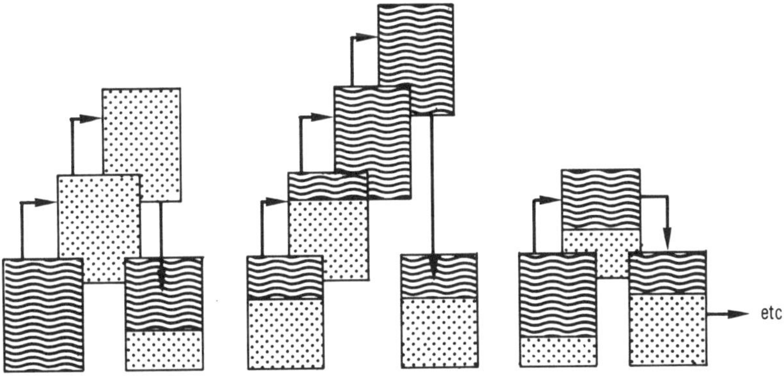

Ce travail a été fait sur la base de données « Panthéon » (brevet E. Grandjean, CNRS) et peut être consulté à l'ITEM. Il est possible d'interroger cette base de données à partir de n'importe quel mot du texte ou des avant-textes et de naviguer dans cette base en y suivant un parcours génétique fléché.

4.1 La collection des originaux (1 109 ff au total en septembre 1993), au moment de notre étude, se présentait ainsi, répartie en dossiers :

a) Fiches thématiques : 5 fiches et 5 feuillets thématiques = 10 ff (collection particulière, en dépôt depuis 1981).

b) Feuillets non classés ou classés approximativement, répartis dans huit dossiers correspondant à des achats successifs :

— ms Bost : 417 ff [331 foliotés SdB et Ryb + 86 pages (y compris les versos), foliotés Ryb a à by – (BN achat 83/49) ;
— 5 ff (collection particulière, en dépôt depuis 1981) ;
— 6 ff (BN achat 84/09) ;
— 15 ff (dont deux remplis recto/verso) (collection particulière, en dépôt depuis 1985) ;
— 10 ff (BN achat 86/15) ;
— 74 ff (BN achat 86/12, vente d'Orléans) ;
— 6 ff (BN achat 89/25).

A ces feuillets s'ajoutent 4 ff et 10 ff, partiellement transcrits par l'ITEM, qui sont passés en salle des vente à l'hôtel Drouot les 8 mars et 10 mai 1995, mais qui n'ont pu être acquis par la BN.

c) Le manuscrit d'avril 1963, dit manuscrit Vian :

— 453 ff [foliotés par Michelle Vian, notre sigle F MV + 1 f° non folioté] (BN achat 85/22).

d) Deux dactylographies (ou tapuscrits) :

— 44 ff dactylographiés « Jean sans terre » (première dactylographie, en deux sections, du début de l'autobiographie) ;
— 69 ff dactylographiés (dactylographie incomplète, faite par Michelle Vian, du manuscrit d'avril 1963, foliotés 117 à 186 et correspondant à la dernière partie).

4.2 Les manuscrits virtuels : ces ensembles sont constitués à l'ITEM de photocopies provenant de divers dossiers et reconstituant la séquence des feuillets correspondant à un état du texte :

— manuscrit « Jean sans terre » (incomplet : texte manuscrit correspondant à 15 pages de la dactylographie « Jean sans terre ») ;
— manuscrit Simone de Beauvoir (foliotation faite par Simone de Beauvoir, de 1 à 480, et que nous désignons par le sigle F SdB) (fichier ITEM : INV 14).

4.3 Inventaire ITEM du corpus génétique, classé par ordre d'apparition publique (et transcrit en fichiers numérisés) :

Inventaires 1 et 2. *Les Mots*, préoriginale dans *Les Temps modernes (TM)*, 1963, et Édition originale, 1964 (EO) (il y a eu de minimes corrections entre la préoriginale et l'EO, corrections qui sont répertoriées à part, manuellement) ;
Inventaire 3. « Jean sans terre », dactylographie, 1971 (fichier ITEM : JSTDac) ;
Inventaire 4. Feuillets SMAF, 1981 (fichier ITEM : INV 4) ;
Inventaire 5. Cinq fiches thématiques et cinq feuillets Moriceau, 1981 (fichier ITEM : INV 5) ;
Inventaire 6. Ensemble Bost, 1983 (Cote BN 83/49) (fichier ITEM : MsBOST) ;
Inventaire 7. Six feuillets vente Bodin, 1984 (fichier ITEM : INV 7) ;
Inventaire 8. Manuscrit Vian, 1985 (fichier ITEM : MsVIAN) ;
Inventaire 9. Dactylographie Vian, 1985 (fichier ITEM : VIANDac) ;
Inventaire 10. Feuillets « Jean sans terre », 1985 (fichier ITEM : INV 10) ;
Inventaire 11. Dix feuillets vente Bodin 1986 (fichier ITEM : INV 11) ;
Inventaire 12. Soixante-quatorze feuillets vente Orléans, 1986 (fichier ITEM : INV 12) ;
Inventaire 13. Six feuillets BN, 1989 (BN achat 89/25) (fichier ITEM : INV 13) ;
Inventaire 14. Quatre et dix feuillets ITEM (vente Drouot, 8 mars et 10 mai 1995) (fichier ITEM : INV 14).

Références dans le présent volume : le numéro du folio est indiqué par la mention fº ou F avec la mention abrégée de l'origine de la foliotation : SdB pour Simone de Beauvoir, MV pour Michelle Vian, Ryb pour Michel Rybalka, ITEM pour l'équipe Sartre de l'Institut des textes et manuscrits modernes/CNRS – un même folio physique pouvant avoir plusieurs foliotations. (Le sigle F signifie « foliotation », le sigle fº signifie « folio ».) Lorsque nous *citons* un feuillet, nous donnons sa référence par le sigle indiquant la personne qui a inscrit le numéro de sa foliotation sur le feuillet physique (ainsi fº SdB 245). Lorsque nous nous référons à la foliotation faite « immatériellement » par l'ITEM nous utilisons le sigle F ITEM.) Le classement en vue de la reliure des dossiers par la Bibliothèque nationale de France n'étant pas fait au moment où nous imprimons, nous ne pouvons donner dans notre présentation de ces dossiers que la cote provisoire indiquant la date de leur achat.

4.5 *Sigles utilisés dans les transcriptions :*

[ ]	suppression
+ +	ajout
< >	lecture conjecturale
[manque]	commentaire d'éditeur

L'analyse génétique complète ne pouvant se faire que sur les manuscrits originaux, nous ne donnons pas dans ce volume une transcription qui tenterait par des sigles d'indiquer *tout* le travail d'écriture. Dans un souci de lisibilité pour le lecteur nous n'avons donné dans nos transcriptions que les particularités pertinentes pour nos analyses et nous avons linéarisé ces transcriptions. Enfin nous avons normalisé l'orthographe.

Michel CONTAT,
avec la collaboration de Mauricette BERNE.

L'ordre d'une vie

PHILIPPE LEJEUNE

« Le plus gênant, c'est de devoir présenter comme successifs des états de simultanéité confuse », écrivait Gide à la fin de la première partie de *Si le grain ne meurt.* Sartre a trouvé une solution originale à ce problème. Ce qui semblait à Gide une gêne est devenu pour lui une ressource. On lit *Les Mots* comme on regarderait un burlesque (côté parodie) ou un *thriller* (côté dialectique). C'est un peu *Le Néant aux trousses.* Poulou est en cavale, ses comédies s'effondrent les unes après les autres derrière lui, son grand-père le rattrape par le fond de sa culotte à la dernière minute et le jette dans le génie. Quand la lumière se rallume, on croit sortir d'une histoire palpitante. On regarde de plus près les indications chronologiques, et on se frotte les yeux. Ce qu'on a vécu comme succession était simultanéité. Ce livre rebondissant fait du sur place, ou même rebrousse carrément le cours du temps. Un enfant échappe à sept ans à un danger qui l'a menacé trois ans plus... tard, etc.

En 1975, dans *Le Pacte autobiographique*, j'ai essayé de mettre en lumière l'ordre logique de l'analyse qui sous-tend le récit des *Mots*, cette analyse qui se déguise en récit. J'avais alors remarqué les ressemblances frappantes entre cette dramaturgie et celle du *Diable et du Bon Dieu* : le passage à travers une série de rôles bien classés, jusqu'au choix final de l'authenticité. Aujourd'hui j'y ajouterais celle du *Scénario Freud*, où l'on voit Freud se débattre avec ses différents « pères » (et un contrôleur de chemin de fer !) avant de découvrir sa propre voie... J'avais résumé *Les Mots* en une sorte de fable analytique en cinq actes, que voici :

« Au début était la liberté, et la liberté flottait sur une situation *(Situation et liberté)*. La liberté était vide, et, pour se donner une forme, elle se fit enfant modèle sous le regard d'autrui *(Singerie)* ; mais un jour la liberté vit qu'elle était nue et creuse, et elle eut peur d'elle-même et voulut se couvrir *(Nausée)* ; et elle essaya de se cacher derrière d'autres rôles, cette fois intériorisés *(Bouderie)* ; mais le rôle a fini par devenir le caractère, le vêtement a collé à la peau *(Folie)* » (*Le Pacte autobiographique*, p. 209).

Le schéma reproduit ci-après donne, avec les références des pages (Éd. Folio, 1991), le détail de ces cinq actes.

ACTE I. — SITUATION ET LIBERTÉ [11-18]

ACTE II. — LES COMÉDIES PRIMAIRES

La singerie, usage externe [18-70]

A) *Comédie familiale* [18-35]

1) La comédie [18-30]
2) Contradictions virtuelles [30-35]
3) Résolution [35]

B) *Comédie littéraire* [35-70]

1) La comédie [35-58]
2) Contradictions virtuelles : — La sincérité [59-61]
— Les vraies lectures [61-65]
— L'école [65-70]
3) Résolution [70]

ACTE III. — LA PRISE DE CONSCIENCE DU VIDE

La nausée [70-91]

1) Prise de conscience de l'imposture [70-73]
2) Prise de conscience de la contingence [73-78]
3) L'ennui, l'angoisse de la mort [78-81]
A) Le saint (échec de la religion familiale) [81-86]
4) Les échecs de la comédie [86-91]
5) La nausée devant le miroir [91]

ACTE IV. — LES COMÉDIES SECONDAIRES

La bouderie, usage interne [91-170]

B) Le héros (la bouderie épique, précaire) [92-112]
C) L'écrivain [115-170]

Événement n° 1 (7 ans)
Initiation à l'écriture littéraire [115-117]
→ *Période n° 1* (de 7 à 8 ans)
Pratique concrète de l'écriture [117-126]
Joie précaire [126]
→ *Événement n° 2 (8 ans)*
Voué à la carrière de gratte-papier [126-135]
→ *Période n° 2* (de 8 à 10 ans)
Reprise du mandat dans l'arrogance[136-170]
A) L'écrivain-héros [137-143]
Échec (absence d'ennemi) [143-145]
B) L'écrivain-saint [145-154]
Modulation [154-156]
C) L'écrivain-écrivain :
La gloire et la mort [156-168]
Mais cela reste une comédie [168-170]

ACTE V. — LA FOLIE [170-206]

La guérison apparente [170-186]

a) La guerre de 14 L'amour de la mère [170-178]
b) Le lycée en 1915 La camaraderie [179-186]

La folie réelle [186-204, y compris début de l'épilogue]

L'optimisme et le dynamisme de 1916 à 1939

La guérison relative [204-206, fin de l'épilogue] J'ai changé...

Aujourd'hui nous connaissons d'autres textes autobiographiques de Sartre (en particulier les *Carnets de la drôle de guerre*), et surtout nous possédons une partie importante des avant-textes des *Mots*. La tentation est grande de vouloir « vérifier » que j'avais raison, en montrant comment Sartre a hésité sur l'ordre de son récit et manipulé la chronologie. A cette tentation il faut savoir résister. Mon étude était fondée sur l'analyse interne du texte définitif, elle ne saurait être infirmée ou confirmée par l'étude des brouillons. Elle peut être éclairée ou enrichie par eux. Elle peut aussi, en sens inverse, les éclairer – à condition d'éviter les pièges de l'illusion rétrospective. Mais il s'agit en même temps d'autre chose.

L'intérêt est de voir comment Sartre s'y prend pour composer un texte autobiographique. Il a écrit des textes théoriques sur la *méthode* biographique. Comment fait-il quand il est au pied du mur, et qu'il s'agit de lui ?

Et il ne s'agit pas seulement de Sartre. Peut-être ses comportements nous apprendront-ils quelque chose sur la situation où se trouve n'importe quelle personne qui entreprend d'écrire sa vie.

Cette étude se présentera en trois temps : « Comment commencer ? », sur la technique de Sartre en 1939-1940 dans les *Carnets de la drôle de guerre* et le travail préparatoire des *Mots* ; « L'ordre du récit », où j'étudierai les changements d'ordre dans les avant-textes de ce qui est devenu la première partie des *Mots* ; « Comment faire une fin ? », où l'on verra Sartre hésiter sur la manière de couper et de clore son récit d'enfance.

Et pour finir j'épiloguerai sur l'épilogue des *Mots*, mais rapidement : « Glissez, mortels, n'appuyez pas ».

1

COMMENT COMMENCER ?

Les Carnets de la drôle de guerre (1939-1940)

Les carnets tenus par Sartre pendant la drôle de guerre nous permettent d'observer Sartre autobiographe « à l'état naturel », si je puis dire. La règle du jeu est d'écrire au rythme de la pensée, jour après jour, en s'interdisant de rectifier ou de modifier. Ces carnets ne sont les avant-textes de rien, mais des exercices. Deux des mécanismes que nous voyons à l'œuvre dans les avant-textes des *Mots*, la censure, et la composition, sont ici absents. Pas (ou peu) d'autocensure : la publication n'est envisagée que pour un avenir très lointain ; surtout, le but de l'exercice n'est pas de démontrer quoi que ce soit, mais de devenir « authentique ». Pas de souci de composition – disons plutôt : pas de *travail* de composition. Car les Carnets sont composés : il y a une stratégie d'ensemble (le *patchwork* et le *work in progress*) et un savoir-faire à l'œuvre dans chaque fragment (leur composition et leur clôture sont remarquables). Mais la stratégie du journal interdit tout remodelage, et tout effet d'ensemble qui correspondrait à la visée particulière d'un des genres pratiqués dans le patchwork. Il y aura donc des textes autobiographiques dans les Carnets, mais pas une autobiographie.

Dans la mesure où l'écriture des Carnets remplace la manière que Sartre avait de penser à haute voix devant ses proches, les gestes autobiographiques que nous y observerons ont chance d'être analogues à ceux des entretiens autobiographiques qu'il a prodigués dans les années 70.

Geste de méthode : Sartre part souvent d'un élément de son autoportrait pour l'éclairer par ce qu'il appelle un « historique ». Dans les Carnets conservés, on le voit ainsi explorer l'histoire de : son rapport à la guerre (Carnet 1), sa morale (Carnet 3), son rapport à la propriété (Carnet 12), son rapport à l'amour (Carnet 12). On sait qu'il a consacré d'autres historiques, dans les carnets perdus, à son adolescence et son rapport au social (Carnet 2), et à son rapport avec la France (sans doute Carnet 7). Ce sont des explorations thématisées : chaque fois, une ligne directrice générale est donnée. Certes, dans une vie, tout se tient. Il est donc amené, pour chaque élément, à le relier à d'autres, et parfois à dériver. Mais liaisons et dérives restent subordonnées à un axe principal. Il n'est pas affronté au problème d'une autobiographie globale : l'articulation d'axes thématiques différents, mais synchrones, en un récit unique. Cette unité, qui serait celle d'un *projet originel*, ou *projet premier*, Sartre la traite à part, dans des espèces d'arguments synthétiques qui pourraient être les noyaux d'une autobiographie d'ensemble. Son intention n'était pas de construire un tel récit, qui d'une certaine manière le réduirait et le fixerait. Il sème, en les laissant disjoints, au fil des carnets, les « historiques » et les noyaux du projet. On est donc devant une sorte de bouillon de culture autobiographique, en attente d'une fécondation... On voit des micro-systèmes avec des filaments qui pourraient s'accrocher à d'autres, on voit des principes organisateurs qui n'organisent rien et flottent tout seuls... il pourrait se passer quelque chose, mais quoi ? – Notre chance est que cela n'a mené à rien. Les carnets nous offrent l'occasion de voir l'autobiographie *in statu nascenti* : ébauches, esquisses, croquis jetés sur le papier, montrant des gestes fondamentaux, dont je vais essayer de saisir quelques traits :

1 / l'autobiographie est subordonnée à l'autoportrait, le passé au présent, l'exploration de la diversité à l'unification du moi actuel : il s'agit de décider qui on est, en finissant par croire qu'on l'a toujours été, même si c'est pour dire, parfois, qu'on ne veut plus l'être ;

2 / il s'agit en général de démontrer quelque chose : soit une thèse à prouver (Carnet 3 : ma morale n'est pas religieuse – on sait que *Les Mots* seront écrits avec une égale conviction pour démontrer le contraire : la littérature a été pour lui un ersatz de la religion), soit une idée à éprouver (sur l'appropriation, sur l'amour). Les éléments du récit ont donc souvent fonction de preuve ou d'exemple, au sein d'une structure argumentative ;

3 / le récit envisagé est le plus souvent découpé en périodes, déterminées par des coupures, qui renvoient implicitement aux changements de la situation ;

4 / ces périodes peuvent être traitées de deux manières : ou bien elles sont envisagées comme homogènes et prises globalement, et dans ce cas-là il suffit d'analyser la « constante » en l'illustrant d'exemples ; ou bien elles sont dotées d'une chronologie interne et monnayées en sous-périodes (parfois enchaînées selon un schéma dramatique : dégradation, par exemple) ;

5 / le geste initial de Sartre au seuil d'une zone ainsi délimitée n'est pas de la chronologiser, mais de l'analyser, c'est-à-dire de distinguer des aspects différents, en les classant immédiatement en deux ou en trois paquets : 1) *d'abord* ; 2) *ensuite* ; 3) *enfin* (ou : *en outre*). Dans ses entretiens des années 70, il disait souvent : « *Alors là il y a eu deux choses...* », ou « *Alors là il y a eu trois choses...* ».

La plupart de ces gestes (en particulier le premier, le troisième et le quatrième) sont le lot de tous les autobiographes. Ils font même l'objet de chapitres entiers dans les manuels américains d'autobiographie. Le second et le cinquième portent plus la marque de la formation rhétorique et philosophique de Sartre. On trouve néanmoins la même attitude au cœur de bien des textes autobiographiques, qui sont autant argumentatifs que narratifs.

J'ai essayé d'analyser (*Moi aussi*, 1986) ces gestes autobiographiques dans les historiques des Carnets 3 et 12. Le plus intéressant, pour l'analyse des *Mots*, est sans doute celui du Carnet 3. Sartre, après avoir récusé toute explication de sa morale d'écrivain par l'éducation religieuse reçue dans l'enfance, se concentre sur sa vie adulte de 1921 à 1939. Il ne s'agit plus d'expliquer, mais de décrire. Voici ses gestes :

1 / découper *en trois*, chronologiquement (trois périodes : 1921-1929, 1929-1937, 1937-1939), c'est-à-dire la vie libre d'étudiant à Paris, l'entrée dans la vie réelle (militaire puis professionnelle) en province (ou à l'étranger), le succès littéraire et le retour à Paris – c'est un peu « vie, mort et résurrection »... ;

2 / découper *en deux*, logiquement, en distinguant l'analyse des « mobiles » et celle des « motifs ».

C'est l'articulation logique qui aura la prééminence : mobiles (p. 268-276), motifs (p. 276-288, développement inachevé). Chacune des deux sections sera donc elle-même divisée chronologiquement, si bien que le lecteur va parcourir deux fois de suite la même triade chronologique, avec les mêmes césures (par exemple, p. 272-273, le « passage à l'âge d'homme » ; p. 286, « Puis vinrent les années sombres »). Sartre a employé plus tard l'image de la spirale pour expliquer le développement d'une vie : « Une vie se déroule en spirales ; elle repasse toujours par les mêmes points mais à des niveaux différents d'intégration et de complexité » (*Questions de méthode*, coll. « Idées », p. 149). Ici, c'est l'inverse : le texte se déroule en spirales, parcourant deux fois la même période. A la différence de ce qu'on verra dans *Les Mots*, les actes successifs de l'analyse ne sont pas maquillés en succession chronologique, ce qui, joint à leur caractère parfois un peu laborieux, produit un effet de piétinement. Dans *Les Mots*, au contraire, des cycles d'analyse balayant la même période prendront l'aspect haletant d'un *thriller* ou d'une course-poursuite. Quant à l'idée qu'une vie se déroule « en spirale », elle n'est elle-même que projection d'une image *linéaire* qui n'a de sens qu'appliquée à un texte.

Autre remarque, plus secondaire : ces analyses ne s'appesantissent jamais sur les changements des situations. Ce sont des données dont il n'y a rien à dire. Elles n'apparaissent qu'à travers ce que la liberté du héros fait d'elles. Le projet du héros est analysé dans sa continuité qui se développe en réaction à un fond mouvant de situations dont les implications historiques lui, et nous, échappent.

Cet historique du Carnet 3 pose donc le principal problème de structure que l'auteur des *Mots* aura à résoudre : l'articulation de la succession d'analyses en fait synchroniques.

Le Carnet 1, récemment retrouvé, me permettra de montrer d'autres aspects de ce même problème. Sartre y fait, entre autres choses, un long historique de ses rapports avec la guerre (p. 78-91).

L'« historique » du Carnet 1 : la guerre

Ce premier « historique » touche au cœur même de la conversion de Sartre : son indifférence à l'histoire, son inertie politique jusqu'en 1939. Sartre recherche les racines de cette attitude, les dessous d'un « stoïcisme » qui a si belle allure. Je prendrai ce texte par le petit bout de la lorgnette. On est le mardi 3 octobre 1939, Sartre écrit sur son carnet, apparemment d'un seul jet, en dix-neuf pages serrées ce qu'il a dû rouler dans sa tête les jours précédents. La phase des « brouillons mentaux » nous échappe. Ce qui apparaît, sur le carnet, comme un premier jet est déjà une mise au net. Je vais suivre les gestes de Sartre. Il y a deux types d'approche possibles. Il est évident qu'ici, comme pour son grand historique du Carnet 12 sur l'amour, et comme pour l'autobiographie d'ensemble envisagée dans les années 50, Sartre écrit en suivant l'ordre chronologique. L'enfance, l'adolescence à La Rochelle, sa vie d'étudiant à Paris, son service militaire, il passe assez vite sur les années 30, s'attarde au contraire sur son attitude en 1938-1939, et mène le récit jusqu'au présent. Ce cadre de référence fournit la trame autour de laquelle le texte s'écrit, mais non le mouvement par lequel il s'écrit. Une fois distinguées les périodes et situées les coupures, Sartre s'emploie à analyser des relations et à articuler des contradictions. A l'intérieur de chaque période, il y a donc conflit ou compromis entre la trame chronologique du récit et l'organisation argumentative du texte. La trame chronologique n'est qu'une sorte de jalonnement général. Si le récit « arrive jusqu'au présent », le texte, lui, doit arriver à une solution du problème posé. Il se termine, exactement comme *Les Mots*, par la formulation d'une nouvelle morale provisoire. Ce que nous avons sous les yeux, ce n'est pas quelqu'un qui raconte une histoire, mais quelqu'un qui, à propos de cette histoire, trie, organise, débrouille, déplie, élucide et finalement dépasse le rapport qu'il avait jusque-là avec l'idée de « guerre ».

Au départ, trois gestes. Geste n° 1 : délimiter une période, la première (l'enfance). Geste n° 2 : subordonner, dans cette période, le rapport à la guerre au rapport à la famille. Corollaire : l'expérience de la guerre est indirecte. Geste n° 3 : débrouiller, par tripartition, l'idée d'indirect : *a)* la famille n'a personne à la guerre ; *b)* parti en province en 1916, il n'a pas vu Paris sous les bombardements ; *c)* la guerre lui a donné un père au lieu de l'en priver. Très lâchement relié à l'idée d'indirect, ce troisième point est développé pour lui-même, et fait apparaître la nécessité d'une périodisation interne : Sartre lie, logiquement, le changement du rapport à la guerre au changement du rapport à la famille, autour d'une « coupure » : le remariage de la mère.

Première sous-période : l'enfance à Paris, sous la coupe du grand-père comédien (p. 78-81). L'idée principale est donnée au début : l'enfant mime le patriotisme de son grand-père (cas particulier d'un mimétisme général). Cinq exemples sont donnés (dont deux dans une version différente de celle des *Mots*, et un autre qui ne figure pas dans *Les Mots*). Ils sont rangés en ordre chronologique, mais il ne s'agit pas d'une chaîne causale, c'est une série paradigmatique. Une fois la série finie, Sartre répète le thème et essaie de le développer. A cette comédie patriotique s'opposaient ses vrais intérêts, qui lui ont fait détester la guerre. Syllogisme : avant la guerre Poulou avait horreur des héros « collectivisés » (scouts, etc.). *Or* la guerre « collectivisa » tous les héros de la littérature enfantine. *Donc* Poulou eut horreur de la guerre. Sartre développe les trois raisons pour lesquelles il a détesté cette littérature enfantine de guerre (monotonie, absence d'exotisme, héros collectivisés). Quand il a fini, il souligne l'importance pour lui de la lecture (représentée uniquement par la lecture de plaisir, le singe savant cultivé n'est pas là), puis il essaie d'expliquer une apparente contradiction : enfant, il a lui-même essayé d'écrire un de ces livres qu'il détestait lire ! Il s'en tire joliment, par l'hypothèse d'un « mimétisme d'agacement ».

Deuxième sous-période : l'adolescence à La Rochelle, sous la coupe du beau-père (à partir de la p. 81). Selon la même démarche, il explore d'abord les rapports avec son milieu (le beau-père, les camarades), avant d'en tirer les conséquences pour la guerre : rejet de la guerre identifiée aux sermons des grandes personnes, concurrence d'un autre centre l'intérêt, la sexualité. L'ordre chronologique est utilisé humoristiquement pour coupler les événements historiques aux étapes de son initiation sexuelle. La chose la plus frappante, c'est que ce développement né d'une dichotomie (coupure dans l'enfance) n'aboutit nullement à une clôture comme le premier. Cette deuxième sous-période de l'enfance devient *de facto* la première sous-période de sa vie adulte. Le texte ne marque aucun arrêt (bilan, ou passage à la ligne) à la fin de la période de La Rochelle, mais enchaîne sur la suite. Sartre ne passera à la ligne que quelques pages plus loin, quand il en arrivera à l'immédiate actualité, la crise de 1938-1939. De 1916 à 1938, on a donc un seul développement continu. Si on remonte en arrière aux premiers gestes que j'ai décrits, on s'aperçoit qu'ils avaient très vite abouti à isoler le trait essentiel de la période La Rochelle (refus de la guerre, lié au refus du discours moral des adultes). En deçà de la coupure de 1916, ce trait n'est pas pertinent. Il s'agit d'autre chose, apparemment opposé (acceptation de la guerre), en fait plus complexe, dont le seul trait qui ait persisté ensuite est l'individualisme. La coupure de 1916, qui apparaissait d'abord dans le texte comme interne à l'enfance, oppose en réalité l'enfance à tout le reste de la vie.

Ce changement de fonction en cours de route est d'autant plus intéressant que cette même coupure délimitera *Les Mots*. En deçà de 1916, un univers clos qui peut faire l'objet d'un développement autonome. L'ordre d'ensemble suivi pour décrire cette période 1914-1916 est purement logique (mimétisme apparent *mais* hostilité profonde), et amène le narrateur à juxtaposer deux balayages chronologiques qui se recouvrent. Au-delà de 1916, en revanche, son texte va combiner avec virtuosité les étapes d'une progression chronologique unique et celle d'une analyse complexe où se montent peu à peu tous les traits de l'adulte des années 30.

Les problèmes de périodisation et d'articulation entre chronologie et analyse qui apparaissent ici sont relativement simples, parce que Sartre s'est donné un fil conducteur unique : le rapport à la guerre. Mais on voit bien qu'il est impossible de prendre un fil tout seul. Tout est emmêlé, tout communique. Trois autres séries apparaissent déjà dans le récit d'enfance : la comédie familiale, la lecture, la sexualité, toutes trois visiblement plus importantes que le rapport à cette guerre dont justement l'enfant se contrefichait. Que se passera-t-il, quand on se donnera pour tâche de *tout* raconter ?

Le projet autobiographique dans le paratexte (1953-1959)

Le projet que Sartre conçoit en 1953 est justement celui d'une autobiographie *d'ensemble.*

Dans ses interviews, il affiche des intentions méthodologiques originales (méthode psychanalytique et marxiste) mais, au même moment, il définit son projet en des termes qui sont ceux de l'idéologie autobiographique traditionnelle. La volonté de représentativité, qu'il ressasse, renvoie à l'illusion romantique de l'homme-siècle, que l'on trouve chez Chateaubriand, Victor Hugo, Marie d'Agoult et bien d'autres. « Ce siècle avait cinq ans. Poulou annonçait Sartre... » La prétention d'écrire, grâce à son autobiographie, l'histoire de sa génération est d'un égocentrisme qui non seulement n'est jamais remis en question, mais est même présenté, dans la longue interview accordée à Olivier Todd, comme un geste méthodologique novateur. Le projet proclamé de Sartre a été réalisé depuis de manière bien plus convaincante par Jean-François Sirinelli (*Génération intellectuelle*, Fayard, 1988). La trajectoire politique de Sartre n'est qu'une trajectoire parmi bien d'autres possibles dans sa génération de normaliens, eux-mêmes peu représentatifs de la population française.

Ce moi-siècle, qui veut faire endosser à sa génération ses erreurs, ses aveuglements, ses illuminations et ses engagements personnels, se racontera en suivant l'ordre de l'Histoire. Les périodisations qu'il égrène dans ses interviews ne renvoient pas à son histoire personnelle, sauf pour la naissance (mais elle désigne sa génération) : « de 1905 à la Libération, en passant par 1914, 1936, 1940 » (*Libération*, 4 novembre 1953). On sait, parce qu'il l'a dit lui-même, que les coupures décisives ont été pour lui, plutôt que 1914, 1917 (remariage de sa mère, La Rochelle), et plutôt que 1936, 1937 (il est publié, il revient à Paris). C'est seulement à partir de 1939 que les dates de l'Histoire deviennent celles de *son* histoire. Mais il a tendance à réaligner rétrospectivement celle-ci sur la Grande. Le couplage le plus étonnant est celui qu'il a plusieurs fois essayé de faire entre son adolescence à La Rochelle et la Révolution russe. Le jeune parisien brimé par ses camarades de lycée n'apparaît plus qu'en surimpression d'Octobre.

L'ordre d'ensemble aurait donc été chronologique. La seule allusion à un découpage possible est dans l'interview au *Welt am Sonntag* (6 octobre 1957) : il serait parallèle à celui des *Mémoires* de Simone de

Beauvoir, le premier volume irait jusqu'à l'âge de vingt ans. En 1955, Sartre avait parlé d' « un épais volume ou deux au maximum » (*Le Monde*, 1er juin 1955). Il faut prendre ces déclarations avec prudence : improvisation de Sartre, réfraction dans l'écoute d'un journaliste...

Ce projet d'autobiographie d'ensemble qu'on voit apparaître dans les interviews, Sartre ne l'a pas réalisé – du moins dans le travail d'écriture qui aboutira, dix ans après, à la publication des *Mots*. Mais son fantôme réapparaîtra, triomphant, dans les années 70, quand Sartre se mettra à collaborer avec ses biographes (Astruc et Contat, pour le film *Sartre par lui-même*), ou à envisager des productions militantes collectives (projets d'émissions pour la télévision). L'autobiographie-épopée de l'homme-siècle reprendra du service, pour le meilleur ou pour le pire.

Pourquoi cet écart entre le programme affiché, et le travail d'écriture effectif que les brouillons vont nous permettre de suivre ? Les interviews donnent là-dessus des indications fugitives, mais importantes. Deux aspects de ce genre « mémoires épiques » glacent Sartre : la prolifération de l'information, la nécessité d'une clôture.

Il déclare vouloir éviter « le romanesque, l'anecdotique même dans la mesure où il n'aurait pas d'importance » (*Le Monde*, 1er juin 1955). C'est le sens qui est premier, et l'information doit être triée en fonction du sens. Sartre refuse d'être chroniqueur. Ce refus est double. Il concerne le texte : pas question d'écrire un texte « mou ». Mais surtout la méthode : pas question de faire jaillir le sens du tri d'une information d'abord impartialement rassemblée. Je reviendrai sur ce point capital.

« Simone de Beauvoir a des difficultés pour continuer ses *Mémoires*, dit Sartre en 1962, car là le point de vue n'est pas fixe : on ne sait plus de quel point de vue prendre une vie, quand on arrive à un certain âge et que les événements sont en mouvement » (*Tribune étudiante*, no 5-6). Cette difficulté, qu'il observe chez le Castor, il l'a éprouvée lui-même. Avec Flaubert, il est tranquille : un mort ne bouge plus, se laisse faire. Mais on n'entre pas dans un vivant comme dans un moulin. Impossible de construire le récit d'une histoire dont le terme passe son temps à changer et amène en permanence à recomposer le passé. Le triomphalisme didactique des interviews (édicter le sens de l'Histoire en racontant sa propre vie) ne tient pas la route. C'est une des raisons pour lesquelles le travail de Sartre, au lieu de se développer de manière dynamique du passé vers le présent, s'est bloqué dans le récit du passé le plus lointain, a fini par s'absorber et se clore dans un récit d'origine.

Mais les indications que Sartre donne à partir de 1957 montrent l'écart qui se creuse entre le projet initial, et la réalité de son travail. Il se rend bien compte qu'il est en train de faire autre chose – et de revenir, d'une certaine manière, à une chose déjà faite : une autobiographie *thématique*. Cela apparaît dans l'interview donnée à Olivier Todd en 1957, et encore plus clairement dans l'entretien accordé à Madeleine Chapsal le 5 janvier 1960, en particulier dans la partie inédite de cet entretien[1].

Les deux entretiens rationalisent par avance le choix qui sera fait en 1963. Dans la pratique, le choix est déjà fait. Après son travail des années 1954-1956, Sartre a abandonné son récit d'enfance, sans doute à cause de la difficulté à enchaîner, dans une perspective chronologique, avec le récit du remariage de sa mère, mais aussi parce qu'il a perçu que ce début n'était pas un début, mais formait un tout.

« La première chose que je dois expliquer dans une autobiographie, c'est pourquoi j'écris », dit-il à Olivier Todd. A Madeleine Chapsal, il raconte plus précisément l'origine de son projet. L'idée lui est venue en travaillant sur la morale : « Un jour, en écrivant des considérations sur la morale, je me suis aperçu que je faisais une éthique d'écrivain pour des écrivains, en prétendant parler à ceux qui n'écrivaient pas ! C'est ce qui m'a contraint à remonter aux sources de cette attitude bizarre et à chercher les présuppositions – ou, si l'on préfère, les investissements de mon enfance. » En fait, c'était reprendre sur de nouvelles bases l'exploration faite en 1939 dans le Carnet 3 (p. 265-288). Le plus bizarre, c'est qu'il voyait alors déjà parfaitement les choses, mais qu'elles ne lui paraissaient pas bizarres du tout ! « Je ne crois pas schématiser trop en disant que le problème moral qui m'a préoccupé jusqu'ici, c'est en somme celui des rapports de l'art et de la vie » (*Carnets*, p. 268). Il va donc maintenant réécrire ces 20 pages, en inversant *totalement* la thèse démontrée ! En 1939, l'enfance et la religion étaient mises hors de cause dans un développement préliminaire (p. 265-267) qui déblayait le terrain avant une longue analyse (finalement non critique) de la morale de l'adulte. Maintenant l'enfance est mise sur la sellette, et la religion débusquée sous le masque littéraire où elle se cachait. Du coup, il ne s'agit plus du début d'un récit, mais d'une élucidation qui met en cause toute la vie, jusqu'au présent.

Les formulations qu'il emploie en s'adressant à Madeleine Chapsal ruinent virtuellement le projet d'une chronique épique d'un « moi-siècle », pour deux raisons. La première (en a-t-il vraiment conscience ?...), c'est que ce projet autobiographique lui-même fait partie des naïvetés qu'il devrait déconstruire... La seconde, c'est que le texte envisagé perd l'unité, la globalité et la continuité annoncées. Sartre se rend compte qu'il fait autre chose. Il invoque le parrainage de Leiris, devenu le saint patron d'une autobiographie thématique et fragmentaire. On peut n'être qu'à moitié convaincu : l'autobiographie sartrienne reste fondamentalement argumentative et démonstrative, ce qui est fort loin de Lei-

1. Voir ci-dessous l'Appendice 1 consacré au paratexte des *Mots*, p. 445.

ris. Mais c'est manière de signifier la rupture avec le projet initial. Deux remarques s'imposent. Sartre voit dans cette organisation un alibi pour ses désinvoltures chronologiques. Surtout il parle maintenant de structurer le livre en « chapitres ». Or quand Madeleine Chapsal lui demande s'il a déjà fait « quelques chapitres », il répond qu'il n'en a fait qu'un (ce qui deviendra *Les Mots*). Et tout au long de l'entretien, il ne cite jamais qu'un seul autre chapitre possible : celui sur la violence. Rien d'autre à l'horizon. Au fond, rien au-delà d'Abel et Caïn, qui sont les pendants sartriens de Lucrèce et Judith chez Michel Leiris...

Entre ce travail de biographie existentielle et thématique, d'un écrivain qui explore son rapport à l'écriture et à la violence, et le déploiement de l'histoire d'une génération rythmée par les grands tournants de l'Histoire, il n'y a pas forcément contradiction, mais tout de même une certaine distance. Le second projet légitime le premier, qui seul sera (en partie) réalisé...

Le projet autobiographique dans l'avant-texte

Le caractère lacunaire de notre dossier rend fragiles les arguments fondés sur la constatation d'absences : en particulier le *début* du travail de Sartre nous est très mal connu[1]. Pourtant il y a deux choses qu'on pourrait trouver dans un dossier préparatoire et dont on ne voit pas trace : une documentation, une programmation.

Pourquoi aborder le problème de la documentation dans une réflexion sur l'ordre du récit ? Parce qu'il importe de savoir comment l'information a été constituée : a-t-elle été recherchée, rassemblée, inventoriée avant sa mise en ordre dans un récit ? Ou bien est-ce l'ordre du récit qui a progressivement mobilisé l'information qui lui était nécessaire ?

Cette question a des implications par rapport aux « questions de méthode » que Sartre s'est par ailleurs posées. La méthode « psychanalytique et marxiste » repose sur l'analyse de quelle information ? Quelle en est la base *historique* ? Écrire une biographie de Flaubert demande une connaissance générale de l'histoire du XIXe siècle, de celle de sa famille, et de sa vie à lui, qui ne peut s'acquérir que par des lectures : documents primaires (correspondances, écrits de jeunesse, brouillons, témoignages autobiographiques de proches, documents des archives publiques, iconographie), ou secondaires (biographies antérieures, études historiques

1. Voir ci-dessus, le dossier génétique pour *Les Mots*. De nombreuses feuilles sont sans doute dans des collections particulières. Le stock de brouillons acquis par la BN à la vente d'Orléans du reliquat du fonds Moriceau contenait des éléments du travail initial de Sartre pour son autobiographie. Nous en avons donc une vue très fragmentaire et travaillons dans l'espoir (mais aussi sous la menace !) de la résurgence d'une information nouvelle. Voir ci-dessus la Note additionnelle, p. X.

générales). Sartre a dû faire un certain nombre de lectures pour écrire *L'Idiot de la famille*, même si on peut penser, comme l'a suggéré Jacques Lecarme[1], qu'il n'a guère su critiquer ses sources.

La situation d'un autobiographe est certes différente. Il peut avoir l'impression qu'une phase de documentation *externe* est inutile : tout est déjà dans sa mémoire. Dans ce cas, le plus fréquent semble-t-il, on peut néanmoins éprouver le besoin d'une phase de documentation *interne*. La mémoire est brumeuse, flottante, chaotique, elle a ses lointains, ses trous, ses mirages... C'est spécialement vrai pour les souvenirs d'enfance. Sartre lui-même écrit dans *Les Mots* : « Mes premières années, surtout, je les ai biffées : quand j'ai commencé ce livre, il m'a fallu beaucoup de temps pour les déchiffrer sous les ratures » (p. 193). Formulation métaphorique qui présente les opérations de mémoire comme des opérations d'écriture et de lecture, et l'anamnèse comme un travail philologique. Devant cette situation, le premier geste d'un autobiographe est de faire un inventaire. Ce peut être sous la forme d'une liste (chaque souvenir étant représenté par un simple titre ou un argument sommaire) ou d'un corpus de notes ou de fiches. Cette méthode de l'inventaire a été employée par Michel Leiris : « Lorsque – par brefs fragments qui n'étaient guère que des pense-bêtes – je constituai pour mon unique usage une sorte de dossier dans lequel étaient notés, sur des feuilles volantes gardées ensuite dans une même enveloppe, ceux de mes souvenirs d'enfance ou de jeunesse que je tenais à ne pas oublier, c'est à un mouvement de ce genre que j'obéissais » (*Biffures*, 1948, p. 255). L'enveloppe a été conservée et sera l'une des bases des études génétiques sur *L'Age d'homme* et sur *Biffures*. Georges Perec s'est livré systématiquement à des repérages de mémoire pour écrire *W ou le souvenir d'enfance* et dans le cadre du projet expérimental de *Lieux* (1969-1975)[2]. Sartre lui-même, dans ses Carnets de 1939, s'exerce parfois à des repérages analogues : par exemple quand il a l'occasion de retourner à Pfaffenhoffen, où il a passé l'été 1913, il essaie, pour une fois sans but démonstratif, de faire l'inventaire de tous les souvenirs qui lui en restent (*Carnets de la drôle de guerre*, p. 370-371).

Dans ce que nous possédons des avant-textes des *Mots*, nous ne trouvons aucun exercice de ce genre. Sartre ne semble pas avoir mobilisé sa mémoire *a priori*, en tout cas par écrit. Nous verrons la recherche de souvenirs se faire à un moment où le sens du récit est déjà décidé, dans le cadre d'une démonstration déjà esquissée. C'est le cas pour l'esquisse de ce que j'appelle l'acte IV, qui sera analysée plus loin. On peut naturellement penser qu'un repérage *a priori* est inutile si on a bonne mémoire. Mais Sartre nous a dit le contraire.

1. Jacques Lecarme, « Sartre et son double », *La Nouvelle Revue française*, n° 232, avril 1972, p. 84-88.

2. Voir mon étude des avant-textes de Perec, *La Mémoire et l'oblique. Georges Perec autobiographe*, POL, 1991.

Sartre a-t-il envisagé de réunir une documentation *externe* ? Il n'y en a aucune trace dans le texte définitif. Mis à part la photo décrite p. 26, les seuls documents qu'il évoque dans *Les Mots,* pour regretter leur absence, sont les « romans » écrits dans son enfance : « Je les ai perdus et je me dis parfois que c'est dommage : si je m'étais avisé de les mettre sous clé, ils me livreraient toute mon enfance » (*Mots*, p. 126). Il se le dit « parfois » (sans doute en pensant aux écrits de jeunesse de Flaubert), donc pas toujours. Et il ne se le dit pour aucun autre type de documents. De fait les avant-textes dont nous disposons ne contiennent aucun indice de l'existence d'une documentation rassemblée pour écrire l'autobiographie. Sartre n'a pas cherché à retrouver des correspondances familiales. Sa biographe Annie Cohen-Solal parle d'un voyage qu'il aurait fait à Périgueux dans cette intention : mais cette information sans garantie a paru invraisemblable à ses proches. Il n'a sans doute pas parlé avec sa mère – ce qui explique l'étonnement de celle-ci quand elle prit connaissance du livre publié. Il n'a pas cherché à se renseigner sur la carrière de son grand-père ni à relire (ou plutôt à lire !) ses œuvres. Une liste négative de tout ce qu'il n'a pas fait serait probablement longue, et la dresser paraîtrait incongru si Sartre était un autobiographe ordinaire. Mais il prétend être l'historien d'une génération et appliquer une méthode nouvelle (psychanalytique et marxiste), ce qui impliquerait que les faits soient établis avant d'être interprétés. – Son indifférence à la documentation est poussée si loin qu'il ne semble pas avoir relu ses propres textes autobiographiques antérieurs, contenus dans les cinq Carnets qui étaient en sa possession. Du moins il faut le supposer pour expliquer les écarts étonnants qu'on observe dans les récits de souvenirs d'enfance[1].

Quelle conclusion en tirer ? Que Sartre a désiré garder sa liberté, ne pas être asservi par cette forme inférieure de vérité qu'est l'exactitude de l'information. – Il le reconnaîtra sans vergogne plus tard en déclarant que *Les Mots* sont « une espèce de roman » (1975, « Autoportrait à 70 ans »). – Il veut garder les mains libres, ne pas se charger du poids préalable d'une information ensuite difficile à infléchir dans le sens de la thèse à démontrer. – Il n'est pas seulement indifférent au souci d'exactitude, mais soucieux de ne pas être, par lui, entravé. – *Les Mots* ne sont qu'en apparence une analyse critique du projet de Sartre, ils sont évidemment une manifestation du projet lui-même et mettent en œuvre, au premier degré, toutes les conduites que, par ailleurs, ils ont l'air d'élucider.

Donc pas de documentation. Pas de programmation non plus. Aucun des papiers qui nous restent ne montre un travail sur le titre, ni une pro-

1. J'ai montré dans *Moi aussi* (Seuil, 1986, p. 142-143) le renversement des souvenirs religieux. Le Carnet 1, récemment retrouvé, que Sartre n'avait donc plus en sa possession, révèle des cas analogues pour les souvenirs touchant ses rapports à la guerre en 1914. Je les présenterai plus loin.

grammation de découpage en parties ou en chapitres, ni une périodisation du récit. La périodisation devait être dans sa tête, n'avait pas besoin d'être écrite. La division en chapitres ou parties n'était pas conçue *a priori*, elle devait se dégager du travail d'écriture lui-même, et constater après coup le parcours accompli. La dactylographie du début de « Jean sans terre » témoigne de cette stratégie d'attente. Le chapitre I s'intitule « Abel », mais comme ce qui, dans cet état du travail, constitue le chapitre II, continue à raconter l'histoire de l'enfant sage, Sartre ne met aucun titre, « Caïn » attendra qu'on en arrive à l'adolescence à La Rochelle, à laquelle on n'arrivera jamais. La seule chose qui puisse être programmée, c'est l'argumentation.

L'argument initial

Sartre a pris des feuilles et les a coupées en quatre pour faire des fiches. Nous sommes en possession de cinq de ces fiches. Il a donc coupé au moins deux feuilles. Nous ne savons pas s'il a écrit d'autres fiches. Nous ne savons pas dans quel ordre il a écrit celles-là. Nous pouvons supposer qu'elles ont été écrites *avant* toutes les autres feuilles que nous possédons. De telles fiches ne sont utiles qu'avant. On les écrit pour baliser le champ que l'on va investir. Il serait totalement inutile de faire des fiches chronologiques. On vise le sens, et les constantes, de la vie. Le propos est synthétique, comme le montre la forme même de la fiche : brève. On limite l'espace pour combattre la tentation de développer (à laquelle on cède tout de même, puisque deux des cinq fiches sont continuées au verso). Chaque fiche est elle-même résumée par son titre. On commence donc son autobiographie par des espèces d'arguments, de noyaux centraux. Le début rejoint la fin : à ces fiches programmatives feront écho les résumés donnés après coup dans les interviews. Une des questions qu'on peut se poser, c'est de savoir si l'écriture des *Mots* a une fonction de recherche – je veux dire si Sartre a découvert quoi que ce soit sur lui-même en l'écrivant, comme on a l'impression qu'il l'a fait en rédigeant ses Carnets en 1939-1940. *Les Mots* ressemblent plus à un livre à thèse. C'est une prodigieuse aventure d'écriture pour démultiplier et faire vivre quelque chose qu'il vient de découvrir, et sur quoi il ne reviendra pas.

Au cours des dix ans que durera la genèse de ce qui deviendra *Les Mots* Sartre, pourtant si mobile, n'a pas remis en question ou déplacé son point de départ. Dans son téléfilm *Sartre contre Sartre* (1991), Michel Favart a avancé l'hypothèse que l'écriture du *Scénario Freud* aurait infléchi celle de l'autobiographie. On ne voit pas sur quoi cette hypothèse est fondée. Du manuscrit « Beauvoir », probablement antérieur à 1958, au manuscrit « Vian » (1963), la thèse, la machinerie dialectique, l'histoire, le style, tout reste comparable. Aucune mutation visible. Le temps s'est arrêté en 1953. En 1964, Sartre a déclaré que le gros de l'ouvrage était déjà fait en 1954 : c'était sans doute, à la lettre, inexact, mais vrai pour l'esprit. Il disait aussi que son travail en 1963 avait surtout consisté à atténuer la sévérité du premier jet. Cela même n'est pas sûr. Notre surprise a été de constater que le texte, brillant et sévère, du début ne changeait guère du tapuscrit de « Jean sans terre » à la version définitive. L'atténuation de sévérité est en fait localisée dans les pages de conclusion écrites en 1963 pour boucler le livre. L'étude génétique des *Mots* est pleine d'enseignements : mais il n'y faut chercher ni un reflet de l'histoire de Sartre entre 1953 et 1963, ni le témoignage d'une recherche qui aurait transformé l'image qu'il se faisait de sa vie.

Les cinq fiches n'ont pas été écrites avec le même stylo bille. Trois d'entre elles concernent l'enfance. Les deux autres ont l'air de concerner plutôt l'ensemble de la vie adulte. L'ordre des trois premières est purement conjectural. Elles dessinent l'itinéraire de ce qui deviendra, dans *Les Mots*, ce que j'ai appelé les actes 1, 2 et 3, c'est-à-dire le problème existentiel auquel le choix du mythe de la littérature apportera une solution. Ce choix lui-même n'est pas évoqué, ni la manière dont il remplit la fonction de la religion (thèse principale). On peut supposer qu'il y avait d'autres fiches... Les trois fiches donnent donc le noyau du début du récit.

> *Imposture.*
> J'ai toujours eu le sentiment d'une imposture quand on me traitait avec considération. Probablement vieux souvenir : j'étais imposteur avec les grandes personnes quand j'avais six ans.

C'est le geste le plus naturel : on part d'une constante de la vie adulte et on en cherche l'origine dans l'enfance. Six ans : le début de l'enfance.

> *Enfant seul.*
> Fils unique. Joue la comédie aux grandes personnes. *Leur* comédie. Décalage entre ce qu'il sent et ce qu'il joue. Les deux ne s'unissent pas. D'où sentiment nu d'*ennui* et une comédie sociale.

Cette fois la fiche est à la troisième personne, et au présent. On dirait l'argument d'un scénario, ou une étude de cas. Le fait brut donné sur la première fiche (« j'étais imposteur avec les grandes personnes ») se trouve ici monnayé en une histoire. En amont, une « situation » : enfant seul, fils unique (il ne dit pas « orphelin »). En aval une analyse de la comédie. Les enchaînements de cette analyse dessinent en pointillé les rebondissements d'une histoire. C'est « la comédie », d'abord, « *Leur* comédie » ensuite. Souligné par le narrateur, le décalage est dans la phrase suivante représenté comme vécu et perçu par l'enfant lui-même. De là découle la naissance (« d'où ») d'autres sentiments, l'ennui... La narrativisation de l'analyse est ébauchée.

De trop

Contingence - Ennui

Fils unique. Pas de camarades.

Héritier de *rien*. Pas de tradition. Je ne possède rien. Je ne pèse pas. Je ne suis pas enraciné. Je ne me retrouve pas aliéné en mon père. Pas de sur-moi. Et pas de Dieu pour m'avoir mis sur terre par dessein. Je n'ai certes pas senti métaphysiquement le délaissement au monde de l'homme. Mais j'ai senti que je n'étais pas justifié, mieux encore je ne me suis pas senti justifié. A dix-huit ans la découverte de la contingence fut une illumination. C'est que je l'avais toujours sentie. Et je la sens encore. Facticité.

Cette troisième fiche reprend dans une sorte de mouvement en spirale le point d'arrivée de la seconde : l'ennui. Il est exploré pour lui-même, indépendamment de la comédie familiale, par l'échec de laquelle il aurait été engendré. On comprend maintenant que cet ennui était là depuis toujours. Ce n'est pas dit, mais c'est sans doute lui que déjà on fuyait dans la comédie familiale. La fiche établit une relation nécessaire entre la situation de l'enfant orphelin, et l'ennui. Elle tourne ensuite autour du problème épineux de la prise de conscience de la contingence. D'un côté Sartre affirme qu'il n'a pas d'histoire : il avait toujours « senti » la contingence, il la sent encore, c'est une constante. D'un autre côté il a une histoire : une illumination à dix-huit ans. Mais cette illumination, loin de couper sa vie en deux, comme le ferait une conversion, a pour fonction de l'unifier. Elle fédère le passé et l'avenir. La coupure, si coupure il y a, sera donc facilement baladeuse. Aucun problème. L'illumination a une sorte de vocation à la rétroactivité. Elle-même échappe à toute explication historique. Elle est vécue comme l'explicitation fortuite d'un implicite permanent. Rien n'empêchera de faire un rabais de 50 % et de l'attribuer au petit garçon de neuf ans.

Pourquoi épiloguer si longuement sur cette fiche ? Parce qu'elle permet de toucher du doigt la manière dont Sartre envisage le temps de sa vie, et les facilités qu'il aura pour le manipuler avec la meilleure mauvaise foi du monde. Ces gestes n'ont d'ailleurs rien d'original. La recherche de la constante est une des constantes de la recherche autobiographique. L'illusion rétrospective n'est pas un poison instillé aux enfants par de mauvais livres, comme Sartre le dit dans *Les Mots*, ni une forme imposée de l'extérieur à la vie par le récit, comme il le dit dans *La Nausée*, mais une nécessité vitale. En ce domaine, qui veut faire l'ange fait la bête.

Ces trois fiches ne forment pas un tout, même si elles semblent par certains côtés s'enchaîner, et faire une boucle, puisque la première part du présent (sentiment d'imposture) pour remonter vers le passé, et que la troisième s'achève en remontant du passé au présent (conscience de la contingence). En fait peu importe le sens puisqu'il s'agit toujours d'affirmer une permanence.

C'est l'illusion rétrospective qui nous fait aujourd'hui trier ces cinq fiches en isolant les trois premières, parce qu'elles correspondent à la seule partie du projet qui ait été réalisée : le récit d'enfance. Les deux dernières ont une autre couleur. Leur formulation est plus abstraite : Sartre ne mentionne aucun événement, aucun acte, aucune situation. Elles semblent renvoyer plutôt à la vie adulte. Elles ont un trait commun : Sartre s'y montre à mi-chemin, autrefois, d'une prise de conscience aujourd'hui achevée. Il voyait *déjà ceci*, mais *pas encore cela* (fiche 4). Il ne voyait *pas encore ceci*, mais *déjà cela* (fiche 5). J'isole le geste, je le dégage des formulations un peu méandreuses qui pourraient en masquer la perception. Ce geste est plus « historique » que celui des premières fiches. On passe de la construction d'un mythe personnel, que sa permanence enracine dans le plus lointain passé, au récit d'une progression par étapes vers les idées actuelles de l'auteur, c'est-à-dire vers la vérité.

Voici la fiche 4 :

> L'élite et la médiocrité, c'est la même chose. Il faut être tous ou un seul et c'est pareil (n'importe qui). Mon désir de sortir de la classe moyenne qui fournit l'élite. Refus d'*être* un moyen et d'avoir des moyens : la fin. Être une fin absolue, avoir une fin absolue, en proposer une absolue.
>
> Prendre les notes morales sur la médiocrité. Montrer que je ne haïssais pas encore la bourgeoisie comme groupe concret d'oppression mais comme *moyen* sans fin. Par là je rejoignais l'idée de totalité sans voir que l'homme seul et tous ne font qu'une même totalité.

Et la fiche 5 :

> *La littérature comme praxis*
>
> Dès le départ. Je dénigrais l'action (contre moi – j'en rêvais sur le terrain de l'aventure – terrain politique. Je n'en étais pas capable). Je réservais l'action aux histoires d'amour. Ainsi croyais-je réaliser l'équilibre : littérature - amour ; intellect - action. Mais ce n'était que jeu. Mais je comprenais toutes les formes de la joie au travail, j'étais un *travailleur* (travailleur manuel). Je refusais le don. Je voyais la littérature comme poièsis et praxis.

Ces deux groupes de fiches représentent, me semble-t-il, deux orientations opposées de l'autobiographie. Fiches 1 à 3 : reconstruction du projet originel, tout l'actuel étant rabattu sur le passé ; fiches 4 et 5 : récit de conversion, le passé n'étant qu'une ébauche progressivement améliorée du présent, qui seul a une valeur. D'un côté le mythe de l'origine et de la permanence ; de l'autre, l'épopée d'une découverte de la vérité. Ces deux types de récit ne sont pas forcément inconciliables. Dans le texte publié des *Mots*, Sartre a l'air de ne pratiquer que le premier. Mais le second est implicitement présent. Son projet originel le jette en effet dans une erreur, dont l'analyse critique suppose qu'il est maintenant sorti. C'est le travail du style qui rend sensible l'existence d'un trajet de l'erreur vers la vérité, sans qu'il soit directement *raconté*.

Quant à cette vérité même, elle sera clairement affichée à la fin des *Mots* : la fiche 4 en annonce clairement la dernière phrase.

Ces deux groupes de fiches ont par ailleurs un point commun évident : on n'y voit aucune trace de « l'histoire d'une génération ». L'enfant des trois premières fiches a une histoire bien particulière. L'adulte des deux dernières en arrive à une vérité qui n'est que la sienne : c'est justement pour cela qu'il écrit des livres pour la répandre.

Incipit

Dans les papiers épars qui nous restent du travail initial, deux feuilles ont l'air d'être des essais de début. Elles ont peut-être été écrites après bien d'autres : on ne commence pas toujours par l'incipit. Elles ne sont peut-être pas vraiment des incipit : aucun titre, aucune subdivision ne le garantit. C'est leur ressemblance avec l'incipit... final qui nous les fait percevoir comme des débuts. On pourra lire leur transcription ci-après (p. 419 et 421). Laquelle des deux a été écrite la première ? Là aussi, il faut deviner : on verra le choix que nous avons fait. Désolé d'accumuler ainsi les doutes : il est difficile d'être assertif devant quelques épaves, hors de tout repère. En revanche deux choses frappent : le ton, et la méthode de développement.

Le ton est trouvé dès le début. Sartre ne semble guère avoir hésité : ce sera la parodie, et un tempo infernal. Les deux choses vont ensemble : le jeu sur les mots permet d'aller vite, de suggérer un monde en un clin d'œil. Rien à voir avec le style des *Carnets*, ni avec celui du *Saint Genet*. Dès le départ on se trouve dans de l'écriture « à effet », proche de celle de « L'enfance d'un chef » ou de celle du théâtre. Je m'amuse une seconde à lire cette première phrase incroyable : « En 1903, un officier de marine périgourdin saisit ma mère, l'épousa, lui fit un enfant au galop et se réfugia dans la mort. » Ce siècle avait trois ans. La marine périgourdine est aussi célèbre que la marine suisse. Pas joli, ce péri*gourdin*, mais si on réfléchit on y lit le *père*, pas nommé, alors que la mère est appelée *mère* avant même d'avoir été fécondée ! Mère de toute éternité. Lui, il aura beau faire un enfant, il ne réussira jamais à devenir son père. Opération du Saint-Esprit. Un officier de marine qui galope ! qui se réfugie ! dans la mort ! en faisant un enfant. Estourbi par ce tourbillon, on n'a pas le temps de réfléchir. J'analyserai plus loin l'ordre linéaire explicite du récit. Mais dès les premières lignes le lecteur est jeté dans des constructions implicites, vers des réseaux en arbre d'allusions enchevêtrées qui guideront son déchiffrement de la suite. Un coup d'œil sur le reste de la page montre que Sartre maintient ce rythme. Il se sert déjà du système de ponctuation qui privilégie l'asyndète, grâce à l'emploi intensif des deux points : ils sont au style des *Mots* ce que les trois points étaient à celui de Céline...

Comment le texte se développe-t-il ? Apparemment, l'ordre est chronologique. On raconte une histoire, avec un début, des conséquences. Mais une histoire a toujours de multiples réseaux, des feuilletages complexes. Le texte, fatalement linéaire (même si les jeux stylistiques lui permettent de s'ouvrir latéralement sur ces complexités), doit choisir. On assiste à une dérive thématique, dont la cohérence ne se dessine nettement qu'à la fin. Peut-être est-ce d'ailleurs l'émergence d'une idée reconnue comme principale (la comédie de la vertu) qui met fin à l'exploration. Maintenant qu'on sait où l'on va, on va prendre une nouvelle feuille de papier, et recommencer en développant... Pure hypothèse de ma part, puisque cette feuille est totalement isolée. C'est de la genèse-fiction. Disons qu'il a dû se passer quelque chose de ce genre... Mais tous les éléments thématiques de cette page (y compris les jeux de mots) seront repris dans les versions ultérieures, on les trouvera éparpillés dans un développement d'une tout autre ampleur. C'est comme une boule de pâte, qu'on va étendre avec un rouleau à pâtisserie. Ici on part de la mort du père pour arriver à la condamnation de l'enfant comme comédien, donc à sa comédie. Le « pivot » du texte est l'agressivité tous azimuts de la grand-mère : contre sa fille, contre son mari, contre son petit-fils. C'est en « travaillant » cette agressivité que Sartre finit par croiser l'idée essentielle (la comédie de l'enfant). Mais quel rapport entre cette comédie et la mort prématurée du père ? Cette page n'en dit rien. L'agacement de la grand-mère (au premier plan) n'est qu'un symptôme secondaire, en face d'un processus qui reste à l'arrière-plan. Alors on prend une feuille de papier, on recommence...

La seconde page, dont je ne suis pas bien sûr qu'elle soit un début (mais sait-on soi-même si ce qu'on fait est un début, quand, au début, on trace des esquisses dans toutes les directions ?), a la même allure de dérive thématique. A partir de la mort du père, on suit un fil, qui s'avère n'être autre que le développement d'une phrase du texte définitif : « Nous ne fûmes jamais chez nous : ni rue Le Goff, ni plus tard, quand ma mère se fut remariée » (*Les Mots*, p. 76). Cette page est plus platement écrite que la précédente, avec moins d'effets, plus proche de la technique des *Carnets de la drôle de guerre*. On étire la pâte dans une autre direction. Sartre compte tous ses faux pères : le vrai, le grand, le beau... Égale zéro. Toujours orphelin. A nous de le croire. Le rouleau va jusqu'au bout de la pâte, et nous voilà en pleine adolescence : c'est normal puisqu'à ce moment Sartre écrit une autobiographie d'ensemble. Le grand-père, qui n'est encore qu' « un peu comédien », apparaît fugitivement : ce n'est qu'une amorce, dont Sartre va progressivement découvrir les ressources, en l'amalgamant à Victor Hugo, pour en faire le comédien par excellence. Ici le trait n'est qu'esquissé, au passage...

En fait dans ces deux pages, comme dans certaines autres de ces débuts, on voit un Sartre qui cherche son chemin, explorant des lignes thématiques autour desquelles sa démonstration pourrait commencer à se construire. Il n'a sans doute pas encore de plan dans la tête. C'est en écrivant qu'on dégage la ligne, et à partir de cette ligne qu'on mobilise de l'information, qu'ensuite on mettra en ordre...

2

L'ORDRE DU RÉCIT

Les changements dans l'ordre du récit ne sauraient être étudiés qu'à partir de manuscrits d'une certaine ampleur proposant un texte suivi. Nous en possédons trois. Peut-être en a-t-il existé plus. Mais ce qui est sûr, c'est que deux de ces manuscrits sont incomplets. Nous ne pourrons comparer que les zones communes. On se reportera ci-dessus à la présentation du dossier génétique. Les quatre états que je vais comparer sont :

1 / Le dactylogramme intitulé « Jean sans terre », 44 pages. Le manuscrit qui a servi à la dactylographie porte à sa dernière page la mention *« Fin du premier tapage »*. Il y avait donc une suite, un second « tapage », et peut-être plus, que nous ne possédons pas. Nous en avons la certitude puisque nous avons trouvé, parmi les chutes, la page 48 d'un autre ensemble dactylographié. Certaines des pages de notre dactylogramme ont été reprises, telles quelles ou corrigées, dans les deux manuscrits suivants. Il date sans doute de 1955, au plus tard de 1956.

2 / Le manuscrit « Simone de Beauvoir », 480 pages. Ce manuscrit, ainsi nommé parce qu'il a été folioté par Simone de Beauvoir, est l'état du travail devant lequel se trouvait Sartre en mars 1963 quand il a décidé de reprendre son autobiographie pour en tirer un récit d'enfance publiable. Notre hypothèse est qu'il date pour l'essentiel de 1956. Le travail fait par Sartre en 1963 a divisé ce manuscrit en deux : un certain nombre de pages, directement reprises et retravaillées, sont intégrées dans le travail de mars-avril 1963, et figurent donc dans le manuscrit « Vian » (voir ci-dessous) avec une double foliotation. Les autres, dont le contenu a fait l'objet d'une réécriture sur de nouvelles feuilles, ou a été écarté, ont été mises au rebut, mais conservées : elles figurent dans l'ensemble « Bost », qui est la corbeille à papiers du travail fait par Sartre en 1963. La foliotation faite préalablement par Simone de Beauvoir permet facilement de reconstituer ce manuscrit dans l'état où il était avant que Sartre ne commence son travail.

3 / Le manuscrit « Vian ». Ce manuscrit de 452 pages, ainsi appelé parce qu'il a été ensuite dactylographié par Michelle Vian à qui Sartre a

fait cadeau de l'original, correspond à son travail de mars-avril 1963. C'est un récit d'enfance qui s'arrête en 1914. C'est seulement pendant l'été 1963 que Sartre, dans une campagne de travail dont il ne nous reste aucune trace directe, décidera de prolonger le récit jusqu'en 1916.

4 / ... et bien sûr le texte définitif (préoriginale dans *Les Temps modernes* en octobre-novembre 1963, originale chez Gallimard en 1964).

Le travail de comparaison portant sur l'ordre du récit doit être divisé en deux phases. Dans un premier temps je comparerai, dans les textes 1, 2 et 3, l'ordre du début du récit d'enfance (correspondant à ce que j'ai appelé les actes I à IV des *Mots*) ; dans un second temps, à partir des textes 2, 3 et 4, l'organisation de la fin (correspondant à l'acte V).

L'ordre initial

Le premier élément du dossier génétique des *Mots* dont j'aie pris connaissance, dès la fin des années 70, a été le dactylogramme intitulé « Jean sans terre ». Il m'a rempli d'une double stupeur.

Cette mise au net dactylographiée qui date du début du travail de Sartre paraît, au premier coup d'œil, absolument analogue, stylistiquement, au texte définitif. Tout est déjà là. A peu de choses près, c'est *littéralement* le même texte, le même brillant, la même rapidité, les mêmes enchaînements. Vraiment, on se demande comment Sartre, en 1964, a pu déclarer à Jacqueline Piatier que son travail de 1963 avait consisté à atténuer la sévérité excessive de son travail de 1954. Les modalisations consistent en ajouts ponctuels reliant l'enfant au narrateur adulte. La principale atténuation de la sévérité est produite par l'épilogue écrit en 1963 : mais ces pages finales n'enlèvent rien à la causticité du récit lui-même.

La seconde stupeur est que le texte, stylistiquement identique, n'est pas organisé exactement de la même manière. Ces 44 grandes pages dactylographiées couvrent tout le début du texte définitif, jusqu'à la phrase « Ma vérité risquait fort de rester l'alternance de mes mensonges » (p. 111), pratiquement tout ce qui est devenu la première partie des *Mots*, à l'exception des deux dernières pages où l'on voit l'enfant qui se retrouve isolé au Luxembourg, redécouvrant sa solitude. L'organisation dialectique est strictement la même : acte I, la situation initiale ; acte II, un enfant choyé qui joue au premier degré la Comédie familiale ; acte III : prise de conscience de l'imposture et de la contingence ; acte IV : fuite dans l'imaginaire (les rêveries héroïques, le cinéma)... La différence étonnante est qu'ici, dans l'acte II, aucune mention n'est faite de l'apprentissage de la lecture. L'immense développement sur ce que j'ai appelé la Comédie littéraire (Folio, p. 35-65) est absent. Ce texte couvre donc à peu près exactement la première partie des *Mots* (intitulée, rappelons-le,

« Lire » !) mais ne mentionne pas l'expérience de la lecture. Le drame existentiel de l'enfant se déploie sans que la littérature semble y jouer le moindre rôle... Ce sont *Les Mots*, sans les mots !...

Une fois la surprise passée, j'en avais tiré la seule conclusion possible : ces 44 pages n'étaient qu'un début ; l'expérience littéraire de l'enfant, à ce stade de l'élaboration, était tenue en réserve pour entrer en scène *après* la fuite dans l'imaginaire (rêveries héroïques, cinéma). Ordre bizarre, puisque justement l'imaginaire puise ses ressources dans la lecture ! Sans parler de l'incohérence chronologique... Sartre a dû prendre ensuite conscience de cette bizarrerie. L'hypothèse d'un changement d'ordre était d'autant plus plausible que l'on constatait, malgré le recouvrement général entre ce dactylogramme et le texte définitif, un certain nombre de déplacements (on en trouvera plus loin la liste). Une comparaison même rapide révélait la méthode de Sartre : le texte est fait de blocs relativement autonomes, soudés par des transitions logiques autant que chronologiques ; une partie de l'élaboration consiste à déplacer certains blocs, à travailler le montage ; lors de ces opérations, les blocs restent inchangés, ce sont leurs soudures qui sont refaites. L'hypothèse était donc que le bloc « Apprentissage de la lecture », à ce stade du travail, venait après ; et qu'à un stade ultérieur, Sartre s'était aperçu des inconvénients qu'il y avait à différer si tard dans le récit un apprentissage fait si tôt dans son enfance, et qu'il avait essayé de le caser dans l'acte II, où nous le trouvons maintenant.

Un des plaisirs de la génétique, quand on travaille sur des corpus qu'on découvre progressivement, c'est qu'on peut parfois vérifier ou falsifier ses hypothèses. Celle-là s'est trouvée vérifiée. Nous possédons en effet un texte suivi de onze pages (Inventaire 10), antérieur à la dactylographie, qui révèle l'organisation générale envisagée pour ce début de récit d'enfance. Le texte commence au début de ce qui sera l'acte IV («Je voulus me défendre. Enfant imaginaire, je me défendis par l'imagination »). Les cinq premières pages, relativement rédigées et détaillées, correspondent au récit de la fuite dans l'imaginaire. Ensuite il s'agit de notes rapides : une argumentation minimum et un inventaire de la mémoire. A grands traits, Sartre couvre la toile, dessinant le trajet des futurs développements. Deux pages sont consacrées à l'apprentissage de la lecture, puis quatre à celui de l'écriture et à l'idéologie littéraire. Ces onze pages sont fascinantes. On y voit Sartre manipuler la matière de son récit, bricoler des transitions, fixer le cap. Je vais les examiner en détail. Au préalable un petit schéma permettra de visualiser dans son ensemble l'ordre du récit et ses transformations.

L'ordre A est celui du dactylogramme «Jean sans terre » et de la suite qu'on peut lui supposer d'après ces onze pages. L'ordre B est celui que l'on trouvera à partir du manuscrit « Beauvoir ».

	Acte I	*Acte II*		*Acte III*	*Acte IV*	
A	Situation	Comédie familiale		Prise de conscience	Fuite dans l'imaginaire	*lire écrire*
B	Situation	Comédie familiale	*lire* Comédie littéraire	Prise de conscience	Fuite dans l'imaginaire	*écrire*

L'esquisse de l'acte IV

Ces onze feuilles sont écrites pratiquement sans ratures, sans retour en arrière, de plus en plus vite. Il y a une sorte d'accélération exponentielle. L' « échelle » change progressivement : Sartre écrit d'abord « grandeur nature », puis au dixième, et dans les dernières lignes au centième. Une fois ce chemin tracé, sur le même papier à petits carreaux, il a développé en quatre pages le tout début.

En tête des onze feuilles, il a marqué en romain le chiffre « I », comme un numéro de chapitre ou de partie. Est-ce une indication portée après coup ? Dans le cadre de quelle structuration ? Nous n'en savons rien. Peut-être tout ce qui précédait était-il pour lui comme une simple introduction, une préhistoire. Le récit commence vraiment maintenant, puisqu'il précise solennellement : « C'est de ce moment que date pour moi ma naissance. » Dans la dactylographie, il y aura également là une césure forte, marquée cette fois par un « II » qui n'est pas suivi d'un titre, et correspond au « I. ABEL » placé au tout début du texte. On est dans une phase de structuration flottante, au coup par coup, qui n'a pas été repensée et systématisée.

Les trois premières pages dessinent à grands traits la nouvelle stratégie de l'enfant imaginaire qui se défend par l'imagination : les rêveries inspirées des histoires qu'on lui a racontées et du cinéma (mentionné en deux lignes) ; il se met en scène dans des rôles de héros-sauveur, mais qui doit toujours rester méconnu (Grisélidis).

Ensuite vient une articulation concessive : c'est la stratégie de ce que j'ai appelé les « contradictions virtuelles ». Un fait, ou plusieurs, viennent à l'esprit, qui contredisent la thèse qu'on est en train de développer. On a le choix entre l'articulation concessive, ou la suppression. La première est plus élégante, et plus honnête : elle donne au récit sa complexité. On admet d'abord le fait gênant (« certes »), et après l'avoir exposé on le relativise (« mais »). La seconde a les vertus de la simplicité, à défaut de l'honnêteté : on efface l'élément perturbateur. Dans le cas présent, Sartre va adopter successivement les deux stratégies.

L'épisode en question, déjà raconté dans les *Carnets de la drôle de guerre* (p. 502-503), est celui du théâtre de marionnettes. Après avoir lu le livre de Paul de Musset, *Monsieur le Vent et Madame la Pluie*, l'enfant décide d'imiter le héros. Il compose de petites pièces pour marionnettes, qu'il va jouer au jardin du Luxembourg, en se servant d'une chaise comme théâtre. Il obtient un grand succès en particulier auprès des petites filles.

Voici l'articulation amont : « Cependant je connus de bonne heure un vrai public. Je me fis montreur de marionnettes. » L'articulation aval, qui doit disqualifier le récit qu'on vient de faire, en effaçant la contradiction, est, elle, plus ou moins éludée ou bâclée, sans doute parce que la contradiction est bien réelle... Sartre se réfugie d'abord dans une évidence : il voulait n'être plus légitimé d'avance, comme dans la comédie familiale, mais se faire légitimer grâce à ses mérites. Certes ! Mais là n'est pas la contradiction. Le problème est que cela a marché pour de bon : de vraies petites filles ont vraiment applaudi ! sont tombées amoureuses de l'auteur en culottes courtes ! Sartre adulte, écrivant ce passage, se comporte en face de son passé exactement comme il dit que l'enfant le faisait dans ses rêveries : *il faut que cela échoue !* Comme ça a réussi, il est bien embarrassé. Il oppose le bonheur et le naturel avec lequel il exerçait cette séduction, enfant, à l'étonnement que lui ont causé, adulte, ses succès dramatiques. Cela ne fait que confirmer l'objection ! Alors, comme s'il n'avait rien dit, il coupe court, revient brusquement au thème initial, à ses rêveries grisélidiennes : « Je voulais mériter. C'était un effort pour essayer de retrouver la réalité. Effort voué comme le reste à l'imaginaire. » « Comme le reste », vraiment ? Le reste, justement – par exemple les marionnettes – ne s'est-il pas inscrit dans la réalité ?

C'est donc l'argumentation qui mobilise les souvenirs, et préside ensuite à leur choix. Les marionnettes semblent difficiles à intégrer. Elles infirment l'idée que l'enfant n'avait pas de relations satisfaisantes avec ses pairs ; elles proposent une image de la littérature comme séduction immédiate en contradiction avec le fantasme du messianisme posthume qui sera ensuite attribué à l'enfant. Elles seront donc éliminées des versions ultérieures.

Nouvelle transition : « Cette vie imaginaire, les lectures la fixèrent. » On fait les transitions que l'on peut... C'est assez faible, et doublement paradoxal. Faute d'avoir placé la lecture *en amont* de la rêverie, comme source, Sartre la greffe en aval comme « fixateur ». Drôle de place, dont on se dit qu'elle conviendrait mieux à... l'écriture ! Je reconnais là le mécanisme que j'avais repéré dans la construction du récit publié : le souci de maquiller en consécutions temporelles les articulations logiques de l'analyse. Le choix évident de Sartre, dans cette première structuration du récit, est d'exposer d'abord le problème existentiel, et de montrer ensuite comment la littérature offre à l'enfant une issue. Tout ce qui touche à la littérature (lecture et écriture) sera traité ensemble, et n'interviendra qu'après l'analyse de l'angoisse existentielle. Ce qui vient *après* dans l'analyse doit venir *après* dans l'histoire : la lecture fera donc une entrée en scène tardive. Sartre ne semble pas gêné par ce tohu-bohu des époques. L'enchaînement chronologique n'est là que pour la forme. Dès la transition faite, le voilà qui remonte en arrière aux origines, et reprend les choses à la base, à l'âge de trois ans et demi ! Et il entame le résumé d'un grand « historique » sur la lecture, dans le genre de ceux qu'il brossait pour ses *Carnets* en 1939.

A dire vrai autant qu'un historique c'est un repérage, un de ces actes élémentaires qu'on fait avant de se mettre à écrire : une liste de souvenirs, quelques indications thématiques, quelques amorces. Ces deux pages de notes ne sont pas, à l'exception du début, organisées chronologiquement. Aucun classement thématique non plus : en particulier Sartre ne distingue pas ses lectures « savantes » des lectures enfantines. On est même frappé de la place limitée qu'occupent les classiques dans cette liste : un peu de Corneille, du Victor Hugo... Pour le reste, les lectures normales d'un enfant normal, à cette époque, dans ce milieu... Au début, Sartre semble adopter une attitude critique : « Je me donnais la comédie de la lecture », mais il ne s'agit que du tout premier apprentissage ; ensuite la note générale est parfaitement lyrique : « A la lecture sont liés tous mes souvenirs de bonheur. » A aucun moment de ce repérage le personnage du grand-père n'est évoqué. Il apparaîtra en revanche plus loin dès qu'il sera question d'écriture.

Dans les versions ultérieures, les lectures ici repérées seront réparties en différents endroits du récit, mais le bloc essentiel sera intégré en amont dans l'acte II. L'idée, à peine effleurée, d'une comédie de la Culture deviendra alors dominante. La religion littéraire du grand-père, amalgamée aux quelques lectures « sérieuses » de l'enfant, formera le noyau principal du développement sur la Comédie littéraire : les lectures normales, refoulées à la fin, raccrochées par une articulation concessive (« Je faisais pourtant de *vraies* lectures », *Mots*, p. 61), seront présentées humoristiquement comme une activité clandestine... Le déplacement en amont s'est donc accompagné d'une redistribution, intégrant fortement l'apprentissage de la lecture au thème de la Comédie familiale. On peut se demander si Sartre n'est pas passé d'un excès à l'autre. Dans la première version, l'apprentissage de la lecture intervenait visiblement trop tard dans le récit. Dans la seconde, l'apprentissage de l'idéologie littéraire, associé à celui de la lecture, intervient si tôt que beaucoup de lecteurs sont restés, à juste titre, sceptiques...

Une fois son repérage des lectures enfantines achevé, Sartre trouve sans difficulté une nouvelle transition : « Je passai de là sans difficulté à l'écriture. » On l'aurait deviné !... La contiguïté des développements, la rapidité même de ces notes font que Sartre reste dans la platitude, mais aussi dans la vraisemblance. Dans les versions ultérieures, la disjonction entre lecture et écriture permettra une orchestration spectaculaire de l'entrée en écriture de Poulou. L'initiation, qui allait de soi, prendra tournure d'événement dramatique... A la fin de la première partie des *Mots*, Poulou, abandonné de tous, errant solitaire dans les jardins du Luxembourg, sera *sauvé* par son grand-père : « Il me jeta dans une imposture nouvelle qui changea ma vie. » « Nouvelle », vraiment ? Nouvelle dans le récit, qui a soigneusement évité jusque-là toute mention des activités d'écriture de Poulou, mais non dans l'histoire, puisque immédiatement Sartre remontera en arrière, à ses sept ans...

Après une assez plate transition, donc, Sartre trace rapidement en trois pages le chemin de ce qui deviendra la seconde partie des *Mots* : l'initiation à l'écriture, le passage de la comédie au mandat, le spiritualisme et l'humanisme du grand-père, le modèle du grand homme... Dans les dernières lignes, le rythme s'accélère. En quelques phrases, Sartre écrit l'équivalent d'une sixième fiche qui compléterait les cinq fiches analysées plus haut. La clôture de cette brève esquisse est exactement celle que Sartre choisira lorsqu'il renoncera au projet d'autobiographie d'ensemble, en 1963. Il ne fera alors, au fond, que prendre acte d'une possibilité de clôture qui était là dès le début. Voici ces lignes :

> L'enfant d'Urbino (Enfance des hommes illustres). Je n'ai jamais voulu faire partie d'une élite. J'ai voulu sauver tout l'homme en moi. C'était mon problème.
> Ersatz de Dieu. Au fond c'est lui qui me manquait.
> Situation religieuse à l'époque.
> Le sens de l'illusion rétrospective.

Le choix des souvenirs

Comment interpréter le choix des souvenirs ? A l'épisode des marionnettes, j'en ajouterai un autre, tiré des mêmes pages. Dans les quatre pages où Sartre développe le début de cet acte IV, il donne une information qui par la suite disparaîtra :

> On m'offrit un petit cinéscope. En tournant une manivelle on projetait de tout petits films. Le cinéma me devient familier : j'étais spectateur et opérateur, je voulus être acteur et metteur en scène. Il fallait des circonstances favorables mais elles se reproduisaient presque chaque jour : vers cinq heures [...]

Délicat d'interpréter de telles suppressions : vais-je, comme pour les marionnettes, parler d'autocensure ? – Il faut reprendre le problème à la base.

Sartre ne semble avoir fait, je l'ai dit, aucun inventaire de ses souvenirs d'enfance avant de commencer son autobiographie. Nous, lecteurs-généticiens, disposons de plusieurs sources pour évaluer le stock dans lequel il puisera :

— les souvenirs évoqués dans des textes autobiographiques antérieurs, essentiellement les *Carnets de la drôle de guerre* (1939-1940) ;
— les souvenirs évoqués dans des interviews autobiographiques ultérieures, à partir de 1972 ;
— les souvenirs présents dans les avant-textes des *Mots.*

Il n'y a aucune raison de se limiter à cette dernière catégorie. La mémoire est un tout. Dans deux études publiées antérieurement, j'ai essayé d'explorer la manière dont l'écriture de Sartre travaille sa mémoire : « Les enfances de Sartre » (*Moi aussi*, 1986) et « Les souvenirs de lecture d'enfance de Sartre » (in *Lectures de Sartre*, Lyon, 1986).

En gros, quatre cas peuvent se présenter :

— souvenirs présents ailleurs, et présents dans *Les Mots* ;
— souvenirs présents ailleurs, présents dans les avant-textes des *Mots*, puis supprimés ;
— souvenirs présents ailleurs, absents dans *Les Mots* ;
— souvenirs absents ailleurs, présents dans *Les Mots.*

Ce dernier cas est le plus fréquent, et ne prête guère à commentaire, *Les Mots* étant la seule exploration d'ensemble de son enfance. Les autres cas permettent d'analyser deux processus : les transformations et les éliminations.

Transformations

Quand un souvenir exprimé ailleurs est repris dans *Les Mots*, il faut regarder dans quel contexte, et surtout analyser éventuellement ses transformations, parfois étonnantes. Elles s'expliquent toujours, comme les changements d'ordre, par les nécessités de l'argumentation. Aux exemples déjà donnés dans *Moi aussi*, j'ajouterai ceux que fournit le nouveau Carnet de la drôle de guerre retrouvé. Deux des épisodes clés de l'acte III des *Mots* y apparaissent : on découvre que les échecs cuisants *(Mots)* étaient des succès retentissants *(Carnet)* ! Ouvrez les *Mots* (Folio, p. 88-91), et comparez avec ceci :

> Un peu plus tard, à Paris, j'écrivis sur un petit livre de cuir que Mme Picard m'avait donné et où l'on s'informait de mes goûts et répugnances, que mon désir le plus cher était « d'être soldat et de venger les morts ». Je ne me souviens pas sans honte de la scène : c'était rue Le Goff, dans le bureau-salon. Mme Picard venait de m'apporter le livre et il était poli de remplir le questionnaire devant elle. Je m'ins-

tallai au bureau de mon grand-père (je revois encore le sous-main, le buvard vert et taché d'encre rouge) et j'écrivis pendant que « ces dames » bavardaient, conscient de mes devoirs, sûr que j'allais être lu et me guindant à l'avance dans de grands sentiments. Quand j'eus rédigé mes réponses, chacune s'extasia et je passai de main en main pour recevoir félicitations et baisers. [...] Enfin je jouai à Noirétable, pour une représentation de charité au bénéfice des poilus, une piécette héroïque composée par mon grand-père ; j'étais un jeune Alsacien chassé par les « Boches » de son village et qui finissait par retrouver son père, soldat français qui appartenait à un détachement de chasseurs et qui reprenait possession du village envahi. J'étendais le bras, au moment pathétique, en disant « Adieu, adieu notre chère Alsace » avec un air de mélancolie si réussi que M. Simon, conservateur de la cathédrale de Reims, me « croqua ». Ma mère possède encore cette aquarelle [*Carnets*, p. 79-80].

On n'arrive pas à croire qu'en 1939 Sartre ait pu oublier deux échecs cuisants, dont le souvenir ne lui serait revenu que plus tard. Il faut supposer soit la contamination avec d'autres souvenirs analogues où Poulou, qui en faisait « trop », aurait été remis à sa place, soit pure invention, projection dans une situation réelle de cette « honte » qu'il dit avoir déjà à l'époque éprouvée intérieurement. Mais ce sont l'argumentation et l'ordre du récit qui expliquent le sens de la transformation. En 1939, le thème traité était le rapport à la guerre ; le découpage opposait la période 1914-1915 (« docilité de comédien à mimer les grands sentiments dont mon grand-père, comédien lui-même, faisait étalage ») à la période 1917-1918 (« cette identification de la guerre avec mon beau-père suffit à la rendre définitivement morose, ennuyeuse et sinistre »). On apprenait d'ailleurs que le carnet de Mme Picard avait subi, dans cette seconde période un sort horrible : avec les camarades du lycée, « cyniques, brutaux, voyous, obsédés de sexualité avant tout », « nous reprîmes le carnet-questionnaire de Mme Picard et nous le couvrîmes de plaisanteries et d'injures » ! Le texte de 1939 dit probablement plus vrai sur les « comédies » de Poulou et la manière dont il en est sorti : la vraie coupure est le remariage de sa mère. Poulou a été un comédien heureux (même si parfois un peu honteux) jusqu'en 1916, et la chute a eu lieu quand il est allé à La Rochelle : c'est alors qu'il a dû chercher des compensations imaginaires intérieures, et en particulier habiter le mythe de l'écrivain sauveur et méconnu.

Cette petite analyse, jointe à d'autres indices, amène à une proposition générale sur l'ordre du récit dans *Les Mots*. Tout se passe comme si, dès 1954, Sartre écrivait ses souvenirs d'enfance avec l'intuition qu'il n'irait jamais plus loin. En tout cas il prend ses précautions pour que, au cas où il n'irait pas plus loin, l'essentiel soit dit dès le début. Ce que j'ai appelé l'acte III, la prise de conscience du vide, anticipe, au sein même d'une enfance heureuse, une rupture qui n'aura lieu vraiment qu'en 1917. Ce vide est expliqué, en amont, par l'absence de père, alors qu'on peut penser qu'en réalité il renvoie, en aval, à la perte de sa mère. Prenant un certain nombre d'épisodes négatifs, de troubles ou d'angoisses de l'enfance, Sartre les rassemble, les gonfle, les dramatise pour les transformer en une *crise*, tout à fait imaginaire, qui est l'écho anticipé, au sein de l'enfance, de la rupture de 1917. Ce qui n'était que petits décalages, alertes, ratés d'un moteur qui tournait rond, devient une panne générale qui laisse le véhicule Poulou immobilisé dans un désert d'angoisse. Sartre avoue d'ailleurs lui-même, au moins pour l'un des épisodes de cet acte III, qu'il s'agit d'une dramatisation anticipée et artificielle. Quand son grand-père fait couper ses boucles (*Mots*, p. 86-87), l'enfant ne se rend pas vraiment compte qu'il est laid, ce n'est un drame que pour son entourage : « Anne-Marie eut la bonté de me cacher la cause de son chagrin. Je ne l'appris qu'à douze ans, brutalement. » A quoi rime donc de nous faire le récit d'un traumatisme qui n'a eu lieu que cinq ans plus tard ? On pourrait étendre cette suspicion à la plupart des épisodes regroupés dans l'acte III. Ce n'est pas un hasard si les incroyables retournements de souvenirs qu'on constate entre les *Carnets de la drôle de guerre* et *Les Mots* concernent uniquement cet acte. Le changement se fait toujours dans le même sens : des succès gratifiants virent à l'échec humiliant, les triomphes deviennent des camouflets. J'ai exposé dans *Moi aussi* comment les souvenirs concernant la religion ont été retournés et dramatisés : dans les *Carnets*, Sartre évoquait simplement la tiédeur de sentiments très conventionnels, et la manière dont il prit tranquillement acte à La Rochelle, en 1917, du fait que Dieu n'existait pas. Dans *Les Mots*, à coup de retournements et d'adjonctions, il réussit à transformer cela en l'illusion d'une crise religieuse au sein même de l'enfance. Et l'on vient de voir comment ses succès de comédien-patriote (qui datent de sa dixième année) sont retournés en échecs pour expliquer comment, à sept ans, il dut se réfugier en écriture... Les variations de ses souvenirs ne sont pas des fluctuations aléatoires, liées au passage du temps : elles participent à un projet argumentatif.

Éliminations

Le problème est plus délicat. D'abord parce qu'il y a deux *stades* possibles d'élimination :

— le souvenir, dont nous avons la trace par ailleurs, n'est jamais entré dans le champ d'écriture de l'autobiographie entreprise en 1953 ;
— il y est entré, et a été éliminé au cours du travail (exemples : les marionnettes, le cinéscope...).

Malheureusement, le dossier génétique étant incomplet, il est impossible de dresser avec certitude la liste des souvenirs qui seraient dans le premier cas, donc de raisonner valablement.

Reste le problème essentiel : celui du *motif* de l'élimination.

On peut envisager trois grandes catégories de motifs :

— la *non-pertinence* : les souvenirs n'entrent pas dans les limites thématiques ou chronologiques que s'est fixées l'autobiographe ; ce motif ne peut pas être retenu pour le travail entrepris par Sartre en 1953, puisqu'il entreprend une autobiographie totale ;
— la *redondance* : ou plus généralement un choix d'ordre *esthétique*. Dans une structure argumentative les souvenirs d'enfance ont fonction d'exemples, une même idée peut être illustrée par plusieurs faits analogues, entre lesquels on choisira. D'autre part le choix d'une esthétique elliptique ou allusive, et d'un *tempo* très rapide, peut expliquer un certain nombre de gommages ;
— l'*inconvenance* : les souvenirs sont éliminés parce qu'ils ne conviennent pas : ils sont contraires à l'argumentation ; ou bien ils pourraient être désagréables à telle personne proche. Il ne s'agit pas là d'une censure inconsciente, puisque ces souvenirs ont justement déjà été exprimés explicitement dans un autre contexte. Mais d'un choix conscient où il nous est loisible de voir quelque mauvaise foi, pour parler sartrien, ou quelque malhonnêteté, pour parler clair.

Il est délicat de décider si un souvenir a été éliminé pour redondance ou pour inconvenance. D'autant plus que les motivations peuvent s'ajouter. Si on doit choisir, pour raison esthétique, dans une série, entre plusieurs souvenirs, on aura tendance à éliminer plutôt les souvenirs qui, par tel ou tel de leurs aspects, *conviennent* moins bien que d'autres.

En revanche quand une série entière de souvenirs est éliminée, il n'y a pas de doute. A étudier seulement les avant-textes des *Mots*, on risquerait d'être dupe. Sartre a systématiquement écarté tous les souvenirs *sexuels* qu'il raconte très librement dans les *Carnets* et plus tard oralement à Simone de Beauvoir (in *La Cérémonie des adieux*)[1]. La convenance qui lui fait exclure sa sexualité enfantine n'a rien à voir, on le devine, avec la pudeur, ou quelque inconsciente censure. Tout simplement, ces souvenirs sont en contradiction avec sa thèse. Un enfant perdu dans les livres, sans contact avec le monde réel, mal à l'aise dans son corps, peut-il jouer au docteur avec les petites filles et leur donner des lavements ? Peut-il se plaire aux rondeurs de jeunes alsaciennes ? Par ce qu'ils révèlent sur l'érotisation du corps, et la socialisation (Poulou a des petites fiancées partout !), ces souvenirs seraient difficiles à intégrer dans l'argumentation. Même si Sartre avait eu recours à une articulation concessive, il reste que la couleur générale du récit d'enfance aurait été différente. Un cxercice

1. *Carnets de la drôle de guerre,* Gallimard, 1995, p. 364, 502-507 ; « Entretiens » avec Simone de Beauvoir, in *La Cérémonie des adieux,* Gallimard, 1981, p. 371-372.

plaisant serait de prendre le récit dans son ordre actuel, et d'imaginer *où* ces souvenirs pourraient être insérés...

Il est plus délicat de porter un diagnostic quand le souvenir fait partie d'une série qui, elle, est largement représentée. Pour les marionnettes, je l'ai montré, il n'y a guère de doute : l'anecdote est éliminée par convenance. C'est particulièrement regrettable, puisque Sartre lui-même voit là l'origine la plus lointaine de sa vocation d'écrivain, et que ce souvenir lui tient profondément à cœur. L'argumentation l'emporte sur le souci de vérité. L'épisode du cinéscope est un exemple inverse : la convenance est parfaite, mais une fois écrit le brillant développement sur les séances de cinéma muet, Sartre élimine ce qui ne lui apparaît plus que comme une cheville un peu lourde.

Dans beaucoup d'autres cas, on a l'impression que les deux motivations sont associées : en particulier pour les souvenirs de lecture et d'écriture racontés dans les *Carnets*[1] et non repris dans *Les Mots*. Ils sont trop euphoriques peut-être, ou trop sensuels...

L'ordre du récit

Après les transformations et les éliminations, j'en arrive aux *permutations*. Le plus simple, le plus saisissant aussi peut-être, est de commencer par le résultat du travail de comparaison que j'ai effectué entre les trois versions, le dactylogramme, le manuscrit « Beauvoir » et le manuscrit « Vian ». La comparaison porte sur le début du récit d'enfance, ce qui deviendra la première partie des *Mots*, « Lire ». On trouvera ci-après ce tableau en deux versions. Dans la première, je donne simplement la liste des éléments ; dans la seconde, une série de flèches visualisent leurs déplacements.

Ce tableau comporte une part d'arbitraire ou de simplification, destinée à le rendre lisible. Il pourra servir de premier guide à ceux qui s'aventureront dans le maquis des manuscrits. Aux autres il en donnera une vue cavalière.

Je m'expliquerai d'abord sur le système de représentation choisi. Puis j'étudierai les permutations acte par acte.

Le tableau comporte cinq colonnes.

La première colonne, qui détermine la division des quatre autres, ne renvoie pas aux textes de Sartre, mais à mon analyse de la structure du texte définitif des *Mots*. C'est donc mon interprétation qui encadre la description des manuscrits. Rien de plus normal : cette structure est présente

1. *Carnets...*, p. 370-371, 595-596.

dès le dactylogramme de « Jean sans terre », même si le contenu de chaque acte, d'un manuscrit à l'autre, subit ensuite quelques variations. Quand cette structure s'est-elle constituée ? Le dossier génétique est, pour la première phase du travail, en 1953-1954, trop clairsemé pour qu'on puisse le discerner. Mais on a vu qu'elle était en germe dès les fiches thématiques.

La seconde colonne donne l'ordre du dactylogramme de « Jean sans terre », en le prolongeant par celui du plan-canevas manuscrit décrit plus haut. Pas de problème pour les troisième (« Beauvoir ») et quatrième (« Vian ») colonnes. La cinquième renvoie au texte définitif des *Mots*, cité d'après l'édition Folio. Pour cette première partie, son ordre est strictement le même que celui du manuscrit « Vian ».

La division en quatre actes, matérialisée par une série de doubles traits, est donc une interprétation extérieure aux manuscrits ; mais j'ai fait figurer dans chaque colonne tous les signes de division présents dans les manuscrits (numéro de chapitre, titre, astérisques, et, pour le texte définitif, intervalles de 1 ou 3 lignes)[1]. Quand cela m'a paru significatif, j'ai également signalé d'un mot telle ou telle clausule de développement, pour qu'on puisse voir quand elle apparaît ou comment elle se déplace.

Chaque développement est représenté par un rectangle. J'ai utilisé, de manière un peu arbitraire, je l'avoue, deux tailles de rectangle. Les plus larges représentent les noyaux centraux de chaque acte. En bas de la seconde colonne, le rectangle pointillé désigne un développement... en pointillé (sous forme d'argument et de notes).

Chaque développement est désigné par une formule, elliptique certes, mais qui devrait être claire pour toute personne ayant lu *Les Mots*. Cette formule reste fixe d'une colonne à l'autre. Cela ne signifie pas que les textes soient identiques. Cela arrive parfois. Le plus souvent, le texte est retravaillé ou développé. Mais dans le cadre de cette étude sur l'*ordre*, il n'y avait pas à tenir compte de ces variations dès lors que l'identité du fragment était bien établie.

Dans la seconde version du tableau, les flèches permettent de suivre le mouvement des fragments par rapport à la structure. Je me suis servi d'une flèche en pointillé pour suivre la migration rétrograde du développement en pointillé. Les développements nouveaux sont, au moment où ils apparaissent, signalés par un petit cercle plein.

Tout étant maintenant bien clair, il n'y a plus qu'à accompagner le mouvement acte par acte. L'acte I est identique dans les trois versions. Nous commencerons à l'acte II.

1. Je donne ici le dispositif du texte définitif. Mais Sartre (ou son éditeur ?) a retravaillé ce dispositif entre la préoriginale *(Les Temps modernes)* et l'édition originale.

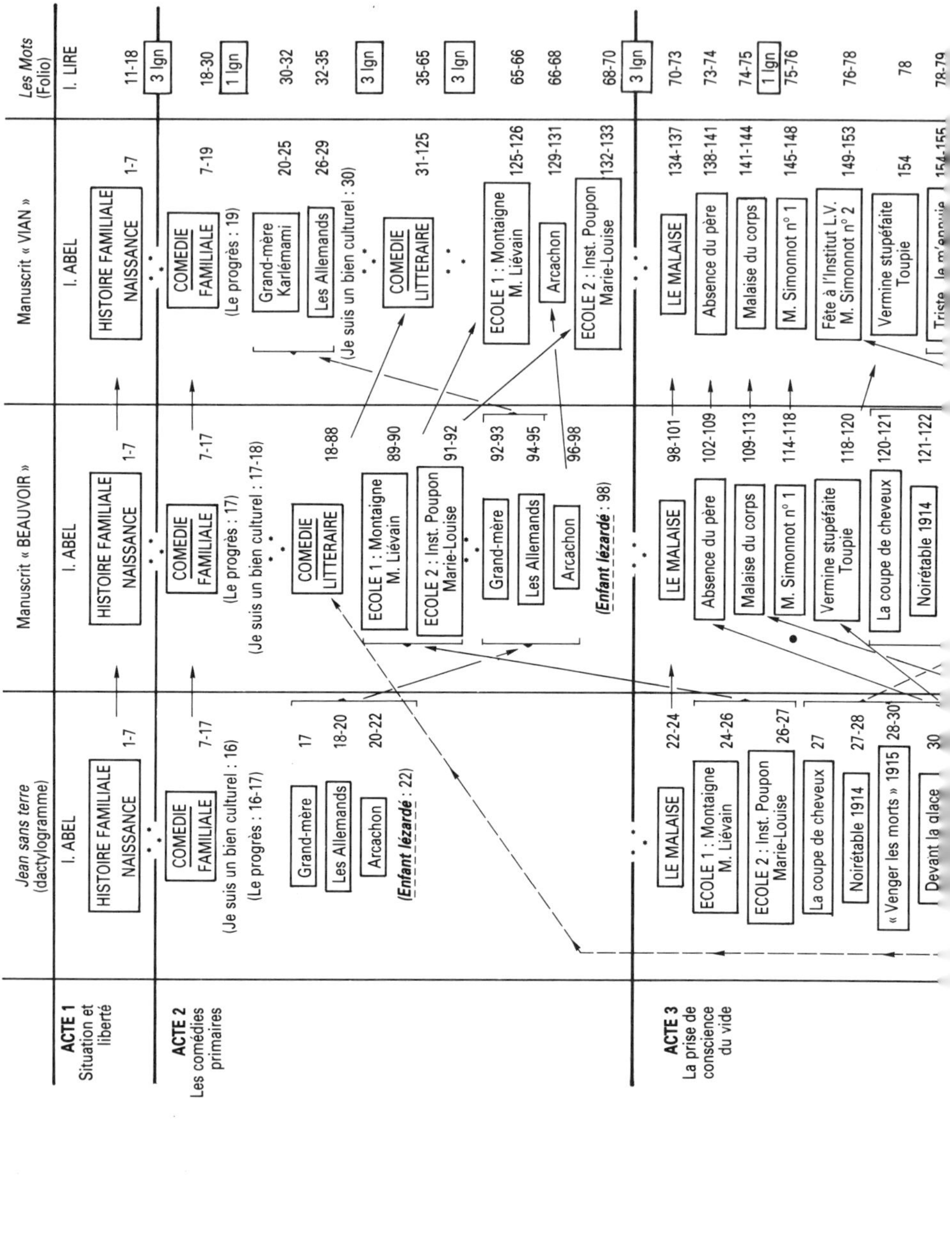
Jean sans terre (dactylogramme)
Manuscrit « BEAUVOIR »
Manuscrit « VIAN »
Les Mots (Folio)
ACTE 1 Situation et liberté
I. ABEL
I. ABEL
I. ABEL
I. LIRE
HISTOIRE FAMILIALE NAISSANCE 1-7
HISTOIRE FAMILIALE NAISSANCE 1-7
HISTOIRE FAMILIALE NAISSANCE 1-7
11-18
3 lgn
ACTE 2 Les comédies primaires
COMEDIE FAMILIALE 7-17
(Je suis un bien culturel : 16)
(Le progrès : 16-17)
Grand-mère 17
Les Allemands 18-20
Arcachon 20-22
(Enfant lézardé : 22)
COMEDIE FAMILIALE 7-17
(Le progrès : 17)
(Je suis un bien culturel : 17-18)
COMEDIE LITTERAIRE 18-88
ECOLE 1 : Montaigne M. Liévain 89-90
ECOLE 2 : Inst. Poupon Marie-Louise 91-92
Grand-mère 92-93
Les Allemands 94-95
Arcachon 96-98
(Enfant lézardé : 98)
COMEDIE FAMILIALE 7-19
(Le progrès : 19)
Grand-mère Karlémami 20-25
Les Allemands 26-29
(Je suis un bien culturel : 30)
COMEDIE LITTERAIRE 31-125
ECOLE 1 : Montaigne M. Liévain 125-126
Arcachon 129-131
ECOLE 2 : Inst. Poupon Marie-Louise 132-133
18-30
1 lgn
30-32
32-35
3 lgn
35-65
3 lgn
65-66
66-68
68-70
3 lgn
ACTE 3 La prise de conscience du vide
LE MALAISE 22-24
ECOLE 1 : Montaigne M. Liévain 24-26
ECOLE 2 : Inst. Poupon Marie-Louise 26-27
La coupe de cheveux 27
Noirétable 1914 27-28
« Venger les morts » 1915 28-30
Devant la glace 30
LE MALAISE 98-101
Absence du père 102-109
Malaise du corps 109-113
M. Simonnot n° 1 114-118
Vermine stupéfaite Toupie 118-120
La coupe de cheveux 120-121
Noirétable 1914 121-122
LE MALAISE 134-137
Absence du père 138-141
Malaise du corps 141-144
M. Simonnot n° 1 145-148
Fête à l'Institut L.V. M. Simonnot n° 2 149-153
Vermine stupéfaite Toupie 154
Triste, le m'ennuie 154-155
70-73
73-74
74-75
1 lgn
75-76
76-78
78
78-79

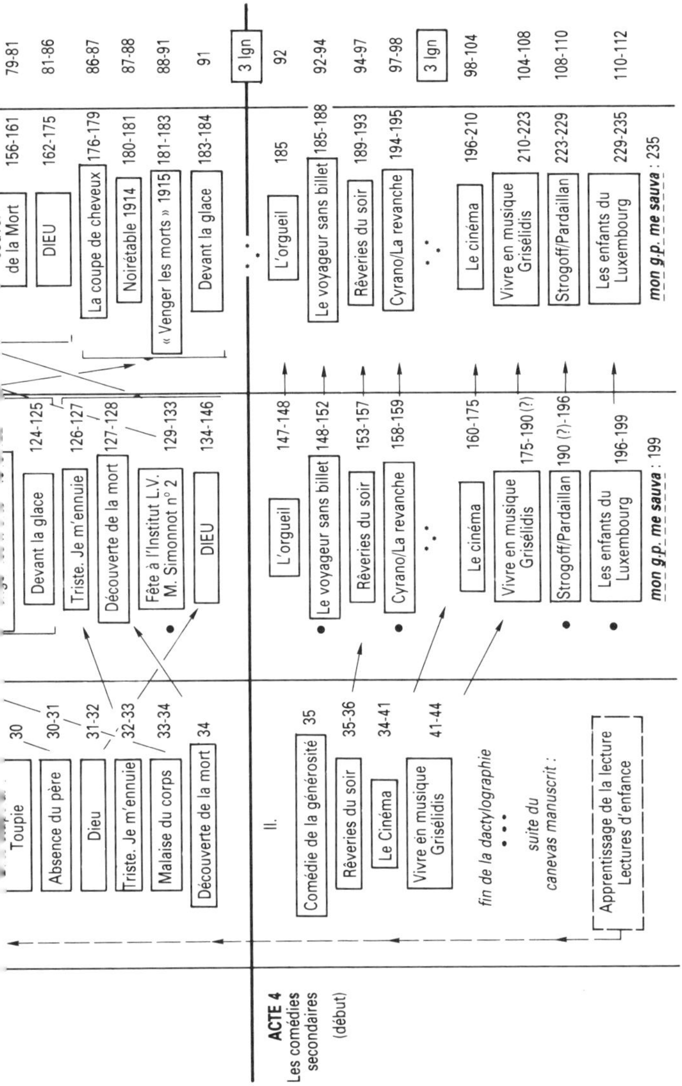
ACTE 4
Les comédies secondaires
(début)
Toupie
30
Absence du père
30-31
Dieu
31-32
Triste. Je m'ennuie
32-33
Malaise du corps
33-34
Découverte de la mort
34
II.
Comédie de la générosité
35
Rêveries du soir
35-36
Le Cinéma
34-41
Vivre en musique
Grisélidis
41-44
fin de la dactylographie
suite du
canevas manuscrit :
Apprentissage de la lecture
Lectures d'enfance
Devant la glace
124-125
Triste. Je m'ennuie
126-127
Découverte de la mort
127-128
Fête à l'Institut L.V.
M. Simonnot n° 2
129-133
DIEU
134-146
L'orgueil
147-148
Le voyageur sans billet
148-152
Rêveries du soir
153-157
Cyrano/La revanche
158-159
Le cinéma
160-175
Vivre en musique
Grisélidis
175-190 (?)
Strogoff/Pardaillan
190 (?)-196
Les enfants du
Luxembourg
196-199
mon g.p. me sauva : 199
de la Mort
156-161
DIEU
162-175
La coupe de cheveux
176-179
Noirétable 1914
180-181
« Venger les morts » 1915
181-183
Devant la glace
183-184
L'orgueil
185
Le voyageur sans billet
185-188
Rêveries du soir
189-193
Cyrano/La revanche
194-195
Le cinéma
196-210
Vivre en musique
Grisélidis
210-223
Strogoff/Pardaillan
223-229
Les enfants du
Luxembourg
229-235
mon g.p. me sauva : 235
79-81
81-86
86-87
87-88
88-91
91
3 lgn
92
92-94
94-97
97-98
3 lgn
98-104
104-108
108-110
110-112

Acte II

Dans le dactylogramme « Jean sans terre », l'acte II se présente sous une forme simple : la Comédie familiale (7-17), puis une exploration de ce que j'ai appelé les « contradictions virtuelles », au nombre de trois. Des méchants menacent cet univers du bien : la grand-mère, qui ne croit pas à la comédie de Poulou, mais dont il triomphe facilement (17), les Allemands (18-20) qui ne sont pas vraiment méchants, et puis tout de même le vrai Mal, entr'aperçu mais heureusement vite oublié : c'est l'épisode du père Barrault à Arcachon : « Le *vrai* mal, je l'ai découvert à cinq ans pour l'oublier aussitôt. Nous passions les vacances à Arcachon... » (20). Bizarre, d'aller à l'école pendant les vacances... Une fois ce dernier épisode raconté, Sartre boucle par un funèbre retour à l'harmonie, immédiatement nuancé par une jubilante prévision de crise. Trois lignes de conclusion-transition mènent à l'acte III : « En ce temps, la France mourait d'asphyxie : j'étais l'enfant sage d'un siècle bien-pensant. Heureusement le siècle avait des fissures ; il allait bientôt craquer. Et l'enfant était lézardé » (22). Ces jeux de mots ne sont peut-être pas très heureusement articulés. L'essentiel est une sorte d'effet à la Edgar Poe : on nous annonce *La Chute de la maison Sartre*. La métaphore reviendra à la fin du livre : « Tout se délabre, l'édifice est en ruine » (*Les Mots*, 204).

La Comédie familiale s'achève par deux développements : (A) *Suis-je un Narcisse ? Non, un bien culturel* (16) ; (B) *Le progrès, c'est un long chemin ardu qui mène jusqu'à moi* (16-17). Sartre, dans les versions ultérieures, intervertira puis dissociera ces deux conclusions, pour articuler une nouvelle architecture autrement complexe.

En effet, entre le dactylogramme « Jean sans terre » et le manuscrit « Beauvoir », il prend une décision capitale : rapatrier en amont le développement sur la lecture qu'il avait d'abord prévu en aval, dans l'acte IV. Nous ne connaissons ce développement que par les notes rapides analysées ci-dessus, puis par sa rédaction développée. C'est devenu un énorme bloc. Sartre décide de l'insérer immédiatement après la Comédie littéraire. Dans sa structure interne, ce bloc est analogue à celui du texte définitif : du manuscrit « Beauvoir » au manuscrit « Vian », il ne connaîtra que des suppressions ou adjonctions relativement mineures[1]. L'insertion donne lieu à trois opérations :

1 / En amont du nouveau bloc, il faut ménager une articulation, enchaîner Comédie familiale et Comédie littéraire. La solution trouvée est

1. Les principales modifications sont une suppression (le grand-père n'est pas au courant de la mort de Dieu, et lit à l'enfant un long passage de Vigny, « Beauvoir », 51 et 52 *bis*) et une adjonction (le développement sur les héros homicides, Horace et l'inceste, « Vian », 65-69).

l'interversion des deux petits développements finaux de la Comédie familiale : le développement A *« Je suis un bien culturel »* va être mis en dernier parce qu'il fait mieux la soudure. La première phrase de la Comédie littéraire accentue cette liaison : « *C'est que* je suis né au milieu des livres » (« Beauvoir », 18, je souligne). Elle se fera, dans « Vian », plus discrète : « J'ai commencé ma vie comme je la finirai sans doute : au milieu des livres » (« Vian », 31).

2 / En aval, Sartre étend le réaménagement : à son apprentissage de la lecture, il ajoute, dans la foulée, deux développements sur son expérience scolaire, qu'il avait placés en tête de l'acte III, après l'annonce du Malaise. Maintenant, ils prépareront de loin l'arrivée du malaise, ils feront partie des anticipations de la fêlure ou de la lézarde. Il faut une transition pour les accrocher, comme deux wagons, au train de la Comédie littéraire : « En tout cas, ces lectures ne m'apprenaient pas l'orthographe. J'étais le premier de tous dans mon île aérienne ; je tombai au dernier rang dès qu'on me soumit aux règles communes. Nous avons quitté Meudon en 1911 pour nous installer à Paris, dans le cinquième arrondissement. Mon grand-père décida de m'inscrire au lycée Montaigne » (« Beauvoir », 89).

3 / Cette double insertion a rejeté très loin en aval les « contradictions virtuelles » de la Comédie familiale (la grand-mère, les Allemands et l'épisode d'Arcachon). Un ensemble logiquement lié se trouve écartelé par la monstrueuse insertion de la Comédie littéraire et de son appendice scolaire.

Quand Sartre reprend le manuscrit en 1963, il s'aperçoit de cette faiblesse. Il redistribue les cartes. La grand-mère et les Allemands sont rapatriés en amont, immédiatement après la Comédie familiale. Il dissocie les deux conclusions de cette Comédie : le développement sur le progrès restera en place pour clore la Comédie familiale proprement dite ; le développement « Je suis un bien culturel », lui, sera accroché à la fin des Allemands pour continuer à remplir sa fonction de transition avec la Comédie littéraire. L'épisode d'Arcachon, qui était utilisé pour sa dominante « Malaise », va être intégré à la série scolaire, au prix de quelques gommages de dates[1]. Sartre renoncera à l'enfant « lézardé » : il n'en a plus besoin. La clausule du dernier épisode scolaire, maintenant placé en fin

1. Par exemple l'épisode d'Arcachon se passe d'abord à cinq ans (*Jean sans terre,* 20). Dans « Beauvoir » (96), « cinq » est barré et remplacé par « six », et Sartre, s'apercevant de l'absurdité qu'il y a à aller à l'école pendant des vacances, rectifie : « Nous passions quelques semaines à Arcachon. » Dans « Vian » (129), l'épisode a changé de site, il est intégré au milieu du récit de la carrière scolaire, après le passage éclair au lycée Montaigne (daté de 1911 dans « Jean sans terre » et dans « Beauvoir »), et le préceptorat de M. Liévin. Du coup, Sartre efface toute indication d'époque : l'entrée à Montaigne n'est plus datée, et l'âge de l'enfant d'Arcachon est gommé : « Nous passâmes quelque temps à Arcachon et je fus à l'école communale. » Pour donner l'impression d'une continuité chronologique, Sartre invente, en aval, un « *L'automne suivant,* ma mère prit le parti de me conduire à l'institution Poupon » (« Vian », 131, je souligne), précision qui ne figurait pas dans les versions antérieures.

d'acte II, introduit fort bien au malaise de l'acte III, pour l'excellente raison qu'auparavant cet épisode en faisait partie ! « Jusqu'à dix ans, je restai seul entre un vieillard et deux femmes » (« Vian », 133).

« Wagons décrochés et raccrochés », « réussite, redistribuer les cartes » : les métaphores que j'emploie cherchent à exprimer ce travail de triage et de montage. On pourrait, plus directement, imaginer Sartre à une table de montage de cinéma. Ou devant son traitement de textes : *Les Mots* en « Word 4 » ! Coupez, collez ! Copiez, collez ! Affichez le grand Presse-Papiers !... Le problème, c'est de ressouder les morceaux. Il faut bricoler de nouvelles transitions, effacer des dates devenues absurdes. On peut trouver bizarre qu'un autobiographe se livre à tant de manipulations. Il a devant lui la logique d'un schéma d'ensemble, et des séries de développements thématiques qui naissent progressivement d'une actualisation détaillée de ce schéma. Au fur et à mesure que ces blocs thématiques se multiplient et grossissent, il les manipule, rectifie leur place, parfois change leur fonction, en mettant l'accent sur telle autre de leurs composantes thématiques... L'ordre d'une vie n'est pas celui du calendrier, mais celui du chemin que l'esprit doit parcourir pour la comprendre.

Acte III

L'acte III semble avoir été beaucoup plus remanié que l'acte II, et d'une manière moins immédiatement lisible. A l'acte II on assistait aux perturbations, puis aux ajustements, liés à l'insertion d'un énorme bloc transféré en amont depuis l'acte IV. A l'acte III, tout se passe, à peu de choses près, en circuit fermé : c'est la matière même de l'acte qui est deux fois de suite redistribuée. Les flèches de mon tableau ont l'air animées d'un mouvement brownien. L'importance et la multiplicité des déplacements font penser que l'ordre du récit n'est ni chronologique ni logique, sans quoi ces opérations aboutiraient à des absurdités dignes de M. Jourdain : « Me font vos yeux beaux mourir, belle marquise, d'amour. » On est évidemment dans une construction musicale du type « variations ».

Reste néanmoins une part, sinon d'absurdité, du moins d'artifice. J'ai montré plus haut comment Sartre, pour construire ce temps de ressort négatif, a mis à l'envers certains souvenirs positifs. Il s'agit de créer, au cœur d'une enfance apparemment heureuse, une zone d'angoisse. On retourne les souvenirs, on gonfle les malaises, on dramatise. Les épisodes sont rameutés des quatre coins de l'enfance : c'est une vraie macédoine chronologique. On travaille l'ensemble, on le pétrit, on l'étend pour lui donner, sur une vingtaine de pages, la consistance d'une petite *Nausée*. Après quoi l'enfant n'aura plus qu'à rebondir...

La structure de l'acte est musicale : thème et variations. Le thème, « Je vécus dans le malaise », exposé au début, est repris tel quel d'une version à l'autre. Ce sont les variations qui varient. On peut en gros les répartir en trois catégories : illustratives (itératives ou singulatives) et explicatives. Je m'explique.

Illustrations itératives : il s'agit de décrire le malaise vécu au quotidien. Il ne se passe rien de nouveau, mais l'analyse montre l'envers de la comédie décrite à l'acte II. C'était la surface, on voit maintenant ce qu'il y a dessous...

Illustrations singulatives : il se passe quelque chose de nouveau, la comédie rate. C'est essentiellement une série de trois événements : la coupe des cheveux, Noirétable 1914 et « venger les morts », le tout s'achevant en grimaces devant un miroir. Cette série sera reprise telle quelle dans toutes les versions.

Explications : on essaie d'explorer certaines des raisons du malaise, en particulier les manques : pas de petits camarades (l'enfant est maintenu à l'écart de l'école), pas de père, pas de Dieu. Ce peut être l'occasion de grands développements thématiques (la vie scolaire, la vie religieuse).

L'ordre d'entrée de ces éléments dans le récit est *ad libitum*. C'est une question de rythme. Il faut organiser un va-et-vient entre les symptômes et les diagnostics, entre les peintures d'états et les récits d'événements. Sartre ne respecte la chronologie qu'à l'intérieur de micro-séries thématiques (vie scolaire, vie religieuse, échecs de la comédie), jamais entre ces séries, cela va de soi.

Le rythme adopté dans le dactylogramme « Jean sans terre » est l'alternance entre une sorte de « basse continue » qu'est le Malaise (22-24 ; 30 ; 32-34) et deux séries de variations qu'elle encadre : 1. L'école, les échecs de la comédie (24-30) ; 2. L'absence de père, l'absence de Dieu (30-32).

Une conclusion vient résumer l'ensemble :

> Sans Dieu, sans père et sans biens, que pouvais-je faire ? Ébahi d'être là sans raison d'être, je me sentais horriblement naturel. Je m'en tirais par des singeries : je me donnais à tous sans cesser d'être seul, je me réfugiais dans les scintillements de la surface pour oublier les mousses et les polypes des profondeurs. J'ai cinquante ans et je ne crains plus la mort mais je suis resté tel. Public et inaccessible.

Le schéma que j'ai tracé est fidèle à l'ordre du texte, mais trompeur quant aux proportions. De la page 22 à la page 30 de « Jean sans terre », les développements sont déjà arrivés à l'état où nous les trouvons dans le texte définitif. Ils seront déplacés, mais non développés. En revanche presque tous ceux des pages 30 à 34 sont à l'état embryonnaire. Le travail de Sartre va consister à réorganiser, mais surtout à réécrire et à développer.

Dans « Jean sans terre », les passages sur Dieu (une page) et sur la mort (une demi-page) sont assez brefs. « Dieu » sera développé au stade du manuscrit « Beauvoir », « La mort » seulement *in extremis*, mais longuement, dans le manuscrit « Vian ». De nouveaux éléments apparaîtront : en particulier « M. Simonnot », qui germe en deux endroits différents du manuscrit « Beauvoir », et dont Sartre ne fera un tout que dans « Vian ».

C'est entre « Jean sans terre » et le manuscrit « Beauvoir » que le travail de redistribution est le plus important. On peut s'interroger sur sa logique et son efficacité : est-ce une sorte de mouvement brownien, des déplacements faits comme au hasard ? Il faut y lire plutôt l'insatisfaction de Sartre, les gestes d'une recherche en cours. C'est en manipulant, en tripotant, qu'il vous vient des idées. Quelqu'un qui entre au beau milieu de l'opération n'y voit que désordre. Dans le manuscrit « Beauvoir », Sartre ne réutilise le texte dactylographié de « Jean sans terre » que pour l'exposition initiale du thème du malaise, et la série consacrée aux échecs de la comédie. Tout le reste est, en même temps que redistribué, réécrit entièrement sur de nouvelles feuilles, travaillé, parfois largement développé. Des idées nouvelles surgissent en cours de route. L'organisation n'est peut-être pas extraordinaire, ça sera à revoir, mais ce n'est pas grave. On fera mieux la prochaine fois.

Les souvenirs scolaires ayant été évacués vers l'acte II, va-t-on, après l'exposition du malaise, enchaîner sur les échecs de la comédie ? Non, Sartre décide de les maintenir dans une place médiane. Il fait remonter vers le début un diagnostic (l'absence de père, qui du coup prend plus d'importance : il retravaille et développe le texte), et différents symptômes. Le père, dans « Jean sans terre », était associé à, et suivi par, Dieu. Le passage sur Dieu va connaître un sort parallèle : il émigre vers l'autre place capitale, la fin. Amplifié, il fera une clausule apparemment pertinente : le rendez-vous manqué avec la religion est un des thèmes centraux de l'autobiographie. Le père au début, Dieu à la fin. Les échecs de la comédie au milieu. Et des petites couches de malaise pour faire la jointure. Ça ira pour l'instant.

En 1963, à tête reposée, il voit que ça pourrait aller mieux. Aucune raison d'éparpiller le granitique M. Simonnot : hop, le second passage va rejoindre le premier ! Et puis surtout, mettre Dieu à la fin, vraiment, c'est une fausse bonne idée. Ça brise le mouvement. La fin en pente douce, la feinte nostalgie... non ! Il nous faudrait du dynamique, quelque chose qui tende les ressorts... L'enfant ne doit plus être dans un marasme stagnant, comme au début de l'acte. Il faut qu'il y ait une montée d'angoisse, que ça ne soit plus tenable, qu'il y puise l'énergie de rebondir... C'est tout simple : on va placer à la fin la série « échecs de la comédie ». Elle a vocation à cela, elle est dramatique à souhait. Voici comment elle était introduite dans « Jean sans terre » : « C'est vers six ou sept ans que j'ai connu la gloire ; à huit ans, tout changea. Un jour mon grand-père me prit par la main [...] » (27). Dans

« Beauvoir » la dramatisation est encore plus accentuée : « A partir de ma huitième année, obstacles et chutes se multiplièrent. Un jour, mon grand-père me prit par la main [...] » (120). Très bon, ça. Je mets Dieu et le reste avant, j'enchaîne sur la chute nostalgique de Dieu, je redresse la barre. Voyons... Il aurait pu y avoir quelque chose entre nous (Dieu et moi). Mais : « Il n'y eut rien. Pourtant mes affaires allaient de mal en pis. Mon grand-père s'agaçait de ma longue chevelure [...] » (176). Et je n'ai plus qu'à filer bon train à travers mes déconvenues, jusqu'à me retrouver grimaçant devant un miroir. Point d'orgue. Et suite au prochain acte !

Sartre a construit *Les Mots* comme l'un de ces romans d'aventures dont il fait la parodie :

> Je marchais sur un toit en flamme, portant dans mes bras une femme évanouie ; au-dessous de moi, la foule criait : il était manifeste que l'immeuble allait crouler. A cet instant je prononçais les mots fatidiques : « La suite au prochain numéro. » – « Qu'est-ce que tu dis ? », demandait ma mère. Je répondais prudemment : « Je me laisse en suspens. » Et le fait est que je m'endormais, au milieu des périls, dans une délicieuse insécurité. Le lendemain soir, fidèle au rendez-vous je retrouvais mon toit, les flammes, une mort certaine. Tout d'un coup, j'avisais une gouttière que je n'avais pas remarquée la veille. Sauvés, mon Dieu ! [...] (*Les Mots*, p. 96.)

Poulou va s'accrocher à la gouttière Orgueil.

Acte IV

Mon étude est ici apparemment sans objet : l'ordre du récit est stable. Après les tourbillons de l'acte III, on entre dans une ère de croissance paisible. Arrosé par l'imagination, labouré par la rhétorique, le grain pousse là où il a été semé, sans repiquage.

Il s'agit bien sûr du début de l'acte IV, puisque le dactylogramme « Jean sans terre » s'arrête vite, et qu'il devait se poursuivre par les développements sur la lecture, antéposés dans l'acte II. La comparaison ne portera donc que sur la fin de ce qui est devenu la première partie des *Mots*.

La structure est de nouveau du type « thème et variations ». A l'acte III, le thème était déjà constitué *ne varietur* dès « Jean sans terre » et on assistait à une ronde des variations. Ici, c'est l'inverse. Le thème est juste esquissé en quelques lignes, qui font transition avec la fin de l'acte III :

> Ces dégoûts avaient volé le nom et les apparences du bonheur ; je ne pouvais que le sentir et lutter en aveugle contre eux. Enfant imaginaire, je me défendis par l'imagination ; comédien, j'arrachai la comédie aux grandes personnes pour me la donner à moi seul ; généreux par momerie, je voulus trouver ma raison d'être dans la générosité. Je ne sais quand l'idée me vint de m'inventer des lettres de créance : il n'y a jamais de commencement. Mon grand-père me racontait les aventures de l'Oiseau Bleu, du Petit Poucet, du Chat botté. J'en vins de bonne heure à me passer de lui [...] (35).

L'articulation logique du thème est donnée en quelques mots : intériorisation de la comédie, générosité, et l'on passe tout de suite aux variations. Quant à l'articulation chronologique, Sartre déclare qu'il n'y en a pas. Chaque fois qu'il aborde une nouvelle couche de comportement distinguée par l'analyse, il reprend ainsi les choses à zéro. Ce qui est nouveau dans le texte était là depuis toujours dans l'histoire : « Il n'y a jamais de commencement. » Dans les versions ultérieures, il gommera cet aveu, et glissera comme s'il y avait suite chronologique.

Rapidement indiqué ici, le thème fait l'objet d'un intense travail dans les versions ultérieures. La générosité renvoie à l'orgueil : il faut l'analyser. Les lettres de créance vont devenir billet de chemin de fer, dans une fable ferroviaire qui, reprise dans l'Épilogue, finira par structurer *Les Mots*. Les quelques lignes de « Jean sans terre » vont donc devenir trois pages du texte définitif.

Dans le manuscrit « Beauvoir », Sartre commence par enchaîner avec sa conclusion de l'acte III, en soulignant le côté « orphelin de père et de Dieu ». Au masque de la générosité, il substitue la réalité de l'orgueil. Puis immédiatement il se lance dans la fable du voyageur sans billet et dans les analyses qui l'accompagnent. Voici ce nouveau début :

> Il n'y eut rien. Orphelin de père et de Dieu, personne ne me revendiquait, nulle cour n'évoquerait mon affaire ; j'étais un laissé pour compte et je n'avais de recours qu'en moi qui n'existais pas encore, qui ne faisais que refléter et subir, palais de glaces désert où ce siècle naissant mirait son ennui.
>
> Suscité par le besoin que j'avais de moi, je surgis, force sans nom, sans yeux, simple refus du marasme où je croupissais, orgueil. Oui : je fus acculé à l'orgueil ; seul et sans autre garant que moi-même, j'élevais la prétention d'être indispensable à l'univers. Quoi de plus superbe ? Quoi de plus sot ? Mais je n'avais pas le choix. Voyageur clandestin, quelqu'un me secouait [...] (147-148).

Suit la fable du voyageur sans billet, avec une variation un peu tortueuse, qui disparaîtra ensuite, sans doute parce qu'elle enlevait à la fable la simplicité qui la rend parlante. Elle est néanmoins assez drôle :

> [...] Le train, le contrôleur et le voyageur sans billets, c'était moi. Restaient à trouver les raisons du voyage. Je m'y employai passionnément. Sans rien changer aux données du problème, je les interprétai. Je savais très bien qu'on ne m'attendait nulle part, que le contrôleur, à Dijon, trouverait une gare déserte, une place vide sous la pluie : craignant qu'il ne me prît pour indésirable, je lui remontrai que j'étais inespéré. Oui, personne n'avait requis mes services ; mais c'était par résignation, on n'osait compter sur moi : « Des gens comme Sartre, disaient les Dijonnais, comment voulez-vous que ça existe : ce serait trop beau. » Loin de cacher l'illégalité de ma présence au monde et dans ce convoi, j'y voyais la preuve que j'étais une surprise, un don anonyme et gratuit qui partait à la recherche de ses destinataires : j'existais parce qu'il eût été trop beau que j'existasse.

Broderies, efflorescences... Le travail d'expansion que l'on suit d'un manuscrit à l'autre semble souvent invention ludique plus qu'exploration de la mémoire. Ce qui reste n'est pas moins gratuit que ce qui a été enlevé. Le rythme est d'abord l'expansion libre, puis le resserrement et la mise au point. Dans le manuscrit « Vian », Sartre a élagué le superflu, stylisé, aussi bien pour l'épisode du train (qui apparaît d'abord comme une image employée par le narrateur pour représenter le vécu de l'enfant, mais finit par être présenté comme un fantasme nourri par l'enfant lui-même...), que les analyses qui suivent.

Ensuite, dans « Beauvoir » comme dans « Vian », Sartre reprend la formule « Enfant imaginaire, je me défendis par l'imagination » (dont Geneviève Idt analyse ci-après les transformations en contexte), et enchaîne sur la première variation, le récit de ses rêveries du soir.

Ces variations sont, dès « Jean sans terre », dans un ordre apparemment chronologique. En gros, trois temps : 1 / Rêveries vespérales inspirées de ses lectures ; 2 / Expérience du cinéma ; 3 / Rêveries d'après-midi au son du piano maternel, selon le dispositif du cinéma. Il y a évolution : le cinéma apporte un élément nouveau au rituel de la rêverie. En fait le premier et le troisième temps sont thématiquement analogues, le second s'émancipe en une sorte de petit chapitre autonome, éblouissant et tendre, sur les débuts du cinéma – d'une tendresse qui rejaillit en amont et en aval sur les rêveries et les mimes de l'enfant. Au cours de son travail, Sartre ne changera rien à ce dispositif : il ne fera que développer. Aux temps 1 et 3 il ajoutera parallèlement des développements sur des lectures d'enfance qui ont inspiré ses rêveries vespérales (Cyrano) ou ses mimes musicaux (Strogoff et Pardaillan). Et il rendra la construction plus élégante, en supprimant une transition dramatique et arbitraire qui, dans « Jean sans terre », introduisait l'épisode du cinéma : « Longtemps je ne fus qu'un chevalier nocturne ; mais, peu à peu, mes histoires se poussèrent au grand jour : elles résistaient au soleil. Par la faute du cinéma, j'ai risqué de me noyer dans mes rêves » (37).

En revanche, on le voit élaborer une transition en aval. Dans « Jean sans terre », le problème ne se posait pas. Le texte dactylographié se terminait sur une clausule qui ne préjugeait en rien de l'enchaînement avec la suite : « coincée entre deux mirages, ma vérité courait le danger de n'être jamais que la superposition ou l'alternance de mes impostures » (44). Dans « Beauvoir » et « Vian », Sartre fait suivre les rêveries héroïques par une rechute dans la réalité : une expérience cuisante impose à l'enfant, ou du moins au texte, de rebondir. C'est l'épisode du Luxembourg, où les autres petits garçons ne veulent pas jouer avec lui. On choisit ce qui vous arrange. Le lecteur des avant-textes se souvient qu'au Luxembourg, justement, Poulou a connu, avec des petites filles, ses premiers succès littéraires et amoureux... Peu importe... Une fois le héros replongé dans l'angoisse et l'exclusion, on peut le rattraper par le fond de sa culotte pour le lancer vers de nouvelles comédies... Il est intéressant de suivre les métamorphoses du coup de théâtre qui deviendra l'articulation centrale des *Mots*.

Dans le manuscrit « Beauvoir », Sartre commence par présenter la chose comme une sorte d'Annonciation bouffonne :

> Et voici qu'on me la donnait tout d'un coup, sans préavis, la place que je prenais de force dans mes rêves et que je mendiais dans les jardins. Ma *vraie* place : par la bouche de Mme Picard et par celle de mon grand-père la Providence m'avait assigné un office. Je me fusse contenté des fonctions les plus humbles à condition d'être indispensable – et l'on me disait tout à coup « Tu seras grand parmi les grands, tu seras écrivain » (198).

Puis il barre tout et il recommence. Il choisit d'être elliptique. La « place » n'est plus nommée, les responsabilités se diluent : personne ne sait ce qu'il fait, l'enfant bouffonne, l'aïeul agit à l'étourdie. La seule chose sûre c'est que l'enfant est « sauvé » et la vie de l'adulte changée :

> Je fus sauvé par l'excès de mes bouffonneries : Charles Schweitzer me jeta étourdiment dans une imposture nouvelle qui changea ma vie (199).

Dans le manuscrit « Vian », Sartre décide de mieux souligner, en amont, de quoi il est « sauvé », et de simplifier encore les choses en aval :

> [...] N'importe : ça ne tournait pas rond ; je pense aujourd'hui que j'ai risqué la folie.
>
> Je fus sauvé par mon grand-père : Charles Schweitzer me jeta sans le vouloir dans une imposture nouvelle qui changea ma vie (235).

Dans le texte définitif, nouvelle simplification, qui donne enfin son dynamisme à une transition qui en manquait :

> [...] N'importe : ça ne tournait pas rond.
>
> Je fus sauvé par mon grand-père : il me jeta sans le vouloir dans une imposture nouvelle qui changea ma vie (*Les Mots*, p. 112).

Acte IV, suite et fin

Mes comparaisons s'arrêteront là, provisoirement. Pour la suite de l'acte IV (apprentissage de l'écriture et de l'idéologie littéraire), nous ne possédons plus que deux versions. Le tapuscrit de « Jean sans terre » reste en suspens. Les notes cursives qui en programmaient la suite tracent d'ailleurs un chemin qui est celui même où Sartre s'est engagé : l'apprentissage réel de l'écriture, d'abord sous la conduite du grand-père, puis à son propre compte ; puis le fantasme du mandat et l'idéologie littéraire. Les manuscrits « Beauvoir » et « Vian » réalisent ce programme, et suivent tous deux exactement le même ordre. Entre eux les différences sont plutôt stylistiques (intense travail de mise au point) et idéologiques (suppression de certains passages[1]).

En collationnant page à page ces manuscrits pour vérifier leur ordre, l'amusant est plutôt de voir Sartre affairé dans son atelier de bricolage, et au fond peut-être dupe de ses propres inventions. Il semble toujours croire que ce qu'il a écrit avant s'est passé avant... Je n'en donnerai qu'un exemple : la première rédaction, dans le manuscrit « Beauvoir », de l'articulation qu'on trouve dans le texte définitif p. 117. L'enfant passe des vers à la prose et réinvente par écrit les aventures qu'il lit dans *Cri-Cri* :

> [...] Ce fut ma dernière expérience poétique. Mais j'étais lancé : je passai des vers à la prose. Dans « Cricri », dans « les Belles Images », je lisais des romans captivants : pourquoi ne pas les réinventer par écrit ? Je recommencerais en plein jour, avec ma plume, ce que j'avais fait si longtemps, les yeux clos, dans mon lit. Une seule différence : ces histoires, je ne me contentai plus de les revivre : je voulus feindre d'en être l'auteur. J'avais mes raisons, comme on va le voir ; et ce nouvel exercice apparaissait au bon moment.
>
> Trois ans plus tôt, entortillé dans mes draps, je croyais anticiper les prouesses de mon âge mûr : quand je serais grand, je fumerais, je porterais la barbe et je sauverais les jeunes filles pour de bon (203-204).

On croit rêver : « trois ans plus tôt », il avait le même âge ! Et il finit par oublier que dans son récit, c'est lui qui joue le rôle de la Providence, et fait apparaître, quand ça lui chante, chaque élément « au bon moment » !

Ai-je eu raison d'envisager une certaine « mauvaise foi » ? Ici, Sartre s'est rendu compte, en relisant, que quelque chose clochait, puisqu'il a réécrit ce passage autrement. Mais le plus souvent il a dû finir par être pleinement convaincu par sa propre plume. C'est un effet classique d'autopersuasion. Ce qu'on a écrit, et qu'on a sous les yeux, prend un poids, une réalité auxquels les brumes du passé ne peuvent guère opposer de démenti.

En lisant ces brouillons, nous percevons mieux la perspective ludique qui préside à l'écriture d'un tel livre. Le montage n'est pas fait à partir d'éléments préexistants. C'est lui qui suscite les développements qui viennent l'étoffer. Les articulations logiques vont à la recherche de souvenirs qui pourraient leur servir de support. On part d'un petit noyau, et on essaie de l'étendre, de le développer. On va à la rencontre du passé en construisant des hypothèses. On fait des essais, des mimes, des maquettes.

1. Quatre passages relativement importants, présents dans le manuscrit « Beauvoir », ne se retrouvent plus dans le manuscrit « Vian » : p. 203-207, une récapitulation des étapes précédentes, soulignant la logique dramatique des fuites de l'enfant (supprimé sans doute pour raison esthétique) ; p. 246-249, un passage sur la littérature comme activité femelle (voir ci-dessous p. 366 l'hypothèse de Josette Pacaly) ; p. 300-316, une lourde tartine sur l'idéologie du grand-père, dans le style de *Qu'est-ce que la littérature ?* (voir ci-dessous p. 232 l'hypothèse de Jacques Lecarme) ; et p. 392-395, le souvenir de lecture de la première rencontre Sand-Musset (enlevé sans doute à la fois pour raisons esthétique et idéologique). – Dès avant le manuscrit « Beauvoir » un autre épisode avait été supprimé (pour raison esthétique), la « séparation de Nevers » (Inventaire 12, f°s 27 et 33).

On les travaille jusqu'à ce qu'ils semblent sonner juste, entrer en résonance harmonique avec un passé qu'on n'a guère d'autre moyen d'explorer. La fiction n'est pas une invention coupable qu'on substituerait en connaissance de cause à une réalité par ailleurs bien attestée. C'est une hypothèse, une sorte d'expression figurée, qu'on lance pour rattraper une réalité perdue. Cela m'avait déjà frappé en étudiant les brouillons d'*Enfance* de Nathalie Sarraute[1]. – La réalité ainsi retrouvée, est-ce celle d'autrefois ? N'est-ce pas fatalement une reconstruction d'aujourd'hui, dont demain révélera le caractère fantasmatique ? – Certainement : mais cela n'apparaît évident que de l'extérieur, ou après coup. Dans l'instant, celui qui erre à la recherche de son passé croit à ce qu'il trouve ainsi. – Comment ! Même Sartre, qui réécrit pendant dix ans ses souvenirs, qui inverse leur sens, qui change les dates, qui brode à perte de vue ? – Même Sartre. Il rumine son autobiographie comme autrefois l'enfant ses scénarios romanesques. « J'effaçais tout, je recommençais : c'était la nuit, une jeune fille appelait au secours, je me jetais dans la mêlée... » (*Les Mots*, p. 97)... Il s'interroge sur la sincérité de ses délires d'autrefois, jamais sur ceux d'aujourd'hui. « J'ai rapporté les faits avec autant d'exactitude que ma mémoire le permettait. Mais jusqu'à quel point croyais-je à mon délire ? C'est la question fondamentale et pourtant je n'en décide pas » (*ibid.*, p. 59). Mais il croit sans problème au délire de sa mémoire. Ce délire, il est vrai, n'est pas n'importe quoi, mais une fable qui l'arrange...

J'ai ménagé ce petit temps de méditation pour vous préparer aux coups de théâtre de l'acte V.

3

COMMENT FAIRE UNE FIN ?

> A huit ans, je pensais que la nature elle-même n'était pas insensible à la production d'un bon livre : quand l'auteur traçait le mot « Fin », une étoile filante devait dégringoler dans le ciel !
>
> *Entretien avec Madeleine Chapsal,* 1960.

La fin des *Mots* a effectivement un côté « étoile filante ». Brillante et elliptique. Le brillant, c'est l'Épilogue (p. 201-206) qui résume vigoureusement le sens du livre : la vocation littéraire de l'enfant n'était qu'un

1. « Aussi liquide qu'une soupe », in *Autour de Nathalie Sarraute* (Annales littéraires de l'Université de Besançon, 1996 (analyse des avant-textes du second chapitre d'*Enfance*).

ersatz de vocation religieuse. L'histoire de l'adulte est celle d'une conquête de l'athéisme. L'elliptique, c'est que le lecteur reste en panne au milieu d'une enfance dont on ne comprend pas pourquoi elle s'arrête en 1916 à onze ans. Aucune explication n'est donnée.

Sartre a conçu son projet autobiographique en 1953 : dans toutes les interviews données à l'époque, il promettait une autobiographie totale et exemplaire. En mars 1963, il décide de transformer en un tout autonome le début de cette autobiographie dont la rédaction était restée en suspens. Il hésite sur l'endroit où couper : dans le manuscrit « Vian », en avril 1963, il choisit d'arrêter juste avant la guerre, en 1914 ; il se ravise au cours de l'été, et le récit ira finalement jusqu'en 1916.

Il y a là pour nous un double mystère : *pourquoi* cette suspension ? et jusqu'où, chronologiquement, avait-il poursuivi son travail, dans un récit de quelle longueur a-t-il tranché ce que nous connaissons ?

Il est impossible de répondre à la seconde question, ce qui rend assez vaine la première... En effet c'est l'acte même par lequel Sartre coupe et clôt en 1963 le récit finalement publié qui a défini et limité le corpus génétique dont nous disposons. Selon son habitude, il donne à ses proches les manuscrits dont il n'a plus l'usage, les « chutes » du travail fini. En revanche, il n'a aucune raison de se séparer de manuscrits qui correspondraient à un travail futur. Or dans le texte même des *Mots* il annonce qu'il y aura une suite, et en 1972, dans les entretiens destinés au film *Sartre par lui-même*, il a confirmé qu'elle avait été écrite : « Alors j'ai écrit en gros *Les Mots*, et une suite, même, qui ne sera jamais publiée. »[1] Pourquoi ne pas le croire ? Il est vrai que ses déclarations à Simone de Beauvoir en 1974 ont l'air d'aller dans l'autre sens : « Quand j'ai écrit *Les Mots* dans sa première version, je n'ai pas du tout écrit l'enfance que je voulais, j'ai commencé un livre qui aurait continué ; après on aurait vu mon beau-père épouser ma mère, etc. Puis j'ai arrêté à ce moment-là, parce que j'ai eu d'autres préoccupations. »[2] Propos rapides, et un peu confus, d'où il est difficile de tirer des conclusions.

Toujours est-il que le dossier génétique rassemblé par la Bibliothèque nationale est fait uniquement de « chutes » qui ne viennent pas directement des archives de Sartre : papiers abandonnés en 1962 et dispersés par M. Moriceau[3], manuscrits donnés en 1963 à Wanda Kosakiewicz et à Michelle Vian.

Le mystère est que le dossier de travail sur la suite des *Mots* ne figure pas dans les papiers laissés par Sartre à sa mort. L'a-t-il détruite ? L'a-t-il donnée, plus tard, à quelqu'un, quand il a renoncé définitivement à l'idée

1. *Sartre, un film*, Gallimard, 1977, p. 111.
2. S. de Beauvoir, *La Cérémonie des adieux*, Gallimard, 1981, p. 274.
3. Voir ci-dessus n. 1, p. 60.

de continuer son autobiographie ? Nous n'en savons rien. Peut-être un jour ressurgiront-ils...

Dans l'immédiat on ne peut que rêver aux raisons d'un inachèvement dont on ignore l'étendue.

Deux hypothèses viennent à l'esprit.

La première est existentielle : Sartre, arrivant au récit de son adolescence à La Rochelle, se serait heurté à une impossibilité.

Certainement l'impossibilité de le publier du vivant de sa mère. Or Sartre n'est pas l'homme du posthume. Et puis il y aurait eu quelque chose de meurtrier à fignoler un tel récit et à *attendre* la mort de Mme Mancy pour le divulguer. Ce qui étonne, c'est qu'il n'ait pas prévu l'obstacle dès le début. Pendant des années il a annoncé à la presse une autobiographie totale : il le savait bien, pourtant, qu'il devrait pour cela ranimer les feux d'une adolescence « mise sous la cendre » !...

Peut-être une impossibilité plus profonde : celle de trouver le ton. Celle de se dire *à lui-même* ce qu'il avait à dire. Cela m'avait frappé en analysant le récit oral de sa rupture intérieure avec sa mère dans le film *Sartre par lui-même*[1]. Ces gestes, ces silences, cette gêne. Ça ne peut pas s'écrire comme ça. Certes, l'hypothèse est fragile, puisque après tout Sartre avait écrit sur cette adolescence en 1939, dans l'un des Carnets de la drôle de guerre malheureusement perdus[2]. Et les récits faits à partir de 1972 sont peut-être l'oralisation de textes écrits pour cette impossible suite... Mais des textes peuvent fort bien avoir été écrits, sans que leur ton ou leur articulation aient été trouvés ?...

La seconde hypothèse est littéraire. Elle s'ajoute à la première. La méthode de travail de Sartre est ici intensive plus qu'extensive. Il prend et reprend sans cesse son début, à la recherche de deux choses : l'efficacité stylistique, l'organisation dialectique. Dans le travail tel que nous le voyons, aucune hâte d'avancer, aucune planification ou anticipation d'une œuvre de vaste dimension, au point qu'on se demande même quel rapport il y a entre ce chantier et les promesses d'autobiographie complète prodiguées dans les interviews. On assiste au contraire à un retour incessant et acharné sur l'origine, une sorte de reflux, comme si, ayant repéré en aval l'obstacle, Sartre revenait en amont pour exprimer par l'approfondissement stylistique et l'ironie la suite d'une trajectoire qui ne sera jamais racontée directement. Cette ironie même, qui donne son unité au récit d'enfance, aurait-elle pu être étendue à la suite ? – Mais je vois la

1. « Ça s'est fait comme ça », *Poétique,* n° 35, 1978.

2. Le carnet II (cf. *Lettres au Castor,* Gallimard, 1983, I, p. 391-392). Dans les avant-textes des *Mots*, on ne trouve qu'une feuille isolée d'argument cursif qui programme un récit de l'adolescence, aboutissant, au moment du retour à Paris en 1920, à une nouvelle « comédie », la comédie de la violence (Inventaire 12, f° 52).

fragilité du raisonnement : après tout, on peut changer de ton, et qui sait jusqu'où Sartre avait continué ?

Pour moi le mystère lié à la constitution du corpus génétique entre en résonance avec un autre mystère : l'organisation de la fin du récit publié en 1963. Elle m'a longtemps semblé incompréhensible. J'ai analysé en 1975 dans *Le Pacte autobiographique* (Seuil, p. 219-224) le tour de prestidigitation par lequel Sartre boucle son enfance et s'enferme dans une folie optimiste dont on ne sait s'il la déplore ou s'il la revendique. Il y a deux éléments étranges :

— Une *métamorphose psychologique* : le jeu instable de mauvaise foi de l'enfant passerait brusquement de la surface à l'intérieur, et se fixerait. Cette métamorphose est mise en scène deux fois dans le texte définitif : immédiatement avant le récit de la période 1914-1916, et immédiatement après. Je vais citer un peu longuement ces deux articulations, qui serviront de point de repère et permettront de mesurer l'enjeu du travail des avant-textes. Voici l'articulation amont :

> Même profonde, jamais la foi n'est entière. Il faut la soutenir sans cesse ou, du moins, s'empêcher de la ruiner. J'étais voué, illustre, *j'avais* ma tombe au Père-Lachaise et peut-être au Panthéon, mon avenue à Paris, mes squares et mes places en province, à l'étranger : pourtant, au cœur de l'optimisme, invisible, innommé, je gardais le soupçon de mon inconsistance. A Sainte-Anne, un malade criait de son lit : « Je suis prince ! Qu'on mette le Grand-Duc aux arrêts. » On s'approchait, on lui disait à l'oreille : « Mouche-toi ! » et il se mouchait ; on lui demandait : « Quel est ton métier ? », il répondait doucement : « Cordonnier » et repartait à crier. Nous ressemblons tous à cet homme, j'imagine ; en tout cas, moi, au début de ma neuvième année, je lui ressemblais : j'étais prince et cordonnier.
>
> Deux ans plus tard on m'eût donné pour guéri : le prince avait disparu, le cordonnier ne croyait à rien, je n'écrivais même plus [...]. Or j'étais devenu tout à fait fou. Deux événements, l'un public et l'autre privé, m'avaient soufflé le peu de raison qui me restait.
>
> *Les Mots*, p. 169-170.

Et voici l'articulation aval, 16 pages plus loin. Elle sert à introduire, au terme de l'évocation de la période 1914-1916, le long autoportrait de Sartre en « optimiste fou » qui clôt le récit.

> Pendant deux ans ces événements et ces rencontres suspendirent mes ruminations sans en éliminer la cause. De fait, en profondeur, rien n'avait changé : ce mandat en moi déposé par les adultes sous pli scellé, je n'y pensais plus mais il subsistait. Il s'empara de ma personne. A neuf ans, jusque dans mes pires excès je me surveillais. A dix, je me perdis de vue. Je courais avec Brun, je causais avec Bercot, avec Nizan : pendant ce temps, abandonnée à elle-même, ma fausse mission prit du corps et, finalement, bascula dans ma nuit ; je ne la revis plus, elle me fit, elle exerçait sa force d'attraction sur tout, courbant les arbres et les murs, voûtant le ciel au-dessus de ma tête. Je m'étais pris pour un prince, ma folie fut de l'être. Névrose caractérielle, dit un analyste de mes amis. Il a raison : entre l'été 1914 et l'automne de 1916 mon mandat est devenu mon caractère ; mon délire a quitté ma tête pour se couler dans mes os.

> Il ne m'arrivait rien de neuf : je retrouvais intact ce que j'avais joué, prophétisé. Une seule différence : sans connaissance, sans mots, en aveugle je *réalisai* tout [...].
>
> *Les Mots*, p. 186-187.

Ce serait, en somme, l'équivalent de la phase de latence qui suit le conflit œdipien dans la théorie freudienne. Curieux recours à l'idée d'inconscient, pour quelqu'un qui proclame n'y point croire... On peut surtout se demander si un tel clivage entre une première phase de mauvaise foi consciente, instable, et malheureuse, et une seconde phase (qui s'étend jusqu'à l'âge adulte) de fixation inconsciente et euphorique possède la moindre vraisemblance historique. C'est une reconstruction qui arrange Sartre. Elle efface, par un jeu de bascule, ce qu'il y avait d'extrême dans la description d'un enfant si précocement lucide. En même temps elle innocente l'adulte en rejetant, sinon sur l'enfant, du moins sur l'enfance, la responsabilité d'une « folie » dont il finit, d'autre part, par revendiquer une grande partie...

— *L'explication* donnée à cette métamorphose sidère : elle serait due au bonheur des années 1914, à la guerre et l'entrée au lycée Henri-IV, aux relations nouvelles qu'il établit avec sa mère et ses camarades. Dans *Le Pacte*, j'ai suggéré que ce tour de passe-passe était l'expression anticipée et *inversée* d'une chose indicible : le traumatisme lié au remariage de sa mère et à l'exil à La Rochelle, que le récit ne pourra jamais atteindre. Ce n'est pas le bonheur des années 1914, mais le malheur des années 1916 qui expliquerait (si elle a jamais existé) cette fixation de la névrose en folie. Mais Sartre prend ce qu'il a sous la main pour boucler son système. S'aperçoit-il lui-même de l'absurdité de ce bouclage ? La dialectique a bien des tours dans son sac, mais l'inconscient, auquel Sartre ne croit pas, en a plus encore.

Aussi y avait-il un vif intérêt à avoir accès aux brouillons pour regarder si l'hypothèse était juste. On va voir que c'est tout un roman. Il est difficile à raconter. Le lecteur d'une étude génétique portant sur un récit étendu doit avoir ce récit frais dans sa mémoire. Et je vais lui parler, de nouveau, de brouillons multiples, plus étendus encore, qu'il n'a pas sous les yeux, et que ma propre mémoire a parfois du mal à embrasser. Mais prenez courage. Relisez les quarante dernières pages des *Mots* (p. 168-206), inspirez fort et plongez avec moi.

Je décrirai successivement la fin du récit dans le manuscrit « Beauvoir », dans le manuscrit « Vian » et dans le texte publié dans *Les Temps modernes*. Un tableau, placé plus loin, figurera la logique des transformations effectuées lors des deux campagnes d'écriture : de « Beauvoir » à « Vian », et de « Vian » aux *Temps modernes*.

Le manuscrit « Beauvoir » (avant mars 1963)

Il a été folioté de 1 à 480 par Simone de Beauvoir. C'est un manuscrit de travail. Le titre prévu est « Jean sans terre » (le titre *Les Mots* ne sera trouvé qu'*in extremis*, avant la publication dans *Les Temps modernes* à l'automne 1963). Le récit s'arrête juste avant la guerre de 1914. Nous avons reconstitué ce manuscrit à partir des deux ensembles de feuilles entre lesquels la logique même du travail de Sartre l'avait réparti. Il se prolongeait sans aucun doute au-delà de la page 480 (celle-ci se termine au milieu d'une phrase). C'est l'état du travail tel que Sartre l'avait devant lui quand, en mars 1963, il décide d'en finir, et de tirer de ce début en suspens un livre centré sur son enfance.

Il nous semble, mais c'est un autre problème, que cet état datait de 1956. C'est le point d'aboutissement des premières campagnes d'écriture (1953-1956), après lesquelles le projet a été mis en veilleuse. Ce qui importe plus, c'est de comprendre que l'arrêt au milieu d'une phrase page 480, lui, n'a aucun sens par rapport au travail antérieur à mars 1963. Le manuscrit continuait : comment et jusqu'où, nous n'en savons pas grand-chose (sauf, je le montrerai, pour la suite immédiate). En mars 1963, Sartre l'a divisé en deux : les pages 1-480 qu'il a prises pour construire le manuscrit « Vian » ; et les pages qui suivaient, dont on ignore si elles ont été aussi numérotées, qu'il a mises de côté pour une éventuelle suite, et dans lesquelles il a un peu pioché entre juillet et septembre 1963 pour rallonger son texte.

Mon propos ne saurait donc être, à ce niveau, de parler d'une « fin » : le manuscrit que nous avons sous les yeux est simplement interrompu par un acte qui n'a pas de rapport avec lui.

Il me suffira de décrire la partie qui précède l'interruption. Le manuscrit « Beauvoir » présente, pour la fin de l'acte IV, un développement sur la névrose littéraire analogue à celui du texte définitif, jusqu'à la page 169 (« j'étais incapable de le dissoudre et de l'assimiler »). Ensuite on trouve ceci :

> Que se passa-t-il ? Je ne sais plus, c'est trop loin. Sans doute ai-je compris la vanité de mes comédies. Il n'y eut pas d'événement, ni rien qui se puisse noter. Un beau jour, je lâchai prise, voilà tout. Je revins au monde, à la lumière du jour ; aussitôt ma tête se vida. Jusqu'alors, rien n'était grave : je m'occupais trop de moi-même mais du même coup, je me surveillais : mon tort fut de me perdre de vue. Livrée à elle-même, la certitude empruntée de ma gloire dépouilla son abstraction, prit du corps, de la consistance ; finalement son énorme masse bascula dans la nuit et je ne la revis plus ; mais elle exerça sur tout son attraction, courbant les arbres, les colonnes, voûtant le ciel au-dessus de mon crâne. Mes convulsions se firent de plus en plus rares : aux environs de ma dixième année elles avaient entièrement disparu sauf quelques spasmes dont je reparlerai bientôt ; j'étais redevenu un bon sujet, empressé, soumis, bien-pensant [...].

Manuscrit « Beauvoir », f°s 404-405.

Suit le développement sur le thème « on m'aurait cru guéri, mais j'étais parfaitement fou » (405-406), puis le très long morceau sur la « folie » optimiste qui a gouverné sa vie, en gros analogue au texte définitif (*Les Mots*, p. 186-201). Cette longue séquence tourne à un autoportrait intemporel de Sartre et mobilise de nombreuses références à sa vie adulte et même à ses comportements actuels. Dans sa partie finale, elle refait mention des crises d'ennui chez l'enfant (cf. *Les Mots*, p. 198 sq.), souligne l'instabilité de la folie (on retrouvera ce développement, mais *antéposé*, dans le texte final, p. 169-170, « Même profonde, la foi n'est jamais entière »), avant de conclure pourtant sur l'idée d'un délire déjà entièrement constitué :

> [...] Mais l'inquiétude persistait. Un péril extérieur m'eût semblé moins redoutable ; c'était moi que je craignais, c'était un pouvoir permanent et le vertige qu'il engendrait : je n'avais qu'à me retourner, qu'à laisser tomber un regard sur ma nature, elle se dissoudrait. Je me crispais un peu plus, je me fuyais : mais on ne vient pas si facilement à bout d'un vertige ; il restait derrière mes yeux comme une possibilité constante et constamment refusée. Comme il est difficile de parler d'une foi même profonde : jamais elle n'est entière, il faut la soutenir ou, du moins, s'empêcher de la ruiner. *J'étais* illustre, *j'étais* voué, *j'étais* en perpétuel progrès, *j'éprouvais* la vitesse de mon âme, *j'avais* ma tombe au Père-Lachaise ou peut-être au Panthéon, mon avenue à Paris, mes squares et mes places en province, jamais je ne doutais de moi et pourtant, au cœur de l'optimisme, invisible, inavoué, je gardais l'obscur soupçon de mon inconsistance. A Sainte-Anne, un malade criait de son lit : « Je suis Prince ! Qu'on mette le Grand-Duc aux arrêts ! » On s'approchait, on lui disait à l'oreille : « Mouche-toi ! » et il se mouchait ; on lui demandait : « Quel est ton métier ? », il répondait doucement : « Cordonnier » et repartait à crier. Nous ressemblons tous à cet homme, j'imagine ; en tout cas, moi, vers dix ans, je lui ressemblais : j'étais prince et cordonnier.
>
> J'ai neuf ans, le délire est constitué : mon grand-père a mis en moi l'idée pompeuse et funèbre que les clercs se font de l'écrivain. Encore incomplète, éparpillée, confuse, elle a profité de ma naïveté pour se rassembler et s'éclairer ; je l'ai nourrie de ma passion, j'ai comblé ses lacunes avec ma chair ; portée par les impulsions aveugles de ma volonté, sa logique interne est devenue mouvement ; la voilà complète, extrême, organisée, telle qu'on ne la trouverait nulle part, ni dans un livre, ni chez un bel esprit du temps. Personne, jusqu'ici, n'y croyait vraiment : c'était une apparence, une tournure, une mode ; les adultes la suggéraient plus qu'ils ne la montraient, ils avaient la précaution de lui laisser ses voiles : chacun savait qu'elle ne résisterait pas à l'examen. En moi elle est nue, péremptoire, elle manifeste tout ce qu'on dissimulait, elle passe toutes les bornes ; c'est mon espoir et ma foi, je tuerais pour elle. Il faut dire qu'elle a changé d'espèce : nul ne peut plus la concevoir mais quelqu'un s'est chargé de la vivre : elle est devenue tout un enfant. A moins que
>
> Manuscrit « Beauvoir », f°s 473-480.

A moins que... quoi ? Nous ne saurons jamais.

Pour l'instant, je remarque deux choses :

1 / Dans le manuscrit « Beauvoir », l'ordre est le suivant : névrose littéraire jusqu'à neuf ans (1914), brusque transformation de cette névrose

en folie, longue description de cette folie devenue le caractère optimiste de Sartre, puis nuance, cette folie était tout de même instable, et retour à l'âge de neuf ans (1914). Ensuite devait venir l'évocation des années 1914-1916, puis la suite...

Dans la longue section qui la décrit, Sartre date toujours sa folie soit de sa dixième année, soit de l'âge de dix ans (404, 415, 423, 431, 442, 455, 459, 476). *In extremis*, on le voit rétrograder, « J'ai neuf ans, le délire est constitué » (477), sans doute pour enchaîner plus facilement avec le développement suivant, qui devait être le début de la guerre de 1914.

2 / La transformation de la névrose en folie est donnée pour rapide (« un beau jour », 404 ; en moins de trois mois, 409), elle est datée, mais elle n'est pas expliquée. Sartre commence par avouer très honnêtement qu'il n'en sait rien : « Je ne sais plus. C'est trop loin. » Ces scrupules disparaîtront au cours de l'été 1963... Ensuite on le voit tout de même émettre une hypothèse : « Sans doute ai-je compris la vanité de mes comédies. » Bizarre explication, puisqu'elle nous ferait revenir à la logique de l'acte III. Évidemment, cela ne va pas : la prise de conscience de l'imposture aboutissait à l'angoisse et à de nouvelles fuites de mauvaise foi. Les effets ici décrits sont totalement différents : il n'y a aucune prise de conscience, c'est même le contraire. Dans le dernier fragment que nous ayons (f°s 477-480), Sartre résume la manière dont cette folie est devenue « tout un enfant », mais n'en propose cette fois aucune explication.

Et il enchaîne : « A moins que »... et le manuscrit que nous avons s'interrompt.

Quoique mon objet soit ici l'étude de l'ordre du texte, sa *dispositio*, j'ajoute un mot concernant le travail du style, l'*elocutio*. En lisant ce long extrait du manuscrit « Beauvoir », on aura constaté qu'il s'agit d'un texte très élaboré et déjà au point, analogue au texte définitif, que Sartre n'aura plus, sur ce plan, qu'à resserrer légèrement.

Le manuscrit « Michelle Vian » (mars-avril 1963)

Mars 1963. Campagne éclair : Sartre reprend ce texte autobiographique en sommeil depuis plusieurs années. En quelques semaines il en retravaille le début (f°s 1-480 du manuscrit « Beauvoir ») et il y ajoute un Épilogue. Le 22 avril, il est dans les dernières révisions (manuscrit « Vian », 81, cf. *Les Mots*, p. 52). Le manuscrit est fini le 28 avril 1963 et confié à Michelle Vian pour dactylographie. Nous possédons, à quelques pages près, l'ensemble du manuscrit de mars-avril : il est composé de pages reprises, telles quelles ou corrigées, du manuscrit « Beauvoir » et de pages fraîches lorsque le travail de réécriture s'est fait sur de nouvelles feuilles. Le texte s'appelle apparemment toujours « Jean sans terre ». Le début annonce, comme le faisait le manuscrit « Beauvoir » (qu'il reprend), un chapitre I intitulé « Abel », mais dans la suite apparaît, après un remodelage qui a laissé des traces dans la pagination, un chapitre II intitulé « Écrire » (manuscrit « Vian », 238). Pas de « Caïn » en aval d' « Abel », pas de « Lire » en amont d' « Écrire », le manuscrit semble bizarrement à cheval entre deux structurations, peut-être des consignes orales données à la dactylographe doivent-elles être supposées. Quant à la dactylographie correspondante, nous n'en possédons que la fin, les pages 117-186, si bien que nous n'en connaissons ni le titre, ni la structuration en chapitres, puisqu'elle commence après le début du chapitre II. Mais c'est bien la dactylographie fidèle du manuscrit « Vian ». Elle se termine par une date : juillet 1963.

En quoi a consisté le travail de Sartre ?

Il a simplement taillé dans le manuscrit « Beauvoir », en décidant que le texte s'arrêterait après le long développement sur la folie optimiste, en 1914, à la veille de la guerre. Le livre qu'il construit et boucle par un Épilogue ne comporte donc pas le récit des années heureuses 1914-1916 (*Les Mots*, p. 170-186), qui n'apparaîtra que dans la version finale. Le travail sur le texte ainsi coupé a comporté cinq aspects :

1 / Respect de l'ordre du manuscrit « Beauvoir » ;
2 / Suppression de certains développements (allégements) ;
3 / Travail sur le style (réécriture, resserrements) ;
4 / Découpage en deux chapitres ;
5 / Ajout d'un Épilogue, celui que nous connaissons (*Les Mots*, p. 201-206), dont Geneviève Idt présentera plus loin la genèse.

Pourquoi Sartre a-t-il décidé de couper son récit juste avant la guerre de 1914, et de boucler à l'âge de neuf ans ? – Peut-être est-il maladroit de poser la question en termes chronologiques. D'ailleurs la coupure elle-même est maladroite, et Sartre a dû s'en rendre compte par la suite : dans la première partie, certains épisodes étaient situés nettement après le 2 août 1914.

Il est difficile de donner des raisons, dans l'ignorance où nous sommes de la suite. J'en avancerai deux.

— La première est existentielle : la seule autre coupure possible était sans aucun doute 1917, le remariage de sa mère, et c'était d'ailleurs la seule vraie coupure. Mais l'afficher comme coupure était aussi impossible à Sartre que de la raconter. Il a donc choisi de couper largement en amont, dans une zone encore saine... J'emploie ici des termes qui évoquent la chirurgie, à dessein. Les problèmes rhétoriques de clôture sont secondaires. Les mots rompre, trancher, couper ont un sens affectif autant que littéraire. Le travail que je suis en train de décrire, qui s'effectue en deux étapes au cours du printemps puis de l'été 1963, est une sorte de négociation imaginaire avec sa mère. J'y reviendrai tout à l'heure.

— La seconde raison est thématique. En relisant le manuscrit « Beauvoir », Sartre a dû voir que le long développement sur la névrose-fixée-en-folie-optimiste formait en soi une conclusion. Pour la première fois le récit d'enfance s'épanouissait en un autoportrait de l'adulte et du narrateur lui-même. Les éléments d'autoportrait antérieurs étaient brefs, disjoints, et situés dans un récit à la coloration d'ensemble ironique et distanciée. Ici l'autoportrait prend consistance, et, second point décisif, la couleur *vire* : on ne sait plus si Sartre condamne ou revendique cette folie, tant l'analyse critique tourne au lyrisme. Cette ambivalence du ton est capitale : c'est d'elle que Sartre s'inspirera pour écrire l'Épilogue, qui commence par un *mea culpa* et s'épanouit en chant de triomphe. Le développement sur la folie optimiste clôt magistralement le récit de « vocation », relie directement l'enfant de neuf ans et l'écrivain de cinquante-huit ans, et programme la *modulation* de valeur de l'apothéose finale. C'est donc là qu'il faut couper.

Comment Sartre a-t-il modifié le manuscrit « Beauvoir » pour faire de ce développement sur la folie une *fin* ? J'examinerai le début, le corps du développement, et sa fin.

— Le début : l'articulation entre la névrose antérieure et la folie nouvelle reste pour lui mystérieuse. Reprenant un récit qui mûrit depuis presque dix ans, il n'y voit pas plus clair. Seule initiative, il élimine l'idée, peu adaptée, d'une prise de conscience de la vanité de ses comédies. Mais son ignorance, il la redit. Et même il la réécrit, puisqu'à cet endroit il n'utilise pas les pages du manuscrit « Beauvoir », mais des feuilles vierges. Simplement il en allège l'expression, et finit par glisser là où il insistait. Première rédaction (il s'agit du « mandat ») :

> Ce fut lui qui m'assimila. Que se passa-t-il ? Je ne sais plus, c'est trop loin. En apparence il y eut guérison : aux environs de ma dixième année, je revins à la lumière, au monde.
>
> Manuscrit « Vian », f° 391.

Seconde rédaction :

> Ce fut lui qui m'assimila. Que se passa-t-il ? Je ne sais plus. Aux environs de ma dixième année, je revins au monde, à la lumière.
>
> Manuscrit « Vian », f° 392.

— Le corps du développement : retravaillé stylistiquement, il suit exactement le même cours que dans le manuscrit « Beauvoir ». Sartre a simplement rabattu toute la chronologie sur 1914, puisque le récit n'ira pas au-delà. Donc l'enfant devenu « fou » a partout neuf ans. Chaque fois qu'il reprend ou recopie une page du manuscrit « Beauvoir » où l'enfant a dix ans, Sartre barre *« dix »* et substitue *« neuf »*. Le manuscrit « Beauvoir » pouvait se permettre d'anticiper sur un récit qui continuait. Sartre a maintenant besoin d'un enfant fou à neuf ans, puisque c'est le terminus.

— La fin : elle manque, aussi bien dans le manuscrit (absence des f°s 429-433, qui précèdent l'Épilogue), que dans la dactylographie (absence des f°s 179-180). Actuellement, nous ne savons pas *comment* se terminait le récit dans le manuscrit « Vian ». Je préfère renvoyer le lecteur curieux des hypothèses possibles à une note[1] et dire tout de suite *pourquoi* nous ne le savons pas. Il est probable que le premier geste de Sartre, pendant l'été 1963, quand il a décidé de prolonger le récit, a été de soustraire au manuscrit « Vian » ses dernières pages, pour travailler à l'enchaînement direct de la suite à ajouter. On verra plus loin pourquoi il a renoncé à un enchaînement direct. Mais, ne pensant pas aux futurs généticiens fiévreusement penchés sur ses brouillons (nous l'aurions fait rire, sans doute !), il a négligé, le coquin, de remettre ces pages en place...

La version « Temps modernes » (travail de l'été 1963)

Ici c'est très simple. Nous n'allons plus nous égarer dans les manuscrits : il n'y en a pas ! Mais la comparaison entre la dactylographie « Vian » (juillet 1963) et la version *Temps modernes* (octobre-novembre 1963) montre que pendant l'été 1963 Sartre a accompli un travail sans doute rapide mais capital. Coup de théâtre ! Il revient sur sa décision de clore le récit en 1914, pour inclure la période 1914-1916 (*Les Mots*, p. 170-186). Du coup, il remanie en profondeur la structure de toute la fin du récit. En revanche l'Épilogue restera inchangé. De ce travail, pratiquement aucune trace ne subsiste dans notre dossier. Nous ne possédons ni le manuscrit du montage fait pendant l'été, ni, je l'ai dit, ce qui devait faire suite au manuscrit « Beauvoir » et dans quoi il a puisé les éléments déjà tout rédigés de ce montage. Il ne nous reste, des

1. Une première hypothèse serait que ces cinq feuillets manquant dans le manuscrit « Vian » sont justement les cinq derniers feuillets du manuscrit « Beauvoir » (f°s 476-480) puisque le feuillet Vian précédant la lacune (f° 428) n'est autre que le feuillet Beauvoir f° 475 repris tel quel. Ces cinq feuillets contiennent seulement l'exemple du cordonnier de Sainte-Anne qui se prenait pour un prince et la suite qu'on a pu lire plus haut. On peut imaginer que Sartre en avait fait une fin, en enlevant « A moins que ». Le « tout un enfant » aliéné-par-le-mandat de la fin du récit s'opposerait alors au « tout un homme » libéré de la fin de l'Épilogue. C'est d'ailleurs cette décision d'en faire une fin qui justifierait la coupure au f° 480 du manuscrit « Beauvoir ». Mais alors, dira-t-on, pourquoi ces cinq pages ne figurent-elles pas dans le manuscrit « Vian », avec sa numérotation ? Et comment se fait-il qu'un texte d'à peine 23 lignes manuscrites puisse occuper plus d'une page dans la dactylographie (au moins 30 lignes, puisque les pages dactylographiées ont en moyenne 29 lignes). C'est un problème. La réponse serait une seconde hypothèse : ce texte a laissé la place à un nouvel épilogue dont le manuscrit occupait lui aussi cinq pages. Mais pourquoi la même portion de texte exactement manque-t-elle à la fois dans le manuscrit et la dactylographie ? Mon hypothèse : au stade suivant, pendant l'été 1963, au moment où il a décidé de remodeler toute la fin du livre, Sartre aurait d'abord commencé par changer la fin du récit pour faire une transition qui enchaîne avec la période 1914-1916 qu'il avait décidé de rajouter, mais, après un rapide essai sur ces pages, il se serait rendu compte qu'un petit bricolage ne suffirait pas, et qu'il fallait tout reprendre. Les pages soustraites pour cet essai dans le manuscrit et dans le tapuscrit n'auraient pas été remises en place.

avant-textes de cette section nouvelle, que cinq pages manuscrites et une page dactylographiée[1].

Pourquoi Sartre, alors que la dactylographie « Vian » était achevée, a-t-il changé d'avis sur la coupure ? On peut faire plusieurs hypothèses :

— il a compris qu'il n'y aurait probablement jamais de « suite » et que c'était la dernière fois qu'il parlait de son enfance ;
— il sait, depuis le début, que la vraie coupure est le remariage de sa mère ;
— il se rend compte qu'il a poussé au noir une enfance plus heureuse qu'il ne le dit, et que ce récit ne rend pas compte de la vraie tonalité de ses rapports avec sa mère ; c'est probablement la dernière occasion de lui dire son amour.

D'où la nécessité d'inclure ces années heureuses 1914-1916. Un acte V idyllique fera pendant à l'acte II, mais évitera d'évoquer ce qui mit fin au bonheur : le remariage.

Il y avait deux solutions pour cet ajout. Le tableau ci-après les figurera, en même temps qu'il récapitulera l'ensemble des transformations.

La plus simple était... d'ajouter. Visiblement les développements sur la guerre de 1914 et le lycée Henri-IV devaient venir, dans ce qui continuait le manuscrit « Beauvoir », *après* le développement sur la folie optimiste. Le premier mouvement de Sartre aura été, je l'ai suggéré, de retravailler les dernières pages du récit dans la version Vian pour faire la soudure avec la tranche 1914-1916 qu'il allait ajouter à la suite. Mais comment faire une fin avec cela sans mentionner et dramatiser le remariage ? Et n'était-ce pas tuer la fonction conclusive si heureusement donnée à la séquence sur la folie optimiste ?

Le plus habile était... d'interpoler. La période 1914-1916 va donc être racontée *avant* le développement sur la folie optimiste.

Sartre fait d'une pierre deux coups. Il avait déjà un problème sur les bras : ce passage de la névrose à la folie, qu'il avouait mystérieux. Il s'en crée apparemment un nouveau, en introduisant *entre* névrose et folie le récit des années heureuses 1914-1916. C'est tout simple : le second problème servira à résoudre le premier ! Ce bloc-grumeau va fonctionner comme... *cause* ! On n'arrive plus à savoir si le bonheur des années 1914 est la conséquence de ce passage à la folie ou s'il en est la cause. *Ante hoc, ergo propter hoc ?* Sartre n'a jamais été bien regardant sur la consécution,

1. Pages manuscrites : ens. « Bost », chutes, f^os^ bb à bf, correspondant au texte des *Mots*, p. 173-175 ; page dactylographiée, *ibid.*, f° bg, correspondant au texte des *Mots*, p. 175-177. Ce sont les épaves d'un travail d'une très grande ampleur, puisque la page dactylographiée est paginée « 48 ». Cette page isolée nous a révélé l'existence de « campagnes de dactylographie » dont nous n'avons pas d'autres traces. D'autre part cette dactylographie est elle-même corrigée à la main et visiblement intégrée (il y a une partie barrée, des raccords...) dans un manuscrit de travail qui n'est pas celui de l'été 1963.

Récapitulation des transformations de la fin du récit

1. Campagne du printemps 1963
(passage du manuscrit « Beauvoir » au manuscrit « Vian »)

	1914	folie opt.	1914-1916, 1917, etc.
« Beauvoir »	______ I	I ______ I	I........................
	f° 397	f°s 397-480	

	1914	folie opt.	épilogue
« Vian »	______ I	I ______ I	I ______ I
	f° 389	f°s 389-433	f°s 434-452

2. Campagne de l'été 1963
(passage du manuscrit « Vian » à la version des *Temps modernes*)

a) Décision de prolonger le récit (en ajoutant des éléments concernant la période 1914-1916, extraits de la suite déjà rédigée, mais de nous inconnue, du manuscrit « Beauvoir »).

b) Hésitation sur la manière de réaliser le montage

— 1re solution (sans doute essayée puis abandonnée) :

1914	folie opt.		1914-1916	épilogue
______ I	I ______	**X**	I ______ I	I ______ I

(**X** = essai de soudure attesté par l'absence des feuillets terminaux dans « Vian »)

— 2e solution (réalisée)

	1914		1914-1916		folie opt.	épilogue
Temps modernes	______ I	**X**	I ______ I	X	I ______ I	I ______ I
	807	807-8	808-819	819	819-830	831-834
cf. Folio	168	168-70	170-186	186-7	187-201	201-206

(**X** = nouveaux points de soudure)

tout est réversible, flexible... Il remodèle un peu son scénario : à neuf ans, l'enfant avait encore des doutes, sa folie était instable. Il prend donc le paragraphe sur le cordonnier de Sainte-Anne, qui concluait (et atténuait) le développement sur la folie, pour l'antéposer à la fin du développement sur la névrose. A cet endroit il ménage une anticipation, qui annonce la folie, mais laisse place d'abord au récit de 1914-1916 : « Deux ans plus tard on m'eût donné pour guéri [...]. Or j'étais devenu tout à fait fou. Deux événements, l'un public et l'autre privé, m'avaient soufflé le peu de raison qui me restait » (*Les Mots*, p. 170). Une fois terminé le récit des deux années heureuses (p. 170-186), Sartre reprend cette articulation (p. 186), la développe, et enchaîne pour de bon avec le développement sur la folie (p. 186-201), qui conserve ainsi sa place finale, et peut même, délesté du cordonnier de Sainte-Anne, finir dans un envol : « Je démarre, j'ai démarré, j'avance, le moteur ronfle. J'éprouve la vitesse de mon âme » (p. 201).

Dans les versions antérieures, la transition entre névrose et folie était instantanée, ou du moins rapide : « un beau jour je lâchai prise » (manuscrit « Beauvoir », 404), « trois mois plus tôt je cherchais encore... » (*ibid.*, 409), et cela se passait « vers ma dixième année », c'est-à-dire entre neuf et dix ans. Maintenant, bonheur oblige, la transition s'étale sur deux ans, « pendant deux ans », « entre l'été 1914 et l'automne de 1916 » (*Les Mots*, p. 186). Constitué à neuf ans dans le manuscrit « Beauvoir », le délire n'arrivera à maturité qu'à onze ans dans le texte définitif.

On ne pense pas à tout... Sartre a travaillé vite, pendant cet été 1963. Il a fignolé soudures et raccords du nouveau montage, mais oublié de changer, à l'intérieur du développement sur la folie, les mentions d'âge. Dans le manuscrit « Vian », où le récit s'arrêtait en 1914, il avait partout mis *« neuf ans »*. Dans la version *Temps modernes*, les pendules n'ont pas été remises à l'heure. L'enfant, qui n'est fou vraiment qu'à onze ans, l'est pourtant déjà à neuf !... Sartre s'est rendu compte, mais après coup, de cette incohérence. L'édition originale (Gallimard, 1964) remplacera partout *« neuf »* par *« dix »*...

Laissons ces triturations pénibles.

Sartre fait d'une pierre... trois coups ! En effet, en insérant les années 1914-1916 *avant* le développement sur la folie optimiste, il se donne le moyen de masquer ce qui définit en aval cette période : le remariage de sa mère et l'exil à La Rochelle. L'étonnant dans cette nouvelle construction, c'est qu'on ne sait jamais *quand* finit le récit, ni ce qui, historiquement, délimite en aval ces années heureuses, textuellement délimitées par le développement sur la folie. Le remariage n'a été évoqué que deux fois dans le livre, au début (*Les Mots*, p. 19 et 74), sans être jamais daté. Dans toute cette fin, Sartre n'en parle pas. La limite de l'automne de 1916 (p. 186) est indiquée sans explication. *Les Mots* semblent un récit-autruche...

Mais il faut y voir de plus près. Le flou de la clôture n'est pas seulement dicté par la délicatesse, ou la gêne. En douce, Sartre se réapproprie sa mère : il gomme son remariage, rectifie sa vie en la montrant telle qu'elle aurait dû être, prolonge leur idylle des années 1914 par un point d'orgue qui l'éternise, et il empêche l'ingénieur Mancy de venir empoisonner son récit d'enfance. C'est la revanche : une sorte de « redressement » filial... Il garde sa mère pour lui seul et se refait une enfance en forme de nid.

L'adjonction des années 1914-1916 dit quelque chose de capital. Freud a montré la force que donne dans la vie le fait d'avoir été aimé par sa mère. Depuis le début, Sartre s'était ingénié à souligner ce qui lui avait *manqué*. La dramaturgie du récit est fondée sur une carence obsédante qui ferait éprouver très tôt à l'enfant, dans l'angoisse, sa liberté. « Un père m'eût lesté... », lest qu'il n'a pourtant guère l'air de regretter, lesté qu'il est par ailleurs d'un grand-père tout à fait suffisant. Le vrai lest, c'est sa mère qui le lui a, pour de bon, donné. Et la carence qui explique sa fuite dans la littérature, c'est celle que va créer son remariage... J'ai longtemps pensé que la démonstration des *Mots* était à l'envers. Faute de pouvoir affronter le récit de son adolescence, Sartre aurait été amené à déporter sur une enfance en fait plutôt heureuse les crises de la puberté : l'enfant orphelin de père cache et exprime l'adolescent sevré de mère. Ce déplacement expliquerait le peu de hâte de Sartre à poursuivre son récit : en fait, l'essentiel est déjà raconté. Mais le prix à payer pour ce transfert est un certain assombrissement, un certain assèchement... Il a dû en être frappé quand il a relu la dactylographie « Vian ». Sans toucher à la démonstration, il a voulu rétablir l'équilibre affectif, rendre couleur et tendresse à son enfance, et profiter un peu de sa mère.

Cet ultime remodelage de la fin du récit n'a amené aucun changement dans l'Épilogue, écrit en mars-avril 1963, pour une raison très simple : l'Épilogue fait l'impasse sur le drame existentiel de l'enfant, il ne traite que de l'issue littéraire qui lui a été donnée. En revanche cela a été l'occasion d'harmoniser la fin du récit avec celle de l'Épilogue, en donnant à toutes deux le même accent triomphal.

4
« GLISSEZ, MORTELS, N'APPUYEZ PAS »

Sur un mince cristal l'hiver conduit leurs pas
Le précipice est sous la glace
Telle est de vos plaisirs la légère surface
Glissez, mortels, n'appuyez pas.

P.-Ch. Roy,
Quatrain sur les patineurs.

Pendant que j'étudiais ainsi la genèse de la fin du récit, Geneviève Idt travaillait à celle de l'épilogue. On lira plus loin, p. 149 et s., son analyse. Elle montre que les deux idées-forces de l'épilogue, le refus de l'élite et la totalité, prennent leur source dans les *Cahiers pour une morale* (rédigés en 1947-1948) et sont présentes depuis le tout début d'un travail autobiographique qui s'appuiera sur elles sans guère les modifier. Elle montre aussi comment Sartre met en œuvre deux procédures de la rhétorique, *inventio* et *dispositio*, recherche des idées puis mise en style, pour réaliser le « bouquet » de ce feu d'artifice que sont *Les Mots*.

Il m'est venu envie de proposer, de ce même épilogue, une lecture. Je n'avais jeté qu'un œil rapide sur les avant-textes. Après tout, est-il nécessaire de connaître l'histoire d'un texte pour le lire ? Que dirais-je si, demain, je devais faire cours sur la fin des *Mots* ? Et puis, qui sait ?, n'est-ce pas en *lisant* un texte qu'on trouve des questions à adresser à ses avant-textes ? N'étais-je pas parti des « failles » perçues dans l'organisation des *Mots* pour en explorer l'histoire ? D'ailleurs, les généticiens que nous sommes, suivant pas à pas le travail de l'écrivain, ne partagent-ils pas ses aveuglements ? « Ce que j'ai voulu faire me cache la perception de ce que j'ai fait », disait Valéry. Et voilà le lecteur-interprète, plein d'orgueil, qui va révéler à l'écrivain ce qu'il a fait, comme Cohen expliquant en Sorbonne *Le Cimetière marin* à l'écolier Valéry. Le danger est de croire à ses interprétations : elles ont aussi leurs genèses, qui peut-être les éclaireraient. Le danger est d'arriver devant les brouillons avec le seul souci de confirmer sa thèse. On ne perçoit plus, dans l'infinie complication du travail d'écriture, dans les traces partielles et obscures qui en restent, que le peu qui vous arrange. Mais tant pis, je me lance. Le précipice est sous la glace, je n'appuierai pas trop. Après tout, étudier la genèse d'un texte suppose que le texte existe. C'est la lecture qui est son acte de naissance, non la publication. Et puis lire, c'est remobiliser l'intertexte implicite qui ne figure pas sur les brouillons. L'épilogue d'autobiographie est un genre très pratiqué. Relisez saint Augustin et Rousseau, relisez Renan, ce sont eux, les brouillons de Sartre ! eux, les « plagiaires par anticipation » comme on dit gentiment à l'Oulipo. Dans les brouillons, il y a trop de choses, et pas assez. L'essentiel se passe dans la tête, dans l'air du temps... Et puis lire, c'est agréable. On s'ébroue, on revit. Il y a parfois quelque chose de funèbre et d'humiliant dans l'étude génétique, à côté des moments d'exaltation intellectuelle, d'émulation et d'amitié qu'on traverse aussi. On patauge laborieusement là où l'écrivain patinait, s'envolait. On finit par écrire des textes illisibles sur des chefs-d'œuvre. On ne se comprend plus soi-même. Reprenant mes notes pour les rédiger quelques mois après avoir fait ce travail, j'étais noyé, perdu. Qu'en sera-t-il pour un lecteur qu'on lance, à froid, dans de telles complications ?...

Glissez, mortels, n'appuyez pas...

Mais pourquoi ne pas donner à voir au lecteur *à la fois* les deux versants du texte : l'histoire de son écriture, et le témoignage d'une lecture ? Je reproduis donc ci-dessous ma lecture, sans rien y changer, en particulier sans dire toutes les réflexions que m'a inspirées, ensuite, l'étude de Geneviève Idt. Au lecteur, qui doit être maintenant un peu échauffé, de recouper mes interprétations, ou les siennes propres, avec les nombreuses pistes qu'elle a ouvertes et explorées. Nous espérons, elle et moi, qu'il en aura profit, et qu'il verra le texte, et la littérature, se remettre *en mouvement.*

Une autobiographie, tout le monde vous le dira, c'est impossible à terminer :

> Si l'autobiographie signifie l'écriture de sa *propre* vie, cette écriture ne peut commencer et s'achever que par deux énoncés *proprement* imprononçables, « je naquis » et « je mourus ».
>
> Louis Marin, *La Voix excommuniée*, Galilée, 1981, p. 42.

> L'autobiographie, par sa nature même, est un écrit qui ne peut avoir de fin que par la disparition du sujet et de l'objet à la fois : la mort de l'écrivain ; et encore ne pourra-t-il raconter cet épisode ultime. L'inachèvement est le propre même de ce genre d'écrit qui ne peut raconter la totalité de la vie.
>
> Béatrice Didier, « Conclure une autobiographie : *Les Mémoires d'outre-tombe* », *Cahier textuel*, n° 6, février 1990, p. 9.

L'autobiographie est ici évaluée d'après le modèle de la biographie posthume. Elle n'est interminable que parce que la vie n'est pas terminée. Elle est du côté de la vie, la biographie du côté de la mort. La biographie anthume rencontre d'ailleurs les mêmes problèmes que l'autobiographie : le texte doit s'arrêter lors même que la vie continue, et ces procédures d'arrêt rétablissent une situation posthume. Il faudrait avoir le courage de ne pas finir, puisque dès qu'on aura fini, ce sera à recommencer. Cette nécessité/impossibilité de la fin est d'ailleurs thématisée dans l'œuvre autobiographique de Leiris, dont c'est le fil conducteur. Seul le journal, apparemment, peut échapper à la nécessité rhétorique de conclure. Mon propos n'est pas ici d'explorer systématiquement ce problème, mais de le poser pour voir comment Sartre va le résoudre. Un coup d'œil rapide sur une série d'autobiographies de contemporains montre que l'impossibilité de conclure déchaîne une vraie frénésie de conclusion. Une certaine volupté à faire le mort sans grand risque se mêle au désespoir de ne pouvoir se solidifier pour de bon. On fait le tour de sa propre statue, puis on s'éloigne, bien vivant... Qu'importe que la statue doive être périmée demain : rien n'empêchera d'en faire une autre (Sartre en sait quelque chose). Dans les manuels d'autobiographie, on conseille toujours aux écrivains amateurs de finir par un bilan de vie et un message. Les écrivains professionnels suivent ce conseil à la lettre. Peu de textes aussi vigoureusement *bouclés* que les autobiographies. Fermées à triple tour. Messages, images symboliques, poses. Synthèse, résumé, bilan. Reprise de contact très forte avec le lecteur. Voilà où j'en suis, voilà qui je suis, voilà comme est la vie. *Veni, vidi, vixi.* La dernière phrase, en particulier, doit avoir un accent qu'on n'oublie pas. Depuis quelques années, j'ai réalisé, dans un but pédagogique, plusieurs anthologies de débuts d'autobiographie. Il faudrait faire pareil avec des fins. Je prends presque au hasard dans ma bibliothèque cinq ou six livres, dont je lis les clausules à la suite. Quel mal ils se donnent... Elles sont souvent à plusieurs étages, leurs fins, comme le bouquet des feux d'artifice... Ils n'en finissent pas de finir, c'est leur dernière chance...

En ce début de 1963, ils sont deux à essayer de finir.

J'ai attrapé ma vieille édition de *La Force des choses*. La dernière ligne du texte, c'est la date de composition : *juin 1960 - mars 1963.* Sartre nous a dit comme le Castor avait eu du mal, justement, vers la fin, en se rapprochant d'un présent à géométrie variable, et d'un avenir incertain. Quand on écrit l'histoire, par exemple celle de Flaubert, explique-t-il au tout début de 1962 (*Tribune étudiante*, n° 5-6), le point de vue est fixe. Mais les *Mémoires,* c'est autre chose... « Simone de Beauvoir a des difficultés pour continuer ses *Mémoires,* car là le point de vue n'est pas fixe : on ne sait plus de quel point de vue prendre une vie, quand on arrive à un certain âge et que les événements sont en mouvement. » Incertitudes des derniers mois de la guerre d'Algérie. Sartre n'aura pas ce problème : son enfance est dans un passé historique déjà presque aussi lointain que Flaubert... Je jette un œil rapide, injuste sans doute, sur la fin du Castor. Elle arrête sa chronique à l'automne 1962, la guerre d'Algérie est finie. « Une page est tournée et je peux tenter de faire le point. » Je tourne donc la page et je tombe sur un copieux « Épilogue », écrit dans le même contexte de « dépression » politique que l'épilogue des

Mots, avec lequel le parallèle s'impose. Celui du Castor me paraît long (19 pages !), mais c'est parce que je le relis isolé. Il est aux proportions du monument qu'il conclut. Il en a le même caractère de mélopée sans rythme, une éloquence sèche mais prolixe, un développement à perte de vue aux enchaînements flous. Si la dernière phrase a tant frappé, c'est qu'il est difficile de mémoriser le reste. On se raccroche à cette formule (« j'ai été flouée »), qui a l'air d'être nette, mais ne l'est que par un excès un peu maladroit. Le Castor a frappé fort, mais à côté. Elle a fait une mauvaise chute. Qu'elle a dû ensuite rectifier, gloser, etc. Je recommence ma lecture pour discerner la pente générale de cet Épilogue. C'est vrai qu'elle est descendante. Trois mouvements : 1 / une réussite certaine, mes rapports avec Sartre (4 p.) ; 2 / difficulté en France d'être une femme écrivain (9 p.) ; 3 / le naufrage de la vieillesse (6 p.). Allegro vivace, andante con variazione, adagio doloroso, couac. Le problème pour le lecteur, c'est que cette histoire individuelle n'apparaît vraiment porteuse de généralité que dans son troisième mouvement. L'union avec Sartre est présentée comme exceptionnelle et merveilleuse. Elle est donnée en modèle, mais c'est un modèle improbable... Devoir lutter contre les effets pervers de la notoriété n'est pas le lot de tout le monde... Vieillir, en revanche, on connaît, ou on connaîtra. Le message dynamisant qu'on attendrait à la fin de l'autobiographie d'une militante est absent. Ça ne se termine pas par des sonneries de trompette, sur un accord parfait martelé. Mais c'est peut-être ça, justement, l'honnêteté ? l'authenticité ? Et c'est Sartre peut-être, qui *nous* floue ?...

On verra, en lisant l'analyse qui suit, que Sartre a donné une autre solution à ce problème. Avait-il lu la fin de *La Force des choses* ? Les deux chantiers autobiographiques ont-ils communiqué ? La question n'a guère d'importance, vu leur symbiose. Les deux épilogues se chevauchent. En lisant le Castor, on s'amuse de rencontrer, mais en position mineure, coincé entre deux autres variations, ce qui est l'articulation centrale de l'épilogue des *Mots* : « J'ai désinvesti mais je n'ai pas défroqué. » La contrition du Castor n'est faite que du bout des lèvres, elle ne cache pas une rayonnante joie d'écrire :

> Malgré ce fond de désenchantement, toute idée de mandat, de mission, de salut évanouie, ne sachant plus pour qui, pour quoi j'écris, cette activité m'est plus que jamais nécessaire. Je ne pense plus qu'elle « justifie », mais sans elle je me sentirais mortellement injustifiée. Il y a des jours si beaux qu'on a envie de briller comme le soleil, c'est-à-dire d'éclabousser la terre avec des mots [...].
>
> *La Force des choses*, Livre de Poche, t. 2, p. 502.

En lisant Sartre, on s'amuse de voir comme il a su, lui, faire de ce rebondissement un ressort décisif.

Début du printemps 1963 : il ne suffit pas de couper son enfance, il faut la clore, donc la juger. L'instruction est finie, on attend le verdict.

Tant que Sartre s'était contenté de réécrire son récit d'enfance, il avait pu exercer sa verve (apparemment) destructrice sur un enfant dont il se désolidarisait, ou au contraire s'accorder des moments d'émotion ou d'indulgence, en légitimant, revendiquant ou excusant telle ou telle attitude. Il construisait comme système l'enfant qu'il était, sans fixer pour de bon son rapport actuel à cette enfance, il laissait flotter.

Reprenant pour le clore, et relisant, en 1963 un récit laissé en sommeil depuis plusieurs années, Sartre réalise qu'il y a une sorte d'imposture nouvelle dans la manière dont le narrateur condamne l'imposture ancienne. Il se trouve trop sévère, comme il l'a expliqué à Jacqueline Piatier en avril 1964. Mais il n'est pas question de réécrire le texte. Il n'y introduit, en le mettant au point, que quelques modalisations mineures. L'atténuation qu'il dit avoir apportée ne se manifeste guère que de deux façons : par la décision prise *in extremis* pendant l'été 1963 d'inclure les années 1914-1916, qui éclairent la fin du récit d'enfance ; et par un court, mais troublant, passage de l'épilogue qui va remettre en cause virtuellement tout le livre, en en suggérant une lecture vertigineuse, dont Sartre se donne le mérite d'accomplir le premier pas – mais pas plus –, mais c'est assez pour prévenir toute critique : le sévère narrateur des *Mots* ne serait-il pas, en sous-main, un comédien aussi truqueur et rusé que l'enfant ? et d'aussi mauvaise foi ?...

Loin d'ouvrir sur une suite du récit, la conclusion referme le livre sur lui-même en traçant la voie d'une relecture, en même temps qu'elle en atténue la seule faiblesse (la thèse bétonnée) en donnant l'impression fugitive d'une remise en question. Sartre redevient, en apparence, dialogique *in extremis*, pour couvrir, de fait, ses ultimes et plus terroristes assertions...

Je parle de « la conclusion » : en fait il y en a *deux*. Tout se passe comme si la seconde conclusion avait été suggérée à Sartre par la relecture de... la première. Hypothèse génétique provoquée par le texte, que peut-être les manuscrits infirmeront... Chacune des deux conclusions est articulée en trois temps. Je les appellerai A^1, A^2, A^3 et B^1, B^2, B^3. En voici le découpage et l'analyse.

A. Première conclusion (p. 201-205)

Je l'appellerai la conclusion saint Augustin.

Elle est limpide, raide et triomphante, assertive et non dialogique.

C'est la conclusion type d'un récit de conversion. J'y distinguerai trois temps.

A^1. Résumé de la thèse principale : dans l'enfance, la littérature a joué le rôle de la religion (p. 201-203). — Une bonne conclusion doit dégager puis graver dans la mémoire du lecteur de manière rapide et brillante l'essentiel de ce

qu'on vient de lui dire. Celle-ci souligne le côté « récit à thèse » des *Mots*. Elle donne une clé unique de compréhension, balaie toute autre évaluation du passé. En même temps elle rejette dans l'ombre un point essentiel, donné pour acquis : « Je fuyais ». Il fuyait, mais quoi ?

A². Extension projetée de cette analyse à la période 1917-1939 (p. 203-204. « De là vient cet aveuglement lucide dont j'ai souffert trente années »). — C'est l'aveu le plus difficile. Il est fait de manière brillante et drôle, à la sauvette. Il avait été annoncé, timidement, p. 146 : « J'y croyais encore à vingt ans. » Les enchères ont monté : maintenant, c'est à trente ans. Mais il n'est pas question de doubler la mise et d'admettre qu'à près de soixante ans, on y croit encore. Cette idée sera non pas envisagée, juste effleurée, dans la seconde conclusion. Elle est incompatible avec le récit de conversion. On est grand, maintenant, on a abandonné l'erreur de son enfance, de sa trop longue enfance.

Cette section A² transforme la portée du livre que nous venons de lire : ce récit d'enfance *vaut pour* récit de la vie adulte – jusqu'en 1939.

A³. Annonce d'une conversion pleinement réussie (p. 204-205. « J'ai changé »). — Cette troisième section élude le récit de la conversion comme événement : ce sera pour un autre récit (l'adolescence à La Rochelle, sans doute, où il a découvert la violence et sa laideur ; mais peut-être aussi 1939 et ses suites ?). La conversion est presque immédiatement présentée comme un acquis. Elle est garantie totale et définitive. La note mélancolique qu'apporte la fable du voyageur sans billet est-elle suffisante pour faire passer l'évidente (et peut-être légitime) autosatisfaction ? Sartre prend la pose du héros, pantelant mais souriant, le fusil à la main, le pied sur la bête immonde qu'il vient d'abattre après un combat d'un demi-siècle. Il demande même un *prix* – de civisme ! On se demande pourquoi il a refusé, l'année suivante, le Nobel, qui a certainement été attribué à l'écrivain engagé autant qu'au génie littéraire. Peut-être parce qu'il ne veut le recevoir que de lui-même : c'est ce qui se passe justement ici ! Après cette bouffée glorieuse, il revient à la fable, plus mélancolique, du voyageur sans billet. La reprise de ce mythe produit un effet structural de clôture : c'est comme une réponse aux pages 92-93. L'enfant plaidait alors sa cause ; l'adulte, aujourd'hui, garde un silence stoïque. A nous d'y croire, contre toute évidence... Car Sartre a un billet : il vient juste de nous le montrer ! Il nous a même demandé de le poinçonner ! « A prendre les choses sous ce nouveau jour (= le prix de civisme), on n'aurait trouvé personne, dans tout le convoi, qui eût autant que moi le droit d'y occuper une place »... Il a sorti son coupe-file pour l'éternité. Et il va nous en sortir une série d'autres dans les deux pages qui suivent...

Cette reprise était destinée à atténuer l'autosatisfaction mais surtout à illustrer l'idée même d'athéisme : l'acceptation de la mort. Dijon, la province, c'est la mort, où personne ne vous attend. J'ai toujours été frappé par ce choix de Dijon comme but du voyage : en France, c'est connu, tous les trains vont à Paris ! Quand Jean-Paul Sartre, le chantre d'Aurillac, prend le train, c'est pour aller déposer sa malle aux manuscrits chez Arthème Fayard (p. 155). Pourquoi le chantre de Saint-Germain-des-Prés fait-il toujours semblant, lui, d'aller à Dijon ? On le sait bien, qu'il est de Paris !... J'ai l'esprit contrariant et taquin : la forme assertive de cette section est une provocation... Je ferme la parenthèse et reviens à la mort. La fin de la section A^3 est, en plus ramassé, en plus poétique, l'équivalent de la fin de l'épilogue de *La Force des choses* : « Les heures trop courtes me mènent à bride abattue vers ma tombe », dit l'une ; « Nous resterons en tête à tête, dans le malaise, jusqu'à Dijon où je sais fort bien que personne ne m'attend », dit l'autre. C'eût été une belle chute... Pourquoi cette phrase n'est-elle pas la dernière des *Mots* ?

Dans l'épilogue de Simone de Beauvoir, la mort est en position majeure : le texte ne lui survit pas. Le rebondissement de la seconde conclusion, chez Sartre, place la mort en position mineure. Puisque le texte continue, tout se passe comme si Sartre ressuscitait... Le thème initial de la seconde conclusion est justement la *survivance* de l'habitude d'écrire : il s'en excuse, s'en justifie... Mais l'emboîtement des développements fait que derrière la survivance on entend la *survie*. « J'ai désinvesti, mais je n'ai pas défroqué » renvoie surtout au développement sur l'athéisme qui précède le mythe du voyageur, que ce mythe illustre, certes, mais en lui apportant une conclusion funèbre qui donne un tout autre sens au rebondissement. Derrière l'idée « le moi qui écrit survit à la conversion », l'enchaînement immédiat avec « Dijon » en suggère une autre : « Le moi qui écrit survit à la mort. »

Je sais bien que j'interprète. Me voilà loin de la pure description, encore plus loin de la génétique. J'aggraverai mon cas en glosant sur la formule charnière qui lance la deuxième conclusion, « J'ai désinvesti mais je n'ai pas défroqué ». Ne serait-on pas plus près de la vérité en mettant tous ces vêtements-là à l'envers – c'est-à-dire en les remettant à l'endroit : « J'ai défroqué mais je n'ai pas désinvesti » ? Prêtre-athée, comme il y a eu des prêtres-ouvriers, « en civil »...

B. Seconde conclusion (p. 205-206)

Je l'appellerai la conclusion Rousseau.

Elle est successivement apologétique, autocritique et triomphante. Ondoyante, imprévisible, vicieuse... Le héros était mort (Dijon), le rideau baissé. Il se relève, le directeur annonce que le spectacle continue ! J'écris toujours, que faire d'autre, ce n'est pas si mal... J'ai changé ? Pas tant que ça, peut-être... D'ailleurs pourquoi changer ? Au fond, il y avait du bon dans mon erreur, beaucoup de bon !... Sonneries de trompette.

Sartre rebrouille les cartes. Qu'il s'excuse (B^1) ou qu'il s'accuse (B^2), il finit, en sous-main, par réhabiliter plus ou moins ce qu'il avait condamné. Ses scrupules ou ses doutes sapent non seulement la réalité, mais la légitimité de la conversion... Après le théologien, le sophiste ? Non. Plutôt : après raide langue de bois, parole vivante et souple...

B^1. Apologie (p. 205. « J'ai désinvesti [...] lui offre son image »). — Il écrit toujours, mais c'est par inertie : simple et triste tic de métier... « *Nulla dies sine linea* » dit en latin ce qu'on lisait en français p. 135 : « Si je reste un jour sans écrire, la cicatrice me brûle. » Il ne se prend pas pour le soleil, comme Simone de Beauvoir. A la logique de la conversion (J'ai compris que... donc...), il substitue celle de l'excuse (je sais bien que... mais...). Mais pourquoi deux justifications, quand une suffirait ? Il ne sait pas quoi faire d'autre. Parfait. – Et puis, quoique ça ne serve à rien, ça sert tout de même ! Mais *à qui* ? Deux problèmes sont insidieusement mêlés : l'écriture et la lecture, à la faveur d'une transition par le mot « culture ». L'épée, c'est la version Pardaillan de la littérature engagée, le miroir critique, la version « Qu'est-ce que la littérature ? », mais renvoient-elles à la même chose ? L'argumentation fait sourire : Sartre vient juste de nous expliquer (p. 204) qu'il n'y avait aucune incompatibilité entre une fonction de salut pour l'écrivain et une fonction critique pour le lecteur, et il avait dénoncé vigoureusement cette imposture... dont il sent bien lui-même qu'elle revient au galop, puisqu'il abrège, passe vite à un autre sujet – qui est le même sujet ! Car son « du reste... » effectue un saut logique qui nous contraint à restituer le maillon manquant. Pourquoi se met-il brusquement à parler de son « imposture », sinon pour répondre à l'objection qu'il s'est faite en silence et que je viens d'expliciter ?

Une fois de plus, il vient de pincer le Saint-Esprit dans les caves ! Quel flair ! Mais va-t-il vraiment l'expulser ?...

B^2. Autocritique (p. 205-206. « Du reste [...] sa récompense »). — Une opération de police rondement menée, qui nous jette dans le vertige. L'homme qui se proclamait « guéri » à la page précédente s'avoue maintenant incurable ! Ce n'était qu'une rémission... une illusion... A la merci de n'importe quoi... la rechute ! On arrache le masque de saint Augustin : horreur, c'est Grisélidis ! Mais est-ce vraiment l'horreur ? D'abord il n'y peut rien. Page 186, l'enfant souffrait de « névrose caractérielle ». C'est bien simple : il a guéri de la névrose, et gardé le caractère. Il est comme les malades des comédies de Molière, qui meurent guéris. On a une cer-

taine tendresse pour son propre caractère. Sartre nous a parlé avec émotion de sa folie optimiste (p. 186-196). Peut-être ai-je eu tort d'appeler cette section « autocritique » : la complaisance domine. Ou plutôt la complicité. Un instant on a cru à une sorte d'analyse freudienne du retour du refoulé, une brèche, qui sait même, une remise en question ?... Non, rien à craindre. Plutôt une sorte de joie à se reconnaître, à démasquer et à caresser ce qui va, très vite, se remasquer... à exercer avec virtuosité une lucidité ostensiblement ludique qui coupe l'herbe sous le pied au lecteur...

Le tourbillon est si vertigineux qu'on doit ajuster ses lunettes pour voir sur quoi, précisément, porte l'autocritique. Deux conduites sont visées explicitement : « s'agacer de sa notoriété », qui couvrirait une nostalgie de la gloire rêvée jadis ; et « s'appliquer à piétiner ses espoirs d'autrefois », qui serait une manière de jouer à qui perd gagne, façon Grisélidis. La conduite qui est à l'origine du dérapage autocritique (croyance au mandat qui justifie) n'apparaît qu'indirectement par la mention de Pardaillan et de Strogoff (et de Dieu !). Dirigées contre l'écrivain adulte, ces critiques montrent la lucidité actuelle du narrateur et empêchent que le lecteur ne poursuive l'opération (néanmoins suggérée par la seconde formule) en retournant contre le narrateur des *Mots* lui-même le terrible soupçon. Les 200 pages que nous venons de lire sont-elles l'impeccable analyse d'une névrose par un homme guéri, ou les fantasmes d'un névrosé piétinant son enfance et traversé, fugitivement, d'un éclair de lucidité ?...

Mais en même temps on a l'impression de suivre une *coda* musicale : reprise à un autre niveau du thème (l'imposture est passée de l'enfant à l'adulte), récapitulation accélérée des figures clés, Grisélidis, Pardaillan, Strogoff, rejoints *in extremis* par un quatrième mousquetaire, nouveau au régiment, Philoctète... Ou bien nous écoutons une cadence de concerto : le soliste s'émancipe en variations acrobatiques avant le retour au *tutti* de l'orchestre. On se demande un peu comment il va se rattraper, puisqu'il feint d'avoir lui-même la tête qui tourne devant les abîmes qu'il découvre. Mais justement, c'est une ruse : son analyse démystificatrice, en même temps qu'elle se précise, glisse par étapes de l'assertion à la simple hypothèse. Et cette progressive modalisation prélude à son évanouissement...

« Laissons cela »... Le doute, entrevu quelques instants, s'estompe : la position était intenable, même s'il est capital de l'avoir occupée – imaginairement – l'espace de 20 lignes. C'est Mamie qui couvre la fuite, préside au décrochage... On sourit. On n'avait plus vu Mamie depuis longtemps. La voici devenue, elle aussi, hypothèse : « Mamie dirait. » Que dirait Mamie ? On pense d'abord à son rôle d'incrédule et de démystificatrice (p. 31), tout à fait dans la note de ce qu'on vient de lire. Elle avait percé Poulou à jour, comme il vient de se percer lui-même. Elle dirait... qu'elle le reconnaît bien là, crachant dans la soupe littéraire pour gagner l'éternité – mais non ! – Elle dirait : « Glissez, mortels, n'appuyez pas. » C'est une autre Mamie, celle de la page 13, qu'on n'attendait guère ici : « Louise aimait les mots couverts. Elle lisait beaucoup de romans lestes dont elle appréciait moins l'intrigue que ces voiles transparents qui l'enveloppaient : "C'est osé, c'est bien écrit, disait-elle d'un air délicat. Glissez, mortels, n'appuyez pas !" » Nouvel effet de bouclage : nous voilà revenu aux toutes premières pages du livre. Et surprise majeure : Mamie est mobilisée pour suggérer une position non pas critique, mais *complice.* Elle est passée dans le camp de Poulou ! Quant au désir de gloire, il est implicitement comparé au désir sexuel, et *Les Mots* apparaissent, le temps d'un clin d'œil, comme un texte érotique haut de gamme... Un flirt avec la gloire !... Osé et bien écrit !... En prenant, un quart de seconde, la voix de sa grand-mère, en jouant sur un décalage cocasse, Sartre réussit un effet d'humour et de charme. Il détend l'atmosphère après ses vertiges autocritiques, nous met dans sa poche, désarmés, prêts à supporter l'incroyable explosion glorieuse des douze dernières lignes...

B^3. Triomphe (p. 205. « Ce que j'aime en ma folie... »). — Donc il *aime* sa folie. Il l'aime à la folie, même s'il prétend, du bout des lèvres (des lèvres distinguées, puisqu'il écrit, comme le ferait Mamie ?, « *en* ma folie » et non « *dans* »), même s'il prétend ne pas l'aimer toute. Mais, comme on dit, le bilan est globalement positif. Finies les excuses, les justifications, les autocritiques. C'est un retournement stratégique comme Rousseau savait en faire après ses plus difficiles aveux, dans le style : « Ce qui devait me perdre me sauva. » L'heure est à l'offensive. Plus de glissades légères, même si on file encore l'humoristique, mais inquiétante, métaphore du prestidigitateur : ni accessoires ni trucages, rien dans les mains, rien dans les poches... – vrai de vrai ?... On passe à l'attaque. Et pour appuyer, on va appuyer, n'ayez crainte. Écoutez la musique : du premier jour, jamais, ma seule affaire, rien, rien, ma pure option, personne, sans, sans, tout entier, tout entier, tout, tous, tous, n'importe qui ! Mais ce n'est pas n'importe quoi. Le militant musclé de la première conclusion est de retour. Il demandait un prix de civisme : maintenant il lui faut un prix de démocratie. S'il descend de son socle pour rejoindre l'immense foule de ses semblables, ce n'est pas comme le Castor, pour partager leur mort, attendre avec eux jusqu'à Dijon (au fait, pourquoi le voyageur sans billet se représente-t-il toujours *seul* dans le train avec le contrôleur ?). Non : il a toujours été *déjà* avec eux, puisque *son* élitisme l'a protégé de l'élitisme ! Et cela, grâce au travail. « Mes livres sentent la sueur et la peine ; j'admets qu'ils puent au nez de nos aristocrates » (p. 134). Il n'est pas un « héritier », mais un laborieux, un tâcheron : plutôt un *self-made man,* donc : mais n'est-ce pas le mythe bourgeois par excellence ? Il est surtout un homme resté *entier.* C'est du Rousseau, encore : l'homme de la nature, qui n'a pas été mutilé par la civilisation, en lutte contre l'élitisme castrateur... Le lecteur peut-il

voir clair dans ce tourbillon ? Et ma lecture parodique n'aura-t-elle pas semblé, depuis le début, réductrice ? Je le crains, et j'en souffre, si j'ai peint Sartre en prestidigitateur. Écrire, ce n'est pas cacher avec mauvaise foi une chose sous une autre, mais « donner à chaque phrase des sens multiples et superposés » pour capter la complication des situations et la contradiction des conduites. J'ai lu lentement ces cinq pages d'épilogue, surtout les deux dernières, pour les déplier. La parodie m'a aidé à écrire vite cette lenteur et à exprimer le trouble où me jettent des contradictions où je me reconnais. Me voici donc devant le coup de folie des douze dernières lignes. C'est vraiment le *tutti* de l'orchestre, avec l'insistance et le martellement d'un final de Beethoven. Puis-je encore réfléchir quand j'ai dans l'oreille la vibration, l'évidence d'une telle énergie ?... Où va se diriger ma réflexion égarée ? Que va-t-elle faire de cette jonglerie finale, de cet entonnoir vertigineux, de ce chapeau magique où l'on introduit tout un homme et d'où l'on ressort n'importe qui ? Une virgule, deux « et », des reprises de mots, deux relatives avec inversion de construction, et le tour est joué. Un jeu de surprise sur l'originalité, puis sur la valeur, de l'individu : tout un homme (oui), fait de tous les hommes (non) et qui les vaut tous (oui) et que vaut n'importe qui (non). En fait, ce n'est ni oui ni non, ce n'est plus le problème. Cette dernière phrase se présente comme une leçon d'hygiène, un abrégé de philosophie en quatre chapitres, autant que comme un autoportrait de l'auteur libéré par sa conversion, puisqu'elle relativise justement l'idée d'individu. Quittons l'autobiographie pour réfléchir à l'universel singulier, semble-t-elle nous dire. Mais en même temps grandit la figure de celui qui s'est dévoué pour nous faire accéder à une telle compréhension et à une telle solidarité. La figure du Christ rôde derrière l'autobiographie de Sartre comme derrière celle de Rousseau. La chute de cette seconde conclusion peut se lire aussi bien comme l'ouverture d'une nouvelle philosophie que comme un *ecce homo* triomphant. Mais que dis-je, la « chute » ? C'est un envol ! Une apothéose...

Le travail du style dans les avant-textes des *Mots*

GENEVIÈVE IDT

Ce style est mon corps, cette vie légendaire est mon cœur, ce sourire est mon âme immortelle.

Inventaire 12, f° ITEM 27.

Les Mots nous rappelle que vous êtes un écrivain, vous qui avez voulu trop longtemps l'oublier [...] On a envie de vous crier merci, au nom de la belle et de la plus durable des gratuités : l'exercice harmonieux de cette belle langue française.

Par quel travail stylistique cet effet de réussite littéraire qui enthousiasmait Alain Bosquet[1] parmi tant d'autres a-t-il été obtenu ? Quelles sont les traces de ce travail dans les avant-textes des *Mots* ?

Je ne prétends pas définir ici le style de Sartre, l'idiolecte de l'écrivain, ce qui exigerait une comparaison avec des écrits de genres différents et une perspective diachronique ; ni même entreprendre une étude stylistique du texte définitif, mais étudier les transformations des avant-textes au texte des *Mots* en cherchant le « caractère significatif de cette pratique littéraire singulière »[2].

L'étude stylistique du texte imprimé aurait exigé soit un échantillonnage aléatoire, soit un échantillonnage méthodique, représentant les « points stratégiques » du texte (introductions et conclusions du volume et de chacune de ses parties), et les différents types de discours qu'il contient (narrations, descriptions, dialogues, analyses). Mais pour décrire le travail de transformation à travers les avant-textes, l'échantillonnage est déterminé par le nombre des avant-textes dont nous disposons actuellement pour chaque partie du texte définitif.

J'ai donc limité l'échantillon à deux sections, c'est-à-dire deux parties de texte imprimé comprises entre deux grands blancs. L'une est un « point stratégique » : non pas la première section, sur laquelle il n'existe pas assez d'avant-textes, mais la dernière, qui clôt à la fois le texte et sa rédaction, et qui commence par « Voilà mon commencement ». Presque tous les brouillons de cette séquence dont nous disposons aujourd'hui

1. *Combat*, 30 janvier 1964.
2. Molinié, Georges, *Éléments de stylistique française*, PUF, coll. « Linguistique nouvelle », 1991, p. 199.

(août 1995) sont postérieurs au « manuscrit Beauvoir », et trois peuvent être datés par indice interne de 1962 ou 1963[1]. Pour cette section, les phases rédactionnelle et prééditoriale sont rapprochées dans le temps et le travail purement stylistique y est plus apparent.

L'autre ensemble est déterminé d'une autre manière. La recherche est fondée sur la récurrence de quelques syntagmes dans des contextes très divers dont ils forment le noyau. L'un de ces syntagmes, « enfant imaginaire », est présent dans toute une série d'avant-textes[2], depuis les moins rédigés, de ceux qu'on peut considérer comme les plus anciens, et dont plusieurs sont antérieurs au « manuscrit Beauvoir », jusqu'aux remaniements du « manuscrit Vian » ; les cotextes de ce syntagme et leurs variations représentent un autre mode de travail stylistique, plus complexe et plus étendu dans la durée. Il se trouve que certaines versions de cet ensemble font pendant à l'épilogue : « Voilà mon commencement » signale la réussite de l'entreprise autobiographique mise en doute dans le premier état que nous puissions lire : « Je ne sais quand j'ai commencé : il n'y a pas de commencement. »

Sans pouvoir dater avec certitude la rédaction des avant-textes, ni même déterminer, dans tous les cas, l'ordre relatif des variantes, nous pouvons décrire les hésitations de l'écrivain, et parfois émettre des hypothèses sur ses choix, entrevoir des lois de transformation – conservation de sèmes, de plans ou de syntagmes, expansions, suppressions, déplacements, raccords –, et des modèles d'écriture, une grammaire de textes, des règles de construction des petites unités.

Quel sens donner au travail du style ? Nous avons tendance aujourd'hui à l'interpréter à travers les entretiens des années 70. Ils éclipsent d'autres indications dispersées dans des écrits contemporains de la rédaction des *Mots*, dans le texte même et ses brouillons.

« LE STYLE, CE GRAND PARAPHE D'ORGUEILLEUX »

A. Le style des « Mots », après coup

Qu'apporte l'épitexte pour comprendre le travail du style dans les avant-textes des *Mots* ? Avant la publication, dans les entretiens où il évoque son projet, Sartre n'expose que la finalité, l'objet, la méthode de sa

1. Inventaire 6, ms « Bost » folioté par Rybalka : F ITEM 396 (Ryb bh), 398 (Ryb bj), 412 (Ryb bv) : « J'écris depuis un demi-siècle. »

2. Inv. 7, f° ITEM 1 ; Inv. 10, f^os ITEM 1 et 5 ; Inv. 3, dactylogramme de « Jean sans terre », f° 35 ; Inv. 6, F ITEM 67 (sdB 152), 68 (sdB 153), 151 (sdB 275) ; Inv. 8, f^os MV 189, 304 et 306.

recherche autobiographique : « se définir », « transcrire une histoire », « comprendre », « expliquer », en évitant « le romanesque, l'anecdotique ». Il ne dit rien du style, comme si la question était secondaire dans la conception de l'entreprise et seconde dans sa réalisation. Quand il l'aborde enfin, dans quatre entretiens de 1971 à 1975, c'est pour rectifier le malentendu de certains lecteurs, qui avaient interprété cette publication comme un retour à la littérature et une résipiscence, et pour en préciser le sens à l'aide d'un paradoxe : adieu à la littérature, ce livre devait être « écrit le mieux possible », « en bel écrit » :

> Le sens du style dans *Les Mots,* c'est que le livre est un adieu à la littérature : un objet qui se conteste soi-même doit être écrit le mieux possible.
>
> « Sur *L'Idiot de la famille* »,
> entretien avec Michel Contat et Michel Rybalka
> pour *Le Monde,* 14 mai 1971, *Situations X*, p. 93-94.

> Je voulais que ce soit agaçant, ce livre, je voulais que ça soit un adieu à la littérature qui se fasse en bel écrit. C'est-à-dire je voulais que les gens qui lisent ça se trouvent entraînés dans une espèce de contestation de la littérature par elle-même, voilà.
>
> Film *Sartre par lui-même*, tourné en 1972.

> J'ai voulu [que ce livre] soit plus littéraire que les autres, parce que j'estimais que c'était en quelque sorte dire adieu à une certaine littérature et qu'il fallait à la fois la réaliser, l'expliquer, prendre congé d'elle. J'ai voulu être littéraire pour montrer l'erreur d'être littéraire.
>
> *La Cérémonie des adieux* suivi de *Entretiens avec Simone de Beauvoir, août-septembre 1974*, Gallimard, 1981, p. 274-277.

Ce paradoxe séduit mais ne convainc pas tout à fait. Le livre exprime bien un désenchantement, mais n'annonce pas l'abandon de la littérature : « Je fais, je ferai des livres ; il en faut ; cela sert tout de même. » L'adieu à la littérature, avouera Sartre en 1977-1978, c'est la cécité qui l'a imposé, mais beaucoup plus tard : « J'ai surtout dit adieu à cette production parce que je n'étais plus capable, physiquement, d'écrire. »[1] Et même s'il s'agissait vraiment d'un adieu, Sartre aurait pu l'exprimer autrement, par le silence, ou bien en langue non littéraire, technique, blanche ou grossière, comme il l'a fait en privé, selon les témoignages de Simone de Beauvoir : « La littérature, m'a-t-il déclaré, c'est de la merde. »[2] Dans les

1. Entretien avec Michel Sicard, *Obliques,* n° 18-19, 1979, p. 10. Dans cet entretien, pourtant consacré à l'écriture, Sartre ne parle pas des *Mots.*

2. *La Force des choses,* confidence datée par Simone de Beauvoir d'août 1954, rappelée dans *La Cérémonie des adieux...,* ouvrage cité, p. 277.

années 70, l'argument apparaît plutôt comme la justification après coup d'une activité stylistique que ses amis soixante-huitards tiennent pour suspecte[1]. Nous trouverons dans les textes antérieurs d'autres justifications à la littérarité du texte. Définissons d'abord en quoi elle consiste pour Sartre d'après les entretiens.

« Qu'est-ce que vous appelez une œuvre plus littéraire qu'une autre ? Comment y a-t-il des degrés en littérature ? » A cette question de Simone de Beauvoir, en 1974, Sartre répond en langue courante, familière et presque naïve :

> Par exemple, le style, on peut y travailler davantage ; *Les Mots* sont très travaillés, ce sont parmi les phrases les plus travaillées que j'aie écrites. [...] Et j'y mettais du temps. Je voulais qu'il y ait des sous-entendus dans chaque phrase, un ou deux sous-entendus, par conséquent que ça frappe les gens à un niveau ou à un autre. Et puis je voulais présenter les choses, les gens, chacun d'une certaine manière. C'est très travaillé, *Les Mots*. [...] C'était plein de trucs, d'astuces, d'art d'écrire, presque de jeux de mots[2].

Voilà donc pour lui les critères de la littérarité : le travail et le temps consacrés à l'œuvre, et – traduisons en termes techniques – l'usage de l'implicite, la polysémie, la variété des styles, l'abondance des figures.

L'année suivante, avec Michel Contat, Sartre prend encore *Les Mots* en exemple pour définir « la manière littéraire d'exposer une idée ou une réalité », en traduisant en français courant les notions linguistiques en usage dans cette décennie, qu'il doit peut-être à son projet d'étude formelle de *Madame Bovary*. C'est d'abord l'impossibilité de distinguer entre le travail de l'expression et la recherche du contenu :

> le travail du style tel que je l'entends suppose nécessairement l'écriture. [...] Ce travail du sens par le travail du style, c'est précisément celui que je ne peux plus accomplir, faute de pouvoir encore me corriger[3].

Ensuite, le principal critère qui, selon lui, distingue le discours littéraire du discours philosophique, c'est la « pluralité de sens », opposée à l'univocité des discours scientifique et philosophique, en d'autres termes, le langage de connotations au langage de dénotation :

> Pour moi, le style, qui n'exclut pas la simplicité, au contraire, est d'abord une manière de dire trois ou quatre choses en une. Il y a la phrase simple, avec son sens immédiat, et puis en dessous, des sens différents et qui s'ordonnent en profondeur

1. « [...] beaucoup d'écrivains de gauche ont l'idée que le style, la manière de s'occuper trop des mots, tout ça est emmerdant, qu'il faut aller aussitôt à l'objet, ne pas s'occuper de tout le reste [...] Je ne veux pas dire qu'il ne faille pas de style ; je me demande simplement si le grand travail sur les mots est nécessaire pour créer un style. [...] les choses les mieux écrites ont toujours été écrites sans trop de recherche », *ibid.*, p. 277.
2. *Ibid.*
3. « Autoportrait à soixante-dix ans », *Situations X*, p. 137-139.

> [...] le travail que j'ai fait sur *Les Mots*, par exemple, en essayant de donner à chaque phrase des sens multiples et superposés, serait du mauvais travail en philosophie[1].

L'autre critère présuppose une conception structurale de l'œuvre, conçue comme un réseau de relations au sein d'un ensemble organisé :

> Tout cela suppose que vous regardiez votre texte comme un grimoire, que vous changiez successivement des mots ici et là, et puis que vous reveniez sur ce changement et que vous en fassiez un autre, que vous modifiiez ensuite un élément qui se trouve beaucoup plus loin, et ainsi de suite [...] Le travail du style ne consiste pas tant à ciseler une phrase qu'à conserver en permanence dans son esprit la totalité de la scène, du chapitre et, au-delà, du livre entier. Si vous avez cette totalité, vous écrivez la bonne phrase. Si vous ne l'avez pas, votre phrase détonnera ou paraîtra gratuite[2].

Les entretiens témoignent, après coup, d'une conscience claire de l'œuvre accomplie et d'un consentement heureux à la recherche stylistique, à la rhétorique, à l'artifice, à toutes les ficelles du métier, même si, dans les entretiens de 1974 avec Simone de Beauvoir, perce parfois un doute :

> C'est un drôle de truc que le style. Il faudrait discuter pour savoir si une œuvre vaut la peine d'être écrite avec du style et il faudrait se demander si la seule manière d'avoir du style c'est de, comme j'ai fait, corriger ce que l'on a écrit de manière que le verbe corresponde au sujet et que l'adjectif soit bien placé, etc.[3].

Cette ambivalence à l'égard du travail stylistique, nous la découvrons déjà dans les écrits contemporains de la rédaction des *Mots*.

B. Images du style au temps de « Jean sans terre »

Les brouillons des *Mots* attribuent au style des valeurs contradictoires. Dans un feuillet consacré à la « castration généralisée du corps social » pendant la guerre de 1914, le travail littéraire s'oppose à la virilité militaire ; il est du côté de la mollesse et de la futilité féminines :

> [f° SdB 246] En ce temps-là, l'Armée, c'était le membre + viril + de la France ; les officiers de carrière en accaparant toute la virilité de la nation provoquaient une castration généralisée du corps social. A l'ombre de cette droite colonne, les civils alanguis se découvraient des appâts, riaient de la gorge sur le passage des régiments ; les industriels, les châtelains, les grands commis célébraient leurs noces mystiques, avec les chasseurs d'Afrique, avec les zouaves. Ma profession semblait la plus atteinte : les poètes parlaient chiffon, les académiciens se couchaient devant les militaires. Cela n'échappait à personne, pas même aux enfants : je sentais que la lit-

1. *Ibid.*
2. *Ibid.*
3. *La Cérémonie des adieux...*, ouvrage cité, p. 277.

térature [f° SdB 247] était devenue femme. L'angoisse me prit : et si je changeais de sexe, moi aussi ? En tout cas j'étais [voué] + condamné +, ma vie durant, à confectionner [d'exquis brimborions,] des bagatelles de haute couture.

Manuscrit « Beauvoir » (Inv. 6, f^os ITEM 125-126).

En sens inverse, un autre feuillet renvoie aux théories esthétiques proustiennes développées dans *La Nausée* et les *Carnets de la drôle de guerre*[1]. Il définit le style par le terme qui caractérisait la musique selon Roquentin : la rigueur, et parodie les paroles sacramentelles du Christ qui opèrent la transsubstantiation du pain et du vin :

> [...] la rigueur de mon style semble n'avoir d'autre fin que donner à ma vie la nécessité d'un roman. [...] Ce style est mon corps, cette vie légendaire est mon cœur, ce sourire est mon âme immortelle.

Inv. 12, f° ITEM 27.

Pour le héros de « Jean sans terre » comme pour Roquentin et Sartre diariste, c'est le style qui transforme la contingence en nécessité, le corps en livre, une existence en biographie. Dans cette perspective, toute autobiographie doit être rédigée « en style »[2].

Pourtant, après avoir écrit les 480 feuillets foliotés par Simone de Beauvoir, Sartre semble condamner cette conception du style comme instrument de la nécessité. Il ne s'interroge pas explicitement sur le style de l'œuvre en cours, ni sur son style propre, mais sur *le* style, qu'il définit par son contraire lorsqu'il commente, pendant l'été de 1957, *Le Traître* d'André Gorz. Ce livre, rédigé de décembre 1955 à septembre 1956, inspiré par Sartre, qui y figure sous le nom de Morel, est un essai autobiographique conforme à la méthode de la psychanalyse existentielle, mais dépourvu de prétentions esthétiques :

> Aujourd'hui ils sont pour moi l'Autre Bord ceux qui mettent la beauté au-dessus de tout : bord de ceux qui croient au droit de posséder, de jouir, de manger, de commander, de se sauver tout seuls. Ce livre est à bien des égards la négation de l'art, une œuvre d'art qui cherche à se dépasser au moment même où elle se fait, et refuse d'être une fin en elle-même ; c'est pourquoi ce n'est pas une œuvre d'art.[3]

1. Pour Sartre diariste, c'était encore plus évident. Un fragment du premier carnet de guerre éclaire par avance le travail du style dans *Les Mots* : « Il y a dans mon écriture je ne sais quoi d'épais et de germanique. Dans mes phrases une adiposité discrète qui les empâte légèrement. A la longue elles m'insupportent. Il faudrait dégraisser mais il me semble toujours qu'alors l'idée ou le sentiment perdrait sa nuance. J'ai toujours été écœuré après avoir écrit longtemps. Pour moi mon style a une odeur organique, comme le souffle chargé d'un malade, comme une odeur d'estomac. [...] mes phrases les mieux venues ont un aspect massif d'immeuble, avec une secrète faiblesse, un laisser-aller inavoué, qui paraît à la seconde lecture. Trop d'adjectifs, des tics que déjà on peut imiter » (*Carnets de la drôle de guerre,* Gallimard, 1995, p. 65).
Travailler le style, c'est lutter contre l' « adiposité », l' « organique », le « massif », le corps.

2. Le texte définitif n'a pas conservé ces définitions, ne retenant qu'un mot d'esprit, une pointe satirique plus superficielle : « Je me disais parfois que je serais sauvé de l'oubli par mon "style", cette énigmatique vertu que mon grand-père déniait à Stendhal et reconnaissait à Renan » (*Les Mots,* p. 132).

3. André Gorz, *Le Traître,* Le Seuil, 1958, p. 314.

A peu près contemporaines, les deux entreprises autobiographiques sont comparables sur certains points : André Gorz tente une synthèse entre une explication de soi par le marxisme et la psychanalyse, un autoportrait, un récit d'enfance et de jeunesse, une recherche méthodologique, une auto-analyse, une construction de soi, l'émergence d'un sujet capable de dire *je*. Plus précisément encore, il analyse sa vocation littéraire selon une argumentation sartrienne (la littérature était pour lui un substitut de la religion[1], mais il s'est délivré de cette illusion[2]), parfois avec des vocables sartriens[3], mais en refusant toute recherche stylistique.

La comparaison entre les deux entreprises est implicite dans la préface de Sartre :

> [...] en littérature comme au trapèze volant, notre unique agrément c'est de pouvoir apprécier le travail de l'artiste [...] Quant au style, ce grand paraphe d'orgueilleux, c'est la mort. Sa vitesse illusoire nous emporte vers le passé de l'auteur. [...] il écrit pour communiquer sa haine, le style est un marteau qui écrase nos résistances, une épée qui déchire nos raisonnements ; tout y est ellipse, syncope, saut de puce, fausse connivence : la rhétorique s'y fait terreur ; la rage et l'insolence, l'humiliation ruminée, la superbe règlent l'attaque et la coupe des phrases. Le grand écrivain, ce fou furieux, se lance à l'assaut du langage, le soumet, l'enchaîne, le maltraite, *faute de mieux* ; seul dans son cabinet, c'est un autocrate : s'il sabre son papier d'un trait de foudre qui éblouira vingt générations, c'est qu'il cherche dans cet oukaze verbal le symbole de la respectabilité et des humbles pouvoirs que ses contemporains s'obstinent à lui refuser. [...] n'attendez pas ce *geste* qu'est le style, tout est en acte.
>
> « Des rats et des hommes », *Situations IV*, p. 38-40.

Au style, Sartre oppose ce qu'il entend dans le livre de Gorz : « une voix abandonnée », qui a « l'incertaine mollesse des choses naturelles », « en deçà et au-delà de l'entreprise littéraire », qui « cherche un homme et non pas un monstre » :

> en cette écriture sans sujet, l'impossibilité radicale du style devient à la longue un dépassement de tous les styles connus ou, si l'on veut, le style de la mort fait place à un style de vie.

Ce fragment peut se lire comme un commentaire allusif du « manuscrit Beauvoir ». Tout en désigne précisément le style, avec son rythme, ses figures de suppression, ses allusions culturelles, ses ruptures de ton (« tout

1. *Ibid.* : « [...] il est né à la fois d'une attitude religieuse envers la littérature française (forme nouvelle d'une religiosité ancienne) et d'une solitude insupportable », p. 200 ; « Il voulait entrer en littérature comme on entre en religion » (p. 252).

2. *Ibid.* : « Je ne sais plus quel sens ça a d'écrire. J'écris pour y trouver un sens. [...] Il se peut qu'arrivant au bout de ce machin, je me sois "guéri" du projet d'écrire. "Guéri" en écrivant : en écrivant la guérison d'un homme qui écrit sa désaffection de ce qu'il écrit. Et qui, l'écrivant, découvrirait qu'il a transformé en littérature jusqu'au renoncement à la littérature » (p. 200-201) ; « Je ne crois plus qu'écrire soit la plus totale réalisation de l'homme » (p. 310).

3. *Ibid.* : « Les mots bruissent » (p. 194).

y est ellipse, syncope, saut de puce, fausse connivence »), sa virtuosité (« en littérature comme au trapèze volant »), ses sophismes (« le style est un marteau qui écrase nos résistances, une épée qui déchire nos raisonnements »). Il en reprend les thèmes : l'illusion rétrospective (« nous emporte vers le passé de l'auteur »), les rêves compensatoires (« faute de mieux »), les fantasmes guerriers (« s'il sabre son papier d'un trait de foudre »), l'opposition entre la « terreur et la rhétorique », entre lesquelles balance toujours l'écrivain philosophe[1] (« la rhétorique s'y fait terreur »). Bien sûr, la règle de la préface consiste à valoriser le texte préfacé, en dépréciant ce qui pourrait lui porter ombrage, et il faut tenir compte dans cette fureur dépréciative de la générosité protectrice et de la fausse modestie. Mais l'austérité du livre de Gorz, l'aridité même de sa recherche peuvent dévaloriser les artifices séducteurs du maître à ses propres yeux, peut-être même le dissuader de continuer dans la même veine. En attendant de mettre fin à l'entreprise avec tout le métier dont il est capable, Sartre dans cette préface pousse à l'hyperbole les thèses soutenues dans « Jean sans terre », en présentant l'activité littéraire comme imposture, folie, orgueil et pulsion de mort : « Quant au style, ce grand paraphe d'orgueilleux, c'est la mort. »

1

« JE NE SAIS QUAND J'AI COMMENCÉ : IL N'Y A JAMAIS DE COMMENCEMENT »

Le travail du style dans la conclusion des *Mots* est circonscrit à l'intérieur d'une section prédéterminée par le reste du livre, et fortement contrainte : la conclusion a bien été écrite en dernier. Quel pouvait être le

1. La référence aux *Fleurs de Tarbes* est récurrente dans l'œuvre de Sartre, dans « Qu'est-ce que la littérature ? », p. 188-189 : « Au bout de ce refus méprisant de l'efficacité, il y la destruction de la littérature par elle-même : d'abord le terrible "ce n'est que de la littérature", ensuite ce phénomène littéraire que le même Paulhan nomme terrorisme [...] on pourrait y distinguer : 1 / un dégoût si profond du signe en tant que tel qu'il conduit à préférer en tout cas la chose signifiée au mot [...] ; 2 / un effort pour faire de la littérature une expression parmi d'autres de la vie, au lieu de sacrifier la vie à la littérature ; et 3 / une crise de la conscience morale de l'écrivain, c'est-à-dire la douloureuse débâcle du parasitisme. »

Le thème est repris plusieurs fois dans *Saint-Genet*, p. 467 : « Il [Genet] est contre la terreur et pour la rhétorique parce qu'il est beau d'offrir la plus belle prose en holocauste à la poésie » ; p. 473 : « Les surréalistes [...] font de la poésie l'instrument de leurs révélations ; derrière l'incendie des mots, on entrevoit l'Être : ce sont des terroristes. Pour Genet, la poésie ne révèle rien ; quand les mots se brûlent et tombent en cendres, il ne reste que le néant ; c'est un rhétoriqueur. »

Dans le « manuscrit Vian », cette référence figure dans la dernière section : « Je suis passé du terrorisme à la rhétorique » (Inv. 6, F ITEM 396 (F Ryb bh), 401 (F Ryb bm)). Elle est déplacée dans *Les Mots*, et située dans le paragraphe qui développe la philosophie du langage chez le héros, p. 150 : « Terroriste, je ne visais que leur être [des monuments d'Aurillac] : je le constituerais par le langage ; rhétoricien, je n'aimais que les mots. »

travail du style au début de l'entreprise ? Trois ensembles d'avant-textes se distinguent des autres par leur aspect matériel et par l'inachèvement de leur rédaction : les cinq fiches thématiques et les cinq feuillets isolés de l'inventaire 5, rédigés presque constamment en style elliptique, et les quatorze feuillets de l'inventaire 10. Ces derniers échappent aux normes de l'ensemble : partiellement rédigés en style elliptique, sur un papier inhabituel, quadrillé 4 × 4, recto-verso, d'une écriture rapide, difficile à déchiffrer, ils paraissent appartenir à une campagne de rédaction très ancienne, antérieure en tout cas à la rédaction de ce qui a été transcrit sur le « dactylogramme Jean sans terre ». Ces feuillets se distribuent en deux textes suivis. L'un (f^os ITEM 5 à 8, 4*a*, 9 à 16) forme un ensemble consécutif et complet, précédé du chiffre I ; l'autre (f^os ITEM 1 à 4) est une version du premier paragraphe de la séquence complète, moins schématique, plus développée, plus articulée, plus rédigée, plus proche de la version finale.

Après avoir tenté de dater la rédaction de ces feuillets, j'analyserai d'abord la fonction et la forme de l'incipit dans la séquence initiale (f°s 5-16) et sa réécriture immédiate (f°s 1-4) ; ses transformations dans les « raccords » des versions ultérieures ; le devenir de la formule maintenue littéralement dans toutes les réécritures jusqu'au texte final : « enfant imaginaire ». Ensuite, sans étudier la distribution ultérieure de tous les éléments de la séquence et leur transformation, ce qui reviendrait à étudier la totalité d'un livre issu tout entier de ce germe, j'étudierai sommairement le développement sur les rêveries nocturnes et diurnes du héros et les transformations essentielles de cet épisode dans le « dactylogramme Jean sans terre » et ses brouillons, le « manuscrit Beauvoir », le « manuscrit Vian » et *Les Mots*[1].

Voici la séquence complète

I

Je voulus me défendre. Enfant imaginaire, je me défendis par l'imagination. J'arrachai aux adultes la Comédie pour me la donner à moi seul. C'est de ce moment que date pour moi ma naissance. Il fallait m'inventer une raison d'être. [Je me racontai des hi] On m'avait raconté beaucoup d'histoires : je m'en racontais. Le soir, au moment de m'endormir. Dans mes histoires, je jouais le premier rôle : j'étais une grande personne, je sauvais des jeunes filles, des enfants. Des vieillards, jamais. J'arrêtais l'histoire je me disais : « la suite à demain » et je reprenais mon rêve interminable : je redescendais, portant la jeune fille évanouie dans mes bras, on m'entourait, on me frappait sur l'épaule, on me félicitait : j'étais pleinement justifié.

1. « Dactylogramme Jean sans terre », inventaire 3, f°s 35-36, 42-43 ; dossier ITEM, « Reconstitution du manuscrit de "Jean sans terre" ; dossier ITEM « Reconstitution du "manuscrit Beauvoir" : f^os sdB 152-153 (= Inv. 6, f^os ITEM 67-68), f^os sdB 155-156 (= Inv. 8, f^os MV 191-192), f^os sdB 175-184 (= Inv. 8, f^os MV 210-219), f^o sdB 275 ; *Les Mots*, p. 94-97, 104-107, 139.

Vers 1912, quand ma mère, le Jeudi, m'emmenait au cinéma, j'entrepris de mettre mes histoires en scène. J'appelais cet enchantement le « cinéma ». Il fallait des circonstances propices : mon grand-père était sorti, ma grand-mère, dans sa chambre, tricotait ou lisait [Paul de Kock] du Michel Corday ou de l'Henri Lavedan ; ma mère s'était mise au piano, elle jouait du Chopin, du Schumann. Je m'emparais d'une règle sur le bureau de mon grand-père ou d'une tringle à rideau. C'était mon épée, j'étais mousquetaire. Je dressais rapidement le scénario je le jouais. Je dévale, à cheval, une colline. La femme que j'aime est en péril. Un noble la menace. Me voici *[f° ITEM 6]* toujours galopant qui entre dans le château. Je mets pied à terre, je me jette l'épée haute sur les ravisseurs. Je les pourfendais ; un à un. Si je n'étais pas content de mon geste, je les relevais pour les tuer encore. Je tuais le duc. Non : il fallait qu'il vécut pour me poursuivre. Je le ressuscitais tacitement. Il était là, il m'avait perdu dans l'estime du roi. Toutes les polices du royaume me recherchaient, je tenais tête à tous. Le moment viendrait où le roi reconnaîtrait ses torts, le paria serait transformé en duc et pair. Je reculais ce moment à mon gré. Ou je l'anticipais : je mettais un genou en terre, je recevais une accolade ou bien le roi me relevait pour m'embrasser. Je biffai cette reconnaissance d'un trait, elle aurait lieu plus tard, je me replongeai dans l'exil et la misère. Traqué, offensé, terrorisant les méchants avec mon seul bien, mon épée. Ma grand-mère accourait : « Qu'est-ce que tu fais ? » « Je fais du cinéma, grand-mère. » « Tu fais le pasquin, oui ! Tu fais trembler le plancher, les voisins d'en dessous vont se plaindre. » Je jouissais doublement du plaisir d'être : d'un côté j'étais un grand acteur et metteur en scène ; toutes les scènes *[f° ITEM 7]* étaient fictives. En fait je charmais un public fictif. D'autre part j'étais vraiment un chevalier errant, je sauvais vraiment les jeunes filles. Elles m'aimaient. Pour moi l'amour était la reconnaissance suprême de mes mérites. Après quoi il ne restait plus qu'à vivre, languissamment, dans un château, les yeux dans les yeux. Je ne savais plus que faire, je retombais dans la monotonie de l'existence. Sournoisement, je tuais la jeune épousée. Des sbires l'avaient assassinée. A la solde du duc. Il n'était donc pas mort. Non. Mon coup d'épée avait dévié, une sorcière l'avait guéri. Bref j'avais deux justifications. Mais brèves : l'approbation des foules et l'amour des belles. Mais pour quelle patience je les méritais, quel soin je mettais à les différer sans cesse. On m'arrêtait : « Va goûter. Arrête un peu. Tu es tout rouge ; tu es en nage. » Je me racontais des histoires en goûtant. J'y étais toujours méconnu. L'histoire de Grisélidis m'avait fait une impression profonde. Pourtant je n'étais guère masochiste. Ce qui m'amusait, c'était que mon abjection rendait ma gloire plus éclatante. Méconnu, inconnu, je glissais incognito. J'adorais l'incognito. C'était pour rendre un peu plus difficile l'admiration qui dans la vie courante m'était dispensée si abondamment. Je la trouvais à vil prix. J'imaginais des souffrances, il me fallait des mérites. Et toujours renvoyer à plus tard le moment de la reconnaissance universelle *[f° ITEM 8]*. Ce schéma enfantin ne m'a pas quitté. Il devi+e+nt l'idée d'une apothéose très lointaine après des années difficiles. Je justifiai un présent morose par un avenir très éloigné.

Cependant je connus de bonne heure un vrai public. Je me fis montreur de marionnettes. J'adorais les marionnettes. On me lisait souvent un livre dont j'ignore l'auteur, *M. le Vent et Madame la Lune*. Ce livre m'émerveillait littéralement. Je ne me rappelle pas avoir subi de toute ma vie un semblable éblouissement. Or on y faisait cadeau à une princesse d'un théâtre de marionnettes magiques qui donnaient <par> *[ou]* <pour> elles seules des représentations. Une gravure les montrait : c'était une bataille. J'admirai ces bouts de boi[t]+s+, ces têtes rondes, de bois, ces bras en allumette, ensorcelés par une âme. +L'homme+ Enfin délivré de la chair, propre et net comme un os, avec les délicieux mouvements saccadés dont la grâce n'emprunte rien à nos rondeurs. Je ne pouvais mouvoir des marionnettes, c'était trop compliqué. Mais j'avais vu le Guignol à Arcachon. Je me rabattis sur le Guignol. On me donna de ces poupées à tête de carton, qu'on enfile comme des gants en mettant un doigt dans la tête et le médius et le pouce dans les bras. On en vendait dans [le]+un+petit bazar situé rue *[un blanc]*. Ce bazar forme l'humus de mes souvenirs. L'autre jour, en écrivant je ne sais quoi sur les prix et les marchandises, je m'aperçus que les marchandises étaient les guignols de ce bazar. [f° 4*a*] J'avais fait tout mon raisonnement sur des jouets.

[f° ITEM 9] Guignol. Il fallait jouer devant un public imaginaire. Je prenais une chaise et je faisais exister ce public par les précautions que je prenais pour me cacher de lui. Je recouvrais la partie supérieure de la chaise par une serviette et le dossier servait de scène. Le Luxembourg. Je pris une chaise de fer, j'avais apporté la serviette et je me mis à jouer, tout seul. Les enfants, d'abord effarouchés, s'enhardirent, s'approchèrent. Imperturbablement, je jouais. Je revins tous les jours. Une fille nommée Nicole. De cette époque je fus persuadé qu'il faut montrer ses mérites pour plaire. Mes moyens ne me permettaient que l'amour-estime. Je crus que c'était le vrai +qu'il fallait faire la roue pour plaire+. <Ces filles> <comme> ces fils de roi que je sauvais me légitimaient par leurs sentiments. On les appelait mes fiancées. Je leur demandais <de> me sauver de prendre ma comédie au sérieux. J'étais séducteur. Quelle ardeur. Plus tard, quand j'ai vu le public rassemblé devant une de mes pièces ou conférences, souvent je me demandais si je n'étais pas fou de rassembler des gens pour leur parler de mes idées. A l'époque, ça me paraissait naturelle. Je n'avais pas encore perdu l'heureuse audace que donne la beauté. Le sens de toutes ces fictions (la vie imaginaire était si intense que c'était presque de la schizophrénie) : inconnu puis méconnu. Grisélidis. Je n'étais pourtant pas masochiste. Mais lassé d'être *[f° ITEM 10]* reconnu d'avance. Je voulais mériter. C'était un effort pour essayer de retrouver la réalité. Effort voué comme le reste à l'imaginaire.

Cette vie imaginaire, les lectures la <fixèrent>.

Je me donnais la comédie de la lecture. Dès <3 1/2>, un livre c'était <magique>. Je prenais les *Tribulations d'un Chinois en Chine*. On l'ouvrait, il en sortait une histoire. C'était des marionnettes. Je ne pouvais <les> lire, je voyais les images. Je faisais semblant de lire à mi-voix <et> j'inventais une histoire pour relier les images. A force de faire semblant, j'appris. A la lecture sont liés tous mes souvenirs de bonheur.

Je lus *Sans Famille*.

Les livres roses (la <poésie> de l'Orient, des mille et une nuits)
celle de tous les pays. Alice au pays des merveilles – <Beowulf>)
Le dictionnaire (Mele-Po, Pr-Z, A-Bello, Bello-Ch.)
(les <insectes> : j'avais horreur d'eux)
Corneille : je me couchais par terre. Je mangeais une tartine dont ma mère avait découpé les bouchées. J'étais confortable.
[ajout en biais :] Je lisais et relisais. J'ai lu cent fois chaque livre.
Nick Carter
Buffalo Bill | Je ne distinguai pas encore le texte des gravures. Les
Claude <Duval> | mêmes couleurs vernies que mes jouets. L'odeur du
Stoerte Becker | papier. Un livre c'était une *chose*.

Claude Duval : un de mes souvenirs. Rentré tôt du Luxembourg un jour de pluie. Installé sur le balcon, lisant. Individualité au-dessus de la <mienne> *[ou]* <mesure> : je ne comprenais pas tout. Ce que je ne comprenais pas, c'était le mieux.

[f° ITEM 11] Je lus *Les Misérables*. Je sanglotais : voilà l'homme que je voulais être.

J'avais des lectures d'enfant (le petit Lord Fauntleroy, Le petit chef de Famille : elles m'ennuyaient. Sauf le petit <Trott> qui parlait de moi. Je n'aimais pas Poum).

Éloges des romans feuilletons. Ils mettent *tout* en jeu. C'est ce que j'aimais tant. Les grands sentiments.

Morale de la grandeur : Stoerte Becker, le prince <pour> [ou] <parmi> les révoltés. Généreux. Il soutient les opprimés au point de se mettre avec eux. C'était la radicalisation de l'attitude familiale, du républicanisme de mon grand-père. Révolté par générosité. Nul n'était moins révolté que moi. Mais je rêvais d'injustices pour les combattre au côté des opprimés. Il ne s'agissait bien entendu – comme dans les films américains d'aujourd'hui – que de rétablir la justice un instant troublée.

Amour de la grandeur plus que de la beauté. Moralisme.

Le Chevalier errant. (Eviradnus.)

Je passai de là sans difficulté à l'écriture.

Mon grand-père m'envoyait des [pièces de] +lettres en+ vers. Il y avait bien de la complaisance là-dedans. Les femmes se récrièrent. On m'en donnait lecture : Je sus vite en faire autant. L'imitation me plongea dans la littérature. J'écrivis à mes fiancées en vers « Le papillon aime la fleur ».

[f° ITEM 12] Ces faits ne dépassaient pas la Comédie et l'<Imitation>. Pas plus que ma tentative pour mettre La Fontaine en vers réguliers.

Je devins plus personnel et j'échappai à la Comédie quand je décidai de mettre ma plume au service de mes <rêveries>. J'écrivis des romans d'aventure. Je me bornais au fond à réciter de mémoire ceux que je lisais mais j'avais l'impression de les créer. J'écrivis *Le Marchand de bananes*. <D'autres> « Pour un papillon ». <Ds> celui-là le titre même était volé. Un savant et sa fille partaient pour trouver en Afrique un papillon très rare. La <manie> de Boussenard. Je sautais ces passages. Mais dans mes romans je les copiais dans le dictionnaire. J'<écrivais>, malade et couché, une mappemonde auprès de moi. Ainsi j'écrivis par <saturation>. Je <me suis> toujours trouvé en train d'écrire. Mais cela ne suffit pas. Bien entendu j'avais le témoignage de mon grand-père. J'ai longtemps cru qu'il avait suffi à me mandater. Mais non.

Il y avait aussi l'atmosphère de spiritualité de la famille.

Atmosphère qui vient de mon arrière-grand-père. Mes fiançailles. « Mon petit-fils épouse la fille d'un épicier ! » Les valeurs de l'esprit sont les plus hautes. Mon grand-père ignorait l'argent. En vieillissant il devint avare. Mais il le rapportait en pièces d'or dans ses poches et ma grand-mère le lui volait.

[f° ITEM 13] +C+'était un peu honteux d'en gagner. Mon oncle le millionnaire.

Les valeurs de l'esprit sont les plus hautes.

Mon grand-père préférait Montaigne à Pascal.

Guy de Maupassant.

On m'en laissait lire, il me faisait peur.

Humaniste

L'égalité de plain-pied avec les grands hommes. On les coupait <par> petits morceaux qu'on collait dans le Deutsche-Lesebuch. M. Mironneau en faisait autant pour les Français. Je savais comment un grand homme écrit : « La route était longue et sablonneuse ; malgré ses soixante ans. » Les {*ou* : Ces} grands hommes s'appelaient Richepin, etc. Ils ne m'étonnaient pas. On en parlait familièrement. On estime qu'un enfant est de plain-pied avec un grand homme. Mon grand-père adorait Courteline. [<On n'eût>] il n'eut pas osé lui écrire. J'écrivis. Je l'aimais *par garantie*. Mais il me semblait naturel de lui <écrire>. Si l'on est homme, autant être grand.

Ce que c'était qu'un grand homme.

D'abord il avait du génie. Tout comme j'étais un enfant prodige. Ensuite il s'apercevait que les choses n'allaient pas comme elles auraient dû aller dans sa partie. C'était le gouvernement qui n'allait pas ou bien la peinture qui *[f^{o} ITEM 14]* laissait à désirer. Il prenait des mesures, intervenait. Et là, bien entendu, il perdait son temps et sa peine. On le méconnaissait. Cet aspect méconnu du grand homme me ravissait. +C'était la lutte, la faim, l'exil, la prison.+ Là intervient mon schème Grisélidis. Ensuite, bien sûr c'était le triomphe. Il y avait aussi l'ingratitude mais après la mort il était bien vengé. Le *[ou]* Ce grand homme donnait son opinion en toute amitié, en toute égalité ! Ce n'était jamais un révolté. C'étaient les autres qui se révoltaient contre lui. Il disait amicalement ce qu'il fallait faire pour que des injustices ou des erreurs passagères disparussent. La méconnaissance c'était l'inverse de la révolte. [<J'aime>].

Ces grands hommes me paraissaient à la fois extraordinaires et normaux. Triomphants ils étaient dans la société comme j'étais dans ma famille. Tout ce qu'ils faisaient était bon parce que leur essence éternelle était bonne. Mais d'autre part évidemment tout le monde n'en était pas capable. C'était les autres qui avaient tort. Je jugeais *normal* d'être un grand homme. A tant faire que d'être homme il fallait être grand. Je ne les admirais pas : ils ne faisaient que leur devoir. Je les aimais. Je vins à la révolte par l'amour. J'aimais les grands révoltés (contre qui on se révolte) sans être révolté moi-même. La révolte c'était la générosité du prince pour les gueux. Les gueux se révoltent mais non le prince (Claude Duval *[f^{o} ITEM 15]* Stoerte Becker.

Ma familiarité : aujourd'hui encore je <dirais> : Victor Hugo a fait ceci. Rousseau cela. On m'a fait juger les hommes à partir de ce que les plus grands pouvaient faire. Il me semblait que chacun pouvait et devait être un grand homme. C'est là que le passage de la comédie au mandat s'opère.

L'enfant d'Urbino (Enfance des hommes illustres).

Je n'ai jamais voulu faire partie d'une élite. J'ai voulu sauver tout l'homme en moi. C'était mon problème.

Ersatz de Dieu. Au fond c'est lui qui me manquait.

Situation religieuse à l'époque.

<Le sens> de l'illusion rétrospective.

Inventaire 10, f^{os} ITEM 5, 6, 7, 8, 4*a*, 9, 10, 11, 12, 13, 14, 15.

Version développée du premier paragraphe

Je luttai.

[Enfant imaginaire, je me défendis par l'imagination.]

Je ne sais quand j'ai commencé : il n'y a jamais de commencement. Il fallait me réinventer avec une raison d'être. Enfant imaginaire je me défendis par l'imagination. On m'avait raconté des histoires : c'était une occasion pour les adultes de se pénétrer de sagesse naïve. Je m'en racontais. Le soir, au moment de m'endormir, je devenais une grande personne. Je sauvais des enfants, des jeunes filles. Jamais de vieillards. Je me tenais en haleine ; j'arrêtais le récit au moment le plus passionnant, je me laissai sur une échelle en flammes tenant une femme évanouie dans mes bras, je me disais : la suite à demain, je m'endormais. Le lendemain soir, je me retrouvais sur mon échelle et je me faisais descendre à travers cent périls, portant la jeune fille dans mes bras. On m'entourait, on me frappait sur l'épaule, on me félicitait, on me donnait la médaille de sauvetage. [J'y rêvais et la jeune fille m'aimait] : J'étais justifié mais tout aussitôt je tombais dans une étrange mélancolie qu'il fallait fuir dans le sommeil ou en me jetant dans de nouveaux dangers. Je fus un chevalier errant de la nuit. [La nuit] J'attendais la nuit et mon être véritable. J'eus envie de l'être dans la journée.

Je fusse tombé dans le rêve et devenu rêveur éveillé sans diverses circonstances. Le cinéma naissait ; il n'était guère plus vieux que moi. Ma mère m'y conduisait. Je vis Zigomar et Fantomas, je vis Maciste, l'hercule italien qui arrêtait une auto en pleine vitesse et portait un canon sur ses épaules ; je vis Ultus, l'homme qui s'est vengé. Nous allions voir des films au Vaudeville, au Kinérama. Les salles avaient une odeur de celluloïd chauffé, un piano jouait *Les Grottes de Fingall* ou *La danse macabre* aux moments pathétiques. Des polkas pour les films comiques. J'aimai Max Linder. [On m'offrit un petit cinéscope. En tournant une manivelle on projetait de tout petits films. Le cinéma me devint familier : j'étais spectateur et mon opérateur, je voulus être acteur et metteur en scène.] Il fallait des circonstances favorables mais elles se reproduisaient presque chaque jour : vers cinq heures mon grand-père était à son Institut, rue de la Sorbonne ; ma grand-mère, dans sa chambre, lisait Michel Corday ou Henri Lavedan ; ma mère se mettait au piano, elle jouait du Chopin, du [Beethoven] +Schumann+, parfois *Les Grottes de Fingall.* Je devenais aussitôt l'image plate d'un mousquetaire, d'un chevalier errant. Je m'emparais d'une règle ou d'une tringle : c'était ma rapière. Je préférais la rapière au revolver.

La femme que j'aime est en danger ; je galope. Voici le ravisseur entouré de ses reîtres. Je mets pied à terre, je me jette sur eux l'épée haute. Quelle mêlée. Mon épée tourne si vite qu'elle me protège d'une muraille de fer. De temps en temps j'arrête mes moulinets, le temps de porter un coup droit. Un homme tombe, pourfendu. J'arrive au méchant duc ; je le tue. Non : il faut qu'il vive pour me poursuivre. Je le ressuscite secrètement. Ma lame a glissé sur son baudrier. J'emporte la jeune fille. Elle ouvre les yeux, elle m'aime. L'amour n'est à mes yeux qu'une justification. Et après ? Je retrouvai l'atmosphère familiale.

Convoqués en hâte, tous les truands et tous les reîtres se jetaient sur nous, troublant cet unique instant de bonheur. On me reprenait la jeune fille. Non : je ne me la serais pas laissée reprendre. Mais elle fait une faute : pendant que je m'acharne à la défendre, elle s'éloigne pour cueillir des fleurs. Un truand la suivait : il va la donner au duc. Je m'en aperçois trop tard. A cheval ! Mais je perds leur trace. Le duc m'a perdu dans l'estime du roi, toutes les polices du royaume me recherchent ; affamé, blessé, misérable, hors la loi, je tiens tête à tous. Je n'ignore pas bien sûr, qu'un moment viendra où ma vertu, ma pureté, mon héroïsme éclateront à la face des cieux. Toute la comédie vise à ce but : le roi reconnaîtra ses torts, il me fera duc et pair, j'épouserai la comtesse. Mais je reculais toujours ce moment de bonheur. Parfois, je l'anticipais, n'y tenant plus. Je sautais trois ans comme on feuillette un livre : le roi était là désabusé, les bras grands ouverts. Je mettais un genou à terre, il me relevait, me donnait l'accolade. Mais tout aussitôt, je biffai tout : la reconnaissance aurait lieu plus tard, je me plongeai dans l'exil et la misère. Mon bonheur était là : traqué, offensé, avec pour seul bien mon épée, sûr de la reconnaissance finale, j'étais heureux. Mais reconnu, qu'arrivait-il ? Au cinéma j'aimais la fin pour elle-même, non pour l'avenir de bonheur qu'elle procurait. Le cow-boy, le capitaine embrassait sa fiancée aux applaudissements de tous. Que voulais-je de plus ? Allaient-ils former une famille languissante comme la mienne ? Je souhaitais qu'ils mourussent dans ce moment magnifique. Ils mouraient en effet : ils crevaient comme une bulle de savon et l'on rallumait les lampes. Je ne voulais pas mourir, je voulais confondre mon absurde mort avec mon apothéose. Je la rejetais le plus loin possible. Finalement je n'en voulais plus. Je voulais qu'elle fût la certitude future qui donnait du prix à chaque instant de souffrance. J'ai tué sournoisement, parfois, la jeune fille qui m'avait donné son amour : elle était là, elle me regardait dans les yeux languissamment (que faire d'autre quand on est marié ? On se promène, on se regarde dans les yeux, on parle). Je ne pouvais plus le supporter ; heureusement des sbires du duc se glissaient derrière nous. Le duc avait décidé : puisqu'elle ne peut être à moi, elle ne sera à personne. Un coup de dague : elle meurt entre mes bras. Quel désespoir ! Plus tard j'adorais Pardaillan, le héros de Michel Zévaco, veuf sombre et narquois, aimé de toutes mais soigneusement inconsolable.

Inventaire 10, f[os] ITEM 1, 2, 3, 4.

A. Date de naissance du texte

La forme exceptionnelle de cette séquence et de sa réécriture plaide pour son ancienneté. Mais cela ne signifie pas que ce soit la première, ni qu'elle ait été prévue pour servir d'incipit à l'ouvrage entier : les premiers mots, « je me défendis », ou, dans le segment récrit, « je luttai », impliquent, sauf procédé fortement transgressif, un récit précédant cette séquence dans le texte. Le chiffre romain « I » qui l'inaugure peut annoncer soit le premier chapitre du livre (après une introduction sur la famille, qui aboutit au prologue des *Mots*, soit le premier chapitre d'une partie dont rien ne dit qu'elle devait être la première ; les chapitres suivants devaient porter sur l'adolescence et l'âge adulte, dans la perspective d'une autobiographie qui devait s'étendre jusqu'à l'époque de sa rédaction)[1]. Un indice permettrait peut-être de proposer une hypothèse pour en dater la rédaction : affirmant dans ce texte son goût pour les marionnettes, parce qu'elles représentent « l'homme enfin délivré de la chair, propre et net comme un os », Sartre évoque le petit bazar où on en vendait :

> Ce petit bazar forme l'humus de mes souvenirs. L'autre jour, en écrivant je ne sais quoi sur les prix et les marchandises, je m'aperçus que les marchandises étaient les guignols de ce bazar. J'avais fait tout mon raisonnement sur des jouets.
>
> Inventaire 10, f° ITEM 8 (verso de 10/7).

A quel écrit Sartre fait-il allusion ici ? Parmi les textes publiés, la troisième partie de « Les communistes et la paix » (publiée en avril 1954, peu après le premier entretien de Sartre qui évoque son autobiographie) contient des développements généraux sur le rapport des prix et des salaires, des prix et de la consommation, et un exemple sur les prix du champagne[2]. Dans les *Cahiers pour une morale*, les développements sur la valeur d'usage et la valeur d'échange, sur les cas où la valeur se découvre comme singularité[3], seraient plus pertinents, d'autant plus que de nombreux développements dans ces cahiers réapparaissent dans *Les Mots*[4], mais sans qu'aucun élément concret puisse évoquer à coup sûr le petit bazar aux marionnettes. En revanche, il existe dans « Un parterre de capucines » (paru le 24 juillet 1952) une phrase qui ne développe pas de « raisonnement », mais dont la thématique est voisine : les os, la robe des squelettes et des marionnettes, les étiquettes commerciales, l'humus :

> Chaque *salotto* a ses habitants : debout, devant son lit, un squelette en robe de bure me salue ; une momie se dresse sur sa couche ; on croirait que ces morts sont à vendre : ils portent des étiquettes sur leurs robes ; mais les prix n'y sont pas marqués : tout juste le nom et la qualité. [...] Cet humus est de la Terre sainte.
>
> *Situations IV*, p. 437. (Repris dans *La Reine Albemarle ou le dernier touriste*, p. 58).

1. Il en reste peu de traces dans les avant-textes :
— le f° ITEM 50 de la liasse « Orléans » (Inv. 12) : « D'autant que (orgueil) je ne parlai pas. Résultat : mes parents s'éloignent. Mon grand-père (la pièce de 10 F) tombe le premier. En seconde les persécutions cessent mais les parents sont perdus. Les camarades aussi : je suis seul. 1re ma violence bouffonne et ma laideur surprennent mes camarades de Paris restés tendres et courtois. On me nomma S-O. Cela m'encouragea : ma violence devint mon originalité. Je fis la comédie de la violence » ;
— le f° ITEM 414 (Ryb. by) de l'ensemble « Bost » : « J'ai changé. Ceux qui me connaissent aujourd'hui ne me reconnaîtront pas j'espère dans ce portrait. Parmi les facteurs de changement, je compte par ordre chronologique : le premier contact <avec> d'autres (6e Henri IV), le second mariage de ma mère, la découverte de la violence – je fus souffre-douleur à La Rochelle – et celle de ma laideur vue par les autres. Le masochisme *[mots ill. :* <s'il prenait a>] disparu. Restent beaucoup de choses. »

2. « Tout le monde a entendu parler de ces boîtes de nuit où le champagne coûte les yeux de la tête parce que la direction cherche à "sélectionner sa clientèle" ; la France a fini par leur ressembler : c'est l'élite qui consomme et les prix sont spécialement étudiés pour que nous restions entre nous » (*Situations VI*, p. 266).

3. Les économistes en général donnent les besoins de l'homme comme universels. En fait, l'individu découvre la valeur comme singularité : « par ex. l'enfant et le jouet cassé, l'adulte et l'objet-souvenir » (*Cahiers pour une morale*, Gallimard, 1983, p. 125).

4. Par exemple, outre les développements généraux sur l'enfant-objet, l'illusion rétrospective, les enfants pendant la guerre de 14, l'éducation, le choix d'être écrivain, quelques détails précis : « Les fous qui se croient Napoléon et se savent cordonniers » (p. 155).

Si ces indices suffisent, la rédaction de cette séquence pourrait dater de l'été ou de l'automne 1952, avant que le projet autobiographique ne soit annoncé publiquement[1]. Sans tenir compte d'une hypothèse aussi incertaine, il suffit de savoir que cet ensemble est antérieur au « dactylogramme Jean sans terre ».

B. Organisation de la première version

Parmi les onze feuillets consécutifs qui constituent la première version (Inv. 10, f[os] ITEM 5-16), les cinq premiers sont constitués de deux longs paragraphes, presque sans phrases elliptiques. Les derniers, en revanche, sont des notes où alternent de courts paragraphes construits et des syntagmes et phrases isolés, comme si le rédacteur, pris par le temps, après un début soigné, s'était contenté par la suite d'un canevas. La rédaction de l'ensemble est inachevée, mais sa construction, soulignée par des phrases

1. A l'appui de cette hypothèse, voici une phrase énigmatique de la « Réponse à Albert Camus » d'août 1952. Sartre vient d'analyser l'itinéraire de Camus, auquel il reproche de n'avoir pas changé entre 1944 et 1952 : « Si vous me trouvez cruel, n'ayez crainte : je parlerai de moi bientôt et sur le même ton » (*Situations IV*, p. 122). Or il ne parle pas de lui-même dans la suite de la lettre. « Je parlerai de moi bientôt » pourrait annoncer une autocritique, dont les feuillets étudiés ici seraient la première trace, et dont l'intérêt aurait supplanté à la fin de l'été 1952 le livre sur l'Italie. Pris ensuite par ses interventions politiques et la rédaction de Kean, il aurait remis en chantier l'autocritique devenue autobiographie à la fin de 1953, à la faveur du projet de biographie par Francis Jeanson, *Sartre par lui-même*.

Dans *Sartre dans sa vie*, Le Seuil, 1974, Francis Jeanson reproduit des notes prises en octobre 1953 lors d'un entretien où Sartre lui donnait des indications pour composer ce livre : « Faire un faux *portrait* – qui reproduirait très valablement le portrait de mon évolution réelle – en prenant des fragments de *La Nausée* et de *L'Age de raison* (Roquentin et Mathieu) pour l'avant-guerre, des fragments du *Sursis* et de *La Mort* dans l'âme (Mathieu) pour la guerre de 39-40, des fragments des *Mouches* (Oreste) pour l'occupation et la résistance, des fragments de *Le Diable* et le *Bon Dieu* (Goetz) ainsi que du *Saint Genet*, pour la période suivante. »

« D'une manière générale, vous vous efforceriez d'entrecouper les fragments *littéraires* et les fragments *philosophiques* : les uns "lyriques", passionnés, où je parle de moi (par exemple dans *La Nausée*, la scène de la tuerie, du massacre collectif dans la rue, qui relève de mes fantasmes personnels) ; les autres, philosophiques, où je passe – imaginairement et dans le calme – à la limite d'une expérience concrète. Les uns et les autres exprimeraient ce que je tiens pour la vérité, mais les premiers manifesteraient les racines concrètes de cette vérité en moi, ma manière personnelle de la ressentir et de la vivre » (F. Jeanson, *Sartre dans sa vie*, Seuil, 1974, p. 92).

Le même ouvrage contient un entretien inédit de 1965, où Sartre date de 1952 l'abandon de sa foi en la littérature : « Penser contre soi-même spontanément, sans autre fil directeur que ses propres thèmes, ses propres orientations, ses propres soucis, c'est au fond penser avec soi-même. Autre chose est de penser systématiquement contre soi-même, c'est-à-dire d'essayer de réduire systématiquement tout ce qui peut provenir en vous d'une enfance et d'une classe en utilisant une méthode de connaissance élaborée par d'autres... De sorte que les choses ont complètement changé pour moi, sous ce rapport, à partir de 1952 (c'est-à-dire de mon alliance avec les communistes et de ma reprise de contact avec le marxisme théorique). Auparavant, j'avais toujours pensé contre moi-même mais avec une espèce de volupté : parce qu'au fond je n'abandonnais que les solutions que je voulais bien abandonner. Et puis c'est au contraire devenu très désagréable à partir du moment où j'ai systématiquement entrepris de le faire, et où j'ai dû abandonner – au nom d'une méthode et d'une logique dialectiques – des illusions que je n'avais pas du tout envie d'abandonner : surtout la plus importante d'entre elles, qui était précisément l'Absolu de la littérature » (ouvr. cité, p. 286).

Michelle Vian et Simone de Beauvoir situent aussi en 1952 le point de départ de l'entreprise autobiographique (voir l'entretien de Philippe Lejeune avec Michelle Vian, dans le présent volume, p. 467, et *La Cérémonie des adieux...*, p. 274).

de transition, des connecteurs argumentatifs, est complète, cohérente et explicite, fortement déterminée par l'introduction qui lui donne sens :

— 1er paragraphe :

— introduction, idée directrice :

> Je voulus me défendre. Enfant imaginaire, Je me défendis par l'imagination. J'arrachai aux adultes la Comédie pour me la donner à moi seul.

Ces phrases résument le propos et annoncent le contenu de la séquence : l'énumération des moyens de se défendre par l'imagination contre l'irréalité subie :

— 1 / les rêveries nocturnes :

> On m'avait raconté beaucoup d'histoires : je m'en racontais (f° 5).

— 2 / les rêveries diurnes :

> Vers 1912, quand ma mère, le Jeudi, m'emmenait au cinéma, j'entrepris de mettre mes histoires en scène. [...] En fait, je charmais un public fictif (f°s 5-6-7).

— 2e paragraphe :

— phrase de transition :

> Ce schème enfantin ne m'a pas quitté. [...] Cependant je connus de bonne heure un vrai public.

— 3 / les spectacles de marionnettes :

> Je me fis montreur de marionnettes. [...] Il fallait jouer devant un public imaginaire. [...] Les enfants, d'abord effarouchés, s'enhardirent (f°s 8-9).

— Phrases de conclusion et de transition avec le troisième ensemble, qui rappellent l'idée directrice :

> La vie imaginaire était si intense que c'était presque de la schizophrénie [...] C'était un effort pour essayer de retrouver la réalité. Effort voué comme le reste à l'imaginaire.
>
> Cette vie imaginaire, les lectures la fixèrent (f°s 9-10).

— 3e ensemble (ensemble et non plus paragraphe : sémantiquement cohérent, cet ensemble n'est pas rédigé) :

— 4 / les lectures : « Je me donnais la comédie de la lecture. » Énumération des lectures. Éloges des romans feuilletons. Morale de la grandeur (f° 11).

— 5 / l'écriture :

> Je passai de là sans difficulté à l'écriture. [...] L'imitation me plongea dans la littérature. [...] Je devins plus personnel et j'échappai à la Comédie quand je décidai de mettre ma plume au service de mes rêveries (f° 12).

— Phrases de transition :

J'écrivis par saturation. [...] Mais cela ne suffit pas. [...]
Il y avait aussi l'atmosphère de spiritualité de la famille.

— 4e ensemble (en phrases elliptiques alternant avec de courts paragraphes rédigés) : le lien avec l'idée directrice est plus lâche. Cet ensemble développe de manière autonome « l'atmosphère de spiritualité de la famille » :

— « les valeurs de l'esprit sont les plus hautes » (fo 12) ;
— « l'égalité de plain-pied avec les grands hommes ».

— Conclusion (en style elliptique) :

Je n'ai jamais voulu faire partie d'une élite. J'ai voulu sauver tout l'homme en moi.

Ce texte est construit comme une composition française : une formule imagée, frappante, brillante, introduit et résume l'idée directrice qui est ensuite développée. Pour assurer la cohésion de ce développement, les vocables de l'introduction sont repris en introduction ou en conclusion de chaque partie, pour souligner l'articulation de l'ensemble. La composition du développement n'est pas dialectique au sens strict, mais thématique : chaque partie, sauf la dernière, illustre une forme de défense imaginaire contre la comédie familiale. Leur ordre n'est pas explicitement justifié ; elles sont rangées, semble-t-il, par ordre de légitimité et d'intégration culturelle croissante. Leur succession suggère un enchaînement logique : les rêveries diurnes, suscitées par la découverte du cinéma datée de 1912, succèdent nécessairement aux rêveries nocturnes, la lecture à la vie imaginaire qu'elle fixe, et l'écriture à la lecture : « Je passai de là sans difficulté à l'écriture. » Mais la chronologie interne de la fiction n'est pas cohérente : la « comédie de la lecture » développée en troisième partie est antérieure (« Dès 3 *[ans]* 1/2, un livre c'était magique ») à la découverte du cinéma en première partie.

C. Transformations de l'incipit

1 / Variations pour commencer : recherche d'un incipit

Les deux versions conservent la formule énigmatique et paradoxale « Enfant imaginaire je me défendis par l'imagination », dont les composantes stylistiques sont fréquentes sous la plume de Sartre. Elle commence par une fausse impropriété. L'adjectif *imaginaire* a deux sens : 1 / « Qui n'est que dans l'imagination, qui n'est point réel » ; 2 / « Qui n'est tel ou tel qu'en imagination ». « Enfant imaginaire » ne signifie pas « enfant imaginatif » : l'auteur sait écrire, s'il avait voulu dire cette platitude, il l'aurait fait. Il faut interpréter : 1 / c'est un enfant qui se croit enfant alors qu'il ne l'est pas (c'est « un adulte en miniature ») ; 2 / C'est un « enfant irréel », « enfant fictif », « faux enfant » (*Les Mots*, p. 71) : inventé par les grandes personnes, sans existence propre en dehors de leur imagination, sens qui entre en contradiction paradoxale avec l'énonciation à la première personne et le statut autobiographique du texte, mais qui sera abondamment expliqué et justifié par une théorie plus ou moins explicite de la formation du sujet (« je n'avais, à sept ans, de recours qu'en moi qui n'existais pas encore » (*Les Mots*, p. 92) Mais aussi, si l'on suppose que l'introduction a développé le thème de la comédie familiale, c'est un « enfant comédien », c'est-à-dire qui « vit tout entier sur un mode irréel », selon la définition développée en conclusion de *L'Imaginaire*[1].

Ensuite, la forme syntaxique de la phrase, une apposition antéposée au sujet, est presque un tic d'écriture dans *Les Mots*[2]. C'est le procédé linguistique privilégié pour affirmer l'identité du sujet, fréquent au XVIIe et au XVIIIe siècles, surtout dans le discours sur soi, chez Rousseau par exemple, qui combine la description et l'explication et qui donne au sujet « une expansion infinie[3] ». Ici, la valeur sémantique est ambiguë, et d'autant moins facile à réfuter que le lien logique est implicite : « je me défendis par l'imagination parce que j'étais un enfant imaginaire », ou « bien que je fusse un enfant imaginaire ».

Enfin l' « isolexisme par dérivation », c'est-à-dire une répétition de lexèmes de la même famille, « imaginaire/imagination », est l'expression d'un schème de la pensée sartrienne, du dépassement, du retournement qu'il analyse par exemple chez Genet : « J'ai décidé d'être ce que le crime a fait de moi », et qui sert à définir la liberté en situation. Cette formule n'a pas ici de fonction décorative, même si, dans une esthétique de la

1. *L'Imaginaire,* Gallimard, 1940, p. 367.

2. Le procédé est appliqué dans *Les Mots* à de nombreux personnages, même au cheval du spadassin pourfendu. Mais c'est évidemment un outil privilégié dans l'autoportrait, introduisant le sujet au terme d'une longue énumération : « Égaré dans une jungle de paroles, tressaillant au moindre bruit, prenant les craquements du parquet pour des interjections, je croyais [...] », « Absorbant le Verbe, absorbé par l'image, je ne me sauvais [...] » (p. 51) ; « Respirant, digérant, déféquant avec nonchalance, je vivais [...] » (p. 74) ; « Suffoqué par la chaleur, mitonnant sous les draps, je confondais [...] » (p. 75) ; « Vermine stupéfaite, sans foi, sans loi, sans raison ni fin, je m'évadais [...] » (p. 78).

Très fréquent, l'isolexisme et/ou l'alliance de mots contradictoires soulignent les contradictions inhérentes au personnage. Ainsi, dans la seule première partie : « Petit-fils de clerc, je suis, dès l'enfance, un clerc » (p. 30) ; « Seul au milieu des adultes, j'étais un adulte en miniature » (p. 59) ; « Vu, je me voyais » (p. 60) ; « Moi, l'enfant prophétique, la jeune Pythonisse, l'Éliacin des Belles-Lettres, je manifestais un penchant furieux pour l'infamie » (p. 64) ; « Étranger aux besoins, aux espoirs, aux plaisirs de l'espèce, je me dilapidais froidement pour la séduire » (p. 71) ; « Idolâtré par tous, débouté de chacun, j'étais un laissé-pour-compte » ; « Fils de personne, je fus ma propre cause » (p. 93) ; « Champion de l'ordre établi, j'avais placé ma raison d'être dans un désordre perpétué » (p. 95) ; « Matérialiste convaincu, mon idéalisme épique [...] » (p. 98) ; « Inaccessible au sacré, j'adorais la magie » (p. 102) ; « massacreur distrait, martyr indolent, je restai Grisélidis » (p. 111).

3. Voir Jaubert, Anna, *La Lecture pragmatique,* Hachette, 1990, p. 75-82.

sobriété, elle tire parti d'une pauvreté lexicale, mais sa justesse l'impose comme nécessaire.

Les autres composantes de l'introduction prêtent à variations stylistiques explicables :

I

Je voulus me défendre. Enfant imaginaire, je me défendis par l'imagination. J'arrachai aux adultes la Comédie pour me la donner à moi seul. C'est de ce moment que date pour moi ma naissance. Il fallait m'inventer une raison d'être.

Inventaire 10, f° ITEM 5.

Je luttai.

[Enfant imaginaire, je me défendis par l'imagination.]

Je ne sais quand j'ai commencé : il n'y a jamais de commencement. Il fallait me réinventer avec une raison d'être. Enfant imaginaire je me défendis par l'imagination.

Inventaire 10, f° ITEM 1.

« Je luttai » a l'avantage de la brièveté. « C'est de ce moment que date pour moi ma naissance » a l'intérêt de contester l'objectivité biographique ; « Je ne sais quand j'ai commencé : il n'y a jamais de commencement » est plus complexe, malgré la monotonie apparente de l'isolexisme : l'autobiographe réfléchit sur sa recherche, fait allusion aux développements de *La Nausée* sur le récit, s'appuie sur une maxime générale. Enfin la transformation de « m'inventer une raison d'être » en « me réinventer avec une raison d'être » donne raison – et sans doute plaisir – au ciseleur : la première formulation est dénotative, la deuxième métaphorique. Il suffit de changer un complément d'attribution en complément d'objet, d'ajouter un préfixe, pour évoquer le fantasme du « fils de personne » et le mythe de sa renaissance. Le travail du style, à ce stade, est recherche du sens.

2 / Synthèses, déplacements, « raccords »

Le dactylogramme « Jean sans terre » repousse cet ensemble au début du deuxième chapitre, et tente la synthèse des deux versions précédentes, dont il reprend et combine les unités de sens et les formules :

II

Ces dégoûts avaient volé le nom et les apparences du bonheur ; je ne pouvais que le sentir et lutter en aveugle contre eux. Enfant imaginaire, je me défendis par l'imagination ; comédien j'arrachais la comédie aux grandes personnes pour me la donner à moi seul ; généreux par momerie, je voulais trouver ma raison d'être dans l'exercice de la générosité. Je ne sais quand l'idée me vint de m'inventer des lettres de créance : il n'y a jamais de commencement.

Dactylographie originale de « Jean sans terre », f° 35.

Mais il travaille la syntaxe et le rythme, assemble en phrases complexes les indépendantes juxtaposées des versions primitives, monte en série symétrique les appositions antéposées et les isolexismes de l'une et de l'autre pour construire une période ternaire à cadence majeure :

> Enfant imaginaire, je me défendis par l'imagination ; /
> comédien j'arrachais la comédie aux grandes personnes pour me la donner à moi seul ; /
> généreux par momerie, je voulais trouver ma raison d'être dans l'exercice de la générosité.

Dans l'ensemble de cette introduction, les phrases sont plus longues et plus fleuries, plus « nombreuses », comme on disait au XIXe siècle : la phrase de liaison rappelant ce qui précède : « Ces dégoûts avaient volé le nom et les apparences du bonheur », « je ne pouvais que le sentir et lutter en aveugle contre eux », « je ne sais quand l'idée me vint... », tout est développé, « délayé » pour faire nombre et non plus pour faire sens. A ce stade de la rédaction, Sartre se soucie du rythme[1] et rend à Chateaubriand, par son style, l'hommage qu'il lui déniera dans le « manuscrit Beauvoir », en le comparant aux petits ouvrages de la collection Hetzel :

> Je raffolais de ces boîtes magiques, ce sont elles – non les phrases balancées de Chateaubriand – qui m'ont donné mes premières impressions de [la] beauté.
>
> Manuscrit Beauvoir, f° SdB 86 (ms Bost, F ITEM 38).

Mais il le lui rendra de nouveau dans le « manuscrit Vian », en substituant Chateaubriand (f° 288) à Corneille (f° 286) comme rival dans les défis de l'enfance :

> [petit-fils de prêtre, il y avait moins d'outrecuidance à rivaliser avec Chateaubriand, cet autre rabougri, qu'à défier à la course un garçon de mon âge. Je me crus du talent par résignation]

3 / *Prégnance d'une formule : « Enfant imaginaire »*

Dans le « manuscrit Beauvoir », le « manuscrit Vian », *Les Mots*, le syntagme « enfant imaginaire », maintenu et répété dans des cotextes[2] différents, joue un rôle plus complexe. Il suscite une lecture structurale du récit, où les variations d'un thème signalent la progression de l'intrigue. Il intervient dans deux ensembles différents. La première occur-

1. Voir l'entretien avec Michel Sicard, *Obliques*, p. 23 : « [Le travail du langage] était un auxiliaire nécessaire ; de ce point de vue, il fallait que la phrase en tant que telle fût la mieux possible, c'est-à-dire construite selon les règles de la grammaire, mais aussi selon des règles plus secrètes – l'harmonie des termes, l'action d'un mot sur son voisin, la construction d'une réalité musicale – qui devaient mettre les mots en valeur dans la phrase. »

2. « Cotexte » : contexte verbal, à distinguer du « contexte » situationnel.

rence, comme dans les versions précédentes, introduit la séquence sur les rêves éveillés :

> Bref, pour échapper au délaissement de la créature, je me préparais la plus irrémédiable des solitudes bourgeoises : celle de Dieu.
>
> Je devins généreux sans rien donner ; tout se passait dans ma tête : enfant imaginaire, je me défendis par l'imagination. [Comédien, j'arrachai la comédie aux grandes personnes pour me la donner à moi-même]. Quand je revois ma vie, de six à neuf ans, je suis frappé par la continuité de mes exercices spirituels. Ils changèrent souvent de contenu mais le cérémonial ne varia jamais : j'avais fait une fausse entrée, je me retirais derrière un paravent et je recommençais ma naissance à point nommé.]
>
> Manuscrit Beauvoir, f° SdB 153 (ms Bost, F ITEM 67).

Dans le « manuscrit Beauvoir » comme dans *Les Mots* (p. 94), la phrase est moins énigmatique que dans les versions précédentes : elle a été préparée par des développements très explicites sur le cabotinage et l'imposture : « Il fallait me jeter dans une autre comédie puis dans une autre encore : toujours courant, volant d'imposture en imposture » (manuscrit Beauvoir, f° 120), « Comment jouer la comédie sans savoir qu'on la joue ? » (*Les Mots*, p. 70-77), et par des formes voisines et redondantes : « J'étais un faux enfant, je tenais un faux panier à salade » (dactylogramme de « Jean sans terre », f° 23, manuscrit Beauvoir, f° 99, manuscrit Vian, f° 135, *Les Mots*, p. 71). D'autre part, elle perd sa fonction inaugurale ; le paragraphe qui la contient lie deux épisodes (le voyageur clandestin, les rêveries vespérales) en fin de section (dans *Les Mots*, p. 78-98). La série des isolexismes est abandonnée, ainsi que le style XIXe siècle, pour développer en scène familière (« je me retirais derrière un paravent ») le mythe de la renaissance.

La deuxième occurrence souligne la métamorphose du héros lors de l' « imposture nouvelle » (manuscrit Beauvoir, f° 199) qu'est l'écriture et confirme la composition binaire du livre. La reprise de l'isolexisme « imaginaire/imagination » renforce le parallélisme[1] :

> Ma nouvelle imposture me préparait un drôle d'avenir : dans le présent j'y gagnais tout. J'ai dit combien j'avais souffert d'être mal né, j'ai raconté mes ruses pour renaître : les supplications de l'innocence en péril m'avaient cent fois ressuscité, miracle et cadeau du ciel, pour me jeter dans la mêlée : mais c'était au vieux temps de mes chevauchées cinématographiques ; faux chevalier, je faisais de fausses prouesses dont l'inconsistance avait fini par me dégoûter. Or voici qu'on me rendait d'un seul coup tous mes rêves et qu'ils étaient devenus vrais : car elle était vraie, ma vocation, je ne pouvais en douter puisque mon grand-père s'en portait garant ; en forgeant l'alliage du héros et de l'auteur, je donnais au second les vertus du premier, au premier la réalité du second. *Enfant imaginaire, j'expulsai l'imagination de ma vie.* Je devins un vrai paladin dont les vrais exploits seraient des livres.
>
> Manuscrit Beauvoir, f° SdB 275 (ms Bost, F ITEM 151).

1. Même s'il manque, dans le « manuscrit Beauvoir », les pages qui inaugurent la deuxième partie. Matérialisée ou non, la structure binaire est inscrite dans la reprise d'un même syntagme dans des cotextes différents qui signale la transformation du héros.

Le texte des *Mots* resserre l'expression en faisant l'économie de l'isolexisme : « enfant imaginaire, je devenais un vrai paladin dont les exploits seraient de vrais livres » (p. 139). La progression de l'intrigue est ainsi soulignée de manière structurale, comme dans le nouveau roman, par un jeu de parallélismes et d'oppositions[1]. L'énoncé de départ est conservé jusqu'à la version finale, mais fondu dans tout le texte qu'il a produit, selon la procédure analysée par Francis Jeanson :

> L'un des paradoxes les plus saisissants de la démarche de pensée sartrienne, c'est cette aptitude à ramasser en quelques phrases décisives ce qu'elle est par ailleurs capable d'expliciter indéfiniment, en y faisant toujours apparaître quelque surcroît de signification.
>
> *Sartre,* Le Seuil, « Écrivains de toujours », éd. de 1975, p. 117.

D. Récits de rêveries

Revenons aux premières versions pour étudier les transformations d'un autre type de discours : le développement narratif sur les rêveries vespérales et diurnes.

La première version rassemble dans le même paragraphe les rêveries du soir et celles du jour. Une phrase assure la transition : « Vers 1912, quand ma mère, le Jeudi, m'emmenait au cinéma, j'entrepris de mettre mes histoires en scène. » La précision de la date attire l'attention : elle fait exception dans la structure de ce texte. Dans la deuxième version, la première proposition est remplacée par un développement sur le cinéma, une énumération de titres de films, de noms de salles, sans recherche d'expression, produit brut de l'anamnèse. Il est introduit par une phrase de transition où le cinéma apparaît comme le remède au rêve : « Je fusse tombé dans le rêve et devenu rêveur éveillé sans diverses circonstances. » Dans le dactylogramme « Jean sans terre », l'argument est retourné en sens inverse : « Par la faute du cinéma, j'ai risqué de me noyer dans les rêves. » C'est que la validité de l'argument importe peu ; ce qui compte, c'est l'affirmation d'un lien nécessaire entre deux épisodes de l'itinéraire mythique[2].

Insérer ici dans la deuxième version un développement sur le cinéma permet d'évacuer le deuxième paragraphe, sur les marionnettes, dont

1. Par exemple : les variantes successives de la fable sur le voyageur sans billet ; les actualisations successives du stéréotype « il y a quelqu'un qui manque ici ».

2. Sartre est coutumier de ces contradictions : « C'eût été parfait si j'eusse fait bon ménage avec mon corps », écrit-il dans le « manuscrit Vian ». Mais il affirmait exactement le contraire à Francis Jeanson : « Son propre corps, avec lequel il a toujours "fait bon ménage" » (*Sartre par lui-même,* édition de 1955, p. 187). Ce qui l'intéresse, c'est la réactualisation de l'expression figée, « faire bon ménage avec son corps », sous la forme affirmative ou négative, peu importe.

l'opportunité fait difficulté pour des raisons déjà connues[1]. Elles ne sont pas d'ordre stylistique, même si la version de cet épisode dans les *Carnets de la drôle de guerre* est plus fluide : les carnets sont écrits au fil de la plume, « sans forcer », sans souci de faire œuvre, tandis que l'entreprise autobiographique s'accompagne dès le début d'effort et de tension. La deuxième version est interrompue précisément avant la reprise de ce paragraphe, peut-être au moment où la décision a été prise de le supprimer ou de le différer. En revanche, le développement sur la découverte du cinéma remplace avantageusement le spectacle de marionnettes comme transition vers la lecture et l'écriture des romans. Il offre l'intérêt d'introduire un parallèle polémique avec le théâtre, d'opposer le XIXe au XXe siècle, une forme de culture populaire, féminine et maternelle aux formes « bourgeoises », légitimes et grand-paternelles, de contester en secret Anatole France, auquel fait allusion la description de l'initiation théâtrale[2], de reprendre le discours de distribution des prix au lycée du Havre sur le cinéma[3].

Le bref paragraphe énumératif de la deuxième version (« Je vis Zigomar... ») a été entièrement réécrit dans le « dactylogramme Jean sans terre », composé et développé de façon autonome, et non plus pour servir de transition entre les deux types de rêveries. Si le manuscrit du dactylogramme subsiste en partie, il manque probablement les brouillons qui préparent le dactylogramme et qui montreraient comment cette version a été obtenue. C'est l'épisode le plus descriptif, le plus pittoresque du livre, organisé comme un exercice de rédaction « réaliste » tel qu'il était codifié au début du siècle, un peu facile, où, pour une fois, le locuteur et son héros s'effacent devant le spectacle du monde. Le récit suit le déroulement d'une séance de cinéma dans le temps, énumère méthodiquement à chaque

1. Philippe Lejeune a expliqué la raison essentielle de cette suppression à propos des *Carnets de la drôle de guerre*, où ce souvenir est raconté avec des détails différents et sous une forme plus achevée. Euphorique, l'épisode aurait transformé l'autobiographie en récit de réussite et d'intégration, ruiné le portrait du héros en enfant solitaire et écrivain clandestin, ainsi que le pamphlet contre la « solitude bourgeoise ». Mais il y a des raisons secondaires : sont supprimés de la version finale tous les épisodes où le héros utilise des jouets, ici les marionnettes, ailleurs le cinéscope, le meccano, pour ne garder que des livres : « C'étaient mes poupées. » Et surtout, comme l'explique John Ireland, dans « Pour un nouveau portrait du dramaturge engagé », dans *Sartre. Itinéraires. Confrontations, Études sartriennes 5, Cahiers RITM,* Université Paris X, 1993, p. 93-110, l'évocation lyrique d'un tel éblouissement aurait situé l'origine de la vocation littéraire dans l'écriture dramaturgique. C'était un autre parcours, qui ne préfigurait pas exactement celui de l'adulte. Cependant, il est possible que Sartre, en organisant « Jean sans terre », ait prévu non la suppression de l'épisode, mais son déplacement dans un chapitre ultérieur, qui, comme dans le Carnet 12, aurait pu porter sur le rôle d'amuseur que Sartre s'attribue, manifeste à l'École normale, déjà indiqué dans les représentations de Guignol que l'enfant donne au Luxembourg.

2. Ce récit développe le début de la conférence de 1931, qui commençait par une citation d'Anatole France, tirée du chapitre « Prestiges » de *La Vie en fleur,* paru en volume en 1922.

3. « Beaucoup n'avaient pas cinq ans qu'ils connaissaient déjà le cinéma, car c'est par le cinéma, non par le théâtre, qu'on débute aujourd'hui. Peut-être souvient-il encore à quelques-uns du premier film qu'ils virent, mais ces origines lointaines se perdent, pour la plupart, dans la brume des souvenirs » (*Les Écrits de Sartre,* p. 546).

étape les sensations perçues par les cinq sens, surtout, paradoxalement, les sensations de couleur. Il caractérise tous les substantifs d'une débauche d'adjectifs, quand, dans le reste du texte, Sartre s'en restreint l'usage. Il multiplie les procédés destinés à susciter un effet de dépaysement : les indéfinis, les métaphores fondées sur des synesthésies (« l'odeur vernie d'un désinfectant », « je mangeais des lampes de secours »), les hypallages (« de grands chapeaux palpitants rassuraient »), les interrogatives, la focalisation sur un détail agrandi (« des rangées de strapontins qui montraient par en dessous leurs ressorts de fer »). La réécriture dans le « manuscrit Vian » change peu de choses à la description du cinéma, insiste seulement sur la satire du théâtre bourgeois, en rajoutant des mots d'esprit (la série des Jules), des maximes de moraliste (« quand beaucoup d'hommes sont ensemble, il faut les séparer par des rites... »), et enfin, pour la cohésion structurale du livre, un bref dialogue avec M. Simonnot. Un rapide toilettage réduit « l'adiposité » de l'expression en gommant quelques adverbes et adjectifs.

Les traces du travail stylistique sont plus visibles dans les récits de rêveries. La réécriture est le moment pour l'écrivain adulte de mimer et de réactualiser ou réinventer les jeux d'imagination de l'enfant, ainsi que leur répétition déjà structurale sous les formes différentes des rêveries vespérales et des mises en scènes diurnes.

Voici le scénario sommaire des rêveries vespérales dans leur première version :

> je redescendais, portant la jeune fille évanouie dans mes bras, on m'entourait, on me frappait sur l'épaule, on me félicitait : j'étais pleinement justifié.

Pour le développer dans la deuxième version, il suffit d'obéir aux principes élémentaires de la narration : développer les circonstances de l'action, camper une « composition de lieu » : le héros est sur une échelle en flammes, à son retour, non seulement on l'entoure et on lui frappe sur l'épaule, mais on le félicite et lui donne la médaille de sauvetage. Dans le « dactylogramme Jean sans terre », le procédé est plus exubérant et plus élaboré. L'accueil du sauveteur est mis en scène avec des personnages multiples, le maire, le chef de la police, le capitaine des pompiers, avec une gestuelle forcée, embrassades et baisers. Le narrateur imite le travail du romancier structuraliste, qui transforme un détail et énumère les conséquences de la transformation (l'échelle est devenue un toit en flammes, il faut imaginer un moyen d'en descendre, « J'avisais une gouttière que je n'avais pas remarquée la veille »), qui essaie les diverses voies possibles de l'action (ou bien la jeune fille reprend ses sens et noue ses bras au cou du héros, ou bien elle reste évanouie et il faut l'adjuvant d'une corde). Dans la réécriture ludique de ce mince épisode, au cours de la deuxième campagne d'écriture, l'exploration de l'imaginaire est menée systématiquement, comme dans l'ensemble de cette version, l'évocation des possibles du héros : cette autobiographie est écrite en partie à l'irréel du passé[1].

Le « dactylogramme » rompt la monotonie du récit d'aventures imaginaires par d'autres modes de narration. Le monologue intérieur du héros, qui se dit « la suite à demain » dans les versions primitives, est transformé en scène dialoguée avec la mère :

> A cet instant je prononçais à mi-voix les mots fatidiques : « La suite au prochain numéro. » – « Qu'est-ce que tu dis ? » demandait ma mère. Je répondais prudemment : « Je me raconte des histoires pour m'endormir. »

La scène est vraisemblabilisée (il faut rajouter « à mi-voix » pour que le dialogue puisse s'engager), et les répliques sont traduites en termes de technique littéraire pour annoncer la vocation du futur romancier : « La suite au prochain numéro. » Une trouvaille de dernière minute entre la version des *Temps modernes* et la version en volume[2], « Je me laisse en suspens », transforme la réplique en faux « mot d'enfant » plein de vérité : le héros est suspendu en position périlleuse et laisse le lecteur dans le suspens des romans feuilletons.

L'épisode des mises en scène diurnes est travaillé dès la première version. Le récit et le commentaire alternent. Le récit a deux niveaux : une scène habituelle dans le décor de l'appartement, où intervient la grand-mère dans un dialogue familier ; l'intrigue qu'invente et joue le héros dans un double rôle : « D'un côté j'étais un grand acteur et metteur en scène [...]. D'autre part j'étais vraiment un chevalier errant. » Cette dualité se manifeste dans l'ambiguïté des verbes de mouvement : « Je dévale, à cheval, une colline. [...] Je mets pied à terre, je me jette [...] Je mettais un genou en terre » ; ces verbes décrivent à la fois l'enfant courant dans la pièce, l'acteur dans le film et le personnage qu'il représente. L'alternance entre les présents et les imparfaits fait varier la distance entre le narrateur et son héros, de la nostalgie du souvenir à la présentification hallucinée.

La réécriture immédiate précise les circonstances de la scène par un effort d'anamnèse (le grand-père est à son Institut, rue de la Sorbonne, la mère joue non seulement du Chopin et du Schumann, mais *Les grottes de Fingall,* l'enfant préfère la rapière au revolver), conserve les alternances

1. Cet effet est souligné dans le texte par l'emploi du plus-que-parfait du subjonctif à valeur de conditionnel passé. Par exemple, dans le « manuscrit Beauvoir », *passim* : « Pour m'y précipiter, il eût suffi de me présenter l'affaire par l'autre bout » ; « Un père m'eût lesté de quelques obstinations durables » ; « Si l'on m'eût mis au pain sec, il m'eût porté des confitures » ; « M'eût-il engendré, cependant, je crois bien qu'il n'eût pu s'empêcher de m'asservir : par habitude » ; « Eût-il vécu, mon père se fût couché sur moi de tout son long et m'eût écrasé [...] Par chance il est mort en bas âge ; « Dieu m'eût tiré de peine : j'eusse été chef-d'œuvre signé ; assuré de porter sa marque, de tenir ma partie dans le concert universel, j'eusse attendu patiemment qu'il me révélât ses desseins et ma nécessité. »

2. A moins qu'il ne s'agisse d'un souvenir de Mme Mancy...

entre commentaire et récit, récit de « réel » et récit de fiction, imparfaits et présent, la brièveté des phrases juxtaposées et la dominance des verbes d'action. Mais elle complique l'intrigue imaginée (« la jeune fille [...] fait une faute [...] elle s'éloigne pour cueillir des fleurs. Un truand la suivait »), accentue la stéréotypie de l'expression (« un moment viendra où ma vertu, ma pureté, mon héroïsme éclateront à la face des cieux »), tente de parfaire l'effet d'hallucination : les temps forts de l'action sont ponctués de commentaires expressifs : « Quelle mêlée », « A cheval ! ». Cette version pastiche non seulement les intrigues des romans d'aventures, mais leur style.

Le « dactylogramme Jean sans terre » développe longuement l'épisode. Il met en valeur le rôle de la musique dans ces scènes de « cinéma » : « prise à dose massive la musique agissait enfin » (le manuscrit Beauvoir magnifie cette influence : « Comme un tambour vaudou, le piano m'imposait son rythme »). Sans atténuer l'effet hallucinatoire du récit d'actions, en multipliant au contraire les termes empruntés au vocabulaire de la guerre, il insiste sur l'identification du héros à un acteur de film muet : « Je souhaitais perdre la parole et vivre en musique », « je lui fais savoir par l'intensité de mon regard ou par les mouvements silencieux de mes lèvres que je le tiens pour un bâtard du Diable ou pour un chien ». La distance ironique et le caractère comique du héros s'imposent : « Je tournais dans la pièce, l'œil torve, la tête basse, traînant les pieds », ainsi que la confusion pour lui entre le réel et l'imaginaire : quand sa mère (et non plus sa grand-mère comme dans la première version) lui reproche de faire trop de bruit, « Je ne lui répondais pas puisque j'étais muet. » Le lecteur est spectateur d'une pantomime dont le héros tient pour un public fictif le rôle d'un acteur de cinéma muet jouant tous les rôles d'un roman d'aventures auquel il croit... Puis, sans alinéa, le narrateur double ce récit de son commentaire et de sa traduction mythique : « Le cinéma m'avait appris à vivre le temps à l'envers. »

Au début de son entreprise autobiographique, Sartre a donc construit son premier chapitre à partir d'une figure de rhétorique qui résume et introduit une dissertation. Puis il a développé chaque partie de son argumentation en séquences narratives indépendantes avec le plaisir manifeste de l'anamnèse et selon toutes les ressources de la virtuosité romanesque. L'ensemble ainsi amplifié exige une construction nouvelle, moins visible, moins traditionnelle, plus complexe, où la figure introductive change de rôle et devient thème avec variations. La rédaction de l'épilogue, en revanche, plus limitée dans le temps, conserve à cette séquence sa rigueur argumentative.

2

« VOILA MON COMMENCEMENT »

La dernière division du livre, isolée de ce qui précède par un grand interligne, clôt à la fois le texte et sa rédaction. C'est un véritable épilogue, qui met un terme chronologique à la diégèse, conclut l'argumentation, achève le texte par un bouquet d'artifices littéraires. Sa rédaction semble avoir été tardive et brève : il ne figure pas dans le « manuscrit Beauvoir », mais dans le « manuscrit Vian ». Il a donc été rédigé au plus tôt lors de la campagne d'écriture de mars 1963 (par datation interne, en 1962 ou 1963 : « J'écris depuis un demi-siècle exactement », f° ITEM 69 ; et, selon la démonstration de Michel Contat, probablement en mars-avril 1963). Mais il a été préparé par des avant-textes divers. Le travail d'élaboration peut être étudié dans un ordre chronologique relatif, à travers deux groupes de documents.

1 / Des fragments de contenu et quelques énoncés de cet épilogue figurent dans des textes de nature et de date diverses : publiés ou non par l'auteur, écrits et oraux, très anciens, peut-être même antérieurs à la décision d'entreprendre une autobiographie, dès les *Cahiers pour une morale* (1947-1948), ou plus récents, contemporains de la décennie autobiographique (1953-1963).

2 / Le dossier ITEM qui rassemble manuscrits et dactylogrammes autobiographiques précédant la publication des *Mots* dans *Les Temps modernes* contient trois sortes d'avant-textes[1] :

1. Inventaire et classement de ces avant-textes dans le dossier ITEM, désignés par le numéro qu'ils portent dans l'inventaire :

— 1 *Les Temps modernes,* p. 831-834 ;
— dans 5 (cinq fiches thématiques) : fiche 4*b*
— dans 6 (ensemble Bost-Rybalka) : F ITEM 396 à 410 (Ryb bh à by) : six brouillons pour le début de la fin, deux brouillons et une mise au net pour la section tout entière, quelques avant-textes divers, note, fragments d'entretien, rature, pour la fin de la fin ;
— dans 8 (ms Vian) : F MV 434 à 453 ;
— dans 12 (liasse « Orléans ») : F ITEM 61.

Ces avant-textes peuvent être rangés avec vraisemblance, en fonction de leurs caractéristiques graphologiques et, pour une partie d'entre eux, d'indices internes fiables, dans un ordre chronologique relatif :

1 / Dans 5 (« cinq fiches thématiques et cinq feuillets Moriceau ») : la fiche thématique F 4.
2 / Dans 12 (liasse « Orléans ») : F ITEM 61.
3 / Dans 6 (ensemble Bost) : F ITEM 409 (Ryb bu), 410, 411 (Ryb bv), 412 (Ryb bw).

Parmi les feuillets de l'ensemble « Bost », on distingue assez nettement deux types de graphies :

— Un graphisme analogue à celui du « manuscrit Vian », régulier, où les mots sont nettement séparés, comme pour être facilement déchiffrés par autrui, dans les feuillets ITEM 399, 400, 402-408 (Ryb bk,

— quelques feuillets disparates et dispersés antérieurs à la campagne finale d'écriture (1963), qui n'appartiennent pas à la version composée du « manuscrit Beauvoir », et où figurent des fragments de contenus et de signifiants qui préparent l'épilogue ;

— l'essentiel est fourni par l'ensemble « Bost » : il contient, en plus des feuillets éliminés lors de la constitution du « manuscrit Vian », un paquet de 74 feuillets non foliotés par Simone de Beauvoir et foliotés rapidement en lettres minuscules par Michel Rybalka quand la liasse de l'ensemble « Bost » était encore en possession de Wanda Kosakievicz. On peut reconstituer à travers cet ensemble disparate deux versions complètes et consécutives de l'épilogue, d'un graphisme différent de celui du « manuscrit Vian ». La même liasse de l'ensemble « Bost » contient aussi plusieurs versions interrompues du début de l'épilogue, que je n'étudierai pas ici[1] ;

— la version de l'épilogue, dans le « manuscrit Vian », est très proche de la version des *Temps modernes* et de la version en volume, à quelques exceptions près, rares, mais capitales : plusieurs passages y ont été biffés avant la remise du manuscrit à la dactylographie. Ainsi, le dernier paragraphe du texte contenait quelques lignes de plus, plusieurs fois réécrites, qui donnaient à l'*excipit* un sens et un ton tout différents.

bl, bn, bo, bp, bq, br, bt), qui paraissent être des chutes du « manuscrit Vian », et dont on peut rétablir la place dans ce manuscrit.

— Un graphisme rapide, bouclé, comme le graphisme du « manuscrit Beauvoir », mais plus incliné à droite et plus gros, les mots y sont souvent liés entre eux, comme dans une écriture de brouillon, non destiné à être confié à un tiers pour dactylographie. Appartiennent à ce type d'écriture :

— deux feuillets consécutifs : F ITEM 396-397 (Ryb bh-bi), qui forment un tout et constituent sans doute la première version complète de la section finale ; elle sera désignée ci-dessous comme la *version 1* ;

— quatre feuillets qui paraissent consécutifs dans l'ordre suivant : F ITEM 411-401-413-412 (Ryb bv, bm, bx, bw), et qui constituent une version complète de la section finale, deux fois plus longue que F ITEM 396-397 ; elle sera désignée comme la *version 2* ;

— quatre feuillets isolés et interrompus, F ITEM 398, 407, 409, 410 (Ryb bj, bs, bu, un feuillet non paginé), constituent des variantes du début de la section finale : ils commencent tous par un alinéa et annoncent un commentaire récapitulatif sous deux formes différentes dont la version définitive fera la synthèse (« Voici mon commencement : je fuyais, des forces extérieures ont modelé ma fuite et m'ont fait »). Mais F ITEM 398 est proche des deux versions complètes : les trois textes commencent par un énoncé analogue, « Voici le départ », « Voilà mon commencement ». Tandis que F 407, 409, 410, textes courts et interrompus, commencent différemment, avec une autre formule conclusive, mais contiennent l'énoncé : « Je fuyais, des forces extérieures ont défini ma fuite » ;

— un texte isolé, F ITEM 414 (Ryb by), commençant par « J'ai changé ».

4 / Dans 8 (manuscrit Vian) : F MV 434-453 ; et 6 (ensemble « Bost ») : F 399, 400, 402-407.

(Le « manuscrit Vian » comporte, selon la méthode habituelle de Sartre, des ratures et des réécritures ; il est complété par les chutes rassemblées en désordre dans l'ensemble « Bost », et qui peuvent être replacées dans l'ordre suivant : 400 (Ryb bl), MV 434, MV 435, 408 (Ryb bt), MV 436, MV 437, 404 (Ryb bp), MV 438, MV 439, 402 (Ryb bn), 403 (Ryb bo), MV 440, MV 441, 405 (Ryb bq), 406 (Ryb br), MV 442, MV 443, 399 (Ryb bk), MV 444.)

5 / Dans 1 *(Les Temps modernes)* : p. 831-834.

1. Elles présentent des différences minimes, des substitutions de synonymes, des inversions de phrases. Si nous étions certains que cette liasse contienne tous les brouillons de l'épilogue, nous pourrions supposer que ces tâtonnements au début sont des exercices d'échauffement, qui assurent ensuite une écriture rapide et continue.

Pour la commodité de l'exposé, j'appellerai *versions 1 et 2* les versions de l'ensemble « Bost » ; *version 3* celle du « manuscrit Vian » avec son passage biffé ; et *originale* celle qui a paru en volume dans la « collection Blanche » en 1964. Je considère ici comme mineures les variantes contenues dans la version des *Temps modernes.*

A. Préhistoire de l'épilogue

Antérieurs à la rédaction en 1963 des versions 1 et 2 contenues dans l'ensemble « Bost », trois types de documents contiennent une argumentation ou des énoncés repris dans l'épilogue :

— des écrits « anthumes » et posthumes extérieurs au dossier de « Jean sans terre » ;
— quelques feuillets de ce dossier ;
— un entretien avec Madeleine Chapsal, transcrit et publié.

Chacun d'eux pose des problèmes particuliers et conduit à des conclusions propres : comment l'épilogue des *Mots* transforme-t-il certains thèmes d'œuvres antérieures ? Est-il annoncé dans « Jean sans terre » avant sa mise en forme ? Sa première rédaction a-t-elle été écrite ou orale ?

1 / L'épilogue : une illustration des « Notes morales » de 1947-1948

Hors du dossier de « Jean sans terre », quelques écrits, publiés ou non par l'auteur, contiennent des unités de sens, arguments, motifs, et des énoncés que nous retrouvons dans l'épilogue du texte original. Mais ils ne sont pas articulés dans ces textes comme une fin de récit ou une conclusion d'argument ; ils ne contiennent pas de marques rhétoriques de clôture, les développements auxquels ils s'intègrent leur donnent une portée et parfois un sens tout différents : la rédaction de l'épilogue assemble des matériaux anciens dans une construction neuve.

Les premiers éléments du contenu de l'épilogue des *Mots* apparaissent dans les *Cahiers pour une morale*, auxquels renvoie explicitement la quatrième des cinq fiches préparatoires de notre dossier : « Prendre les notes morales sur la médiocrité. » « Notes pour une morale », c'est ainsi que Sartre désignait ce qui a paru sous le titre *Cahiers pour une morale.*

La note à laquelle Sartre fait allusion ici est aisément repérable par son incipit : « Morale de la *médiocrité.* » Elle énumère ce qui définit « l'homme moyen » :

> Il se perd exprès dans l'infini des moyens pour ne pas regarder la fin en face. [...] En second lieu l'homme moyen se veut *moyen* (médiocre). [...] En troisième lieu, il est à la fois justifié et inessentiel. [...] Il fait toujours ce que n'importe qui

> pourrait faire à sa place. 4 / L'homme moyen est un *milieu* (médium). Sa réalité est statistique. [...] 5 / L'homme moyen : classes moyennes. 6 / Vertus et morale : rien de trop, on a toujours besoin d'un plus petit que soi. 7 / Pensée de l'homme moyen : le lieu commun.
>
> (*Cahiers pour une morale,* Gallimard, 1983, p. 24.)

Ainsi s'éclaire la dernière phrase des *Mots* : « Tout un homme, fait de tous les hommes et qui les vaut tous et que vaut n'importe qui. » Ce qui peut apparaître dans les seules limites du texte comme un cliché rhétorique et humaniste prend alors un sens fort mais allusif, celui d'un retournement, d'une conversion morale : encore fidèles à la morale nietzschéenne de « l'homme seul » qui tentait Sartre au temps de *La Nausée,* les *Cahiers pour une morale* décrivent la « morale de la médiocrité » en termes péjoratifs, alors que la fin des *Mots* la revendique.

Cette référence explicite à une « note morale » invite à en chercher d'autres, implicites. Deux sont manifestes : la perspective du refroidissement du soleil et l'évocation de Philoctète. Dans les *Cahiers,* la menace du refroidissement solaire est destinée à prouver la vanité de l'Histoire, son absence de finalité interne, sa contingence :

> La menace du refroidissement solaire réduit toute l'histoire à la vanité. Si l'humanité doit mourir et mourir n'importe quand, son Histoire a de nouveau un dehors, elle n'a plus sa fin en elle-même, elle n'est qu'une agitation vaine. Il suffit qu'il puisse se refroidir pour que l'humanité soit au rang des espèces et son histoire un leurre. Pourtant c'est elle qui fait qu'il y a un soleil. Reste que dans cette hypothèse même une action historique finie garde sa valeur absolue. C'est seulement l'Histoire comme réalité absolue qui disparaît, parce que sa fin est extérieure.
>
> (*Cahiers pour une morale,* p. 114.)

Dans l'autobiographie, cette perspective et l'illusion qu'elle détruit ne sont plus interprétées en termes philosophiques, mais sous la forme émotive et familière d'une confidence. C'est l'occasion d'un aveu, l'expression d'une crainte singulière et d'un projet individuel, celui de survivre dans la mémoire des hommes :

> Aujourd'hui encore, désenchanté, je ne peux penser sans crainte au refroidissement du soleil : que mes congénères m'oublient au lendemain de mon enterrement, peu m'importe ; [...] mais que l'humanité vienne à disparaître, elle tuera ses morts pour de bon.
>
> (*Les Mots,* p. 202.)

Le texte autobiographique remplit ici l'une de ses fonctions habituelles : il signale l'expérience vécue sur laquelle s'appuie la réflexion philosophique. Littéraire, il vulgarise, c'est-à-dire qu'il traduit en termes familiers l'expérience personnelle dont le texte philosophique tirait une argumentation conceptuelle, abstraite et générale[1].

Une autre « note morale » éclaire le dernier avatar du narrateur, son portrait en Philoctète au quatrième paragraphe de l'épilogue. Au cours d'une longue analyse du « Potlatch » inspirée par les travaux de Mauss, Sartre prend comme exemples le Philoctète d'André Gide donnant son arc et l'artiste occidental offrant son œuvre au public, pour montrer que le don désintéressé libère à la fois le donateur et le bénéficiaire. Puis il étudie comment la situation s'inverse quand le donateur attend du bénéficiaire un cadeau en retour ; et enfin il développe l'ambiguïté essentielle du don :

> L'anéantissement par le don me dégage comme pur pour-soi transcendant la situation. C'est Philoctète donnant son arc, chez Gide. En donnant, ma liberté surgit sur écroulement du monde. [...] Lorsque le don a lieu entre égaux sans aliénation réciproque, l'acceptation du don est aussi libre, désintéressée, immotivée que le don lui-même ; elle libère comme lui. C'est le cas dans une civilisation évoluée, du don de l'œuvre d'art au spectateur. [...] Un renversement va se produire si la liberté qui donne escompte qu'on lui rendra. [...] Donc le don est structure ambivalente avec perpétuelle instabilité.
>
> (*Cahiers pour une morale,* p. 382-390.)

Cette référence explique ce que l'allusion, dans *Les Mots,* a d'énigmatique. Sartre y présente l'histoire de Philoctète comme la dernière occurrence du « qui-perd-gagne ». Ce personnage clôt la série des héros récompensés pour leur sacrifice : Grisélidis, Pardaillan, Strogoff, auxquels l'enfant s'est identifié successivement au cours de son développement. Mais le texte surprend : de quel Philoctète s'agit-il ? Car le Philoctète de Sophocle refuse de donner son arc sans la garantie d'être emmené par les Grecs pour être soigné, il ne le donne pas sans condition, et le Philoctète de Gide doit son bonheur à la renonciation complète qui le libère. Sartre invente pour dernier modèle un nouveau Philoctète de mauvaise foi, héros « sartrien » jusqu'à la caricature, mais qui, à quinze ans de distance, et après une longue élaboration du mythe[2], illustre la théorie de l' « ambivalence » et de

1. Dans les pages rédigées en 1952 sur Mallarmé, Sartre ironise sur le plaisir que prenaient les poètes postromantiques à traiter ce thème : « Ils transposent le drame social en catastrophe cosmique. Ils aiment à se représenter la mort de la Terre. Le refroidissement du Soleil les divertit particulièrement. » Et Sartre cite à l'appui quelques vers des *Poèmes barbares* de Leconte de Lisle, sans le nommer (*L'Engagement de Mallarmé,* Gallimard, 1986, p. 47). Mais dans les *Cahiers pour une morale* et dans *Les Mots,* il ne tire aucun effet intertextuel de cette réminiscence : le refroidissement du soleil n'est pour lui qu'un lieu commun, émouvant certes, mais réduit à un signifié : la finitude temporelle, et dépouillé de la splendeur pittoresque dont Leconte de Lisle, et surtout Hugo dans *La fin de Satan,* l'avaient paré.

2. Les références à Philoctète sont récurrentes dans l'œuvre de Sartre, mais leur signification varie. *L'Être et le Néant* donne « l'instant où le *Philoctète* de Gide abandonne jusqu'à la haine, son projet fondamental, sa raison d'être et son être » comme exemple de « conversion » (coll. « Tel », p. 555). En 1947, dans « Qu'est-ce que la littérature ? », la conduite de Philoctète illustre l'éthique de l' « écrivain-consommateur » : « Lorsqu'on considère dans cette perspective l'œuvre de Gide, on ne peut s'empêcher d'y voir une éthique, strictement réservée à l'écrivain-consommateur. Son acte, gratuit, qu'est-il, sinon l'aboutissement d'un siècle de comédie bourgeoise et l'impératif de l'auteur-gentilhomme. Il est frappant que les

l' « instabilité » du don. Ces références secrètes justifient l'irruption dans l'épilogue d'un personnage inattendu dans le texte, mais porté par les avant-textes les plus anciens.

Contrairement à ce qui s'est passé pour les écrits romanesques de Sartre, où l'écriture littéraire semblait préparer le travail philosophique, l'épilogue des *Mots* reprend les recherches sur la morale et en donne non pas une traduction en langue commune, mais une expression existentielle, individuelle et vécue. D'autre part, le travail autobiographique accompli par Sartre pendant une décennie ne semble pas avoir modifié les données des problèmes moraux traités en 1947-1948 – l'opposition entre une morale de l'élite et une morale de la médiocrité –, mais seulement sa solution : le choix démocratique de la médiocrité. Tout se passe comme si Sartre avait relu ses « notes morales » au cours de la rédaction de l'épilogue, et y faisait allusion pour lui seul.

2 / Entre 1953 et 1963 : l'épilogue en pointillé

Au cours de la décennie autobiographique, l'argumentation contenue dans le dernier paragraphe figure sous forme fragmentaire dans des textes publiés et datés, ou dans des avant-textes manuscrits que l'on ne peut pas dater. Je les rappelle ici pour jalonner les étapes de la genèse ; leur contenu sera étudié en même temps que les transformations du dernier paragraphe :

— Deux unités de sens contenues dans le dernier paragraphe du texte, le refus de l'élite et la totalité, apparaissent dans des écrits publiés : « Les communistes et la paix », 3e partie, publiée en avril 1954, et « Des rats et des hommes », préface au *Traître* d'André Gorz, écrite en 1957, parue en 1958, reprise dans *Situations IX,* 1972.

— La thèse essentielle du livre, la littérature comme « ersatz de la religion », figure dans les avant-textes peut-être les plus anciens, antérieurs à la rédaction du « manuscrit Beauvoir » : l'une des fiches qui

exemples en soient tous empruntés à la consommation : Philoctète donne son arc, le millionnaire dilapide ses billets de banque, Bernard vole, Lafcadio tue, Ménalque vend ses meubles » (p. 164). En 1948, dans *Orphée noir,* la générosité de Philoctète consiste à abandonner son orgueil : « Étrange chemin : humiliés, offensés, les Noirs fouillent au plus profond d'eux-mêmes pour retrouver leur plus secret orgueil, et quand ils l'ont enfin rencontré, cet orgueil se conteste lui-même : par une générosité suprême ils l'abandonnent, comme Philoctète abandonnait à Néoptolème son arc et ses flèches » (*Situations III,* 1949, p. 282). Dans *Saint Genet, comédien et martyr* (Gallimard, 1952), l'histoire de Philoctète est au contraire « la transcription esthétique » d'une « méthode ascétique pour atteindre à l'extrême singularité de la personne » (p. 194-195), d'un renoncement au particulier pour « une relation *singulière* à la *totalité* du réel » (p. 197), qui aboutit à l' « ivresse de Philoctète que la Nature, soudain, comble de ses dons » (p. 198). Dans l'avant-dernier chapitre enfin, le don de l'arc figure déjà le renoncement à la littérature auquel il est fait allusion dans *Les Mots* : « Il a donc ouvert les bras et laissé tomber sa haine ? Il a donc donné, ce Philoctète, son arc à quelque Néoptolème de la maison Gallimard ? *Œuvres complètes ?* Il ne publiera donc plus rien ? Alors c'est qu'il est mort » (p. 528).

esquissent un plan méthodique du livre, et le dernier paragraphe de la première version du premier chapitre étudié plus haut (p. 128 et s.).

— Deux feuillets isolés difficiles à dater, qui ne se rattachent à aucune séquence manuscrite que nous ayons à ce jour, développent l'un la justification que donne la religion, l'autre la vocation littéraire comme « christianisme de poche ». On peut supposer que ces feuillets appartiennent à un ensemble qui a existé et que nous n'avons pas, qu'ils s'intégraient peut-être au développement sur l'éducation religieuse à l'Institution Dibildos (*Les Mots*, p. 84-86) :

> [...] Les petits croyants de mon âge, peut-être s'étonnaient-ils parfois [de se sentir vague] leurs âmes vaguelettes et de leurs corps si naturels ; [mais] pas longtemps : Dieu les avait fabriqués un à un, tout exprès, il réservait à chacun sa part dans le concert universel, il leur ménageait des épreuves et les surveillait sans défaillance, il les conduisait vers sa Gloire et l'Immortalité. Chacun se sentait l'objet d'un décret particulier, d'une grâce spéciale ; et quelle responsabilité +quelle importance+ : s'il n'est pas sage, l'enfant fait pleurer Dieu ! Belles larmes absolues qui roulez dans la transparence du ciel, comment penser à vous sans horreur et sans envie ? Bien sûr [personne] Dieu n'avantage personne : sa bienveillance s'étend à tous les baptisés – ; [mais je ne souhaitais pas différer des autres ou l'emporter sur eux. Il ne s'agissait pour moi que d'être élu ; si les autres l'étaient aussi, tant mieux pour eux.] tous les enfants chrétiens sont élus. Mais je ne demandais rien d'autre [et je ne souhaitais différer] je n'ai jamais souhaité différer des autres ou l'emporter sur eux – j'y reviendrai. [...]
>
> (Inventaire 4, f° ITEM 5.)

> [...] la religion chrétienne était en moi, on l'y avait installée, je savais mon catéchisme et je me préparais doucement [à] au jour solennel de ma première communion. Ce qui me manquait, c'était la foi ; et j'en étais à ce point dépourvu que je ne savais même pas qu'elle me manquait. Mes parents appartenaient à cette élite où les croyants pèchent par tiédeur, où les libertins, même forcenés n'arrivent pas à se décoller de Dieu ; chez nous, croire ou ne pas croire, c'était pareil. Trop mécréant pour rejoindre ces pieux enfants, exclus sans le savoir, j'étais dedans et dehors, je baignais dans la Religiosité mais je restais aveugle au Sacré. Cependant l'Église m'offrait un modèle prestigieux : elle produisait des fournées d'élus chaque année ; elle assurait à chaque nouveau-né une légitimité, un but, un destin préfabriqué. Aujourd'hui, quand je me regarde sans parti pris, je vois avec stupeur ce que peut faire un enfant à qui l'on a donné le Divin sans Dieu et la religiosité sans religion : j'ai volé l'Église catholique et je l'ai mise en moi ; j'en ai copié les institutions, les sacrements, je les adaptés à ma misère, j'ai approprié ses mythes à ma seule existence. Tout ce que j'ai raconté plus haut, c'est vrai : il est vrai le malentendu initial, elle est vraie la fausse prophétie de mon grand-père et mon minutieux travail. Mais s'il faut donner le sens profond de ma « vocation » littéraire, c'est un christianisme de poche.
>
> (Inventaire 12, f° ITEM 61.)

Ces feuillets frappent par leur parenté de contenu avec l'épilogue : l'appropriation du modèle religieux, le sens de la vocation littéraire, et même le désir de ne pas se distinguer, que l'on retrouvera ensuite, théorisé dans le refus de l'élitisme. Peut-être ont-ils été écartés au début du récit justement parce qu'ils risquaient d'annoncer trop tôt une conclusion prévue dès le début, et indépendante des limites chronologiques que devait finalement adopter la diégèse. Peut-être aussi montraient-ils les relations sociales, même distantes, que l'enfant entretenait avec ses camarades, et que l'adulte veut minimiser pour les besoins de sa démonstration[1]. Quant à la métaphore « christianisme de poche », peut-être d'actualité peu après la fondation du « Livre de poche » en France[2], elle sera traduite plus tard, dans la première version complète de l'épilogue, sous la forme littérale de « christianisme laïcisé » (ms Bost, F ITEM 396, Ryb bh) : dans ce cas, tout se passe comme si Sartre écrivain devait d'abord revenir au degré zéro de l'écriture, à la construction conceptuelle de l'épilogue avant de le travailler littérairement.

3 / En 1960 : une version orale de l'épilogue

Francis Jeanson paraphrase et cite des fragments d'entretiens qu'il avait eus avec Sartre au moment où il préparait *Sartre par lui-même*, entre 1953 et 1955. Sartre fait état, écrit Jeanson, du « sentiment qu'il a toujours eu d'une sorte d'absolu en lui-même » :

> sentiment qui n'implique aucune idée de supériorité sur les autres [...] Le fond de l'affaire, c'est l'orgueil : le choix d'être n'importe qui, de n'être rien... La vraie valeur de la personne est dans le moment où elle est à la fois tout le monde et personne[3].

Ainsi s'annonce le thème contenu dans la dernière phrase des *Mots*, mais non sa formulation.

En revanche, l'entretien avec Madeleine Chapsal, réalisé en janvier 1960, puis remanié et publié en mars de la même année chez Julliard[4], frappe par ses similitudes avec la section finale des *Mots* dans ses trois versions successives. Il développe la même argumentation générale : la transposition de la vie religieuse dans la vie littéraire. Il l'illustre de motifs conservés dans les versions écrites : la comparaison de l'écrivain avec le moine. Plus étonnantes sont les similitudes de formulation : « rien dans les mains, rien dans les poches », cliché familier réactualisé par une chanson d'Yves Montand en 1949 ; « miroir critique », la littérature fut « calquée sur », « succédané de », « ersatz de » la religion, « j'ai désinvesti », quelque chose « dégringola dans le

1. Voir la démonstration de Philippe Lejeune dans *Le Pacte autobiographique*, Le Seuil, 1975.
2. *Les Mains sales* et *Le Mur* paraissent en « Livre de poche » en 1953, et *La Nausée* en 1956.
3. Francis Jeanson, *Sartre par lui-même*, Le Seuil, 1re édition, 1955, p. 187-188.
4. Chapsal, Madeleine, *Les Écrivains en personne*, Julliard, 1960 ; repris dans *Situations IX*, Gallimard, 1972.

ciel », la littérature est un « métier ». Sans doute certaines unités de sens sont-elles déplacées : le moine est d'abord celui qui s'isole pour se consacrer à une tâche, puis celui qui reste au couvent malgré la foi perdue, celui qui ne défroque pas. Le verbe « dégringoler » est d'abord utilisé dans un développement sur la théorie linguistique de l'enfant, et il s'applique alors à une étoile filante, puis il évoque le souvenir de la mort de Dieu. Le seul paragraphe ajouté lors du remaniement pour la publication de l'entretien développe un thème auquel Sartre semble tenir, qu'il va amplifier jusqu'à la version finale : le rejet des « aristocrates de la sensibilité », la volonté d'exprimer « ce que tout le monde sent ».

Le tableau suivant relève ces similitudes, dans l'ordre où elles apparaissent dans l'entretien :

Entretien, p. 16	*V. 1*	*V. 2*	*Les Mots*
Un écrivain n'a rien dans les mains rien dans les poches. S'il tient un jeu de cartes, il faut qu'il commence par l'abattre.			Ma seule affaire était de me sauver – rien dans les mains, rien dans les poches.
Entretien, p. 24	*V. 1*	*V. 2*	*Les Mots*
Je ne dirai jamais ce que je sens à moins d'être sûr que tout le monde le sent. Je ne veux pas exprimer mon public malgré moi, comme les aristocrates de la sensibilité qui, au début du siècle, voulaient avoir un sens exquis de Tolède [...].	Plus tard j'ai voulu écrire ce que tous pensaient, il ne s'est jamais agi de révéler par ma sensibilité exquise au lecteur ce qu'il n'aurait pas pensé seul.	Les élites veulent apprendre à voir. Leur sensibilité exquise, paraît-il, découvre ce que la masse ne peut voir. Moi non : [...] J'essayais de dégager en moi [...] ce que tout homme sentait.	
Entretien, p. 31	*V. 1*	*V. 2*	*Les Mots*
L'homme vit entouré de ses images. La littérature lui donne l'image critique de lui-même. [...] Un miroir critique.			Seul ce miroir critique lui offre son image.
Entretien, p. 32	*V. 1*	*V. 2*	*Les Mots*
J'ai versé dans mon goût d'écrire mon désir de survie.	Le but est l'immortalité.	L'immortalité fut une dégradation de la vie éternelle.	L'immortalité terrestre s'offrit comme substitut de la vie éternelle.

Entretien, p. 32	V. 1	*V. 2*	*Les Mots*
La vie littéraire fut calquée, dans mon imagination, sur la vie religieuse. Je ne songeais plus qu'à faire mon salut.	Cette littérature est un succédané de la Religion. [...] le Salut d'abord est en question dès le départ.	Je voulais me sauver moi [...] Le salut disparu que reste-t-il ?	L'homme de plume apparut, ersatz du chrétien que je ne pouvais être : sa seule affaire était le salut [...] ma seule affaire était de me sauver [...] Si je range l'impossible Salut au magasin des accessoires [...].
Entretien, p. 38	*V. 1*	*V. 2*	*Les Mots*
L'écrivain continue à écrire, une fois ces illusions perdues, parce qu'il a, comme disent les psychanalystes, tout investi dans l'écriture. Comme on continue à vivre avec des gens auxquels on ne tient plus, auxquels on tient autrement : parce que c'est la famille.	J'ai tout investi dans la littérature. [...] J'ai désinvesti [...] j'écris par habitude. mais non pas défroqué, je suis un moine [...] il reste au couvent [...] il y a ses habitudes.	J'ai tout investi dans l'écriture. [...] J'ai désinvesti, J'écris aujourd'hui par habitude [...] J'ai désinvesti mais non pas défroqué ; il y a des moines qui restent au couvent malgré la foi perdue [...].	J'ai désinvesti mais je n'ai pas défroqué : j'écris toujours. Que faire d'autre ? *Nulla dies sine linea.* C'est mon habitude.
Entretien, p. 38	*V. 1*	*V. 2*	*Les Mots*
Quand l'auteur traçait le mot « Fin », une étoile filante devait dégringoler dans le ciel !			Je décidai de penser au Tout-Puissant. A l'instant il dégringola dans l'azur.
Entretien, p. 38	*V. 1*	*V. 2*	*Les Mots*
[La littérature] c'est, en tant que métier, une activité qui en vaut une autre.			C'est [...] mon métier.

Peut-on déduire de ces ressemblances que la première formulation de l'épilogue a été orale ? Que les entretiens et probablement les conversations quotidiennes de ce grand parleur ont servi de préparation à ses écrits ? Qu'il n'est pas vrai que Sartre, contrairement à ce qu'il affirmait dans sa vieillesse, ait eu besoin d'écrire pour penser ? D'autres hypothèses sont possibles : il existe peut-être une version écrite de ce développement antérieure à l'entretien avec Madeleine Chapsal. Ou bien Sartre a relu la transcription de cet entretien partiellement traduit dans *Yale French Studies* en 1962, peu de temps avant de rédiger l'épilogue.

B. Les versions complètes de l'épilogue

Il existe actuellement trois versions manuscrites complètes de l'épilogue des *Mots*, deux qu'il faut reconstituer à l'aide des feuillets déclassés de l'ensemble « Bost », la troisième foliotée dans le « manuscrit Vian », très proche des versions imprimées, à l'exception d'une transformation essentielle qui sera étudiée plus loin.

La version courte de l'ensemble « Bost » est certainement antérieure à la version longue, plus proche de la version du « manuscrit Vian » et de la version définitive obtenue par quelques biffures sur le « manuscrit Vian ». Dans un premier temps, on peut négliger ces biffures, concentrées dans le dernier paragraphe, et comparer le texte imprimé et les deux versions de l'ensemble « Bost » que voici :

Version 1 :

Voici le départ. J'ai tout investi dans la littérature. J'écris depuis un demi-siècle exactement. J'ai vécu quarante ans dans une prison de verre.

Je constate que cette littérature est un succédané de la Religion. On ne me permettait pas de croire mais on m'instruisait religieusement, je fis un peu plus tard ma première communion à Henri IV. J'ai tout inséré dans ma vie littéraire : le Salut d'abord est en question dès le départ. Je dois me justifier d'être sur terre en me sauvant. Le but est l'immortalité : je luttais en même temps pour la Vie éternelle et je justifiais mon passage en cette vallée de larmes par la vie éternelle. J'étais sur terre pour mériter la vie éternelle. Ma [mort] naissance était le moyen de ma mort donc de mon immortalité. Et, bien entendu, on m'éprouvait. Je confondis le génie et la Sainteté. La littérature était sacrée. J'y ai tout investi.

Par cette confusion et la réversibilité des mérites, je suis arrivé à l'idée que la littérature servait. Elle devait [tout] à la fois être découverte, création, utile. Capturer l'objet par les mots et l'établir dans le langage, créer ou révéler de l'inconnu par des assemblages inédits de termes, sauver par là les autres. La beauté m'apparut dès lors comme synonyme de profondeur. J'eus un mysticisme des mots – paradoxal puisque les grands mystiques, en général tentent d'échapper au langage. Ma littérature c'était un christianisme laïcisé mais resté sacré. C'était un rapport avec l'absolu de la métaphysique. L'œuvre découvrait l'absolu, était par elle-même un absolu.

J'ai désinvesti : l'athéisme a lentement rongé le sacré. Je suis passé du terrorisme à la rhétorique. Mystique j'oubliais les mots, c'étaient des armes ; réaliste j'y revins : il faut savoir ce que parler veut dire. Mais c'est dur. Aujourd'hui, le grand rêve est crevé : j'écris par habitude. [Mais ce qui importe] J'ai systématiquement détruit l'illusion : l'immortalité, le progrès, le Salut, etc. Je suis devenu athée.

Quelque chose est resté de cette folie que j'approuve encore aujourd'hui. Le refus du don m'a sauvé de me croire de l'élite. Je voulais me sauver par la foi et par les œuvres. Me sauver tout entier moi, n'importe qui. Cela m'a donné je crois deux idées : l'une celle de la totalité que mon siècle eut avec moi, l'autre celle de l'option nue sans équipement, sans supériorité sur personne. Aujourd'hui encore je n'ai de supériorité sur personne sinon sur les hommes supérieurs. La littérature devait être totale, c'était d'abord une façon de vivre, je devais m'y dévouer absolument : j'entrais dans les ordres. Même aujourd'hui j'ai désinvesti mais non pas défroqué, je suis un moine – il y en a plus d'un – sans la foi. Il reste au couvent faute d'aller ailleurs ; il y a ses habitudes. En outre c'était tout l'homme en moi qu'elle devait sauver. Quand le salut disparut il resta ceci : ce tout l'homme implique que je sois tout homme. Avec *une* qualité, *un* salut je ferais ce que l'on ne peut faire : mutilé. Mais sans talent en voulant sauver la totalité de l'homme c'était aussi bien la totalité de l'homme que je trouvais chez mon voisin. Plus tard j'ai toujours voulu écrire ce que tous pensaient, il ne s'est jamais agi de révéler par ma sensibilité exquise au lecteur ce qu'il n'aurait pas pensé seul mais de chercher à dégager en moi qui suis tout homme <était> tout l'homme ce que tous les hommes pouvaient penser.

(Ensemble « Bost », F ITEM 396-397, F Ryb bh-bi.)

Version 2 :

Voilà mon commencement : pour me guérir d'un malaise j'ai tout investi dans l'écriture ; la conséquence est que j'écris depuis un demi-siècle. Dès ma huitième année, je suis entré [en religion] dans les ordres. La chose s'est faite toute seule : les dissensions de ma famille ne me permettaient pas de croire mais on m'élevait, je l'ai dit, dans la foi catholique [j'appris mon catéchisme], je fis ma première communion en 1915 dans la chapelle du lycée Henri-IV : il s'est opéré en moi, par suite des circonstances que j'ai dites, un déplacement du sacré : il reflua de la religion sur la culture et [le christianisme] [catholicisme déguisé] [se déguisa en littérat] [prit le nom de littérature] +*mot ill.*+ : le catéchisme servit de squelette à ma vocation : mis au monde *ex nihilo* [pour la vie éternelle] mon séjour ici bas n'avait d'autre sens que de me faire mériter par des épreuves la béatitude qui suit la mort. L'immortalité *[mot ill.]* fut une dégradation de la vie éternelle. Dieu perdu, ce fut l'espèce humaine qui me garantit [ma durée]. Je lui donnais alors, à défaut d'éternité intemporelle, une durée infinie. [Encore] Aujourd'hui je ne compte pas rester et je sais que notre espèce finira : pourtant rien ne m'est plus déplaisant que d'imaginer un cataclysme qui la détruirait cent ans après moi. Qu'elle m'oublie tant qu'elle veut : en me survivant elle me porte en elle, insaisissable et présent ; en s'abolissant, elle [m']anéantira [comme tous] ses morts ; à défaut d'éternité, je lui souhaite longue vie sans oublier qu'un jour tout finira. Qu'importe dira-t-on de mourir à 60 ou 50 000 ans ? Dans l'abstrait la différence est nulle. Mais tout de même je souhaite qu'une épaisseur de lumières me sépare du néant. C'est irrationnel mais c'est ainsi. La mort était nouvelle naissance et métamorphose, j'y voyais la consécration, je participerais au sacré. Toutefois je devais me sauver par mes œuvres et non par le quiétisme de la foi. Ou plutôt, très magiquement, je pensai que ma foi et mon espérance au milieu des tourments donnaient du prix à mes œuvres, lesquelles par l'obscure idée de la réversibilité des mérites acquirent le pouvoir de sauver l'humanité. J'étais d'une religion militante *[: mot ill.]* [<servaient<] : [ils étaient découverte]. Mystique en même temps : je voulais faire pour être et je garantissais la valeur du faire par l'élévation préalable de mon être et non par des techniques. *[trait continu]* Cependant les mystiques, en général, fuient le langage vers l'être quand les mots ne sont plus. Thérèse ou Jean de la Croix trouvent Dieu dans le silence. J'eus un mysticisme [des mots] du verbe : c'était bien l'être du silence que je cherchai mais je croyais le trouver en dépliant les mots : je confondis longtemps le nom et la chose. C'est peut être ce qu'il y a de plus profond en moi : si je trouvais l'un je trouvais l'autre. Flaubert écrit une fois, dans sa *Correspondance*, VI, 12 « +le cœur+ ». J'étais ainsi, je le fus longtemps après. [Les] la littérature était utile parce qu'elle était à la fois découverte – continents neufs capturés – et création magique : on faisait naître une chose l'œuvre en assemblant les mots. Ce réalisme métaphysique avait pour effet de nous découvrir l'absolu ou de le constituer.

L'athéisme a tout rongé, peu à peu. J'ai désinvesti, laïcisé l'écriture. On peut dire que ma métamorphose vient d'une lente transformation de mes rapports avec le langage. Je suis passé du terrorisme à la rhétorique : mystique les mots étaient sacrifiés à la chose ; [réaliste] incroyant je revins sur cela : il faut savoir ce que parler veut dire. Mais c'est dur : je m'applique mais je sens derrière moi comme un rêve mort, comme une brutalité joyeuse, comme une tentation perpétuelle la Terreur. [Depuis *[un chiffre non lu]* ans j'écris par habitude,] +Depuis quarante ans *[mots ill.]* moi-même.+ J'ai systématiquement sapé les bases, arraché la religion de la littérature : fini [la litté] le *salut*, rien ne sauve et surtout la question n'est plus là ; l'*immortalité* finie : j'écris pour mon époque la vieillesse a stoppé le progrès. D'autres influences ont joué : l'humanisme a révélé ses contradictions, la masse sombre des ouvriers m'a révélé lentement ma propre classe. Peu à peu j'ai défait les nœuds. J'écris aujourd'hui par habitude +(un jour sans écrire...)+, par entêtement, parce que c'est la seule manière dont je peux servir les causes nouvelles. Le résultat c'est que cela me plaît moins. A dix-huit ans je pensais : s'il venait un jour où quelque circonstance m'empêcherait d'écrire, je me tuerais. Aujourd'hui je n'en pense pas si long. Bref tout mon travail sur moi a consisté à désacraliser la littérature. C'est fait. Pourtant si forte est l'enfance que [je me demande quelquefois] tout est secrètement resté, usé, rongé, modifié et que je me demande parfois si je ne joue pas à qui perd gagne m'appliquant à tout ruiner pour que tout me soit rendu *[mot ill.]* contre tout espoir de survie dans la mémoire des hommes pour que par ce beau souci je sois en elle conservé. Autrefois je croyais à l'absolu et j'ai dit quelles difficultés je rencontrais. Aujourd'hui c'est l'inverse : j'ai les croyances de chacun, fort humaines, et par en dessous d'indissolubles résidus. N'importe : je vois clair. Mais je ne m'amuse plus. La littérature c'était une façon de vivre : j'entrai dans les ordres à huit ans. J'ai désinvesti mais non pas défroqué : il y a des moines qui restent au couvent malgré la foi perdue, etc.

Il est resté de ma folie quelque chose que j'approuve aujourd'hui : le refus du don m'a préservé de croire à l'élite. Je voulais me sauver moi, n'importe qui, rien dans les mains, rien dans les poches par le travail et l'espérance. Cela m'a permis de partager d'entrée cette idée de totalité que mon siècle a conçue, qui l'a conduit jusqu'à la dialectique d'une part et, de l'autre, au structuralisme : je n'exerçais pas un talent, tout moi sauvait tout moi. Du coup ma pure option ne m'élevait au dessus de personne et je ne me suis jamais vu d'autre supériorité que sur les grands mutilés qu'on appelle les hommes supérieurs. Le salut disparu que reste-t-il ? C'est que la totalité de l'homme libre et sans outillage, je la trouve aussi bien chez mon voisin. [J'ai toujours] Les élites veulent apprendre à voir. Leur sensibilité exquise, paraît-il, découvre ce que la masse ne peut voir. Moi non : j'ai toujours voulu décrire ce que tous voyaient, écrire ce que tous pensaient. J'essayais de dégager en moi qui suis tout homme ce que tout homme sentait.

(Ensemble « Bost », F ITEM 411-401-413-412, F Ryb bv-bm-bx-bw.)

1 / Constantes

Ce qui frappe à la première lecture, ce sont des constantes dans le détail de l'expression : stéréotypes syntaxiques, reprise de syntagmes identiques ou voisins. Même la première version, la plus schématique, contient non seulement des mots qui seront conservés ensuite – cela découle naturellement des constantes thématiques – mais des syntagmes. Ainsi, dans les trois versions du premier paragraphe :

> Voici le départ ; Voilà mon commencement ; Voilà mon commencement
> un succédané de la Religion ; l'homme de plume apparut, ersatz du chrétien
> mériter la vie éternelle ; me faire mériter par des épreuves la béatitude qui suit la mort ;
> J'ai tout inséré dans ma vie littéraire ; le sacré se déposa dans les Belles-Lettres
> le catéchisme servit de squelette à ma vocation ; la rcligion transparaissait, qui servit de maquette.

Dans le § 3 des versions 1 et 2, et le § 4 des *Mots,* « J'ai désinvesti » figure dans les trois versions, mais sert de support dans la troisième à une répétition du préfixe : « J'ai désinvesti mais je n'ai pas défroqué. » « J'écris par habitude » est développé dans la version 2 en « j'écris aujourd'hui par habitude », puis ce développement est divisé dans *Les Mots* en deux phrases distinctes et juxtaposées, parataxe qui produit un effet de vivacité et suggère un lien de cause à effet : « J'écris toujours. [...] C'est mon habitude » (j'écris toujours parce que c'est mon habitude). Ces similitudes témoignent d'une recherche stylistique de détail, avec tâtonnements sur des synonymes ou sur la structure syntaxique de la phrase, tandis que l'essentiel de la démonstration est conservé.

Si l'idée directrice de la recherche autobiographique n'a pas varié depuis le début de l'entreprise, il n'est pas surprenant que les trois versions soient disposées de la même manière, à une exception près. On dégage facilement, même s'il faut pour cela diviser par un alinéa l'un des paragraphes de la version 2, une structure générale, avec variations de détail, à l'intérieur de chaque grande partie, dans l'ordre des arguments et surtout des énoncés conservés. Les deux premières versions proposent une argumentation en quatre temps, qui correspondent respectivement aux § 1, 2, 4 et 5 dans *Les Mots.* Le § 3, dans *Les Mots,* n'a pas d'équivalent dans les deux premières versions.

Elles se résument ainsi, à partir de la première version, et sans tenir compte des ajouts successifs dans les versions 2 et 3 :

1 / La littérature était un ersatz de la religion : j'y cherchais l'immortalité.
2 / Donc ma conception du langage, c'était un mysticisme des mots.
3 / J'ai désinvesti, j'écris par habitude.

4 / Il en reste quelque chose : le refus de l'élite, les idées de totalité et d'égalité.

Ce plan se retrouve dans les trois versions, avec des amplifications inégalement distribuées.

2 / Amplifications

Au cours des deux étapes de la réécriture, les transformations sont de nature très différentes. Dans l'ensemble, elles tendent à l'amplification. Mais toutes les parties du texte ne sont pas également amplifiées : tous les paragraphes de la première version sont plus brefs, sauf le 4e. La deuxième version est la plus longue dans les § 1 et 3, la version des *Mots* développe considérablement le § 2 et ajoute le § 3. D'autre part, la nature de l'amplification diffère de la version 1 à la version 2, et de la version 2 à la version 3, que l'on peut étudier successivement.

– Lors de la première réécriture, la version 2, à l'exception du dernier paragraphe, au contraire plus condensé, et dont la condensation sera étudiée plus loin, ne fait que développer le contenu de la version 1 selon des procédures diverses.

Dans le récit d'une action, elle ajoute des informations précises sur le temps, le lieu de l'action :

Version 1	*Version 2*
Paragraphe 1	*Paragraphe 1*
On ne me permettait pas de croire mais on m'instruisait religieusement, je fis un peu plus tard ma première communion à Henri IV.	Les dissensions de ma famille ne me permettaient pas de croire mais on m'élevait, je l'ai dit, dans la foi catholique, j'appris mon catéchisme, je fis ma première communion en 1915 dans la chapelle du lycée Henri-IV [...]

En structurant l'argumentation, elle subordonne les propositions que la version 1 juxtaposait :

Version 1	*Version 2*
Paragraphe 1	*Paragraphe 1*
J'ai tout investi dans la littérature. J'écris depuis un demi-siècle exactement.	Pour me guérir d'un malaise j'ai tout investi dans l'écriture ; la conséquence est que j'écris depuis un demi-siècle [...]

Elle explique une argumentation que sa concision rendait énigmatique :

Version 1

Paragraphe 1

Ma naissance était le moyen de ma mort donc de l'immortalité [...]

Version 2

Paragraphe 1

Mis au monde *ex nihilo* [pour la vie éternelle] mon séjour ici bas n'avait d'autre sens que de me faire mériter par des épreuves [subies] la béatitude qui suit la mort. L'immortalité fut une dégradation de la vie éternelle.

Elle illustre d'exemples une affirmation générale :

Version 1

Paragraphe 2

Puisque les grands mystiques, en général tentent d'échapper au langage [...]

Version 2

Paragraphe 2

Cependant les mystiques, en général, fuient le langage vers l'être quand [...] les mots ne sont plus. Thérèse ou Jean de la Croix trouvent Dieu dans le silence.

Enfin elle greffe par marcottage sur le paragraphe qui précède une idée nouvelle, conséquence de l'idée précédente. Ainsi, après avoir repris l'idée directrice du premier paragraphe de la version 1, « l'immortalité fut une dégradation de la vie éternelle », la version 2 analyse en une longue expansion le sentiment que le héros pouvait avoir d'une éternité laïque et la permanence de ce sentiment jusqu'au moment présent :

Paragraphe 1

Dieu perdu, ce fut l'espèce humaine qui garantit [ma durée]. Je lui donnais alors, à défaut d'éternité intemporelle, une durée infinie. [Encore] Aujourd'hui je ne compte pas rester et je sais que notre espèce finira : pourtant rien ne m'est plus déplaisant que d'imaginer un cataclysme qui la détruirait cent ans après moi.

Ou bien, au § 3, le résultat de la conversion, rapidement évoqué dans la version 1, « Je suis devenu athée », est analysé méthodiquement avec ses causes et ses conséquences, dans un long va-et-vient entre le passé et le présent :

D'autres influences ont joué [...] le résultat c'est que cela me plaît moins. A dix-huit ans je pensais [...] Aujourd'hui je n'en pense pas si long [...] Autrefois je croyais à l'absolu [...] Aujourd'hui c'est l'inverse.

Dans l'ensemble, ce travail d'expansion ne porte que sur l'*inventio*, la recherche des idées, menée systématiquement selon le procédé de la rhétorique traditionnelle, qui consiste à se demander qui fait quoi, où, quand, pourquoi, comment, à quelle fin. Conformément à une conception classique du travail intellectuel, la réflexion philosophique de Sartre se distingue nettement du travail littéraire et le précède.

— La deuxième étape de la réécriture, de la version 2 à la version 3, est la plus importante. C'est à ce moment qu'est ajouté le troisième paragraphe de l'épilogue, et réalisé le travail sur l'*elocutio* : l'armature argumentative précédemment construite est alors mise en forme pour clore le livre et manifester sa littérarité.

3 / Ajout

Le troisième paragraphe de l'épilogue dans *Les Mots* ne figure pas dans les deux versions de l'ensemble « Bost », mais dans un feuillet isolé qui ne peut s'intégrer au montage des deux versions précédentes, le feuillet ITEM 414, folioté par Rybalka by :

Ms Bost, F ITEM 414, Ryb by

J'ai changé. Ceux qui me connaissent aujourd'hui ne me reconnaîtront pas j'espère dans ce portrait. Parmi les facteurs de changement, je compte par ordre chronologique : le premier contact avec d'autres (6e Henri IV), le second mariage de ma mère, la découverte de la violence – je fus souffre-douleur à La Rochelle – et celle de ma laideur vue par les autres. Le masochisme [*mots ill. :* <s'il prenait a>] disparu. Restent beaucoup de choses.

Les Mots

J'ai changé. Je raconterai plus tard quels acides ont rongé les transparences déformantes qui m'enveloppaient, quand et comment j'ai fait l'apprentissage de la violence, découvert ma laideur – qui fut pendant longtemps mon principe négatif, la chaux vive où l'enfant merveilleux s'est dissous – par quelle raison je fus amené à penser systématiquement contre moi-même au point de mesurer l'évidence d'une idée au déplaisir qu'elle me causait. L'illusion rétrospective est en miettes ; martyre, salut, immortalité, tout se délabre, l'édifice tombe en ruine, j'ai pincé le Saint-Esprit dans les caves et je l'en ai expulsé ; l'athéisme est une entreprise cruelle et de longue haleine : je crois l'avoir menée jusqu'au bout. Je vois clair, je suis désabusé, je connais mes vraies tâches, je mérite sûrement un prix de civisme ; depuis à peu près dix ans je suis un homme qui s'éveille, guéri d'une longue, amère et douce folie et qui n'en revient pas et qui ne peut se rappeler sans rire ses anciens errements et qui ne sait plus que faire de sa vie. Je suis redevenu le voyageur sans billet que

> j'étais à sept ans : le contrôleur est entré dans mon compartiment, il me regarde, moins sévère qu'autrefois : en fait il ne demande qu'à s'en aller, qu'à me laisser finir le voyage en paix ; que je lui donne une excuse valable, n'importe laquelle, il s'en contentera. Malheureusement je n'en trouve aucune et, d'ailleurs, je n'ai même pas l'envie d'en chercher : nous resterons en tête à tête, dans le malaise, jusqu'à Dijon où je sais fort bien que personne ne m'attend.

Cet ajout obscurcit le texte. Dans *Les Mots*, quel changement désigne-t-il ? La conversion de l'adulte après la guerre, comme le laisse croire le § 2, qui décrit l'illusion heureuse de l'adulte rédigeant *La Nausée*, ou bien les changements de l'adolescent découvrant la violence ? Le feuillet 414 désigne expressément le changement de l'adolescent dont il énumère les facteurs « par ordre chronologique », l'entrée en sixième, le remariage de sa mère, la découverte de sa laideur et de la violence, comme si ces épisodes pouvaient et devaient être développés par la suite. Peut-être est-ce à ce moment de la rédaction qu'est venue l'idée d'intégrer au livre, avant l'épilogue, le récit des années 1914-1916. Inséré dans *Les Mots*, juste après « J'étais heureux », ce paragraphe prend un sens ambigu : il condense le changement brusque de l'adolescence et la conversion de l'adulte dans un raccourci obscur.

D'autre part, cet ajout confirme et complète les hypothèses de Philippe Lejeune sur la fin de la diégèse. C'est peut-être entre le feuillet 414 et *Les Mots* que Sartre pense à remanier ce qui précède. Du programme de récits qu'annonçait ce feuillet, il réalise un épisode, l'entrée au lycée, qu'il intègre à la diégèse des *Mots*. Il promet de raconter la découverte de la laideur et de la violence et passe maintenant sous silence l'événement traumatique du second mariage de la mère, en masquant cette lacune par des artifices littéraires, marques de clôture et de littérarité.

4 / Clôture

Le texte est travaillé pour conclure non seulement l'argumentation, mais aussi le récit et le texte. Pour conclure l'argumentation de l'autoportrait, la version 3 ajoute au deuxième paragraphe une rétrospective allusive sur la carrière du scripteur :

> Je réussis à trente ans ce beau coup [...] Plus tard j'exposai gaiement....

Il cite *La Nausée*, il fait allusion à ce « miroir critique » qu'est la littérature engagée.

Pour conclure un récit dont la succession chronologique n'est pas linéaire, la dernière date qui figure dans le texte sert à signaler implicitement la fin de la diégèse. La version 2 contenait la date de 1915, celle de la première communion. La version 3 en contient une autre, 1917, date à laquelle, pour le héros, « Dieu dégringola dans l'azur ». Ce changement met en valeur la profession d'athéisme de l'autobiographe au détriment de sa formation religieuse, et en même temps recule le terme de la diégèse, conformément aux remaniements des pages qui précèdent l'épilogue. En substituant un événement à un autre, la mort de Dieu au remariage de sa mère, il peut clore la diégèse à la bonne date, 1917.

Enfin, la conclusion d'un texte a pour fonction d'en rappeler l'ensemble à la mémoire du lecteur et de revenir en boucle sur son début. C'est le cas de la version 3. « Voilà mon commencement » renvoie à l'introduction, dont elle reprend un énoncé : « Mamie dirait : "Glissez mortels, n'appuyez pas" », en donnant le dernier mot à la grand-mère du narrateur, éliminant du même coup les autres figures parentales. Elle poursuit, termine et réunit en faisceau les séries de variantes d'une même séquence dont la comparaison fait sens et qui induisent une lecture structurale : elle donne une dernière version de la rencontre entre le contrôleur et le voyageur clandestin, avec un euphémisme suggérant la mort (« nous resterons en tête à tête [...] jusqu'à Dijon où je sais fort bien que personne ne m'attend ») ; elle rappelle la série des personnages, Pardaillan, Strogoff, Grisélidis, auxquels le héros s'est successivement identifié, et y ajoute une figure de vieil homme : Philoctète. Elle achève dans une déconfiture burlesque la série des rencontres avec le Saint-Esprit, enfin « pincé dans les caves » et expulsé.

5 / Littérarité

C'est la version 3 qui affiche négativement et positivement l'appartenance du texte à la littérature, en masquant les traces du discours non littéraire, philosophique ou didactique et en multipliant les marques de littérarité selon une conception ornementale des figures de rhétorique.

De la deuxième version et de ses variantes à la troisième, sont supprimées les références qui exigeraient une note explicative à l'usage des lecteurs simplement bacheliers : une citation de Flaubert[1], une référence implicite à Jean Paulhan : « je suis passé de la Terreur à la rhétorique »

1. Pourtant en harmonie thématique avec le motif de la mutilation, qui disparaît aussi des *Mots* : « Je confondis les choses avec leurs noms » ; Flaubert écrit, une fois, à George Sand : « Je me souviens très nettement qu'à cinq ou six ans je voulais "envoyer mon cœur" à une petite fille dont j'étais amoureux (je dis mon cœur matériel). Je le voyais au milieu de la paille dans une bourriche d'huîtres ! (Corresp. Édition Conard, VI, 12). Ce fut aussi mon cas » (ms Bost, F ITEM 405, Ryb bq).

(allusion aux *Fleurs de Tarbes,* Gallimard, 1941 : ce livre pose des questions auxquelles Sartre a tenté de répondre dans *Qu'est-ce que la littérature ?*). Elle efface les interprétations les plus explicites (« D'autres influences ont joué ») et le vocabulaire technique de la philosophie ou des sciences humaines que contenait la version 2 :

> cette idée de totalité que mon siècle a conçue, qui l'a conduit jusqu'à la dialectique d'une part et, de l'autre, au structuralisme.

En sens inverse, elle diversifie les modes de l'énonciation en multipliant les interrogatives (« Prédestiné pourquoi pas ? », « Que faire d'autre ? », « Serait-ce que je les nourris encore secrètement ? »), en dialoguant avec le lecteur (« Laissons cela », « Allez vous y reconnaître »), en alternant le récit et le discours, en modalisant une assertion (« dans ce cas, je serais Philoctète », au lieu de « je suis Philoctètc »). Ellc joue sur les niveaux de langue (« j'avais la berlue », « J'ai pincé le Saint-Esprit dans les caves », « rien dans les mains, rien dans les poches »). Elle transforme une simple énumération, « tout est secrètement resté », en figure d'accumulation : « Usés, effacés, humiliés, rencognés, passés sous silence. » Elle interrompt la linéarité du développement en y insérant de petits récits où une allégorie est développée en séquence narrative fantastique, comme en témoignent les essais successifs dans le « manuscrit Vian » :

f° MV 436	*f° MV 437*	*f° MV 438*	*f° MV 439*
[La simplicité du mythe, la puissance collective de la foi expliquent suffisament]	Quant à la foi : cette énorme puissance collective [elle] je la trouvais partout, elle entrait en moi par tous les pores	Mais une énorme [puissance collective m'avait pénétré, s'était établie dans mon cœur, aux aguets : il suffit de débaptiser] [cœur, aux aguets : c'était la Foi des autres ; il suffit de la débaptiser et de modifier un peu son objet [pour]	puissance collective m'avait pénétré ; établie dans mon cœur. Elle guettait, c'était la Foi des autres ; il suffit de débapti[ser et de modifier en surface son objet ordinaire pour qu'elle le reconnût sous les déguisements qui me trompaient, se jetât sur lui et l'enserrât] ser et de modifier en surface son objet ordinaire : elle le reconnut sous les déguisements qui me trompaient, se jeta sur lui, l'enserra dans sa griffe.

Les marques les plus éclatantes et aussi les plus traditionnelles de littérarité sont les figures, surtout les métaphores et les oxymores, ainsi que les références culturelles. Sans doute les trois versions contiennent-elles des métaphores : la démonstration de l'épilogue repose sur l'analogie entre la vie littéraire et la vie religieuse. Mais la dernière seule en accumule d'autres et les fait filer, d'autant plus apparentes qu'elles sont empruntées à des domaines scientifiques inattendus sous la plume de l'auteur, mais dont il avait déjà remarqué la présence systématique dans le style de Proust[1] : la géologie, la botanique, la chimie, en contraste avec le champ lexical de la religion qui domine dans les deux premières versions :

> il y eut des plissements, un déplacement considérable, le sacré se déposa dans les Belles-Lettres
> je poussais, herbe folle sur le terreau de la catholicité, mes racines en pompaient les sucs et j'en faisais ma sève
> photomicroscope de verre et d'acier penché sur mes propres sirops protoplasmiques
> quels acides ont rongé les transparences qui m'enveloppaient
> la chaux vive où l'enfant merveilleux s'est dissous.

Les tâtonnements stylistiques visibles sous les ratures de la troisième version témoignent aussi de la recherche de l'autre figure baroque, l'oxymore, alliance de mots contradictoires. Ainsi, f° MV 439, « De là vint cet aveuglement dont je mis si longtemps » est corrigé en « vint cet aveuglement lucide dont je fus affecté trente ans » ; f° MV 445, « joyeusement » est ajouté à « j'écrivais sur notre malheureuse condition » ; f° MV 446, la série des réécritures « guéri d'une longue, folle », puis « d'une longue, douloureuse et » s'achève quand l'oxymore est trouvé : « guéri d'une longue, amère et douce folie ».

C'est enfin dans la dernière version qu'apparaissent la plupart des références intertextuelles avec les effets de connivence culturelle qu'elles produisent[2]. Ainsi, « J'écris par habitude », en version 1, est développé en version 2 selon la loi décrite plus haut, avec des précisions temporelles,

1. Voir *Saint Genet* : Sartre compare les métaphores de Genet à celles de Proust : « Chez Proust, plus positif, l'humour féerique est combattu par la volonté de donner une base scientifique à ses comparaisons » (p. 433).

2. Selon un procédé que Sartre avait analysé dans les *Carnets de la drôle de guerre* : « Je joue le jeu très NRF de la "fausse confiance au lecteur". Voici ce que j'entends par là : je suis persuadé que Paulhan ne peut pas comprendre à première vue pourquoi je compare la guerre à la philosophie de Brunschwicg. Il faudrait quelques mots d'explication. Mais précisément, je ne les écris pas. Je lui fais une fausse confiance, persuadé qu'il comprendra quelque chose, n'importe quoi – car il est entendu qu'on comprend toujours à la NRF – et même qu'il adoptera simultanément une pluralité d'explications incompatibles. Et ces interprétations que je pressens sans les connaître donnent à ma phrase, dans le temps même que j'écris, une profondeur délectable et de l'étrangeté à mes propres yeux. Généralisez le système de la fausse confiance, étendez-la à tous les lecteurs possibles et vous avez le procédé de fabrication des notules critiques qu'on lit dans la NRF » (p. 207, 20 novembre 1939).

avec des synonymes, et surtout l'ajout d'une phrase inachevée destinée à rappeler en conclusion un épisode précédent[1] :

> J'écris aujourd'hui par habitude +(un jour sans écrire...)+, par entêtement, parce que c'est la seule manière dont je peux servir les causes nouvelles.

Or la version 3 reprend cet ajout sous sa forme latine : *« nulla dies sine linea »,* pour changer de niveau de langue, marquer une distance ironique, signaler le discours rapporté, suggérer l'origine scolaire du précepte, sans nuire à la lisibilité, puisque cette citation figure dans les pages roses du *Petit Larousse.* De même, la version 1 évoque en un bref paragraphe la conversion à l'athéisme : « J'ai systématiquement détruit l'illusion [...] Je suis devenu athée. » La version 2 développe longuement le thème et pastiche le langage du converti : « Je vois clair » ; la version 3 développe encore l'expression : « je vois clair, je suis désabusé », de façon à évoquer implicitement le vers célèbre de Corneille où Pauline annonce sa conversion après le martyre de Polyeucte :

> Je vois, je sais, je crois, je suis désabusée.

Deux lectures sont alors possibles : l'une ne perçoit pas l'allusion et interprète « désabusé » au sens moderne de « qui a perdu ses illusions », accentuant ainsi le désarroi du narrateur ; l'autre identifie la citation tronquée, voit dans « désabusé » le sens archaïque et plus euphorique de « détrompé », s'amuse de cette conversion à l'envers et du portrait de Sartre en amoureuse cornélienne et chrétienne. Que ces deux lectures, l'une naïve, l'autre complice, soient également possibles, c'est peut-être ce qui assure un large succès à un livre saturé de culture.

Enfin, l'allusion imprécise à Philoctète peut être lue comme une marque de culture classique. Car elle paraît renvoyer aux Philoctètes les plus connus, celui de Sophocle, celui de Fénelon dans *Télémaque,* quand il s'agit en fait de l'œuvre de Gide, comme le prouvent la « note morale » citée plus haut et la lettre même des *Mots* : « Cet infirme a donné jusqu'à son arc sans condition. » Chez Sophocle, Philoctète ne donne pas son arc de son plein gré ni sans espoir de récompense : il le fait sur ordre d'Héraclès, dans l'espoir de revenir à Troie, guéri et honoré. Mais dans la pièce de Gide, il boit volontairement le breuvage soporifique qui doit permettre à Néoptolème de lui voler son arc, et il reste seul sur son île, heureux. L'avantage de cette référence cachée, c'est sa surdétermination. Comme l'ont montré les avant-textes, c'est un signe de connivence de l'auteur à lui-même, qui renvoie sans le dire à ses recherches philosophiques antérieures, et poursuit inlassablement la réécriture d'un mythe qu'il a fait sien. Mais en même temps, cette référence sature le texte de culture clas-

1. *Les Mots,* p. 135 : « Si je reste un jour sans écrire, la cicatrice me brûle. »

sique. Enfin, elle fait une allusion malicieuse à l'image que ses proches ont du narrateur : en quoi Sartre quinquagénaire est-il Philoctète ? Il donne tout, mais attend sa récompense. C'est suggérer d'abord que le narrateur continue à s'identifier à des figures imaginaires. C'est ensuite se peindre aux yeux du public en Philoctète, c'est-à-dire à la fois en donateur[1], en vieillard solitaire mais heureux comme l'est le Philoctète de Gide. C'est surtout se revendiquer comme « magnifique et puant » : puant au sens concret du terme, comme le dépeignaient ses condisciples de Normale, et au sens moral, comme le percevaient ses ennemis ; magnifique, c'est-à-dire à la fois splendide dans son écriture et, au sens ancien du terme, prêt à dépenser sans compter, comme le veut son image légendaire, comme le veut sa conception de l'œuvre littéraire comme prodigalité. Trouvaille de dernière heure, fortement surdéterminée, la référence à Philoctète contribue à la polysémie littéraire.

Sartre semble donc avoir procédé méthodiquement par étapes distinctes, de manière très classique et très professionnelle : à partir d'une analogie formulée littérairement par des métaphores équivalentes (« ersatz de Dieu », « succédané de la religion »...), il a construit un texte argumentatif dont il n'a plus modifié la disposition. Puis il en a développé chaque partie dans une recherche systématique de précision, au cours de laquelle se situe l'essentiel de l'anamnèse. Enfin, il a mis en style la version ainsi développée, en la saturant de signes de littérarité. Sans doute ne faut-il pas généraliser ces constatations : elles valent pour l'épilogue, le lieu du texte, avec l'incipit, le plus soumis ordinairement à l'obligation de littérarité et aux prouesses stylistiques.

C. La chute de l'épilogue : les « mutilations » du dernier paragraphe

Le travail sur le dernier paragraphe procède en sens inverse, par réduction progressive, par effacement des interprétations, des citations, par renoncement même à des trouvailles stylistiques, au profit d'un effet de sens. Car aux versions complètes déjà étudiées, il faut ajouter la version du « manuscrit Vian », qui diffère cette fois de la version originale : les quatre dernières lignes ont été supprimées.

Voici, en paraphrase et contraction, les grandes lignes de l'argumentation développée dans ces trois versions complètes antérieures à l'originale :

> *[ma folie m'a préservé de l'élitisme ; elle m'a donné deux idées : l'idée de totalité (la littérature demande un dévouement total, et elle sauve tout entier), et l'idée de l'option nue, sans supériorité sur personne, sauf sur les hommes supérieurs, car leur talent les distingue, donc les mutile.]*

1. Les *Cahiers pour une morale* et « Qu'est-ce que la littérature ? » contiennent une théorie de l'œuvre comme don au public.

La dernière affirmation disparaît de la version originale. Ce renoncement est d'autant plus remarquable que les unités de sens du dernier paragraphe apparaissent dès les avant-textes les plus anciens, comme des idées fixes.

Quelle a été la genèse de cet ensemble de propositions ?

1 / L'origine du projet : refus de l'élite et aspiration à la totalité

Il apparaît d'abord dans l'une des cinq fiches thématiques qui ont vraisemblablement été rédigées au début de l'entreprise autobiographique. L'autobiographe résume au centre de cette fiche son itinéraire social et philosophique, ses relations avec la bourgeoisie, à l'aide d'une série de syllepses, de jeux sur les différentes acceptions, courante, sociologique et philosophique, du mot « moyen » :

> Refus d'*être* un moyen et d'avoir des moyens : la fin. Être [un moyen] une fin absolue, avoir une fin absolue, en proposer une absolue.
>
> Prendre les notes morales sur la médiocrité. Montrer que je ne haïssais pas encore la bourgeoisie comme groupe concret d'oppression mais comme *moyen* sans fin.

L'argumentation et le jeu rhétorique ne seront pas conservés dans l'épilogue, mais disséminés au cours du texte. En revanche, le début et la fin de cette fiche présentent le premier état de l'argumentation finale. L'introduction contient déjà le paradoxe qui annule les oppositions apparentes entre l'élite et la médiocrité, entre la singularité et l'universalité, ainsi que le dernier syntagme des *Mots,* « n'importe qui », ici défini philosophiquement :

> L'élite et la médiocrité c'est la même chose. Il faut être tous ou un seul et c'est pareil (n'importe qui).

La conclusion de la fiche rappelle le paradoxe énoncé en introduction, et fait allusion pour la récuser à la morale de « l'homme seul » que Sartre soutenait avant la guerre :

> Par là je rejoignais l'idée de totalité sans voir que l'homme seul et tous ne font qu'une même totalité.

Une partie de cette thématique – refus de l'élite et aspiration à la totalité – est reprise ensuite dans le dernier des quinze feuillets quadrillés analysés plus haut :

> Je n'ai jamais voulu faire partie d'une élite. J'ai voulu sauver tout l'homme en moi. C'était mon problème.
>
> Ersatz de Dieu. Au fond c'est lui qui me manquait.
> Situation religieuse à l'époque.
> Le sens de l'illusion rétrospective.

(Inventaire 10, f° ITEM 15.)

Dès la première rédaction suivie, le « refus de l'élite » est associé à la recherche de l'unité du moi et trouve donc sa place en conclusion générale du développement autobiographique, même si l'organisation interne de ce développement a dû subir ensuite des modifications considérables.

2 / En cours de projet : « Les "supériorités" sont des mutilations »

Certains textes rédigés au cours de la première rédaction autobiographique développent, précisent et déplacent la thématique de l'élite[1] en l'associant à un motif récurrent dans l'œuvre de Sartre : la mutilation[2], inséré ici dans une argumentation paradoxale : toute supériorité est une mutilation.

Ce paradoxe a une histoire dans l'œuvre de Sartre. Il est développé pour la première fois, au printemps de 1952, avant la « conversion » politique de juin 1952, dans une perspective existentielle, pour analyser l'ambiguïté de Mallarmé, comble d'orgueil et d'humilité, qui « accepte le Sacre des siècles et que l'Histoire entière ait eu lieu pour aboutir à lui », mais qui ne se reconnaît aucun mérite que d'autres ne puissent avoir. « L'Élu (c'est) quiconque veut. Toi ou moi. » C'est cette affirmation de Mallarmé que prolonge l'épilogue des *Mots* et que Sartre commentait ainsi :

> Le magnifique orgueil : s'amplifier jusqu'à devenir l'Homme et refuser tout mérite ; vouloir s'égaler à Dieu et à n'importe qui. L'égal de tous : supérieur aux seuls hommes supérieurs qui, à la destruction systématique de leur Moi de rencontre, ont préféré, par verte frousse, la mutilation volontaire et demeurent cramponnés à des vertus accidentelles.
>
> (*Mallarmé*, Gallimard, 1986, p. 137.)

Interprétons à l'aide du contexte et de l'analyse de la « distinction » qui sera développée dans *L'Idiot de la famille* : les hommes supérieurs, faute de renoncer à leur singularité de hasard, s'amputent de l'universel ; ou, dans une perspective plus sociologique, l'élite bourgeoise, ayant proclamé l'égalité en 1789, cherche maintenant à « se distinguer » du peuple, et pour

1. La préface de Sartre à l'essai de René Leibowitz, *L'Artiste et sa conscience : esquisse d'une dialectique de la conscience artistique,* L'Arche, 1950, analyse ce qui oppose un art élitiste comme la musique contemporaine aux demandes populaires. Elle ne présente pas encore l'élitisme comme une automutilation, mais comme l'appauvrissement de l'opprimé : « Les produits de l'élite, pour la majorité des hommes, sont des refus, des absences, des limites » (*Situations IV,* p. 23).

2. Dans *La Nausée,* Roquentin, la nuit du Mardi-Gras, rêve d'un soldat à la tête trouée. Dans son premier carnet de guerre, Sartre développe sa crainte d'être mutilé à la guerre ; dans le Carnet 14, il présente l'infirmité de Guillaume II comme une mutilation. Dans *Le Sursis,* Pierre, en vacances au Maroc, est fasciné par un livre avec photos sur les blessés de la face.

cela à tuer la nature en elle, parce que c'est la nature qui rend les hommes semblables (p. 56).

En 1954, quand Sartre est encore compagnon de route du parti communiste, l'argument et sa réciproque – l'homme « total » n'existe que dans les masses – sont utilisés dans une perspective politique, pour « délivrer les masses du sentiment de leur infériorité » :

> Il a fallu montrer à cette jeune barbarie, contre toutes les morales et toutes les élites, que les « supériorités » sont des mutilations, que la seule relation humaine est celle de l'homme *réel*, total, avec l'homme total et que cette relation, travestie ou passée sous silence, existe en permanence au sein des masses et n'existe que là.
>
> (« Les Communistes et la Paix », 3e partie, publiée en avril 1954, *Situations VI*, p. 344.)

En 1958, hors de tout contexte politique (Sartre s'est éloigné du parti communiste depuis l'intervention soviétique en Hongrie), dans « Des rats et des hommes », préface au *Traître* d'André Gorz, écrite en 1957[1], la mutilation perd sa connotation péjorative pour être revendiquée comme une qualité positive, parce qu'elle ne qualifie plus l'élite en général, mais l'intellectuel :

> Et puis, l'intelligence est minutieuse : [...] C'est elle qui donne aux intellectuels cette allure de grands mutilés en période de rééducation (p. 64).

A cet homme « coupé en deux, qui tente de resouder les tronçons », le texte oppose bien l'homme quelconque, le « n'importe qui », seul capable d'être « tout l'homme » :

> Il lui faudrait devenir à la fois tous les Gorz possibles pour que ces vaines équivalences s'annulent, pour *n'être enfin que l'homme* en devenant *tout l'homme* (p. 66).
>
> Nous sommes ses semblables en ceci que chacun de nous, comme lui, est un unique n'importe qui (p. 79).

Mais l'ensemble de la préface évoque déjà comme une finalité ce que prétend réaliser *Les Mots* : une réconciliation de l'écrivain d'exception avec la condition humaine dans sa généralité.

En 1960, dans l'incipit de son Avant-propos à la réédition d'*Aden Arabie* de Paul Nizan, Sartre fonde l'argumentation d'une prosopopée sur la mutilation des élites :

> Un jour que Valéry s'ennuyait, il s'approcha de la fenêtre et, le regard perdu dans la transparence d'une vitre, demanda : « Le moyen de cacher un homme ? » Gide était présent ; déconcerté par ce laconisme étudié, il se tut. Pourtant les réponses ne manquaient pas : tous les moyens sont bons, depuis la misère et la faim jusqu'aux dîners priés, de la maison centrale à l'Académie. Mais ces deux bourgeois trop fameux avaient bonne opinion d'eux-mêmes ; ils faisaient tous les jours, publique-

1. Reprise dans *Situations IV*, 1964.

> ment, la toilette de leurs âmes jumelles et croyaient se révéler dans leur vérité nue ; quand ils moururent, longtemps après, l'un morose, l'autre satisfait, tous les deux dans l'ignorance, ils n'avaient pas même écouté la jeune voix qui criait pour nous tous, leurs petits neveux : « Où l'homme s'est-il caché ? Nous étouffons ; dès l'enfance on nous mutile : il n'y a que des monstres ! »
>
> (Avant-propos à *Aden Arabie*, p. 9.)

Résumant le sens du livre, le commentateur relève une citation qui explique le départ de Nizan à Aden par la crainte de la mutilation :

> « J'avais peur. Mon départ était un enfant de la peur. » Peur de quoi ? Il le dit ici même : « Des mutilations... nous attendent. Après tout, nous savons comment vivent nos parents. »
>
> (Avant-propos à *Aden Arabie*, p. 34.)

L'avant-propos ne fait ici que mettre en valeur l'argumentation du livre préfacé : le dernier chapitre d'*Aden Arabie* intègre le thème de la mutilation dans un réquisitoire contre l'*Homo Economicus* :

> Les hommes ne sont pas comme les crabes : leurs parties amputées ne repoussent pas toutes seules. [...] Je sais pourquoi je me sentais étouffer, ce n'est plus un étouffement obscur, un aveugle mouvement de débat dans un rêve, mais la mutilation au soleil, l'asphyxie au grand jour [...] Mais nous, nous ignorons les masques, nous voyons notre bassesse, notre indigence et l'essence de notre malheur, nous savons nos mutilations, rien ne trompe notre appétit, nous ne suçons pas des cailloux pour oublier notre soif et feindre qu'elle soit étanchée.
>
> (*Aden Arabie*, Maspero, p. 177-183.)

Durant la genèse des *Mots*, la mutilation des élites est donc une argumentation philosophique et sociopolitique récurrente, sans doute appuyée sur les conversations avec Nizan. C'est aussi un fantasme nourri de très anciennes lectures : ce mutilé, c'est l' « homme qui rit » de Victor Hugo, que rappelle explicitement « Des rats et des hommes », et implicitement l'Avant-propos à *Aden Arabie*. En cherchant à inscrire ce thème à la dernière phrase de son autoportrait, Sartre mettait en valeur sa « solitude bourgeoise », sa situation d'intellectuel séparé des masses, donc de la totalité humaine qui semble avoir motivé son engagement politique dans les années 50. En 1963, il peut y renoncer pour terminer le livre sur une belle formule.

3 / En fin de projet : exubérance baroque ou sobriété classique

En 1963, dans l'ensemble « Bost » et le « manuscrit Vian », les quatre versions successives du dernier paragraphe manifestent d'abord les efforts attendus d'un bon artisan du style pour soigner particulièrement les parties du texte qui en déterminent le sens. D'autre part, ce travail particulier procède en sens inverse du travail fourni dans l'ensemble du texte : non par expansion, mais par réduction, pour donner de la force à la péroraison. Ce texte semble rédigé conformément à une idée de la péroraison dont Gustave Lanson condamnait la rigidité :

> Le soin qu'on met souvent à [...] hausser le ton dans la péroraison, et à finir par un mot fort ou fin, par un effet, ce soin est une puérilité. [...] ne croyez pas qu'il faille se guinder à la fin : point de grands mots, point d'emphase, point de tragédie : exposez votre conclusion ; si elle sort nécessairement de ce qui précède, si elle est mise dans tout son jour, il n'en faut pas davantage. A chercher une tirade à effet, vous risqueriez de ne trouver qu'une platitude ambitieuse.
>
> (Gustave Lanson, *Conseils sur l'art d'écrire*, Hachette [sans date], p. 149-150.)

Voici les quatre versions du dernier paragraphe :

Ms Bost ; version 1	Ms Bost ; version 2	Ms Vian : f° MV 252	*Les Mots*
Quelque chose est resté de cette folie que j'approuve encore aujourd'hui : le refus du don m'a sauvé de me croire de l'élite. Je voulais me sauver par la foi et par les œuvres. Me sauver tout entier moi, n'importe qui. Cela m'a donné je crois deux idées : l'une celle de la totalité que mon siècle eut avec moi, l'autre celle de l'option nue sans équipement, sans supériorité sur personne. Aujourd'hui encore je n'ai de supériorité sur personne sinon sur les hommes supérieurs. La littérature devait être totale, c'était d'abord une façon de vivre, je devais m'y dévouer absolument : j'entrais dans les ordres. Même aujourd'hui [je n'ai] j'ai désinvesti mais non pas défroqué, je suis un moine – il y en a plus	Il est resté de ma folie quelque chose que j'approuve aujourd'hui : le refus du don m'a préservé de croire à l'élite. Je voulais me sauver moi, n'importe qui, rien dans les mains, rien dans les poches par le travail et l'espérance. Cela m'a permis de partager d'entrée cette idée de totalité que mon siècle a conçue, qui l'a conduit jusqu'à la dialectique d'une part et, de l'autre, au structuralisme : [pas de] je n'exerçais pas un talent, tout moi sauvait tout moi. Du coup ma pure option ne m'élevait en dessus de personne et je ne me suis jamais vu d'autre supériorité que sur les grands mutilés qu'on appelle les hommes supérieurs. Le salut disparu que reste-t-il ? C'est que la totalité de l'homme libre	« Laissons cela. Mamie dirait : “Glissez, mortels, n'appuyez pas.” Ce que j'aime en ma folie, c'est qu'elle m'a protégé, du premier jour, contre les séductions de “l'élite” : jamais je ne me suis cru l'heureux propriétaire d'un “talent” : ma seule affaire était de me sauver – rien dans les mains, rien dans les poches – par le travail et l'espérance. Du coup ma pure option ne m'élevait au-dessus de personne : sans équipement, sans outillage je me suis mis tout entier à l'œuvre pour me sauver tout entier. Si je range l'impossible Salut au magasin des accessoires, que reste-t-il ? Tout un homme, fait de tous les hommes et qui les vaut tous et que vaut n'importe qui. [Je ne me sens de supériorité que	Laissons cela. Mamie dirait : « Glissez, mortels, n'appuyez pas. » Ce que j'aime en ma folie, c'est qu'elle m'a protégé, du premier jour, contre les séductions de « l'élite » : jamais je ne me suis cru l'heureux propriétaire d'un « talent » : ma seule affaire était de me sauver – rien dans les mains, rien dans les poches – par le travail et la foi. Du coup ma pure option ne m'élevait au-dessus de personne : sans équipement, sans outillage je me suis mis tout entier à l'œuvre pour me sauver tout entier. Si je range l'impossible Salut au magasin des accessoires, que reste-t-il ? Tout un homme, fait de tous les hommes et qui les vaut tous et que vaut n'importe qui.

d'un – sans la foi. Il reste au couvent faute d'aller ailleurs ; il y a ses habitudes. En outre c'était tout l'homme en moi qu'elle devait sauver. Quand le salut disparut il resta ceci : ce tout l'homme implique que je sois tout homme. Avec une qualité, un salut je ferais ce que l'on ne peut faire : mutilé. Mais sans talent en voulant sauver la totalité de l'homme c'était aussi bien la totalité de l'homme que je trouvais chez mon voisin. Plus tard j'ai toujours voulu écrire ce que tous pensaient, il ne s'est jamais agi de révéler par ma sensibilité exquise au lecteur ce qu'il n'aurait pas pensé seul mais de chercher à dégager en moi qui suis tout homme ce que tous les hommes pouvaient penser.

et son outillage, je la trouve aussi bien chez mon voisin. [J'ai toujours] Les élites veulent apprendre à voir. Leur sensibilité exquise, paraît-il, découvre ce que la masse ne peut voir. Moi non : j'ai toujours voulu décrire ce que tous voyaient, écrire ce que tous pensaient. J'essayais de dégager en moi qui suis tout homme ce que tout homme sentait.

sur les hommes supérieurs, ces grands mutilés : ils prétendent nous enseigner le monde au nom de leur bras coupé, de leurs jambes sectionnées, des mutilations qui les font autres : autres qu'eux-mêmes, autres que nous, et qu'ils nomment leur exquise [sup] singularité. Pour moi, à moins de parler au nom de tous, je ne saurais parler en mon nom » *[trait final]*.

La réduction s'opère de plusieurs manières. La première version apparaît comme désordonnée, encombrée de répétitions (« aujourd'hui encore », « aujourd'hui » ; « me sauver tout entier », « c'était tout l'homme en moi qu'elle devait sauver », « en voulant sauver la totalité de l'homme »), comme il est normal au cours de l'étape de l'*inventio*, de la recherche des idées, où l'on s'emploie à distinguer des idées différentes, à déplier les articulations du raisonnement, à préciser une formulation.

La deuxième version supprime les répétitions, mais développe l'explicitation, selon la règle déjà décrite pour l'ensemble de l'épilogue : « Cela m'a donné je crois deux idées : l'une celle quc mon siècle eut avec moi » devient « Cela m'a permis de partager d'entrée cette idée de totalité que mon siècle a conçue, qui l'a conduit jusqu'à la dialectique d'une part et, de l'autre, au structuralisme. » Cependant, elle introduit déjà des marques de littérarité : elle remplace l'alternance entre les liaisons temporelles et les liaisons logiques par le connecteur « du coup », articulation à la fois temporelle et logique, familière de surcroît, et fréquente dans l'œuvre de Sartre parce qu'elle marque un brusque retournement de situation, interprétable en termes de philosophie et en termes de mélodrame. Elle varie la modalité (« Le salut disparu que reste-t-il ? »), les niveaux de langue (« rien dans les mains, rien dans les poches »).

La troisième version renforce la littérarité de la deuxième. Elle multiplie les signes de distance, non seulement en rapportant les paroles de Mamie qui referment la boucle du texte, mais en mettant entre guillemets ce qui ne l'était pas, « l'élite », le « talent ». Elle élimine les traits distinctifs de l'écriture philosophique, les phrases complexes (« il est resté de ma folie quelque chose que j'approuve aujourd'hui ») au profit des phrases simples ou elliptiques, les noms de doctrines, de disciplines, d'entités, en *-isme* et en *-té*. Elle remplace un verbe d'opinion par un verbe de sentiment (« j'approuve » par « j'aime »). Elle passe de l'abstrait et du général (« la totalité de l'homme ») au concret et au particulier (« tout un homme »), rappelant ainsi la formule sobrement définie qui rendait hommage à Jean-Baptiste Sartre au début du livre : « il a aimé [...], il a voulu vivre, il s'est vu mourir, cela suffit pour faire tout un homme » (*Les Mots*, p. 19). En combinant les quasi-synonymes entre lesquels hésitent les premières versions, elle fait coup double : filer la métaphore en rangeant au « magasin des accessoires » un équipement qui se révèle ainsi être celui du comédien, et elle construit une période rythmée : « sans équipement, sans outillage », dont le balancement répond à d'autres : « rien dans les mains, rien dans les poches », « par le travail et l'espérance »[1], « je me suis mis tout entier à l'œuvre pour me sauver tout entier ».

Enfin, les versions 1 et 2 s'achevaient sur un lieu commun des études littéraires : « J'ai toujours voulu écrire ce que tous pouvaient penser », récrit en « J'essayai de dégager en moi [...] ce que tout homme sentait », référence secrète à un propos de Boileau souvent proposée en sujet de dissertation aux élèves des lycées :

> Qu'est-ce qu'une pensée neuve, brillante, extraordinaire ? Ce n'est point, comme se le persuadent les ignorants, une pensée que personne n'a jamais eue ni dû avoir. C'est au contraire une pensée qui a dû venir à tout le monde et que quelqu'un s'avise le premier d'exprimer[2].

1. Remplacer l' « espérance » par la « foi » en version finale, c'est, en jouant avec le paradigme des vertus théologales, accentuer le caractère pathétique du dénouement, du dénuement de l'auteur en Philoctète, et suggérer un jeu de mots, une allusion à la « mauvaise foi » (c'est sur ce jeu de mots que Francis Jeanson a bâti l'hypothèse qu'il a développée dans *Sartre dans sa vie,* Le Seuil, 1974, p. 269-282 : « Sartre est un homme de foi, qui ne cesse de se battre contre les diverses croyances dans lesquelles tend à s'investir, tour à tour son exigence la plus radicale. » Ici, le jeu linguistique de dernière minute est évidemment créateur de sens.

2. Préface à l'édition de *L'Art poétique* de 1701.

La troisième version remplace ce lieu commun classique et scolaire par un développement singulier, pittoresque, baroque et polémique, en contradiction de ton et de sens avec la phrase précédente.

Comment ce développement a-t-il été construit ? Par condensation et déplacements, par accentuation de la polémique : c'est à cette étape qu'intervient la « boxe du style », selon l'expression de Jean-François Louette[1].

Dans la première version, la supériorité, la singularité, la particularité mutilante, la « sensibilité exquise »[2], sont disjointes ; et le narrateur se contente de s'en déclarer dépourvu. La seule figure consiste en l'isolexisme paradoxal de la « supériorité sur les hommes supérieurs » :

Version 1 :

> Aujourd'hui encore je n'ai de supériorité sur personne sinon sur les hommes supérieurs *[sept lignes plus bas :]* Avec *une* qualité, *un* salut, je ferais ce que l'on ne peut faire : mutilé. [...] il ne s'est jamais agi de révéler par ma sensibilité exquise au lecteur ce qu'il n'aurait pas pensé seul.

Dans la deuxième version, les deux premières phrases sont condensées ; la mutilation et la « sensibilité exquise » sont projetées, au sens psychologique du terme, sur les hommes supérieurs, qualifiés de « mutilés » en guise d'insulte, et sur les élites, dont l'incise ironique, « paraît-il », met en cause la supériorité prétendue :

Version 2 :

> Je ne me suis jamais vu d'autre supériorité que sur les grands mutilés qu'on appelle les hommes supérieurs. Les élites veulent apprendre à voir. Leur sensibilité exquise, paraît-il, découvre ce que la masse ne peut voir.

La troisième version accroît la violence polémique en spécifiant concrètement la mutilation, en renforçant les marques de distance et en opposant aux hommes supérieurs la fraternité d'un « nous » :

Version 3 (passage biffé dans le « manuscrit Vian ») :

> Ils prétendent nous enseigner le monde au nom de leur bras coupé, de leurs jambes sectionnées, des mutilations qui les font *autres* : autres qu'eux-mêmes, autres que nous, et qu'ils nomment leur exquise [sup] singularité.

1. Jean-François Louette, « La boxe du style », *Le Magazine littéraire,* n° 282, novembre 1990, p. 45-48.

2. Dans l'entretien de 1960 avec Madeleine Chapsal, on l'a vu plus haut, p. 158, cette « sensibilité exquise » appartient à des « aristocrates de la sensiblité » clairement identifiables : ce sont ceux qui, « au début du siècle, voulaient avoir un sens exquis de Tolède », c'est-à-dire Maurice Barrès. Les brouillons de l'épilogue remplacent cette allusion indubitable par une autre plus hypothétique : les « hommes supérieurs » peuvent faire penser à Nietzsche, mais rien n'impose une telle interprétation. Une référence trop précise, dans l'épilogue, aurait limité la portée de la polémique.

Cette visualisation est paradoxale – ils sont à la fois supérieurs et inférieurs – et grand-guignolesque : « bras coupé », « jambes sectionnées » réactivent la métaphore usée contenue dans « mutilés », rappellent un épisode précédent où le héros contemplait sur une si plaisante gravure un Sarrasin pourfendu[1], suggèrent peut-être pour les initiés le cas d'écrivains réellement mutilés, Blaise Cendrars et Joë Bousquet.

Pourquoi avoir supprimé une fin travaillée dans une jubilation polémique aussi évidente ? C'est que l'énonciation disait le contraire de l'énoncé : le sujet prétendait ne pas avoir de supériorité sur les autres, mais il les mutilait ; il affirmait ne pouvoir parler en son nom à moins de parler au nom de tous, mais il disait *je*, et relançait ainsi le tourniquet de sa démonstration. C'était une fin baroque, c'est-à-dire dynamique et contradictoire, irrégulière et choquante, dans le goût agressif du Sartre des années 30, au temps où il morcelait les concepts pour avoir l'impression de « penser barbare et fort »[2]. Mais il fallait arrêter le texte, fixer l'instabilité du don et imaginer Philoctète heureux, choisir pour le *finale* entre Wagner et Beethoven. L'intégration à la communauté humaine est plus efficacement mimée dans la période[3] finale des *Mots*, où le sujet s'efface dans la totalité impersonnelle de l'humanité. Dans cette péroraison, oratoire dans son rythme[4], rhétorique dans ses parallélismes et ses antithèses[5], dans la répétition en chiasme des mêmes syntagmes dans des sens différents[6], s'affiche une sérénité catholique[7] et légitimante et un savoir-

1. *Les Mots*, p. 63 : « Les coupables étaient “passés au fil de l'épée”. J'aimais cette jolie formule. [...] le paladin lui déchargeait sur la tête un bon coup de sabre qui le fendait du haut en bas ; [...] Que c'était plaisant ! »

2. *Carnets de la drôle de guerre*, Gallimard, 1995, p. 285.

3. « Phrase complexe, considérée comme unité de sens et de souffle, dont le mouvement est dit circulaire, et qui comprend plusieurs membres, généralement disposés de façon à faire apparaître symétries et balancement » (Gardes-Tamine, Joëlle, *La Stylistique*, Armand Colin, 1992, p. 161).

4. Analyse schématique de cette période :

— *protase, avec cadence mineure :*
Si je range l'impossible Salut au magasin des accessoires, que reste-t-il ?
— *apodose* (cadence majeure, avec polysyndète dans les deux derniers membres de la phrase, renforçant l'effet de symétrie) :
fait de tous les hommes
et qui les vaut tous
et que vaut n'importe qui.

5. Principales figures :

— *isolexismes* (retour dans des conditions différentes, d'un lexème déjà énoncé) :
tout un homme / *tous* les hommes / *tous*
et *qui* les *vaut* tous / et que *vaut* n'importe qui
— *chiasmes :*
et *qui* les *vaut* tous / et que vaut n'importe qui.

6. Voir, pour la description stylistique de cette phrase, l'article de Jean-François Louette cité plus haut.

7. Aux sens d' « universel » et de « non douteux ». Mais on retrouve cet isolexisme en 1969, dans la bouche de... Paul VI : « Le travail au service de l'homme, de tout homme, de tout l'homme » (cité par Bernard Dupriez dans *Gradus*, UGE, « 10/18 », 1980, p. 266).

faire accompli. Le narrateur renonce au plaisir de ferrailler pour un autre plus austère et moins riche : dire le plus avec le matériau verbal le plus réduit, gageure classique de bonne compagnie qui sert de point d'orgue.

Que montre la genèse de l'épilogue ?

D'abord que Roquentin a raison : dans un récit, tout commence par la fin. L'idée directrice de la conclusion était prévue dès le départ de l'entreprise. L'épilogue conclut une démonstration plus qu'une histoire, et les hésitations sur la fin chronologique de la diégèse n'en changent pas le contenu. Dans sa recherche autobiographique, Sartre a pu mettre beaucoup de temps pour « déchiffrer sous les ratures » ses premières années, cela n'a pas modifié conceptuellement son hypothèse de départ.

Mais tout le travail a consisté à incarner cette hypothèse : le glacis du style laisse entrevoir une épaisseur de réflexions, de lectures, de souvenirs dont les avant-textes gardent la trace, et qui entraîne le lecteur dans la recherche sans fin d'allusions secrètes.

Longuement pensé, rapidement rédigé, l'épilogue manifeste la maîtrise technique de l'écrivain professionnel ; sa genèse révèle une méthode traditionnelle, selon laquelle la conception précède la rédaction, et une littérarité exubérante se surajoute à une trame conceptuelle par des procédés nets et dénombrables.

Le maître produisant son dernier chef-d'œuvre s'est soumis en dernière minute aux contraintes rhétoriques d'un excipit *fashionable.* Mais les avant-textes signalent les luttes d'un artiste joueur et aventureux.

Sartre palimpseste

JACQUES LECARME

La lecture des *Mots* est un exercice troublant et délicieux, car elle renvoie à un grand livre fictif, qui serait celui de la bibliothèque universelle, mémorisée par chaque lettré sous forme de *vademecum* personnalisé. Cette écriture au second degré peut aussi être lue au premier degré par tous ceux qui, à la différence des derniers clercs déliquescents, ne connaissent pas les références implicites de cette allusion, de cette allitération perpétuelle, mais peuvent les imaginer en vertu même du pouvoir suggestif de ce livre. La connaissance des avant-textes permet de mieux percevoir les sources et les modes de cette intertextualité propre aux *Mots* ; elle peut aussi donner au chercheur le tournis et la berlue, tant s'éloigne le secret de cette écriture méphistophélique, « négation pure » qui sait se faire désirer[1]. Avant de parcourir le champ de l'intertexte, on se propose de traiter, d'après les avant-textes, du « métatexte », qui pourrait fournir une manière de pacte autobiographique, et du péritexte (titre, sous-titres, épigraphe) dont les variations attestées sont édifiantes[2].

Du métatexte

Dans la première dactylographie de « Jean sans terre » (Inv. 3) qui correspond à une rédaction que l'on peut dater de 1955 et qui ne présente qu'une séquence de 44 feuillets, il ne se trouve pas de passage

1. *Les Mots*, éd. Folio, 1991, p. 13. (Ce sera l'édition de référence de ce chapitre.)
2. On s'est beaucoup aidé des travaux de Geneviève Idt sur le style des *Mots*, de Philippe Lejeune sur les lectures d'enfance de Sartre, de Jacques Deguy sur les références culturelles des avant-textes, de Michel Contat et Philippe Lejeune pour l'organisation et le classement de ce corpus manuscrit. On espère ne pas les avoir trop réécrits dans ce travail sur la réécriture ironique qui caractérise « Jean sans terre », *alias Les Mots*.

métatextuel qui formulerait la relation du narrateur à la référence historique et qui pourrait tenir lieu de pacte autobiographique. Nulle part la nature du texte lui-même n'est présentée ou problématisée. A la limite, on pourrait se demander si on lit une autobiographie ou un roman, ou une fiction biographique. Aucun doute, aucune tentation de retour sur soi n'effleure ce narrateur qui tient un tranquille discours de vérité sur ses origines. Il dénonce comédies, impostures, singeries, au nom d'une vérité implicite d'autant moins contestable qu'elle n'est jamais formulée. Le procès du cabotinage de l'enfant implique un discours dépourvu de cabotinage, sous la plume du narrateur. Celui-ci, assez dogmatique, ne suppose jamais que le grand-père ait pu être autre que ce qui en est écrit. Par surcroît, cette première version incomplète ne présente pas de développement sur la Bibliothèque. La névrose littéraire du petit garçon n'est pas franchement indiquée, et l'on passe aussitôt à l'expérience du cinéma, comme si elle avait précédé l'expérience de la lecture, et avait seule déterminé l'imaginaire personnel de l'enfant. Le début ne correspond pas au sous-titre « Lire » du texte publié, et, à tout prendre, est fidèle au sous-titre choisi dans ce premier état du texte : « Abel ». Il ne correspond pas à la question, quasiment œdipienne chez Sartre, « comment devient-on écrivain ? », mais à une question plus idéologique, « comment devient-on un jeune conservateur, au lieu de devenir un jeune révolté, ou – mieux ! – un jeune révolutionnaire ? ». Un scandale inexpiable fait écrire Sartre : il ne se console pas d'avoir été Sartre, et pas Genet, pas même Nizan. L'ancien enfant sage envie ceux qui sont entrés dans la vie le blasphème aux lèvres. Dans l'idée qu'il se fait de la vie d'un homme, le travail monumental opéré sur Jean Genet en 1950-1951 a été décisif ; l'idée lui est venue, comme il l'a confié à Michel Leiris, de raconter sa vie comme si c'était celle d'un autre, en adoptant le ton impartial de l'énonciation biographique[1]. L'autobiographie – si c'en est une ! – se trouve encadrée par deux hétérobiographies : en amont, par le *Saint Genet, comédien et martyr*, en aval par *L'Idiot de la famille*. Elle en a adopté la plupart des dispositifs, et elle se présente d'abord comme une biographie « dure » de Charles Schweitzer, grand-père du narrateur. Dans le manuscrit dit « Simone de Beauvoir », qui peut se situer dans une période allant de 1956 à 1958, on trouve cette fois un discours métatextuel, où le narrateur envisage sa relation avec la question de la vérité. Cette question vient se poser à propos de cet enchantement de la littérature, qui a fait de l'enfant un possédé ou un inspiré, et que le narrateur choisit de décrire comme une comédie mise en scène par un imposteur et interprétée par un enfant simulateur. Il importe que cet

1. D'après un entretien de Michel Leiris avec Raymond Bellour, publié dans *Les Lettres françaises*, 29 septembre 1966.

enfant soit un cabotin appliqué, et non un ardent catéchumène. Pourtant cet enfant a cru ou su qu'il « faisait partie de la bande » des grands écrivains, avant même d'avoir rien écrit (Inv. 14, f° SdB 84).

C'est donc ici que le narrateur prend quelque distance avec son propos et avance trois approximations contradictoires : « Tout ce que je viens d'écrire est faux. Vrai. Ni vrai ni faux. Comme tout ce qu'on écrit. » Cette formule sera reprise et modifiée en 1963 dans le manuscrit « Vian » (Inv. 8, f^os MV 103-104). Pour le moment, Sartre obtient un joli effet de surprise avec son constat du « faux », le tout annulé par la catégorie aléatoire du « ni vrai ni faux ». Faut-il voir ici un scrupule pointilleux d'autobiographe soucieux de véracité ? ou un renoncement élégant à l'espérance d'une certitude autobiographique ? On penchera pour la seconde hypothèse, dans la mesure où l'écrivain a choisi comme première évaluation métatextuelle celle du « faux ». Tout le lexique de l'erreur et du faux-semblant, qui concernait jusque-là l'enfant représenté, s'applique ici à la représentation elle-même, ou à son énoncé. Le jeu de balancier entre l'erreur et la vérité ne s'arrête évidemment pas là. Après avoir énoncé que « tout ce qu'on écrit » échappe à la discrimination du vrai ou du faux (ce qui ne semble concevable qu'à propos de l'écriture littéraire, en cela différente de l'écriture philosophique), Sartre s'écarte de ce scepticisme généralisé pour revenir au dogmatisme brutal : « J'ai dit la vérité sur mon délire mais j'aurai menti si je donne à croire qu'il occupait ma vie. » Le futur antérieur, au lieu du conditionnel passé, est très révélateur : le délire a bien été présenté comme une extase religieuse, comme un transport mystique, même si le narrateur accumule les signes de la dénonciation sarcastique. Mais ici, comme le fameux garçon de café qui joue à être un garçon de café, l'enfant pourrait bien n'être qu'un acteur appliqué de la transe mystico-littéraire. L'argumentation s'est ici déplacée de la vérité ou de la fausseté des énoncés à la sincérité ou à la simulation des sentiments éprouvés. Et le narrateur, qui alors envisage une vaste narration exemplaire qui irait de l'enfance à la maturité écrivassière, propose au lecteur une des très rares prolepses indiquant le prolongement et le terminus virtuels du récit : « Au cours de mon récit, cette question reviendra souvent, qui est peut-être la principale : jusqu'à quel point croyons-nous à nos idées, à nos amours, à nos entreprises ? » Ces trois aspects ne peuvent évidemment pas se situer dans un récit d'enfance, et on voit bien que le « Jean sans terre », en gestation vers 1956-1958, constituait des mémoires mythiques sur le modèle de Chateaubriand, et non un récit d'enfance sur le modèle Renan-Loti-Gide. Mais on ne verra jamais ce questionnement à l'œuvre dans le récit sartrien, une fois prise la décision de l'écourter. Tout au plus, à la fin des *Mots*, se pose-t-il la question de la sincérité, de son adhésion à la vision du monde formulée dans *La Nausée*, et conclut-il aux trucages et aux mystifications d'un illusionniste[1]. On peut s'interroger sur cette curieuse translation d'un problème littéraire en termes psychologiques d'une certaine simplicité. Le narrateur ne se demande pas si le discours peut être vrai, mais si les sentiments sont vrais (ce qui échappe à toute argumentation) ou sont authentiques (ce qui autorise tous les discours imaginables). Le problème posé n'est pas ici tout à fait celui de la sincérité, bien qu'on puisse trouver des formulations très voisines sous la plume de Gide, mais celui du degré de la créance, ou de l'adhérence de soi à soi[2]. Comme si on ne pouvait tenir un discours vrai sur des sentiments faux, ni écrire un livre de bonne foi sur la mauvaise foi. On ne peut pas être sûr de la vérité d'un sentiment, puisqu'il y entre une part – indéfinissable – de mime, de jeu de représentation théâtrale ou de surenchérissement hystérique. Mais inversement on ne peut pas être garanti contre les effets de vérité qui peuvent découler d'une simulation. La stratégie du narrateur, pour des raisons littéraires, est de tout ramener à la simulation, à la singerie, au cabotinage, dans ce qui fut sa famille ou son enfance. Ainsi dans notre fragment de 1956-1958 tend-il à suggérer que les sentiments de l'enfant étaient « feints », en s'appuyant sur la perception d'une comédie collective : « Mes voyages à travers la Culture faisaient partie de la comédie familiale : ils étaient donc feints. » Peu de mots plus fréquents dans le livre que ceux qui se rattachent à la racine du verbe *feindre*. La thèse est tout de même bien étrange : comment une « feinte » aurait-elle pu produire de tels effets, comme par exemple l'émergence d'un écrivain supérieurement doué ? Comment aurait-elle transformé les relations de l'enfant au langage, au monde, à la mort ? Et tous les sentiments de l'enfant auraient été feints ou fictifs, sauf cette expérience de la laideur dont le récit est reporté *sine die* ? Peut-on remonter des sentiments de l'enfant – présumés insaisissables dans leur consistance et dans leur prégnance – à l'énoncé du narrateur ? Ou bien il les reproduira en y adhérant, et il reproduira l'erreur, ou bien il les dénoncera, et il sera infidèle à l'expérience vécue. Pour ces sentiments du second degré, le second degré de l'écriture reste à mettre au point, et il serait intéressant d'étudier dans les divers états des *Mots* le passage d'une écriture polémique à une écriture ironique. Pour décrire la feinte, on feindra l'appropriation du langage des sentiments simulés.

Cette formulation métalinguistique semble, pour résumer, mettre à mal le projet autobiographique lui-même. Peut-on être sûr que l'écrivain croie complètement à cette entreprise autobiographique, si le vécu appa-

1. *Les Mots*, p. 204.

2. « L'analyse psychologique a perdu pour moi tout intérêt du jour où je me suis avisé que l'homme éprouve ce qu'il s'imagine éprouver. De là à penser qu'il s'imagine éprouver ce qu'il éprouve... », *Les Faux-monnayeurs, in* Gide, *Romans*, Bibliothèque de la Pléiade, p. 988.

rent se réduit à du feint ou à du fictif ? Et si la sincérité est inconcevable dans la vie de cet enfant, si le narrateur la déclare absente, comment la retrouverait-on dans le récit lui-même, qu'on peut suspecter d'appartenir à la comédie littéraire : est-ce que dans cette comédie-là, comme dans l'autre, on ne parle pas pour la galerie et on n'agit pas pour la montre ?

On rapprochera cette formulation métatextuelle de celle de *Saint Genet*, plus discrète sans doute, mais qui traduit la même désinvolture à l'égard de la référence biographique, et la même revendication du droit à un récit mythique – et par conséquent mythifiant : « Cela s'est passé ainsi ou autrement. Selon toute vraisemblance il y a eu des fautes et des châtiments, des serments solennels et des rechutes. Peu importe : ce qui compte, c'est que Genet a vécu et ne cesse de revivre cette période de sa vie comme si elle n'avait duré qu'un instant. »[1] Le biographe s'autorise ici la condensation comme l'autobiographe la stylisation théâtrale ; « peu importe » la réalité des faits. Mais elle importe peut-être un peu plus au lecteur. Dans *L'Idiot de la famille*, à peu près au même moment du récit de l'enfance, le narrateur fait une pause pour devancer l'objection évidente du lecteur : « Je l'avoue : c'est une fable. Rien ne prouve qu'il en fut ainsi. Et, pis encore, l'absence de ces preuves – qui seraient nécessairement des faits singuliers – nous renvoie, même quand nous fabulons, au schématisme, à la généralité : mon récit convient à des nourrissons, non pas à Gustave en particulier. »[2] Et il se plaît à imaginer une « explication réelle » qui serait peut-être opposée à la sienne, mais qui se situerait sur le même terrain du corps et de l'amour. Ce passage métatextuel est celui des trois qui s'approche le plus de l'idée d'une biographie-fiction. On est frappé de ce que Genet, Sartre, Flaubert sont évoqués dans les mêmes termes, selon une perspective essentiellement biographique, et sur un mode dominant essentiellement hétérodiégétique. Sartre traite Poulou en extériorité en lui refusant toute connivence, comme il la refusera à Flaubert. Les « fables » ou les « mythes » sont d'ailleurs si voisins qu'on pourrait se demander quel est le modèle qui a été conçu le premier, si c'est celui de « Jean sans terre » ou celui du premier brouillon suivi de « Gustave Flaubert ».

En 1963, Sartre reprend le chantier de « Jean sans terre » pour en faire un récit d'enfance, dont le terme est connu à une ou deux années près. Il supprime donc la prolepse narrative, qui n'a plus de raison d'être. Peut-être aussi a-t-il le sentiment d'en avoir dit assez sur son itinéraire adulte, à propos de ses petits camarades Paul Nizan et Merleau-Ponty. Dans les avant-textes des *Mots*, on ne trouve à peu près aucune indication sur les entreprises et les

1. Sartre, *Saint Genet, comédien et martyr*, p. 83.

2. Sartre, *L'Idiot de la famille*, t. I, p. 139. (On remarque que cette intervention réflexive du narrateur suit un passage assez grand-guignolesque, où les parents Flaubert deviennent « le chirurgien volontariste et son épouse stalinienne » *(sic)*.)

passions d'un « homme » fait, dans les années 30, 40, 50. Et nous doutons fort qu'on en retrouve jamais. Au fond, Sartre ne s'intéresse guère, et les récits-fresques de génération ne l'excitent nullement, même s'il les promet consciencieusement à tous les intervieweurs. Ces promesses n'engagent que les journalistes zélés qui les transmettent aux militants assidus. En attendant, passant d'un projet Chateaubriand à un petit livre de type Loti-Renan, Sartre recopie d'abord notre passage avant de le modifier sensiblement[1].

(1)	(2)	(3)
Tout ce que je viens d'écrire est faux.	Ce que je viens d'écrire est faux.	
comme tout ce qu'on écrit	comme tout ce qu'on écrit sur les fous, sur les hommes	[id.]
(1)	(2)	(3)
J'ai dit la vérité sur mon délire	J'ai rapporté les faits avec autant d'exactitude que ma mémoire le permettait.	
Mais j'aurai menti si je donne à croire qu'il occupait ma vie/qu'il m'occupait tout entier	Mais jusqu'à quel point croyais-je à mon délire	[id.] [id.]
Au cours de mon récit [...] à nos entreprises	C'est la question fondamentale et pourtant je n'en décide pas.	
	J'ai vu par la suite qu'on pouvait tout connaître de nos affections hormis leur force, c'est-à-dire leur sincérité.	[id.]
	[...] ce qui n'est pas toujours possible.	facile

Dans cette dernière version avant édition, les termes de la contradiction ont été adoucis, comme si on hésitait devant la dureté du dogmatisme comme devant la radicalisation du scepticisme. La suspicion ne porte que sur l'histoire d'un enfant rendu fou par la littérature, et non sur l'ensemble de cette histoire depuis sa naissance. Ce n'est pas la totalité de

1. Il ne nous échappe pas que Sartre aurait rejeté toutes ces références avec mépris. Il est bien vrai que le *ton* de son récit d'enfance n'a guère de précédent, sauf peut-être dans *La Jeunesse d'un clerc* de Julien Benda.

l'*écriture*, qui est déclarée étrangère à la *vérité*, mais, par une spécification nouvelle, l'écriture qui concerne « les fous [et] les hommes ». La juxtaposition n'est pas claire, car ce qui vient d'être narré ne concerne ni un fou ni un homme, mais un enfant qui joue à l'enfant prodige, ce qui est aussi banal que bénin. Le rédacteur veut-il dire qu'on ne connaît rien aux mystères des âmes délirantes ou raisonnables ? Ce serait une bien grande platitude, dont il plaisante ailleurs[1]. L'oxymore du fou et de l'homme peut, dans le contexte, se justifier, surtout si on se reporte à l'anecdote du fou de Sainte-Anne, qui croit être prince, mais qui sait fort bien être cordonnier. L'enfant, lui aussi, croit être un génie et sait bien qu'il est un esprit moyen. Charles Schweitzer, s'il lui arrive de se prendre pour Victor Hugo, reste un professeur d'allemand compétent et appliqué. Ce serait ainsi le rapport de l'homme à sa folie qui serait indécidable, et c'est bien là le thème de la fin du récit, dans l'état où nous le lisons. Il y aurait toujours un double jeu, et Sartre pourra plus tard « en décider » quand il appréciera les postures et les impostures de Flaubert. La prolepse sur la suite du récit devient ici une simple anticipation sur la découverte des limites de la connaissance psychologique. On aura remarqué qu'à la triade « nos idées – nos amours – nos entreprises » a été substitué le seul syntagme nominal « nos affections », terme assez neutre pour désigner aussi bien l'amour de la littérature que les sentiments filiaux et petit-filiaux. L'espace entre le « délire » et les « affections » paraît si étendu qu'on ne voit pas trop où pourrait se loger quelque sincérité que ce soit. Si le narrateur abandonne la fière formule « [dire] la vérité sur [son] délire » au profit d'une prudente évaluation des incertitudes de la mémoire (« [rapporter] les faits avec autant d'exactitude que [sa] mémoire [le lui permet] »), en revanche il exprime un pyrrhonisme presque terroriste sur l'impossibilité de dire le vrai dans l'affect ou dans l'affectif. En fait il a déjà répondu contradictoirement à la question de la croyance à son délire : au premier degré il l'a raconté comme si, enfant, il y avait adhéré totalement ; la meilleure preuve en est que de cette enfance il n'a rien été raconté d'autre que cette identification aliénante, délirante, au modèle du grand écrivain classique ; mais au second degré de cette écriture ironique et même histrionique, il a tout agencé pour suggérer la rouerie d'un petit truqueur prenant la pose par servilité fébrile. Il faudrait choisir : ou bien Poulou est le possédé d'une idéologie démoniaque (et il devrait mériter quelque compassion), ou bien il s'est fait imposteur par opportunisme (et ce fayotage n'inspire aucune sympathie). Mais Sartre ne choisit pas : il fait miroiter les deux thèses alternativement comme un phare aux feux tournoyants. On s'en tient d'ailleurs à un seul objet véritable d'affection : la littérature

1. Voir *Les Mots*, p. 76 : « On ne connaît pas les êtres. »

– comme si un enfant de sept ans pouvait avoir une notion précise de la littérature, ce qui n'irait pas sans une certaine fictionnalisation de l'enfance.

Il ne s'agit plus ici de trouver la vérité autobiographique, mais de la problématiser et de la contester. Un piège en forme de tourniquet est proposé, ponctué par des interpellations figées comme « voyez », « allez savoir »[1] – plus loin, « allez conclure » ou « allez-vous y reconnaître »[2]. S'il est démontré que la culture n'est qu'une comédie, il est vite ajouté que cette comédie, « à la longue », cultive l'enfant. Une très intéressante variante du dernier manuscrit connu (ms « Vian », f° MV 111) propose : « La comédie cérémonieuse portait en soi quelques éléments de vérité. » Là aussi, Sartre a barré le mot de « vérité », incompatible avec l'ambiance pyrrhonienne du passage, puis la totalité de la formule. Il ne saurait y avoir d'effets de vérité, si minces fussent-ils, ni d'élans de sincérité dans cette comédie familiale. C'est dans son démontage qu'ils apparaîtront, en pure négativité. Est-il sûr d'ailleurs que d'imposture en imposture, de Charybde en Scylla, le narrateur puisse s'assurer d'échapper à l'imposture pour atteindre à l'évidence de la vérité[3] ? L'imposture n'a-t-elle pas partie liée avec « tout ce qu'on écrit sur les fous, sur les hommes », c'est-à-dire avec la littérature narrative ?

On peine à retrouver, soit dans les avant-textes, soit dans le texte définitif, des passages métatextuels analogues, où le narrateur se détournerait d'une « vérité » historique qui lui est indifférente pour constituer une « fable » ou un « mythe » plus riche de sens. La formule de Chateaubriand, choisie comme épigraphe interne, pourrait jouer ce rôle si elle était textualisée ; mais on peut se demander jusqu'à quel point Chateaubriand et Sartre croient à cette dépréciation mélancolique, et on répondra qu'ils coïncident dans la dénégation : ils savent bien qu'ils sont tout autre chose qu'une « machine à livres » ; en dépréciant la chose littéraire, ils ne manquent pas d'exalter leur qualité de grand écrivain à la sûreté infaillible[4]. Et il faut avoir régné sur son siècle pour pouvoir s'humilier sans dommage.

Il arrive que le narrateur évoque son travail d'écrivain, mais plus rarement son entreprise d'autobiographe. Il n'est pas indifférent que dans un brouillon de 1963 (Inv. 6, f° ITEM 396, f° Ryb bh, l. 25) il écrive : « Je

1. *Les Mots,* p. 59, p. 60.

2. *Ibid.,* p. 206.

3. Voir *ibid.,* p. 111 : « Ma vérité risquait fort de rester jusqu'au bout l'alternance de mes mensonges. » Voir J. Lecarme, L'apostasie et l'imposture dans les vies de religieux et d'intellectuels, in *Le Tournant d'une vie,* P. Lejeune et C. Leroy (éd.), Cahiers Ritm, 1995.

4. Voir ci-dessous p. 209 et 274. Sartre avait sans doute lu cette citation dans la biographie de Maurois (*René ou la vie de Chateaubriand,* 1938). Comme d'habitude chez notre auteur, la citation est inexacte. La « machine à livres » devient « machine à faire des livres ».

suis passé du terrorisme à la rhétorique », mais ceci concerne une activité d'écrivain déjà dépassée. On pourrait mieux appliquer aux *Mots* la formule correspondant aux « Aventures du soldat Perrin », entamées en 1914. Les brouillons s'expriment ingénument : « Je ne prétendais pas écrire la Vérité mais on m'eût surpris et peiné si l'on eût traité mes récits d'inventions pures et dénuées de fondement » (Inv. 6, f° ITEM 393, Ryb be). Le texte imprimé cherche à expliquer la désillusion du romancier : « [...] mais on m'avait tant parlé de la vérité des œuvres romanesques que je pensais dire le vrai à travers mes fables, d'une manière qui m'échappait encore, mais qui sauterait aux yeux de mes futurs lecteurs. »

A la fin des *Mots*, on trouve bien la mise en question de la sincérité du rédacteur, alors qu'on l'avait vu contestée chez l'enfant. De nouveau, un soupçon de fausseté et de mauvaise foi est porté sur le discours antérieur : « Grisélidis pas morte. [...] je me demande parfois si je ne joue pas à qui perd gagne et ne m'applique à piétiner mes espoirs d'autrefois pour que tout me soit rendu au centuple. »[1] Il est bien vrai que les grandes espérances de la littérature, et la vocation particulière du petit Poulou, ont été piétinées, brocardées, rabaissées durant plus de deux cent pages. Les postures du grand écrivain sont couvertes de sarcasmes et de quolibets. L'objet du désir a été rabaissé, mais on sait depuis longtemps – ou plutôt depuis Freud – que c'est le meilleur moyen de se l'approprier. *Les Mots* se termine sur l'exaltation de l'homme ordinaire et total, mais la publication apporte une consécration très littéraire à l'écrivain, et nullement un renouveau de cet humanisme égalitaire et démocratique, déjà bien démodé dans les années 60. Dans l'ensemble de cet épilogue, dont on connaît bien les versions successives[2], toutes les marques d'un engagement politique spécifique ont été gommées, de sorte que la haine de la littérature ne peut entrer dans un projet général d'ordre révolutionnaire. Le problème est ici inversé : plus haut, le narrateur contestait l'amour de la littérature chez l'enfant qu'il avait été ; ici il conteste la haine de la littérature en l'écrivain d'aujourd'hui qu'il est. L'ensemble du texte est ainsi suspect de double jeu et reste étranger à toute revendication de sincérité ou d'authenticité. L'apostasie est en effet douteuse, puisqu'on tue la littérature avec les armes mêmes de la littérature. Et l'auteur s'y est bien mal pris s'il a voulu ainsi devenir « n'importe qui »[3]. Tout ce qu'on vient de lire n'était donc qu'une ruse savante pour tirer le plus grand bénéfice

1. *Les Mots*, p. 206.
2. Voir plus haut dans ce volume l'analyse de Geneviève Idt, p. 159-181.
3. Sartre semble faire écho à Édouard, dans le roman d'André Gide, *Les Faux-monnayeurs* : « [je] ne me sens jamais vivre plus intensément que quand je m'échappe à moi-même pour devenir n'importe qui » (*Romans*, Pléiade, p. 987).

esthétique de la mise en pièce des belles-lettres ? Si le projet inconscient n'est pas attesté, le résultat n'est pas douteux : on est reconnu par les critiques (et par le jury Nobel) comme grand écrivain pour avoir ridiculisé sans interruption l'idée même du grand écrivain – ce qui n'est peut-être pas un exercice absolument inédit dans l'histoire des lettres[1]. Il est bien vrai que la littérature est ingrate envers ceux qui l'idolâtrent, et généreuse envers ceux qui lui clament leur mépris. Sartre n'a pas « battu son âme », comme il le suggère, mais par contre il a bien battu le Saint-Esprit (et la Muse, qui en est la version païenne). Si on assimile le Saint-Esprit à la Muse, on s'avise que le schéma de Grisélidis est enfin renversé et remis sur ses pieds : le narrateur joue le rôle sadique du prince qui exile, humilie, torture sa jeune épouse, Griselda. Il s'identifie parfaitement au Marquis de Saluces, dans la version de Boccace, laquelle a évidemment inspiré la nouvelle de Perrault. Saluces ne torture pas seulement son épouse, mais aussi leur fille : il joue savamment avec toutes les figures sadiques, mais surtout avec l'idée de l'inceste père-fille exhibé à la mère méritante. Grisélidis, naturellement, c'est la littérature, ou la Muse, que Sartre-Saluces humilie sans autre résultat que de se voir prodiguer le talent et les bonheurs d'expression. Ce pourrait être aussi la rhétorique que le narrateur exploite et maîtrise, à la manière d'un terroriste-rhétoricien, selon le modèle indiqué par Jean Paulhan[2]. Cette autobiographie dépourvue d'autobiographique est aussi une parade, au second degré, de la rhétorique, puisque l'ironie, cette figure, gouverne l'usage de toutes les autres figures du répertoire. Et Gauthier de Saluces rejoint ici Jean sans terre dans ce rôle très sadien. On a beau martyriser la littérature : elle prodigue à l'élu ses vertus et ses grâces. Et on espère, au sens très littéral du terme, en faire l'*apothéose*, consomption, consumation, abolition.

Au jeu du « qui perd gagne », le vainqueur est celui qui a fait prendre toutes ses pièces ou les a mises en situation de blocus. Mais cette variante du jeu des dames ne pose pas problème si les deux joueurs connaissent l'inversion des règles. Si Sartre échoue à rendre détestable la littérature, il aura gagné sur le plan des effets de lecture. S'il y réussit trop bien – comme un Benda y parvient aisément – son livre ne sera même pas lu. Mais cette stratégie retorse évoquerait plutôt le jeu du « Menteur », entraînant la réaction du partenaire : « C'est pas vrai ». Ici, il n'est pas possible de retourner les cartes pour s'assurer du « vrai » ou du « faux ». Il n'est pas du tout évident que ces jeux de retournements et de miroitements soient conformes à l'esprit de l'autobiographie. Et il est clair que

1. On pourrait trouver l'équivalent dans le Chateaubriand de la *Vie de Rancé,* dans le Tolstoï des dernières années.

2. Sartre a lu de très près *Les Fleurs de Tarbes,* dont un chapitre additionnel a paru dans *Les Temps modernes,* mars 1946.

Sartre coupe et monte son récit de telle manière que tous les moments forts de son expérience vécue soient éludés : la découverte de la laideur, la rupture avec la mère lors de son remariage, l'épreuve de force avec son beau-père, l'excommunication par le grand-père après un menu larcin, l'apprentissage de la masturbation. Le choix d'un arrêt de la narration en automne 1916, avec de très rares prolepses externes, ne peut s'expliquer que par le refus organique de raconter sa vie intime, en tout cas de l'écrire. Le narrateur préfère sélectionner dans son passé ce qui relève de l'écriture, de la lecture, de la littérature ; l'ayant valorisé par ce choix initial, il le dévalorise par une assimilation métaphorique à l'imposture ; mais, *in extremis*, après la littérature perdue, on aura tout de même la littérature retrouvée, comme Grisélidis retrouvée et gardée par Gauthier de Saluces.

Le métatextuel ne nous semble donc pas plaider clairement en faveur de l'acte autobiographique, mais plutôt pour un essai à la première personne sur l'imaginaire de la littérature, et sur les leurres de la vocation d'écrivain. Ce métatextuel évite toute formulation idéologique ou politique au premier degré ; il écarte donc l'idée d'un récit à thèse. On est bien dans le registre de la Fable et plus précisément de l'essai narrativisé. Cela dit, il reste des fragments métatextuels qui rendent un tout autre son, et que l'on rapprocherait du geste autobiographique le plus classique : « Mes premières années, surtout, je les ai biffées : quand j'ai commencé ce livre, il m'a fallu beaucoup de temps pour les déchiffrer sous les ratures. »[1] Le travail des *Mots* aurait donc bien été un patient travail d'anamnèse et de découverte, conquis sur les arrangements rétroactifs et les paramnésies de l'âge adulte. Il y aurait donc bien une difficile recherche de la vérité. Or la lecture des avant-textes infirme complètement cette assertion : le narrateur ne tâtonne jamais, il « fonce » selon une dynamique de l'accélération et de l'emballement, les ratures ne sont que des reprises ou des mises au point. Il n'y a jamais de révisions déchirantes, ou de retournements d'interprétation, comme on en voit dans les psychanalyses freudiennes. Le narrateur ne découvre rien qu'il ne sache déjà. Risquons nous aussi une métaphore : Sartre est aussi sûr de la littérature que Gauthier de Saluces l'est de la bonne composition de Grisélidis : l'emprise et la maîtrise sont les mêmes, également sadiques. La seule différence réside dans les issues : la fable nous dit que Gauthier vécut heureux avec Grisélidis le reste de son âge ; en revanche l'Histoire nous indique que Sartre vécut fort bien, après la publication des *Mots*, sans souci de la littérature : il ne paraît pas que *L'Idiot de la famille* soit écrit dans le souci du style littéraire ou des vertus de la rhétorique ; bien au contraire, il est publié dans la

1. *Les Mots*, p. 193.

« Bibliothèque de philosophie ». A l'unique exception de l'adaptation des *Troyennes* d'Euripide, Sartre n'acceptera plus de commande d'ordre littéraire. En revanche, à partir de 1963, la littérature se console mal de la défection de Sartre : il y a vraiment quelqu'un qui manque dans l'institution ! Et voilà réalisé l'un de ces espoirs de l'enfant, dont le narrateur des *Mots* s'était tant moqué : Sartre ne se sert plus de son stylo, Philoctète a emporté son arc dans sa retraite, la France s'inquiète et les Grecs se désespèrent. Comme si la dérision qui recouvre le programme puéril avait permis son accomplissement intégral et son fonctionnement durable. C'est là le triomphe du double jeu.

De l'épitexte

L'épitexte des *Mots* a été rassemblé ici même de manière exhaustive par Philippe Lejeune. Tous les témoignages susceptibles d'apporter quelques lumières ont été suscités. Il est peu probable que le sujet soit renouvelé par des publications à venir. Et pourtant on reste sceptique devant la prédication de Sartre sur ce qu'il appelle son « autobiographie ». Ce terme ne l'a jamais beaucoup intéressé. Dans les œuvres de jeunesse de Flaubert, il distinguera « un cycle autobiographique » – où tout serait faux – d'un cycle romanesque, où tout serait vrai[1]. Cette vue est à la fois simpliste et erronée, dans le cas de Flaubert. Mais elle indique surtout beaucoup d'indifférence et de défiance à l'égard du genre autobiographique.

Ce qui fait problème, c'est la discordance entre cet épitexte (parfois encombrant ou inopportun) et les avant-textes (dont nous ne possédons qu'une partie). Où trouver cette longue marche d'une génération vers l'avènement du socialisme en URSS dont parle la lettre-préface à la traduction russe ? Où est-il question de la famine du Tiers Monde, en regard de laquelle *La Nausée* ne ferait pas le poids ? Si la haine de la bourgeoisie est bien présente dans les brouillons et dans le livre, elle ne prend pas cet aspect didactique qu'annonçait une fiche retrouvée : « Montrer que je ne haïssais pas encore la bourgeoisie comme groupe concret d'oppression mais comme *moyen* sans fin. »[2] (Ce thème ne sera développé, à satiété, que dans *L'Idiot de la famille*.) Les enseignements du marxisme, que Sartre prodigue à Olivier Todd, ne sont jamais formulés ni même suggérés dans les

1. *L'Idiot de la famille*, t. I, p. 181 : « Nous avons noté que Gustave, toutes les fois qu'il écrit à la première personne, est insincère : il faudra donc laisser de côté, pour le moment, le cycle autobiographique [...] Par contre il se livre dès qu'il invente. » Cette formule, comme souvent dans le « Flaubert », risque de trouver sa vérité si elle s'applique à Sartre. D'ailleurs, en 1975, il présente *Les Mots* comme « un roman auquel je crois, mais qui reste malgré tout un roman » (*Situations X*, p. 146).

2. Voir dans le présent volume, p. 418.

divers brouillons : ils sont peut-être présents dans des univers parallèles, c'est-à-dire dans les essais que Sartre confectionne durant la même période. Ce n'est pas sans perplexité que l'on relit aujourd'hui l'intégralité publiée de l'entretien avec Jacqueline Piatier de 1964. On passera sur l'ouvriérisme, le tiers-mondisme, l'illusion du salut chez les Soviets, au nom desquels sont fustigés Zola, Gide, Beckett, Robbe-Grillet, alors qu'Alain Badiou est promis à un avenir radieux. Mais on retiendra l'indication nette de deux périodes de rédaction, qui se différencieraient nettement : en 1954, il y aurait eu une sévérité excessive envers l'enfant-qui-écrivait, inspirée par l'enthousiasme du néophyte de l'action politique ; en 1963, après les déceptions ou les embarras de cette même action, cette sévérité aurait été atténuée, car « il n'y a pas de raison de traîner dans la boue un malheureux parce qu'il écrit »[1]. Or, il faut bien l'avouer, on ne voit pas en quoi le jugement catégorique sur cette enfance détestée a été atténué. Imposteur, dès les premières fiches de 1954, Jean-Paul le reste en 1956-1958 comme en 1963. Névrose et folie restent les muses de la vocation littéraire. L'acharnement sur le grand-père occupe un peu moins de place : pour être raccourci, le pamphlet n'en est que plus efficace. On pourrait même se demander si l'enfant a jamais été l'objet d'une véritable sévérité : c'est l'imposture du grand-père bafoué, humilié, démonté, qui engendre l'imposture mimétique de l'enfant de six ans. Et c'est avant tout la tradition Schweitzer qui est traînée dans la boue (comme beaucoup de grands hommes, Sartre fait de l'ingratitude une vertu). Dans la version de 1963, deux éléments nouveaux peuvent paraître nuancer cette haine du passé : l'évocation de l'âge d'or des relations avec la mère confère à l'enfant un sentiment à peu près authentique, mais surtout le narrateur assure continuer quand même la littérature, alors qu'il l'a vidée de tous ses attraits. Le texte propose l'image d'une persévérance désenchantée ; l'épitexte, plus proche de la réalité, parle d'adieux et de rupture. En fait, rien n'a été modifié, sauf la pirouette finale qui suggère que l'enfant refoulé revient dans le préconscient de l'adulte qui écrit. Et la sévérité envers les écrits antérieurs se formule, elle, pour la première fois, en 1963, vis-à-vis de *La Nausée*. On ne perçoit pas du tout, dans les esquisses successives des *Mots*, les variations de l'adhésion aux communismes français et soviétiques, ni les contrecoups du travail opéré sur le marxisme.

Peut-on expliquer ce dédoublement de l'écrivain et du parleur, qui laisse croire que l'auteur accrédite, face aux délégués du public, une véritable *fiction* de l'œuvre qu'il est en train d'écrire, substituant toujours à la pratique présente un projet très conjectural ? C'est une banalité, depuis Valéry, que de contester à l'auteur le droit de donner le vrai sens de son

1. Voir *Le Monde*, 18 avril 1964, interview reproduite dans le présent volume, p. 454-456.

œuvre, mais aussi celui de raconter sa genèse. Sartre, de son côté, dit n'avoir jamais trouvé le moindre intérêt aux essais critiques sur ses livres. C'est que ses livres ne l'intéressent plus du tout, et surtout pas dans l'optique d'une rétrospective. Dans la vision du projet, l'homme public et souvent le militant accentuent toujours l'idéologique par rapport à l'esthétique. Interrogé en 1957 sur son autobiographie, qu'il préfère désigner comme une biographie, Sartre énonce une exigence initiale qui ne va pas de soi : « La première chose que je dois expliquer dans une autobiographie, c'est pourquoi j'écris. Enfin, j'aurais pu choisir un autre métier. »[1] Il est tout à fait vrai que des diverses activités ou passivités qui font la vie d'un enfant, le narrateur ne retient que ce qui touche à l'écriture, comme si celle-ci avait pu l'occuper tout entier. Cette stylisation suffit à poser une figure du héros en tant qu'écrivain ; or l'interviewé tient qu'il représente, face à l'aristocratie littéraire, « le point de vue démocratique » : il écrirait ce que tout le monde pense.... On ne voit pas très bien comme peuvent se concilier la singularité de l'écriture et la banalité présumée de la sensibilité... Mais il faut faire basculer vers l'extrême gauche une activité d'écrivain qui se moque de la gauche ou de la droite. Il faut exorciser l'apolitisme foncier de cette écriture, qui n'est pas plus démocratique qu'aristocratique. On mettra donc en scène un sujet parlant médiatique qui juge, corrige, dénie, transpose le sujet écrivant. Tout cela se fait avec le plus grand talent et la plus grande sincérité, car la conversion des années 50 est sans réserve. Mais la rhétorique, que Paulhan assimilait au fascisme[2], ne se laisse pas convertir : la littérature reste immuablement aristocratique ; la terreur, que le même Paulhan assimile à la démocratie, aboutit à cette écriture sans style ou à cette oralité qui marquent le mode de communication du dernier Sartre.

Comme le suggère Sartre à Olivier Todd, dans cette même interview de 1957, il avait « deux pensées », l'une qui produit le texte et qui ne fait pas retour sur son choix d'écrivain et sur ce qui le fait écrire, l'autre qui dénonce ce choix et ces pulsions, et qui ne saurait produire qu'un épitexte de plus en plus spectaculaire, trompeur et envahissant. Les deux trajets sont sans doute également vrais, à des niveaux différents, mais ils ne coïncident pas. Ainsi, en 1971, Sartre peut-il évoquer *Les Mots* de la sorte : « Le sens du style dans *Les Mots*, c'est que le livre est un adieu à la littérature : un objet qui se conteste soi-même doit être écrit le mieux possible. »[3] On croirait ici aux adieux à la scène de Mistinguett ou de Joséphine Baker, aux adieux à l'écran de Greta Garbo la divine. Dans l'ordre du spectacle, les adieux de cet ordre se doivent d'être un feu d'artifice. Mais

1. Voir Olivier Todd, *Un fils rebelle*, p. 161-171.
2. Voir Paulhan, *Choix de lettres*, t. II, p. 299 (lettre du 20 janvier 1943 à Drieu La Rochelle).
3. *Situations X*, p. 94.

on ne voit nulle part dans les avant-textes transparaître cette intention de prendre congé. Si le travail de l'écriture est si poussé, c'est qu'il s'agit de soi-même, et qu'en général ce qu'on écrit sur soi est le mieux écrit possible. La fin des *Mots* ne présage pas un renoncement à la littérature, mais une pratique désacralisée : nulle part n'apparaît que l'auteur ne veut plus écrire romans, pièces de théâtre, récits ; tout au contraire, il assure qu'il va raconter plus tard son adolescence. On ne voit pas pourquoi cette suite n'aurait pas été écrite selon les mêmes exigences stylistiques. On l'imagine mal composée de ces analyses régressives et de ces synthèses progressives qui, à force de ressassement, harassent le lecteur le mieux disposé de *L'Idiot de la famille*. Toutes les versions connues des *Mots* désignent une suite qui n'a pas eu lieu. Il se trouve que la *réception* des *Mots* les a transformés en chef-d'œuvre et, littéralement, en couronnement de carrière. La fin des années 60, que l'auteur ne pouvait prévoir, a transformé Sartre l'écrivain en un agitateur groupusculaire (sinon crépusculaire) : dans son nouveau rôle, il ne peut se consacrer à la littérature qu'à condition d'écrire contre elle, et sans elle. Le fantasme rétroactif se joue alors en amont de 1968 : il aurait liquidé les belles-lettres avant que la jeunesse les refuse, avant que les nouveaux sociologues les démontent. Mais la perspective de l'énonciateur a complètement changé, car la société elle-même a congédié la littérature ; « comme de toute façon, il n'y en a plus, aujourd'hui, de littérature »[1]... D'une certaine manière, Sartre est alors condamné à refaire chaque année ses adieux à la littérature, sous la forme d'un gala destiné à subventionner les groupes gauchistes. La définition des *Mots*, que nous discutons ici, relève donc de l'illusion rétrospective, sur le plan des projets effectifs, des actes et des écrits. Elle peut tout de même éclairer le texte en question si on la déplace : en écrivant son récit d'enfance, Sartre veut uniquement *en finir* avec la littérature qui s'est imposée dans les années 1905-1915. C'est un règlement de comptes et un travail de rupture avec l'esprit NRF, et plus particulièrement avec Gide et Proust. Les passages abandonnés, qui ont été regroupés dans l'ensemble « Bost » (Inv. 6), envisageaient bien de véritables réfutations en forme de cette infrastructure idéologique ; ils visaient aussi, en amont, Renan, Flaubert et Goncourt ; en aval, Montherlant, Ghelderode, Raymond Aron. A cette nébuleuse, était ajoutée une longue tirade reconstituée de Charles Schweitzer, comme si ce germaniste consciencieux avait quelque affinité avec André Gide[2]. Cet ensemble (Inv. 6, f^os^ ITEM 175 à 193) a été sacrifié parce qu'il relevait de ce discours polémique explicite, qui est le plus naturel à Sartre, comme on le voit dans « Qu'est-ce que la littérature ? » et

1. *Le Monde*, 14 mai 1971. Voir *Situations X*, p. 115.
2. Voir Inv. 6, f° ITEM 189, f° sdB 313 : « Charles ignorait jusqu'au nom d'André Gide mais il eût approuvé la maxime du "Prométhée mal enchaîné". » Sartre a été bien avisé de sacrifier ce paralogisme !

maints autres textes. L'argumentation et la réfutation sont bannies du nouvel écrit dénommé « Jean sans terre », au début de 1963. Pour annuler l'écriture gidienne, l'option est prise de la réécrire ironiquement, à l'exclusion du plagiat comme du travestissement burlesque. Le narrateur renchérit sur les archaïsmes néo-classiques de Gide, faisant ainsi d'une écriture seconde une écriture deux fois seconde, opérant un déplacement perpétuel que faute de mieux on appellera un déboîtement. Le texte de Sartre ne sera pas seulement postérieur au texte visé : il lui sera indubitablement supérieur[1]. Mais le texte produit par réécriture ne saurait sortir de l'espace gidien ni inaugurer une nouvelle écriture. La victoire stylistique cache une défaite secrète : pour avoir été inversé et dépassé, le modèle NRF ne perd pas son emprise, et la rhétorique, dans ce feu de joie, n'a rien perdu de son éclat. La seule issue, après coup, est donc d'en finir avec *la* littérature, et de choisir le silence de l'écrivain, en même temps que la prise de parole de l'intellectuel. En choisissant ce silence très relatif après le moins contesté de ses succès, Sartre est sans doute plus conforme qu'on ne pense à un certain modèle du grand écrivain qui dédaigne un art dont il a tiré tous les effets : Rimbaud, Tolstoï, Alexis Léger, Malraux, et avant eux Racine ou Constant ont su rendre leur silence assez assourdissant. Et, pour revenir à l'épitexte sartrien, quelle habileté, dans le montage rétrospectif d'une vie de héros, que ces « adieux à la littérature » formulés sept ans après la publication de l'écrit !

Du péritexte

L'édition originale des *Mots* (achevé d'imprimer daté du 30 décembre 1963 alors que le dépôt légal est du premier trimestre 1964) présente un péritexte des plus restreints : la liste des œuvres « du même auteur » occupe la quatrième de couverture, aucun texte de présentation n'occupe les rabats de couverture, obstinément vierges. Rien qui ressemble à un pacte autobiographique, éditorial ou auctorial. Le péritexte tient en un titre, *Les Mots*, deux sous-titres de parties I : « Lire », II : « Écrire », une dédicace parfaitement obscure, « A Madame Z. », et on peut y ajouter, plus au titre de l'intertexte que du péritexte, un exergue interne (2, 136), emprunté à Chateaubriand : « Je sais fort bien que je ne suis qu'une machine à faire des livres. »[2] Si on ajoute quatre notes infra-

1. Ce point de vue est naturellement indémontrable. On pourrait comparer *Les Mots* à la première partie de *Si le grain ne meurt,* ou plus justement à *Thésée* (1947), qui constitue bien le chef-d'œuvre testamentaire, en petit format, de Gide.

2. Voir Chateaubriand, *Correspondance,* t. 2, p. 166-167, éd. Gallimard, 1979 (lettre du 3 juillet 1812).

paginales d'intérêt inégal, cela fait un péritexte aussi laconique que l'épitexte est prolixe.

Les Mots ne sont devenus *Les Mots* qu'à l'automne 1963, juste avant la publication en préoriginale dans la revue *Les Temps modernes.* Tous les manuscrits conservés portent le titre « Jean sans terre », depuis la première dactylographie de 1955 (Inv. 3) jusqu'au dernier manuscrit connu, offert à Michelle Vian le 28 avril 1963 (Inv. 8). Dans ces débuts, on trouve toujours la séquence *Jean sans terre,* I : « Abel », au lieu de la séquence définitive *Les Mots,* I : « Lire ». Pourtant le manuscrit « Vian » donne déjà, pour la seconde partie, II : « Écrire », alors que la première dactylographie donnait un deuxième chapitre sans titre (Inv. 3, p. 35)

3 (1955)	8 (1963)	Préoriginale et originale (1963)
Jean sans terre 1. « Abel » 2. [sans titre] [...]	*Jean sans terre* 1. « Abel » 2. « Écrire »	*Les Mots* 1. « Lire » 2. « Écrire »

« Travaillez-vous à *Jean sans Terre* ? » s'inquiète Simone de Beauvoir le 22 juillet 1955[1]. Et c'est probablement le titre de la dactylographie donnée aux *Temps modernes* en 1963. On ne sait qui a eu l'idée, sans doute sur épreuves, de transformer un titre médiéval à la Walter Scott en un titre linguistique qui précède Foucault *(Les Mots et les choses)* et Leiris *(Mots sans mémoire)*. Sartre paraissait pourtant très attaché à ce titre. Il l'aura pourtant sacrifié, comme il avait abandonné *Melancholia* pour *La Nausée,* comme il avait renoncé à *Lucifer* pour *Les Chemins de la liberté.* Trois fois, l'éditeur a été bien avisé d'imposer un titre descriptif, dépourvu de pédantisme, d'obscurité, et de prétention élitiste. Qui en effet, dans le public français, connaît aujourd'hui la carrière calamiteuse de ce roi d'Angleterre que Michelet appelle « le roi Jean », Shakespeare « King John », et Malet, l'auteur des manuels du secondaire, « Jean sans terre » ? Les encyclopédies les plus fiables, parmi lesquelles le *Grand Larousse* du XIXe siècle, donnent trois explications différentes de son surnom. Choisissons la plus courante : Jean, cinquième enfant de Henri II, n'avait pas de « terre » en apanage, à la mort de son père, mais Éléonore sa mère lui donna un fief et il hérita ensuite des terres de Richard Cœur de Lion, son frère. Il est si peu de temps resté « sans terre » que beaucoup d'historiens lui retirent cette désignation[2].

1. Voir S. de Beauvoir, *Lettres à Sartre,* t. 2, 1940-1963, Gallimard, 1990, p. 436.
2. En particulier Charles Petit-Dutaillis.

Sartre a justifié plus tard ce titre fort peu pertinent pour une autobiographie par un fait très simple : il aurait toujours été un usager précaire, sans résidence légitime, chez son grand-père ou chez son beau-père ; n'étant pas héritier (du moins le croit-il), il n'aurait jamais eu la philosophie du propriétaire, mais celle du locataire. Dans les avant-textes, Sartre s'attendrit excessivement sur sa condition de non-héritier ou de déraciné : on croirait entendre, justement, l'auteur des *Déracinés* ! Fallait-il mobiliser la figure de Jean sans terre pour décrire la situation de la quasi-totalité des Français d'alors, locataires de leur appartement et qui n'en avaient point reçu en héritage à leur majorité. Cette mythologie aristocratique et féodale détonne particulièrement dans l'évocation d'un milieu petit-bourgeois et dans la constante référence à des valeurs démocratiques. Il faudrait un Barrès ou un Maurras pour rêver, au XXe siècle, de ces transmissions féodales du XIIIe siècle. S'il y a ici une justification dans le texte, le titre n'en est pas davantage justifié : il aurait été plus simple, comme le fit Simenon, de proposer « Le locataire »[1]

On comprend mieux le choix durable de « Jean sans terre » si on remarque qu'il est lié et opposé à son antonyme « Abel ». Alors que le second est une image décourageante du Bien, le premier est une figure du Mal absolu, livrée à la réprobation de la postérité : c'est une réincarnation de Caïn, et il ne manque pas de tuer par traîtrise son gentil neveu Arthur, héritier légitime, et de jeter son corps dans la Seine. C'est un traître qui n'arrête jamais de trahir : son père, son frère, son neveu, ses alliés français, ses barons, l'Angleterre elle-même qui perd durant son règne la plupart des « terres » françaises. On a rarement vu un roi présenté sous des couleurs aussi noires, et l'historiographie classique le diabolise à souhait en évoquant une créature satanique. Même Michelet, pourtant plus réservé, cite à son propos la formule de Milton : « Mal, sois mon bien. »[2]

Jean sans terre n'est jamais évoqué par Sartre dans le texte des *Mots*, bien que la mention de Philippe-Auguste (le rival victorieux de Jean sans terre) à côté de « Jean-Paul Sartre » (coll. « Folio », p. 169), dans la liste des grands morts, suggère sérieusement le nom du héros éponyme. On aura d'ailleurs remarqué que JEAN SANS TERRE est un anagramme presque parfait de JEAN[-PAUL] SARTRE (plus exactement : Jean né Sartre), tandis que JEAN SANS PEUR rôde dans le préconscient du lecteur, parce que PEUR est plus près de PAUL[3], parce que le duc de Bourgogne est plus connu du public français, parce qu'il incarne, lui, le mythe chevale-

1. « Nous ne fûmes jamais chez nous : ni rue Le Goff ni plus tard, quand ma mère se fut remariée » (*Les Mots*, p. 74).

2. Michelet, *Histoire de France*, éd. Hetzel, t. I, s.d., p. 338 sq.

3. A noter encore que le chiffre anagrammatique JPS peut se transformer en JSP = Jean sans peur et que Sartre lui-même joue de ce monogramme dans un des manuscrits des écrits de jeunesse.

resque à l'égal d'un Pardaillan ou d'un Strogoff. C'est donc par le signifiant acoustique et graphique beaucoup plus que par le signifié apparent que SARTRE = SANS TERRE. Ce signifié apparent reste bien pâle, même quand un Michelet s'attendrit, évoquant un Jean « encore une fois abandonné, seul, exilé dans son propre royaume »[1].

Peut-on identifier la source livresque du souvenir qui rend ce surnom si émouvant pour Sartre ? Ce ne peut être le beau chapitre de Michelet, « La ruine de Jean », car l'historien, à juste titre, ne l'appelle jamais « Jean sans terre », et fait remarquer qu'il en était déjà bien pourvu quand il devint roi. Michelet nuance d'ailleurs le mythe du traître universel et du perdant-né, estimant qu'un ennemi obstiné du pape ne saurait être absolument mauvais. D'ailleurs Sartre n'a lu Michelet, croyons-nous, qu'après sa rencontre de Simone Jollivet, et sous l'influence de celle-ci. Le *Grand Dictionnaire Larousse*, dans son édition du XIXe siècle, donne une notice assez confuse, où le roi Jean se voit prêter toutes les turpitudes possibles. En revanche, le portrait de Jean sans terre qui figure dans le manuel d'Albert Malet, *Le Moyen Age et le commencement des Temps modernes*, est tout à fait admirable par la vigueur de sa narration et par l'éclat des formules[2]. Or ce livre, réédité plusieurs fois depuis 1902, était le manuel en usage pour les classes de cinquième A et B. Il est hautement probable que le petit Sartre a pratiqué cet excellent manuel, dans cette classe, en 1916-1917, au lycée Henri-IV. Il n'a pas dû lui échapper que la rivalité fratricide de Richard Cœur de Lion et de Jean sans terre était racontée sur le modèle de celle d'Abel et de Caïn. On croirait que Dieu a mis Jean sur le trône pour la ruine de l'Angleterre, qu'il laisse dépossédée, et pour celle des Plantagenets, plus déchirés que les Atrides.

Or, si Sartre place sa petite enfance sous le signe d'Abel, il évoque son adolescence sous le signe de Caïn, sans nous expliquer comment Caïn peut être fils unique. L'année 1917, où il a sans doute fait la connaissance de Jean sans terre, a été celle de la révolte, de la violence, et d'une haine qui a englobé le beau-père, le grand-père, et peut-être la mère. A l'histoire que Sartre n'a jamais faite du Jean-Paul « noir », il faudrait superposer celle qu'il a faite de Genet, en référence à la figure de Caïn. L'enfant de l'Assistance publique aurait mieux mérité que Sartre l'identification à Jean sans terre. D'ailleurs l'une des parties les plus denses du *Saint Genet* est intitulée « Caïn », sous une épigraphe hugolienne[3]. Sartre n'a jamais évoqué que fugitivement sa propre adolescence caïnique. Mais il l'a déplacée vers d'autres périodes de sa vie. En 1945, il est couvert d'opprobres et

1. Michelet, *Histoire de France, loc. cit.*, p. 355.
2. Albert Malet, *Le Moyen Age et le commencement des Temps modernes*, éd. Hachette, 2e éd., 1904, p. 108 sq.
3. Sartre, *Saint Genet, comédien et martyr*, p. 235 à 327.

d'indiscrétions calomnieuses : ce bon jeune homme, toujours couronné de lauriers jusque-là, en a été très affecté ; il reste pourtant le bon sujet de l'intelligentsia française social-démocrate[1]. En 1952, au contraire, alors qu'il rejoint les positions du Parti communiste, il croit être devenu l'ange exterminateur de la bourgeoisie, le traître à sa classe, le Caïn de l'ordre ancien. Cette figure mythique se charge de tous les traits accumulés par Byron, par Hugo, par Baudelaire. Au moment même où il entame son autobiographie, il s'est fait une certaine image de sa vie : l'aboutissement provisoire, le nouveau départ et le temps fort sont constitués par la déclaration de guerre à la bourgeoisie, et par la trahison assumée vis-à-vis de la communauté des écrivains. Sartre s'intéresse moins à son enfance qu'à cette bourgeoisie dont il se fait alors, comme beaucoup d'hommes de gauche, une vision paranoïaque[2]. Il se réjouit d'en devenir le fossoyeur, après en avoir été l'enfant modèle. En somme, un faux Abel est devenu un vrai Caïn. Pour contribuer à la fin d'un capitalisme qu'il croit à l'agonie, Sartre tuera en son grand-père à la fois Abel et Jéhovah. C'est l'écriture même de l'autobiographie qui se fera acte de destruction radicale. En attendant les feux de joie du grand soir, on mettra le feu à la bibliothèque de Charles Schweitzer. D'ailleurs, les Schweitzer, solennels et pontifiants, règnent sur l'Europe à la manière des Plantagenets du XIIIe siècle : le cousin Albert Schweitzer est vénéré comme un Dieu vivant sur les scènes parisiennes, et on vient de lui donner, en 1952, le prix Nobel de la Paix. Il ne déplaît pas au bon fils Jean-Paul, qui vit avec sa mère, de la trahir un peu et de l'ébranler dans sa fidélité aux valeurs de la tradition Schweitzer.

Ici ou là, Sartre a évoqué cette période caïnique, dans laquelle il a pu se donner le rôle d'un traître de mélodrame, digne de Goetz, sa meilleure création théâtrale. Il l'a retracée en lettres de feu dans son hommage de 1961 à Merleau-Ponty. Dans toutes les interviews qu'il a pu consacrer à son projet biographique, il a témoigné de sa volonté d'aboutir à la situation politique contemporaine de la rédaction. « Jean sans terre » était un titre un peu obscur et un peu mélodramatique : n'est pas Caïn qui veut, même si Sartre a pu se voir reprocher la perte de l'Indochine, du Maroc, de l'Algérie ! Mais ce titre convenait parfaitement à un récit qui devait couvrir les périodes 1917-1920 et 1950-1956. Il devenait totalement déplacé pour un récit tronqué, qui choisissait comme butée l'année 1916. Dans le texte publié, Sartre, dans toutes les dernières pages, martèle le thème de la *traîtrise* : c'est un peu trop tard dans la narration, et un peu trop tôt dans l'histoire. Faute d'aveux compromettants, le lecteur n'y verra qu'une coquetterie d'un révolutionnaire quinquagénaire. C'est ce

1. *Les Mots,* p. 194 : « On a fait des misères en 1936, en 1945 au personnage qui portait mon nom [...]. »
2. Voir en particulier Barthes, *Mythologies,* 1957.

qui reste du projet le plus ancien et le plus durable. Sartre a donc renoncé au titre « Jean sans terre », peut-être lors de la relecture des épreuves des *Temps modernes*, parce qu'il ne correspondait plus à rien de publié, et aussi au sous-titre « Abel », puisque l'antithèse Abel-Caïn ne pouvait plus s'inscrire dans ce simple commencement d'une vie, et que de surcroît elle faisait double emploi avec les intertitres du *Saint Genet*. Peut-être aussi Sartre s'est-il avisé qu'un intitulé comme « Jean sans terre ou la vie de Jean-Paul Sartre » ressemblait à ceux d'André Maurois, tel *Ariel ou la vie de Shelley*, qui précisément proposaient des biographies transcendées par les mythes sublimes de la Pensée Schweitzer[1]. Le titre aurait joué ici contre toute lecture autobiographique du texte, puisqu'il aurait suscité un double fictif du narrateur, dont l'identité nominale aurait été mise en cause. Sartre a pu aussi soupçonner chez lui une confusion de la mémoire entre Jean sans terre, objet de la réprobation universelle, et Jean sans peur, ce duc de Bourgogne très apprécié des historiens ? Le phantasme du voyage à Dijon s'inscrit nécessairement dans la biographie du second Jean, et on peut remarquer que Michel Zévaco, grand fournisseur des mythes enfantins du narrateur, publia un *Jean sans peur* en 1911[2]. Enfin – et ce sera la dernière hypothèse proposée – un calembour fâcheux pouvait nuire à la dignité épique du titre : « Jean s'enterre. » Ou bien l'autobiographe signait son acte de décès (et tout le texte proteste contre cette éventualité, qui est souvent liée à l'acte autobiographique), ou bien il partait à la recherche de ses racines selon un processus barrésien (et c'était toute la morale existentielle de la liberté qui se trouvait bafouée).

Les avant-textes nous indiquent donc ce que l'épitexte auctorial ne révélait pas : *Les Mots* n'ont jamais été *Les Mots* au cours de leur rédaction ; le titre « Jean sans terre » est à la fois primitif et presque final. Il devait être abandonné dès que Sartre, en 1963, décidait la clôture de son texte, et en supprimait des prolepses devenues inutiles telles que : « je reparlerai de cela » (Inv. 8, f° SdB 453, f° MV 410). Ce changement ne présentait pas de déperdition d'intelligibilité puisqu'il n'y avait pas eu de textualisation véritable du titre projeté, à la seule exception du passage sur l'enfant qui ne se serait jamais senti « chez soi »[3]. Le thème caïnique n'avait été indiqué que dans des notes fugitives concernant l'adolescence (voir en particulier Inv. 7, f° ITEM 52, qui semble une des ébauches les plus anciennes). En revanche, il avait été surexploité dans la somme biographique de 1952, et il devait être réactivé en 1962, dans la préface aux *Damnés de la terre*, ou dans des textes

1. Nous citons ce titre, parmi d'autres, parce que Sartre l'a lu.
2. Zévaco, *L'Hôtel Saint-Pol*, t. II : *Jean sans peur*, éd. Fayard, 1911.
3. Ce passage est parfaitement net, mais il doit être nuancé par d'autres assertions : l'enfant s'est senti chez lui dans la bibliothèque du grand-père, il a été le soleil levant du foyer Schweitzer, il sera l'objet de tous les investissements pédagogiques du couple Mancy, qui fut sans doute un couple parental très honorable.

polémiques contemporains de ce factum. C'est d'ailleurs un trait assez général de l'écrit sartrien que cette absence d'effets opératoires du titre sur le texte. On ne voit pas dans *La Nausée* d'allusions claires à la *Melancholia* d'Albrecht Dürer, ni dans *L'Idiot de la famille* de justifications suffisantes pour un titre aussi agressif. Le titre sartrien est prêt à être abandonné, surtout quand il vient du fonds scolaire de la mythologie[1]. Le nouveau titre, *Les Mots*, peut sembler platement descriptif : le décompte effectué grâce au linguiciel Panthéon nous apprend que ce substantif, au singulier et au pluriel, apparaît 74 fois dans le texte publié. On aurait pu choisir un titre comme *Enfance* : le terme apparaissait 29 fois. Le mot « enfant » apparaissait 59 fois : on a laissé à Vallès ou à Loti le titre qui correspondait à une période analogue. Le nouveau titre sartrien a l'avantage d'éviter la promesse d'une autobiographie, car de cette enfance il ne sera raconté que ce qui touche au langage et à la littérature : le texte est plus proche des *Fleurs de Tarbes* de Paulhan que des *Confessions* de Rousseau ou de *L'Age d'homme* de Leiris. Il est significatif qu'il ait été rangé dans la rubrique « Littérature » quand l'éditeur l'a introduit dans la liste « Du même auteur », cet élément capital du péritexte. Le laconisme de ce dissyllabe est tout à fait approprié à ce récit assez elliptique. Malgré l'inévitable antinomie des *mots* et des *choses*, il n'est jamais question de celles-ci dans notre texte : la chose même, qu'il s'agisse de la chose sexuelle, de la réalité référentielle, de l'histoire politique, a été soigneusement mise entre parenthèses ou déplacée vers les arrière-plans de l'implicite. Comme si, à l'égard de la réalité, seul le silence s'imposait, ce qui conviendrait bien au passage de la rhétorique à la terreur. On aura donc « les mots sans les choses », alors que le *Flaubert* poursuivra, quête sans fin, « les choses sans les mots ».

On ne dispose d'aucun moyen pour savoir comment fonctionne la mémoire d'un écrivain au travail. Sartre ne vérifie presque jamais ses références : la citation a été mise en mémoire depuis beau temps, assimilée et transformée, souvent contaminée par un autre souvenir. Ici c'est l'enfance qui détermine tout : un manuel d'histoire de la classe de cinquième, étudié à onze ans, a chargé de connotations le surnom « Jean sans terre »[2]. Ce souvenir d'enfance studieux a pu être réactivé par la pratique du *Grand Larousse*, par la lecture de Michelet. Si à cinquante ans Sartre a pu songer à cette désignation comme *alias* ou comme nom de guerre, c'est d'une manière assez analogue à celle dont Léon Bloy s'était inventé dans ses récits le pseudonyme flamboyant de CAIN MARCHENOIR[3]. Mais la tentation a été écartée.

1. Simone de Beauvoir partage avec Sartre ce goût funeste pour la mythologie. Elle prévoyait *Mélusine* ou *Ariane* pour ce qui allait être intitulé *Le Deuxième sexe*. L'éditeur a été plus perspicace que l'auteur.
2. On peut songer à Aragon s'identifiant, dans sa poésie, à Richard Cœur de Lion ou à Charles le Téméraire.
3. Nous ne croyons pas que Sartre ait jamais ouvert un livre de Léon Bloy.

Abel

La chute d'Abel – titre du premier chapitre – était impliquée dans celle du roi félon, éponyme du récit. A première vue, Abel, dont le rendement littéraire a toujours été faible par rapport à celui de son fratricide, n'est pas l'objet de références explicites dans la partie qu'il désignait. On devine que Sartre s'est appuyé ici sur toute une tradition du XIXe siècle, de Byron à Baudelaire ou à Barbey d'Aurevilly, qui inverse les valeurs du récit biblique, fait d'Abel un hypocrite bourgeois et de Caïn un héros révolté ou transgresseur. Mais il se souvient surtout d'avoir été déclaré d' « appartenance à la race d'Abel » par sa première compagne, Simone Jollivet, qui s'enorgueillissait, elle, d'un lignage luciférien[1]. Professeur au Havre, Sartre n'a pas dû apprécier exagérément le rôle de bon jeune homme qu'on lui attribuait, mais il l'a reversé plus tard dans son rôle d'enfant-modèle. Cet enfant unique n'a d'ailleurs pas cessé d'inventer des couples abélo-caïniques, et plus précisément de retracer la métamorphose des Abel en Caïn[2]. Balzac, dans *Splendeurs et misères des courtisanes*, a formulé le mieux cette antinomie en l'attribuant à Lucien de Rubempré écrivant son testament. Caïn y est la figure de l'Opposition et du régicide, et Sartre, c'est un fait, ne s'est pas pressé de rejoindre ce grand parti ; il s'est bien rattrapé dans les années 50. Toute la mythologie sartrienne d'alors nous semble provenir de la très calomniée Simone Jollivet. Plus âgée de trois ans que Sartre, elle l'a initié à beaucoup de ses engouements, comme Michelet, Dürer, Nietzsche, Lucifer, Caïn. Simone de Beauvoir, à qui on doit ces informations, en a fait un portrait exterminateur. Mais elle sera sauvée pour la postérité par le personnage d'Anny dans *La Nausée*, qui lui doit presque tout. Sur le plan des influences artistico-littéraires, elle a beaucoup transmis à Sartre, qui a sûrement métamorphosé tout cela. Sur le même plan, l'influence de Simone de Beauvoir apparaît à peu près nulle. On est d'ailleurs frappé de son absence radicale dans le texte et dans les manuscrits des *Mots*, bien qu'on lui doive le foliotage du précieux manuscrit dit « Simone de Beauvoir ». Dans le choix d' « Abel » comme dans celui de Jean le démoniaque, nous verrions volontiers un signe de connivence avec sa plus ancienne amie. Il est d'ailleurs troublant que le premier geste autobiographique de Sartre soit cet autoportrait qu'il a adressé à vingt ans à Simone Jollivet : le normalien studieux est ébloui par cette courtisane-comédienne fracassante ; il présente des revendications

1. Le fait est rapporté par Simone de Beauvoir, dans *La Force de l'âge*, p. 253. La mémorialiste était, elle aussi, reléguée du côté d'Abel, tandis que son amie Olga avait été promue dans la race de Caïn.

2. Mathieu et Jacques dans *Les Chemins de la liberté*, Frantz et Werner dans *Les Séquestrés d'Altona*, Achille Flaubert et Gustave.

d'exclusivité qui ne sont pas prises en considération[1]. Simone s'attache déjà à Charles Dullin, mais Sartre n'a pas pu oublier qu'il lui doit justement cette rencontre décisive pour sa carrière théâtrale. Mais la guerre des deux Simones mériterait une étude dont nous ne donnons ici qu'une vue cavalière.

« Abel » est sacrifié, sans grand dommage. Mais un jumeau d'Abel subsiste dans le texte sous la figure d'Éliacin. Il ne s'agit plus ici de péritexte, mais d'intertextualité : de nombreuses formules des *Mots* constituent des allusions implicites, et jamais explicitées, à la pièce de Racine, *Athalie*. On sait que Racine a inventé le pseudonyme de Joas, Éliacin, et lui a donné l'âge de neuf ou dix ans. Joas, ce petit roi sans royaume, est élevé par le grand-prêtre Joad, qui se trouve être son oncle, exactement comme Poulou, autre orphelin de père, est élevé par son grand-père, qualifié une fois au moins de « grand prêtre »[2]. Tous les deux ont été sauvés par un grand prêtre, après la disparition d'un père débile. Athalie, la vieille reine, déteste Joas, qu'elle croit mort ; Mamie, la reine mère, a le même mauvais esprit à l'égard de la foi sacrée, mais un peu moins de malveillance à l'égard de Poulou. Charles, dans sa bibliothèque, c'est littéralement le grand prêtre adorant dans son temple l'éternel. On est passé de la religion hébraïque au culte des belles-lettres, au prix d'une réécriture parodique qui se situe entre le travestissement ludique et la transposition sérieuse ; pour reprendre certaines catégories proposées par Genette[3]. La comédie de la culture répète et reproduit la tragédie de la foi, prétendant assurer la même transmission du sacré à « l'Éliacin des belles-lettres »[4]. Charles Schweitzer n'avait pas prévu que Jean-Paul l'apostat renierait le culte des Grands-écrivains et diffamerait son grand-père dans un écrit blasphématoire. En revanche, Joad le grand prêtre, dans sa célèbre prophétie, voit Joas-Éliacin, une fois monté sur le trône de Juda, tuer le grand-prêtre Zacharie, son frère de lait, et bafouer la loi sacrée : l'or pur devient plomb vil, et Abel Caïn. Dans les deux cas, l'orphelin ingrat mordra la main qui l'a nourri, et fera figure de renégat, non sans obéir aux ordres confus de la providence. Jérusalem n'en sera pas moins délivrée, à la fin des fins, et Sartre enrichira le trésor des littératures d'un chef-d'œuvre reconnu. Quant à nous, modestes lévites qui scrutons le moindre de ses grimoires, nous nous rechargeons de sacré et contribuons à perpétuer le culte du dernier de nos grands écrivains. On ne sort pas si aisément du sacré par la profanation, puisque le profanateur voit ses blasphèmes

1. Voir Sartre, *Lettres au Castor et à quelques autres* ; la récupération de Simone Jollivet dans un volume ayant Simone de Beauvoir pour destinataire constitue une aberration des plus bizarres, digne d'être analysée.
2. *Les Mots,* p. 139.
3. Gérard Genette, *Palimpsestes,* Seuil, 1982, p. 37.
4. *Les Mots,* p. 64, p. 91.

sacralisés. Le grand prêtre a assez bien réussi son coup, puisqu'il a voué son petit Poulou aux célébrations posthumes. En tout cas, l'hypotexte racinien et l'hypertexte sartrien entretiennent des relations subtiles, qu'on ne débrouille pas entièrement en évoquant la seule réécriture parodique. Il s'agit bien de *deux* religions du livre que cet athéisme sartrien cherche à liquider par un usage nouveau de l'ironie. Mais l'effet reste ambivalent : a-t-on démythifié le sacré, selon une procédure voltairienne, ou a-t-on sacralisé un culte laïc, à force d'esthétisation et de stylisation ? Le geste fondamental des *Mots* est celui de l'apostasie, et non celui de la conversion, puisque le lecteur ne sait pas, au vu de ce seul écrit, *à quoi* l'auteur se convertit. Mais le récit d'une apostasie témoigne peut-être mieux en faveur de la foi perdue que tous les écrits apologétiques.

Dédicace

Le cinéma, aimait-on à dire dans les années 50, est l'art de faire faire de jolies choses à de jolies femmes. La littérature a souvent été pour Sartre une belle chose offerte à une belle femme. La dédicace du livre, « A Madame Z. », est particulièrement énigmatique pour le public, comme l'était d'ailleurs la dédicace de *La Nausée* à un Castor dont nul alors ne pouvait connaître le sexe ni l'identité. Nous savons depuis peu qu'il s'agit de Lena Zonina, que Sartre connut vers 1960 comme interprète et guide dans ses voyages en URSS, et qui devint rapidement son amie intime. Simone de Beauvoir en a fait un portrait assez favorable, dans *Tout compte fait* (1972), sans indiquer ses relations sentimentales avec Sartre, et en omettant de donner son patronyme, empêchant ainsi toute identification à la dédicataire des *Mots*. Sartre redoubla sa dédicace, en 1964, par une préface pour la traduction russe des *Mots*, due à Lena Zonina. Cette ancienne collaboratrice d'Ilya Ehrenbourg n'était ni une apparatchik ni une dissidente : communiste critique, elle semble avoir donné au « dégel » soviétique une incarnation des plus aimables. On peut prendre la préface de Sartre, excessivement favorable à l'URSS, pour une lettre d'amour à son amie soviétique[1].

Le lecteur de 1964 ne pouvait avoir aucune idée sur cette « Madame Z. » ; peut-être l'entourage immédiat de Sartre y a-t-il vu une indication sur la portée politique du livre ? Il est bien vrai que dans son refus du prix Nobel, Sartre exprimera beaucoup de sympathie à l'égard de l'URSS officielle, et un fâcheux mépris à l'égard d'illustres dissidents comme Boris Pasternak. Mais, telle quelle, cette dédicace ne pouvait être

1. « [...] je viens en URSS presque tous les ans [...] La grande affaire de notre vie aura été votre Révolution. » Le sens de ces voyages en URSS n'est plus tout à fait le même, aujourd'hui...

prise que comme une trace énigmatique de la vie privée dans la vie publique. On peut signaler que, dans les années 50, Pablo Picasso avait proposé plusieurs portraits d'une « Madame Z. » qui n'avait rien à voir avec l'amie de Sartre. Nous supposons que l'initiale assurait la protection de l'intéressée en URSS. Elle n'empêchait pas l'adresse de messages aux diverses femmes qui « occupaient » la vie de Sartre. Il n'est pas indifférent que Simone de Beauvoir, nulle part évoquée dans *Les Mots*, sinon comme l'un des « témoins sourcilleux » de l'auteur, ne soit pas la dédicataire de ce livre[1]. C'est une manière de ne pas légitimer une autobiographie qui se donnait pour une biographie « autorisée » de Sartre, et qui empruntait beaucoup, surtout dans *La Force des choses*, aux avant-textes de « Jean sans terre ». Mais on sait que Sartre a toujours eu du mal à ne pas dédier ses livres à des dames. La vraie dédicataire des *Mots*, plus que Lena Zonina, est peut-être bien Anne-Marie, la mère-sœur retrouvée : il ne restera rien qui pourrait la blesser, et elle sera, elle seule, créditée de sentiments « vrais »[2].

Le manuscrit « Vian » ne comporte pas la dédicace choisie dans le volume, mais présente une indication toute différente : « A Michelle/le 28 avril 1963. » Sartre fait don du manuscrit à l'amie dactylographe, à moins qu'il ait songé à lui dédier le volume et y ait renoncé ensuite. On peut voir là la marque d'une générosité proverbiale ; on peut aussi y voir la manie d'obliger, par l'ostentation du don, le destinataire. On peut supposer que l'ensemble « Bost » a été offert, à titre de compensation, à Wanda Kosakiewicz. Les avant-textes servent aussi aux activités de bienfaisance sentimentale... Sartre est resté proche du petit garçon attirant les fillettes du Luxembourg par son spectacle de marionnettes ; il n'est pas non plus très éloigné du Chateaubriand de la Vallée aux Loups, distribuant ses attentions à toutes ses belles amies.

Une machine à livres

La Nausée avait une épigraphe initiale empruntée à Céline ; *Les Mots* ont une épigraphe intermédiaire, empruntée à Chateaubriand. Les deux citations se ressemblent d'ailleurs par leur tour restrictif et par leur effet dépréciatif. La seconde est d'autant plus frappante que le livre est pratiquement dépourvu de véritables citations, que les guillemets, le nom de l'auteur et les références sont soigneusement effacées en général. La présentation même produit un léger trouble sur l'identité exacte du *Je* énon-

1. *Les Mots*, p. 195.
2. *Ibid.*, p. 29.

ciateur : « “Je sais fort bien que je ne suis qu'une machine à faire des livres.” / Chateaubriand. / J'ai failli déclarer forfait. [...]. »[1]

Les avant-textes présentent très tôt cette épigraphe, introduite par les trois croix en triangle qu'affectionne le rédacteur (Inv. 6, f° ITEM 136, f° SdB 260 ; Inv. 8, f^os MV 292-293). On voit d'ailleurs Sartre raturer « Je sais fort bien », poser plus loin « Je sais bien », ce qui ne l'empêchera pas de revenir dans la publication à la première formule. On ne trouve pas de référence à la citation, mais jamais Sartre ne note une référence : la seule qui figure, dans nos avant-textes, concerne la *Correspondance* de Flaubert et pourrait bien provenir du travail sur le « Flaubert » qui, lui, se veut un texte de savoir.

D'où vient donc cette citation, qui n'est pas des plus célèbres ? Sans aucun doute de la biographie d'André Maurois, *René ou la vie de Chateaubriand*, publiée en 1938, où elle se détache déjà comme épigraphe interne pour le chapitre « La Vallée aux loups », sans plus de références que chez Sartre. La formulation est différente sur deux mots : « Je sais fort bien que je ne suis qu'une machine à livres. »[2] Sartre a cité de mémoire une phrase déjà mise en exergue par le biographe : on sait qu'il consommait volontiers les biographies, et en particulier celles de Maurois, qu'il ne tenait pas en grande estime pourtant[3]. Ce souvenir déformé a sans doute été ravivé par la lecture du *Sabbat* de Maurice Sachs ; celui-ci expliquait très naïvement qu'il avait toujours voulu « devenir, comme dit Chateaubriand, “une machine à faire des livres” »[4]. Sachs, comme Sartre, a modernisé la formule de Chateaubriand en sacrifiant son tour très elliptique. L'introduction de l'infinitif *faire* dans la séquence *machine à livres* est à la fois naturelle et regrettable au XXe siècle. Barbey d'Aurevilly, en 1857, avait déjà traité sévèrement Flaubert de « machine à raconter ». Sauf chez Sachs, l'assimilation de l'écrivain à une machine est toujours négative, comme si on assistait là à une automatisation de l'œuvre littéraire, réduite à une production industrielle. On est « tout juste » une machine à livres, autrement dit un de ces « hommes mutilés » qu'évoque une variante de la fin des *Mots*.[5]

En fait, Maurois avait cité inexactement Chateaubriand. La *Correspondance générale*, éditée par Champion en 1912, comme celle éditée par Gallimard, donnent « Je *sens* fort bien que je ne suis qu'une machine à livres », et cela dans la lettre du 3 juillet 1812, à la duchesse de Duras, qu'au

1. *Les Mots*, p. 136.
2. André Maurois, *op. cit.*, éd. Grasset, rééd. Hachette, 1966, p. 215.
3. Voir *Lettres au Castor*, t. I, p. 14.
4. Maurice Sachs, *Le Sabbat*, éd. 1946, Gallimard, rééd. p. 37.
5. Voir Inv. 8, f° MV 452 : « Je ne me sens de supériorité que sur les hommes supérieurs, ces grands mutilés : ils prétendent nous enseigner le monde au nom de leurs bras coupés, de leurs jambes sectionnées, des mutilations qui les font autres [...]. » En somme, et à la fin, Sartre n'est pas qu'une machine à livres.

milieu de ses dettes et de ses difficultés de trésorerie sollicite souvent l'auteur du *Génie du christianisme*. Le contexte est très dépressif : si l'épistolier reconnaît qu'il n'est propre à rien en dehors de l'écriture, qu'il faut le traiter en sauvage et en fou, il assure mépriser souverainement les gens de lettres : il ne connaît pas de plus vile canaille. Mais ailleurs il trouve quelque consolation dans sa machine lisante et écrivante : « Tant que je bouquine, cela va bien, mais quand je cesse de lire et de griffonner, malheur à moi. »[1] Le polygraphe harassé de la Vallée aux Loups témoigne vis-à-vis de la littérature d'une ambivalence très proche de celle que manifeste l'autre polygraphe du boulevard Raspail. On se souvient d'ailleurs que c'est le fantôme de Chateaubriand qui vient observer, de l'autre côté de la vitre, le petit Poulou qui lit des livres au-dessus de son âge, comme plus loin ce sera un blondinet du XXXe siècle[2]. Dans une variante du manuscrit « Beauvoir » (f° SdB 250) au manuscrit « Vian » (f° MV 288), Sartre avait hésité entre Corneille et Chateaubriand comme partenaire privilégié et comme champion devant mettre son titre en jeu : « Petit-fils de prêtre, il y avait moins d'outrecuidance à rivaliser avec Chateaubriand, cet autre rabougri, qu'à défier à la course un garçon de mon âge. » Il y aurait ainsi entre les deux rivaux une fraternité de nabots et de gens sans terre qu'autoriserait cette réversibilité des mérites que promet la lecture d'un auteur ou sa réécriture. A vrai dire, les allusions à Chateaubriand ont été plutôt effacées des avant-textes : ainsi la formule ironique « il fallait être Sophocle, Cervantès ou rien » fait entendre, par réverbération, la formule prêtée à Hugo « Chateaubriand ou rien » (Inv. 6, f° ITEM 10, f° Ryb 56*a*). Un lecteur lettré pourra reconnaître dans « l'enfant sublime » l'expression appliquée au même Hugo par Chateaubriand[3]. Il reste que dans la rédaction finale Chateaubriand est relativement submergé par Victor Hugo, lequel est l'objet d'une « charge » parodique qui l'amalgame avec son homme lige Charles Schweitzer. Ainsi a disparu cette parodie allusive : « Quand les artistes meurent, ils se résorbent, corps et âme, dans cette culture qu'ils ont tant chérie, qui leur sert de pourpre et de linceul, pour y devenir la source permanente de figures, de sens et de mots. » (Inv. 6, f° ITEM 232, f° SdB 374). On joue ici d'abord sur la clausule de la « Prière sur l'Acropole » de Renan mais aussi sur le vœu de Chateaubriand : « Je reposerai donc au bord de la mer que j'ai tant aimée », qui lui-même copiait la dernière volonté de Napoléon. On peut aussi voir un écho rieur entre « J'ai commencé ma vie comme je la finirai sans doute : au milieu des livres », et, plus solennel, « mon berceau a de

1. Chateaubriand, *Correspondance générale,* t. 2, p. 166-167, p. 195, éd. Gallimard, 1979.
2. *Les Mots,* p. 55.
3. *Les Mots,* p. 90.

ma tombe, ma tombe a de mon berceau »[1]. Mais l'épigraphe est tout à fait sérieuse : elle confond le *Je* de Chateaubriand et celui de Sartre (tout en l'opposant à celui de Flaubert et celui de Maupassant dans l'avant-dernière version)[2] : les deux ont en commun l'infaillibilité dans la production des livres, mais aussi la hauteur d'esprit suffisante pour savoir le peu que vaut cette infaillibilité au regard de l'Histoire des hommes. Ce ne serait pas un jeu que d'esquisser le parallèle de nos deux écrivains : *René* ou *La Nausée*, c'est le mal du siècle. « Le génie de l'existentialisme » et, vingt ans plus tard, « le génie du marxisme » feront écho au *Génie du christianisme*. Sartre eût-il fait suivre *Les Mots* de plusieurs volumes, comme il le promettait à ses lecteurs soviétiques, qu'il eût donné ses *Mémoires d'outre-tombe*. Selon une variante du manuscrit « Vian » (Inv. 8, f° MV 389), le gribouilleur de la rue Le Goff avait déjà pris ce point de vue de la Mort qui est propre à Chateaubriand : « J'avais beau raconter ma vie d'outre-tombe, j'étais toujours avant ou après l'impossible vision qui m'eût découvert mon immortalité. » Dans la forme définitive que nous lui connaissons, *Les Mots*, par la brièveté, l'ellipse, l'asyndète, correspond à *La Vie de Rancé*. Le même geste s'y joue par lequel un écrivain rabaisse et situe son œuvre entière, ici vis-à-vis du salut éternel, là vis-à-vis du devenir historique. Les registres certes diffèrent, mais ni l'un ni l'autre n'ignorent les accents de la dérision. On peut donc admettre que cette épigraphe moins humble que superbe place le texte sartrien sous l'invocation de Chateaubriand.

Deux arguments assez forts joueront contre cette affiliation surprenante : le narrateur des *Mots* assure qu'il doit sa rencontre de la Beauté aux boîtes magiques de la collection Hetzel, « et non aux phrases balancées de Chateaubriand »[3]. La page empanachée et caracolante d'où cette citation est extraite doit tout au style fastueux de Chateaubriand, rien à la prose informative et didactique de Jules Verne. On peut se demander si la thèse des deux cultures, dont l'une serait fausse et l'autre vraie, ne trouble pas la mémoire du narrateur. Les textes de Chateaubriand, que proposent les manuels de Mironneau pour le cours moyen et pour le cours supérieur, nous semblent avoir fasciné durablement l'auteur de *La Nausée* et des *Mots*, et Sartre a ceci de commun avec Charles Schweitzer qu'il pratique les grands auteurs dans les anthologies scolaires. Nous verrions donc dans la négation des *Mots* une dénégation. D'autre part l'historiographe des années obscures de Sartre nous a appris que, lors d'un commun voyage à Saint-Malo, irrité par le tombeau de Chateaubriand, « pour marquer son mépris, Sartre pissa dessus »[4]. La miction

1. *Mémoires d'outre-tombe* (coll. « Livre de Poche »), t. I, p. 37-38.

2. « J'avais horreur du traitement barbare que Flaubert avait infligé à son jeune disciple » (Inv. 8, f° MV 292).

3. *Les Mots*, p. 62.

4. Simone de Beauvoir, *La Force de l'âge*, p. 134.

sartrienne, si elle n'est pas fiction, a le même sens que la dénégation dont nous venons de traiter : il faut exclure toute forme d'admiration et dominer le modèle, pour le transformer en repoussoir. Là où le jeune Sartre urina (ce qui peut passer pour une libation rituelle), le jeune Flaubert avait noté l'hymne magnifique à Chateaubriand, qu'on peut lire dans *Par les champs et par les grèves.* Nulle part ne se sent mieux l'antagonisme irréductible de Sartre et de Flaubert : face à l'inventeur d'un style, celui-ci se livre à un exercice d'admiration, celui-là à un acte de profanation. Car pour l'auteur des *Mots* comme pour l'Érostrate de Saint-Malo, le modèle à dominer est aussi un concurrent à effacer. L'hypotexte est réputé illisible : on le transforme, par le seul acte de la citation, en un emblème lisible et sartrisé : Sartre sauve de l'oubli Chateaubriand – du moins le croit-il – par quelques traits de feu, par quelques saisies de gestes royaux. Il croit l'avoir battu, après l'avoir compissé, mais, en bon *challenger*, lui donne une poignée de mains chevaleresque. De même Charles Schweitzer, avec son ami Mironneau, sauvait du néant les prosateurs allemands en les tronçonnant ; de même Lanson réduisait en un « compendium » toute la littérature française. Sartre, en un mince livret, met en pièces la culture classique, mais, par un effet de retour, il l'immortalise sous la forme d'éclairs qui durent, et de courts-circuits à haute tension stylistique. Cet Érostrate (Éros-Sartre ?) aura bien brûlé la Bibliothèque d'Alexandrie, mais il la réfléchit dans ces miroirs incendiaires qu'Archimède, dit-on, utilisa en Sicile. Les machines à livres sont décidément bien intelligentes. Et les deux petits hommes sont des géants de la plume, ce que ne sont ni Rostand ni Zévaco ni Paul d'Ivoi[1].

De l'intertextualité dans « Les Mots »

Un palimpseste nous fait lire double, comme on voit double dans l'euphorie éthylique. Pour que le nouveau texte soit lu, il faut que l'ancien soit effacé et pourtant reconnaissable. Cet hypotexte, souvent indéchiffrable, peut être le modèle, la source, la cible, le repoussoir, l'écho lointain, la trace déjà effacée de l'hypertexte. De la simple duplication jusqu'à la métamorphose, où on ne repère plus du tout ce qui a été métamorphosé, de nombreuses relations sont possibles. Elles dépendent pour beaucoup du lecteur, de sa compétence, de sa mémoire virtuelle.

1. Il y a peut-être une certaine démagogie à vouloir promouvoir les modèles d'une contre-culture pour la jeunesse et pour les illettrés. Ni Zévaco ni la Série noire (Chandler, Hammett, Chase, Goodis) n'exercent la moindre influence sur le style sartrien. Gide, Proust, Chateaubriand, Morand, Alain entrent pour beaucoup dans ce métabolisme. Si le conte *Du vent dans les arbres* a tant impressionné Poulou, c'est qu'il est dû à un excellent écrivain, Edmond Jaloux. Enfin, le narrateur avoue : « Guy de Maupassant. On m'en laissait lire, il me faisait peur » (Inv. 10, f° ITEM 13), ce qu'il a toujours nié.

Répétons-le, après Harald Weinrich : rien n'a moins été étudié que le fonctionnement de la mémoire dans l'acte de lecture, si ce n'est celui de la même mémoire dans l'acte d'écriture. Un palimpseste est toujours lisible au premier degré, et il n'est pas sûr qu'on lise mieux *La Vie mode d'emploi* quand on sait par cœur *Bartleby l'écrivain*, ou *Ulysse* quand on a lu dans le texte *L'Odyssée*. Les nouveaux lecteurs des *Mots*, à qui ont été épargnés les apprentissages des humanités, auront du mal à décoder bien des allusions elliptiques, mais ils liront sans doute un autre texte que celui que construisaient les lecteurs des années 60. L'hypotexte devient un effet de lecture, et même une fiction produite par le texte nouveau. Nous n'avons jamais lu en entier le *Quichotte*, et pourtant nous nous enorgueillissons d'avoir adoré la fiction de Borges, « Pierre Mesnard, auteur du *Quichotte* ». Déjà *Les Mots* ont pu servir d'hypotexte à une série d'écrits de la génération suivante. Ils sous-tendent le roman de Serge Doubrovsky, *Le Livre brisé*, dont le narrateur est un professeur préparant son cours sur *Les Mots*. Mais quand Bernard Frank, dans *Le Monde* du 31 mai 1989, annonce à ses lecteurs qu'il va rejoindre *Le Nouvel Observateur* et formule en ces termes cet événement majeur : « Je finirai donc probablement ma copie là où je l'ai commencée », comment ne pas relire en filigrane : « J'ai commencé ma vie comme je la finirai sans doute : au milieu des livres. » *Les Mots* sont assez mémorables pour avoir été mémorisés par une certaine vague d'écrivains ou de lecteurs. Et ils ont été écrits avec toute la mémoire d'une culture que pouvait avoir un mirobolant khâgneux de Louis-le-Grand vers 1925.

Nous avons essayé en un autre dossier de dresser la liste des sources possibles et des références implicites cachées dans *Les Mots*. Cette entreprise naïve est vouée à la dérision, car tout est *reprise* dans ce genre de textes[1]. L'un des brouillons les plus anciens des *Mots* (Inv. 12, f[os] ITEM 3 et 20) exprime fort bien cette contrainte du « déjà dit », du « déjà pensé », du « déjà vu » qui sera le lot de l'écrivain et qui a été celui de l'enfant : « Je suis la créature de ce siècle naissant dont la bourgeoisie croyait tout connaître et dont les philosophes pensaient sur la pensée ; pour être plus exact, je suis l'enfant que mon grand-père a fait à la Culture française ; je grouillais de mots avant de savoir parler. Surgi au milieu d'un discours familial qui se poursuivait depuis un demi-siècle, j'ai tout de suite su que chaque phrase renvoyait à d'autres phrases, à mon passé prénatal. »[2]

1. Voir, dans ce volume, p. 249.
2. Nous nous sommes permis de reconstituer et de monter ce passage, sans indication des ratures. Le dossier n° 12 de l'Inventaire (dit « liasse Orléans ») n'est en effet ni précisément datable ni classable. Il n'en est que plus précieux.

On peut voir là une réflexion très classique sur la nature répétitive du langage, d'autant plus que le rédacteur dit n'avoir « connu ni le mutisme des bêtes ni le silence d'avant le langage », ce en quoi il ne diffère guère des autres bambins. Le psittacisme est bien présent dans *Les Mots* sous la forme de la singerie ou du cabotinage ; l'étonnant est de s'étonner de cet apprentissage par mimétisme et de rêver à l'invention d'un langage autarcique. Mais nous verrions plutôt dans cette note la saisie d'une tradition Schweitzer, extraordinairement forte « en Alsace, aux environs de 1850 », pour reprendre l'incipit de notre récit. Sartre peut sans doute bafouer et insulter son estimable grand-père, traité à la fois de « vieille sentinelle de la culture » et de « parasite de la littérature universelle » ; il ne s'avise pas, quand il traite des rapports du poète et de la bourgeoisie, qu'il redit ce qu'avait écrit, dans sa belle thèse sur Hans Sachs, Charles Schweitzer[1]. Il peut d'emblée couvrir de savants sarcasmes Albert Schweitzer. Pour mieux savoir la carrière de celui-ci, on pourra lire son autobiographie *Ma vie et mes pensées* ou ses *Souvenirs d'enfance*, et on percevra des concordances troublantes des deux itinéraires. S'il est vrai que l'aïeul Schweitzer n'a pas quitté l'enseignement en 1851 pour des raisons alimentaires, mais par un noble refus de prêter serment au nouveau régime, Sartre s'insurgeant en 1958 contre Charles de Gaulle perçu comme un vulgaire Badinguet, marche – à son insu ? – sur les traces de son arrière-grand-père[2]. Une culture très vaste – républicaine, alsacienne, luthérienne, philosophique, musicale, organiste, philanthropique – se transmet chez les Schweitzer d'une manière qui n'a rien de ridicule quand on lit les beaux discours de Charles Schweitzer à l'occasion de solennités universitaires[3]. Il n'est pas simple de rompre avec une tradition si vigoureuse et si prégnante[4]. Pour Louise Guillemin comme pour Sartre quinquagénaire, l'ironie voltairienne sera le meilleur instrument tranchant.

Après le babil mimétique, il y a le plagiat, c'est-à-dire l'illusion du copiste qui se persuade d'être un producteur. Rares sont les souvenirs d'enfance qui, pour évoquer la naissance à l'écriture, acceptent le terme de « plagiat ». Non seulement Sartre l'assume, mais il esquisse une apologie pour le plagiat, dont voici les différentes versions.

1. Charles Schweitzer, *Étude sur la vie et les Œuvres de Hans Sachs,* Nancy, 1887.

2. Nous n'avons pas consulté les archives du Fonds Schweitzer, qui authentifieraient cette version. Mais Georges Gusdorf, lors d'un colloque sur l'autobiographie (janvier 1975), avait attesté son exactitude (voir *Revue d'Histoire littéraire de la France,* décembre 1975).

3. Voir en particulier : Discours de distribution des prix au lycée Lamartine de Mâcon, 5 août 1875 (BN, Cote RP 5721).

4. Le PDG de Renault, Louis Schweitzer, sur certaines photographies de 1993, semble être la réincarnation souriante du Sartre de 1945, ce qui produit un effet troublant de palimpseste iconographique.

Inv. 6, f^{os} SdB 92-211 (vers 1956)	Inv. 6, f^{os} MV 89-207 A (1963)	Éd. Folio p. 117-118 (1964)
pour faire les gestes de la marchande, les petites filles ont besoin de terre, d'herbes et de cailloux ; pour faire les gestes de l'écrivain, il me fallait une bonne mémoire et les romans des autres. J'aimais le plagiat pour lui-même.	(1) D'ailleurs les récits étaient vrais : il n'y en avait pas un qui ne fût plagié. (2) D'ailleurs les récits étaient vrais puisque c'étaient des plagiats : leur modèle imité les garantissait : rien n'était inventé.	Ce plagiat délibéré me délivrait de mes dernières inquiétudes : tout était forcément vrai puisque je n'inventais rien. [...] Ces légères altérations m'autorisaient à confondre la mémoire et l'imagination.

On voit ici comment le motif est condensé jusqu'à aboutir à un mot d'esprit en forme de paralogisme, et à un paradoxe spirituel sur le plagiat, qui en fait plus loin une écriture inspirée, selon le modèle romantique, puis une écriture automatique selon le canon surréaliste. L'enjeu de plagiat est assez considérable, puisque Poulou n'est pas loin des célèbres copistes Bouvard et Pécuchet, et qu'une réhabilitation définitive de la copie semble ici envisagée. Inversement, la naissance de l'écriture est liée à une imposture naïve, qui semble aussi affecter les mouvements les plus respectables. Le plagiat inconscient disqualifie son auteur. Ainsi Antoine Roquentin ne supporte-t-il plus la conversation de l'Autodidacte, parce qu'il reconnaît dans le moindre de ses propos du « déjà lu » ou du « déjà entendu ». L'auteur de *La Nausée* a su placer dans la bouche de son grotesque personnage telle formule qu'on peut trouver dans un grand texte de Malraux et qui est fort émouvante ; détachée du contexte, elle devient aussi bouffonne que les autres clichés du clerc : tout son discours est une redite grinçante[1]. Du coup, le discours du narrateur Roquentin produit un puissant effet de nouveauté : il semble échapper à la fatalité de l'écriture du second degré ; ce sont les autres, nommés ou non, qui y tombent : Maupassant, Morand ou Giraudoux.

Dans *Les Mots*, Sartre a renoncé à faire entendre un « nouveau son » littéraire, ou à risquer un nouveau style. Tout repose sur un subtil déca-

1. « Il est difficile d'être un homme » est un emprunt à la préface du *Temps du mépris* d'André Malraux.

lage qui fait que le narrateur n'adhère jamais complètement à son style. Ce style serait le parachèvement des beautés étincelantes d'un Valéry, d'un Gide, d'un Giraudoux, d'un Morand, une combinaison de l'esprit normalien à son plus haut niveau d'acrobatie et de l'esprit NRF à un degré de subtilité qui serait celui du meilleur Paulhan. Il n'y aura pas beaucoup de *citations* explicites attribuées à un auteur : cela serait bien lourd et universitaire. Les *références* précises seront absentes des avant-textes comme des textes, et d'ailleurs il convient que les citations soient librement transformées par la fantaisie de l'auteur ; ce sera le règne de l'*allusion*, exempte de guillemets, qui reprend en la modifiant une citation bien connue des lettrés, mais qui peut pointer plusieurs citations ; il y aura des *micro-plagiats*, il y aura aussi des *charges* qui entendent accabler sous la dérision tel ou tel auteur qui ne sera pas nommé, mais on préférera les charges parodiques aux charges polémiques, qui resteront, inédites, dans les avant-textes. Les mentions des noms d'auteurs ou d'artistes, très nombreuses dans les avant-textes, seront réduites dans le volume : il faut s'en tenir à des noms qui peuvent produire un effet de connivence ou, à la rigueur, d'étrangeté. Aucun ami ou adversaire ne sera *nommé* dans le livre final alors qu'ils sont souvent désignés dans les avant-textes : seuls Giacometti et Cocteau échappent à cette sévère purification. Maheu, remplacé par « l'un d'eux », ne doit sa survie qu'au fait d'être associé une fois à Nizan. Sartre a su faire le vide parmi les auteurs du XXe siècle (hormis Paul d'Ivoi, Jean de la Hire, Michel Zévaco, qui ne peuvent lui faire ombrage), de sorte qu'il paraît porter le siècle littéraire sur ses épaules. Il se rend aussi indispensable au triomphe de la littérature française que Philoctète l'archer suprême à la victoire des Grecs sur les Troyens. Si Voltaire n'exerce son ironie que sur ses adversaires, Sartre, quant à lui, invente des *autoparodies* : ponctuelles, elles visent ses œuvres antérieures les plus célèbres ; diffuses, elles accompagnent l'écrit en cours d'une sorte de feinte continue qui le protège. N'exagérons pas l'érudition de l'auteur. Il s'en tient au stock des formules les plus connues. En un sens, il réécrit Mironneau, Schweitzer et Simonnot, Lagarde et Michard ou leurs prédécesseurs. Anthologies, chrestomathies, florilèges, colliers de perles, guirlandes de sottises, recueils d'*ana* constituent le vivier ou le modèle de ce livre-bibliothèque. Il est pourtant bien difficile d'en fournir les références, car les avant-textes n'en donnent aucune. Les auteurs passent dans une sorte de revue de cabaret, pour de brèves apparitions cocasses, et leurs propos se détachent de leur contexte d'origine avec une désinvolture souveraine. La bibliothèque se consume ou se consomme, elle se détruit ou se conserve miniaturisée, vitrifiée. Elle tournoie comme un kaléidoscope. Il y a des réverbérations, des échos, l'impression du déjà lu. Mais qu'est-ce qui a été déjà lu, et où cela l'a-t-il été ? La réponse se dérobe. Nous essaierons d'en fournir quelques-unes.

Sartre et Mallarmé

Évoquant la découverte de *Michel Strogoff* de Jules Verne, Sartre a cherché plusieurs formulations, et a complètement transformé la page du manuscrit « Vian ».

Ms Vian (8-223) *1re version*	*Les Mots* (2-108)
Je pleurais de joie : quelle vie exemplaire ! Tout hasard en était exclu : un ordre d'en haut tirait le jeune officier de l'ombre.	Je pleurai de joie : quelle vie exemplaire ! Pour montrer sa valeur, cet officier n'avait pas besoin d'attendre le bon plaisir des brigands :
Ms Vian (8-224) *2e version*	
Je pleurais de joie : quelle vie exemplaire, sans un coup de dés ! le hasard enfin aboli. Un ordre d'en haut [...]	

Michel Strogoff, de tous les héros verniens qu'a pu rencontrer Sartre, n'est ni le plus intelligent ni le plus indépendant. Mais ce mamelouk tsariste ignore tout retour sur soi : dans l'obéissance fanatique, il a donc réalisé l'accomplissement de la nécessité interne. Par un montage un peu extravagant, mais suggestif, l'auteur plaque cette formule-titre qui l'a toujours fasciné : *Jamais un coup de dés n'abolira le hasard.* La phrase est disjointe en deux segments, et librement remontée dans une sorte de résumé fantaisiste. Les lecteurs de *Strogoff* se seraient naïvement demandé où était évoqué ce coup de dés. Ce télescopage culturel, motivé par l'admiration de Sartre pour le dernier Mallarmé (et pour lui seul), a été sacrifié par l'auteur. L'allusion, aisément reconnaissable, aurait relié la bibliothèque enfantine (profane) à la bibliothèque adulte (sacrée), et Mallarmé était à l'époque aussi ignoré de Charles que de Poulou.

Ce n'est pas l'admiration, mais l'agressivité qui inspire une autre référence à Mallarmé, qui sera elle aussi sacrifiée (Inv. 6, f° ITEM 231, f° SdB 373). Le narrateur reproche à Charles d'avoir cru à des formules dépréciant l'homme et exaltant le Livre ou l'Art comme seules valeurs. Nous reviendrons plus loin sur ce passage sacrifié où l'on impute à ce pauvre grand-papa Schweitzer des formules qu'il n'avait aucun moyen de connaître, mais qu'il aurait certainement assumées s'il les avait connues. Bien que le sujet ne soit pas politique, Sartre use de toutes les procédures chères aux procureurs soviétiques des années 50, pour discréditer ce pauvre homme qui « défigura mille autres sentences plus criminelles pour les incorporer, méconnaissables, virulentes encore à son humanisme de protestant », lequel n'est qu'un faux humanisme et un vrai antihumanisme (Inv. 6, f^os ITEM 190 et 191, f^os SdB 314 et 315). Quant au providentialisme littéraire, qui règne sur la deuxième partie du XIXe siècle, le jugement est plus brutal encore : « Mon grand-père se nourrissait de ces conneries. Il les mâchait d'abord et les faisait passer de sa bouche à la mienne. Le mot de Mallarmé : "Tout est fait pour aboutir à un livre", s'il ne l'a pas *dit*, ce fut par hypocrisie ou par timidité. Mais il le pensait certainement et je l'avais obscurément compris à sa façon de raconter l'histoire » (Inv. 6, f^o ITEM 231, f^o SdB 373[1]). On peut voir ici que la première version des *Mots* (vers 1956) était beaucoup plus sévère vis-à-vis du grand-père, et non vis-à-vis du narrateur, que la version de 1963. Le procès d'intention paraîtra injuste à l'égard de Charles Schweitzer qui est présumé avoir pensé une formule dont il n'aurait jamais eu connaissance. Sartre se complaît ici à montrer, sans l'ombre d'une preuve, un homme qui, ayant cessé de lire à la mort de Victor Hugo, n'aurait jamais entendu parler de Mallarmé, ni de Nietzsche[2], ni de Gide. Quant à sa citation de Mallarmé, elle parvient à transformer en une « connerie » *(sic)* assez plate une formule oraculaire et sensationnelle. Jules Huret, dans son *Enquête*, rapporte le propos suivant : « Au fond, voyez-vous, me dit le maître en me serrant la main, le monde est fait pour aboutir à un beau livre. »[3] On retrouvera souvent cette négligence tranquille du rédacteur à propos du libellé exact des citations.

Il arrive parfois à Sartre de mêler dans un même mouvement des allusions à Flaubert et à Mallarmé. S'il a perdu le manuscrit sur le second, dont il ne nous reste que peu, il est évident que toute son admiration va à l'auteur du *Coup de dés*, et que son exaspération envers l'auteur de *L'Éducation sentimentale* n'est nullement calmée par l'amoncellement des pages le concernant.

Un feuillet (Inv. 12, f^o ITEM 51) de la liasse « Orléans » présente, sous forme d'une note rapide, les trois formules suivantes :

> Mourir ignoré
> Rien n'aura eu lieu que le lieu
> *Quelque chose de Faux dans ma personne*
> *et ma vocation*, III, 375.

1. Sartre avait d'abord écrit « Mon grand-père se nourrissait de ses conneries », puis, s'apercevant de cette curieuse autophagie, il a corrigé le « ses » en « ces ».

2. Voir ens. « Bost », Inv. 6, f^o ITEM 4, f^o SdB 52 *bis* : « On lui avait caché la mort de Dieu ou peut-être son provincialisme d'Alsacien et de fonctionnaire avait-il retardé cette révélation. » Un excellent germaniste comme Charles Schweitzer avait certainement lu cette annonce dans *Ainsi parlait Zarathoustra.*

3. Jules Huret, *Enquête sur l'évolution littéraire,* rééd. Thor, 1982, p. 86. Le grand succès médiatique de ces premières interviews a assuré une certaine diffusion au mot de Mallarmé.

Le rédacteur a hésité sur la référence en romain, et a raturé I et IV. Il s'agit bien du troisième volume de la *Correspondance* de Flaubert qui en compte neuf dans l'édition Conard. Écrivant à Louise Colet le 25 octobre 1852, Flaubert loue le caractère de son ami Bouilhet et se déprécie par rapport à lui : « Il y a quelque chose de faux dans ma personne et dans ma vocation. Je suis né lyrique et je n'écris pas de vers. Je voudrais combler ceux que j'aime. » Sartre a curieusement donné une majuscule à « faux », qui constitue pour lui la catégorie essentielle du souvenir d'enfance.

On reconnaît donc ici deux citations, bien qu'elles soient dépourvues de signalisation et d'attribution nominale. Celle de Mallarmé est si connue, si énigmatique qu'elle se donne comme l'invocation rituelle d'un saint patron. Celle de Flaubert, si elle n'était pas accompagnée d'une référence chiffrée, si elle n'était pas soulignée, serait prise pour une formulation de Sartre lui-même, souvent énoncée dans le récit publié : combien de fois ne répète-t-il pas que tout est faux dans ses commencements. Il n'avait pas besoin de Flaubert pour trouver cette expression, mais il semble satisfait de l'y avoir rencontrée. Notons toutefois que cette note isolée sur un feuillet pourrait se rattacher au manuscrit du « Flaubert » plutôt qu'à celui de « Jean sans terre ».

La première formule, « mourir ignoré », est moins une citation qu'un cliché. Le Littré le note dans une lettre de Voltaire à Mme Denis. Beaucoup de vers de Lamartine, dans « Le vallon », dans « L'isolement », rendent un son très voisin. A vrai dire, le désir de « mourir ignoré » ne peut être formulé sans ridicule que par les écrivains qui ont atteint la gloire et qui l'ont gardée ; à cet anonymat final, le commun des mortels, sans le souhaiter, accède tout naturellement. Sartre a occupé avec tant d'aisance sa place de vedette que ses variations sur les inconvénients de la gloire nous semblent suspectes. L'angoisse de mourir ignoré et oublié de tous est épargnée à l'écrivain glorieux. Si le mort n'avait pas une quelconque notoriété, nul n'exhumerait ses manuscrits ; ils seraient livrés au feu, et la postérité ne s'en soucierait pas. Les stoïciens recommandaient de « vivre caché » ; Sartre a toujours vécu en public : sur l'estrade des lycées, à la terrasse des cafés, sur la couverture des revues et des magazines. Il a veillé à ne pas vivre ignoré, et a fort bien géré la publication de ses écrits[1]. Pourtant le souhait exprimé n'est pas entièrement feint : une relative obscurité a protégé les débuts de Sartre et ses meilleurs écrits jusqu'en 1945. Il sait bien que, depuis 1945, il joue constamment le rôle de l'illustre écrivain, tel que la notoriété le lui a donné. Depuis cette date, malgré ses dénégations,

1. En octobre 1945, le comité de rédaction des *Temps modernes* est fort prestigieux (Aron, Paulhan, Leiris, Merleau-Ponty, Beauvoir, etc.). Il y a cependant un chef, c'est-à-dire un directeur, Sartre. Qui peut croire qu'il n'ait pas *voulu* cette direction, pour laquelle un Paulhan était tout aussi qualifié (en particulier par ses titres de Résistance) ?

il est un chef de famille, de groupe, de revue, de tendance politique. L'auteur de *La Nausée*, en 1938, n'a pas grand-chose à voir avec l'auteur des *Mains sales* dix ans plus tard. Sans cette célébrité assez bien gérée, il n'aurait pu écrire *Les Mots* – pas plus que n'ont pu les réécrire des écrivains estimables, mais obscurs. On aurait attribué à l'envie ou à la paranoïa les sarcasmes visant la gloire littéraire. Le désenchantement des vainqueurs inspire des accents plus mélodieux que la rancune des vaincus.

La citation de Mallarmé a été commentée ailleurs par Sartre dans son « Mallarmé », préface aux œuvres du poète[1]. Il y voit l'indice que « la vérité *devenue* de ces poèmes, c'est le Néant ». La citation est présentée sous cette forme :

RIEN
N'AURA EU LIEU
QUE LE LIEU

En fait cette présentation coagule les éléments en majuscules imbriqués dans un texte en minuscules, qui se déploie selon les vastes degrés d'un escalier textuel :

RIEN
de la mémorable crise
ou se fût
l'événement accompli de tout résultat nul
humain
N'AURA EU LIEU
une élévation ordinaire verse l'absence
QUE LE LIEU
[...]

Le texte se déploie sur la double page d'un *in-quarto*. Sartre s'est livré à une sorte de compression anagrammatique, qui exprime merveilleusement le néant, dans son langage, ou dans celui de Mallarmé « tout résultat nul humain ». La formule disparaîtra des *Mots*, bien qu'elle inspire peut-être une curieuse expression : « Cette sœur qui n'avait pas eu lieu » (p. 47). Elle règne, croyons-nous, sur l'ensemble du récit, telle « l'absente de tout bouquet ».

Simone de Beauvoir, quand elle finit *La Force des choses*, en 1963, semble donner un condensé des *Mots* – moins le style – qui vont paraître à quelque temps de là. Son épilogue semble vouloir désamorcer celui de Sartre : elle nous indique que le Verbe exerce toujours la même magie sur elle, et elle cite bien malencontreusement en guise de preuve : « rien n'a eu lieu que le lieu » *(sic)*.

1. Mallarmé, *Œuvres,* Poésie-Gallimard, 1966. Ce texte est repris et augmenté dans Sartre : *Mallarmé. La lucidité et sa face d'ombre,* coll. « Arcades », 1986 (p. 164).

En 1947-1948, en 1952, Sartre a beaucoup travaillé sur un Mallarmé qui n'aura pas eu lieu. Il en a beaucoup repris pour *L'Idiot de la famille*, et en particulier les excellents développements sur Leconte de Lisle[1]. Dans *Les Mots*, il se borne à évoquer la mort de Mallarmé, comme le début d'une nouvelle ère, mais c'est pour en faire honte au grand-père quelque peu arriéré qui se croit toujours sous Louis-Philippe. En revanche, plusieurs poèmes de Leconte de Lisle[2] semblent nourrir l'inquiétude du narrateur devant le refroidissement du soleil (p. 202).

La formule citée de Flaubert a sans doute suscité les vies d'enfant parallèles de Poulou et de Gustave, programme des dernières années de l'écrivain. Elle a pu aussi bien être notée pour « Jean sans terre » que pour un futur « Flaubert », et la référence précise, tout à fait exceptionnelle dans ces avant-textes, jouerait plutôt en la faveur de la seconde hypothèse. Elle a surtout cautionné le curieux martèlement du reproche du *faux* toujours fait à l'enfant. « J'étais un faux enfant, je tenais un faux panier à salade ; je sentais mes actes se changer en gestes » (p. 71). L'empreinte du faux marque tout l'environnement de l'enfant : seul le dévouement de la mère est reconnu comme vrai (p. 29) ; le feuillage du platane-simulacre devient lui aussi « vrai » par le pouvoir du mot ou de la phrase qui le décrira justement (p. 149). Peut-être le don du verbe est-il passé directement d'une mère supposée vraie à une littérature qui a eu le pouvoir de rendre *vrais* les êtres réels et qui continue à exercer ce pouvoir alors même qu'il lui est explicitement dénié. Mais de quel ordre peut être cette vérité qui se confond avec l'illusion de la vérité ? Peut-être de l'ordre de la fiction... Flaubert en effet, alors même qu'il se dit « faux », est en train d'écrire le plus vrai de ses romans, *Madame Bovary*. Et Sartre échouera à prendre la mesure de cette vérité-là, bien que ce soit la première et la dernière question qu'il se soit posée sur l'essence de la littérature. Après trois mille pages de prolégomènes, et avec l'excuse de la cécité, le quatrième volume du « Flaubert » sur *Madame Bovary* n'aura pas eu lieu.

Le feuillet qu'on vient de commenter avec une minutie peut-être excessive appartient à la liasse « Orléans » (Inv. 12). Le fait que Sartre travaille concurremment à une autobiographie et à un essai sur Flaubert pourrait dénoter l'année 1955. Sartre lance alors à l'ineffable Roger Garaudy un défi méthodologique, décide de s'atteler à l'ouvrage, et se procure les neuf volumes de la *Correspondance*, dans l'édition Conard. Il a manifestement cette édition sous la main, quand il note les deux seules références de tous nos avant-textes[3]. Dans la liasse « Orléans », on peut

1. Voir *L'Idiot de la famille*, t. III.
2. En particulier « Paysage polaire », « Anathème », « Solvet saeclum ».
3. L'autre se trouve en Inv. 6, f° ITEM 401, Ryb bm. Il s'agit du cœur offert dans une bourriche d'huîtres (Flaubert, *Corr.* VI, 12). Voir, ici-même, p. 239.

noter quelques traits constants : jamais Sartre ne mentionne le politique, alors qu'il y est immergé dans sa vie publique ; jamais il ne recourt à la terminologie philosophique, alors qu'il a pourtant entrepris la grande reconversion de sa pensée vers la Raison dialectique. Jamais il n'évoque dans ces feuillets résolument inactuels l'actualité. Il semble très heureux de s'ébrouer dans le XIXe siècle, comme s'il fournissait seul la matière d'une vision épique de la littérature. Passant d'un sujet à l'autre, il ne perd jamais de vue cette question nodale : pourquoi un écrivain est-il devenu écrivain plutôt que peintre, banquier, boxeur, aviateur, dessinateur industriel, étant donné que ni la prédestination ni la providence ne fonctionnent ici ? Cette interrogation insatiable, plus obsédante que le mystère de l'incarnation de Jésus-Christ, revient pour tout un chacun : pour Baudelaire, Mallarmé, Genet, Sartre, Leconte de Lisle, Gustave Flaubert, Alfred Le Poittevin, Louis Bouilhet, Maxime Du Camp, Paul Nizan. Pour que la question fût posée, il fallait bien sûr que des distances fussent prises avec l'absolu littéraire. Mais si la rupture avait été franche, on ne se serait plus posé du tout la question et on se serait désintéressé de ces écrivains mal orientés. Car ce choix originel de l'écriture est toujours tenu pour le mauvais choix ; cette programmation est suspecte, et le machiavélisme sournois de la bourgeoisie le manipule. Tous ces gens-là auraient mieux fait de faire autre chose, par exemple « champion de boxe ou amiral ou astronaute », dira-t-il à Jacqueline Piatier avec une naïveté impayable et une certaine roublardise démagogique[1]. Ou plutôt la Révolution ? Mais cela, Sartre ne l'a jamais raconté ni peut-être conçu, et, de manière significative, il n'a jamais évoqué le cas d'un Jules Vallès. Dans la série des écrivains soumis au réquisitoire biographique, Genet est acquitté : l'Assistance publique et les maisons d'arrêt sont de bons certificats de non-appartenance à la bourgeoisie. Mallarmé, quant à lui, est le seul écrivain authentique dans sa relation aux Mots, à l'Être et au Néant : aussi sera-t-il épargné, implicitement et explicitement, par les acides corrosifs de l'écrit sartrien[2].

Cocteau ou la relation complice

L'un des plus jolis passages sacrifiés par Sartre (Inv. 6, f^os ITEM 125-126, f^os SdB 246-247 ; f^o ITEM 332, Ryb c ; Inv. 8, f^os MV 284-285) concerne la féminisation hystérique de la littérature française devant les « officiers de terre ». Il en va de l'identité sexuelle de Poulou : « Ma pro-

1. « Jean-Paul Sartre s'explique sur *Les Mots* », *Le Monde,* 18 avril 1964.
2. Sartre à J. Piatier, *loc. cit.* : « Prenez Mallarmé. Je le tiens pour le plus grand des poètes français, et j'ai mis du temps à le comprendre. »

fession semblait la plus atteinte : les poètes parlaient chiffons, les académiciens se couchaient devant les militaires. » Toute cette page inimitable tourne en dérision, sans le nommer, le Barrès boulangiste, celui de l'*Appel au soldat*, et plus généralement celui du *Roman de l'Énergie nationale*. Dans un autre passage, Barrès, toujours innommé, est pris comme chef de file de ces écrivains grotesques qui croient à une conception finaliste et providentialiste de la littérature (ms « Vian », f° SdB 372, f° MV 375) : on le devine prenant la pose à Sienne et à Grenade. A ce propos, Sartre, en grande verve, évoque « cette phrase barrésienne dont Cocteau a si bien dit qu'elle était immortelle d'avance ». Les parodies de Barrès, comme l'hommage à Cocteau, orfèvre en formules, disparaîtront du texte publié[1]. Cocteau restera mentionné, à l'occasion d'un autre mot célèbre sur Minou Drouet : à la formule de Cocteau (datée de 1955) répond la formule de Sartre, comme un échange étincelant du théâtre de boulevard. L'un et l'autre ont effectivement dominé la scène parisienne, entre 1945 et 1955, et aussi le lieu des bons mots et des petites phrases. Hélas ! il faudra bientôt des notes scolaires pour rappeler aux futurs lecteurs ce que fut l'opération Minou Drouet, et en quoi Cocteau se montra perspicace...[2]

Les citations élogieuses et les références nominales sont le plus souvent effacées dans le texte définitif. Mais l'influence de Cocteau sur Sartre a été décisive à plusieurs moments de son parcours. Un jour de 1926, Henri Lecarme, jeune normalien, entendit Sartre réciter un vers de Musset parodié par Cocteau dans *Le Potomak* ; il compléta machinalement la citation, et fut ainsi adoubé comme « Eugène » dans le petit clan sartrien[3]. Toute la mythologie de ce petit groupe a été puisée dans les eaux du *Potomak*, et à coup sûr la désignation de Beauvoir comme « Castor », qui devait connaître un certain succès[4]. Dans le texte ébauché des « Marranes », Sartre nous semble gaillardement plagier Cocteau. Par la suite, Sartre profita des conseils avisés de Cocteau pour la mise en scène des *Mains sales*, et le journal de l'Occupation de Cocteau nous prouve en quelle estime Cocteau tenait Sartre et Beauvoir. C'est dans la rédaction du *Saint Genet* que Sartre semble avoir pris la mesure de Cocteau : il fournit l'essentiel du péritexte interne, est constamment cité ou évoqué avec des références explicites, en particulier sur la figure majeure qui est celle de Caïn. Par la suite les deux écrivains semblent s'être querellés à propos des intellectuels,

1. A en juger d'après la graphie verticale de ce passage, la référence à Cocteau serait de 1956. Nous n'avons pas repéré la formule de celui-ci : elle figure sans doute dans son livre sur Anna de Noailles.

2. Voir Roland Barthes, *Mythologies*, 1957. En 1993, Minou Drouet a donné sa version, bien désenchantée, d'une affaire dont elle fut la seule victime (Minou Drouet, *Ma vérité*).

3. Témoignage inédit d'Henri Lecarme (1986), cité dans Sartre, *Écrits de jeunesse* (éd. Contat et Rybalka), Gallimard, 1990.

4. *Le Potomak 1913-1914*, précédé d'un *Prospectus 1916*, Stock, 1924. « Castors, nobles architectes ; je veux me bâtir une maison inévitable », p. 12.

défendus par l'un, récusés par l'autre. Et Sartre n'a jamais rendu à Cocteau l'hommage qu'il lui devait. En revanche, il ne nous semble pas soutenable, comme il a été suggéré, que le surréaliste Achille Bergère, de « L'enfance d'un chef », ait été inspiré par Jean Cocteau. Les initiales et la crinière blanche ne peuvent désigner qu'André Breton.

La présence de Cocteau dans le texte final des *Mots* est considérable, mais invisible : on en devinera les traces dans la table des concordances que nous proposons plus loin. L'allusion à la « difficulté d'être » (p. 198) au-delà de Fontenelle, indique le volume de Cocteau qui porte ce titre, et que cite le *Saint Genet*[1]. On peut y lire d'éblouissantes formules sur le cinématographe, auxquelles font écho les non moins éblouissantes variations de Sartre. De ces deux distiques : « Mais les enfants entre eux détestent l'enfantillage : ce sont des hommes pour de vrai » et « L'enfance sait ce qu'elle veut. Elle veut sortir de l'enfance »[2], lequel est le plus performant ? Est-ce par une lointaine réminiscence que la méduse des *Mots* (p. 91) est évoquée dans les mêmes termes que le monstre Potomak à l'intérieur de son aquarium[3] ? Cet enfant, dont la vérité réside dans l'alternance de ses mensonges (p. 111), n'est-il pas le frère du narrateur d'*Opéra*, énonçant la formule célèbre : « Je suis un mensonge qui dit la vérité. » Poulou, qualifié trois fois d'imposteur, huit fois accusé d'imposture, a plus d'un trait en commun avec Thomas l'imposteur, qui « se croyait ce qu'il n'était pas, comme n'importe quel enfant, cocher ou cheval » et en qui « la fiction et la réalité ne formaient qu'un ». Il est d'ailleurs bien difficile ici de distinguer les réminiscences des simples coïncidences. Il serait plus aisé de montrer en quoi ces deux esprits sont fraternels, hormis le génie du cinéma qui n'a été donné qu'à l'un d'entre eux.

Dans le portrait du grand-père (p. 22), à peu près parachevé dans la dactylographie de « Jean sans terre » (Inv. 3, f° 9-12), tout lecteur a apprécié une formule qu'on est contraint de juger étincelante : « C'était un homme du XIXe siècle qui se prenait comme tant d'autres, comme Victor Hugo lui-même, pour Victor Hugo. » Elle aurait été moins étincelante si elle avait comporté l'indication de la provenance ou de la marque de fabrique. On lit en effet, détaché comme un aphorisme, sous la plume de Cocteau : « Victor Hugo était un fou qui se croyait Victor Hugo. »[4] On peut ainsi confronter l'hypotexte-Cocteau avec l'hypertexte-Sartre. Mais, pour la plupart des lecteurs, il s'agira d'une trouvaille du second. Sartre commet ici un micro-plagiat par délicatesse, pour ne pas ajouter au couple infernal Schweitzer-Hugo un troisième homme. Cocteau, si du

1. Jean Cocteau, *La Difficulté d'être,* 1947, rééd., UGE, « 10-18 ».
2. *Ibid.,* p. 136.
3. *Le Potomak,* p. 246-247, 330, et *passim.*
4. *Essai de critique indirecte,* 1932, p. 28.

moins il n'a pas été oublié par le rédacteur, est sacrifié au rythme allègre, au tempo rapide du paragraphe : « Glissez, mortels, n'appuyez pas. » On ne compromettra pas la vitesse acquise.

On ne traitera pas non plus Sartre de plagiaire pour cette vétille. Mais Cocteau aurait pu regretter d'être écarté de Victor Hugo et relégué à Minou Drouet, pour un bon mot à la Sacha Guitry jouant sur une actualité éphémère[1]. Les grands écrivains sont des prédateurs tranquilles : ils ne songent guère à payer leurs dettes.

La relation polémique : Gide, Montherlant, Ghelderode, ou l'hydre antihumaniste

Le passage le plus véhément du manuscrit « Beauvoir » (Inv. 14, f^os^ SdB 305 à 316) a été complètement abandonné dans la version finale. Il semble n'être rien resté de cette colère mémorable de 1956. Le lecteur pourra consulter la transcription de ce passage[2] et nous n'en étudierons que le type d'intertextualité, qui est tout à fait incompatible avec le régime général de « Jean sans terre », et correspondrait beaucoup mieux à l'interpellation polémique pratiquée dans « Les Communistes et la Paix ».

Pour résumer le propos (qui fait penser au Nizan des *Chiens de garde*), les clercs, incapables de désespérer les riches, résolurent de désespérer les pauvres (dont Billancourt n'était pas encore la métonymie) et de rabaisser l'Homme, par pure méchanceté. Parmi les « clabauderies » de cette engeance, Sartre dénonce une « bourde célèbre » de Gide, un « étron déposé sur la langue d'un antiquaire » par Montherlant, étron qui se trouve être une « ignoble réflexion », enfin une « philosophie de propriétaire » aggravée d'un « idéalisme bénisseur » dans des propos assez anodins de Ghelderode. Après ces trois citations, de plus en plus longues, on expliquera ce qu'en aurait pensé Charles Schweitzer s'il les avait connues : il les aurait adoptées, malgré son optimisme qui n'aurait donné dans ce pessimisme que par malentendu. Il aurait passé sa vie à pratiquer une religion inhumaine qui n'était pas son genre. Un très long discours de Charles, remémoré par le narrateur, prétend sauver la masse des hommes, malgré leur indignité, par l'élite des créateurs. « Sales fadaises », conclut le rédacteur, qui emploiera la même expression dans la version finale, mais pour des propos transposés, et non pour ces citations – toutes disparues.

1. On attribua généralement à sa maman les poèmes de Minou Drouet. Chez Minou comme chez Poulou, un peu d'imposture et beaucoup de plagiat.

2. Voir dans le présent volume l'appendice, p. 432-434.

Le réquisitoire du narrateur contre la haine de l'homme tapie dans les discours exaltant les produits des arts et des lettres va viser successivement Gide, Montherlant, Ghelderode pour des délits de lèse-humanisme datant respectivement de 1897, 1950, 1951 ou 1956. Les dates peuvent être déduites des indications très précises que donne le procureur, qui veut jalonner un demi-siècle de « sentences criminelles ». Charles Schweitzer est visé rétroactivement, comme s'il était le grand programmateur, ou plutôt le récupérateur virtuel, de ces affronts faits au vrai humanisme. A la date de 1956, que toutes ces références établissent clairement, Sartre oppose à un faux humanisme, clérical et aristocratique, ersatz esthétisant de la religion chrétienne, un humanisme vrai, démocratique et égalitaire. Cet humanisme athée, laïcisé, soumis à un sévère traitement voltairien qui en aura éradiqué toute trace spiritualiste, reste assez vague et ne sera esquissé que vers la fin des *Mots*. A un humanisme mutilé, qui implique l'amputation de l'homme et finalement un antihumanisme virulent, on opposera un humanisme ordinaire et intégral. La formule pourrait en être celle de Francis Ponge, souvent citée par Sartre : « L'homme est l'avenir de l'homme. » Autrement dit rien ne peut, rien ne doit être mis au-dessus de l'Homme. (Un seul inconvénient : n'est-ce pas Sartre lui-même qui dans *La Nausée*, à travers le personnage de l'Autodidacte, a une fois pour toutes discrédité cet humanisme populiste ? Michel Tournier a fort bien raconté la stupeur qui le saisit, lui-même et Gilles Deleuze, au sortir de la conférence intitulée : « L'existentialisme est un humanisme »[1].)

Contre Gide

S'il est un écrivain qui n'a cessé de formuler un humanisme neuf et séduisant, c'est bien l'auteur d'*Œdipe*, de *Thésée* et de ce *Philoctète* qui, plus que celui de Sophocle, inspire le final du texte publié. C'est pourtant l'auteur du *Prométhée mal enchaîné* qui est le premier accusé, pour la formule : « Je n'aime pas l'homme, j'aime ce qui le dévore », énoncée « quelque temps avant [la] naissance » de Sartre ce qui en augmente la nocivité (Inv. 6, f° SdB 307)[2]. Un peu plus loin, le narrateur prêtera à son grand-père un commentaire fictif qui semble assez raisonnable : « Cet aigle qui dévore l'homme, m'eût-il expliqué, n'est autre que l'homme lui-même. C'est pour cela qu'il faut être humaniste » (Inv. 6, f° SdB 313). Mais il n'entend point de cette oreille cette variation un peu légère sur un mythe fondateur de l'humanisme contemporain et semble croire que Gide, littéralement, met le vautour au-dessus de

1. Voir Michel Tournier, *Le Vent Paraclet*, coll. « Folio », p. 159-162.
2. Gide, *Romans*, Pléiade. p. 322 : « Je n'aime pas les hommes : j'aime ce qui les dévore. » C'est Prométhée qui parle.

l'homme, le charognard au-dessus de la personne. Osons le dire : Sartre fait la bête, ou bien il n'a pas relu depuis un quart de siècle l'opuscule gidien. Et pour le parodier, il nous fait bien rire, aujourd'hui, celui qui déplore l'influence d'André Gide[1]. On peut supposer que le rédacteur, *quaerens quem devoret*, a lu la formule de Gide en palimpseste, et y a déchiffré une autre affirmation qui pourrait être celle de Nietzsche : « L'homme est quelque chose qui doit être surmonté ! » La seule allusion au « surhomme » (Inv. 6, f° ITEM 87, f° SdB 206) est très évidemment sarcastique. La faute de Gide serait ici de transmettre l'un des aspects les plus regrettables de Nietzsche, alors qu'il s'est borné à évoquer cette exigence, ce défi qui incite l'homme à se dépasser et à tendre vers quelque fin honorable.

Contre Montherlant

Sartre présente avec des pincettes la formule prêtée par Montherlant à un antiquaire : « Les objets sont insignes, mais les hommes sont hideux », dont il fait un « aphorisme » par la vertu de la citation. L'indication chronologique (« il y a cinq ou six ans ») est assez exacte, puisque c'est en octobre 1950 que Montherlant fit jouer *Celles qu'on prend dans ses bras*, avec Victor Francen dans le rôle de Ravier, l'antiquaire quinquagénaire qui médite sur le faux et le vrai de ses marchandises. Cette pièce, laborieux démarquage des *Jeunes Filles*, est presque aussi mauvaise que son titre le faisait supposer. Mais Sartre, semble-t-il, suivait les pièces de son rival sur la scène dans les années 1945-1955, comme il suivait les fours et les succès de ses autres confrères du Boulevard[2]. La phrase mentionnée n'a pas été défigurée, mais elle est bien anodine dans le contexte qui est celui d'un séducteur vieillissant, persuadé d'être devenu hideux, et doutant de l'authenticité de tout objet, de tout être : « Les objets sont insignes, et les hommes sont hideux – et, chose étrange, ce sont quelquefois des hommes hideux qui fabriquent ces objets insignes. »[3] L'évocation des Quasimodo créant des beautés impérissables a dû être désagréable à Sartre, qui a écourté la citation. Là aussi, il a imaginé la récupération de la formule par Charles Schweitzer si son ombre vampirique était venue hanter le théâtre de la Madeleine en 1950 : « C'est toute notre grandeur de naître hideux et de fabriquer les objets insignes, dont la beauté finit par déteindre sur

1. « Ils me font bien rire, aujourd'hui, ceux qui déplorent l'influence de Fantômas ou d'André Gide », *Les Mots*, p. 165. Cette formule plausible en 1925, peut-être encore en 1943, est tout à fait anachronique en 1963.

2. « Vous avez voulu réécrire les critiques que l'on fait de vous. M. de Montherlant fait cela tous les jours », écrit Sartre à Camus en 1952 (*Situations IV*, p. 99). Avec le recul, on découvre des traits communs dans ce théâtre des années 40-50 : Sartre, Camus, Montherlant, Anouilh, Aymé parlent la même langue.

3. Montherlant, *Théâtre*, Pléiade, 1953, p. 766.

nous. » Ces banalités misanthropiques affirment incontestablement le primat de l'objet ouvré sur l'homme qui l'a produit. Sartre, sentinelle vigilante de l'humanisme, y voit un rabaissement de l'homme (sur la scène, Victor Francen ne devait pas être très beau à voir). Montherlant, s'il avait pu connaître cette objection qui dénonce en lui comme en Drieu La Rochelle « la haine de l'homme »[1], aurait répondu que toute sa pièce met en question le caractère « insigne » des objets et démontre leur caractère fiduciaire ou fallacieux. Sartre d'ailleurs n'a pas toujours été si hostile à la valorisation du produit par rapport au producteur. Ainsi a-t-il admiré, en 1939, « l'excellente formule » de Jules Romains, qui ressemble comme une sœur à « l'ignoble formule » de Montherlant : « Les hommes sont comme des abeilles. Leurs produits valent mieux qu'eux. »[2] En fait Montherlant a été mobilisé de manière anachronique pour démasquer et charger le grand-père : l'imposture attestée du premier déteint sur l'imposture présumée du second, et tout le développement devait aboutir à la grande tirade de l'aïeul, qu'on aurait perçu en 1956 comme une parodie grinçante du discours de Malraux sur l'art (Inv. 6, f^os^ ITEM 191-1902, f^os^ SdB 315-316)[3]. Il ne restera rien de la relation polémique avec Montherlant, en 1963, parce que ce serait faire beaucoup d'honneur à un académicien démodé. Il est probablement visé, cependant, par l'un des rares coups d'épée de spadassin littéraire qui subsistent dans le texte final. Les quelques « vieillards qui trempent leur plume dans l'eau de Cologne », étant donné les connotations féminines et infantiles de cette lotion, désignent en premier lieu Montherlant, dont les préférences sexuelles ne sont pas un grand mystère, et quelques autres contemporains qui ne nous importent pas ici. On ne nomme plus les adversaires : on foudroie ces académiciens efféminés, ces imposteurs barrésiens qui écrivent d'avance pour l'éternité !

Contre Ghelderode

C'est vers 1956 que ce grand écrivain belge triomphe sur la scène française. A notre connaissance, Sartre n'en a jamais parlé ailleurs que dans cette note additionnelle au passage sur Gide et Montherlant (Inv. 6, f^{os} ITEM 183-184, f^{os} SdB 308 *bis* et *ter*). Ce troisième assaut donné

1. Sartre, « Drieu La Rochelle ou la haine de soi », 1943, *Les Lettres françaises,* repris dans *Les Écrits de Sartre,* par M. Contat et M. Rybalka.
2. Voir *Carnets de la drôle de guerre,* Gallimard, 1995, p. 185.
3. L'idéologie héroïco-artistique prêtée à Charles Schweitzer est plus proche de Romain Rolland et d'André Suarès. Mais ces deux auteurs ont influencé l'auteur des *Voix du silence* (1956) et de *La Métamorphose des dieux* (1957).

à l'hydre antihumaniste se nuance d'une certaine estime pour ce qu'on sait de l'homme et de l'œuvre. Mais que penser de la première botte, qui reproche au grand dramaturge flamand sa résidence d'Ostende ? Sartre était plus parisien qu'il ne pensait, et c'était Malraux qui allait exhorter à bannir le hideux mot de province !

1. Et cela continue en province. Voyez plutôt Ghelderode : "Je demande aux objets ce que les hommes ne peuvent me donner... Ils contiennent une perfection immuable. Ce sont des signes... Ils offrent toujours et ne demandent jamais rien. Je vis avec la matière. Les objets émettent des ondes, des préférences, des humeurs." J'aime son talent, je sais qu'il vit austèrement, qu'il n'a rien à lui sauf quelques masques, quelques poupées dans une chambre d'hôtel. Pourquoi faut-il qu'un obscur ressentiment le fasse nous resservir cette philosophie de propriétaire qui se transforme lui-même en chose dans la mesure où sa propriété vole les qualités humaines ? Nous n'avons pas quitté le cimetière à chiens : préférer un fauteuil, préférer un caniche, c'est tout un. Et pourquoi raconter qu'il vit avec la matière ? Il s'est mis en ménage avec des caricatures de l'homme, avec de l'humain pétrifié. Bien entendu, la matière devient "signe" : un idéalisme bénisseur noie cette très réelle tentative d'envoûtement.

Cette citation condensée faite par Sartre probablement en 1956 pose une petite énigme de l'histoire littéraire. On s'attend à la retrouver dans le livre de Ghelderode paru cette année-là, *Les Entretiens d'Ostende*[1]. Il y a réécrit et réélaboré les quatre heures d'entretiens, qu'il avait eus, au « Club d'essai » de la radio française, en 1951, avec Alain Trutat et Roger Iglésis. On n'a pas conservé l'ensemble des enregistrements originaux. Or on ne trouve pas les formules citées par Sartre dans le livre : la passion pour les marionnettes et les poupées, la conviction d'une vie secrète des objets-signes, le refus de se risquer au contact des personnes humaines, sont bien indiqués par Ghelderode, mais dans de tout autres termes. En revanche un disque commercialisé en 1969 seulement, et reproduisant un entretien de Ghelderode avec Paul Hellyn du 26 juin 1956, présente bien, au milieu d'autres propos, ceux que Sartre a notés[2] : les points de suspension correspondent à des coupures. On trouvera une transcription partielle de ces entretiens dans la bibliographie critique consacrée à Ghelderode par Roland Beyen. Mais Roland Beyen, en 1980, remarque que ces entretiens de 1956 sont restés inédits et ne sont connus que par le microsillon de 1969. On se demande donc comment Sartre a pu avoir connaissance de ces propos en 1956, qu'il cite avec une exactitude fort rare chez lui. Un programme de théâtre, une interview

1. M. de Ghelderode, *Les Entretiens d'Ostende,* éd. de l'Arche, p. 98-99.
2. Roland Beyen, *Michel de Ghelderode ou la hantise du masque, Essai de bibliographie critique,* Bruxelles, 1980. – Mais Philippe Lejeune a pu, aux archives de l'INA, écouter la première des huit émissions enregistrées sur disque en 1951. Voir les précieuses analyses de la voix de Ghelderode, dans *Je est un autre,* p. 121 et s.

dans un périodique littéraire, une reprise des entretiens de 1951 à la radio ont pu donner à lire ce texte condensé, mais nous n'avons rien identifié. Il semble que Sartre se soit intéressé à Ghelderode en 1948, quand Michel Vitold – qui fut Garcin et qui sera Valéra – fait triompher *Escurial*. On demande à Ghelderode de donner *Fastes d'enfer* aux *Temps modernes*. Il aurait été question d'une préface de Sartre, si l'on en croit une lettre de l'auteur à Queneau[1]. Finalement la revue publia, en avril 1950, des extraits de *Mademoiselle Jaïre*.

Dans la démonstration esquissée dans cet avant-texte, Ghelderode devient l'exemple d'une philosophie qui préfère aux hommes les objets ou les animaux. De fait il a toujours présenté la figure d'un enfant meurtri, d'un misanthrope malgré lui qui se réfugie auprès des masques, poupées, marionnettes, et aussi auprès des animaux, puisqu'il affirme avoir eu des relations incomparables avec un chien. Les relations amicales lui ont toujours été impossibles. Vers 1956, justement, Ghelderode s'est constitué un ensemble d'objets hétéroclites dans son appartement à Ostende, et le laisse visiter à ses admirateurs, qui y trouvent un musée du fantastique flamand. Il ne vit pas à l'hôtel, comme le croit Sartre, mais a toujours été pauvre. On se demande d'ailleurs en quoi il serait criminel de posséder un appartement, mais authentique de vivre à l'hôtel.

Dans d'autres confidences, Ghelderode explique, avec une sincérité digne d'émouvoir un cœur de pierre, qu'enfant, il a été contraint par le désert de sa vie à recourir à l'usage obsessionnel des marionnettes. Sartre aurait pu s'intéresser à cette activité, puisque lui-même improvisait sur les chaises du Luxembourg un théâtre de marionnettes pour petites filles. Mais, justement, ce souvenir d'enfance, rappelé dans les *Carnets de la drôle de guerre*, a été soigneusement écarté de « Jean sans terre », en même temps que toute allusion à un choix précoce de l'activité théâtrale.

Malgré un hommage appuyé à Ghelderode, ce paragraphe reste très polémique et bien hâtif sur le plan du jugement critique. Le lien de fascination ou d'envoûtement n'est nullement réductible à la relation honnie de propriété. Il relève d'une certaine magie et de certains modes d'initiation. Pourquoi la frontière entre l'objet et le sujet serait-elle intangible quand il s'agit d'objets créés par un sujet à son image ? L'appartement de Ghelderode devait être bien peu de choses, par rapport à l'atelier d'André Breton, en matière d'objets étranges. Sartre s'en serait-il débarrassé aussi expéditivement ? Il est d'autre part surprenant, pour qui lit Ghelderode, de le voir accuser « d'idéalisme bénisseur ». Ce paranoïaque persécuté ne bénit rien ni personne. Il ne suffit pas d'exprimer une prédilection pour les « artefacts » pour être suspecté d'antihumanisme. Et comment faut-il faire pour

1. Roland Beyen, *op. cit.*, p. 319.

aimer les hommes sans tomber dans les attendrissements niais d'un autodidacte ou d'un Guéhenno ?[1]

Sartre en 1956 aime sans doute les hommes et revendique la passion de les comprendre[2]. Mais aime-t-il les hommes qui aiment les hommes, comme le bon cousin Albert, comme l'abbé Pierre, comme Pierre-Henri Simon ? Rien de moins sûr. Il préfère haïr les hommes qui détestent les hommes. Et il traque tous ceux qui cacheraient sous la religion des produits et des simulacres un mépris souvent inconscient pour leurs semblables. Quels bataillons de misanthropes camouflés sous des discours esthétisants ! Autour de Charles Schweitzer, qui en bon protestant ne sait trop s'il faut rabaisser l'homme ou l'exalter[3], les convives des dîners Magny, les ami(e)s des bêtes, les bibliophiles, les pédagogues des belles-lettres, les distingués, Baudelaire, Huysmans, Mallarmé, les politiques, de Renan à Raymond Aron, le trio infernal que nous avons décrit. Du côté d'un humanisme vrai, on ne trouve personne sauf la projection future de l'image du narrateur. En face de l'humanisme négatif des clercs de la bourgeoisie, l'humanisme positif paraît introuvable. Ici et là, on évoque « la masse sombre des ouvriers » ou « les causes nouvelles » à servir ; mais on passe vite (Inv. 6, f° ITEM 413, f° Ryb bx). Il ne sera pas dit, il ne sera pas suggéré que cet humanisme vrai est lié à la lutte des classes et au prolétariat.

Cette référence à la réorientation politique de 1952 est à peu près unique. Elle ne dépasse pas ce qu'on pourrait appeler un « idéalisme bénisseur ». Pourtant le narrateur, implicitement, se croit dans la vérité et dans la vertu dès lors qu'il a découvert la lutte des classes, qui serait son fil d'Ariane. Il se croit « désabusé », alors qu'il est tout à fait abusé par son embardée vers l'est. N'emprunte-t-il pas les pires côtés du communisme jdanovien quand il fait honte à Ghelderode de raisonner en propriétaire et quand il le loue de sa pauvreté courageuse ? En fait la carrière de Ghelderode justifierait le mythe de l'écrivain méconnu, que Sartre tient pour une calembredaine. Dégoûté de son sort, il cesse d'écrire pour le théâtre à quarante ans. Le succès ne lui vient qu'à la cinquantaine grâce au public français, et il restera méconnu en Belgique, comme tout autre écrivain en cette nation. Son cas n'a rien à voir avec Montherlant, auteur toujours fêté par les classes privilégiées et par les institutions littéraires, mais que personne ne prend plus au sérieux depuis ses flagorneries envers le nazisme triomphant suivies de dérobades prudentes[4].

En 1963, Sartre a laissé tomber tout ce réquisitoire, et il n'en a rien récu-

1. Voir *La Nausée,* Folio (1986), p. 173, Pléiade, p. 143.

2. *Saint Genet,* p. 132 (éd. de 1952).

3. Voir Inv. 6, f° ITEM 188, f° sdB 312 : « De son enfance et de son passage au séminaire, il gardait une misanthropie abstraite, en sandwich entre une grosse sympathie pour toutes les formes de la vie et l'humanisme raisonné d'un universitaire. »

4. Voir mon exposé « Drieu et Sartre devant le fascisme » (Groupe d'Études sartriennes, juin 1993), à paraître dans *Études sartriennes,* n° 6.

péré dans d'autres écrits. Nous pouvons en concevoir deux raisons : aucun lecteur n'aurait pu comprendre que Charles Schweitzer soit rendu coupable d'une idéologie qu'il ne pouvait connaître, puisqu'elle s'exprimait vingt-cinq ans après sa mort ; la thèse de Sartre n'était même pas convaincante, puisqu'il aurait fallu imaginer que ce vieil optimiste qui détestait Pascal eût endossé, par distraction, l'idéologie la plus pessimiste et la plus désespérée. D'autre part, il aurait fallu citer des noms propres, dénoncer les « chiens de garde » de la bourgeoisie et insulter l'adversaire, dans le style de l'essai de Nizan qui porte ce titre ou dans celui du torrentiel (et inachevé) « Les Communistes et la Paix ». En 1963, les dispositions politiques sont un peu différentes, et surtout les choix stylistiques sont beaucoup plus cohérents. Nous avons échappé à ce qui aurait été un procès de Moscou à Paris, avec des amalgames insensés et des illusions rétroactives, auprès desquelles l'illusion rétrospective paraît bien innocente.

On pourrait enfin s'interroger, malgré l'adoucissement du trait, sur l'étrange acharnement du petit-fils contre le grand-père. Le procès sera repris d'une manière bien discutable par Simone de Beauvoir en 1969 dans son traité de *La Vieillesse* : on y décrit « un cas qui manifeste la persistance d'une vie sexuelle chez les vieillards et la répugnance qu'en éprouvent les enfants ». Ce texte qui ne laisse pas d'inspirer une franche nausée viserait, sous le pseudonyme de M. Durand, Charles Schweitzer[1]. On se demande, à le lire, si Charles Schweitzer n'a pas été l'objet d'une *projection*, au sens freudien du terme, interminable, inépuisable, et injustifiable de la part de Jean sans terre et du Castor architecte.

La veine polémique a été retenue, mais non pas tout à fait tarie dans *Les Mots*. Après avoir assommé d'un coup d'épée « les vieillards qui trempent leur plume dans l'eau de Cologne », le bretteur embroche « de petits dandies qui écrivent comme des bouchers » (p. 135)[2]. Le voilà, en trois lignes débarrassé de ses aînés et de ses cadets. Le trait meurtrier contre les dandies-bouchers avait été développé dans « Merleau-Ponty vivant », mais sans daigner non plus nommer les cibles. Il s'agit évidemment de Roger Nimier, qui avait eu le tort de s'en prendre aux poumons de Camus et aux épaules de Sartre. Il se voit reprocher, l'âge venant, d'avoir le visage grassouillet du garçon boucher. Au-delà de Nimier, c'est le groupe des « Hussards », baptisés par Bernard Frank, qui est pulvérisé par cet oxymore ravageur. On avait beaucoup espéré des Hussards qu'ils enterrent une fois pour toutes Sartre et la littérature engagée. Il ne déplaît pas à Sartre, comme à de Gaulle, de n'avoir pas de successeur dans son rôle de

1. S. de Beauvoir, *La Vieillesse*, Gallimard, 1970, p. 346-348, et Sartre, *Œuvres romanesques*, Chronologie, Pléiade, p. LI, n. 1.

2. Voir *Situations IV*, p. 232 : « A droite, on avait engagé des garçons bouchers pour nous insulter... »

chef de file de génération. Sartre-Pardaillan dispose toujours de quelques bottes secrètes, mais ce n'est plus de son âge, et il n'en use que pour se faire respecter de la droite immonde.

La trace d'une référence abandonnée : Hugo ou Zévaco

Entre les avant-textes et le livre publié, plusieurs allusions à Victor Hugo ont été abandonnées, comme si celui-ci s'était réduit à un rôle joué par le grand-père, c'est-à-dire à un travestissement burlesque. Une des plus anciennes esquisses (Inv. 4, f° 3) indique, à propos de Hugo : « J'appartiens sans doute à la dernière génération qu'il ait directement influencée. » Mais s'il biffe : « J'étais Caïn lançant des flèches aux étoiles » dans son récit de la mort de Dieu (Inv. 8, f° MV 174, f° SdB 145 ; *Les Mots*, p. 85-86)[1], c'est d'abord que le vers de Hugo ne perd pas sa valeur épique et ne prend pas non plus une valeur ludique, c'est aussi que la fin de l'histoire contredirait le vers final du passage, que Sartre avait utilisé ailleurs : « L'œil était dans la tombe... »[2] Et surtout il faut refouler l'influence directe de Hugo, ne le tolérer que sous des formes de réécriture parodique. Ainsi ne sera pas conservée cette allusion à l'épisode de *La Légende des siècles*, intitulé « Le petit roi de Galice » (XV, II) : « A Paris, à New York, à Rome, à Moscou, on les [les écrivains] attendait dans l'angoisse ou dans l'extase, avant d'écrire, avant même qu'ils ne fussent nés, comme le petit roi de Galice, du fond de son épouvante, attendait Roland » (Inv. 6, f° ITEM 149, f° SdB 273). En revanche, a été conservée une allusion à « Eviradnus », le poème qui suit immédiatement, allusion si elliptique que seuls les amateurs de Hugo peuvent lui donner une signification (p. 143). Or, à relire cette quinzième section intitulée « Les chevaliers errants », on s'avise que toute la mythologie du chevalier ferraillant seul contre tous est totalement présente chez Hugo et qu'on ne voit pas trop quels traits supplémentaires ont pu être apportés par Zévaco, lu d'abord dans le feuilleton du *Matin*. Dans la huitième séquence du « Petit roi de Galice », on trouve en particulier ce fait d'armes assez tranchant de Roland :

> Roland, surpris, recule, et Pacheco passait...
> Mais le grand paladin se roidit, et l'assomme
> D'un coup prodigieux qui fendit en deux l'homme
> Et tua le cheval, et si surnaturel
> Qu'il creva le chanfrein et troua le girel.

1. « Et, le soir, on lançait des flèches aux étoiles », *La Légende des siècles,* I, II « La conscience », éd. Hachette, 1862, p. 13.
2. *Ibid.*, p. 14. Voir *Saint Genet*, p. 234.

auquel correspond assez exactement le souvenir précis évoqué dans *Les Mots* (p. 63) : « Parfois le trépas était même risible : tel celui de ce Sarrasin, qui, dans *La Filleule de Roland*, je crois, jetait son cheval contre celui d'un croisé : le paladin lui déchargeait sur la tête un bon coup de sabre qui le fendait de haut en bas ; une illustration de Gustave Doré représentait cette péripétie. »

Dans les formules de Sartre, on peut voir un anachronisme assez criant, puisque trois siècles au moins séparent le preux Roland du premier croisé. Dans son éclairante étude sur les « Lectures d'enfance de Sartre », Philippe Lejeune a repéré une illustration de Marcel Pille dans *La Filleule de Du Guesclin*, roman de Pierre Maël, et juge que le narrateur a pu l'amalgamer avec une autre illustration, celle-là de Gustave Doré, représentant un Sarrasin pourfendu[1]. Nous avons jusqu'ici cherché en vain dans l'œuvre gravée de Doré une illustration de ce genre. Peut-être figure-t-elle dans la monumentale *Histoire des Croisades* ? En tout cas Hugo – que Gustave Doré n'a jamais illustré – décrit une action en tout point semblable à celle du roman populaire qu'on aurait pu croire signé de Zévaco. Roland, chevalier de la justice, peut être identifié au moi idéal de Poulou. La terminologie est analogue dans les deux fragments, puisqu'on recourt par exemple au même substantif « paladin ». L'allusion abandonnée (f° SdB 273) assimilait Sartre à Roland ; le contexte de 1956 évoquait aussi un Dickens partout très attendu. La confusion du héros et de l'écrivain, de Roland et de Hugo, de Pardaillan et de Corneille, s'amorçait ici parfaitement. Or Sartre semble avoir allégué un curieux souvenir-écran, que rien jusqu'ici ne vient confirmer. L'image fascinante de western – ce découpage vertical du Sarrasin – venait en droite ligne de Hugo, c'est-à-dire de la littérature légitimée, ou de la bibliothèque du grand-père ; l'inconscient du narrateur a voulu le rattacher à la littérature enfantine, c'est-à-dire au côté de sa mère. Il sait bien pourtant que tous ces fantasmes procèdent de la fantasmagorie hugolienne des « chevaliers errants ». Mais sa mémoire brouille les pistes et invente un titre inexistant d'un pseudo-Zévaco, laissé dans l'ombre, alors qu'il n'y a jamais eu que Victor Hugo. Sartre n'est d'ailleurs pas très sûr de la localisation, puisqu'il énonce un prudent « je crois ». Mais la logique de la démonstration veut que le contenu de la scène provienne d'une littérature décriée comme celle de Zévaco, et non d'une littérature canonique, qu'a prescrite le grand-père. Ce qui exalte doit venir du côté de la jeune mère, et non de celui du vieil histrion. Dans la mémoire que mobilise le projet de l'écrivain, la référence s'efface et s'éloigne – puisqu'il y a deux littératures, la fausse et la vraie – ce souvenir réjouissant doit avoir sa source dans l'infra-

1. Voir *Lectures de Sartre*, textes réunis et présentés par Claude Burgelin, Presses Universitaires de Lyon, 1986.

ou la paralittérature. Pour exorciser la source Hugo, la plume de l'écrivain invente un roman pour enfants qui n'a jamais existé, et une gravure de Gustave Doré que personne n'a encore vue. Le faux titre apparaît comme une formation de compromis : si Roland renvoie toujours à Hugo, le croisé et le Sarrasin orientent vers le roman populaire illustré à la Zévaco. Ainsi, une fois de plus dans le récit, Zévaco, auteur de génie, enfonce Hugo, ce produit des pédagogues. La moralité de cette fable, c'est que rien de bon ne peut venir de ce grand-père, qui est parvenu à dégrader Hugo, rien de mauvais de cette mère qui fournit son fils en feuilletons adorables. Dans le même ordre d'idées, Sartre a totalement oublié que d'Artagnan lui avait paru dans son enfance aussi important que Strogoff. Il avait pourtant esquissé une merveilleuse antithèse des deux héros, qui auraient été réunis dans le mythe sartrien de l'écrivain (Inv. 12, F ITEM 43). Mais toute trace du grand Alexandre Dumas a disparu de ce récit d'enfance, parce qu'il s'agissait d'un écrivain légitimé, que l'histoire littéraire avait intégré, non sans réserves. La place effectivement tenue par Dumas père dans l'enfance a été brillamment occupée par Zévaco dans le récit de cette enfance. Le paradoxe sur la littérature s'en trouve beaucoup plus surprenant et beaucoup plus brillant.

Une trace effacée d'Aragon : « Le Roman inachevé »

D'une manière générale, les manuscrits des *Mots* ne nous livrent jamais le passionnant passage de l'absence de forme à l'invention de la forme, de la gaucherie de l'expression à l'élaboration d'un style, ou du non-littéraire à l'hyperlittéraire. Tout cela peut s'observer dans tel carnet de Flaubert, qu'il nous avait été donné d'étudier. Chez Sartre, tout se passe comme si le style de l'œuvre avait été donné du premier coup et était sorti tout armé du cerveau fécond de ce concepteur. Il y a un style de « Jean sans terre », et aussi un rythme, un point de vue, une ironie impliquant l'antonymie des significations, que l'on pressent dès les premiers avant-textes. Ce style diffère notablement de celui du *Saint Genet*, ou de celui des préfaces et portraits recueillis dans le quatrième volume des *Situations*. Cette impression d'une genèse immédiate est peut-être illusoire, car dans le dossier des *Mots*, nous ne trouvons aucun plan, aucune note de lecture, aucune recherche d'information, à peu près pas de référence explicite. Or l'absence de telles notes dans ce dossier ne prouve pas qu'elles n'aient jamais été prises. Mais qui regarde ces avant-textes reste convaincu que Sartre n'a jamais vraiment tâtonné, ni dans la thèse générale sur son enfance, ni dans les modalités narratives et stylistiques qui devaient être celles de son récit. Sur un point important, qui touche à l'intertexte, il y a eu un changement sensible entre les campagnes de 1955-1956 et celle de 1963. Dans la première phase, on peut faire de longues citations de près d'une page : le grand-père peut lire un long passage de *Daphné* de Vigny (Inv. 6, f° ITEM 4, f° SdB 52 *bis*) ou infliger une longue tirade, que le narrateur feint de rapporter scrupuleusement ; des citations d'écrivains, pas très nombreuses, sont reproduites avec ou sans guillemets, en général avec mention de l'auteur ou de l'œuvre cités. Dans la seconde phase, l'appareil formel de la citation va être aboli, et la citation deviendra allusion ou sera totalement assimilée au discours premier. Ainsi le discours indirect classique (mon grand-père disait que..) ou le discours direct (mon grand-père disait : « ... ») vont laisser la place à un discours indirect libre ou à un discours direct libre, qui deviennent des opérateurs de l'effet ironique. L'énonciateur n'est plus indiqué : ce n'est sans doute pas le narrateur, c'est sans doute le vieillard d'il y a cinquante ans ; c'est peut-être l'enfant qui aura précocement, « préconsciemment », assimilé les pensées du vieillard. Si on définit l'ironie comme la relation antonyme entre un signifié apparent (premier) et un signifié suggéré (second), il y a une autre antonymie entre l'énonciateur présumé et l'énonciateur effectif. L'ironie se double d'une incertitude quand le narrateur dans la même phrase affirme : « c'est moi qui énonce » et « ce n'est pas moi qui énonce, c'est lui ». On s'aperçoit aisément que Sartre a ici admirablement fait servir à son projet les procédures du discours indirect ou direct *libre* qui sont celles de Flaubert dans *Madame Bovary*. Ainsi seul le contexte permet au lecteur de deviner, pour le fragment qui suit (Inv. 6, f° ITEM 366, f° Ryb ag), que l'énonciateur n'est pas le narrateur, et que l'assertion est en fait une réfutation. Ce sont là merveilles du discours direct libre et de l'élimination radicale de tout signe de l'indirect :

> « Tout le monde, il est vrai, ne va pas au Musée ni ne lit de livres. Cela n'est pas nécessaire : il suffit qu'en des locaux surveillés on conserve ces reliques, pour que les millions d'individus qui ne les voient pas soient par la communion des Saints sauvés. »

La quasi-disparition des citations, la réduction des nominations, qui concernent surtout des tâcherons dépourvus de gloire, ne manquent pas de procurer à l'auteur des bénéfices secondaires. Dans un texte essentiellement intertextuel – où rien à l'origine n'appartient en propre à l'auteur – il parvient à faire un certain vide chez ses aînés, chez ses contemporains, chez ses cadets. Il devient le seul maître à bord, ayant rendu illisibles ou « illus » tous les écrivains qu'il réécrit ; il règne sur un trésor de la littérature universelle, et il n'affronte plus que la voix de son maître, son grand-père. On sait bien que David vaincra Goliath, que Joas écartera Athalie et que Philoctète, seul sur son île, est plus fort que tous les Grecs réunis.

En 1963, Sartre a beaucoup travaillé la fin des *Mots*, qui posait maint problème de bouclage ou de clôture puisque ce texte n'avait pas été conçu pour un arrêt-image à moins de douze ans. Dans le dernier état du texte (ms « Vian », f° MV 444, *Les Mots*, p. 204), après « J'ai changé », il a écrit entre guillemets, « Qu'est-ce qui s'est passé ? La vie », puis il a entouré cette phrase d'un cercle et l'a soigneusement raturée. De la sorte, aucun écrivain ne viendra en tiers dans ce final éblouissant. Il n'y aura que les personnages mythiques du drame : Grisélidis, Pardaillan, Strogoff, Philoctète, et – la dernière et non la moindre – Mamie, emblème du siècle des Lumières. La citation très approximative, qui a été raturée, et qui fait un octosyllabe, correspond en fait à un alexandrin du *Roman inachevé* : « Que s'est-il donc passé La vie et je suis vieux »[1]. Il n'est pas indifférent qu'un vers déformé d'Aragon flotte dans la mémoire de l'écrivain qui clôt son manuscrit. Qu'il y ait renoncé était bien compréhensible : il aurait fallu vérifier le libellé, rétablir le dodécasyllabe, et sans doute citer le confrère et ralentir le rythme allègre du passage. Etait-il bien opportun de placer ce mouvement sous l'invocation du barde du Comité central du Parti communiste ? Pourtant, politiquement parlant, leurs positions en 1963 ne sont pas si éloignées. Sartre n'a pas rompu avec l'URSS, ni vraiment avec le PC, quoiqu'il en ait dit à l'automne 1956 (Budapest) ; Aragon non plus. Tous les deux prétendent jouer un rôle critique à l'égard du communisme soviétique ; tous les deux sont alors au zénith de leur talent d'écrivain, mais ce talent les dessert plutôt dans leurs prises de positions politiques. Le temps des prophètes et des poètes est déjà révolu.

Comme il est sans doute naturel dans un récit d'enfance, Sartre ne cite presque jamais des écrivains contemporains ; il ne les a pas lus, ou du moins ne les a pas mémorisés. Il lui arrive de citer des « mots » de son ami Cocteau, que tout le monde connaît et qui souvent ne figurent pas dans ses écrits. Mais il ne semble pas avoir enregistré dans sa mémoire des écrits postérieurs à 1945. La citation déformée et biffée du *Roman inachevé* constitue un cas unique. On sait par Simone de Beauvoir que Sartre eut avec Aragon des conversations aimables sur le vieillissement, qui obsédait le couple royal du communisme. Mais on s'aperçoit ici que Sartre a vraiment lu ce *Roman inachevé* de 1956 qui ressemble par tant d'aspects aux *Mots* de 1964. Naturellement la versification et la déliaison du premier s'opposent à la prose resserrée et rapide du second. Dans les deux cas se déploie une réécriture permanente, Aragon donnant dans ses notes les références que Sartre nous refuse. Le *Roman inachevé* pourrait être sous-titré « Les mots », car on a rarement vu une telle parade des mots et des mètres, et le propos du récit est de traverser « la

1. Aragon, *Le Roman inachevé*, 1956, « Le vieil homme », p. 168 (coll. « Blanche »).

grande nuit des mots » vers un monde réel qu'il s'agit de transformer[1]. Aragon et Sartre refusant l'un le surréalisme, l'autre l'idéalisme esthétique sont bien des convertis au bolchevisme, anciens ou récents, bourrelés de doutes et de scrupules. Ils prétendent battre leurs âmes, alors qu'ils donnent leurs chefs-d'œuvre. Ils tirent le meilleur parti de leurs vieillissements en se faisant les Chateaubriand de l'Internationale ouvrière. La poésie d'Aragon se constitue comme une anthologie transfigurée de la poésie française, selon le même processus de réécriture transformatrice que Sartre applique à des prosateurs français, tels que Montaigne, Descartes, Pascal, Voltaire, Chateaubriand, Valéry. Plus masochiste, Aragon se laisse tenter par des débuts d'aveux vite éludés et par une gênante autoflagellation. Plus sadique, Sartre, cet autre fils sans père, ne perd pas une occasion de crucifier son grand-père. Aragon, à qui l'on fit passer sa jeune mère pour sa sœur aînée, a des raisons plus sérieuses pour évoquer une relation fraternelle entre sa mère et lui. Le seul véritable point de divergence entre ces deux livres, moins modernes que postmodernes avant la lettre, c'est la place du couple institutionnel dans lequel l'auteur est impliqué : nulle chez Sartre, pour lequel l'écrivain ne peut être qu'un homme seul, elle est immense chez Aragon, particulièrement dans le final de l'œuvre : le poète ne peut être qu'un troubadour de sa belle dame sans merci. Tout comme l'auteur de la *Nausée* il cite et module : « Some of these days/You'll miss me honey. »[2] On ne sait comment Sartre a perçu l'autobiographie poétique d'Aragon ni s'il a retrouvé dans *La Semaine sainte* une problématique de la trahison et de la fidélité proche de la sienne ; le second revendique la fidélité sur un fond de trahison, tandis que le premier réclame le statut de traître sur fond d'engagements très fermes. Par une autre analogie curieuse Aragon se décrit dans toute une séquence sous la figure médiévale de Charles le téméraire, ailleurs sous celle de Richard Cœur de Lion, alors que Sartre a eu beaucoup de mal à abandonner Jean sans terre. Enfin, une certaine image de l'enfance ou de la jeunesse, comme âge du mensonge et de la comédie, régit les deux textes. A vingt ans, selon Aragon, on est « charlatan de soi-même », on vit dans la « plate singerie », on circule dans un « Luna-park ». Il prévoit que le lecteur méfiant va le soupçonner de garder secrètement sa foi aux « sottises » de l'enfance[3]. Et c'est

1. Aragon, *Le Roman inachevé,* p. 81. Ce terme désigne surtout la période surréaliste, abjurée par le poète. Mais Aragon n'est pas plus sûr d'avoir dépassé le surréalisme vers le monde réel que Sartre d'avoir échappé à la mystique littéraire des mots.

2. Voir le bel essai de Michel Contat, « Sartre/Beauvoir, légende et réalité d'un couple » *in* P. Dávidházi et J. Karafiáth (éd.), *La Littérature et ses cultes,* Budapest, Argumentum, 1994, p. 123-156, et l'entretien très subtil de François Nourissier sur le couple Aragon-Elsa Triolet, dans *Recherches croisées Aragon/Elsa Triolet,* n° 4, 1992.

3. Aragon, *op. cit.,* p. 15-16, p. 191.

bien la réaction d'un tel lecteur au récit de Sartre. Il le soupçonne de ne pas détester son enfance autant qu'il le dit et de ne pas détester la raconter.

Un cœur dans une bourriche d'huîtres

D'un point de vue génétique, le plus bel ensemble de notre corpus est assurément les feuillets dits Rybalka, numérotés en double lettre, et qui présentent plusieurs versions successives de l'épilogue, à partir de « Voilà mon commencement... » (*Les Mots*, p. 201-206). On lira l'étude de Geneviève Idt sur ces différentes versions[1]. Pour notre propos, on se bornera à quelques vues rapides : le surinvestissement de la littérature n'est plus tout à fait une comédie, ni une pure folie, mais une mystique qui n'a pas su se formuler ni se contester. Au lieu de la conclusion attendue (« je n'écrirai plus de livres »), au lieu du possible final nietzschéen (« pourquoi j'écris de si bons livres »)[2], voici un curieux « je sais bien mais quand même ». Je sais bien que la littérature ne capte ni ne dévoile aucun absolu, mais je continue à en faire. La voix du grand-père, amuïe et ridiculisée 200 pages durant, se fait écouter comme la voix d'un surmoi sinistre et impérieux. Malheureusement l'esprit créateur, jadis figure inspirée de la divinité, est devenu une morne machine à faire des livres.

Les ébauches sont beaucoup plus démonstratives que le texte final, raccourci ultra-rapide soumis à une accélération presque excessive. Ainsi la question des deux mysticismes, traitée dans les ébauches, se réduira à un oxymore. Les indications sur les choix politiques seront effacées et seront rejetées vers l'épitexte oral. A un autoportrait heuristique succède une narration elliptique. La conclusion reste la même, sauf une ultime coupure, qui écarte le thème de l'homme supérieur mutilé, et qui évite par conséquent une chute polémique[3]. Les questions ne sont pas résolues pour autant. Quel serait donc le mode d'écriture qui pourrait saisir la totalité de l'être humain, et éviter la prééminence de la partie sur le tout ? Suffit-il pour devenir un homme complet de renoncer à être un grand homme et de faire vœu de médiocrité ? N'est-ce pas une dernière ruse du grand écrivain que de s'instituer le porte-parole des masses et des anonymes, l'écho des rues et des banlieues ?[4]

1. Voir plus haut, p. 149 et s.
2. Voir Nietzsche, *Ecce Homo*, trad. Vialatte, éd. Gallimard, p. 71-160.
3. Il est possible que Sartre se souvienne de *Tempérament nerveux* d'Alfred Adler : les hommes supérieurs sont ceux qui compensent un complexe d'infériorité ou un handicap certain.
4. Ms « Vian », f° 452, avant-dernière version de la chute : « Pour moi, à moins de parler au nom de tous, je ne saurais parler en mon nom. »

L'allusion intertextuelle est plus rare dans les ébauches que dans le texte final qui mobilise les mythes du texte. Les seuls écrits évoqués sont ceux du jeune Sartre : il faut les dépasser, les surmonter, les percer à jour. Bizarrement la seule référence explicite avec référence que l'on trouvait dans les brouillons ne sera pas conservée. Le narrateur vient d'expliquer qu'il a toujours été partagé entre un mysticisme des mots et un mysticisme du silence, entre la recherche du mot et la recherche de la chose (Inv. 6, f° ITEM 401, f° Ryb bm).

> « C'est peut-être ce qu'il y a de plus profond en moi : si je trouvais l'un je trouvais l'autre. Flaubert écrit une fois dans sa *Correspondance,* VI, 12 "le cœur". J'étais ainsi, je le fus longtemps après. »

La citation complète, que l'on peut vérifier dans l'édition Conard à l'endroit indiqué, a été donnée dans un autre feuillet du manuscrit (Inv. 6, f° ITEM 405, f° Ryb bq). Flaubert, écrivant à George Sand, cherche à lui expliquer « l'inscience » de l'enfant qui ne distinguerait pas le « réel » du « fantastique ».

> « Je me souviens très nettement qu'à cinq ou six ans je voulais "envoyer mon cœur" à une petite fille dont j'étais amoureux (je dis mon cœur matériel). Je le voyais au milieu de la paille dans une bourriche d'huîtres. »

Le petit Gustave prenait au pied de la lettre la vieille métonymie du « cœur » et ne distinguait pas le figuré du littéral, ce qui selon Freud est l'un des modes du « travail du rêve ». Une curieuse propension à imaginer des huîtres et des crustacés relie ici Gustave et Poulou, mais on a peine à prêter à Poulou un tel génie dans l'hallucination nominaliste. Pourtant Sartre se persuade d'avoir été identique à Flaubert dans ses relations infantiles avec le langage et avec l'être. Or les quatre ébauches successives de la conclusion constituent ce qu'il a écrit de plus pénétrant sur son rapport avec les mots et les choses. Mais il a préféré pour finir à une fin philosophique et conclusive une fin réversible sur le mode de ses fins de pièces. Il a choisi l'allusion, l'ellipse, la contradiction non résolue, et le jeu et l'enjeu plutôt que la thèse.

Le merveilleux souvenir d'enfance de Flaubert, avec son côté « hénaurme », aurait écrasé les souvenirs plus ternes de Sartre[1]. Poulou n'apparaît nulle part, dans ce texte-ci, comme un séducteur hyperbolique, et l'assimilation avec Flaubert aurait été trompeuse. Et puis n'y aurait-on pas lu l'aveu que le jeune Flaubert et le jeune Sartre se font la même idée de la littérature, du langage et des choses ? Or cette hypothèse sera l'objet d'un furieux démenti, d'une interminable dénégation dans tout ce qui va être écrit sur Flaubert et qui est déjà engagé. Il ne s'agit pas d'invoquer le

1. Les exemples que donne Sartre de son réalisme nominaliste, comme la prise à la lettre de l'expression « fil de l'épée », semblent bien modestes (p. 63).

grand écrivain mutilé et de signifier la persistance dans l'idolâtrie de la littérature. Une scène de ménage permanente avec l'auteur de *Madame Bovary* va se dérouler pendant dix ans. On écarte donc cette bourriche d'huîtres qui renvoyait si bien aux crabes et crustacés sartriens. Cette longue citation aurait ralenti le mouvement et introduit un bien curieux renversement d'alliance. Sartre est un instant séduit par cette relation de possession ou d'envoûtement qui le soumet à Flaubert : il l'exorcise ici par la censure, là par le réquisitoire inépuisable.

Du réemploi dans « Les Mots »

Le narrateur raconte une expérience ordinaire : il veut utiliser une page écrite deux ans plus tôt. Ne la retrouvant pas, il en écrit une nouvelle, persuadé qu'elle sera meilleure. Quand il peut comparer les deux pages : « Stupeur : à quelques virgules près, j'exprime la même idée dans les mêmes termes » (p. 196). Les diverses versions des *Mots* confirment bien cette impression : malgré des variations minimes, elles sont le plus souvent globalement équivalentes, et on serait bien empêché de les dater par leur degré d'achèvement formel. L'anecdote racontée porte sur l'art d'exprimer une idée, donc sur l'écriture philosophique plus que sur l'écriture littéraire. Elle indique tout de même que Sartre n'hésite pas à réemployer un inédit, même quand du temps s'est écoulé et que le projet n'est pas le même. C'est ce qui se constate pour *Les Mots* : le texte de 1963, pour son début, reprend de très près la dactylographie de « Jean sans terre », que nous pouvons dater de 1955[1]. Pourtant le projet global est entièrement modifié, et en huit ans l'écrivain aurait pu croire avoir progressé, puisqu'il nous assure que sa foi dans son progrès est inébranlable.

La formulation de Sartre est conforme à l'art d'écrire le plus classique. Comme dit La Bruyère, « entre toutes les différentes expressions qui peuvent rendre une seule de nos pensées, il n'y en a qu'une qui soit la bonne »[2]. Le même La Bruyère réunit « les expressions et les termes » comme éléments constitutifs du style. On croyait Sartre modeste, puisqu'il avouait sa difficulté à progresser. En vérité, il triomphait, persuadé d'avoir par deux fois atteint la seule expression acceptable.

Il n'est pas évident que la formule citée s'applique à la rédaction du livre où elle figure, car il y a une grande distance entre « l'expression d'une idée » et l'ironie sophistiquée à l'œuvre dans *Les Mots*. Cependant cette pratique du réemploi d'un fragment pour un objectif autre que celui

1. Voir Inv. 3, p. 34 : « J'ai cinquante ans et je ne crains plus la mort. » Ce qui, à vrai dire, date l'écrit plus que la dactylographie. Mais, du moment que Sartre utilise cette dactylographie pour la campagne d'écriture de 1955-1956, cette indication nous donne un *terminus a quo*.

2. La Bruyère, *Les Caractères*, « Des ouvrages de l'esprit », § 17.

pour lequel il a été conçu est attestée dans notre corpus : on passe du manuscrit « Simone de Beauvoir » au manuscrit « Vian » et à ses chutes classées dans l'ensemble « Bost » par montage, réemploi, éliminations et, bien sûr, adjonctions. Comme le projet est d'ordre autobiographique, on s'attendrait à ce que les indications de date ou d'âge soient réajustées par rapport à l'année de la nouvelle rédaction ou de la publication. Or ce n'est pas souvent le cas. Dans la première dactylographie de « Jean sans terre » (1955) comme dans l'édition originale des *Mots* (1964), on trouve la même anecdote, avec trois variantes synonymiques : en visite au cimetière des chiens, Sartre a vu un ami américain indigné casser un chien en plâtre (Inv. 3, f° 14), qui avec le temps est devenu un chien en ciment (*Les Mots*, p. 27), ce qui rend le coup de pied plus terrifiant. Sans discuter sur le bien-fondé de cette agression anticanine (et anticaniche), on remarquera qu'elle est située « l'an dernier » en 1955 et se trouve toujours « l'an dernier » en 1964. Or l'anecdote, racontée par Simone de Beauvoir en octobre 1963, peut être datée précisément de juin 1949, puisque la mémorialiste indique tous les événements historiques correspondants. Si on prend « l'an dernier » au pied de la lettre, Sartre aurait écrit ce passage en 1950 et l'aurait réemployé en 1955 tel quel : cela nous paraît improbable, car nous savons la grande désinvolture de Sartre à l'égard des datations et surtout des âges. Si on relit la version donnée par Simone de Beauvoir, laquelle a plus de chance d'être conforme à l'incident précis, on voit que Sartre en a pris à son aise avec la contingence du réel biographique : son « ami américain » n'est pas précisément son ami (puisqu'ils ne disposent pas d'une langue commune pour converser), mais le grand amour de Simone de Beauvoir, Nelson Algren[1]. Pour le distraire, Simone et sa bande ont loué une voiture et lui ont fait visiter les banlieues de Clichy et d'Asnières. Simone de Beauvoir donne une motivation beaucoup moins philosophique à la destruction commise par son amant : Nelson Algren a dit du caniche qu'il venait de décapiter : « Il me regardait d'un air qui ne m'a pas plu. » Ce propos ne concorde pas avec la moralité tirée par Sartre de l'anecdote, à savoir qu'il faut lutter, par le sarcasme et par la provocation, contre le culte conjoint rendu aux enfants et aux animaux. Celui qui aurait compissé la tombe de Chateaubriand se plaît à mettre en scène son « ami américain » dévastant un cimetière animalier. Au passage, il élimine Nelson Algren, Simone de Beauvoir et les membres de la famille, venus en délégation. Alors qu'il a été, au mieux, un témoin distant de la scène, il en devient ici le protagoniste, comme un Socrate flânant avec Alcibiade. Puisque tout est traité en fonction des effets de lecture et d'un paradoxe à soutenir, il ne faut pas s'étonner que la datation

1. Simone de Beauvoir, *La Force des choses*, p. 198-199, coll. « Blanche ».

soit elle aussi fictionnelle et fonctionnelle : en écrivant « l'an dernier », le rédacteur conçoit le meilleur délai pour garantir la fraîcheur du souvenir et ne se soucie pas de la chronologie référentielle. S'il y avait été sensible, il aurait écrit en 1955 « il y a six ans » et en 1963 « il y a quatorze ans », ce qui aurait enlevé tout effet d'actualité et de vivacité. Selon une tendance qui est plus celle du roman que de l'autobiographie, Sartre se libère des repères historiques et des mesures de durée, comme il n'hésite pas à mettre dans la bouche de Charles Schweitzer des propos qu'il a lus dix ans plus tard sous la plume d'Alain, comme il situe en 1963 « il y a quatre ans » une perception de piano au large de la grotte de Fingal (p. 102), alors qu'il l'avait déjà raconté en 1955 dans les mêmes termes sans indications temporelles (Inv. 3, f° 40)[1]. Sans renoncer à la distribution des événements selon un axe chronologique, Sartre conçoit son passé comme une vaste synchronie, comme un réservoir où puiser des feuillets pour le texte à faire.

De « L'enfance d'un chef » au chef-d'œuvre de l'enfance

Depuis la publication des *Mots*, il est difficile de ne pas faire de « L'enfance d'un chef » une lecture palimpseste, tant les concordances littérales sont nombreuses avec l'enfance de l'écrivain illustre[2]. La nouvelle aurait-elle été un brouillon du texte autobiographique ? La fiction a sa logique propre, mais la plupart de ses matériaux se révèlent empruntés au vécu de l'auteur, après avoir été affectés d'un signe négatif. Le tout premier récit de Sartre, « Jésus la Chouette », était déjà un essai de synthèse narrative sur son adolescence. Dès 1926, à l'intention de Simone Jollivet, Sartre esquisse un récit d'enfance, avec cette information majeure qui ne sera plus contestée : « J'ai écrit mon premier roman à huit ans. »[3] Il reprend ce récit en 1939 dans ses *Carnets*, indiquant le déficit religieux de ses origines, et une vocation d'écrivain qui impliquerait d'emblée de vivre sa vie comme la biographie future d'un grand homme. Le journal tend naturellement à l'autoportrait littéraire. Quand le soldat Sartre va pratiquer l'anamnèse à Pfaffenhofen, il se livre à une démarche autobiographique dont il se dispensera vingt-trois ans plus tard pour la rédaction des *Mots*. Il esquisse déjà la fixation sur la figure de Grisélidis. Mais l'idée ne lui vient jamais alors que sa vocation d'écrivain ait pu être une erreur fâcheuse. Il est, à cette époque, difficile de couvrir de dérision une consé-

1. Cela peut correspondre au voyage de 1951 en Écosse, ou à celui de 1959 en Irlande, ou plutôt à un souvenir de lecture de *L'Age d'homme* de Michel Leiris (coll. « Folio », p. 125-128).

2. Nous en avons compté 23 (*Le Mur*, coll. « Folio », p. 158, 160, 161, 163, 165 167, 168, 171, 175, 176, 181, 183, 202, 204, 205, 213, 247, 249, 251, etc.).

3. *Lettres au Castor*, t. I, p. 9.

cration qu'il n'a pas encore atteinte. Comment pourrait-il imaginer une autre activité, puisqu'il passe ses journées à remplir des carnets destinés à la publication, et que sa seule hésitation porte sur le choix du style narratif ou du style philosophique ? Il adhère alors tout à fait à l'idée d'une vie vouée à l'écriture, bien qu'il assure avoir dépassé la croyance dans un salut par l'art. S'appliquant à se faire reconnaître comme un grand écrivain, il n'a aucune raison de douter de cette entreprise et il sait qu'elle aboutira de manière imminente. Il ne se donne aucun pair en littérature, sauf peut-être Nizan, non sans réserves pour ses romans, et dans cette phase ascendante il ne doute ni de lui ni de son champ de production. A vingt ans, il manifestait déjà la certitude naïve de faire mieux que ses modèles éventuels : « Je ne ressens ce sentiment, par ailleurs ridicule, l'enthousiasme, qu'au contact de certaines œuvres, parce que je me figure que je pourrais les refaire, les produire à mon tour [...]. »[1] Il a fallu en 1945 un succès disproportionné par rapport à l'œuvre effectivement produite pour que Sartre s'avise de se retourner contre la littérature et sur lui-même. Il a fallu surtout une conversion politique radicale (dont la ferveur évoque une conversion augustinienne) pour s'aviser, vingt ans après que les clercs étaient bien *Les Chiens de garde* que flagellait Paul Nizan en 1932[2]. Il le croit fermement, quand il adhère en 1952 à l'idéologie et à la politique du PC (comme on disait alors) avec une véhémence d'autant plus confuse qu'elle est retardataire. C'est seulement alors, que dans un travail de liquidation et de rupture, qui est aussi un travail de deuil (et que racontent « Les Communistes et la Paix », à chaud, « Merleau-Ponty vivant », avec un léger recul), qu'il peut en venir à cette étrange autocritique, bien dans le goût de cette époque[3] : il a toujours été coupable d'investir ses énergies dans la littérature bourgeoise, et non dans la révolution prolétarienne, *ergo* : communiste, *ergo* : soviétique. L'autocritique ne dure pas longtemps et sera brillamment éludée dans les écrits homodiégétiques. La faute n'en est pas à Sartre, le mystifié des bibliothèques, mais au grand mystificateur, à l'agent d'influence de la pensée bourgeoise, au très nocif Charles Schweitzer. Or, quand Sartre abordait en 1939 son enfance, qui ne l'intéressait pas beaucoup, il n'évoquait guère son grand-père sauf pour souligner que le couple grand-parental l'avait prédisposé à une parfaite indifférence en matière religieuse. Il ne lui prêtait alors aucune influence décisive sur sa vocation d'écrivain, dont il était enchanté, et dont il tirait quelque orgueil. Constituer le bon Charles en personnage méphistophé-

1. *Ibid.*

2. La regrettable formule de 1961 « un anticommuniste est un chien » (*Situations IV*, p. 248) est aussi une pieuse allusion au jeune Nizan. Cela n'empêche pas l'essai de 1932 d'être tout aussi regrettable sur plus d'un plan.

3. Voir Edgar Morin, *Autocritique* ; Claude Roy, *Nous* ; Roger Vailland, *Écrits intimes*.

lique qui aurait fait conclure au petit garçon un pacte infernal avec la littérature bourgeoise n'a pu être concevable que dans l'illusion d'une nouvelle naissance à la vérité, à la révolution, à la *praxis*. On l'a vu : le narrateur prête tranquillement à Charles Schweitzer, qui aurait cessé de lire à la mort de Victor Hugo, des discours qui n'ont été tenus qu'en 1925 ou en 1950. Son grand-père devient une machine à anticiper le sottisier futur du faux humanisme, le plagiaire par antériorité du XXe siècle. Comme son héros éponyme, Jean sans terre, Sartre commence son récit par un geste parricide, dévoilant un roi nu, ou plutôt un pauvre bouffon. Certains historiens rapportent que le roi d'Angleterre, Henri II, à la veille de sa mort, fut désespéré par la nouvelle que son cinquième fils, chéri en tous, Jean sans terre, s'était rebellé contre lui.

Reste une irritante énigme sur le rôle joué par « L'enfance d'un chef » dans la genèse de « Jean sans terre »/ *Les Mots*. Lucien Fleurier semble bien être le héros le plus odieux de la fiction sartrienne : il finit camelot du roi, antisémite, casseur de métèque, et on peut rêver à ce qu'il va devenir après 1939, si on cède à l'illusion réaliste[1]. Pourtant beaucoup de lecteurs ont cru l'auteur proche de l'Action française, à la publication du *Mur* : le narrateur en effet ne désapprouve jamais son personnage et feint une impartialité goguenarde, avec ses phrases brèves qui se succèdent platement à la manière de celles de John Dos Passos. La relation du narrateur au protagoniste reste ambiguë et le serait plus encore si nous ignorions les choix idéologiques de l'auteur. On croirait de sa part à une position de négativité absolue, s'il ne nous disait, dans son prière d'insérer, que, des héros de ses cinq histoires, « Lucien Fleurier est le plus près de sentir qu'il existe »[2]. Il est pourtant le plus éperdu à fuir le sentiment de l'existence dans les opacités de l'idéologie fasciste. Le plus misérable antihéros de Sartre parcourt une enfance bien peu éloignée de celle de l'auteur. C'est avec des éléments autobiographiques que celui-ci a conçu le parcours de Lucien : sont communs aux deux jeunes gens les questions de la gratuité, de l'inconsistance, de la nausée, de l'indécision des sexes, le complexe de la méduse, le vertige de l'identité. Le sarcasme régit également les deux récits : l'enfance d'un chef, l'enfance d'un écrivain sont deux impostures traitées avec une égale sévérité, puisqu'il est, semble-t-il, aussi coupable de devenir patron d'une petite usine qu'écrivain de classe internationale. Une série d'antinomies subtiles oppose les deux traitements : presque tout chez Lucien est sexualisé et même « analisé », tout chez Poulou est désexualisé et intellectualisé ; l'un désire sa mère et barbote dans l'Œdipe ; l'autre n'a ni désir ni Œdipe, du moins à ce qu'il en dit. Tous les deux sont dits « doux comme une fille » ; mais l'un se fait

1. Comme l'a bien montré Zeev Sternhell, il est spécieux de distinguer la maurrassisme et le fascisme en France.
2. Sartre, *OR*, Pléiade, p. 1807.

séduire par un élégant pédéraste, l'autre atteste des mœurs irréprochables. Lucien accumule les goujateries et les vraies trahisons ; Poulou, cet autre enfant sage, n'a rien à avouer dans ce domaine. Chez Lucien, tout aboutit à une obscénité provocante et à une vraie nausée chez le lecteur, quand ce bon jeune homme fait jaillir l'œil d'un passant hors de son orbite fracturée ; chez Poulou, tout aboutit aux figures acrobatiques d'un intellect délié et d'une plume agile. Sartre ne ment pas quand il dit détester son enfance, mais il s'est purgé cathartiquement de cette haine dans « L'enfance d'un chef », et il ne lui reste plus, pour *Les Mots*, qu'une vision presque aimable et même sublimée. Les deux garçons fuient une Méduse irregardable, mais il y a une fuite lamentable écrite à la troisième personne, et une fuite allègre comme une cavalcade, menée tambour battant à la première personne. Les cent pages de « L'enfance d'un chef » sont les plus déplaisantes que Sartre ait jamais écrites, et elles manifestent au mieux son génie propre de la méchanceté : il n'épargne ni les surréalistes, ni les homosexuels, ni la psychanalyse, ni les drogués, ni les cousettes, ni les victimes juives ni la jeunesse d'Action française. Les 200 pages des *Mots*, en dépit d'un discours d'escorte terroriste, sont les plus plaisantes de l'œuvre sartrien. Le narrateur se bat beaucoup moins l'âme qu'il ne dit ; il fustige très modérément le cabotin qu'il a été ; il exprime le plus tendre amour filial pour sa délicieuse mère, et la plus grande estime pour sa Mamie, qui le prend si peu au sérieux. Il ne s'en prend vraiment qu'à son grand-père, mais même dans cette dénonciation malicieuse, il entre beaucoup de désir de séduire les lecteurs, la masse des sans-grade, et peut-être même l'ombre gracieuse du grand-père[1]. Celui-ci doit se dire, là-haut, qu'il a bien réussi son coup et qu'il n'en espérait pas tant ! Dans toute autobiographie, il faut un peu d'animosité vindicative pour exciter le zèle du rédacteur. Ici on bat un grand-père : ce n'est tout de même pas une crucifixion, juste une *commedia dell'arte.*

L'enfance du fictif Lucien Fleurier (très proche des enfants de l'oncle Georges[2], les cousins de Guérigny, effacés de nos avant-textes), l'enfance de Jean Genet biographisé peuvent paraître à l'opposé de celle de Sartre, qui ne fut ni fils d'industriel ni enfant trouvé. Ces deux récits ont permis de mettre au point un nouveau type de récit d'enfance, qu'aucun autobiographe (hormis peut-être Jules Vallès) n'avait conçu et que Sartre, fort peu attiré par les enfants, n'avait jamais envisagé jusque-là. Ce récit d'enfance – qui est peut-être le roman d'un enfant – a, du vin de Champagne, la légèreté, le pétillement et les vertus euphorisantes.

1. *Les Mots*, p. 134 : « ... dans l'unique et fol espoir de plaire à mon grand-père. »

2. L'oncle Georges a successivement présenté à sa sœur son premier, puis son second mari : c'étaient trois X de 1895. Or Sartre semble ignorer que son père était polytechnicien, comme il ignore que Charles était agrégé. L'indifférence du narrateur à l'égard des documents et des qualités administratives est colossale.

Note annexe : le retour du parodié à la fin des *Mots*

« [...] ma seule affaire était de me sauver – rien dans les mains, rien dans les poches – par le travail et la foi » (p. 206).

Ces dernières formulations introduisent une distorsion dans le texte. On a semble-t-il traqué tout ce qui se cachait de religieux dans l'orientation littéraire : on a poussé l'athéisme jusqu'au bout, on a désinvesti, on a laïcisé et sécularisé la littérature, et c'est paraît-il un crève-cœur, mais quel ascétisme volontariste ! Et puis on en vient *in extremis* à réhabiliter « le travail et la foi » – ce qui correspondrait à l'éthique protestante : « la foi et les œuvres ». Et revoilà le Sartre militant qui lorgne du côté du Dr Albert Schweitzer. Le seul péché originel est du côté de « l'avoir », des héritiers, des chefs, des ingénieurs, des banquiers. Mais avec le « faire », le salut, ou tout au moins la liberté, opère. Mais pourquoi donc, sans nécessité démonstrative, valoriser la « foi » ? – puisqu'il a été démontré dans tout le récit qu'il n'y avait pas de foi mais une comédie de la foi et que la foi littéraire est à peine moins grotesque que la foi religieuse et que cette foi ne fonctionnait qu'avec l'aide de la névrose ou selon la structure de la folie ?

« Ce que j'aime en ma folie [...] » (p. 206) :

Mais on croyait qu'il détestait tout ce qui restait de son enfance, et en particulier cette folie... Il y a donc un renversement final, même si une formule de concession rhétorique écarte l'idée de salut pour ses connotations religieuses.

On distingue subtilement la foi – pas si mauvaise que ça, puisque efficace – et le salut, cette projection d'un arrière-monde.

Le religieux, tant brocardé, est ainsi réarmé, rechargé, et du même coup cet humanisme à la Térence (je suis un homme, rien qu'un homme, tout un homme) qu'on croyait disqualifié au début du récit.

Sartre s'assure s'être « mis tout entier à l'œuvre », alors qu'on croyait qu'il avait été le singe de l'écriture, l'imposteur en représentation.

Comme Charles, le maître abjuré, le narrateur ne dédaigne pas le coup de théâtre final : l'enfant de la mauvaise foi était finalement de bonne foi. Et pour finir il n'avait pas tort d'imaginer qu'il serait sauvé par son œuvre. La preuve : ces *Mots,* que vous venez de lire. Pour ce qui ressemble à une volte-face on proposera deux hypothèses.

1) La parodie entend exorciser, reléguer, ridiculiser la parole parodiée qui devient celle de l'autre, celle du grotesque. Pour en finir avec Virgile il suffit qu'il soit travesti.

Mais la parodie n'a peut-être jamais écarté pour de bon le texte parodié, puisqu'elle lui assure un bénéfice de plaisir, un effet d'euphorie. Le plus injurieux des pastiches, la plus violente des charges, légitiment à leur manière le texte d'origine.

S'il y a un modèle au texte sartrien, c'est le texte voltairien, tel *Candide* ou *L'Ingénu.* Or ces textes ramènent au religieux plus qu'ils n'en éloignent. A force de répéter sarcastiquement que tout va pour le mieux dans le meilleur des mondes possibles, Voltaire suggère que tout va pour le mieux dans le plus parfait des textes. Et y a-t-il finalement un écrivain plus heureux que Voltaire ?

Il y aurait donc dans le système de la parodie un retour (victorieux) du parodié, comme il y a, freudiennement, un retour du refoulé à travers le symptôme.

Ici le retour se fait par la chute, puisque y est remis en selle l'humanisme littéraire bien difficile à distinguer de celui du grand-père. Comment en un or pur le plomb vil s'est-il changé ? *Athalie*, deux fois réécrit, revient à l'identique.

2) Si la foi fait retour dans les dernières lignes du texte, c'est avant tout que le Sartre des années 60 est dans un dispositif intellectuel d'ordre religieux. Il a rejoint, à titre de correspondant extérieur, mais loyal, l'Église du communisme international avec une préférence marquée pour l'Italie et l'URSS. Qu'est-ce que le marxisme pour le Sartre de 1956 ? « C'est le climat de nos idées, le milieu où elles s'alimentent, c'est le mouvement vrai de ce que Hegel appelait l'Esprit objectif [...] depuis la mort de la pensée bourgeoise, il est à lui seul la Culture [...] » (l'abondance des majuscules mégalomanes montre bien à quel point on est entré dans le domaine religieux de l'Absolu). Et le PC – le PC de Maurice Thorez et de Jacques Duclos, celui de la paupérisation relative du prolétariat en France ? « Porté par l'histoire, le PC manifeste une extraordinaire intelligence objective : il est rare qu'il se trompe... » (cf. *Situations VII*, formules de 1956). Le marxisme (cf. *Questions de méthode*, 1960, p. 12) est « l'humus de toute pensée particulière et l'horizon de toute culture », donc indépassable. Si ce n'est pas là la profession de foi d'un néophyte, grisé par l'écroulement de la culture antérieure (qui s'est effondrée comme les dieux de l'Olympe romain, comme le Walhalla), alors où la trouver ? Raymond Aron l'avait bien vu : le marxisme, d'abord perçu comme une machine de guerre contre la religion, fonctionne comme une *religion sécularisée*. Il est d'ailleurs frappant que *Le Diable et le Bon Dieu*, création contemporaine de la conversion de Sartre au politique, pose avant tout le problème du satanisme, de l'angélisme, et de la révolution. Sartre a pensé la révolution en termes de religion et c'est là la limite de l'athéisme sartrien. De cette nouvelle « folie », bien plus dangereuse que la folie littéraire du clerc, il ne s'est jamais complètement guéri. Aussi a-t-on eu tort de prendre pour des faux grossiers ses entretiens ultimes avec Benny Lévy. Il était facile de passer d'une religion de la révolution radicale, réchauffée par des sectes juvéniles et instables, à une religion de tradition judaïque – que plusieurs sartriens de la dernière couvée allaient rejoindre dans les années 80.

Raymond Aron, dans *L'Opium des intellectuels* (1954), a très justement noté que le marxisme est une « religion séculière » (il revendique la paternité de la formule) et surtout que l'intelligentsia progressiste est une « cléricature sécularisée ». Avec le recul, on estimera qu'Aron avait bien perçu le caractère religieux, et par conséquent faux, du rapprochement de l'intelligentsia vis-à-vis du marxisme.

Aron revendique d'ailleurs, pour l'Occident, un devoir de scepticisme : il écarte la tentation d'une doctrine de l'histoire qui ferait pièce à la doctrine communiste. Aron pousse l'athéisme plus loin que Sartre.

Le schéma aronien s'applique assez bien aux écrits politiques de Sartre, qui revendiquent l'idée de conversion (« Les Communistes et la Paix », « Le fantôme de Staline », « Paul Nizan », « Merleau-Ponty vivant »). Il est moins applicable à un écrit comme les *Mots* qui met la vision de l'histoire dans l'implicite, dans la référence cachée (positive) d'une ironie naturellement négative. La conversion n'est pas dite en clair ; elle se déduit d'un procès et d'une dénonciation.

Table des allusions et des concordances intertextuelles dans *Les Mots*

Avertissement

L'édition de référence n'est pas l'édition originale, 1964 (coll. « Blanche »), mais l'édition actuellement en usage de la collection « Folio », composée en 1991 (la pagination diffère par rapport aux tirages antérieurs).

Pour chaque entrée, on trouvera :

— la page du texte dans *Les Mots* (« Folio », 1991) ;
— la ou les lignes visées dans cette page ;
— le ou les mots concernés dans le texte ;
— la citation ou le thème évoqués dans la mémoire du lecteur, ou à défaut, le nom de l'auteur et/ou celui de l'ouvrage suggérés par le contexte d'origine : c'est à proprement parler l'intertexte ;
— la référence précise sera celle de l'édition utilisée par le rédacteur du présent travail ;
— le commentaire des concordances a été réduit au minimum ; n'ont été conservées que les justifications des rapprochements qui, sans ces commentaires, paraîtraient arbitraires et incongrus ;
— le signe ← indique que le texte évoqué est postérieur à la date de publication des *Mots* et que Sartre n'a pu en avoir connaissance. Un tel texte serait un hypertexte par rapport à l'hypotexte sartrien.

Je tiens à remercier Philippe Lejeune de m'avoir transmis la liste des concordances de *L'Art d'être grand-père* qu'il avait établie, Éliane Lecarme d'avoir identifié la citation de Chateaubriand, Geneviève Idt de ses conseils amicaux, et Michel Contat d'avoir corrigé cette table de concordances.

Celle-ci repose sur la mémoire d'un lecteur particulier et ordinaire, qui a terminé ses études académiques en 1963, et qui éprouva alors le sentiment d'être un destinataire, parmi d'autres, de l'écrit sartrien, publié l'automne de cette année-là, dans la revue *Les Temps modernes*. Pas plus qu'aucun acte de lecture, cette « table » ne prétend à l'universalité ou à l'objectivité, mais elle revendique la sincérité dans les descriptions des effets de lecture et dans les associations intertextuelles.

J. L.

P. 6. « A Madame Z. »

Lena Zonina a cotraduit *Les Mots* pour la revue soviétique *Novyi Mir*. Sartre rédigea une préface pour cette traduction (voir Contat-Rybalka, *Écrits de Sartre*, p. 388). Simone de Beauvoir fait le portrait de « Lena » comme de l'accompagnatrice des voyages soviétiques, sans indiquer le patronyme, ni les relations durables entre Mme Zonina et Sartre (voir *La Force des choses*, *Tout compte fait*).

— Voir Picasso, *Portrait de Madame Z aux mains croisées*, 1953. (Il ne s'agit pas de la même dame.)

— On trouve chez Maupassant et chez Mérimée des dédicaces à une dame impossible à identifier, protégée par une initiale, ou des points de suspension.
— Voir aussi les dédicaces de Sartre, qui permettent en général d'évaluer l'importance des dames auxquelles il a été lié. Les messieurs y sont réduits à la portion congrue.

P. 11, l. 1-2 : « Un instituteur accablé d'enfants consentit à se faire épicier »
On ne retrouvera pas une telle information dans les écrits autobiographiques d'Albert Schweitzer. Philippe-Chrétien Schweitzer, maire de Pfaffenhoffen, était son grand-père, alors qu'il était l'arrière-grand-père de Jean-Paul Sartre.
Une tradition orale, attestée par Georges Gusdorf en particulier, veut que Philippe-Chrétien Schweitzer quitta l'enseignement pour ne pas prêter serment au prince-président Louis-Napoléon Bonaparte, plus tard empereur Napoléon III. Ç'aurait été un acte de résistance au coup d'État du 2 décembre.
Certains ont vu dans ce début une histoire à la Maupassant (Serge Doubrovsky, *Le Livre brisé*). De fait, « La question du latin », de Maupassant, raconte comment un excellent répétiteur de latin « consentit à se faire épicier » pour pouvoir épouser une honnête repasseuse et la nourrir. Son commerce de « produits coloniaux » prospère vite, tout comme le négoce de Jean-Chrétien puis d'Auguste (voir Maupassant, *Contes et nouvelles*, Bibl. Pléiade, t. II, p. 797-805, ainsi que les notes de Louis Forestier, p. 1582-1585).

P. 9, l. 15 : « Albert Schweitzer »
Voir un document d'époque, la pièce de Gilbert Cesbron *Il est minuit, Docteur Schweitzer* (1951) :
— de nombreuses biographies, peu éclairantes, sur le rapport de Sartre aux Schweitzer. La dernière en date est signée de Mario Koskas ;
— deux beaux récits autobiographiques d'Albert Schweitzer : *Ma vie et mes pensées* (1931), *Souvenirs d'enfance* (1928). Rien ne nous assure que Sartre les ait lus. On peut supposer qu'il fut exaspéré par le prix Nobel de la Paix donné à Albert Schweitzer en 1952 et qu'il soupçonnait son parent du péché de colonialisme. En 1993, semble-t-il, Albert Schweitzer et l'abbé Pierre ont bien résisté aux sarcasmes de Sartre et de Barthes (cf. *Mythologies*, 1956).

P. 13, l. 27-28 : « Glissez, mortels, n'appuyez pas ! »
Cf. p. 206 (même citation). Et par ailleurs *L'Être et le Néant*, Bibl. des Idées, p. 673.
Le *Grand dictionnaire universel* de Pierre Larousse (1865) :
« Allusion littéraire
— Allusion à un charmant quatrain écrit par le poète Roy au bas d'une gravure de Larmessin, représentant des patineurs :

Sur le mince cristal l'hiver conduit leurs pas,
Le précipice est sous la glace
Telle est de vos plaisirs la légère surface.
Glissez, mortels, n'appuyez pas !

Ces vers, qui unissent la grâce à une pensée philosophique, rentrent tout à fait dans la manière de Voltaire ; aussi lui sont-ils souvent attribués.
Dans l'application, ce dernier vers : « Glissez, mortels, n'appuyez pas ! », n'est jamais employé que dans le sens figuré ; c'est un conseil à l'adresse des imprudents qui abusent du plaisir de leur jeunesse, de leurs qualités, etc. »

Le *Nouveau dictionnaire de citations françaises* de Pierre Oster (Hachette-Tchou, 1970) veut situer ce quatrain dans la légende d'un tableau de Lancret, *Le Patinage*. Il donne les dates de Pierre-Charles Roy : 1683-1764.

Le *Dictionnaire Larousse* (1865) donne plusieurs citations prouvant qu'on attribuait généralement ce vers à Voltaire, et qu'il servait à évoquer la légèreté du style de Voltaire, sa poétique.

P. 13, l. 29 : « *La Fille de feu* d'Adolphe Belot »

Il s'agit de *La Femme de feu.* Cf. Lejeune : « Les lectures d'enfances de Sartre », in *Lectures de Sartre*, textes réunis par Claude Burgelin, PUL, 1986.

P. 13, l. 31 : « Des histoires de nuits de noces »

On peut penser à la nouvelle très drôle de Maupassant : « Enragée ? » (*Contes et nouvelles*, t. I, Pléiade, p. 938-946). Mais précisément Maupassant se réfère au « spirituel roman » de Gyp, *Autour du mariage.* C'est assurément cette dame qui fournit Louise Guillemin en anecdotes nuptiales, comme cela est suggéré plus loin (p. 104 : « ma grand-mère se retirait dans sa chambre, lisait du Gyp »). « Gyp » était le pseudonyme de la comtesse du Martel ; Nietzsche appréciait ses écrits.

P. 16, l. 35 : « Le dernier coup de ciseaux qui tranche »

Voir *Situations IV*, p. 248 : « Les derniers liens furent brisés, ma vision fut transformée : un anticommuniste est un chien, je ne sors pas de là, je n'en sortirai plus jamais [...] »

Situations IV, p. 249 : « Au nom des principes qu'elle [ma propre classe] m'avait inculqués, au nom de son humanisme et de ses "humanités", au nom de la liberté, de l'égalité, de la fraternité, je vouai à la bourgeoisie une haine qui ne finira qu'avec moi » [« Merleau-Ponty vivant », 1961].

Cette concordance nous semble suggérer que la conversion au communisme de 1952 a été vécue comme une seconde naissance.

Voir aussi *Situations IV*, p. 265 : Mort de la mère de Merleau-Ponty : « il restait des nœuds à défaire ; il s'y essayait quand la mort de sa mère survint qui les trancha ».

P. 17, l. 15 : « Pour la longue Ariane »

Allusion possible à Racine : *Phèdre* (I, sc. 3) :

> « Ariane, ma sœur ! De quel amour blessée
> Vous mourûtes aux bords où vous fûtes laissée ! »

Mais l'allusion peut aller vers la mythologie (le fil d'Ariane et le labyrinthe), vers Nietzsche (qui a élaboré un mythe d'Ariane à propos de Cosima Wagner), vers Richard Strauss *(Ariane à Naxos),* vers Gide *(Thésée),* etc.

En 1961 (« Merleau-Ponty vivant »), Sartre évoque son « fil d'Ariane [...], l'expérience inépuisable et difficile de la lutte des classes » (*Situations IV*, p. 250). On croira plutôt qu'Anne-Marie a été l'Ariane de Sartre au labyrinthe.

P. 18, l. 6 : « La jeune veuve »

Cf. La Fontaine, *Fables*, VI, 21, « La jeune veuve ». Cette jeune veuve réclame un mari au bout d'un an, Anne-Marie attendra onze ans.

P. 18, l. 29-30 : « des Énées [...] leurs Anchises »

— Allusion à Virgile : *L'Énéide*, mais aussi à tel tableau décrivant la scène. Le *Larousse du XIXe siècle* mentionne Leonello Spada, Van Loo, Raphaël, Schiavone, Le Tintoret, Coypel, Le Bernin, Van Eeckout, Rubens, etc. Peu de « sujets » plus traités par la tradition picturale. Mais ce Virgile est très travesti ici.

P. 19, l. 4-5 : « Ce n'est pas tout de mourir : il faut mourir à temps »

Cf. La Fontaine, *Fables*, VI, 10 : « Rien ne sert de courir, il faut partir à point ».

P. 20, l. 4 : « Le chevalier d'Éon »

Jacqueline Audry avait réalisé dans les années 50 un *Chevalier d'Éon* (ainsi qu'un *Huis clos* fort modeste). Elle était liée à Sartre et à S. de Beauvoir, par sa sœur Colette Audry. La biographie de cet aventurier international au sexe indéterminé a beaucoup inspiré l'histoire du marquis de Rollebon, dans *La Nausée* ; mais le thème du travestissement, ou de la transsexualité, est à peine évoqué. Cependant Rollebon est supposé s'être déguisé en sage-femme pour pénétrer au Kremlin, ce qui est un biographème du chevalier d'Éon (*La Nausée*, coll. « Folio », p. 33). La projection de cette figure de la bisexualité sur l'image du père ne laisse pas d'intriguer le lecteur.

P. 20, l. 4 : « Le Masque de fer »

La version la plus séduisante de cette histoire se trouve dans *Le Vicomte de Bragelonne*, d'Alexandre Dumas. Ce serait un frère jumeau de Louis XIV. C'est Voltaire qui a accrédité la fiction d'un « Masque de fer ».

P. 20, l. 8 : « Peines d'amour perdues »

Allusion au titre français de la comédie de Shakespeare *(Love's Labours Lost)*.

P. 20, l. 13 : « L'enfant du miracle »

Allusion à la naissance inespérée du duc de Bordeaux, après l'assassinat de son père le duc de Berry, seul héritier légitime de Louis XVIII, en février 1820. La duchesse de Berry refera parler d'elle, en 1832.

P. 20, l. 21-22 : « Une jeune géante »

Voir *Fleurs du mal, Spleen et idéal,* I, « La géante », v. 3 et 4 :

> « J'eusse aimé vivre auprès d'une jeune géante
> Comme aux pieds d'une reine un chat voluptueux. »

P. 21, l. 28 : « Il avait été Jéhovah »

Cf. p. 22, l. 9-10 : « Il fut le Dieu d'Amour ». Voir *L'Art d'être grand-père* de Victor Hugo (1877), réédition GF (1985). (Hugo s'imagine répondant aux parents qui le trouvent trop clément) :

« Il faut songer un peu à la société.
La férocité sied à la paternité ;
Le sceptre doit avoir la trique pour compagne
[...]
Quoi ! Si vous étiez Dieu, vous n'auriez pas d'enfer ?
— Presque pas. Vous croyez que je serais bien aise
De voir mes enfants cuire au fond d'une fournaise ?
Eh bien ! non. Ma foi non ! J'en fais Mea-culpa ;
Plutôt que Sabaoth je serais Grand-papa
[...]
Non, retour au vrai Dieu, distinct du Dieu jaloux,
Retour à la sublime innocence première,
Retour à la raison, retour à la lumière ! »

(p. 88)

P. 22, l. 3 : « J'étais un fief du soleil »
A rapprocher de : Sartre, *Le Diable et le Bon Dieu*, coll. « Folio ».
P. 119 : Goetz : « Je l'appelle la Cité du soleil »
P. 173 : « Nous bâtirons la cité du soleil. » Voir Josette Pacaly, *Sartre au miroir*, 1980, p. 89, n. 200.

P. 22, l. 5-6 : « Il souhaitait finir ses jours en vieillard émerveillé »
Voir *L'Art d'être grand-père, op. cit.* :

Jeanne fait son entrée

Jeanne parle ; elle dit des choses qu'elle ignore ;
Elle envoie à la mer qui gronde, au bois sonore,
A la nuée, aux fleurs, aux nids, au firmament,
A l'immense nature un doux gazouillement,
Tout un discours, profond peut-être, qu'elle achève
Par un sourire où flotte une âme, où tremble un rêve,
Murmure indistinct, vague, obscur, confus, brouillé,
Dieu, le bon vieux grand-père, écoute émerveillé.

P. 22, l. 16-17 : « "Ce garnement l'a rendu fou !" » Voir *L'Art d'être grand-père, op. cit.* :

Moi qu'un petit enfant rend tout à fait stupide [...] » (p. 35)

En me voyant si peu redoutable aux enfants,
Et si rêveur devant les marmots triomphants,
Les hommes sérieux froncent leurs sourcils mornes. » (p. 131)

P. 22, l. 26-27 : « Comme Victor Hugo lui-même, pour Victor Hugo »
C'est moins une allusion qu'un emprunt forcé à Jean Cocteau, qui, dans *Essai de critique indirecte*, 1932, p. 28, avait déjà mis en exergue cet aphorisme-ci : « Victor Hugo était un fou qui se croyait Victor Hugo. » Sartre commet ici un petit plagiat dont il tire le meilleur bénéfice littéraire. Mais il s'entend assez bien avec Cocteau pour se permettre ces familiarités.

P. 22, l. 29-30 : « L'art d'être grand-père »
Le titre du recueil de Victor Hugo est ici banalisé et intégré dans le tout-venant du discours. Mais la mention de Hugo quelques lignes plus haut interdit au lecteur toute hésitation.

P. 23, l. 12 : « Sa barbe solaire »

A rapprocher de *L'Art d'être grand-père, op. cit.* :

> Ah ! ne m'élevez pas au grade de bon Dieu !
> Voyez-vous, je ferais toutes sortes de choses
> Bizarres ; je rirais ; j'aurais pitié des roses,
> Des femmes, des vaincus, des faibles, des tremblants ;
> Mes rayons seraient doux comme des cheveux blancs.
> (p. 88)

P. 23, l. 15 : « Ce vieux républicain d'Empire »

Voir dans *L'Art d'être grand-père* la section intitulée « Que les petits liront quand ils seront grands » (cinq poèmes : « Patrie », « Persévérance », « Progrès », « Fraternité », « L'âme à la poursuite du vrai ») (p. 153-171).

La formule fait référence à la distinction classique des républicains de la veille et des républicains du lendemain.

P. 23, l. 16 : « L'histoire bourgeoise »

Voir Paul Nizan, *Les Chiens de garde*, 1932 *(passim)*. Voir aussi Emmanuel Berl, *Mort de la pensée bourgeoise*, 1930.

P. 23, l. 31 : « Chargé de fruits et de fleurs »

Micro-allusion à des vers de Verlaine très connus. *Romances sans paroles*, *Aquarelles*, *Green* :

> Voici des fruits, des fleurs, des feuilles et des branches
> Et puis voici mon cœur qui ne bat que pour vous.
> Ne le déchirez pas avec vos deux mains blanches
> Et qu'à vos beaux yeux l'humble présent soit doux.

P. 24, l. 3 : « Une ample comédie aux cent sketches divers »

Voir La Fontaine, *Fables*, V, 1 : « Le bûcheron et Mercure » :

> Une ample comédie aux cent actes divers
> Et dont la scène est l'univers.

P. 24, l. 12-13 : « Si l'on m'eût mis au pain sec »

Allusion à *L'Art d'être grand-père, op. cit.* :

> Jeanne était au pain sec dans le cabinet noir,
> Pour un crime quelconque, et, manquant au devoir,
> J'allais voir la proscrite en pleine forfaiture,
> Et lui glissai dans l'ombre un pot de confiture
> Contraire aux lois. Tous ceux sur qui, dans ma cité,
> Repose le salut de la société,
> S'indignèrent, et Jeanne a dit d'une voix douce :
> — Je ne toucherai plus mon nez avec mon pouce ;
> Je ne me ferai plus griffer par le minet.
> Mais on s'est récrié : – Cette enfant vous connaît ;
> Elle sait à quel point vous êtes faible et lâche.
> Elle vous voit toujours rire quand on se fâche.

Pas de gouvernement possible. A chaque instant
L'ordre est troublé par vous ; le pouvoir se détend ;
Plus de règle. L'enfant n'a plus rien qui l'arrête.
Vous démolissez tout. – Et j'ai baissé la tête,
Et j'ai dit : – Je n'ai rien à répondre à cela,
J'ai tort. Oui, c'est avec ces indulgences-là
Qu'on a toujours conduit les peuples à leur perte.
Qu'on me mette au pain sec. – Vous le méritez, certes,
On vous y mettra. – Jeanne alors, dans son coin noir,
M'a dit tout bas, levant ses yeux si beaux à voir,
Pleine de l'autorité des douces créatures :
— Eh bien, moi, je t'irai porter des confitures.
(p. 84)

P. 24, l. 17 : « La prompte retraite »
Voir Racine, *Phèdre*, III, sc. I, v. 745 : « Comme il ne respirait qu'une retraite prompte. »

P. 25, l. 32 : « J'invente »
Voir Sartre : *Le Diable et le Bon Dieu*, I, 3, 4 (coll. « Folio », p. 81) :

« Catherine : Et pourquoi faire le mal ?
— Goetz : Parce que le bien est déjà fait.
— Catherine : Qui l'a fait ?
— Goetz : Dieu le père. Moi j'invente. »

P. 26, l. 10 : « Je sais ce que je vaux »
Voir Corneille « Excuse à Ariste » : « Je sais ce que je vaux et crois ce qu'on m'en dit » (*Œuvres complètes*, coll. « L'Intégrale », p. 871).

P. 26, l. 14-16 : « Leurs balbutiements (...) des enseignements vagues et larges »
Voir encore *L'Art d'être grand-père*, *op. cit.* :

« On croit dans leurs paroles, où tremblent des ébauches,
Voir un reste de ciel qui se dissipe et fuit [...]
Les enfants chancelants sont nos meilleurs appuis.
Je les regarde, et puis je les écoute, et puis
Je suis bon, et mon cœur s'apaise en leur présence ;
J'accepte les conseils sacrés de l'innocence [...]
Ils jasent. Parlent-ils ? Oui, comme la fleur parle
A la source des bois [...]
Ce n'est pas la parole, ô ciel bleu, c'est le verbe ;
C'est la langue infinie, innocente et superbe
Que soupirent les vents, les forêts et les flots [...]
C'est ce dessous divin de la vaste harmonie,
Le chuchotement, l'ombre ineffable et bénie
Jasant, balbutiant des bruits de vision,
Et peut-être donnant une explication ;
Car les petits enfants étaient hier encore
Dans le ciel, et savaient ce que la terre ignore. »

« Georges et Jeanne », p. 35-37.

P. 26, l. 28-29 : « C'était le travail de la mort »
Allusion probable à l'expression freudienne : le travail du rêve. Sartre avait feuilleté la première traduction dite de la *Science des rêves* en français.

P. 27, l. 3 : « C'était sa mort qui lui parlait par ma bouche »
Possible écho à Mallarmé, *Tombeau d'Edgar Poe* :

> « Son siècle épouvanté de n'avoir pas connu
> Que la mort triomphait dans cette voix étrange. »

P. 27, l. 7-8 : « Toutes les pythies sont des mortes : chacun sait cela »
Nous ne connaissons pas ce proverbe. C'est un motif du poème « La Pythie » de Paul Valéry, *Poésies*, éd. Gallimard :

> « ... cette vagabonde,
> Morte, errante et lune à jamais. »
> (p. 129)
> « ... la distance désespérée
> Nous laisse le temps de mourir ! »
> (p. 134)
> « Je sens dans l'arbre de ma vie
> La mort monter de mes talons. »
> (p. 134)

Mais il peut y avoir une autre référence savante en jeu ici. Valéry fait de la Pythie une voix mallarméenne de la Mort.

P. 27, l. 19 : « Un ami américain »
Dans *La Force des choses* (octobre 1963) (p. 198-199), Simone de Beauvoir rapporte pieusement cet exploit de *son* ami Nelson Algren. Le commentaire humaniste de Sartre ne s'accorde pas très bien avec la narration de Simone de Beauvoir. A la mort de Colette, Édouard Herriot avait énoncé la même sentence humaniste sur l'amour excessif des bêtes (voir la presse du temps, et en particulier *Le Figaro littéraire*).
Le geste méchant de Nelson Algren, chez Simone de Beauvoir, est référé à l'année 1949. Sartre laisse entendre qu'il a eu lieu en 1962, mais dès 1955, le manuscrit indiquait « l'an dernier ». La datation est le moindre de ses soucis.

P. 30, l. 26 : « Il fallait briser la glace dans le pot à eau »
Il nous semble que ce touchant biographème a été énoncé par Péguy : nous n'en avons pas identifié l'occurrence.

P. 30, l. 3-4 : « Petit-fils d'un clerc [...] un clerc »
Le livre de Julien Benda, *La Trahison des clercs*, eut un grand retentissement en 1927. Paul Nizan l'attaque violemment dans *Les Chiens de garde*. Benda avait donné une autobiographie intéressante sous le titre : *La Jeunesse d'un clerc* (1936), suivi de *Un régulier dans le siècle* (1938). Au fil du texte, le terme de clerc est associé ici à celui de traître, mais d'une manière totalement opposée à la thèse de Benda.

P. 31, l. 11 : « L'Esprit qui toujours nie »

Goethe met cette formule dans la bouche de Méphistophélès *(Faust)*. Alain la transposait dans sa formule bien connue : « Penser, c'est dire non. »

P. 32, l. 33 : « A Gunsbach »

Référence probable à Louis Schweitzer, pasteur à Gunsbach, village où se trouvent aujourd'hui les archives Albert Schweitzer.

P. 35, l. 4 : « Un baiser sans moustache... »

Voir Maupassant, *Contes et Nouvelles,* Pléiade, t. I, p. 919 : « La moustache » : « Oh ! ma chère Lucie, ne te laisse jamais embrasser par un homme sans moustaches ; ses baisers n'ont aucun goût, aucun, aucun. »

P. 35, l. 19 : « *L'Art de la Fugue* »

Certains biographes assurent que Charles Schweitzer avait composé, avec Louis et Albert, un livre sur Jean-Sébastien Bach. En tout cas, Albert a enregistré à l'orgue du Bach et a écrit un volume sur lui.

P. 36, l. 23, l. 25 : « Des feuilles blêmes et moisies [...] qui [...] sentaient le champignon »

A rapprocher d'une réplique d'Anny dans *La Nausée,* si proche qu'on peut parler d'autocitation : « Elle [la grande édition de l'*Histoire de France* de Michelet] était beaucoup plus grande que celle-ci, et les feuilles avaient une couleur blême, comme l'intérieur d'un champignon, et elles sentaient aussi le champignon. »

P. 38, l. 4 : « Un facteur d'orgues »

Voir Albert Schweitzer, *Ma vie et mes pensées,* Albin Michel, rééd. 1960. Les Schweitzer étaient facteurs d'orgue par mission héréditaire.

P. 40, l. 20 : « C'étaient de vrais mille-pattes »

A rapprocher, dans un contexte différent, de *La Nausée,* coll. « Folio », p. 91 : « Des fourmis couraient partout, des mille-pattes, et des teignes. Il y avait des bêtes encore plus horribles... »

Et, p. 224 : « Et sa langue sera devenue un mille-pattes, tout vif, qui tricotera des pattes et lui raclera le palais. »

P. 41, l. 30-31 : « L'éternel retour »

Peut-être un écho à Nietzsche, et au film de Jean Delannoy et de Jean Cocteau, qui porte ce titre, et qui eut un grand succès sous l'Occupation.

P. 42, l. 20-21 : « L'assaut à la sagesse humaine »

Voir *La Nausée*, « Folio », p. 52 : « Il a parcouru du regard les innombrables livres qui tapissent les murs et il a dû dire, à peu près comme Rastignac : "A nous deux, Science humaine". »

P. 42, l. 23-24 : « Les antisémites reprocher aux juifs »

Voir ces phrases de Brasillach sur Julien Benda : « Tout ce qui touche à la vie inspire à M. Benda la haine la plus entière et la plus sauvage » (1936).

« ... ce mépris des contingences est chez M. Julien Benda mépris de tout ce qui attache à la terre (...) et tout particulièrement, de ce qui attache à la France » (1938) dans *Les 4 Jeudis* (éd. les Sept couleurs).

P. 43, l. 17-18 : « Héautontimorouménos »

« Héautontimorouménos » se trouve être cité par Baudelaire, qui en fait le titre d'un des poèmes les plus connus des *Fleurs du mal*, *Spleen et idéal*, celui où l'on trouve le vers célèbre : « Je suis la plaie et le couteau. »

C'est d'autre part le titre d'une pièce de Térence (voir note à la p. 49).

P. 43, l. 21 : « Cent autres Cafres »

On propose, comme source des connotations menaçantes de ce mot, le roman de Jules Verne, *L'Étoile du Sud*, dont les aventures se situent en Afrique australe.

P. 43, l. 35 : « Mais le *Grand Larousse* »

Voir Cocteau, *Le Potomak*, p. 15 : « Le plus grand chef-d'œuvre de la littérature n'est jamais qu'un dictionnaire en désordre. »

P. 45, l. 18-19 : « Les vaines agitations [...] le calme mortuaire »

Voir Sartre, *Situations II* (p. 181). A propos de Maupassant : « L'ordre triomphe, l'ordre est partout, il contemple un très ancien désordre aboli comme si l'eau dormante d'un jour d'été conservait la mémoire des rides qui l'ont parcourue. D'ailleurs, y eut-il même jamais trouble ? »

P. 49, l. 31, l. 33 : « Je suis homme »

Le *Petit Larousse*, en ses pages roses, fait la citation en latin : « Homo sum : humani nihil me alienum puto », et la réfère à Térence dans *Le Bourreau de soi-même*, ou *Héautontimorouménos* (déjà cité p. 43, ici) en I, 1, 25.

Dans la préface des *Contemplations*, Hugo glose le « Homo sum » de Térence pour aboutir au célèbre « Insensé, qui crois que je ne suis pas toi ».

P. 49, l. 34 : « Comme Platon fit du poète »

Référence (intégrée au contexte) à la *République* de Platon.

P. 50, l. 1-2 : « L'ingénieur, le marchand [...] l'officier »

Les discours de distribution de prix de Charles Schweitzer militent éloquemment pour ces trois catégories. Sartre a compris tout de travers la prédication de son grand-père. Voir Discours Distribution des prix du Concours général, 1893 [cote BN 8° X Pièce 1055].

P. 51, l. 1-2 : « Méditations en vers [...] Harmonies poétiques »

Semble renvoyer à :

— *Les Méditations* (1820) ;
— *Les Harmonies poétiques et religieuses* (1830) de Lamartine.

P. 51, l. 10 : « C'était l'Esprit »

Ce développement semble faire écho au poème autohagiographique de Vigny, « L'esprit pur ». (Par ex. : « Aujourd'hui, c'est L'ÉCRIT... que tu graves... VISIBLE SAINT-ESPRIT ».)

Voir Lagarde et Michard, *XIXe siècle*, p. 150-152.

P. 51, l. 16 : « Au Point sublime »

Le Point sublime a désigné, dans les guides touristiques, un endroit très pittoresque d'où les Gorges du Tarn et celles du Verdon apparaissent dans toute leur grandeur.

Il peut y avoir l'écho de la célèbre formule de Breton dans le *Second Manifeste du surréalisme* : « Tout porte à croire qu'il existe un certain point de l'esprit d'où la vie et la mort, le réel et l'imaginaire, le passé et le futur, le communicable et l'incommunicable, le haut et le bas cessent d'être perçus contradictoirement. »

P. 51, l. 18 : « La bibliothèque »

Voir Gide, *Si le grain ne meurt*, « Folio », p. 15.

P. 51, l. 19 : « Petit-fils de prêtre »

Probable référence à Éliacin-Joas dans *Athalie* de Racine (petit-fils du grand-prêtre) ; plus exactement : Éliacin est élevé comme le fils du grand-prêtre, et il est en réalité le petit-fils du roi, et de la reine Athalie. Il le découvre au cours de l'action de la pièce.

P. 52, l. 27-29 : « Des semelles de plomb [...] des espèces sous-marines »

Toute cette métaphore narrativisée provient sans doute d'une illustration (et d'un passage) de *Vingt Mille Lieues sous les mers*.

L'allusion aux « espèces sous-marines » : Peut-être *La Nausée*, p. 117 (« la bête à douze pattes sous l'eau »), ou p. 224 (« les espèces monstrueuses pour lesquelles il faut des noms nouveaux »).

Il faudrait repérer dans *La Nausée* toutes les indications concernant les *Monstres* sous-marins ou sous-fluviaux.

P. 54, l. 9-10 : « Daniel de Fontanin découvrait *Les Nourritures terrestres* »

Daniel de Fontanin est un personnage fictif du roman *Les Thibault* de Roger Martin du Gard, dont nous est racontée la découverte des *Nourritures terrestres* d'André Gide. On notera la double ellipse sur les noms d'auteur, qui impliquent une connivence culturelle certaine. La présence de Gide, implicite ou explicite, est très forte dans le récit.

P. 55, l. 3 : « "Quelle chance ! un beau vers va naître !" »

Valéry a souvent affirmé que le premier vers – et lui seul – pouvait être donné par la chance ou par l'inspiration...

P. 55, l. 16-17 : « Un visage se collait contre la vitre »

Cf. p. 167 : « Assis contre une fenêtre. » Voir Cocteau, *Le Potomak*, « Le voyage vers la gauche » : « Je me croyais devenir fou et je me consolais, pensant que mes plus chers poètes une vitre les sépare des fous, et que, si chez les fous le fil a cassé, leur fil à eux en était à son point de tension extrême avant de rompre » (ouvr. cit., p. 21-22).

P. 55, l. 33-35 : « Il avait cessé de lire [...] il relisait »

Royer-Collard, rapporté par Vigny *(Journal d'un poète)* : « Je suis dans un âge où l'on ne lit plus, mais où on relit les anciens ouvrages. »

Vigny, dans le *Journal d'un poète* (*OC*, Pléiade, t. II, p. 1164), a noté cette autre formule de Royer-Collard : « Oui, monsieur, je ne lis rien de ce qui s'écrit depuis trente ans ; je l'ai déjà dit à un autre (il voulait parler de Victor Hugo). » Voilà ce qu'il fallait entendre pour entrer à l'Académie française.

P. 58, l. 29-30 : « Tout homme est tout l'homme »

Voir Sartre, *Saint Genet, comédien et martyr* (1951), p. 539 : « Car il faut choisir : si tout homme est tout l'homme, il faut que ce dévoyé ne soit qu'un caillou ou qu'il soit *moi.* »

Voir aussi Montaigne, *Essais*, III, 2 : « Chaque homme porte la forme entière de l'humaine condition. »

P. 59, l. 1 : « Faux. Vrai. Ni vrai ni faux »

Jean Genet avait dédié à Sartre et à Beauvoir son *Journal du voleur* (1949). On y lit dans la note de la page 113 (coll. « Folio ») : « Ce que j'écris fut-il vrai ? Faux ? Seul ce livre d'amour sera réel. Les faits qui lui servirent de prétexte ? Je dois en être le dépositaire. Ce n'est pas eux que je restitue. »

P. 60, l. 25 : « Le pesant Corneille »

Nous n'avons pas réussi à identifier un Corneille en un volume, à reliure rouge, et où plusieurs pièces seraient réduites à un argument.

P. 61, l. 16 : « Une folle baleine »

Dès la page 59, une allusion à l'histoire de Jonas dans la Bible. Ici, elle se complique d'une allusion à *Moby Dick* (surtout si on relit le court texte de Sartre sur Melville en 1941).

P. 62, l. 35 : « Un bonheur sans maître ni collier »

La Fontaine, *Fables*, I, 5. *Le Loup et le chien* :

> « Le loup déjà se forge une félicité
>
> [...] le collier dont je suis attaché
> De ce que vous voyez est peut-être la cause. »

P. 64, l. 28 : « L'Éliacin des belles-lettres »

Voir Racine, *Athalie*, pour le rôle de Joas-Éliacin.

Voir aussi Giraudoux, *Simon le Pathétique*, éd. Grasset, et *Littérature* (rééd. Idées/Gallimard).

Le texte de Giraudoux sur Racine, recueilli dans *Littérature* (1941), indique des coïncidences très troublantes avec le mythe personnel que Sartre se fait de son enfance (cf. p. 22). Dans les deux cas, un enfant, élevé par des vieillards, est privé de toutes relations avec la vie sociale et investit tout dans la littérature, qui le lui rend au centuple. Les seules racines sont les racines grecques, et les mots se sont complètement séparés de leurs référents, dans l'usage littéraire qui en est fait. Giraudoux, dans *Simon le Pathétique*, suggère qu'il a lui-même connu ce paradis de l'enfant trouvé s'ébrouant au milieu des fleurs de la rhétorique et des fruits des humanités.

Dans le *Racine* comme dans *Simon le Pathétique*, cette figure biographique d'un écrivain qui naîtrait de la triple littérature latine-grecque-française est celle, parfaite, du grand écrivain (national) parvenant à la maîtrise absolue de la langue. Le mythe d'Éliacin (Giraudoux n'emploie pas ce nom propre) commande à la fois la vie de Racine, enfant de Port-Royal et de la grammaire, et celle de Giraudoux, né sans mère dans les cours de français du Lycée de Bellac (cf. *Simon le Pathétique*). C'est un mythe tout à fait productif, puisque Giraudoux a conscience d'être un écrivain aussi parfait, aussi Français que Racine. Alors que le mythe d'Éliacin est, chez Sartre, tout à fait funeste : l'horrible figure de la soumission, du zèle, et de l'esprit d'orthodoxie. C'est au fond l'énigme des *Mots* : comment la prophétie grotesque du grand-prêtre – entendue par un singe livresque – a-t-elle pu être intégralement accomplie ? Et n'y a-t-il pas double jeu à comptabiliser les effets de ce succès et à les dénoncer sans relâche ?

P. 65, l. 2 : « Les "Série noire" que Wittgenstein »

— A-t-il lu les grands de la « Série noire » : J. H. Chase, David Goodis, William Irish, John Mac Partland, William Burnett, Raymond Chandler, Charles Williams, Dashiel Hammett, William MacGivern ? On n'en voit nulle trace nulle part. Et puis les « Série noire » étaient *légitimées* par l'appartenance aux éditions Gallimard.

— Il aurait mieux fait de lire Wittgenstein. Mais comme Charles Schweitzer, il a cessé de lire les philosophes (sauf Marx et les marxistes) après 1945, du moins les philosophes qui ne se situaient pas immédiatement dans son champ de production et de réflexion. Olivier Todd a noté son indifférence complète à la philosophie anglo-saxonne, par exemple (voir *Un fils rebelle*, 1981).

P. 65, l. 3-4 : « Mon île aérienne »
Allusion possible à Swift, *Voyages de Gulliver* (l'île de Laputa).

P. 65, l. 16-17 : « "Le lapen çovache ême le ten" »
Dans deux Fables (VII, 16 - X, 14), La Fontaine évoque le goût du lapin pour le thym. Par contre, Buffon décrit le lapin sauvage sans indiquer cette prédilection.

P. 66, l. 32 : « Ce que pensaient les "fils du peuple" »
Les guillemets ironiques renvoient à l'autobiographie de Maurice Thorez, *Fils du peuple*. Le secrétaire général du Parti communiste fit écrire cette hagiographie par des intellectuels militants et méritants, comme Jean Fréville.

P. 67, l. 17 : « "Le père Barrault est un con" »
Voir dans « L'enfance d'un chef » (*Le Mur*, folio, p. 171) : « Barataud est une punaise. »

P. 67, l. 17 : « Des gênes exquises »
Voir Valéry, *Variété*, *passim*. – Dans la condition du poète, Valéry ne voit que « consentement de l'âme à des gênes exquises » (*Variété I*, p. 56).

P. 68, l. 17-19 : « Pullulaient dans mon cœur [...] "pue comme un cochon" »
Voir Sartre, *Carnets de la drôle de guerre*, p. 595 : « Ils pullulent, les petits cochons »

P. 70, l. 14 : « Petit-fils modèle »
Jeu sur le titre de la comtesse de Ségur, *Les Petites Filles modèles*.

P. 70, l. 19 : « J'étais un imposteur »
Cf. p. 110, p. 174 (formulation identique). Ce thème est des plus communs – et cela depuis Molière, qui donne comme intitulé *Le Tartuffe ou l'imposteur*.

Cependant, en 1923, le terme devient la matière d'un titre, dans le très curieux récit de Cocteau, *Thomas l'Imposteur*, en particulier (rééd. Folio), p. 28 : « Vous voyez de quelle race d'imposteurs relève notre jeune Guillaume. Il faut leur faire une place à part. Ils vivent une moitié dans le songe. L'imposture ne les déclasse pas, mais les surclasse plutôt. Guillaume dupait sans malice. La suite montrera qu'il était sa propre dupe. Il se croyait ce qu'il n'était pas, comme n'importe quel enfant, cocher ou cheval. »

P. 150 : « Mais, en lui, la fiction et la réalité ne formaient qu'un »

P. 72, l. 19-20 : « La Vérité et la Fable »
« Que la Vérité et la Fable sont une même chose, qu'il faut jouer la passion pour la ressentir, que l'homme est un être de cérémonie. » : tout cela, c'est des *Propos* d'Alain que Sartre a pu lire vers 1925.

La formule de « vieil homme de gauche » à « maximes de droite » s'appliquerait d'ailleurs bien à Alain (et mieux qu'à Charles Schweitzer).

P. 73, l. 10-11 : « Pour devenir ce qu'ils étaient »

Reprend une injonction de Nietzsche dans *Ainsi parlait Zarathoustra*, souvent citée par Gide : « Deviens ce que tu es. » Sartre n'aimait guère cette formule.

P. 73, l. 24 : « Polytechnicien de naissance »

Sartre semble ici avoir oublié que son père *était* polytechnicien, comme son oncle, comme son beau-père.

La formulation annonce la thèse de Bourdieu et Passeron dans *Les Héritiers* (1964).

P. 74, l. 17-18 : « Nécessaire à la production de l'acier »

C'était le statut des von Gerlach dans *Les Séquestrés d'Altona* (1959). C'était aussi celui de l'oncle Georges, responsable d'une fonderie à Guérigny, père de futurs ingénieurs, et de Joseph Mancy, directeur de chantiers maritimes.

P. 78, l. 14 : « Vermine stupéfaite »

Renvoie, sur un plan thématique, à des obsessions céliniennes (pou, morpion, vermine), sur un plan symbolique, à la représentation de l'enfant dans les rêves (cf. Freud : *L'Interprétation des rêves*).

P. 78, l. 26 : « Comme un chien »

Vague écho à *La Nausée* et au *Voyage au bout de la nuit* (Céline) : « comme un chien qui rêve » ; mais la notation est ici plus vague et plus pauvre.

P. 79, l. 10-11 : « A Mme Dupont et à son fils Gabriel, le compositeur »

Gabriel Dupont (1878-1914), disciple d'Alfred Bruneau, composa divers opéras de tendance vériste. On lui doit *La Glu*, tiré d'un roman de Richepin. Michel Leiris, dans *L'Age d'homme* (coll. « Folio », p. 92-93), évoque « cet exécrable drame lyrique », dont il a tout de même gardé un souvenir durable : « Une veuve de pêcheur tue la catin de la ville qui a enjôlé puis lâché son garçon ; l'ex-mari de la vamp – un docteur – se dénonce pour sauver la coupable. »

P. 80, l. 4-6-7 : « *L'Ivrogne et sa femme* [...] *La Vénus d'Ille* »

L'Ivrogne et sa femme représente en fait une fausse Mort, et une mise en scène dissuasive qui n'empêche pas le désir de boire. Plus truculent que macabre.

Dans *La Vénus d'Ille*, le narrateur semble prendre la statue pour une Figure de la Mort. Elle tue bien M. Alphonse, certes, mais c'est aussi la jeune épousée qui devient folle par le fait de la statue.

P. 80, l. 34 : « Des bouches d'ombre »

Allusion au poème de Hugo, dans *Les Contemplations* : « Ce que dit la bouche d'ombre. »

P. 81, l. 5 : « Ce fut une authentique névrose »

Voir Nietzsche, *Par-delà le bien et le mal.* Le fragment 47 assimile le « phénomène religieux » à la « névrose religieuse ».

P. 81, l. 11 : « J'étais un épanouissement fade »

Voir Sartre, *La Nausée*, p. 26 : « C'était une espèce d'écœurement douceâtre... »

P. 83, l. 4 : « Pas même de se faire crémer »

Le manuscrit Vian porte « crêmer ». Nous supposons que Sartre a tiré des « saints chrêmes » un verbe chrêmer, qui signifierait « oindre de l'extrême-onction ». La description du rituel de l'extrême-onction dans *Madame Bovary* a dû intriguer le petit Poulou. Un dictionnaire de 1838 (Sauger-Préneuf) propose, pour ce signifié, « chresmeler ». Michel Contat propose pour *crémer* « faire incinérer son cadavre ». Il rappelle, d'une part que l'écrivain utilise anarchiquement le circonflexe, et, d'autre part, que Sartre a voulu et obtenu la crémation de ses restes, et que cette pratique est courante dans les milieux protestants de la Suisse ou de l'Alsace. Le néologisme, dans cette interprétation, serait tout à fait acceptable. Mais le contexte (l. 9) avec « catholique inscrit » rend difficile cette interprétation. L'Église catholique n'a jamais fait de la crémation une obligation, mais une permission exceptionnelle en cas d'épidémie (cf. Philippe Ariès, *L'Homme devant la mort*). Reste que dans les deux cas Sartre invente un verbe inconnu des Dictionnaires.

P. 87, l. 25 : « Il avait rendu un crapaud »

Concordance possible avec le conte des *Fées* dans la version de Perrault : la méchante fille est condamnée à cracher des *crapauds* chaque fois qu'elle parle.

P. 91, l. 21 : « Une méduse heurtait la vitre de l'aquarium »

Voir la description du monstre Potomak dans son aquarium (Cocteau, *Le Potomak,* ouvr. cit., p. 246 et s.).

P. 94, l. 10-11 : « La plus irrémédiable solitude bourgeoise »

Voir (←) Simone de Beauvoir, *La Force des choses*, Gallimard, octobre 1963, p. 339 : « Travail, loisir, lecture, voyages, amitié : tout avait là-bas un autre sens qu'ici. Il lui semblait que la société soviétique avait vaincu en grande partie la solitude qui ronge la nôtre ; les inconvénients qu'avait en URSS la vie collective lui paraissaient moins regrettable que le délaissement individualiste. »

Ce retour d'URSS, en juin 1954, ne nous est connu que par Simone de Beauvoir qui n'était pas du voyage, l'interview donnée au journal *Libération* par un Sartre épuisé n'aurait pas été revue par lui, mais par Jean Cau.

Ce que raconte Simone de Beauvoir, c'est une absurde série de défis alcooliques, adressés par les apparatchiks soviétiques, tous éthyliques, et relevés par Sartre, qui croit satisfaire aux lois de l'hospitalité. En fait, les Soviétiques manquent de tuer leur compagnon de route : il a une très grave crise d'hypertension et, semble-t-il, une attaque cérébrale, puisqu'il s'exprime avec beaucoup de difficulté, entre dans une période dépressive où il écrit avec peine, et grommelle que « la littérature, c'est de la merde » (*ibid.*, p. 333). Revenu en France, Sartre semble bien atteint, et pourtant c'est juste après qu'en Italie (où il se trouve avec Michelle Vian) il commença une autobiographie (*ibid.*, p. 331).

Ce voyage en URSS (dont l'initiative aurait été due à Elsa Triolet) a donc des conséquences importantes sur la rédaction des *Mots.* La citation de Simone de Beauvoir sur la solitude vaincue concorde assez bien avec : « La plus irrémédiable solitude bourgeoise, celle du créateur. ».

P. 90, l. 28 : « L'enfant sublime »

Désigne Victor Hugo. Mais où ? Selon le GDU 19e, c'est Chateaubriand qui aurait eu cette formule à propos de Victor Hugo, lors de la parution de certaines des *Odes et Ballades* dans une revue plutôt royaliste, *La Muse.* La référence implicite au tandem Hugo et Chateaubriand est pleine de signification. C'est une trace de plus de la présence de Chateaubriand dans *Les Mots* (GDU 19e : *Grand Dictionnaire universel* de Pierre Larousse).

P. 91, l. 13-14 : « Éliacin [...] Quasimodo »

Le couple de ces deux personnages rétablit le couple Racine-Hugo, *Athalie* et *Notre-Dame de Paris*, classicisme et romantisme.

P. 92, l. 12 : « Voyageur clandestin »

Ce voyageur ressemble en tout point à Michel Strogoff, sauf en ceci qu'il voyage sans billet. Ce dernier thème a été évoqué par Gide (*Journal des Faux-Monnayeurs*, p. 33 : « Je parie que vous voyagez sans billet »).

P. 93, l. 21 : « J'offris ma personne à la France »

On ne peut pas ne pas penser au maréchal Pétain, qui proclame le 17 juin 1940, quand il devient chef du gouvernement : « Je fais don à la France de ma personne pour atténuer son malheur. »

P. 93, l. 26-27 : « Fils de personne »

Faut-il référer cette formule, ici énoncée sarcastiquement, à une pièce assez déplaisante de Montherlant qui eut du succès, en 1943, et qui expliquait la dure condition du père d'un enfant naturel, qui ne peut estimer cet enfant médiocre, élevé par une femme ? Le titre en est *Fils de personne.* Une suite encore plus maladroite fut donnée sous le titre *Demain il fera jour*, en 1949 : ce fut un four (cf. Montherlant, *Théâtre*, Pléiade).

P. 94, l. 21 : « Mes exercices spirituels »

Allusion possible, avec un bénéfice humoristique, aux écrits d'Ignace de Loyola, intitulés de la sorte. Voir aussi *La Nausée*, Pléiade, p. 180.

P. 95, l. 9 : « Le meilleur des mondes »

Ironie au deuxième degré, qui peut évoquer aussi bien le cliché de Pangloss dans *Candide* que le roman homonyme d'Aldous Huxley, *Le Meilleur des mondes.*

P. 95, l. 26 : « Je naissais pour mourir »

Écho (très incertain) à Rousseau, *Confessions*, I : « J'étais né presque mourant... »

P. 96, l. 9 : « Je marchais sur un toit en flammes »

La référence qui suit à un feuilleton (l. 13) fait penser précisément à *Fantômas*, le héros de Souvestre et Allain.

P. 97, l. 13 : « Un médecin héroïque »

l. 14 : « La peste bubonique »

Voir Albert Camus, *La Peste*, 1948, *passim.*

Albert Schweitzer, *Ma vie et mes pensées, passim. – A l'orée de la forêt vierge.*

Voir aussi le scénario écrit par Sartre, sous le titre *Typhus*, devenu, réalisé par Yves Allégret, *Les Orgueilleux* (1953).

P. 97, l. 25 : « Le Cyrano de la Pègre, Arsène Lupin »

Les amis d'Arsène Lupin (s'adresser à François George) s'étonneront de cette contre-vérité. Le gentleman-cambrioleur ne fréquente pas la pègre.

P. 98, l. 6 : « Un siècle de fer »

On trouvera l'hypotexte dans un vers du *Mondain* de Voltaire, donné par tous les manuels de littérature et en particulier le « Lagarde et Michard », XVIIIe siècle, p. 128 : « Oh ! le bon temps que ce siècle de fer ! »

P. 98, l. 7 : « Petit-fils de la défaite »

Voir Drieu La Rochelle, *État civil*, IIIe partie, 2e chapitre, éd. Gallimard, 1921. Titre du chapitre : « Petit-fils d'une défaite. »

P. 100, l. 13 : « *La Grotte de Fingal* »

Cf. p. 102, l. 14. Il s'agit du thème musical de Mendelssohn, adapté au piano pour les besoins du cinéma muet. L'hallucination de la page 102 est à rapprocher d'une hallucination analogue chez Michel Leiris (cf. *L'Age d'homme*, coll. « Folio », p. 125-128) sur les falaises de la Manche, près de Sainte-Adresse.

P. 100, l. 20-21 : « Des rangées de strapontins [...] par en dessous, leurs ressorts »

Peut-être à rapprocher de *La Nausée*, p. 37 : « La banquette est défoncée à l'endroit où je suis assis. »

Et aussi *La Nausée*, p. 178 : « Cette chose sur quoi je suis assis, sur quoi j'appuyais ma main s'appelle une banquette. Ils l'ont fait tout exprès, pour qu'on puisse s'asseoir ; ils ont pris du cuir, des ressorts, de l'étoffe. »

L'image du siège qui montre ses ressorts est l'une des cellules mères de la métaphore la plus constante dans *La Nausée*.

P. 101, l. 1-2 : « La hiérarchie sociale [...] le goût du cérémonial »

Cf. p. 116 : « Par cérémonie ». Voir Alain, *Éléments de philosophie*, 1918, rééd. (1941).

Dans les *Éléments de philosophie*, le livre VII est intitulé : « Des cérémonies » Dans un résumé élogieux d'Auguste Comte, Alain indique plusieurs fois que le lien social des hommes n'existe que par le fait des serments et des cérémonies.

Le théâtre « n'est, à bien regarder, que la cérémonie même, mais qui se plie toujours plus ou moins aux règles de la conversation élégante ».

Le propos de Sartre recoupe tout à fait le développement d'Alain dans « Des cérémonies » (*Éléments de philosophie*, p. 344, chapitre II : « De la politesse ») : « On s'étonne parfois que les barbares soient attachés aux formes de la politesse cérémonieuse ; mais cela ne prouve point qu'ils n'aient pas d'impulsions brutales, au contraire. La paix armée n'est jamais maintenue que si cette dangereuse puissance d'exprimer est réglée jusqu'au détail ; car même ce qui n'a point de sens est déjà une menace et vaut l'insulte ; de là cette politesse du diplomate semblable à celle du barbare. »

Sur le théâtre (p. 359) : « Il ne faut pas oublier que le plaisir du théâtre est un plaisir de société. La disposition même des salles le rappelle assez, puisqu'elles tendent à former un cercle de spectateurs, interrompu seulement par la scène. Ce sont des petits salons qui ont vue les uns sur les autres. »

P. 101, l. 10-11 : « Cette présence sans recul de chacun à tous »

Cet énoncé très sérieux et très assertorique a été par avance tourné en dérision dans un passage de *La Nausée*, où l'Autodidacte raconte sa découverte de l'humanisme, dans un camp de prisonniers (voir *La Nausée*, coll. « Folio », p. 164-165).

Plusieurs textes contemporains des *Mots* évoquent cette illumination du stalag. Le malheur est qu'ils ne supportent pas le rapprochement avec *La Nausée* (voir « Merleau-Ponty vivant »). Le second degré parodique (1938) a précédé le premier degré mystique (1964). Mais on peut aussi considérer que l'humanisme des *Mots* abjure et abolit les sarcasmes antihumanistes de *La Nausée*. A chacun son vrai Sartre.

P. 102, l. 2-3 : « Il en avait douze et ne savait pas parler »

Cocteau, *La Difficulté d'être* (1947, rééd. UGE, coll. « 10/18 », p. 48-49) : « Le cinématographe a cinquante ans. C'est, hélas, mon âge. Beaucoup pour moi. Fort peu pour une Muse qui s'exprime par l'entreprise de fantômes et d'un matériel encore en enfance si on le compare à l'usage de l'encre et du papier. »

P. 102, l. 5-6 : « Je n'ai pas oublié notre enfance commune »

Résonne comme en écho à Baudelaire, *Fleurs du Mal*, *Tableaux parisiens* :

> « Je n'ai pas oublié ; voisine de la ville
> Notre blanche maison, petite, mais tranquille. »

P. 102, l. 20 : « Aux délires d'une muraille »

Voir Jean Cocteau, *Le Potomak*, 1913-1914 – précédé d'un Prospectus 1916-1931 ; 10e éd., texte définitif, Librairie Stock, Delamain et Boutelleau. Le copyright est de 1924.

En ce qui concerne les pages de Sartre sur le cinéma, elles peuvent couler de source ; elles peuvent aussi avoir été irriguées par le beau fragment « Le pick-pocket » (*Le Potomak*, p. 16-18), qui décrit l'émission des images et leur réception sur une paroi.

Voir aussi Céline, *Voyage au bout de la nuit*, *Romans*, Pléiade, I, p. 201 : « Alors les rêves montent dans la nuit pour aller s'embraser au mirage de la lumière qui bouge. Ce n'est pas tout à fait vivant ce qui se passe sur les écrans [...]. »

P. 104, l. 26-27 : « L'image plate d'un mousquetaire »

Plus qu'à l'ouvrage d'Alexandre Dumas (snobé par le narrateur), l'expression fait écho au titre du film de Max Linder, *L'Étroit mousquetaire*.

P. 105, l. 9-10 : « Cavale et cavalier ; chevauchant et chevauché »

Voir Flaubert, lettre à Louise Colet, fin 1853. *Correspondance* (1re édition, Charpentier) III, p. 359 : « ... c'est une délicieuse chose de ne plus être *soi*, mais de circuler dans toute la création dont on parle. Aujourd'hui par exemple homme et femme tout ensemble, amant et maîtresse à la fois, je me suis promené à cheval dans une forêt par une après-midi d'automne sous des feuilles jaunes et j'étais les chevaux, les feuilles, le vent, les paroles qu'on se disait et le soleil rouge qui faisait s'entrefermer leurs paupières noyées d'amour. »

Le thème de Flaubert est strictement identique : le romancier peut jouer tous les rôles de la création, dans la dépossession de soi. Par ailleurs, il est en train d'écrire *Madame Bovary*.

P. 107, l. 12-13 : « L'histoire de Grisélidis »

(Cf. p. 108, 110, 144, 147, 206.)

Boccace (*Décaméron*, 10e journée, nouvelle 10) : Argument : « Le marquis de Saluces, forcé par les prières de ses sujets de se marier, prend une femme de son choix et épouse une paysanne dont il eut deux enfants auxquels il feint de donner la mort. Il lui fait ensuite accroire que, dégoûté d'elle, il a pris une autre femme et fait venir chez lui sa propre fille en cette qualité. L'ayant chassée de chez lui en chemise, il admire la résignation avec laquelle elle supporte ces outrages. Il lui montre alors plus d'amour que jamais, et lui rend ses enfants devenus grands. Il lui fait reprendre le rang qui lui était dû dans sa maison et la respecta, et la fit toujours respecter depuis comme sa femme. »

Marc Soriano a bien analysé les différences importantes entre le conte de Boccace et la « nouvelle » en vers de Perrault. Il indique d'ailleurs que Perrault a suivi de près une version de ce conte figurant dans un livre de colportage.

P. 107, l. 19 : « Jeter à genoux le mari bourreau »

Quand on lit le *Grisélidis* de Perrault, on se demande si c'est bien ce qu'a lu Poulou ? On ne voit nulle part le prince dément se jeter aux genoux de Grisélidis. Il cesse de la torturer après lui avoir retiré sa fille, lui avoir fait croire à sa mort, après avoir feint de se remarier avec sa propre fille, après avoir clochardisé sa femme... Où est le sadisme de cette malheureuse qui finit par obtenir, en bout de course, un prix de vertu et d'abnégation ?

Il n'y a pas de version de *Grisélidis* dans les *Contes* de Maurice Bouchor, qu'évoque Sartre plus haut.

P. 108, l. 8 : « *Michel Strogoff* »

La mission du juste, Michel, est de dénoncer le traître Ivan Ogareff et de révéler au Grand-Duc son identité. A la fin du roman, le traître et le juste semblent se voler leurs rôles. Le traître-Sartre, évoqué beaucoup plus loin (p. 193), a plus d'un trait commun avec Ivan Ogareff, le coordinateur des hordes tartares révoltées.

P. 110, l. 16 : « Pardaillan, c'était mon maître »

Voir Sartre, « Une défaite », in *Écrits de jeunesse*, p. 213 (écrit en 1927). « ... il a l'air d'un mousquetaire vieilli : c'est le d'Artagnan du rationalisme [...] Tous enviaient à Dubich un tel maître. »

Ce maître, nommé « Ancelin », ne peut être qu'Alain (Émile Chartier). C'est bien la seule fois que Sartre a évoqué le besoin d'avoir un maître, besoin qui lui est totalement étranger.

Voir Camus, *Le Premier Homme*, Gallimard, 1994.

P. 111, l. 6 : « Quelle que fût la profondeur de mon rêve »

Voir Cocteau, *Le Potomak* (p. 250) :

> « Des rêves me dirigent et je dirige mes rêves. Bien des spectacles de la veille, je les enregistre sans méthode, comme on recueillerait des fragments de verroterie multicolore pour que le sommeil les coordonne et les tourne au fond d'un kaléidoscope ténébreux. »

P. 250-251 :

> « Ma réalité ressemble si fort à mon rêve que, me croyant dans une pièce, il m'arrive de me retrouver dans une autre. Certains de mes rêves pénibles ressemblent si fort à ma réalité que je considère, hélas, nul, pour m'y soustraire, l'espoir qu'ils pourraient n'être qu'un rêve. »

P. 111, l. 19-20 : « C'est toi qui feras le prisonnier »

A rapprocher – sans plus – de Leiris, *L'Age d'homme*, « Folio », p. 49 : « [...] jouant aux Peaux-Rouges, c'était toujours moi qui faisais le prisonnier, celui qu'on liait au poteau de torture, qu'on faisait mine de scalper et qu'effectivement on terrifiait. »

L'Age d'homme de Michel Leiris est bien la seule autobiographie de contemporain qui ait pu impressionner et influencer Sartre. Par ailleurs, Leiris fut l'unique préfacier de Sartre (pour son *Baudelaire*). C'est « Dimanche », dans les écrits de Leiris (*Biffures*, 1948), qui préfigure le mieux *Les Mots*.

P. 111, l. 33-34 : « Resté portatif et d'un maniement aisé »

Le contexte oriente assez bien vers le *Dictionnaire philosophique* « portatif » de Voltaire, puisqu'est filée la métaphore enfant-livre.

P. 112, l. 16-17 : « Les hauts lieux où soufflait l'esprit »

Reprise parodique de Barrès, au début de *La Colline inspirée* : « Il est des lieux où souffle l'esprit... »

P. 116, l. 8 : « Comme les maquereaux de Montmartre »

Plutôt qu'au *Jésus la Caille* de Francis Carco, on pensera au film de Jacques Becker, *Casque d'or*, dont l'action se situait dans les années mêmes qui sont ici évoquées, et dont plusieurs interprètes étaient des amis de Sartre (voir Simone Signoret, *La Nostalgie n'est plus ce qu'elle était*, Seuil, 1976).

P. 116, l. 31 : « Mes chevauchées fantastiques »

Titre français de *Stagecoach* de John Ford : *La Chevauchée fantastique* (1939).

P. 117, l. 24 : « "Pour un papillon" »

Le scoliaste croit se souvenir que les amateurs de papillons peuplent les romans de Jules Verne, et en particulier ce serait, sous réserve de vérification, le cas du professeur Paganel dans *Les Enfants du capitaine Grant*, grand réservoir de motifs pour Sartre, et aussi pour Georges Perec.

P. 118, l. 13-14 : « Cette "écriture automatique" »

Rappel de Breton, *Manifeste du surréalisme*, Pauvert, p. 40 : « Surréalisme, n. m. Automatisme psychique pur par lequel on se propose d'exprimer soit par écrit, soit de toute autre manière, le fonctionnement réel de la pensée, en l'absence de tout contrôle, exercé par la raison, en dehors de toute préoccupation esthétique et morale. »

P. 118, l. 28 : « Les mœurs des Fuégiens »

Voir Jules Verne, *Les Enfants du capitaine Grant*, quand les voyageurs franchissent le détroit de Magellan et considèrent les îles de la Terre de Feu. Voir aussi ← Georges Perec : *W ou le souvenir d'enfance*, 1975.

P. 121, l. 35 : « Goetz von Berlichingen »

Le nom avait déjà servi à Goethe pour le personnage éponyme de son drame. Seul l'élément « Goetz » servira à désigner le héros de *Le Diable et le Bon Dieu.*

P. 122, l. 19 : « La jeune fille recouvrait la vue »

C'est très précisément l'histoire de Michel Strogoff. Ivan Ogareff lui a brûlé les yeux, on le croit donc aveugle. La fin nous rassurera : ses yeux ont été protégés par un phénomène de condensation dû aux larmes en contact avec le fer rouge.

Équivalence de Jules Verne vis-à-vis de Strogoff et de Poulou vis-à-vis de Daisy.

P. 123, l. 6 : « "douceur de vivre" »

On attribue généralement à Talleyrand cette expression. Mais il semble qu'il ait dit exactement à Guizot, qui le rapportera dans ses *Mémoires* : « Qui n'a pas vécu dans les années voisines de 1780 n'a pas connu le plaisir de vivre. »

— L'un des volumes des *Hommes de bonne volonté* de Jules Romains s'appelle *La Douceur de la vie* et se situe avant 1914.

P. 124, l. 10, 14, 20, 32 : « Quelqu'un montre le marronnier »

Dans la nouvelle d'Edmond Jaloux, retrouvée par Geneviève Idt, il s'agit des arbres en général. Sartre, quatre fois dans la même page, identifie un marronnier. Indubitablement, le marronnier de Bouville (cf. *La Nausée*) n'a pas lâché l'écrivain. (cf. *Le Matin* du 22 septembre 1913, et Philippe Lejeune, « Lectures d'enfances », in *Lectures de Sartre*, PUL, 1986, *op. cit.*).

P. 125, l. 3-4 : « Une longue pince rugueuse sortait de l'eau »

En fait, il n'y a que deux passages de *La Nausée* qui vont dans le sens de ces fantasmes : A la page 117, dans les bassins de Bouville, le narrateur soupçonne une « bête » à « grande carapace » capable du pire. Dans la page 220, le crustacé sert de comparant dans une métaphore dont le *comparé* est la végétation. On imagine la végétation comme un dinosaure crustacé capable de « faire éclater [les pierres] de ses longues pinces noires », ce qui implicitement renvoie à des monstres fantasmatiques analogues à ceux des *Mots*.

Dans *Les Séquestrés d'Altona*, les crabes, ou décapodes, semblent être les survivants du XXXe siècle, les successeurs des hommes. Mais ils sont aussi les destinataires des discours hystériques de Frantz, car les « crustacés » (p. 101), Frantz les désigne comme les Camarades. Mais (p. 104), il bombarde avec des coquilles d'huîtres le portrait de Hitler. Puis (p. 150), il harangue « les habitants masqués des plafonds ». Mais page 167, l'allégorie est appuyée : « Les crabes sont des hommes. » Page 156, Frantz mime le crabe : « Tu ne m'as jamais vu en crabe, sœurette. » Peu à peu, les crabes deviennent les juges des siècles futurs, le tribunal du XXXe siècle (voir *Les Séquestrés d'Altona*, coll. « Blanche »). Arthropodes, décapodes, Sartre peut avoir l'impression d'avoir baptisé une espèce de mutants, dans le style des romans de science-fiction.

Il est probable que la rédaction des *Séquestrés d'Altona* (1958-1959) a dû jouer un rôle dans *Les Mots*, plus que les autres travaux littéraires contemporains. Frantz (von Gerlach) et Jean-Paul (Sartre) sont unis par bien des points d'analogie et par bien des points de contradiction. On peut remarquer la même comédie qui institue un tribunal de la postérité dans les siècles à venir : l'image positive de l'orphelin de père, ici – l'image négative du « continuateur de l'œuvre paternelle », du fils-prince-héritier écrasé par le sur-moi, là.

P. 125, l. 27-28 : « Pieuvre [...] crustacé [...] araignée »

Ici Sartre, si méfiant envers des productions enfantines qu'il réduit à des plagiats, croit tout de même y trouver un accès à son enfance. Cette petite tératologie se trouve tout bonnement dans les illustrations de *Vingt Mille Lieues sous les mers* – et peut-être aussi des *Travailleurs* de *la mer*. Voir aussi « Un soir » de Maupassant, avec la pieuvre-poulpe-femme, etc.

P. 125, l. 32-33 : « Mes courageux spéléologues »

On reste dans Jules Verne, mais on passe de *Vingt Mille Lieues sous les mers* à *Voyage au centre de la Terre*.

P. 128, l. 11-12 : « Et finissent par montrer, pour cent sous, leur derrière »

Voir une formulation analogue dans *Situations IV*, p. 232 (« Merleau-Ponty », 1961) : « A droite, on avait engagé des garçons bouchers pour nous insulter : tout leur était permis, ils montraient leurs derrières aux critiques, qui se découvraient : c'était la "génération nouvelle". »

Cette formule polémique vise les « Hussards » (Nimier, Laurent, Blondin), et leur reproche vénalité, exhibitionnisme, etc. On en trouve une variante dans *Les Mots*, plus loin (p. 135 : « des bouchers »). Une pensée injurieuse sur les écrivains professionnels peut être prêtée ironiquement au second degré au naïf Charles, comme une bouffonnerie, puis être très sérieusement utilisée par l'écrivain au premier degré dans la polémique brutale.

P. 128, l. 27-28 : « Passerait brillamment le concours d'agrégation »

Sartre ne vengera pas son grand-père en passant l'agrégation, puisque celui-ci était déjà agrégé d'allemand. Mais le narrateur semble penser le contraire. (A notre connaissance, rien n'indique que Sartre ait consulté les documents, ni interrogé sa mère.)

P. 129, l. 13-14 : « Une traduction d'Horace en vers blancs »

Victor Bérard avait traduit en vers blancs l'*Odyssée* de Homère ; Leconte de Lisle avait, un siècle plus tôt, traduit l'*Iliade* et *l'Odysée* dans une prose poétique.

P. 130, l. 30 : « Les immortels sanglots du XXe siècle »

Condense le distique célèbre de Musset, « La Nuit de mai », *Poésies nouvelles* :

> « Les chants désespérés sont les chants les plus beaux
> Et j'en sais d'immortels qui sont de purs sanglots. »

P. 131, l. 18-19 : « Ce que faisait Flaubert quand Maupassant était petit »

Voir les textes de Maupassant, qui se trouvent dans « Le roman », préface à *Pierre et Jean*, in *Romans*, Pléiade.

Pl., p. 713 :

> « Pour décrire un feu qui flambe et un arbre dans une plaine, demeurons en face de ce feu et de cet arbre jusqu'à ce qu'ils ne ressemblent plus, pour nous, à aucun autre arbre et à aucun autre feu. »

Même page :

> « Quand vous passez, me disait-il, devant un épicier assis sur sa porte, devant un concierge qui fume sa pipe, devant une station de fiacres, montrez-moi cet épicier et ce concierge, leur pose, toute leur apparence physique contenant aussi, indiquée par l'adresse de l'image, toute leur nature morale, de façon à ce que je ne les confonde avec aucun autre épicier ou avec aucun autre concierge, et faites-moi voir, par un seul mot, en quoi un cheval de fiacre ne ressemble pas aux 50 autres qui le suivent et le précèdent. »

Voir J. Lecarme, « Sartre, lecteur de Maupassant », in *Lectures de Sartre*, *op. cit.*

P. 132, l. 18-19 : « Que mes petits-neveux me reliraient encore »

Voir La Fontaine, XI, 8, v. 21 : « Mes arrière-neveux me devront cet ombrage. »

P. 133, l. 6-7 : « Un noble avait fait rosser Voltaire »

On trouve cette anecdote dans tous les manuels de littérature (par exemple dans le XVIIIe siècle de Lagarde et Michard) et dans toutes les histoires littéraires d'aujourd'hui. Nous ne savons pas quels ont été les manuels utilisés par l'élève Sartre.

P. 134, l. 26-27 : « Pour une femme qui n'était pas mon genre »

En fait, le propos de Swann est considérablement abrégé. Voici les dernières lignes d'*Un amour de Swann* (Pléiade, I, p. 382) : « Dire que j'ai gâché des années de ma vie, que j'ai voulu mourir, que j'ai eu mon plus grand amour, pour une femme qui ne me plaisait pas, qui n'était pas mon genre. »

La citation a été réduite et condensée de telle sorte que disparaissent les traits non pertinents dans l'équivalence métaphorique : Swann → Odette = Sartre → écriture romanesque.

P. 135, l. 10-13 : « Les concierges [...] à califourchon sur leurs chaises »

Une curieuse concordance s'établit entre Sartre et Maupassant (qu'il dit n'avoir jamais apprécié). Le conseil de Flaubert sur les concierges à décrire a été suivi par Sartre et Maupassant. On lit en effet dans *Bel-Ami,* I, 1, in *Romans*, Pléiade, p. 198 : « C'était une de ces soirées d'été où l'air manque dans Paris [...]. Les concierges, en manches de chemise à cheval sur des chaises en paille, fumaient la pipe sous les portes cochères [...]. »

P. 135, l. 13-14 : « Quelques vieillards qui trempent leur plume dans l'eau de Cologne »

Les avant-textes ne nous disent pas qui est visé ici. Comme l'eau de Cologne est d'usage féminin ou infantile, nous pensons qu'il s'agit ici d'auteurs plus âgés que Sartre, suspectés de tendances pédophiles ou homosexuelles, et vivant en 1963. Montherlant, l'auteur fêté de *La Ville dont le prince est un enfant*, est le premier visé. Mais autour de lui, beaucoup d'aînés très doués sont compromis : Mauriac, Chardonne, Maurois peut-être. Le sort des pointes polémiques est de devenir indéchiffrables. Jouhandeau, vieillard propret, pourrait être égratigné en même temps que Montherlant.

P. 135, l. 15-16 : « De petits dandies qui écrivent comme des bouchers »

Il n'est pas douteux que la formule, reprise du « Merleau-Ponty » de 1961, à moins que ce ne soit l'inverse, vise Nimier et ses amis prétendus hussards.

Elle n'en est pas moins peu explicable. Grande maladresse, comme on dit d'un chirurgien très catastrophique qu'il est un boucher ? Brutalité ? Ou bien le fait que Nimier s'en soit pris aux « poumons » de Camus en fait-il, à jamais, un garçon boucher ? C'est-à-dire un goujat et un mercenaire de l'agression physique ? A moins qu'il y ait là un sarcasme antimilitariste : ils prétendent être des hussards, ce ne sont que des bouchers ?

Bien qu'obscur, l'oxymore dandy-boucher est efficace. Roger Nimier, dès ses débuts, a été perçu comme un dandy. Les agressions de Nimier (dans *Liberté de l'esprit*), de Jacques Laurent (dans *Paul et Jean-Paul*), d'Antoine Blondin (dans des feuilles d'extrême droite) contre Sartre, et surtout contre Beauvoir, mettaient l'auteur en situation de légitime défense.

P. 135, l. 22-23 : « Je déteste mon enfance et tout ce qui en survit »

Malraux (dans les *Antimémoires*, 1967) écrira : « Presque tous les écrivains que je connais aiment leur enfance, je déteste la mienne » (*Antimémoires*, coll. « Blanche », p. 10).

Alain, dans *Histoire de mes pensées* (1936), n'emploie pas le verbe « détester » mais énonce un jugement analogue : « De l'enfance, je ne dirai rien, car elle ne fut que bêtise. »

Gide lui-même aurait pu, dans *Si le grain ne meurt*, trouver des formulations analogues : « A cet âge innocent où l'on voudrait que toute l'âme ne soit que transparence, tendresse et pureté, je ne revois en moi qu'ombre, laideur, sournoiserie » (p. 62 de l'édition en Livre de poche, 1970) ; « En vain cherché-je dans ce passé quelque lueur qui pût permettre d'espérer quoi que ce fût de l'enfant obtus que j'étais » (p. 62).

P. 136, l. 1-3

« "*Je sais fort bien que je ne suis qu'une machine à faire des livres*", Chateaubriand »

Voir André Maurois, *René ou la vie de Chateaubriand*, Grasset, 1938 (nouvelle édition Hachette, 1966) : même citation mise en exergue au chapitre VI, intitulé « La Vallée aux loups ». Mais il y a une différence importante ; Maurois cite plus exactement, non sans un lapsus que reproduira Sartre : « Je sais fort bien que je ne suis qu'une machine à livres » (Maurois, p. 215).

La citation exacte de Chateaubriand figure dans la *Correspondance*, t. 2, p. 166-167, éd. Gallimard (1979). La lettre du 3 juillet 1812 contient : « Je sens fort bien que je ne suis qu'une machine à livres. »

Voir Barbey d'Aurevilly (*in Le XIXe siècle*, t. I, p. 206) qui, à la lecture de *Madame Bovary*, propose une métaphore voisine :

> « Si l'on forgeait à Birmingham ou à Manchester des machines à raconter ou à analyser en bon acier anglais qui fonctionneraient toutes seules par des procédés inconnus de dynamique, elles fonctionneraient absolument comme M. Flaubert. On sentirait dans les machines autant de vie, d'âme, d'entrailles humaines que dans l'homme de marbre qui a écrit *Madame Bovary* avec une plume de pierre, comme le couteau des sauvages. »

Bien que Sartre ait emprunté à Maurois ce qui était déjà une formule épigraphique, il est intéressant de connaître le contexte original de la lettre de Chateaubriand pour évaluer le travail de déformation qu'implique toute citation : Chateaubriand, *Correspondance générale*, t. I. (p. 365), éd. Champion, 1912 : A la duchesse de Duras (1811) :

> « Notre caractère peut-il se changer ? Je suis au fond un vrai sauvage et, certainement, si j'étais libre, je vivrais dans la solitude la plus absolue. Toutes les fois qu'on a un goût dominant, on n'est propre qu'à cela. Je sens fort bien que je ne suis qu'une machine à livres. Sans rien exagérer et sans faire de romans, il me faudrait un désert, une bibliothèque et une *miss*, ou plutôt il *m'aurait fallu*. Du reste je ne suis propre à rien, et me prêcher pour faire ceci, pour faire cela, c'est prêcher un malade ou un fou. Tout s'achète ; si j'ai quelque talent et un peu de gloire, la persécution et les dégoûts font le contrepoids. Au fond j'aimerais mieux, si je le pouvais, avoir pour amis quelques-uns de mes pairs. Je déteste et méprise souverainement les gens de lettres, je ne connais pas de plus riche canaille. Les hommes d'un vrai talent exceptés, qui sont nobles de droit et pour toujours. Mais irais-je me jeter au cou du premier venu pour obtenir un ami ? »

Dans l'édition Gallimard de 1979 (*Corr.*, t. 2., p. 166-167), la lettre est datée du 3 juillet 1812. Le libellé est toujours : « Je sens fort bien que je ne suis qu'une machine à livres. »

P. 141, l. 25-26 : « L'écœurante fadeur »

Cf. p. 81 : « Épanouissement fade ». Voir Sartre, *La Nausée* (« Folio »), p. 24 : « écœurement douceâtre ».

P. 143, l. 1-2 : « Mon cœur, mon lâche cœur »

Voir Racine, *Andromaque* :

> « Et pour comble d'ennui,
> Mon cœur, mon lâche cœur s'intéresse pour lui. »
> Acte V, scène I, vers 1403-1404.

Déjà féminisé par « ribaude » et « fille », le narrateur a pour Pardaillan les yeux d'Hermione pour Pyrrhus. Il peut bien parler comme Hermione.

Voir aussi Musset, *Premières poésies*, « Chanson » : « J'ai dit à mon cœur, à mon faible cœur [...]. »

P. 143, l. 4 : « Je fis régner la terreur dans ma tête »

Cf. p. 150 : « Terroriste [...] rhétoricien ». Ce mouvement même, et le sens très précis donné à *terreur* dans un contexte qui est celui de la littérature, est un emprunt très explicite à Paulhan, *Les Fleurs de Tarbes ou la Terreur dans les Lettres*, première éd. Gallimard, 1941. (Nous nous référons à la réédition dans la collection « Idées », Gallimard, 1976.)

Par exemple, Paulhan, p. 64 : « Et simplement faut-il ici marquer deux points. L'un est que la *Terreur* admet couramment que l'idée *vaut mieux* que le mot et l'esprit que la matière [...] Le second porte que le langage est essentiellement dangereux pour la pensée, toujours prêt à l'opprimer, si l'on n'y veille. La définition la plus simple que l'on puisse donner du Terroriste, c'est qu'il est *misologue.* »

Dans *Les Fleurs de Tarbes*, l'antithèse entre le Rhétoricien (nominaliste) et le Terroriste (réaliste) se trouve à peu près partout.

— Une jolie formule de Paulhan, à citer pour le titre choisi pour le texte sartrien :

P. 111 : « Le verbalisme, c'est toujours la pensée des autres. L'on appelle *mots* les idées dont on ne veut pas, comme on appelle *vaches* les sergents de ville, et *vautour* son propriétaire. »

P. 136 : « Ce sont d'*autres mots* qui établissent que l'on a échappé aux mots. »

— Une remarquable analyse des procédés du décalage ironique dans l'utilisation du cliché par les terroristes (p. 141-142).

P. 143 : « Car la Terreur ici encore – comme il arrive aux névroses – ne montrait guère le regret que de la sorte de sentiment qu'elle avait tenté d'abord de détruire. »

P. 158 : « Tel est le mensonge auquel toute Terreur oblige l'écrivain. Le langage n'y tient pas moins de place. Mais il triche, et n'avoue pas qu'il est langage. »

Sartre a pris à Paulhan une métaphore qui lui a plu, jouant sur un déplacement de l'Historique au Littéraire, et se référant à une époque bénie de la Révolution, avec des traces de robespierrisme. Mais le « terrorisme », négatif chez Paulhan, devient positif chez Sartre – comme il le sera plus tard sur le plan de l'Histoire. Il a aussi emprunté l'antonyme « Rhétorique », mais en lui redonnant les habituelles connotations négatives. Pour un autre usage, il a peut-être aussi emprunté la question : « Qu'est-ce que la littérature ? », très habilement présentée par Paulhan (p. 24). Mais rien n'indique que Sartre ait cherché à comprendre *Les Fleurs de Tarbes*, dont le sous-titre pourrait être : « Qu'est-ce que la littérature, dans ses rapports avec le langage ? », alors que Sartre, en 1947, se posera la même question, dans ses rapports avec l'Histoire à faire.

P. 144, l. 19 : « L'existence de la pègre »

Il s'agit des exploits sanglants de la Bande à Bonnot, qui firent aussi couler beaucoup d'encre. On doute que la mention du préfet Lépine soit comprise de beaucoup de lecteurs de 1993.

P. 146, l. 1 : « Blanche colombe »

La représentation allégorique du Saint-Esprit en colombe est traditionnelle dans le christianisme. *Colombe* a déjà été utilisée pour *Colomba* selon un calembour assez facile (p. 56). Il est aussi possible que cette colombe soit un peu sotte, comme la colombe de Kant (préface à la *Critique de la raison pure*) qui croit qu'elle volerait mieux sans la résistance de l'air.

P. 147, l. 17 : « Parsifal tragique »

Cette référence à l'opéra de Richard Wagner avait été précédée, p. 121, d'une allusion à la blessure d'Amfortas, faite à travers la formule : « Lui percer le flanc d'un coup de lance et puis le soigner. »

P. 147, l. 18 : « Chantecler »

Il s'agit évidemment de la pièce d'Edmond Rostand, qui met en scène une basse-cour parlante, et qui ne fut pas tout à fait un succès. Dans ses mémoires, Mme Simone a donné des détails intéressants sur cet événement théâtral. Rostand en 1914, c'est un peu Sartre en 1948. Il règne sur la scène française. Si *Cyrano de Bergerac* est joué et filmé avec éclat, le coq Chantecler ne s'est pas remis de sa chute. On peut voir au musée d'Arnaga, à Cambo, les fabuleux costumes et déguisements préparés pour cette pièce ; Jérôme Savary a récemment repris *Chantecler*.

P. 147, l. 19 : « Un nœud de vipères »

L'expression pourrait être suggérée par le titre du roman de François Mauriac : *Le Nœud de vipères*. Littré ne connaît l'expression qu'au singulier.

P. 147, l. 34 : « Qu'on pût écrire pour être lu »

Cette formule a pu être proposée par La Bruyère ou Boileau.

Ce qui est étrange, c'est que la formule – ici énoncée au premier degré – est énoncée de manière ironique, et même grotesque, dans la bouche de l'Autodidacte de *La Nausée*. Ce n'est qu'une niaise idée vague, humaniste, face à la négation obstinée, véridique, de Roquentin.

La Nausée, « Folio », p. 169, l'Autodidacte à Roquentin : « Écririez-vous dans une île déserte ? N'écrit-on pas toujours pour être lu ? [...]. »

P. 167 : « Mais, monsieur, en dépit de vous-même, vous écrivez pour quelqu'un ? »

— Il y a, dans la succession dialectique de *La Nausée* (1938) et des *Mots* (1963), plusieurs cas de *renversement* complet entre les assertions accréditées par le narrateur.

Dans *La Nausée*, tout ce qu'écrit Roquentin, pour des raisons d'ordre narratologique, est susceptible d'être imputé à Sartre. En particulier toutes les professions de foi antihumanistes de Roquentin.

Par contre, tout ce qui est énoncé – par l'Autodidacte (p. 18 : « Ogier P. [...], clerc d'huissier ») est marqué du sceau du grotesque et du parodique : au sens propre, l'Autodidacte ne peut que répéter que ce qu'il a lu et ne peut penser qu'avec l'espoir qu'un grand écrivain ait déjà pensé la même chose que lui. La bêtise flaubertienne, marquée par tous les signes stylistiques de l'ironie, doit accabler le moindre de ses propos.

Dans *La Nausée*, le dialogue décisif oppose l'humaniste – qui lit les textes que l'on a écrit, croit-il, pour qu'ils soient lus – et l'a-humaniste, qui écrit « comme ça, pour écrire ».

En 1963, Roquentin ne représente plus qu'une des figures de l'enfance détestée ; Sartre a pris la place de l'Autodidacte dans l'humanisme militant et la ferveur socialiste. Il peut donc reprendre gaillardement les formules qu'il avait tournées en dérision, par le seul fait de les faire proférer par un personnage grotesque.

P. 149, l. 9-10 : « J'écrivais pour écrire »

Voir *La Nausée*, p. 169 : « [...] Pourquoi donc écrivez-vous, monsieur ?
— Eh bien... je ne sais pas : comme ça, pour écrire. «
La narrateur accrédite plutôt ici ce qui était la position de Roquentin.

P. 150, l. 28-29 : « Je me séquestrais par anticipation »

Ce thème est récurrent dans ces années-là : « Le séquestré de Venise » (Le Tintoret) ; *Les Séquestrés d'Altona* (1960). Ces trois exemples relèvent de l'autoséquestration. On sait que Sartre avait lu la remarquable brochure d'André Gide, *La Séquestrée de Poitiers* (voir *Un théâtre de situations*, 1992, p. 408.)

P. 151, l. 33-34 : « Jeune professeur encore célibataire »

Il existait vers 1930 une chanson du « petit normalien » qui recoupait toutes les phases du scénario indiqué ici. Simone de Beauvoir évoque dans *La Force de l'âge* (p. 219) cette chanson : « Au temps où [Sartre] habitait l'École, on y chantait une très jolie complainte sur le triste sort réservé aux normaliens ; j'ai dit avec quelle répugnance il l'envisageait alors. » Henri Lecarme (ENS, promotion 1926) rappelait parfois que Sartre se plaisait à chanter cette chanson. Vers 1980 il en nota de mémoire les paroles ; nous reproduisons son manuscrit. Sartre était-il l'auteur de ces paroles ? Henri Lecarme ne l'a pas affirmé explicitement, mais il nous semble qu'il le tenait pour probable. On notera que le premier vers renvoie au surnom qui fut celui de Sartre, « le petit homme ». Michel Lejeune (ENS, 1926) a bien voulu nous donner sa version et ses variantes, reproduites sur la colonne de droite. Mme Lejeune a reconnu là une adaptation d'une célèbre chanson de marin : *Le petit homme.*

Le papa du petit homme
Lui dit un matin
« Je suis heureux de voir comme
Tu mords au latin.
Ce matin j'ai vu ton maître
Il m'a dit : "Ce p'tit
C'est normalien qu'il doit être
Car il a d'l'esprit mon ami
Car il a d'l'esprit". »

Il brilla dans ses études
Passa son bacca
Il fut bizuth, carré, cube.
Puis hélas ! bica.
Après chaque échec son père
Lui disait : « Mon p'tit
Du courage, persévère !
Car tu as d'l'esprit mon ami
Car tu as de l'esprit. »

Après tant d'vicissitudes
Il entra penta,
Il fut conscrit, carré, cube,
Eut l'agrég bica,
Puis professeur très minime
Dans un p'tit pays,
Il sut conquérir l'estime
Par son tour d'esprit, mon ami,
Par son tour d'esprit.

Le papa du petit homme
Lui dit un matin
« Je suis heureux de voir comme
Tu mords au latin.
Ton maître m'a dit "faut l'faire
Normalien, c'petit
C'est ce qu'on a de mieux à faire
Quand on a de l'esprit, mon ami,
Quand on a d'l'esprit". »
Dame oui.

Il eut des succès classiques
Tous les premiers prix :
Aux concours de rhétorique
Quatre-z-accessits.
Ses parents alors de dire :
« Voyez-vous, c'petit
C'est Normale qui l'attire
Car il a d'l'esprit notre fils
Car il a d'l'esprit
Dame oui.

Il faut qu'tu sois comme ton père
Normalien, mon p'tit
Car c'est c'qu'on a d'mieux à faire
Quand on a d'l'esprit, dame oui ! »

Comme un autre il voulut être
Mari et papa,
Il aima sans la connaître
Celle qu'il épousa.
Elle n'était point jolie
Aimait son mari
Et disait à ses amies :
Ah ! qu'il a d'l'esprit mon mari !
Ah ! qu'il a de l'esprit.

Ils eurent un fils très sage
Qu'il éleva bien
Lui trouvant dès son jeune âge
L'esprit normalien
Et tous ses maîtres de dire :
« Voyez-vous ce p'tit
C'est Normale qui l'attire,
car il a d'l'esprit mon ami
Car il a d'l'esprit, dame oui ! »

P. 152, l. 6-7 : « "Les plus désespérés [...]" »

Cette citation de Musset a été préparée par l'allusion de la page 130 (voir la note).

P. 152, l. 17-18 : « Des conciliabules avec le Saint-Esprit »

Ce dialogue burlesque suit de près Pascal, *Pensées*, Brunschvicg, 553 – ou Steinmann, p. 25 : « Je vois mon abîme d'orgueil, de curiosité, de concupiscence. Il n'y a nul rapport de moi à Dieu, ni à Jésus-Christ juste. Mais il a été fait péché par moi [...] Mais il s'est guéri lui-même, et me guérira à plus forte raison [...] et il me sauvera en se sauvant. »

P. 153, l. 13 : « A cause, à cause d'une femme »

Emprunt furtif à Verlaine, *Romances sans paroles*, Ariettes oubliées, VII (Pl., p. 125) :

> « O triste, triste était mon âme
> A cause, à cause d'une femme. »

P. 153, l. 23 : « Aurillac »

Le choix de cette localité comme emblème de la province obscure pourrait être inspiré par une homophonie avec Mauriac, longtemps accusé d'être un auteur régionaliste et provincial.

Par ailleurs, Aurillac est le chef-lieu du Cantal, dont la sous-préfecture est précisément Mauriac.

Guéret-Chaminadour, fief de Jouhandeau, n'en est pas très éloigné.

Aurillac est aussi évoqué dans *Les Mandarins* de Simone de Beauvoir par le personnage de Joséphine Mièvre qui envoie à Dubreuilh une caisse d'écrits intimes.

Aurillac, enfin, est l'endroit où le jeune Bernard Frank a vécu sous l'Occupation (voir son livre *Un siècle débordé*).

P. 154, l. 3-4 : « Un nouveau livre : sur la mer ou sur la montagne »

Romain Rolland et André Suarès, vers 1890, projetaient de faire un livre de ce genre. Ç'aurait été bouffon, mais c'était dans l'air (voir R. Rolland : *Le Cloître de la rue d'Ulm*).

On peut rappeler que Michelet a écrit en 1861 *La Mer* et en 1868 *La Montagne*. Cet auteur n'est jamais cité explicitement dans *Les Mots*, alors qu'il est mis en scène dans *La Nausée*.

P. 156, l. 15-16 : « Une anecdote [...] lue je ne sais où »

Dans les avant-textes, Sartre parle d'une « histoire du roman russe ». Il s'agit peut-être de l'histoire du roman russe de Melchior de Voguë, qui connut un grand succès à la fin du XIXe siècle. Nous n'avons pu en consulter toutes les éditions, ni localiser la source de l'anecdote.

P. 158, l. 2-3 : « Les coups d'épée s'envolent, les écrits restent »

Voir les pages roses du *Petit Larousse* qui présentent le proverbe latin : « Verba volant, scripta manent. »

P. 158, l. 7 : « Ma babillarde, ma conscience »

Voir Flaubert, *Madame Bovary*, IIIe partie, chap. 5 : « Par la diversité de son humeur, tour à tour mystique ou joyeuse, babillarde, taciturne, mystique, nonchalante [...]. »

Il s'agit, bien sûr, d'Emma.

P. 158, l. 32 : « La colle et le champignon »

Voir p. 36 : « des feuilles blêmes et moisies [...] qui buvaient l'encre et sentaient le champignon », et la citation analogue de *La Nausée*.

P. 159, l. 4-5 : « Je fulgure, j'éblouis »

Il n'est pas impossible que Sartre entende ici rendre bouffon le discours que Malraux tient sur l'art et les artistes depuis ses *Voix du silence* et son essai sur Goya. Toute la poétique de Malraux joue sur la Mort, la Nuit, les Lumières vacillantes, les Méduses phosphorescentes, les Éclairs fulgurants, etc. Il est bien vrai que ce discours là a été conçu au début du siècle par des contemporains de Charles Schweitzer (Romain Rolland, par exemple). Il a été tenu par Suarès, que Sartre tenait pour un « con », dans la *Nouvelle Revue française*.

P. 159, l. 16-17 : « Je n'existe plus nulle part, je *suis* »

Ce soulignement de *être*, opposé à exister, se trouve déjà dans *La Nausée*, p. 246, mais aussi p. 145, 182, 183, 187, etc.

Cet usage du soulignement (souvent c'est *exister* qui est souligné) apparaît comme un trait pédagogique ou didactique. Il peut aussi s'autoriser de l'exemple stendhalien.

P. 160, l. 7 : « Nizan était le plus obsédé »

Voir Nizan, *La Conspiration* (1938). Dans cette évocation d'un groupe de normaliens, Sartre a prêté quelques traits à Lafforgue.

Voir aussi Nizan, *Le Cheval de Troie.* Un portrait féroce de Sartre est tracé dans le personnage de Lange.

Voir surtout Avant-propos à la réédition d'*Aden Arabie* (1960), reprise sous le titre « Paul Nizan » dans *Situations IV.*

P. 162, l. 25-26 : « J'essayai de vivre à l'envers »

Reprend (pour le sens) l'analyse de *La Nausée* (p. 66) : « J'ai voulu que les moments de ma vie se suivent et s'ordonnent comme ceux d'une vie qu'on se rappelle. Autant vaudrait tenter d'attraper le temps par la queue. »

Dans les deux cas, Sartre dénonce joyeusement les ravages de l'illusion rétrospective, comme si on pouvait vivre dans le pur projet et la prospection permanente. D'ailleurs, le développement des pages 162-163 des *Mots* reprend pratiquement celui des pages 65-66 de *La Nausée.*

P. 163, l. 30-31 : « Sa tête sous son bras [...] feu Robespierre »

Le portrait de Robespierre en forme de futur décapité a l'allure d'un morceau de bravoure. Il contient un trait – la tête sous le bras – attribué par l'art chrétien à saint Denis. Cette fantaisie macabre sur la mort anticipée pourrait avoir été suggérée par la pièce de Jean Anouilh, *Pauvre Bitos*, exercice de style sur Robespierre, qui date de 1956, et qui avait eu un joli succès de scandale. Le dispositif choisi était celui du « dîner de têtes ».

P. 163, l. 31-32 : « Feu Robespierre, cette tête dégoutte de sang »

Sartre se souvient probablement de Michelet. Celui-ci choisit, pour clore son *Histoire de la Révolution française*, le supplice de Robespierre sur l'échafaud, insistant sur sa mâchoire brisée, la veille, par un coup de feu du gendarme Merda : « Faut-il dire une chose infâme ? Un valet de la guillotine (était-ce le même qui souffleta Charlotte Corday ?), voyant dans la place cette fureur, cet emportement de vengeance contre Robespierre, lâche et misérable flatteur de la foule, arracha brutalement le bandeau qui soutenait sa pauvre mâchoire brisée... Il poussa un rugissement... On le vit un moment, pâle, hideux, la bouche ouverte toute grande et ses dents brisées qui tombaient... Puis il y eut un coup sourd... Ce grand homme n'était plus. »

D'autre part, Michelet (*Histoire de la Révolution française.* t. I, p. 293) rappelle qu'à Arras, Robespierre fut admis à l'académie des « Rosati », concourut pour un éloge de Gresset, rima honorablement, discourut sur la réversibilité du crime. Il a donc eu sa période mondaine et versificatrice en province.

Sartre peut aussi avoir été sensible à l'historiographie d'Albert Mathiez, qui réhabilitait Robespierre.

P. 166, l. 8-9 : « Contre un moulin »

— On trouve dans *Mironneau*, cours moyen, un extrait adapté du *Don Quichotte* sur l'attaque des moulins à vent. Ce Mironneau cours moyen est un thésaurus des thèmes sartriens.

— Charles Schweitzer, dans sa *Méthode directe pour l'enseignement de la langue française* (Armand Colin, 1910), puise ses fragments dans Mironneau, quand il ne les confectionne pas lui-même.

P. 167, l. 15 : « XXXe siècle »

A rapprocher des interpellations de Frantz von Gerlach aux habitants du XXXe siècle, les crabes (voir *Les Séquestrés d'Altona*).

P. 168, l. 7 : « Mon arrière-petit neveu »

Peut-être référence à La Fontaine : l'octogénaire qui plantait son arbre. *Fables*, XI : *Le Vieillard et les trois jeunes hommes* :

> « Est-il aucun moment
> Qui vous puisse assurer d'un second seulement ?
> Mes arrière-neveux me devront cet ombrage. »

Le *Littré* ne connaît pas arrière-petits-neveux, mais uniquement arrière-petits-fils/enfants, ou arrière-neveux.

L'enfant de huit ans saurait déjà qu'il ne veut point avoir de petits-enfants mais des petits-neveux. Mais pour cela, il faudrait qu'il ait un frère ou une sœur, or il est fils unique. Sartre ne peut avoir ni neveux ni nièces.

P. 169, l. 5 : « Philippe Auguste »

Cette mention surprenante s'explique par le conflit entre le roi de France et le roi Jean, dit Jean sans terre (voir Albert Malet : *Le Moyen Age et le début des Temps modernes*, Hachette, 1902).

P. 180, l. 23-24 : « Les enfants entre eux détestent l'enfantillage »

Voir Jean Cocteau, *La Difficulté d'être* (coll. « 10/18 ») p. 136 : « L'enfance sait ce qu'elle veut. Elle veut sortir de l'enfance. Le malaise débute lorsqu'elle en sort. Car la jeunesse sait ce qu'elle ne veut pas avant de savoir ce qu'elle veut. Or ce qu'elle ne veut pas, c'est ce que nous voulons. Elle nous fréquente pour jouir du contraste. »

P. 181, l. 3-4 : « Entre l'hôtel des Grands Hommes »

Simple rencontre, probablement, avec André Breton, *Nadja*, coll. « Folio », p. 25-26 : « Je prendrai pour point de départ l'Hôtel des Grands Hommes, place du Panthéon, où j'habitais vers 1918... » (1928).

P. 181, l. 1-2 : « Sec, dur et gai, je me sentais d'acier, enfin délivré du péché d'exister »

Tout le lexique ici utilisé est celui de la fin de *La Nausée*, p. 249-250 : « [Une histoire] belle et dure comme de l'acier et qu'elle fasse honte aux gens de leur existence. »

Plus haut (*La Nausée*, p. 249) : « Ils [le juif et la négresse] se sont lavés du péché d'exister. »

Ou plus haut encore (p. 246) : « Au fond de toutes ces tentatives qui semblaient sans liens, je retrouve le même désir : chasser l'existence hors de moi, vider les instants de leur graisse, les tordre, les assécher, me purifier, me durcir pour rendre enfin le son net et précis d'une note de saxophone. »

On a donc entre les deux textes concordances sur le *sec*, le *dur*, l'*acier*, le *péché d'exister*.

P. 181, l. 6-7 : « A qui Meyre, feintant Grégoire, aurait-il fait sa passe »

Par rapport à son ami Albert Camus (cf. *La Chute*), Sartre est imperméable aux sports en général, au football en particulier. Néanmoins on trouve dans la *Critique de la raison dialectique*, 1960, p. 463-482, l'analyse du fonctionnement d'une équipe de football. Ici, l'acte collectif de la *passe* produit l'intégration, n'est pas loin de créer le groupe en fusion, préfigure la camaraderie militante des années 50.

Morand et Giraudoux ont beaucoup insisté, dans les années 20, sur cette règle absolue, qu'il faut savoir passer le ballon et ne pas jouer « personnel ». Sartre ne les a pas lus, croyons-nous, mais a sans doute été sensible au beau texte de Montherlant, « La leçon de football dans un parc » (1924) (voir Les *Olympiques*, éd. Crès, p. 149-184). En ce temps-là, il s'intéressait à l'auteur des *Bestiaires* (voir *Lettres au Castor*, t. I, p. 12, lettre à Simone Jollivet).

P. 181, l. 20-21 : « Entre la fusion totale et la juxtaposition »

On aura reconnu ici la condensation des deux « modèles » importants de la *Critique de la raison dialectique* : le groupe en fusion passant par la fraternité-terreur, et la sérialité, symbolisée par les usagers faisant la queue à la station d'autobus (voir *Critique de la raison dialectique*).

P. 181, l. 28 : « Choyés et bien-pensants »

Le terme de « bien-pensant » est de fait très banal aussi bien vers 1905 que vers 1910. Les bien-pensants, selon Martin du Gard (cf. *Jean Barois*), sont ceux qui ne pensent pas du tout – opposition alors convenue entre les libre-penseurs et les bien-pensants. La haine de ce « bien-pensant », c'est-à-dire du bourgeois en tant que sa pensée est déjà programmée, se porte aussi bien dans la gauche marxiste (voir par exemple les chroniques de Paul Nizan dans les années 30) que dans l'extrême droite populiste. De ce point de vue, Bernanos trouva un titre mémorable quand il intitula *La Grande peur des bien-pensants* une hagiographie antisémite. Il n'est pas exclu que ce titre rôde dans la mémoire de Sartre.

P. 182, l. 20-21 : « Les enfants ont les pères qu'ils méritent »

Un proverbe, tiré des *Adelphes* de Térence, d'après Dournon *(Dictionnaire des proverbes)* : « Les enfants sont ce qu'on les fait. »

Que l'on peut évidemment gloser : « Les parents ont les enfants qu'ils méritent... »

Le proverbe le plus courant serait donc l'objet d'un renversement ironique et aboutirait à un paradoxe charmant.

P. 182, l. 25-26 : « J'aimais Bercot [...] c'était mon frère »

Dans *Sartre, images d'une vie* (1978), on donne des échantillons du palmarès du lycée Henri-IV – et des extraits de bulletin scolaire, de 6e-5e. En classe de première (s'appelant encore *rhétorique* ?), le prix d'excellence est donné à la fois à Jean-Paul Sartre et Max Bercot. La vocation d'écrivain va donc alors de pair avec l'excellence scolaire, et il y a bien une programmation de deux carrières complémentaires : l'universitaire et la littéraire.

P. 182, l. 30 : « L'orgueil d'avoir tout lu »

Écho peut-être à Mallarmé, « Brise marine » : « La chair est triste, hélas ! et j'ai lu tous les livres. »

On trouve une origine plus précise dans La Bruyère, *Caractères*, V, 9 : « Arrias a tout lu, a tout vu, il veut le persuader ainsi ; c'est un homme universel, et il se donne pour tel ; il aime mieux mentir que de se taire ou de paraître ignorer quelque chose. »

Il est prêté à Poulou la même ambition burlesque qu'à l'Autodidacte de *La Nausée*. La dérision, dans les deux cas, entoure ce projet. L'Autodidacte est plus sérieux : il l'a accompli à moitié, dans le cadre d'une bonne bibliothèque de province. Mais ça ne l'aide pas beaucoup puisqu'il ne peut articuler un mot qui ne soit une citation ou un emprunt. Il copie en parlant, le pauvre. Le premier souci de Sartre a été de ridiculiser le projet de tout *lire*.

P. 185, l. 1 : « Un monde inhabitable »

La formule est de Montesquieu, disant, quelque part : « Il existe des mondes inhabitables. »

P. 185, l. 32 : « La vérité qui s'exprimait par sa bouche »

Ce proverbe évoqué plusieurs fois (« la vérité sort de la bouche des enfants ») aurait été cité pour la première fois par Platon (cf. Dournon, *Dictionnaire des proverbes*).

P. 186, l. 4-5 : « Il avait beaucoup lu et souhaité écrire »

La formule sur Nizan reprend en gros la formule sur Bercot (p. 182), à ceci près qu'elle change complètement de signe : ce qui était grotesque chez Bercot (et le couple Bercot-Sartre) devient intéressant chez Nizan (et le couple Sartre-Nizan).

P. 187, l. 22-24 : « A chaque minute [...] celle qui suivait »

Cette évocation d'un temps aimanté, polarisé, dynamisé par l'avenir, se trouve déjà présente dans *La Nausée*, où elle dénonce l'illusion rétrospective qui est celle du conteur d'histoire qui en vient à confondre sa vie avec le produit même d'une narration, orientée vers sa fin. En fait, à l'illusion rétrospective, dans l'ordre de la narration, correspond, dans l'ordre de l'histoire, une illusion prospective : vivre happé par un avenir vrai, qui se réaliserait indubitablement, selon le mode de la prophétie. Ici, le héros devient illusion prospective, comme Roquentin le devenait à la fin de *La Nausée*.

P. 187, l. 32-33 : « Moi, flèche décochée par ordre »

On pense naturellement au paradoxe de Zénon d'Élée, et à l'allusion qu'y fait Valéry dans « Le cimetière marin » (*Poésies*, p. 193) :

> « Zénon ! Cruel Zénon ! Zénon d'Elée !
> M'as tu percé de cette flèche ailée
> Qui vibre, vole, et qui ne vole pas !
> Le son m'enfante et la flèche me tue. »

P. 188, l. 18 : « Giacometti »

— Voir l'étude de Sartre sur Giacometti, recueillie dans *Situations III.*

— Voir (←) *Tout compte fait* (1972) de Simone de Beauvoir (p. 99-103) :

— Voir Jean Genet, *L'Atelier de Giacometti* (*OC*, t. V).

Giacometti a estimé que Sartre n'avait rien compris à sa réaction à un accident : le « radicalisme » qui lui faisait comprendre le néant de sa vie et la violence du monde n'avait rien à voir dans son « euphorie ». En fait, il répugnait à quitter Paris et une femme aimée pour Zurich, et cet accident l'arrangeait bien. Dans ce cas, rien à voir avec l'hypothèse de Sartre sur « ces rares fulgurations qui révèlent aux amateurs que la terre n'est pas faite pour eux ». Giacometti semblait estimer que la terre était faite pour lui.

Il est probable que Giacometti a dû être révolté par l'impérialisme du narrateur qui raconte cet incident comme s'il l'avait vécu, et qui l'interprète comme s'il en possédait le sens. Sartre aurait alors parlé avec Giacometti, mais il ne l'a pas sollicité lors de la rédaction des *Mots*. Cette espèce de radicalisme providentialiste qu'il prête à Giacometti est bien ambigu.

Un détail : Sartre situe la scène *place d'Italie* ; Giacometti, lui, affirme qu'il s'agissait de la place des Pyramides. Sartre, pour le moins, a beaucoup fictionnalisé cet incident !

Voir l'article très documenté de James Lord, « Sartre and Giacometti : Words between friends », *New Criterion*, vol. 3, n° 10, juin 1985, p. 45-55 ; trad. franç. : « Sartre et Giacometti : *Les Mots* entre deux amis », *Commentaire*, n° 31, automne 1985, p. 864-873.

P. 188, l. 29 : « Les lumières de la ville »

Allusion plus ou moins claire au film de Charles Chaplin, *City Lights* (*Les Lumières de la ville*, 1931).

P. 189, l. 20 : « L'ordre des fins »

Cf. p. 188, l. 28-29 : « L'ordre menaçant des causes. »

Cette terminologie qui oppose l'ordre matériel à l'ordre intellectuel (et religieux) semble empruntée (avec souci de démarcation) à l'enseignement idéaliste des professeurs de philosophie qui dominaient la scène dans les années 20 : Léon Brunschvicg, Lachièze-Rey. L'opposition principale était celle de la causalité et de la finalité.

P. 189, l. 32 : « Que des moyens de faire un livre »

Ceci semble préciser la formule de Mallarmé, recueillie par Jules Huret : « Le monde est fait pour aboutir à un beau livre » *(Enquête sur l'évolution littéraire)*.

P. 190, l. 9-10 : « Je gagnerais la guerre à force de perdre les batailles »

Après Pétain, Sartre convoque drôlement le général de Gaulle. Dans l'appel du 18 juin 1940, l'énoncé est un peu différent : « La France a perdu une bataille ; elle n'a pas perdu la guerre. »

Mais de Gaulle lui-même a pu réécrire et inverser le mot prêté à Pyrrhus par Plutarque : « Encore une victoire comme celle-là et nous sommes perdus. » En 1814, dans sa campagne de France, Napoléon, à force de gagner des batailles, perd la guerre (cf. Chateaubriand, *Mémoires d'outre-tombe*, Livre de poche, t. II, p. 243).

P. 190, l. 18-19 : « Mieux aimé m'accuser que l'univers »

Descartes, évidemment, *Discours de la méthode* : « Ma troisième maxime était de tâcher toujours plutôt à me vaincre que la fortune, et à changer mes désirs que l'ordre du monde. »

P. 191, l. 10 : « Atteindre l'âge d'homme »

Une légère ironie dans cette formule la rapproche du titre de l'autobiographie de Michel Leiris, *L'Age d'homme* (1939). Mais la même ironie présidait au choix du titre de Sartre : *L'Age de raison* (1945).

P. 191, l. 17 : « La robe prétexte »

Probable raillerie à l'égard d'un des premiers romans de François Mauriac, intitulé *La Robe prétexte* (1914).

P. 192, l. 15-16 : « Une création toujours recommencée »

Ceci fait référence à la thèse de Descartes sur la création continue, selon laquelle Dieu ne cesse pas de créer l'Univers, mais le recrée à chaque seconde. Mais le Dieu de Descartes, cela devient l'homme de Sartre (cf. *Situation I*, « La Liberté cartésienne »). Dans cet article (p. 334), Sartre réécrit Descartes, sans d'ailleurs donner la référence précise :

« Le monde n'est rien que la création d'une liberté qui le conserve indéfiniment ; la vérité n'est rien si elle n'est voulue par cette infinie puissance divine et si elle n'est reprise, assumée et entérinée par la liberté humaine », etc.

Dans ce texte de 1945, le fantasme de 1915 joue très paisiblement, très allègrement : l'homme est une liberté absolue, il ne se tient que de lui-même, il fonde le monde par son libre arbitre à chaque instant, il n'a ni Dieu ni Père. Et bien sûr, quand Descartes parlait de Dieu, il pensait à l'homme et préfigurait ainsi Sartre – les hommes sont bien devenus comme des dieux.

P. 192, l. 16 : « Je renaissais meilleur »

Très ingénument, Sartre a raconté comme une deuxième naissance son ralliement au Parti communiste, ou plutôt au Mouvement de la Paix, sa succursale philanthropique (*Situations IV*, p. 250) : « J'avais tout lu ; tout était à relire ; je n'avais qu'un fil d'Ariane mais suffisant : l'expérience inépuisable et difficile de la lutte des classes. Je relus ; j'avais quelques os dans le cerveau, je les fis craquer, non sans fatigue [...] » (« Merleau-Ponty vivant », 1961).

Voir aussi, ici même, p. 195 : « [...] pour le plaisir de me sentir *un enfant qui vient de naître* » (souligné par l'auteur).

P. 192, l. 29 : « On m'a fait remarquer »

Il s'agit ici du début du petit livre de Francis Jeanson, *Sartre par lui-même* (éd. du Seuil, coll. « Écrivains de toujours », 1955). Jeanson commence par montrer que chez Oreste ou chez Mathieu, le choix est instantané (cf. p. 11, p. 16, *passim*).

P. 192-193, l. 36 – l. 1 : « Non point tels que je suis [...] mais tels que j'ai voulu être »

Une fois de plus, dans la mémoire de Sartre, opère le La Bruyère des sujets de baccalauréat : « Celui-là peint les hommes comme ils devraient être, celui-ci les peint tels qu'ils sont » (*Caractères*, I, 54).

P. 193, l. 3 : « Je devins traître et je le suis resté »

Dans le *Saint Genet*, en particulier dans le chapitre « Caïn » (p. 312), Sartre propose l'antinomie criminel-traître, qui met Genet en position de traître. Puis, il analyse le cas de Boukharine. Genet et Boukharine constitueraient deux figures du traître : celui qui a tort d'avoir raison, celui qui a raison d'avoir tort. Toute la conclusion du *Genet*, qui pose comme figure exemplaire celle du traître, semble appartenir au même discours que celui des *Mots*, mais dans un style très différent : une véhémence bouillonnante et brouillonne, une dialectique tournant à plein régime, à grand bruit, au lieu d'une écriture ironique et, si éculé que soit le cliché, étincelante.

Dans son texte sur Merleau-Ponty (1961), Sartre rappelle que fit scandale une phrase de Merleau-Ponty, qui assimilait le *traître* à l'*opposant* dans la Russie de Staline. Or c'est justement cette phrase qui semble avoir convaincu Sartre. Il dit s'être rapproché du marxisme, après la lecture d'*Humanisme et terreur* : il aurait alors approché la théorie de la *praxis*. Dans le contexte de cet essai, Sartre au fond revendique d'avoir été un traître à sa classe d'appartenance pour rejoindre le communisme (voir *Situations IV*).

L'état d'esprit politique de Sartre quand il écrit *Les Mots* est fort bien décrit dans son « Paul Nizan » et dans son « Merleau-Ponty » (1960-1961). Il a alors l'impression d'avoir fait une conversion décisive en se rapprochant d'un machiavélisme marxiste : il aurait découvert le réalisme politique, il aurait compris que les clercs ne sont que des « chiens de garde », pour reprendre la regrettable formule de Nizan. Donc l'épiphanie du militant révolutionnaire se prépare par l'autodissolution, l'autodégradation du clerc. La trahison devient donc la seule voie possible pour démolir les valeurs de cette cléricature, et peut-être la vulgate des clercs : ce stock de citations usuelles qui constitue le bagage littéraire et la culture du bachelier ordinaire.

La revendication de la traîtrise ne peut être prise chez Sartre au pied de la lettre : ce n'est qu'une figure de rhétorique. On ne sait s'il a lu l'apologie de Drieu La Rochelle pour sa propre trahison, plus conséquente :

Récit secret, p. 99 : « Oui, je suis un traître. Oui, j'ai été d'intelligence avec l'ennemi. J'ai apporté l'intelligence française à l'ennemi. Ce n'est pas ma faute si cet ennemi n'a pas été intelligent. »

Ce texte a été écrit au printemps 1945 ou à l'automne 1944, publié en 1960.

— Voir notre étude : « Drieu et Sartre devant le fascisme », à paraître.

— Voir aussi *Situations IV*, p. 177 : « "Je suis donc un traître". Et il l'était » (citation d'une pensée prêtée au personnage dans *Antoine Bloyé* de Nizan).

— Et *ibid.*, p. 178 : « Si nous trahissons la bourgeoisie pour les hommes, ne rougissons pas d'avouer que nous sommes des traîtres. » Cette citation des *Chiens de garde* de Nizan donne la formule des *Mots*, ici commentée.

P. 193, l. 27-28 : « Mes premières années, surtout, je les ai biffées »

Le mot *biffer* est très surprenant, car les manuscrits témoignent du contraire. Il doit s'associer à *Biffures* de Michel Leiris, publié en 1948. Leiris souligne souvent son accord avec Sartre. Ainsi dans *Biffures*, p. 251 :

> « Avec le stylo Eversharp que Sartre m'a rapporté d'un voyage qu'il a fait aux États-Unis (un stylo dont le corps se prolonge en une sorte de capuchon biseauté qui recouvre la plume presque jusqu'à son extrémité, stylo parfait sauf sur un point : sa contenance en encre est très faible, mais l'inconvénient est minime pour moi qui n'écris jamais que fort peu), je me prépare à recopier le fragment de journal intime en question, comme pour boucler une boucle, remettre les choses au point où je les avais prises ou, plutôt, fermer la porte derrière moi avant de m'en aller ailleurs, car revenir sur ses pas, même lorsqu'on écrit, est humainement impossible. »

P. 198, l. 26 : « Ma difficulté d'être »

Voir Cocteau, *La Difficulté d'être*, coll. « 10/18 », p. 128 :

> « "Je sens une difficulté d'être". C'est ce que répond Fontenelle, centenaire, lorsqu'il va mourir et que son médecin lui demande : "M. Fontenelle, que sentez-vous ?" Seulement la sienne est de la dernière heure. La mienne date de toujours. »

P. 198-199, l. 34 – l. 1 : « Tout aboutit à ce banc »

Il s'agit d'un banc du Luxembourg où l'enfant s'est assis. Il doit bien y avoir une prémonition. Pour nous, lecteurs, sûrement, ce banc du Luxembourg annonce le banc providentiel de Bouville où s'asseoit Roquentin avoir d'avoir son illumination décisive.

Cf. *La Nausée*, p. 180 : « Je me laisse tomber sur un banc [...] »

P. 181 : « La racine du marronnier s'enfonçait dans la terre, juste au-dessous de mon banc. »

P. 201, l. 7-8 : « "Tu ne me chercherais pas si tu ne m'avais trouvé" »

Citation littérale de Pascal, *Mystère de Jésus*, in *Pensées*, éd. Steinmann, p. 23, éd. Brunschvicg, 553. Pascal fait précéder la formule de « Console-toi ». Le contexte indique que Jésus s'adresse à un disciple, et sans doute au narrateur. Léon Brunschvicg voit une source possible de Pascal dans une formulation de saint Bernard.

P. 201, l. 11-12 : « L'Illustre Écrivain »

Les frères Tharaud s'étaient inspirés de Rudyard Kipling pour écrire *Dingley, l'illustre écrivain* (1902).

P. 202, l. 14-15 : « Penser sans crainte au refroidissement du soleil »

Sartre a trop lu Leconte de Lisle (cf. *L'Idiot de la famille*, t. III) pour ne pas être impressionné par sa hantise de la réfrigération de l'univers. Voir en particulier, *Solvet saeclum*, in *Poèmes barbares*. Mais le thème a été aussi exploité dans la science-fiction des années 50.

P. 203, l. 24 : « La Religion sous un masque »

Voir dans *Humain, trop humain*, fr. 131 (« ressouvenirs religieux »), Nietzsche remarque que des libres esprits, qui se croient déshabitués de la religion et des dogmes, n'en tombent pas moins sous le « charme du sentiment religieux » quand il est question de la musique ou de la peinture de Raphaël – ou plus généralement du pressentiment de la vérité dans la morale ou l'art. Nietzsche démonte très bien cette idée trompeuse (c'est-à-dire religieuse) selon laquelle il y aurait une approche dans l'art de l'essence unique des choses.

P. 204, l. 4-5 : « Que l'homme est impossible »

Voir sans doute *L'Être et le Néant*, p. 708 : « Ainsi la passion de l'homme est-elle inverse de celle du Christ, car l'homme se perd en tant qu'homme pour que Dieu naisse. Mais l'idée de Dieu est contradictoire et nous nous perdons en vain : l'homme est une passion inutile. »

Ce n'est pas tout à fait l'homme *impossible*, mais ceci y mène nécessairement.

P. 204, l. 12-13 : « J'écrivais joyeusement sur notre malheureuse condition »

On trouvera une analyse – sinon une formulation – très proche de celle de Sartre chez Valéry perçant à jour les ruses de Pascal (voir « Variation sur une pensée », in *Variété* I). « Une détresse qui écrit bien n'est pas si achevée qu'elle n'ait sauvé du naufrage quelque liberté de l'esprit, quelque sentiment du nombre, quelque logique et quelque symbolique qui contredisent ce qu'ils disent. » (in *Œuvres*, Pléiade, t. 1, p. 463).

P. 204, l. 18 : « Les transparences déformantes qui m'enveloppaient »

Un mot célèbre de Cocteau, dont nous n'avons pas trouvé la référence, disait que si Raymond Radiguet avait des œillères, elles étaient de cristal.

P. 204, l. 23-24 : « Contre moi-même »

Cf. p. 134 : « Je les ai souvent faits contre moi. » Voir Nietzsche, *Opinions et sentences mêlées*, fr. 309 (Denoël, Médiations, p. 166) :

> « *Prendre parti contre soi-même.* Nos adhérents ne nous pardonnent jamais, quand nous prenons parti contre nous-mêmes ; car, à leurs yeux, ce n'est pas seulement repousser leur amour, mais encore dénuder leur raison. »

Voir aussi Montaigne, *Essais*, III, VIII (Pl., 1035) :

> « Mon imagination se contredit elle-même si souvent et condamne, que ce m'est tout un qu'un autre le face [...] »

Et (Pl., 1034) :

> « Les contradictions donc des jugements ne m'offencent n'y m'altèrent : elles m'esveillent seulement et m'exercent. Nous fuyons à la correction, il s'y faudrait présenter et produire, notamment quand elle vient par forme de conferance, non de rejance. »

P. 204, l. 29-30 : « Je vois clair, je suis désabusé »

Voir Corneille, *Polyeucte*, le *bel canto* de la convertie : « Je vois, je sais, je crois, je suis désabusée » (vers 1727).

Voir Sartre, *Situations IV*, p. 251 : « Je croyais, je savais, j'étais désabusé. »

Voir Nietzsche, *Le Gai Savoir*, fr. 248 : « *Livre.* Qu'est-ce qu'un livre qui ne sait même pas nous emporter au-delà de tous les livres. » Nietzsche, *Le Gai Savoir*, fr. 307 : En faveur de la critique...

Analyse anticipée de la démarche de Sartre dans le texte des *Mots*, c'est-à-dire de la dénonciation des « erreurs » de jadis (des « vérités de jadis ») au nom des « vérités d'aujourd'hui » qui ne sont même pas conscientes – et qui demain seront peut-être dénoncées comme les erreurs d'aujourd'hui. Nietzsche suggère que ce mouvement régulier d'autocritique n'est peut-être que l'exigence d'un processus biologique qui amène l'individu à perdre ses vieilles peaux et à s'en former de nouvelles.

Le jeu – presque optique – des erreurs circulaires qui constitue le mouvement même des *Mots* (tournoiement accéléré de la toupie, mouvements circulaires de la fronde, arabesques des patineurs, etc.), tout cela peut-être se prête à une formulation nietzschéenne : *Le Gai Savoir*, fr. 265 :

> « Suprême scepticisme. – Quelles sont donc, en dernière analyse, les vérités de l'homme ? Ce sont ses erreurs *irréfutables.* »

P. 204, l. 28-29 : « L'athéisme est une entreprise cruelle »

Voir Flaubert, *Correspondance, passim.*

Si l'athéisme consiste en soi à débusquer et à éradiquer le religieux (c'est-à-dire tout pressentiment de l'absolu, tout recours à une vérité révélée ou incarnée), on peut admettre que Sartre n'a pas cessé de s'en prendre au littéraire en tant qu'arrière-garde ou séquelle sournoise du religieux. On comprend qu'il s'en soit pris avec une telle ténacité à Flaubert, car c'est Flaubert qui, dans sa *Correspondance*, a proposé et pratiqué le culte de la littérature : admiration des maîtres, exercices spirituels, recherches de l'absolu, recours à la Science, séparation de l'Art et de la Vie, constitution d'un Panthéon, réhabilitation des Muses, rétablissement des vœux monastiques, mise à l'épreuve des vocations, et la mise au point des diverses figures du martyr. Ne pas oublier, à la fin, la participation à un sacré collège des cardinaux, sous l'autorité de Renan, puisque les *Origines du christianisme* remplacent les *Écritures saintes* dans cette nouvelle croyance.

P. 205, l. 13 : « Je n'ai pas défroqué »

Il y eut, dans les années 50, un film français à succès de Léo Joannon : *Le Défroqué*, avec Pierre Fresnay, qui avait aussi joué le rôle du Dr Schweitzer.

Sartre a toujours eu pour Renan le mépris que les populations catholiques ont pour le défroqué. Alain exprimait la même haine pour Renan.

Voir Renan, cependant, *Souvenirs d'enfance* (coll. « Nelson »), p. 29 :

> « Au fond, je sens que ma vie est toujours gouvernée par une foi que je n'ai plus. » *Ibid.*, p. 263, Renan se dit avoir été « accueilli, écouté, choyé même » – bien qu'il fût « couvert du triple ridicule d'échapper du séminaire, de clerc défroqué, de cuistre endurci ». Ces concordances entre deux clercs exemplaires ne peuvent être que pures coïncidences, vue l'antipathie de l'un pour l'autre.

P. 205, l. 15 : « *Nulla dies sine linea* »

Les pages roses du *Petit Larousse* indiquent qu'il s'agit d'un mot prêté par Pline l'Ancien à Apelle, un peintre qui ne passait pas un jour sans tracer une ligne. La formule aurait été déplacée vers les écrivains.

Cette injonction sentencieuse au labeur quotidien – que Zola avait fait graver dans son cabinet d'écriture – avait déjà été citée à propos de Genet (*Saint Genet, comédien et martyr*, p. 448) : « Et d'un autre côté il s'éloigne davantage encore de Zola et du fameux *nulla dies sine linea.* » La phrase apparaît aussi de nombreuses fois dans les *Cahiers* de Valéry.

On remarquera que les lecteurs non latinistes sont privés de traduction, et renvoyés à l'usage du *Petit Larousse*. Hors de *Larousse*, point de salut.

Voir aussi, pour l'usage du latin sans traduction, *La Nausée*, Pléiade, p. 112.

P. 205, l. 20-21 : « La culture ne sauve rien [...] c'est un produit de l'homme »

Voir Sartre, *Situations IV*, p. 261 : Rupture Sartre-Merleau-Ponty aux *Temps modernes* : « La revue, ce n'était rien : un signe des temps, comme cent mille autres ; n'importe : elle appartenait à l'Histoire : par elle, nous avons éprouvé tous les deux notre consistance d'objets historiques. Elle fut notre objectivation : [...] »

P. 205, l. 22 : « Ce miroir critique »

Semble rappeler les définitions de Bertolt Brecht sur l'effet de distanciation qui permet chez le spectateur la non-identification, et l'attitude critique, sur la fonction critique qui serait celle du théâtre épique – et non du théâtre dramatique. Voir sur ce point, *passim* : Bertolt Brecht, *Petit organon pour le théâtre*, éd. L'Arche, 1963. C'est dans les années 50 que le discours brechtien sur le théâtre s'est massivement diffusé en France.

P. 206, l. 4 : « Grisélidis pas morte »

Cf. : « Naturalisme pas mort, lettre suit. » Il s'agit de la réponse, télégraphiée d'Aix-en-Provence, par Paul Alexis, en 1891, à l'enquête de Jules Huret sur l'évolution de la littérature ; cette enquête était publiée dans *L'Écho de Paris*.

P. 206, l. 11 : « Je serais Philoctète »

Sartre venait de faire à Genet le coup de Philoctète : « Il a donc donné, ce Philoctète, son arc à quelque Néoptolème de la maison Gallimard ? » (*Saint Genet, comédien et martyr*, p. 528) (1952). Sartre connaît évidemment les deux Philoctète, celui de Sophocle et celui de Gide.

P. 206, l. 24 : « Je me suis mis tout entier à l'œuvre »

Voir Sartre, *Situations IV*, p. 268 (texte de 1961). Il y a une citation au deuxième degré dans le « Merleau-Ponty » (Merleau dit que Freud dit que...) qui semble bizarre dans le cours du développement – et surprenante pour Sartre qui n'aime pas tellement les citations précises et référencées : « Au moins autant qu'il explique la conduite adulte par une fatalité héritée de l'enfance, Freud montre dans l'enfance une vie adulte *prématurée* et par exemple... un premier choix de ses rapports de générosité et d'avarice avec autrui. »

C'est tout à fait faux pour Freud (encore que le prématuré et le régressif soient bien chez lui les deux formes d'une fatalité certaine), mais c'est tout à fait vrai pour l'opération des *Mots* : le petit enfant n'est qu'un homme, non pas prodige ni précoce, mais prématuré.

P. 206, l. 27-28 : « Tout un homme, fait de tous les hommes »

Cette conclusion semble reprendre très benoîtement l'un des plus vieux thèmes de la littérature française :

I. Montaigne, *Essais*, III, 2 (Villey, p. 805) :

« Je propose une vie basse et sans lustre, c'est tout un. On attache aussi bien toute la philosophie morale à une vie populaire et privée que à une vie de plus riche estoffe : chaque homme porte la forme entière de l'humaine condition.

Les autheurs se communiquent au peuple par quelque marque particulière et estrangère ; moy le premier par estre universel, comme Michel de Montaigne, non comme grammairien ou poëte ou juriconsulte. Si le monde se plaint de quoy je parle trop de moy, je me plains de quoy il ne pense seulement pas à soy. »

II. Hugo, préface aux *Contemplations* (L. P., p. 12) :

« Est-ce donc la vie d'un homme ? Oui, et la vie des autres hommes aussi. Nul de nous n'a l'honneur d'avoir une vie qui soit à lui. Ma vie est la vôtre, votre vie est la mienne, vous vivez ce que je vis ; la destinée est une. Prenez donc ce miroir et regardez-vous-y. [...] Ce livre contient, nous le répétons, autant l'individualité du lecteur que celle de l'auteur. *Homo sum* [...]. »

Sartre, qui a beaucoup pris à Pascal, s'est beaucoup moins attaché à Montaigne, et à la très profonde dialectique du singulier et de l'universel qu'on peut y lire. Pourtant, avec d'autres mots, Montaigne ne cesse de proposer, contre l'humanisme héroïque, un humanisme démocratique, où chaque homme en vaut un autre. Comme on le voit, l'un et l'autre mettent entre parenthèses leur compétence littéraire. Reste que Montaigne ne conçoit jamais la fonction de grand écrivain (fonction sociale qui n'apparaît qu'au XVIIIe) – et que Sartre écrit à partir d'elle.

P. 206, l. 28 : « Que vaut n'importe qui »

Voir Paul Nizan, *Les Chiens de garde*, 1932, rééd. 1960 (p. 10-11) : « Je ne me prenais pas pour un homme anonyme. » (Nizan évoque l'étudiant de philosophie qu'il a été, qui travaillait pour l'Esprit, mais comptait sur la reconnaissance de l'humanité.)

Les références culturelles dans les manuscrits des *Mots*

JACQUES DEGUY

« Je suis l'enfant que mon grand-père a fait à la Culture française. »

(Inv. 12, f^os^ ITEM 3 et 20.)

Récit de conversion (comment Poulou est devenu écrivain), *Les Mots* de Sartre illustre aussi de sa part une conversion au récit, relativement nouveau pour lui, de la « constitution » d'une personnalité aux prises avec la culture de son temps et soumise au pouvoir des agents de cette culture, au premier rang desquels se place dans cette œuvre le grand-père Schweitzer.

L'autobiographie permet en effet à son auteur de disposer des informations nécessaires à la relation, au cœur du récit de vie, de ces processus de transmission du savoir et d'imprégnation idéologique qui déterminent la situation d'un enfant. Le récit d'enfance consacre un nombre important de ses pages au récit d'une « acculturation ». Ce n'était pas le cas des premières biographies existentielles, arc-boutées sur le dogme de la liberté, sur la notion de projet originel et qui mettaient l'accent sur la revendication, par les sujets de l'étude, d'un état ou d'un mot qu'ils transformèrent délibérément en destin. On se rappelle que Baudelaire a eu pour Sartre « la vie qu'il méritait », que Genet a repris à son compte le terme de « voleur » lancé par les honnêtes gens. De l'héritage culturel du premier, nous n'apprenons rien, sinon l'influence d'une éducation chrétienne et sa révérence pour Joseph de Maistre[1]. Du second, Sartre note ses « enfances paysannes » (une catégorie déjà évoquée pour Jules Renard et Brice Parain), aux antipodes de la bibliothèque des *Mots*, lieu retiré du monde où se forme Poulou. Des premières lectures de Genet, le biographe ne retient que les romans-feuilletons, échos prémonitoires de ses « vraies » lectures à lui[2]. Ce n'est que dans l'étude inachevée sur Mallarmé, au tournant des années 50, que Sartre met en scène un poète qui reçoit « le legs de la génération précédente », à savoir – la

1. Jean-Paul Sartre, *Baudelaire,* Gallimard, coll. « Idées », p. 60 et 80.
2. Id., *Saint Genet, comédien et martyr,* Gallimard, 1952, p. 291.

formule pourra s'appliquer exactement aux *Mots* – « des pensées déjà pensées par d'autres »[1]. Puis, à partir de la rédaction première de « Jean sans terre », les interrogations deviennent plus nombreuses et plus précises dans les textes qui accompagnent chronologiquement la genèse de l'autobiographie. Revenant par exemple à Flaubert, Sartre note dans *Questions de méthode* (texte de 1957) combien est violent le « dressage » de l'enfant, et comment cet âge voit se former les préjugés de l'adulte[2]. Dans l'avant-propos au *Traître* d'André Gorz, écrit également en 1957, il évoque l'hypothèse d'une vie intérieure broyée « au point de ne laisser subsister qu'un grouillement de mots dans un corps décomposé », en livrant à cette occasion un souvenir personnel dont le libellé ne se retrouve dans aucune version connue des écrits sur lui-même :

> Enfant, quand je faisais le bavard, on me disait : « Tais-toi, filet d'eau tiède. »[3]

Véhicules de la culture, les mots volent son identité à l'individu : s'installe peu à peu, de 1952 à 1963, le thème de la « névrose » dénoncée dans l'autobiographie. A l'image du petit Ivan, héros d'un film soviétique défendu en 1962 contre les critiques italiens, l'enfant est « monstre et martyr »[4].

On sait que dans *Les Mots*, Sartre se définit comme un « bien culturel » (p. 35)[5]. Poursuivant une évolution qui se réalisera pleinement dans le *Flaubert*, il affine, en se penchant sur son propre cas, cette étude de la « constitution », où la transmission de l'héritage culturel est abordée de front. Or les manuscrits disponibles présentent à ce propos, et malgré l'état lacunaire du dossier, une série de variantes particulièrement éclairantes pour l'étude de cette prise de conscience par Sartre de sa propre situation dans la culture de son temps. Ils offrent même des pistes plus nettes que le texte final de 1964[6] pour élucider les mécanismes de cette transmission de l'héritage. La culture des *Mots* n'est pas tout à fait celle de ses avant-textes : on trouvera à la suite de ce chapitre le recensement sous forme d'index des variantes significatives que les manuscrits présentent à propos des références culturelles conservées en 1964 mais données autrement. On lira aussi les développements relativement nombreux qui n'apparaissent plus dans le texte final. A partir de ce recensement, nous voudrions ici esquisser une synthèse sur cette originalité des manuscrits, frappante à première lecture. Cette réflexion ne saurait pré-

1. Id., *Mallarmé. La lucidité et sa face d'ombre*, Gallimard, coll. « Arcades », 1986, p. 20.
2. Id., *Questions de méthode*, in *Critique de la raison dialectique*, t. 1, Gallimard, nouv. éd. 1985, p. 56.
3. Id., *Situations IV*, Gallimard, p. 42.
4. Id., « Discussion sur la critique à propos de *L'Enfance d'Ivan* », in *Situations VII*, Gallimard, p. 336.
5. Tous les extraits du texte définitif des *Mots* (édition en volume de 1964) cités ici sont suivis du numéro de la page de l'édition Folio de ce livre, tirage de 1991.
6. La parution en 1963 des *Mots* dans *Les Temps modernes* a précédé, on le sait, la publication en volume au début de l'année suivante. Les écarts entre ces deux versions imprimées ne présentant pas de variantes majeures pour la question traitée ici (sauf exceptions que nous signalerons), nous renvoyons uniquement, pour des raisons de commodité, au texte de 1964 (éd. Folio) lorsqu'il s'agit d'évoquer la version finale du récit d'enfance.

tendre à des conclusions définitives, étant donné le caractère incomplet du dossier, ni, sauf exception, à une étude précise des différents états de la mise en texte d'une même référence érudite, étant donné cette fois les incertitudes qui président à la périodisation des campagnes d'écriture[1]. Autre limite : cette étude de la culture d'enfance ne trouvera sa pleine pertinence que dans le cadre d'une recension plus vaste, impossible à mener dans le cadre de ce travail, de toutes les références inscrites dans la version imprimée en volume[2]. Référence contient enfin le mot de référent : on pourrait en rester à un simple relevé des contenus ; mais cela empêcherait de tenir compte des phénomènes d'écriture. Une référence culturelle n'a pas la même fonction, dans la stratégie du récit d'enfance, lorsqu'elle est énoncée par le narrateur adulte, par Poulou, par le grand-père ou par d'autres personnages. Il y a parfois des passages, des relais entre les voix principales, des brouillages aussi. Un extrait remarquable de l'ensemble dit « Orléans » indique d'ailleurs que Sartre a pris conscience de ces variations dans l'intertexte culturel, écho du « grouillement de mots » évoqué à propos du livre de Gorz :

> Je grouillais de mots avant de savoir parler. Surgi au milieu d'un discours familial qui se poursuivait depuis un demi-siècle, j'ai tout de suite su que chaque phrase renvoyait à d'autres phrases, à mon passé prénatal (Inv. 12, f° ITEM 20).

Dans les manuscrits des *Mots*, la culture passe par des voix, amplifiées et mystérieuses, à l'image de celle de Frantz qui remplit seule la scène à la fin des *Séquestrés d'Altona* (en 1959). En particulier, la voix « enregistrée » du grand-père qui dicte sa loi au petit-fils l'infecte de ses préjugés d'homme du XIXe siècle. Cette voix est plus forte et plus prolixe dans les avant-textes que dans le montage définitif.

Variantes

En dehors de la simple mention d'éléments culturels qui se trouvent à la fois dans les manuscrits et dans le texte final, et qui ne seront pas répertoriés ici, il existe entre manuscrits et texte des présentations parfois très différentes d'une même référence. C'est l'occasion de pénétrer dans l'atelier d'écriture des *Mots* et d'évoquer, sur des microstructures, quelques hypothèses sur la genèse du livre.

1. Voir sur ce point la présentation par Michel Contat du dossier génétique des *Mots*, p. 42 du présent volume. Nous suivons sa numérotation des différents manuscrits et donnons à la suite de chaque citation d'un extrait de ceux-ci le numéro du manuscrit suivi du numéro du folio. Par exemple, l'indication Inv. 6, F ITEM 420 signale un extrait de l'ensemble « Bost », foliotation ITEM 420.

2. Un travail de ce type a déjà été effectué sur le corpus culturel commun aux *Mots*, aux *Carnets de la drôle de guerre* et à l' « autobiographie parlée » par Philippe Lejeune. Voir P. L., « Les souvenirs de lectures d'enfance de Sartre », in *Lectures de Sartre*, C. Burgelin (éd.), Presses Universitaires de Lyon, 1986, p. 69 à 84. Voir dans le présent volume la table des allusions et des concordances intertextuelles dans *Les Mots* à la suite de la contribution de Jacques Lecarme.

La tâche n'est pas des plus aisées. Prenons par exemple les métamorphoses de l'image de Pascal. Le narrateur des manuscrits joue sur une des *Pensées* les plus connues, celle qui traite du dualisme entre l'ange et la bête[1]. Le grand-père y livre aussi son avis sur l'auteur : « [Karl] était un optimiste, qui entrait en rage dès qu'il feuilletait seulement Pascal : “Le méchant homme ! Parlez-moi de Rabelais” » (Inv. 6, f° ITEM 187, f° SdB 312). Ces commentaires disparaissent dans le texte final, où Pascal n'apparaît plus que sous la forme pétrifiée d'un objet dérisoire :

> On m'a relégué dans un coin en me recommandant de ne toucher à rien, on m'oublie, terrorisé par les fragilités qui m'entourent, par des étincellements poussiéreux, par le masque de Pascal mort, par un pot de chambre qui figure la tête du président Fallières (p. 197).

Il serait intéressant, pour l'étude de la genèse de l'œuvre et celle de la dynamique de l'imaginaire sartrien, de constater d'autres mouvements de réification de l'objet culturel en passant des manuscrits à l'imprimé. Or c'est le contraire qui se produit dans le cas par exemple de Hans Sachs : le livre de 1964 évoque rapidement la figure du poète allemand par la mention de la thèse que lui a consacrée Charles Schweitzer (p. 12), alors que, plus concret, le manuscrit « Vian » (f° 280) installe « la statuette de Hans Sachs » au milieu d'autres « objets futurs de mes pensums immortels ». Cette statuette a disparu en 1964. On ne peut donc parler d'une dynamique de la pétrification qui serait systématique.

Il est vrai cependant qu'en aucun des états du texte la parole de Sachs, ou une parole sur Sachs ne se sont fait entendre : il y a, comme pour Pascal, disparition, gommage de ce par quoi Sachs est passé à la postérité, à savoir son œuvre. Dans les deux cas de Pascal et de Sachs, on saisit bien la volonté de Sartre de rendre dans le texte final le tissu culturel du récit moins présent, moins vivant, moins efficace. Le « masque de Pascal mort » vide littéralement ce dernier de toute substance. Nous sommes aux antipodes du désir affiché dans *Qu'est-ce que la littérature ?* de ressusciter les enjeux des paroles passées. Il faut chercher l'explication de cette mise entre parenthèses dans la fonction que la culture occupe pour Poulou. Liée à l'apprentissage scolaire et à la figure aliénante du grand-père, elle est perçue par l'adulte comme un danger, comme l'agent principal de sa « névrose ». Multiplier les références culturelles, comme dans les premières versions manuscrites, indiquerait alors au lecteur combien la névrose perdure, combien la façon de penser de Charles Schweitzer a marqué l'adulte. « Ce serait farce », et cela montrerait trop que le quinquagénaire n'a pas autant « changé » qu'il l'affirme dans l'épilogue.

1. A propos des grimaces de Poulou devant le miroir, ainsi commentées par le narrateur : « tout était là : l'ange était hanté par une bête stupéfaite » (ms « Vian », f° 183).

Des manuscrits au livre, les grands auteurs du Panthéon littéraire perdent généralement en vie et en pittoresque. Musset n'apparaît dans le texte de 1964 que sous la forme réifiée d'un volume de la bibliothèque de Karl (p. 60), et, sous la plume du narrateur, dans des variations ironiques sur « les chants désespérés » (p. 152 et 199), variations que l'on trouve aussi dans les manuscrits (Inv. 6, f° ITEM 210, f° SdB 337). Mais ceux-ci nous offrent en plus la vision par l'enfant d'une péripétie de la biographie de l'auteur des *Nuits* : la rencontre avec George Sand, épisode privilégié d'une vie d'homme illustre, qui fait rêver Poulou :

> Quel moment royal ! Une douleur de feu le déchirait, il ne l'éprouvait pas ; des gondoles glissaient devant son fauteuil, frôlaient ses genoux, il ne les voyait pas ; une voix qui serait un jour la sienne murmurait des vers immortels, il ne l'entendait pas ; mais – de cela j'étais sûr – il se sentait sacré sans comprendre pourquoi. Je fermai le livre : qu'avais-je à faire de Musset ? Je le valais bien (Inv. 6, f^os ITEM 246 à 249, f^os SdB 391 à 394).

On lira en 1964 : « Cette obscure prescience vitale que je prête à Musset, à Hugo » (p. 199), c'est-à-dire une allusion elle-même obscure à un « moment parfait » (on reprendra ici la formule d'Anny dans *La Nausée*) qui fut l'occasion pour Poulou d'un accès d'identification prospective et de délire romantique. Corneille fait l'objet d'un même gommage : on vient de lire l'adjectif « obscur » dans le texte de 1964. Les manuscrits proposent la reprise complète, sous la plume du même narrateur, du syntagme à la fois cornélien et scolaire (l'exemple par excellence de l'oxymore) « obscure clarté » (Inv. 6, f° ITEM 295, f° SdB 439), ainsi que des références précises au *Cid*. Chateaubriand perd en 1964 son « corps rabougri » (ms « Vian », f° 288), gardant en revanche des premières rédactions une citation mise en exergue dans laquelle il se transforme lui-même en objet (« une machine à faire des livres », p. 136)[1]. Goethe et son *Werther*, autre lieu d'une identification de Poulou dans les manuscrits (« Werther aima pour moi », Inv. 6, f^os ITEM 198, 199, f^os SdB 323, 324), ne survivent que comme preuve des ridicules des élèves de l'Institut des langues vivantes (« Charlotte était percluse de douleurs sur la tombe de Werther », p. 34) et, à l'égal de Musset, comme corps-livre réifié surplombant les entretiens du petit-fils et du grand-père (p. 133). Dans les avant-textes de « Jean sans terre », Hugo voit reconnue son influence directe sur le narrateur adulte, qui opère ici sur lui-même une catégorisation par générations littéraires qui n'étonnera pas les lecteurs habitués aux outils critiques sartriens :

> Guidé par un grand mort, par Hugo : j'appartiens sans doute à la dernière génération qu'il ait directement influencée (Inv. 4, f° 3).

1. Voir sur cette citation de Chateaubriand l'analyse de Jacques Lecarme dans le présent volume, p. 208 et s.

Dans *Les Mots*, cet aveu disparaît. Hugo reste certes évoqué à satiété, mais par des charges constantes contre Karl, accusé de se prendre pour le poète. Non plus un masque ni une statuette mais, le cabotinage prêté au grand-père le dénonce, une image figée, une photographie où le vivant ridicule se pétrifie dans des poses (p. 22). C'est aussi pour l'auteur des *Châtiments* une seconde mort. Hugo n'influence donc plus « directement » Poulou, mais indirectement, par un Karl transformé, comme en bien d'autres passages, en bouc émissaire. Des manuscrits au livre, quelques grandes figures culturelles passent ainsi de la vie de l'action efficace (rêverie, identification, admiration, influence) au trépas du stéréotype. On saisit dans ce processus l'élaboration d'une défense et d'un réquisitoire, aspect de cette « dictature du sens » dont Philippe Lejeune a marqué l'importance dans la construction par Sartre de son récit d'enfance[1]. Défense d'avoir accepté personnellement une culture néfaste, celle des « belles-lettres ». Réquisitoire contre le grand-père qui doit devenir le médiateur principal, sinon unique, de cette aliénation.

Chutes

Nombre de références présentes dans les manuscrits disponibles ne réapparaissent pas dans le livre. Elles tiennent d'abord au contenu de la culture. La lecture des *Mots* impose l'image d'un Poulou réfugié dans la bibliothèque familiale, appréhendant le monde par l'imprimé, entre le dictionnaire, les aventures de « Charbovary », malgré un détour salutaire par les « vraies lectures ». Sartre a cependant donné dans les années 50 une extension plus vaste à la notion de culture que celle qui recouvre le seul savoir littéraire. A propos du Tintoret, qui « n'aura jamais le bagage des peintres courtisans », il écrit ainsi :

> Comment refuserait-on le nom de culture à cette patiente éducation des sens, de la main et de l'esprit, à cet empirisme traditionaliste qu'est encore, vers 1530, la peinture d'atelier[2].

Dans un discours prononcé à Moscou en juillet 1962, il reconnaît que « la technique est culture elle-même », avant de proposer cette définition générale : « La culture c'est, à mon sens, la conscience en perpétuelle évolution que l'homme prend de lui-même et du monde dans lequel il vit, travaille et lutte. »[3]

Le Poulou des manuscrits n'ignore pas une certaine forme de culture pratique, jusqu'à cette technique de l'apprenti évoquée dans les extraits ci-des-

1. Philippe Lejeune, « L'ordre du récit dans *Les Mots* de Sartre », *in* P. L., *Le Pacte autobiographique*, Seuil, 1975, p. 225 à 229.
2. Jean-Paul Sartre, « Le séquestré de Venise » (1957), in *Situations IV*, p. 318-319.
3. Id., « La démilitarisation de la culture » (1962), in *Situations VII*, p. 322-323.

sus. Il s'y trouve confronté par le biais du jeu : les manuscrits nous apprennent que l'enfant possédait un Meccano, que certes il n'aimait guère, à la différence de ses cousins, les fils de l'oncle Georges (Inv. 6, f° ITEM 48, f° SdB 110). On peut s'interroger sur la disparition de ce jouet dans le texte final : même évoqué sur le mode de la dénégation, ne serait-il pas trop lié à la culture pratique reconnue par un adulte lui aussi éliminé de l'ultime rédaction, le beau-père Joseph Mancy ? Plus littéraire, mais faisant encore appel au travail des mains et du corps, il faut aussi évoquer le théâtre de marionnettes qu'il édifie au jardin du Luxembourg et dont nous reparlerons plus loin. Il disparaît des *Mots* pour laisser le lecteur sur la certitude que les seules poupées de Poulou furent les livres de la bibliothèque.

On retire aussi de l'étude des manuscrits l'impression que Sartre, au fil des rédactions successives, a élagué nombre de précisions érudites pour ne pas surcharger son texte, pour éviter de donner trop crûment au lecteur un catalogue de références, reflet de la culture scolaire d'un enfant doué, favorisé dans ses repères par un milieu familial lui-même cultivé. Que l'on se reporte à l'index des mentions disparues du texte final, et l'on verra combien les manuscrits sont plus riches par exemple de références géographiques, plus précis sur les œuvres musicales qu'Anne-Marie joue au piano ou que Poulou reconnaît lors des séances de cinéma dans l'accompagnement des films muets. L'Histoire est aussi, dans la bouche du grand-père ou dans les livres de classe, évoquée de façon plus complète, des Guerres médiques à Gambetta. Se moquant ainsi de la mythologie du Progrès que véhicula le positivisme, Sartre évoque les images d'Épinal des manuels de l'école primaire, qui mettent sur le même plan de célébrité Parmentier (« qui a inventé la pomme de terre » – Inv. 6, f° ITEM 262, f° SdB 405) et Jeanne d'Arc. Seule cette dernière survit dans le texte final, réduite à une image de couverture des cahiers d'écriture. Napoléon Bonaparte, autre figure historique célèbre, est pris dans les manuscrits comme modèle par Poulou (Inv. 6, f° ITEM 118, f° SdB 239), et par un cordonnier qui perd la raison (Inv. 6, f° ITEM 316, f° SdB 476, et ms « Vian », f° 394). En 1964, Napoléon ne fait plus l'objet que d'une brève mention, tandis que le cordonnier de Sainte-Anne ne se prend plus pour l'empereur, mais pour un prince plus anonyme (p. 169-170).

La sélection des références historiques indique parfois nettement le travail de construction du sens qui sous-tend l'autobiographie. Par exemple, écrivant contre l'idéal de la république bourgeoise défendu par le grand-père, présenté, entre autres défauts, comme pétri de l'idéologie du parti radical, Sartre renonce, lorsqu'il s'attaque une nouvelle fois à l'idée de Progrès, à énumérer dans le détail la suite des révolutions qu'a connues la France à l'occasion justement des régimes républicains successifs. La prise de la Bastille est mentionnée dans le manuscrit « Beauvoir », f° 435 (Inv. 6, f° ITEM 291). Le manuscrit « Vian » énumère « le 14 Juillet, les

Trois Glorieuses, la Révolution de Février » (Inv. 8, f° 400). Mais on ne lira « officiellement » que ceci, en 1964 :

> Les grandes personnes nous racontaient l'Histoire de France : après la première République, cette incertaine, il y avait eu la deuxième et puis la troisième qui était la bonne : jamais deux sans trois (p. 190).

Passage ironique (une énumération plate, dévalorisée de surcroît par la banalité d'un dicton populaire), rapportant un discours stéréotypé qui omet totalement les événements révolutionnaires cités dans les manuscrits lors de ce même raccourci historique et politique. Reprendre ici les références aux insurrections parisiennes eût entraîné Sartre à formuler de façon plus nuancée son réquisitoire contre la réaction bourgeoise, en reconnaissant que le régime qu'elle instaura fut marqué par les temps forts de l'avancée démocratique. Mais c'était du même coup ruiner le réquisitoire contre le Progrès, contre le parti radical et contre le grand-père. Et puis le Sartre converti au communisme préférera garder dans son texte, en matière de Révolution, la seule référence à « la première révolution russe » (p. 55)[1].

On relèvera aussi, dans ce processus de restriction que nous venons d'illustrer à propos de l'Histoire, la réduction des références religieuses du manuscrit à l'imprimé, et en particulier des références bibliques. On verra ailleurs dans ce volume ce que l'on peut penser de la disparition du sous-titre « Abel » qui signalait la première partie de « Jean sans terre » et la disparition en miroir de Caïn « lançant des flèches aux étoiles »[2]. Même si subsiste en 1964 un des plus constants souvenirs d'enfance de Sartre, sa « composition française sur la Passion » rédigée pour l'abbé Dibildos (p. 85), le nom de Jésus, comme celui du Christ disparaissent, alors qu'ils sont présents – comme celui de Satan (F ITEM 2 de la vente Drouot mars 1995) – dans les manuscrits (« La Passion du Christ m'émut profondément », Inv. 6, F ITEM 407, F Ryb bs, et le commentaire de Poulou sur les souffrances de Charles Bovary : Inv. 6, F ITEM 2, f° SdB 47). Doit-on parler de la censure, exploitable dans une perspective psychanalytique, du *nom* des fils[3], des fils bibliques, ceux d'Adam et celui de Dieu, qui dans le cas d'Abel et de Jésus meurent au nom du père ? Sartre gardera en

1. Mais Sartre (signe de ses fluctuations politiques de 1953 à 1963 ?) gomme à l'occasion le lexique du marxisme orthodoxe. Le terme de capitalisme, présent dans les manuscrits (Inv. 6, F ITEM 322), ne réapparaît pas. Quant à une confession explicite du narrateur (« la masse sombre des ouvriers m'a révélé lentement ma propre classe », Inv. 6, F ITEM 413, F Ryb bx), elle disparaît aussi. Dans *Les Mots,* le terme de classe est immédiatement doublé par celui, moins connoté politiquement, de génération (p. 192). Une réflexion directe sur son rapport à « l'idée de lutte des classes », à son « intérêt idéologique », à l'alliance avec les « prolétaires » et « socialisme » (F ITEM 9 et 10 de la vente Drouot de mars 1995) est censurée par Sartre. Aucun de ces termes ou expressions politiques précis ne ressurgit dans le texte final.

2. Voir dans le présent volume le chapitre de Josette Pacaly, p. 359.

3. Le mot « fils » apparaît p. 22, à propos du Christ, orné d'une majuscule elle-même rajoutée à la version imprimée des *Temps modernes.*

revanche Énée, qui fléchit sous le poids d'Anchise, et ceci avec valeur de contre-exemple : « Je n'ai pas de Sur-moi » (p. 19)[1]. Une autre mythologie est ici convoquée, littéraire et latine : dans *La Nausée*, Sartre cite déjà Virgile dans le texte à propos d'Octave Blévigne[2]. Une autre censure fonctionne peut-être, qui n'aurait pas déplu à ce mécréant de Charles Schweitzer : celle de la religion. De même qu'il gomme certaines références scolaires, Sartre fait disparaître un surplus de références chrétiennes : les sacrements (« Je fis ma première communion à la chapelle du lycée Henri-IV », Inv. 6, F ITEM 407, F Ryb bs), les lectures pieuses de l'enfant (la *Fabiola* du cardinal Wiseman, ms « Vian », f° 224). Le processus de laïcisation du sacré, dénoncé à la fin des *Mots* comme la forme principale de la « névrose », s'incarnerait alors dans le geste même de l'écriture autobiographique, de plus en plus laïque au fil des versions. Cette fois encore « ce serait farce » – mais cohérent.

Dans le domaine de la culture strictement littéraire, on notera sans trop s'en étonner la disparition des précisions que donnent les manuscrits en matière de culture gréco-latine. C'est la culture de la khâgne et de l'École normale supérieure, que Sartre qualifiera de « très mauvaise » dans le film autobiographique tourné en 1972[3]. Eschyle, Sophocle et Virgile perdent leurs noms, ne survivant pour les deux derniers que par les personnages d'Énée et de Philoctète. Pour la culture classique, nous avons évoqué les avatars de Corneille, pour lequel les manuscrits font plus de place au *Cid* que le texte final, qui privilégie *Horace* et le corps-livre de son auteur. Le XIXe siècle est l'occasion dans les manuscrits de mentions ou même de portraits qui disparaîtront, comme cette évocation de George Sand, présentée lors de la rêverie de Poulou sur la biographie de Musset :

> Je me trouvais entre Elle et Lui, je voyais de profil une mante religieuse sous les apparences d'une petite femme en redingote (Inv. 6, F ITEM 251, f° SdB 394).

Une citation comportant (cas unique dans *Les Mots*) une référence éditoriale précise subit le même sort : un extrait d'une lettre de Flaubert à la même George Sand (Inv. 6, F ITEM 401 et 405, F Ryb bm et bq). Baudelaire, rapproché des Goncourt, de Huysmans et de Mallarmé, fait l'objet d'une mention qui ne réapparaîtra pas (Inv. 6, F ITEM 179, f° SdB 305). Mallarmé, sujet, on le sait, d'une longue étude inachevée rédigée avant l'autobiographie, est présenté de façon plus négative que dans cette étude et que dans le

1. Il faut noter que le tiret, présent dès le dactylogramme de « Jean sans terre », a été rajouté entre le texte des *Temps modernes* (où l'on peut supposer que c'est J.-B. Pontalis qui a substitué à la graphie sartrienne la graphie freudienne habituelle en français) et l'édition en volume. Signe de la volonté de Sartre d'insister sur l'image verticale d'un être pesant de tout son poids sur l'autre ?

2. Jean-Paul Sartre, *La Nausée*, in *Œuvres romanesques*, Pléiade, 1981, p. 112, et la note p. 1774.

3. *Sartre*, texte du film d'A. Astruc et M. Contat, Gallimard, 1977, p. 30.

texte de 1964. Il est pris dans le manuscrit « Beauvoir » comme porte-parole d'un idéalisme littéraire qui est rabâché par le grand-père :

> Le mot de Mallarmé : « Tout est fait pour aboutir à un livre », s'il *[le grand-père]* ne l'a pas *dit*, ce fut par hypocrisie ou par timidité. Mais il le pensait certainement (Inv. 6, f^os^ ITEM 231-232, f^os^ SdB, 373-374).

Sans parler des feuillets du manuscrit du *Flaubert* intercalés dans la liasse des « chutes » de celui des *Mots*, on se rend compte ici d'une convergence entre les recherches de Sartre sur son propre héritage culturel et celles qu'il mène parallèlement sur la situation de Gustave dans la succession des générations romantiques. Des références présentes dans le manuscrit des *Mots* et absentes du texte définitif se retrouveront reprises dans *L'Idiot de la famille*[1]. Sartre a travaillé en même temps à la biographie et à l'autobiographie : ces indices le confirment.

Les références à la littérature et à la philosophie du XXe siècle, qui indiquent davantage la culture du narrateur que celle prêtée à Poulou ou au grand-père, subissent elles aussi d'importantes réductions. Disparaissent en 1964 les noms de Barrès (« cette phrase barrésienne dont Cocteau a si bien dit qu'elle était immortelle d'avance », ms « Vian », f° 375, f° SdB 372 – Cocteau « survivra » dans la référence ironique à Minou Drouet, p. 116), de Raymond Aron (une mention critique, déjà biffée dans le manuscrit « Beauvoir » – Inv. 6, f° SdB 303), de Simone Weil (Inv. 6, F ITEM 266, f° SdB 409 – autre trait de laïcisation ?). Particulièrement importantes sont les chutes concernant des auteurs dramatiques : un commentaire critique d'une longue citation de Michel de Ghelderode (Inv. 6, f^os^ ITEM 183 et 184, f^os^ SdB 308 *bis* et *ter*) et l'extrait d'une réplique d'un personnage de Montherlant (Inv. 6, f^os^ ITEM 181-182, f^os^ SdB 307-308). Sartre poursuivait son œuvre théâtrale dans les années 50 : ces fragments montrent au moins qu'il se tenait au courant des écrits d'autres dramaturges, fussent-ils comme l'auteur de *La Reine morte* aux antipodes de son esthétique et de son idéologie.

On aura constaté par ces différents exemples que l'abandon, dans la version finale des *Mots*, de certaines références culturelles obéit à des motivations variées. Sartre opère des choix conscients d'écrivain en éliminant l'érudition, préférant jouer avec son lecteur au jeu des connivences et de l'implicite. Cela relève du travail du « style », tel qu'il le définit en reve-

1. C'est le cas de la référence à la pièce de Montherlant *Celles qu'on prend dans ses bras ou les chevaux de bois* (1950). Les propos de l'antiquaire Ravier (acte 1, scène 1), cités et commentés en Inv. 6, F ITEM 181, f° SdB 307 (voir l'index), ne sont pas repris en 1964 mais réapparaissent au tome III de *L'Idiot de la famille*, en 1972. Ils sont, malgré les guillemets, l'objet d'une reformulation qui montre que Sartre, à l'instar de son grand-père, était capable de digérer et de régurgiter ensuite une culture orientée pour les besoins de ses démonstrations : « Plus platement qu'André Gide, un antiquaire nommé Ravier, porte-parole de Montherlant, dira cent ans plus tard : "Je n'aime pas les hommes, j'aime ce qu'ils font". » Cette phrase est une citation de *L'Idiot de la famille* (*L'Idiot de la famille*, t. III, p. 328).

nant plus tard sur sa façon d'écrire cet « adieu à la littérature »[1]. On pourra aussi évoquer des censures moins délibérées[2]. Il faut enfin noter, comme pour les variantes, une constante volonté de cohérence argumentative qui lui fait impitoyablement éliminer les éléments qui contreviendraient à l'image qu'il construit de son enfance et de ses aliénations. De ce point de vue, la plus spectaculaire « chute » (au sens que l'on donne à ce terme lors du montage d'un film) reste celle de l'épisode de Poulou organisant des spectacles de marionnettes au jardin du Luxembourg. Un avant-texte de « Jean sans terre » confirme ce qu'avait depuis longtemps supposé Philippe Lejeune[3] : ce souvenir d'enfance qui apparaît dans les écrits de la drôle de guerre et qui revient dans les entretiens de 1974 avec Simone de Beauvoir[4] n'avait nullement été « oublié » lors de la rédaction de l'autobiographie. Le narrateur, dans ce manuscrit, y trouve même l'annonce de ses futurs plaisirs d'auteur dramatique :

> J'étais séducteur. Quelle ardeur. Plus tard, quand j'ai vu le public rassemblé devant une de mes pièces ou conférences, souvent je me demandais si je n'étais pas fou de rassembler des gens pour leur parler de mes idées. A l'époque, ça me paraissait naturelle *[sic]*. Je n'avais pas encore perdu l'heureuse audace que donne la beauté (Inv. 10, F ITEM 10).

On sait qu'au contraire le Luxembourg, à la fin de la première partie « Lire », est en 1964 le lieu de l'exclusion et de la solitude : « Il y avait une autre vérité »... (p. 111). *Exit* la ronde des « fiancées », avec « la petite Nicole ». *Exit* l'image d'un Poulou réussissant enfin à séduire par ses propres mérites un autre public que celui des adultes, des membres d'une famille complaisante à ses « singeries ». Sartre n'aurait pas pu, en gardant cet épisode, affirmer jusqu'au bout qu'il détestait son enfance « et tout ce qui en survit » (p. 135). Contre l'évocation d'une praxis aboutissant à une communication directe avec autrui, et à une reconnaissance positive, est ici choisie une thématique de la mort et de la passivité.

Citations

Aussi bien dans les variantes que dans les références retranchées de la version finale, on reste frappé par le nombre de citations que Sartre insère dans ses manuscrits. Celles-ci forment une sorte de dictionnaire des idées

1. « Je voulais qu'il y ait des sous-entendus dans chaque phrase, un ou deux sous-entendus, et par conséquent que ça frappe les gens à un niveau ou à un autre » (p. 276 des *Entretiens* (1974) faisant suite à *La Cérémonie des adieux* de Simone de Beauvoir, Gallimard, 1981).
2. Voir ici Josette Pacaly, *Sartre au miroir*, Klincksieck, 1980, et sa contribution au présent volume.
3. Philippe Lejeune, « Les souvenirs de lectures d'enfance de Sartre », p. 61 à 66. Voir aussi dans le présent volume, p. 73.
4. Voir Jean-Paul Sartre, *Les Carnets de la drôle de guerre*, Gallimard, 1983, p. 320-322, et les *Entretiens* de 1974, *op. cit.*, p. 371.

reçues en matière d'idéologie morale et littéraire, une résurgence sur le mode ironique des sentences recueillies dans le *Carnet Midy*[1] ou le carnet de l'Autodidacte. Par rapport au texte retenu (est-ce là une forme de l'adoucissement dont Sartre parlait en évoquant la genèse du livre ?) la voix du grand-père prend une importance déterminante. C'est lui qui parle (de) la culture. C'est par sa voix que la névrose investit Poulou. On connaît dans *Les Mots* la place quasi magique que tient le lieu par excellence de la transmission du savoir, la bibliothèque de Karl. Les manuscrits, si l'on peut dire, en rajoutent dans le mythe, en mettant l'accent sur l'efficacité, plus forte que la simple lecture, de la parole du vieillard. Ils multiplient à son propos des fragments de discours direct (souvent liés dans l'écriture sartrienne à une volonté satirique) reconstitués avec une mauvaise foi qui frôle l'acharnement. Le narrateur lui prête ainsi des commentaires sur le *Prométhée mal enchaîné* de Gide (Inv. 6, F ITEM 189, f° SdB 313), qui date de 1899, ce qui est chronologiquement possible, mais aussi sur un fragment de *Celles qu'on prend dans ses bras* de Montherlant *(ibid.)*, une pièce jouée en 1950, alors que Charles Schweitzer est mort en 1935 :

> Même l'ignoble réflexion de Montherlant, il l'eût acceptée sans sourciller mais en y ajoutant, j'imagine, ce commentaire qui en détruit la portée : « C'est toute notre grandeur d'être hideux et de fabriquer des objets insignes dont la beauté finit par déteindre sur nous » (Inv. 6, f^os ITEM 189-190, f^os SdB 313-314).

On trouve la même reconstruction d'un commentaire non réellement tenu à propos d'une citation de Mallarmé que nous avons déjà mentionnée (Inv. 6, f^os ITEM 231-232, f^os SdB 373-374). Les manuscrits se font l'écho des propos (ridicules) de Karl sur Rembrandt (Inv. 6, F ITEM 192, f° SdB 316), sur *La Petite Fadette* (ms « Vian », f° 244, f° SdB 217, f° ITEM 250), sur la *Daphné* de Vigny (Inv. 6, F ITEM 4, f° SdB 52 *bis*), sur Pascal (Inv. 6, F ITEM 188, f° SdB 312). Vecteur de la culture, grand prêtre des belles-lettres, il est dénoncé explicitement dans les manuscrits comme quelqu'un qui détourne son savoir tout en le transmettant, détournement opéré en vue de manipuler Poulou, de le retourner « comme une peau de lapin ». Karl – c'est un point essentiel des griefs que lui adresse Sartre – ne respecte pas la lettre ni l'esprit de ce qu'il transmet à son petit-fils :

> Il défigura mille autres sentences pour les incorporer, méconnaissables, virulentes encore, à son humanisme protestant (Inv. 6, f^os ITEM 190-191, f^os SdB 314-315).

A propos du « mot de Mallarmé », la critique se fait agressive, allant jusqu'à l'insulte :

> Mon grand-père me nourrissait de ses conneries. Il me les mâchait d'abord et les faisait passer de sa bouche à la mienne (Inv. 6, f° SdB 373).

1. Édité par M. Sicard en appendice du volume de Sartre, *Écrits de jeunesse,* M. Contat et M. Rybalka (éd.), Gallimard, 1990.

Si la culture est innutrition, Karl joue ici le rôle d'un pélican maléfique. L'enfant-oiseau est nourri d'une viande prédigérée qui l'empoisonnera. La violence de cette image – accompagnée d'une chute délibérée dans le niveau de langue – livre une clef de l'écriture des *Mots*. Elle confirme, ce dont on pouvait se douter, qu'il ne faut pas voir dans la figure du grand-père Schweitzer un simple personnage, avec tout le pittoresque lié d'ordinaire à la figure de l'aïeul dans le récit d'enfance, mais une fonction. *Les Mots* ne relèvent-ils pas aussi du conte de fées, un genre que Sartre pratiqua dès ses écrits de jeunesse[1] ? La fonction d'opposition que Wladimir Propp a isolée dans sa *Morphologie du conte* convient particulièrement à ce que les manuscrits nous livrent du rôle de Karl[2]. S'il continue la série des « salauds » qui traverse l'ensemble de l'œuvre sartrienne, il est aussi un ogre qui peut mettre en péril le vie du petit héros, qui le trompe en tout cas et le manipule pour le perdre. Du point de vue de la vraisemblance (ne parlons pas de la vérité de ce roman familial) des rapports entre grand-père et petit-fils, il faut lire ou écouter Sartre ailleurs que dans *Les Mots*. Sa mère lui reprochait de « n'avoir rien compris à son enfance ». Lui-même conviendra de l'excès de sa violence vis-à-vis de l'aïeul. Par exemple, dans les manuscrits, Karl dit des bêtises sur la peinture :

> « Rembrandt a peint des singes. Est-ce à l'espèce simiesque d'apprécier leur portrait ? » (Inv. 6, F ITEM 192, f° SdB 316).

Dans les *Entretiens* de 1974, le petit-fils réhabilite au contraire un homme qui lui fit découvrir les musées :

> J'ai pris connaissance de certains tableaux la première fois que je suis entré au Louvre ; j'avais seize ans, j'étais à Paris, mon grand-père m'a emmené au Louvre, m'a montré des tableaux en les commentant avec des discours un peu interminables et un peu ennuyeux. Mais enfin, ça m'avait intéressé [...] Mon grand-père a dû me parler de Cézanne[3].

Dans l'autobiographie parlée, malgré les réserves émises sur ses « discours un peu interminables », Karl retrouve une fonction positive de pédagogue, une fonction d'initiateur bienfaisant qui lui est refusée dans l'autobiographie écrite (où cette fonction est dévolue à l'unique Anne-Marie, figure de la bonne fée opposée à celle de l'ogre). On trouve aussi dans *L'Idiot de la famille* ce passage qui montre, à propos de Leconte de Lisle, combien les idées reçues qui sortent de la bouche d'un vieillard n'ont guère eu d'influence sur la personnalité de l'auteur :

> Je me souviens d'avoir lu ses *Poèmes* au sortir de l'enfance ; puis relu pendant mon adolescence : je les jugeais rébarbatifs, leur solennité fruste me déplaisait ainsi que

1. Jean-Paul Sartre, *Écrits de jeunesse*, Gallimard, 1990 : voir dans « Une défaite » le conte que Frédéric invente pour les enfants de Cosima, p. 235 sq., et « La Belle et la Bête », p. 339 à 347.
2. Wladimir Propp, *Morphologie du conte*, Seuil, coll. « Points », 1970, p. 96 (sur la « sphère d'action » de l' « agresseur » ou du « méchant »).
3. *Entretiens* de 1974, p. 287-288.

> je ne sais quel orgueil sombre [...] pour moi, c'était un grand-père qui développait habilement de vieux thèmes éculés, qu'on se refile de génération à génération : la vie est un songe, la mort est la vérité de la vie ; mieux vaut mourir que vivre ; plutôt que mourir, fût-ce au berceau, mieux vaut n'être jamais né ; l'homme est un loup pour l'homme, la douleur est le lot de l'humanité. Tout cela ne m'émouvait guère : c'était la Sagesse des nations ; j'y voyais un prétexte à des développements littéraires qui ne me touchaient pas plus que les discours blancs que faisaient mes professeurs au jour de la distribution des prix[1].

Mais le grand-père des manuscrits des *Mots* est plus redoutable : il vit, se nourrit, et nourrit Poulou de la culture des autres. Il est à la fois vampire et pélican. Nous lisons dans ces fragments disparates le recueil mutilé d'une anthologie (une spécialité de Karl) de la culture humaniste qui ressuscite la figure de l'Autodidacte (ce que le grand-père n'est pas) en noircissant délibérément les dangers de celle-ci. Poulou n'a pas en effet les défenses de l'adulte Roquentin : il n'est plus que « l'enfant que [son] grand-père a fait à la Culture française » (Inv. 12, f^{os} ITEM 3 et 20). La transmission de cette culture passe par une vaste chaîne de reformulations, avec des phénomènes de *fading*, un jeu dangereux d'interprétations et dans une constante polyphonie.

Dans le champ général des références littéraires ou artistiques, les manuscrits des *Mots* permettent l'analyse de la place et de la fonction des citations, domaine particulier de ce champ. Les plus frappantes de ces citations relèvent de la sentence (« Tout est fait pour aboutir à un livre »). Le grand-père les utilise de façon classique, en humaniste, avec une valeur d'autorité. Le narrateur au contraire, par le jeu de l'énonciation ironique, en dénonce la vanité. C'est dire que Sartre réussit à couvrir, « de l'éloge à l'outrage », toutes les situations possibles de la citation, de la *laudatio* d'Aulu-Gelle au rejet de Claude Mauriac (« la citation, c'est un piège à cons ») – selon la typologie esquissée par Antoine Compagnon[2]. Karl et Poulou travaillent, modifient, commentent, extrapolent leurs références, illustrant de concert la formule de Montaigne : « Nous ne faisons que nous entregloser. » De ce point de vue les manuscrits, mieux que le texte définitif, exposent une des constantes de l'écriture sartrienne : la conscience du tissu intertextuel et le travail de la parodie[3]. Mais ce travail de digestion et de régurgitation de la parole des autres ne rend-il pas compte de la propre pratique du petit-fils de Charles Schweitzer ? Michel Butor le remarquait à propos des essais critiques de l'auteur de *La Nausée* :

> Chez Sartre, il y a, dans la façon dont il utilise les citations, un côté *explication de textes* : il prend une citation pour essayer d'en faire sortir le plus possible[4].

1. Jean-Paul Sartre, *L'Idiot de la famille,* t. 3, Gallimard, 1972, p. 383-384.
2. Antoine Compagnon, *La Seconde Main, ou le travail de la citation,* Seuil, 1979, p. 49.
3. Travail en partie analysé par Geneviève Idt, « L'autoparodie dans *Les Mots* de Sartre », in *Cahiers du XXe siècle,* n° 6, Klincksieck, 1976, p. 53 à 86. Voir aussi sa contribution au présent volume.
4. Michel Butor, « Une technique sociale du roman », in *Obliques,* « Sartre et les arts », 1981, p. 68.

Dans les manuscrits des *Mots* coexistent ainsi « l'explication de textes » (sur Montherlant, sur Ghelderode) et la revue carnavalesque des idées reçues destinée comme chez Flaubert à exorciser une bêtise dont l'auteur ne s'exclut pas. En le formant à penser sur la pensée d'autrui, Charles Schweitzer n'a-t-il pas donné à Poulou les moyens de penser et d'écrire, fût-ce contre lui-même ? Une nouvelle fois, « ce serait farce ». Cela donnerait un sens nouveau à la formule mal comprise selon laquelle, malgré ses détracteurs, « l'existentialisme est un humanisme ».

Culture

Poulou est donc fils du grand-père et de la Culture française. A la différence d'Anne-Marie, la mère-fée, cette mère-là est mauvaise : elle dépossède l'enfant de son identité. Elle est peinte sous des couleurs plus inquiétantes dans les manuscrits que dans le livre, comme en témoigne cette comparaison empruntée au domaine de la technique (rappelons que ces références à la culture de l'ingénieur seront censurées dans la rédaction finale) :

> La culture, je la voyais à l'époque comme un fil de fer traversé par un courant à haute tension ; je lèverais le doigt, je le poserais sur ce fil et je flamberais jusqu'à l'os (Inv. 6, F ITEM 194, f° SdB 318).

C'est une mère dévorante, frappant son fils de la foudre comme un Jupiter terrible. Une divinité qui exige, comme dans l'ancienne Carthage chère à Flaubert, la crémation des premiers nés. Si c'est une fée, cette « fée électricité » n'a plus rien de féerique : elle tue. Le texte final (autre signe d'un adoucissement de celui-ci ?) délaisse le feu pour l'eau, élément incontestablement plus maternel : « Je voulais prendre des bains de culture » (p. 61) déclare un narrateur moins voué au martyre, après avoir livré cette autre métaphore aquatique :

> La culture m'imprègne et je la rends à la famille par rayonnement, comme les étangs, au soir, rendent la chaleur du jour (p. 35).

Entre les deux rédactions, l'éclair s'est abîmé dans un lac. Reste comme dénominateur commun l'image d'une possession totale, celle d'un Poulou... grillé ou réduit à l'état d'éponge, signes d'une égale aliénation.

Les mots de la culture, ses références et ses citations réduisent le moi de l'enfant à n'être que le réceptacle d'une collection d'objets hétéroclites. Plutôt que la tête bien faite, Poulou a la tête mal remplie. On peut citer ici les variantes d'un même passage dans trois états successifs de sa rédaction : Sartre nous y dévoile la cervelle de Poulou sous forme d'un inventaire à la Prévert :

[Version n° 1] :

> Un aliéniste de l'époque se fût aisément glissé dans ma tête ouverte à tous les vents ; il y eût rencontré, comme dans la Siegesallee de Berlin, les bustes de nombreux militaires, de saints, de ministres et d'inventeurs – celui de Jeanne d'Arc,

> entre autres, qui nous sauva des Anglais et celui de Parmentier qui nous donna la pomme de terre – des maximes de civilité gravées sur les socles, une foi religieuse qui languissait un peu, des notions d'histoire et de littérature, une table de multiplication entièrement fausse, 33 départements avec les chefs-lieux mais sans les sous-préfectures, quelques rêves sadiques, des mouvements de coquetterie et de servilité, du zèle (ms « Beauvoir », f° 405 = Inv. 6, F ITEM 262, f° SdB 405).

[Version n° 2] :

> Si quelqu'un se fût, à l'époque, introduit dans ma tête ouverte à tous les vents, il y eût rencontré quelques bustes, une table de multiplication aberrante, trente-deux départements avec chefs-lieux mais sans sous-préfectures, des monuments historiques et littéraires et des reproductions de tableaux, quelques maximes de civilité gravées sur des stèles et parfois, écharpe de brume traînant sur ce triste jardin, une rêverie sadique (ms « Vian », f° 392).

[Version n° 3] :

> Si quelqu'un se fût introduit dans ma tête ouverte à tous les vents, il y eût rencontré quelques bustes, une table de multiplication aberrante et la règle de trois, trente-deux départements avec chefs-lieux mais sans sous-préfectures, une rose appelée rosarosarosamrosaerosaerosa, des monuments historiques et littéraires, quelques maximes de civilité gravées sur des stèles et parfois, écharpe de brume traînant sur ce triste jardin, une rêverie sadique (texte final des *Temps modernes* et en volume, p. 170).

D'une version à l'autre, on notera le processus de réduction des références érudites que nous avons déjà signalé. Si la rédaction finale réintroduit une déclinaison latine, c'est moins en hommage à la culture classique qu'elle symbolise que, sans doute, par référence implicite à une célèbre chanson de Jacques Brel publiée en 1962 dans laquelle le chanteur se moque du latin de ses jeunes années sur un air de tango. On tient là un des effets de connivence qui fait le charme de la version définitive des *Mots*[1]. Mais la version « Beauvoir » (le premier état connu de la rédaction de ce passage) joue plus que les suivantes sur l'accumulation cocasse d'objets et d'éléments précis. On se croirait revenu dans l'appartement du Bergère de « L'Enfance d'un chef ». Derrière ce comique d'accumulation se cache, on le devine, un réquisitoire : pour Sartre la culture scolaire aboutit à un moi réduit à une collection dénuée de tout principe d'organisation, l'inverse d'une conscience.

Les mots de la culture, la voix de Karl entrent dans Poulou « comme dans un moulin ». « Ça parle dans ma tête. » En rédigeant *Les Mots*, Sartre, prenant conscience des mécanismes de la détermination culturelle, remet en question sa propre conception du rapport au langage. Cette pro-

1. Signalons cependant qu'une autre chanson, *Si tu t'imagines...*, un texte de R. Queneau immortalisé par Juliette Gréco, fait l'objet d'une citation dans un manuscrit (Inv. 6, F ITEM 285, F SdB 429) et disparaît dans le texte final. La cause de cette censure est ici à rechercher dans la volonté de ne pas évoquer les années d'École normale (et la personne de Simone Jollivet, à qui se rapporte sans doute cette chanson) dans le récit d'enfance.

blématique plus vaste (l'ustensilité de la langue) restait marquée jusque-là par l'optimisme défini dans *Qu'est-ce que la littérature ?* (la prose est « utilitaire par essence », les mots restent des outils que le sujet maîtrise pour agir sur le monde). Sartre choisit ici l'hypothèse d'un déterminisme plus sombre, qui se précisera dans des textes postérieurs à l'autobiographie. On rapprochera ce qui précède de l'analyse, en 1971, du rapport à la parole de Gustave Flaubert enfant :

> Il *est parlé* : les mots viennent des adultes, entrent en lui par l'oreille et le désignent comme un certain objet incommensurable avec le flot inerte du vécu [...] Retenu, déchiffré, enregistré par la mémoire, le mot reste la *parole de l'autre* et le sens ne se distingue pas du son, c'est-à-dire de la voix qui l'a proféré [...] Le langage est la forme essentielle de son aliénation : c'est ce qui l'empêche d'en saisir le caractère « conventionnel ». La parole, c'est la Mère en lui, et c'est le Père, tout-puissants ; si c'est lui qui en use, il la sent comme une régurgitation[1].

On retrouve avec cette « régurgitation » la métaphore de la nourriture que nos manuscrits employaient pour désigner la transmission de la culture entre grand-père et petit-fils. Que dire, sinon que Poulou trouve un double plus noir en Gustave, et que l'écriture sartrienne, dans sa dynamique et la multiplicité de ses registres, n'oublie rien de ses hypothèses successives. Cette évocation presque lacanienne d'un homme qui ne parle pas mais qui « est parlé »[2] ne pouvait être soutenue jusqu'au bout dans *Les Mots* sans remettre en question de façon radicale la liberté du héros, qui devenait ainsi le contre-exemple privilégié des thèses de *L'Être et le Néant* sur le projet originel. C'eût été farce. Le texte final prend donc le soin de préciser :

> La voix de mon grand-père, cette voix enregistrée qui m'éveille en sursaut et me jette à ma table, je ne l'écouterais pas si ce n'était pas la mienne, si je n'avais, entre huit et dix ans, repris à mon compte dans l'arrogance, le mandat soi-disant impératif que j'avais reçu dans l'humilité (p. 135).

Le passage se lit déjà dans le manuscrit « Vian » (f° 292), qui rajoute cependant une phrase biffée : « Voici comment je suis devenu fou. » Cette rature semble confirmer que les premières mises en texte de Poulou lui accordent moins de liberté que la version finale. Dans les retouches de l'autoportrait se superposent et se combattent le modèle passé du petit Genet, celui qui revendique à la face du monde « Je serai le Voleur », et le modèle futur du petit Gustave qui écrira justement les *Mémoires d'un fou* et aura à Pont-l'Évêque la crise que l'on sait. L'autobiographie fait transition ici entre la dernière biographie existentielle et l'application de la méthode « progressive-régressive » au cas Flaubert, sans solution de continuité.

1. Jean-Paul Sartre, *L'Idiot de la famille,* t. 1, Gallimard, 1971, p. 362-363.
2. Id., *L'Idiot de la famille,* t. 2, Gallimard, 1971, p. 1977. Dans une note en bas de cette page, Sartre avertit néanmoins son lecteur que, pour un individu ordinaire (*i.e.* autre que Gustave), le rapport à la parole doit se penser en termes dialectiques.

Nous terminerons par un retour à la voix du grand-père, plus bavarde, plus prenante et plus aliénante dans les manuscrits que dans le texte imprimé. On trouve dans l'œuvre de Sartre une autre mise en texte significative de la transmission du savoir et de ses échecs, lors de la discussion qui oppose dans *Les Mouches* le Pédagogue à Oreste :

> LE PÉDAGOGUE – Que faites-vous de la culture, Monsieur ? Elle est à vous, votre culture, et je vous l'ai composée avec amour, comme un bouquet, en assortissant les fruits de ma sagesse et les trésors de mon expérience. Ne vous ai-je pas fait, de bonne heure, lire tous les livres pour vous familiariser avec la diversité des opinions humaines et parcourir cent états, en vous remontrant en chaque circonstance comme c'est chose variable que les mœurs des hommes ? A présent vous voilà jeune, riche et beau, avisé comme un vieillard, affranchi de toutes les servitudes et de toutes les croyances, sans famille, sans patrie, sans religion, sans métier, libre pour tous les engagements et sachant qu'il ne faut jamais s'engager, un homme supérieur enfin, capable par surcroît d'enseigner la philosophie ou l'architecture dans une grande ville universitaire, et vous vous plaignez ?
>
> ORESTE – Mais non : je ne me plains pas. Je ne peux pas me plaindre : tu m'as laissé la liberté de ces fils que le vent arrache aux toiles d'araignée et qui flottent à dix pieds du sol ; je ne pèse pas plus qu'un fil et je vis en l'air[1].

Oreste revendiquera de peser enfin sur terre par un acte, fût-il criminel. L'humanisme à la Montaigne du Pédagogue (il s'avoue virtuose de « l'ironie sceptique ») entraîne comme l' « l'humanisme protestant » de Karl une dissolution du moi, ici par évaporation. Les manuscrits des *Mots*, plus que le texte final qui réhabilite la culture dans ses dernières pages (« la culture ne sauve rien ni personne, elle ne justifie pas. Mais c'est un produit de l'homme : il s'y projette, s'y reconnaît ; seul, ce miroir critique lui offre son image » – p. 205), présentent au lecteur une rétrospection pessimiste sur une notion cardinale, terrain privilégié des contradictions sartriennes.

INDEX THÉMATIQUE DES RÉFÉRENCES CULTURELLES DANS LES MANUSCRITS DES *MOTS*

Ne sont répertoriées ici que les références originales par rapport au texte de 1964, ou présentant des variantes significatives. Un système d'abréviations est utilisé pour donner des repères sur :

1 / L'*énonciation ;* Quand le passage s'y prête, il est intéressant de signaler quelle voix « parle culture ». On distinguera ici :

(N) = le Narrateur adulte ;
(P) = le Personnage Poulou ;
(K) = Karl, le Grand-Père.

1. Id., *Les Mouches,* acte I, scène II, Édition Folio, p. 122-123.

2 / Les *manuscrits ;* ils sont numérotés suivant l'ordre précisé au début de ce volume, à savoir :

(3) = Dactylogramme de « Jean sans terre » ;
(4, 5, 7, 10, 11, 13) = Avant-textes de « Jean sans terre » ;
(6) Ensemble « Bost » ;
(12) Ensemble « Orléans » (foliotation ITEM) ;
(8) = Manuscrit « Vian ».

Le numéro du folio est indiqué par la mention f° ou F avec la mention abrégée de l'origine de la foliotation : SdB pour Simone de Beauvoir, MV pour Michelle Vian, Ryb pour Michel Rybalka, ITEM pour l'équipe Sartre de l'Institut des textes et manuscrits modernes/CNRS – un même folio physique pouvant avoir plusieurs foliotations.

3 / La *place dans le texte de 1964 :* (p. ...) indique la page de l'éd. Folio des *Mots* (tirage 1991).

I – *RÉFÉRENCES REPRISES AVEC VARIANTES SIGNIFICATIVES EN 1964*

(Le recensement part ici de la mention dans le texte de 1964. Après le signe / sont indiquées les mentions antérieures repérables dans un ou plusieurs manuscrits.)

LITTÉRATURE

Antiquité

Horace : p. 129, p. 154 (P) / « profanum vulgus » (8, f° 59) (les « personnes rassises ») + (8, F ITEM 274, F SdB 238, F MV 268) (P).
Térence : p. 43 (P), « je suis homme... » p. 49 (K) / [Variations sur cette maxime de l'*Heautontimoroumenos*] : (8, f° 73-74) (6, F ITEM 3, F SdB 48 et F ITEM 348, F Ryb q) (K).

Moyen Age

Sachs Hans : Thèse de Karl, p. 12 / Statuette vue par Poulou : (8, f° 280).

XVIe et XVIIe s.

Shakespeare : (K) p. 53 ; p. 130 / « Je me prends pour S. » (P) (6, F ITEM 29, F SdB 77).
Corneille : (P) p. 46, 55, 58, 60-61, 132, 139, 147, 162 / *Le Cid* (P) (3, f° 41) ; (N) : « l'obscure clarté » (6, F ITEM 295, F SdB 439).
Molière : p. 133, 165 (P) / (6, F ITEM 32, F SdB 80) (P).
Pascal : « le masque de Pascal mort » (P) p. 197 / « ange » et « bête » (N) (8, F SdB 124, MV 183, F) ; « le méchant homme » (K) (6, F ITEM 187-188, F SdB 312).

XVIIIe s.

Rousseau : p. 165-166 (P), p. 181 (« la statue de JJR ») (P) / « Hommes inégaux par nature » (antiphrase du N) (8, F SdB 169, F MV 204) ; « bon sauvage » (N) 6, F ITEM 66, F SdB 151 + F ITEM 177, F SdB 304 ; F ITEM 168, F SdB 292) (cf. Voltaire)
Voltaire : p. 58 (N), p. 143 (P) / Voltaire et Rousseau « utiles » (P) (6, F ITEM 168, F SdB 292).
Chateaubriand : p. 55 (P), p. 62 (N), p. 136 (N cite en épigraphe la « machine à faire

des livres » : voir pour l'identification de cette citation l'analyse de Jacques Lecarme dans le présent volume p. 208) / « cet autre rabougri » (P) (8, f° 288).
Goethe : les thèmes de K p. 56, exemple de thème ridicule tiré de *Werther*, p. 34, p. 133 (P) / « Werther aima pour moi » (P) (6, F ITEM 198, F SdB 323) ; Vie et œuvre de Goethe : « c'était l'époque où on expliquait que les erreurs mêmes de Goethe étaient exigées par sa future grandeur » [forme de l' « illusion rétrospective »] (12, F ITEM 68).

XIXe s.

Musset : p. 60 (P), « les chants désespérés... » (P), p. 152, p. 199 (P) / « les chants désespérés... » (P) (6, F ITEM 210, F SdB 337) ; Vie de Musset et rencontre de G. Sand (6, F ITEM 249-252, F SdB 392-395) : voir références censurées ; « j'enviais Musset, Vigny, beaux arbres secoués par le vent de l'inspiration » (P) (6, F ITEM 361, F Ryb ab).
Hugo : p. 22 (K + N « l'art d'être grand-père »), p. 24-25 (N : parodie de « Jeanne était au pain sec »), p. 51 (K), p. 53 (P), p. 55 (K), p. 110 (N), p. 143 (P), p. 199 (P) / « guidé par un grand mort, par Hugo : j'appartiens sans doute à la dernière génération qu'il ait directement influencée » (N) (4, F ITEM 3) ; [références précises] : *L'art d'être grand-père* (6, F ITEM 120, F SdB 241, F Ryb 131) ; *Le petit roi de Galice*, [*Légende des siècles XV*] (6, F ITEM 149, F SdB 273) ; *Les Misérables* (10, F ITEM 11). Voir aussi à Bible (la figure de Caïn).
Flaubert : *Madame Bovary*, p. 48, 51, 56, 89 (P) + 131 (K) 146 (N) / Citation d'une lettre à G. Sand (6, F ITEM 401 et 405, F Ryb bm, bq) (voir références censurées).
Renan : p. 132 (K) / voir références censurées.
Zola : p. 144 (N) / [réf. précise à *J'accuse*] (6, F ITEM 171, F SdB 295).
Mallarmé : p. 54 (N) / voir références censurées.

XXe s.

Rostand : *Chantecler* p. 147 (P) / « J.-P. Sartre... ; notre Chantecler » (6, F ITEM 214, F SdB 344).
Gide : *Les Nourritures terrestres* (découvertes par D. de Fontanin) (N) p. 54 / Reprise à son compte et commentaire par K (imaginé par N) d'une citation du *Prométhée mal enchaîné* : « Cet aigle qui dévore l'homme, m'eût-il expliqué, n'est autre que l'homme lui-même. C'est pour cela qu'il faut être humaniste » (6, F ITEM 189, F SdB 313). Pour la citation elle-même, voir références censurées.
Cocteau : C. parle de Minou Drouet (N) p. 116 / C. commente une phrase de Barrès (9, F MV 375, F SdB 372) ; voir réf. censurées (Barrès).
Sartre : Œuvres critiques : « sur Baudelaire, sur Flaubert je m'exprime sans détour » (N) p. 58 / « Baudelaire, Flaubert, Tintoret » (N) (8, f° 102).

[Œuvre sur la mer, rêvée par Poulou] : J.-P. Sartre « le poète de la mer » (P ?) p. 154 / [Rêve développé dans les mss : description de la mer à Arcachon = référence cachée à une aventure sentimentale douloureuse : « la séparation de Nevers »] (P ?) (8, F MV 347 et 348, F SdB 342) + (6, F ITEM 195, F SdB 320) + (12, F ITEM 27 et 35).

PHILOSOPHIE

Bergson : Traversée du lac de Genève (K) p. 26 / le professeur parle du « fleuve de la conscience » (P) (8, F MV 403, F SdB 440).

MUSIQUE

Chopin : mère au piano « les ballades de Chopin » (P) p. 104 / « la première Ballade de Chopin » (P) (6, F ITEM 72 et 73, F SdB 188 et 189, F MV 234) ; « les Ballades de Chopin se désenchantaient » (P) (6, F ITEM 122, F SdB 122).

PEINTURE

Rembrandt : livre de K, p. 43, p. 51 (K), p. 165 / « R. a peint des singes. Est-ce à l'espèce simiesque d'apprécier leur portrait ? » (discours de K sur la culture) (6, F ITEM 192, F SdB 316).

HISTOIRE

Jeanne d'Arc : sur la couverture des cahiers (P) p. 173 + la chevelure de Bercot (P) p. 182 / [association ironique avec Parmentier] (6, F ITEM 262, F SdB 405) + (6, F 386, F Ryb ay).

Histoire du XIXe s. : vers la IIIe République p. 190 / voir réf. censurées (Révolutions).

CINÉMA

Séance à la salle du Panthéon : (P) pancarte annonce la « fin de la première partie » p. 100 / « la suite au prochain numéro » (8, f° 198, F SdB 162).

Id. : comparaison avec le Stalag (N) p. 101 / Comparaison avec les abris (N) (8, F MV 199, F SdB 163).

Id. : présentation différente (moins positive ?) de l'influence du cinéma : « Par la faute du cinéma, j'ai risqué de me noyer dans les rêves » (3, f° 37).

INSTITUT

Lyon-Caen : (P + K) « sa place était à l'Institut » p. 77 / [caricature d'académicien en habit vert] (8, f° 147 et f° 152). [Charles-Léon Lyon-Caen (1843-1935) fut doyen de la Faculté de droit de Paris en 1906 et secrétaire perpétuel de l'Académie des sciences morales en 1918].

II – *RÉFÉRENCES NON REPRISES EN 1964*

LITTÉRATURE

Antiquité

Eschyle : (N) « Eschyle et Rabelais n'attirent pas [un enfant ordinaire] : ce sont des exceptions, des figures de musée qui ne ressemblent pas à son père » (6, F ITEM 29, F SdB 77).

Sophocle : (P) « il fallait être Sophocle, Cervantès ou rien » (6, F ITEM 10, F Ryb 56a).

Virgile : [Credo culturel de Karl] « Cette conviction remonte à l'Ancien Régime : un président à mortier *écrivait* des églogues pour apprendre à *lire* celles de Virgile » (6, F ITEM 80, F SdB 201). Dans le texte définitif les églogues disparaissent ; seule reste la référence implicite à l'*Énéide* (Énée et Anchise, p. 18).

Moyen Age

Beowolf (ou Beowulf) : Poème anglo-saxon du VIIIe siècle relatant les aventures du roi des Gètes du Jutland (10, F ITEM 10).
Villon : « François Villon dont on m'avait assuré, je ne sais pourquoi, qu'il était mort la corde au cou » (P) (6, F ITEM 171, F SdB 295).

XIXe s.

Domaine étranger

Browning Robert (1812-1889) : Auteur anglais, père du personnage de *Pippa Passes* (1841), petite tisseuse d'Asolo, qui par ses chansons influe inconsciemment sur l'existence de son entourage : « j'avais rêvé d'être cette petite fille » (P « adolescent ») (6, F ITEM 67, F SdB 152).
Burnet Frances Hodgson (1849-1925) : *Le petit Lord Fauntleroy* (1886), adaptation française d'Eudoxie Dupuis (1888) (feuillets pour « Jean sans terre » : 10, F ITEM 11).
Wiseman (cardinal) : roman *Fabiola, ou l'Église des catacombes* (1854) : « la religion m'assommait, je n'achevai jamais la lecture de *Fabiola* » (8, f° 224).

Domaine français

[Musset] (Biographie de) : Poulou bouleversé par : « Ce soir-là, il fit la connaissance de George Sand » : « Quel moment royal ! Une douleur de feu le déchirait, il ne l'éprouvait pas ; des gondoles glissaient devant son fauteuil, frôlaient ses genoux, il ne les voyait pas ; une voix qui serait un jour la sienne murmurait des vers immortels, il ne l'entendait pas ; mais – de cela j'étais sûr – il se sentait sacré sans comprendre pourquoi. Je fermai le livre : qu'avais-je à faire de Musset ? Je le valais bien »... (6, F ITEM 249-252, F SdB 392-395). Voir aussi ci-dessous (Sand).
Sand : *La Petite Fadette* (« tolérance de Karl ») (8, f° 250) + [portrait à propos de la biographie de Musset] : « je me trouvais entre Elle et Lui, je voyais de profil une mante religieuse sous les apparences d'une petite femme en redingote » (P) (6, F ITEM 251, F SdB 394). Voir ci-dessus. Voir aussi ci-dessous à Flaubert.
Vigny : citation de *Daphné* par Karl, « retrouvée » par le Narrateur : « Si le délire est divin... » [*Œuvres complètes*, Seuil, coll. « L'Intégrale », p. 437-438] ; « par les explications et les commentaires dont il fit suivre cette lecture, il acheva de m'égarer » (6, F ITEM 4, F SdB 52 *bis*). En 1964, Vigny ne fait plus l'objet que d'une mention furtive (p. 62).
Michelet : [*Histoire de la Révolution* ?] Portrait de Mirabeau (P) « Ce haut personnage [...] n'avait aimé, souffert, enragé, vaincu, que pour fournir un brillant modèle au portrait que Michelet devait tracer de lui. Michelet, par contre, n'était soumis qu'au Saint-Esprit » (6, F ITEM 232, F SdB 374).
Balzac : [réponse du Narrateur aux critiques] « Est-ce qu'on tient rigueur à Stendhal, à Balzac d'avoir agi de telle ou telle façon ? » (6, F ITEM 29, F SdB 77).
Stendhal : voir ci-dessus. Le « style » de S. n'est pas reconnu par Karl dans le texte définitif (p. 132).
Taine : Note du narrateur à propos de l'idéalisme bourgeois au XIXe s. : « les dîners Magny peuvent passer pour une conspiration de Mandarins : Taine et Renan, les Goncourt, Gautier se crurent appelés à gouverner la France parce qu'on leur servait des biftecks pendant le siège de Paris. Je le dis sans fard : ces hommes-là sont notre honte. Ils méritaient le poteau ; mais le sort fut plus cruel qu'une cour martiale : il les fit mourir dans leur lit » (6, F ITEM 176, F SdB 303). Ces considérations seront reprises au tome III du « Flaubert ».

Les Goncourt : voir ci-dessus / texte définitif : « les vieilles biles de Flaubert, des Goncourt, de Gautier m'empoisonnèrent » p. 146 + (6, F ITEM 179, F SdB 305) voir ci-dessous à Baudelaire.

Gautier : voir ci-dessus.

Renan : Voir variantes + ci-dessus Taine [Note du narrateur à propos de l'idéalisme bourgeois : le Vrai] : « Pour la contemplation du Vrai, il y avait un volontaire : Renan. Il ne fut pas écouté. Pas plus que son disciple d'aujourd'hui Raymond Aron » [cette dernière phrase biffée] (6, F ITEM 176, F SdB 303) + [*Vie de Jésus*] (N parlant de K) (6, F ITEM 185, F SdB 309).

Baudelaire : (N) « Poètes infortunés ! Puisque chacun d'eux voulait se distinguer de tous, ils se rapprochèrent de la classe détestée par l'effort qu'ils faisaient pour se distinguer d'elle. Distingué, Baudelaire, distingués les Goncourt et Huysmans ; distingué, hélas ! même le grand Mallarmé. » (6, F ITEM 179, F SdB 305). Cette référence est à rapprocher d'un passage de l'étude inachevée sur Mallarmé : « Antisémites, Flaubert et Baudelaire, antisémite Villiers ; antisémite, hélas ! Mallarmé » (J.-P. Sartre, *Mallarmé – La lucidité et sa face d'ombre*, Gallimard, coll. « Arcades », 1986, p. 60).

Mallarmé : voir ci-dessus + [critique sévère du N] « Mon grand-père me nourrissait de ses conneries. Il les mâchait d'abord et les faisait passer de sa bouche à la mienne. Le mot de Mallarmé : "Tout est fait pour aboutir à un livre", s'il ne l'a pas *dit*, ce fut par hypocrisie ou par timidité. Mais il le pensait certainement » (6, F ITEM 231-232, F SdB 373-374) + [parodie par le N] : « coup de dés », « hasard aboli » (8, f° 224). Le « mot de Mallarmé » est en fait : « le monde est fait pour aboutir à un beau livre » (dernière ligne des *Réponses à une enquête de Jules Huret sur l'évolution littéraire*, *L'Écho de Paris*, mars à juillet 1891 ; repris *in* M., *Œuvres complètes*, Pléiade, p. 872).

Huysmans : Voir ci-dessus (Baudelaire) + (N) les « écrivains fin de siècle » (6, F ITEM 272, F SdB 415). « Ce fut Huysmans qui me parla d'un réalisme qui se dépasse vers autre chose (Grunwald *[sic]*) mais le mien ne se dépassait pas vers la spiritualité mais seulement vers le tout de l'univers et de la condition humaine » (F ITEM 9, vente Drouot mai 1995). Dans les *Entretiens* de 1974 avec S. de Beauvoir (p. 289 de *La Cérémonie des adieux*), Sartre déclare que c'est la lecture d'*A Rebours* qui lui a donné l'envie d'écrire sur la peinture.

Flaubert : Voir variantes + [citation par le Narrateur d'une lettre de Flaubert à George Sand, avec référence (*Correspondance*, éd. Conard, VI,12)] : « Je me souviens très nettement qu'à cinq ou six ans je voulais "envoyer mon cœur" à une petite fille dont j'étais amoureux (je dis mon cœur matériel). Je le voyais au milieu de la paille dans une bourriche d'huîtres » (6, F ITEM 401 et 405, F Ryb bm et bq).

[Erckmann-Chatrian] : *L'Ami Fritz* (1864), « toléré » par Karl (8, F ITEM 250, F SdB 217, F MV 244).

XXe s.

Corday Michel (1869-1937) : [lectures de la grand-mère] (10, F ITEM 2 et 5) + (3, f° 41) + (8, f° 211).

Kock Paul de (1794-1871) idem (10, F ITEM 5). Confusion avec son fils, Michel de Kock (1819-1892) ?

Lavedan Henri (1849-1940) idem (10, F ITEM 5).

Duval Claude ? (3, f° 10). Confusion avec Georges Duval (1847-1919) ?

Barrès : (N) « Cette phrase barrésienne dont Cocteau a si bien dit qu'elle était immortelle d'avance » (8, f° 375, F SdB 372).

Gide : (N) « Quelque temps avant ma naissance, Gide résumait leurs travaux antérieurs [des "clercs"] par cette bourde fameuse : "Je n'aime pas l'homme, j'aime ce qui le dévore" » (6, F ITEM 181, F SdB 307). Voir variantes. Référence au *Prométhée mal enchaîné* de Gide (1899) : il s'agit du discours de Prométhée, p. 322 de l'éd. de la Pléiade des *Romans* de Gide (citation exacte : « Je n'aime pas les hommes ; j'aime ce qui les dévore »).

Montherlant : (N) « Il y a cinq ou six ans, Montherlant, plus naïf, posait cet étron sur la langue d'un antiquaire : "les objets sont insignes mais les hommes sont hideux" » (6, F ITEM 181-182, F SdB 307-308) + [reconstruction par le N de la réaction de K s'il avait connu cette maxime] : « Même l'ignoble réflexion de Montherlant, il l'eût acceptée sans sourciller mais en y ajoutant, j'imagine, ce commentaire qui en détruit la portée : "C'est toute notre grandeur d'être hideux et de fabriquer des objets insignes dont la beauté finit par déteindre sur nous". Il défigurera mille autres sentences pour les incorporer, méconnaissables, virulentes encore, à son humanisme protestant » (6, F ITEM 189 à 191, F SdB 313 à 315) [cf. la même reconstruction à propos de Gide ; voir Variantes]. Référence à une réplique de Ravier, antiquaire, personnage de *Celles qu'on prend dans ses bras, ou les chevaux de bois* (1950 : « Les objets sont insignes et les hommes sont hideux – et, chose étrange, ce sont quelquefois des hommes hideux qui fabriquent ces objets insignes » (Acte I, scène I ; p. 615-616 du *Théâtre* de M., Pléiade, 1972). Cette référence sera reprise par Sartre dans *L'Idiot de la famille*, tome 3, Gallimard 1972, p. 328, avec le libellé suivant : « Je n'aime pas les hommes, j'aime ce qu'ils font. »

Ghelderode Michel de (1898-1962) : [citation critique du N dans une note prolongeant le commentaire des « aphorismes » de Gide et de Montherlant repris ci-dessus] : « Et cela continue en province. Voyez plutôt Ghelderode : "Je demande aux objets ce que les hommes ne peuvent me donner... Ils contiennent une perfection immuable. Ce sont des signes... Ils offrent toujours et ne demandent jamais rien. Je vis avec la matière. Les objets émettent des ondes, des préférences, des humeurs..." J'aime son talent, je sais qu'il vit austèrement, qu'il n'a rien à lui sauf quelques masques, quelques poupées dans une chambre d'hôtel. Pourquoi faut-il qu'un obscur ressentiment le fasse nous resservir cette philosophie de propriétaire »... (6, F ITEM 183 et 184, F SdB 308 *bis* et *ter*) [voir dans le présent volume le commentaire de Jacques Lecarme, p. 228 et s.].

PHILOSOPHIE

Platon : « Platon : morale ou politique d'abord. J'avais dit *morale*. (F ITEM 10, vente Drouot mai 1995).

Aristote (10, F ITEM 17, feuillet isolé)

Spinoza : « Bref, le christianisme, Spinoza et l'humanisme démocratique me présentaient une sorte de synthèse » (F ITEM 9, vente Drouot, mai 1995).

Darwin (N) le « struggle for life » darwinien (6, F ITEM 178, F SdB 304 *bis*).

Comte : religion positiviste de Karl (6, F ITEM 8, F SdB 55).

Nietzsche : le « surhomme » (N) (6, F ITEM 87, F SdB 206). « J'avais horreur [...] des "hommes supérieurs" au sens de Zarathoustra » (F ITEM 9, vente Drouot, mai 1995.

Aron Raymond : « disciple » de Renan. Voir Renan.

Weil Simone : (N) « comme le dieu de Simone Weil » (6, F ITEM 266, F SdB 409).
Structuralisme : (N) « Je voulais me sauver moi, n'importe qui, rien dans les mains, rien dans les poches par le travail et l'espérance. Cela m'a permis de partager d'entrée cette idée de totalité que mon siècle a conçu *[sic]*, qui l'a conduit jusqu'à la dialectique d'une part et – de l'autre – au structuralisme. » (6, F ITEM 413, F Ryb bx).

PARALITTÉRATURE

Les Belles Images, hebdomadaire pour enfants (8, f° 242).
Les Mille et un Matins : titre de la rubrique des nouvelles publiées par le quotidien *Le Matin* [style utilisé pour l'anecdote de la comtesse russe et de l'écrivain] (6, F ITEM 221, F SdB 351).
Les Pieds Nickelés : dans *L'Épatant* (P) « j'avais horreur du comique » (9, f° 124).
[Théâtre de marionnettes] (P) « Cependant je connus de bonne heure un vrai public. Je me fis montreur de marionnettes. J'adorais les marionnettes [...] J'avais vu le Guignol à Arcachon. Je me rabattis sur le Guignol. On me donna ces poupées à tête de carton, qu'on enfile comme des gants en mettant un doigt dans la tête et le médius et le pouce dans les bras [...] Guignol. Il fallait jouer devant un public imaginaire. Je prenais une chaise et je faisais exister ce public par les précautions que je prenais pour me cacher de lui. Je recouvrais la partie supérieure de la chaise par une serviette et le dossier servait de scène. Le Luxembourg. Je pris une chaise de fer, j'avais apporté la serviette et je me mis à jouer, tout seul. Les enfants, d'abord effarouchés, s'enhardirent, s'approchèrent. Imperturbablement, je jouais. Je revins tous les jours. Une fille nommée Nicole. De cette époque je fus persuadé qu'il faut montrer ses mérites pour plaire » (10, F ITEM 9 et 10).

MUSIQUE

Saint-Saëns : *La Danse macabre* (P) (10, F ITEM 1) + (12, F ITEM 74).
Concerts Colonne : (P) (6, F ITEM 187, F SdB 311).

PEINTURE

[Botticelli] : *La Naissance de Vénus* (12, F ITEM 68).
Grünewald Matthias, peintre allemand (v. 1475-1528) : voir ci-dessus à Huysmans.

CINÉMA

Linder Max : (P) « j'aimai Max Linder » (10, F ITEM 1).
Ultus : Film anglais de 1916 (10, F ITEM 1).

CHANSON

[Queneau] : (N) « Si tu t'imagines, fillette, ce que tu te goures » [biffé : souvenir de l'ENS : rupture avec Simone Jollivet ?] (6, F ITEM 285, F SdB 429). La chanson de Raymond Queneau, musique de Joseph Kosma, a été enregistrée en 1953 par Juliette Gréco[1].

1. 78 tours, Columbia FS 1018. La chanson a été créée en 1949.

MYTHOLOGIE

La Gorgone : [fin de l'épisode du cahier de Mme Picard : Poulou au miroir] : « cette tête coupée de Gorgone » (8, f° 183, F SdB 124). La Gorgone disparaît du texte p. 89.

ETHNOLOGIE

Le « mana » : (N) [biffé] (6, F ITEM 31, F SdB 79).

TECHNIQUE : les jouets de Poulou :

Le *cinescope* : « on m'offrit un petit cinescope » (10, F ITEM 2).
Le *Meccano* : (P) différent des fils de l'oncle Georges, Poulou est ennuyé par le meccano (6, F ITEM 48, F SdB 110).
Voir aussi à Théâtre de marionnettes (paralittérature).

RELIGION

Bible : Ancien Testament : *Abel* : Titre de la première partie de « Jean sans terre » (3), (12) et (8) + *Caïn* « lançant des flèches aux étoiles » (8, f° 174). Référence à V. Hugo. Voir sur ces références les analyses de Josette Pacaly dans le présent volume, p. 361 + « Satan » (F ITEM 3, vente Drouot, mars 1995).
Nouveau Testament : *Jésus-Christ* [censure dans le texte définitif du *nom* du Christ] : le pardon « vil » de Charles Bovary à Rodolphe : (P) « C'était donc vil de pardonner ? Et Jésus-Christ alors ? » (6, F ITEM 2, F SdB 47) + Identification de Poulou au Christ : « j'étais un Dieu qui se donnait aux hommes », « ma Passion » (6, F ITEM 207, F SdB 332) + « La Passion du Christ m'émut profondément » (6, F ITEM 407, F Ryb bs) + « couvert de blessures, au plus fort de l'action j'étais cloué sur la croix ; plus que mon adresse diabolique, plus que ma force gigantesque, c'était ma Passion qui me donnait le droit mystique de vaincre » (F ITEM 3, vente Drouot, mars 1995).
Église : les sacrements : « je fis ma première communion à la chapelle du lycée Henri-IV » (6, F ITEM 407, F Ryb bs) + (N) le baptême et l'extrême-onction (6, F ITEM 227, F SdB 368) + La communion des saints (6, F ITEM 366, F Ryb ag) + à la messe : les « orgues de Saint-Sulpice » (12, F ITEM 17).
Les mystiques : *Thérèse d'Avila* et *Jean de la Croix* (N) « Dieu dans le silence » (6, F ITEM 401, F Ryb bm). Ces références sont utilisées dans le *Saint Genet* de 1952.
Lectures chrétiennes : *Fabiola* : voir Littérature : Wiseman, et Philosophie : Weil.
Loisy (abbé Alfred) (1890-1940 : professeur à l'Institut catholique, condamné comme moderniste, professeur au Collège de France, auteur de *Jésus et la tradition évangélique*, 1912) : (K) « sous l'influence de Loisy, de Renan, il n'était pas loin de tenir Jésus pour un mortel » (6, F ITEM 185 et 187, F SdB 309 et 311).
[Maritain Jacques] : « primauté du spirituel » (N) (6, F ITEM 182, F SdB 308). Titre repris ironiquement par S. de Beauvoir en 1936 pour un recueil de nouvelles publié en 1979 sous le titre *Quand prime le spirituel.*

MARXISME

Lexique réduit dans le texte final ; ex. le mot *Capitalisme* (« capitalisme familial ») (6, F ITEM 322) ne se retrouve pas en 1964. De même pour « lutte des classes », « intérêt idéologique », « socialisme », « prolétaires » (F ITEM 9 et 10, vente Drouot, mai 1995).

HISTOIRE

Parmentier « qui a inventé la pomme de terre » (P) [mis en équivalence avec Jeanne d'Arc ; cf. Variantes] (6, F ITEM 262, F SdB 405) + (6, F ITEM 386, F Ryb ay).
Mirabeau : Voir Michelet (Littérature).
Révolution(s) : la prise de la Bastille (6, F ITEM 291, F SdB 435) ; «le 14 Juillet, les Trois Glorieuses, la Révolution de Février» (9, f° 400 et f° 401 : [la référence à ces insurrections disparaît dans la version finale du texte, qui dénonce les mensonges de l'histoire bourgeoise, p. 190].
Napoléon Bonaparte : Bonaparte modèle de P (6, F ITEM 118, F SdB 239) + Napoléon = 1re version de la folie du « cordonnier » (6, F ITEM 263, F SdB 406) et (8, f° 394). Une seule mention rapide du nom de Napoléon en 1964, p. 169.
[Anarchie] : la *Bande à Bonnot* (8, f° 319) [pas repris en 1964 comme exemple de la « pègre », p. 144].
[Divers] [mélanges dans les récits de K sur l'histoire] : Cambyse, les Guerres médiques, Gambetta, la guerre de Cent ans (6, F ITEM 232, F SdB 374) + (8, F 411 et f° 413).

GÉOGRAPHIE

Paysages non repris en 1964 : *La Beauce* (8, f° 80) ; *Les Châteaux de la Loire, la cour d'un palais siennois, les jardins de Grenade* (8, f° 375) ; *L'Anapurna* (6, F ITEM 29, F SdB 77) ; une caravane dans le désert (6, F ITEM 159, F SdB 283) ; *Polynésie* [rêve de chasse à l'homme] (6, F ITEM 239, F SdB 382).

INSTITUTIONS

L'armée : (P + N) «J'ai saisi l'idée du rouge, l'idée du bleu dans les plis du drapeau français » (12, F ITEM 74) et (8, f° 205). [L'armée, principe viril contre la féminité des civils et des écrivains] « membre viril [ce mot biffé] de la France » (6, F ITEM 125 à 128, F SdB 246 à 249) + « la virilité de la Nation » (8, f°s 284 et 286) + (6, F ITEM 332, F Ryb c).

ÉDITION ET PRESSE

Les Nouvelles littéraires : [journal pour la province] (6, F ITEM 80, F SdB 201).
L'Excelsior : [traduction de ce titre latin par K] (6, F ITEM 294, F SdB 438).
Armand Colin : éditeur des ouvrages scolaires du grand-père (6, F ITEM 214, F SdB 344).

La construction d'une image de soi à travers biffures et corrections

SANDRA TERONI

1
L'EXIGENCE DU PORTRAIT

A partir d'un Journal

L'intention de réaliser son propre portrait se manifesta chez Sartre bien avant la première rédaction de « Jean sans terre », au cœur même de ce « Journal de guerre » commencé le 14 septembre 1939 dans un but d'auto-analyse, voire d'autocritique.

A son origine, un malaise concernant sa propre attitude vis-à-vis de la guerre ; mais aussi une perception modifiée par l'événement et la situation qu'il créait ; et une volonté de se changer soi-même radicalement, selon une exigence de liberté et un désir d'authenticité. Puis, sous l'effet d'un regard réflexif et d'une écriture se déployant au jour le jour sans obstacle ni contrainte, l'image caricaturale du départ – celle du stoïque et de ses « tribulations » et « mésaventures grotesques » – s'efface, laissant émerger certains traits moins culturels et plus constitutifs : optimisme, fondé sur la croyance en un destin et sur l'idée de progrès[1] ; par conséquent, absence de solidarité avec soi-même, tendance à se projeter en avant (vendredi 13 octobre, p. 126) ; appétit de grandeur et « orgueil métaphysique » (jeudi 12, p. 123). Ces traits relèvent à leur tour d'une attitude fondamentale consistant à « s'échapper à soi-même » et qui est dévoilée sous une théorie de la liberté (vendredi 13, p. 127) ; cette attitude, sous des formes différentes, se retrouve dans le goût de la comédie et dans le choix de « vivre public », eux aussi notés d'emblée.

1. *Carnets de la drôle de guerre* (nouv. éd. augmentée d'un carnet inédit, texte établi et annoté par Arlette Elkaïm-Sartre), Gallimard, 1995, p. 25-26 (samedi 16 septembre). J'indiquerai les jours et pages, entre parenthèses, dans le texte.

Les carnets suivants ne font que confirmer cette première image de soi, par leur insistance sur le regard et la lucidité. Le 28 novembre Sartre écrit :

> Il me semble qu'en ce moment je me saisis dans ma structure la plus essentielle, dans cette espèce d'âpreté désolée à me voir sentir, à me voir souffrir, non pour me connaître moi-même, mais pour connaître toutes les « natures », la souffrance, la jouissance, l'être-dans-le-monde. C'est bien *moi*, ce redoublement continuel et réflexif, cette précipitation avide à tirer parti de moi-même, ce regard (p. 254).

La « structure » dont il est question ici, il l'avait déjà saisie, en d'autres termes, quelques jours auparavant, comme la limite infranchissable contre laquelle était destinée à achopper son assurance de réaliser le changement et d'atteindre l'authenticité : « je suis ligoté à mon désir d'écrire », avait-il noté le 22 novembre, après avoir évoqué (par opposition) Rimbaud (p. 214).

Ce constat ne va pas sans conséquence : l'authenticité demeure la valeur qui oriente la remise en question de soi-même et vers laquelle Sartre tend, mais à partir de ce moment elle fait aussi l'objet d'une réflexion philosophique visant à élaborer une morale ; en même temps, le « je » est soumis à l'hypertrophie du regard et à la passion d'écrire qu'il vient d'admettre, dans le but de réaliser un autoportrait. Celui-ci s'inscrit dans le mouvement qui consiste à « s'échapper à soi-même » en tant que dépassement de soi-même.

Les deux tâches nouvelles, sollicitées par la confrontation avec l'autre (le *Journal* de Gide) et complémentaires entre elles, répondent l'une et l'autre au souci d'échapper à la complaisance. La morale de l'authenticité, qui est envisagée justement avec cette fonction, sera aussi une morale authentique, « sentie et appliquée » avant d'être pensée (3 décembre, p. 295-296) ; ce qui signifie que l'analyse de ses propres conduites (inauthentiques) servira à nourrir une proposition philosophique et éthique. En même temps, le regard dirigé sur soi-même est chargé de « saisir et décrire » le *style* de ses actes, comme de l'extérieur, de dresser un portrait de soi-même en pied. Le premier volet du programme est énoncé dans les derniers passages du 3 décembre et il prend corps à partir du lendemain ; le second, qui suit un parcours différent et plus retors, arrive à se définir en termes explicites au cours de la journée du 19 décembre. Entre-temps, la réflexion sur la morale a mis en évidence la nécessité d'une « conversion assomptive » afin que la quête de l'authenticité soit possible (p. 319-321). Quoiqu'elle ne s'articule pas encore avec la notion de projet (celle-ci n'est pas encore définie), c'est la conversion qui permet d'envisager l'entreprise du portrait, et qui par là assure la jonction entre les deux tâches assumées.

La réalisation de l'autoportrait exige que soient explicitées les conditions auxquelles il est soumis : réaffirmation d'une prise de distance par rapport à la psychologie d'introspection (d'Amiel à Proust), délimitation temporelle de l'entreprise (la durée de la guerre), définition de sa fonction (« faire le point »), l'occasion d'une grande circonstance et d'un changement en cours. Ce qui permet de l'assumer dans son ampleur et son caractère totalisant :

> Une fois lancé dans cette entreprise, je m'y acharne par esprit de système, goût de la totalité, je m'y donne tout entier par manie. Je veux faire un portrait aussi complet que possible [...] (p. 351).

Trois mois plus tard, le 18 mars, l'écrivain peut constater qu'il a réussi dans ce dessein, et doit admettre qu'il a même été dépassé par lui :

> Il est certain que ce portrait de moi, commencé au hasard, est devenu systématique en dépit de moi-même (p. 601).

Mais cela ne veut pas dire que l'autoportrait échappe à son contrôle : la volonté qui préside à sa réalisation ne coïncide pas tout à fait avec le désir/plaisir que Sartre découvre, non sans gêne, dans l'écriture de soi ; elle représente plutôt la formule permettant d'échapper au narcissisme sans pudeur qui menace tout auteur de journal. L'acharnement maniaque, en même temps qu'il postule l'impossibilité de sa satisfaction, implique « esprit de système » et « goût de la totalité », c'est-à-dire un contrôle sur l'activité. Et, surtout, dans l'autoportrait il s'agit de *se voir* avant que de *se dire* : l'adhérence (de soi-même à soi-même) est empêchée par l'action d'un regard, la constitution d'une image. Et ceci est fait pour rassurer l'auteur de *La Nausée* ; d'autant plus que cette image se range d'emblée du côté de la peau morte du serpent qui mue (p. 351), en tant que produit d'un projet et d'un sentiment de changement.

Les carnets dont nous disposons attestent, avec le goût pour cette entreprise et la conscience des difficultés et des risques qu'elle comporte, quelques résultats positifs. Le 27 février, au bout de longs développements sur le sens de l'appropriation, Sartre déclare :

> Ça n'en a pas l'air, mais je me suis peint en pied dans cette description métaphysique (p. 499).

Sa constatation se rapporte à l'analyse du « vouloir être aimé » (24 février), mais le cotexte lui confère une valeur plus générale. L'analyse théorique du sens de l'appropriation comme structure essentielle de l'homme est suivie du questionnement sur l' « absence totale », chez lui, « du goût de la propriété ». Sur le plan socio-historique, Sartre conclut à une absence de « *racines* » : « pas de biens, je n'attends pas d'héritage et je n'en laisserai pas, je ne possède pas la chambre où j'habite » (p. 484-485) ; sur celui de l'être-dans-le-monde (ce qui deviendra le projet existentiel), il trouve l'explication dans un « orgueil métaphysique » : « Je ne suis à l'aise que dans la liberté, échappant aux objets, échappant à moi-même ; je ne suis à l'aise que dans le Néant, je suis un vrai néant ivre d'orgueil et translucide » (p. 487). La phase suivante de l'auto-analyse consiste à dévoiler sa forme personnelle du sens de l'appropriation dans un double désir : de possession du monde en tant que *connaissance*, par la « phrase esthétique » ; de possession d'*autrui* par l'amour et par le discours séducteur. Ce qui renvoie encore au désir d'écrire comme structure essentielle, et qui ouvre sur la notion de projet : l' « impérialisme de sentiment » est analysé en tant que « besoin d'apparaître à une conscience comme "nécessaire" à la manière d'une œuvre d'art » (p. 499).

Le retour à un point de vue descriptif et historique s'ouvre sur cette image de soi-même au passé : « Je l'ai dit et cela peut surprendre, dans mon enfance j'ai été joli. Joli et choyé, c'est-à-dire bénisseur » (p. 502). C'est dans cette condition qu'aurait trouvé son origine un goût de plaire, de séduire par les *paroles*, prémonitoire en quelque sorte d'une laideur qui encore se cachait (p. 503-505).

Perdre sa peau

Deux images de soi sont donc esquissées dans ces pages, avec leur contour d'attributs et de souvenirs, l'une connotant l'autoportrait, l'autre marquant le commencement : celle de l'être sans racines, et celle de l'enfant choyé et séducteur. Ce sont les deux images que le titre et l'intertitre[1] d'emblée choisis pour l'autobiographie – « Jean sans terre » et « Abel » – seront chargés de traduire. J'y reviendrai. Pour l'instant, il faut ajouter que, d'après les carnets dont nous disposons, la seconde image est moins arrêtée, tandis que la première parcourt, dans ses modulations, toutes les auto-analyses. Dans le prolongement des longs « historiques » déjà cités, un passage sur le désir d'être « au centre d'un *événement* beau » est encadré par ces déclarations :

> Je ne suis qu'un désir de beauté et en dehors de cela du vide, rien (29 février, p. 525-526).
>
> Mon être-dans-le-monde, c'est un être-en-situation-irréalisable, je suis dans cet événement dont la beauté m'attire et me fuit : c'est ma vie. C'est ce qui explique ces comédies que je joue constamment sans en être profondément dupe, qui sont comme des pantomimes pour capter l'irréalisable, des danses magiques, c'est ce qui explique aussi ces retours brusques de grossièreté et de cynisme qui ont souvent dérouté ou choqué les gens qui m'entourent. Bref, c'est ma passion, et ma passion c'est moi (p. 527).

Le 6 mars, voici un portrait de soi en « plante aérienne », qui accompagne le rejet d'une liberté assimilée au « détachement stoïque des amours et des biens » et la réaffirmation de la nécessité de « s'enraciner » :

> Me voilà « en l'air », sans aucune attache, n'ayant connu ni l'union avec la terre par les travaux des champs, ni l'union avec une classe par la solidarité des intérêts, ni l'union avec les corps par le plaisir. La mort de mon père, le remariage de ma

1. « Intertitre » est employé ici au sens de « titre de partie ».

mère et mes dissentiments avec mon beau-père m'ont soustrait de très bonne heure à l'influence familiale, l'hostilité de mes camarades rochelais m'a appris à me replier sur moi-même. Mon corps sain, vigoureux, docile et discret ne fait jamais parler de lui, sauf parfois, à se révolter bruyamment dans une crise de coliques néphrétiques. Je ne suis solidaire de rien, pas même de moi-même ; je n'ai besoin de personne ni de rien. Tel est le personnage que je me suis fait, au cours de trente-quatre ans de vie [...]. Je n'ai aucune sympathie pour ce personnage et je veux changer [...]. Il faut être fait d'argile et je le suis de vent (p. 538).

Sans racines, abstrait, aérien, fait de vent : voilà le noyau de l'image que Sartre se fait de son « caractère », au moment même où il redéfinit cette notion comme « le projet premier et libre de notre être dans le monde » (11 mars, p. 576). Revenant – à l'occasion d'un passage du *Journal* de Gide – sur le manque d' « un certain sens du réel », d'où il fait dériver sa « frivolité », il récapitule les éléments de l'autoportrait, qu'il retrouve tous dans son attitude contemplative :

> Si cette attitude contemplative avait pour origine ma fonction contemplative de gardien de la culture au sein de la société, comme le déclarerait sans ambages un marxiste, ou si elle représente un projet premier de mon existence (on y trouve en effet l'orgueil, la liberté, la désolidarisation de soi-même, le stoïcisme contemplatif et l'optimisme qui font certainement partie de mon premier projet) c'est ce dont je ne veux pas décider ici (p. 576).

Le désir d'écrire, non mentionné dans ce passage, est identifié comme le centre du projet premier, la forme que prend l'attitude contemplative. Il est d'ailleurs évoqué de nouveau comme constitutif le 14 mars, dans l'une des dernières pages du *Journal*, quand, réfléchissant sur son rapport avec les personnages de ses romans, Sartre marque les limites de l'identification :

> Par le fait, c'est *moi, à qui l'on aurait arraché le principe vivant* [...] j'ai ôté à mes personnages ma passion maniaque d'écrire, mon orgueil, ma foi en mon destin, mon optimisme métaphysique et j'ai provoqué en eux de ce fait un pullulement sinistre. Eux, c'est moi décapité (p. 594).

Les traits du caractère sont déjà tous définis ; les éléments d'une méthode sont établis. Mais Sartre, nous l'avons vu, avait assigné à l'écriture de soi des limites bien arrêtées ; et elle avait d'ailleurs accompli la tâche qu'il lui avait assignée, d'aider à se mettre en situation, à s'enraciner. C'est du moins ce que, l'histoire aidant, il croyait avoir réussi à l'époque.

Questions d'écriture

Baudelaire, le premier de ces livres inclassables – essais, biographies, monographies – consacrés à des écrivains, se veut d'abord et surtout un « portrait », ce qui signifie ici la peinture d'un caractère[1]. On connaît trop

1. *Baudelaire*, Gallimard, coll. « Idées », 1963 (1947), p. 124.

bien la page sur laquelle il s'achève : une sorte de bilan suivi d'une tentative de synthèse, un procédé qui sera repris dans *Les Mots* (« Voilà mon commencement... »), pour lequel les nombreuses rédactions témoignent de la difficulté à se satisfaire de son propre portrait et à le livrer au lecteur. Quoiqu'il ait pour objet l'autre et non pas soi-même, le portrait n'en pose pas moins des problèmes, ce qui suggère quelque précaution : son auteur ne renonce pas à définir, mais il choisit le mode conditionnel et indique, en les dénonçant, les limites de son travail :

> Tel serait dans ses grandes lignes le portrait de Baudelaire. Mais la description que nous avons tentée présente cette infériorité sur le portrait, qu'elle est successive au lieu qu'il est simultané.
>
> Seule l'intuition d'un visage, d'une conduite pourrait nous faire sentir que les traits mentionnés ici l'un après l'autre sont imbriqués en fait en une synthèse indissoluble où chacun d'eux exprime à la fois lui-même et tous les autres. Il nous suffirait de voir vivre Baudelaire, fût-ce un instant, pour que nos remarques éparses s'organisent en une connaissance totalitaire [...] [1]

La question de fond pour l'écrivain est posée : le rapport du portrait à l'histoire et à la description, à savoir le rapport de l'image à la mise en mots.

Dans *Saint Genet, comédien et martyr*, le titre fait déjà « portrait » ; mais le texte se présente comme une histoire de conversions ou de métamorphoses – numérotées, elles sont trois et donnent leur titre aux livres II, III, IV, le premier étant « La métamorphose ». Ce qui implique d'une part l'idée de mouvement, donc une temporalité, et d'autre part l'idée de formes – l'enfant mélodieux, l'incarnation du Mal, l'esthète, l'écrivain : ces formes aussi sont indiquées par les titres –, donc une possibilité de portrait.

Cette fois, Sartre n'attend pas le bilan final pour déclarer sa gêne d'écrivain voulant réaliser un portrait. Il le fait en termes modifiés par rapport au *Baudelaire*, plus optimistes : la « synthèse indissoluble » est possible ; et plus réalistes : il faut passer par la diégèse et la dissertation philosophique. Pour être « plus conforme à la réalité », remarque-t-il, il faudrait une étude syncrétique des deux postulations, en Genet, du *faire* et de l'*être*, mais il faut se résoudre à les exposer distinctes dans leur développement temporel, et déterminer dans quelle mesure chacune d'elles contribue à *faire l'histoire* de Genet ; quitte à tenter de rapprocher ensuite ces analyses partielles et de reconstituer « la totalité concrète de cette expérience intérieure »[2].

Le passage au syncrétisme, c'est-à-dire au portrait, est représenté ici par le chapitre « Caïn », qui est introduit en termes très explicites : « J'en-

1. *Ibid.*, p. 235.
2. *Saint Genet, comédien et martyr*, Gallimard, 1952, p. 78.

treprends de faire le portrait de Genet adolescent »[1], et dont le titre souligne la fonction. Ce portrait de Genet en Caïn, évoquant les figures du Méchant et de l'exilé, clôt le livre II, au cœur de l'ensemble du texte.

Pour ce qui est des *Mots*, tout le paratexte nous prépare à la lecture d'une autobiographie, et d'une autobiographie politique : l'histoire de la vie, ou de la vocation, de Jean-Paul Sartre, qui se veut exemplaire d'une génération ; avec, implicitement, une référence constante à une certaine image de soi, noyau d'un univers de significations, et à une attitude de témoin-juge de son destin et de son époque[2]. Cette intention, tout à fait cohérente avec le personnage qui choisissait d'être « compagnon de route » du PCF, se réalisa cependant dans un texte surprenant. Il est vrai qu'entre 1952 et 1963 (date de la prépublication du texte dans *Les Temps modernes*) il y avait eu 1956, marqué par « le fantôme de Staline » et un retour à l'entreprise autobiographique[3]. Mais l'effet de surprise était dû surtout au fait que l'on ne connaissait pas les *Carnets*, que Sartre avait entre-temps décidé de ne pas publier[4]. Ce qui lie entre elles les deux écritures autobiographiques, c'est le projet de conversion, ou la conversion du projet. L'autobiographie représente l'aboutissement de ce processus : elle rend compte de la conversion, et elle achève la désolidarisation de soi avec soi. Par là, elle établit un rapport dialectique avec l'autoportrait ébauché dans le *Journal*, dont elle reprend ou modifie analyses et images, pour construire et rejeter une image de soi. C'est encore dans le but de « regarder cette peau morte, cette image cassante de serpent qu'on laisse derrière, et faire le point »[5], qu'il faut chercher sa motivation la plus profonde.

Le texte et les avant-textes se ressentent de cette tension entre l'image – avec ce qu'elle implique de contraction de la durée – et l'histoire. Philippe Lejeune a déjà montré comment la rupture de l'ordre chronologique répond aussi à l'exigence de fixer une image et de la créer par touches, s'échappant du cadre des déterminations temporelles[6]. Ici, il s'agira de voir ce que les avant-textes nous apprennent sur les solutions envisagées, quels sont les changements les plus remarquables, et dans quelle mesure ils ont modifié l'image du moi.

1. *Ibid.*, p. 281.
2. Voir le dossier commenté par P. Lejeune dans l'Appendice du présent ouvrage.
3. Un feuillet du ms « Beauvoir » indique exactement l'année : « J'écris cela à cinquante et un ans » (Inv. 12, f° sdB 359).
4. « Carnets intimes : publics (j'hésitais à les publier. J'eus la sagesse de ne pas le faire à cause de leur médiocrité). Mais en tout cas je les considérais comme matériaux de l'œuvre future » (Inv. 5, F ITEM 3).
5. *Carnets*, p. 351.
6. « L'ordre du récit », dans *Le Pacte autobiographique*, Seuil, 1975. Sur la centralité de l'autoportrait dans l'ensemble des pratiques autobiographiques sartriennes, voir, du même, « Les enfances de Sartre », dans *Moi aussi*, Seuil, 1986.

2
TITRES ET IMAGES

Sans terre

« Jean sans terre », le titre assigné à l'autobiographie – dès le début et jusqu'au moment de la publication, ou presque –, figure dans les manuscrits dont nous disposons et son remplacement demeure mystérieux. Les manuscrits attestent aussi une organisation constante du texte en parties, indiquées par des chiffres romains : au moins trois (Inv. 12, f^os ITEM 6, 30 et 38)[1], réduites à deux dans la mise au net (quoique non définitive) du ms « Vian » (Inv. 8)[2]. Seule la première partie a un intertitre – « Abel » – depuis le premier dactylogramme (Inv. 3) ; la seconde, apparemment[3], reçoit le sien – « Écrire » – dans le ms « Vian ». Le remplacement d' « Abel » par « Lire », qui à partir de là s'impose sur le plan logique, demeure lui aussi mystérieux quant au moment où il s'effectue. Mais l'on peut raisonnablement avancer l'hypothèse qu'il s'est fait en même temps que celui de « Jean sans terre » par *Les Mots* ; et que l'impulsion a été donnée par le titre de la seconde partie.

Pour nous, il s'agit de voir en quoi ces changements, dictés par des raisons stylistiques, contribuent à modifier l'image de soi, et si ce mouvement va dans le sens de la « construction » d'une image de soi. Car il est évident qu'un titre « est déjà une clé d'interprétation », comme le constatait, dans sa postface à *Il nome della rosa*, Umberto Eco, tout en regrettant les conséquences négatives que cela entraîne sur la réception du texte.

Quant à Sartre, il faut croire que la fonction interprétative du titre ne le gênait pas du tout. On dirait, au contraire, que certains des titres auxquels il avait pensé pour ses œuvres – de « Jésus la Chouette » à « Melancholia » et à « Lucifer », de « La Reine Albemarle ou le dernier touriste » à « Jean sans terre » – avaient pour lui justement la fonction de résumer une interprétation, de proposer une image ; et que, s'il tenait à eux, c'était à cause de ce rôle dans le réseau des relations auteur-texte-lecteur. On dirait aussi que la valeur de ces titres était provisoire, le temps de la rédaction du texte : si bien que leur remplacement, suggéré à la fin par l'éditeur, par les amis ou par le texte lui-même, était facilement accepté.

1. Ce feuillet 38 de l'Inventaire 12 semble plutôt appartenir au manuscrit du *Flaubert*.

2. Le premier dactylogramme (Inv. 3) et le ms « Beauvoir » (Inv. 14) présentent eux aussi deux parties, mais ils sont visiblement incomplets, et rien ne permet d'exclure que d'autres parties aient pu suivre.

3. Le feuillet contenant l'*incipit* de la deuxième partie manque, dans le ms « Beauvoir », et le passage a été réécrit.

Dans le cas de « Jean sans terre », ce titre, autant que « Melancholia », était chargé de faire image, bien sûr, mais aussi de créer un effet de surprise. On reconnaît la démarche : un professeur de philosophie décidé à devenir le grand écrivain du XXe siècle avait cherché sa consécration en réécrivant la *Melancholia* de Dürer et de Baudelaire sous forme de « nausée » ; le même, devenu le grand intellectuel du XXe siècle, se peignait en « Jean sans terre », tournant en dérision le statut social qui lui conférait tant d'autorité et qui faisait de lui la (mauvaise) conscience et la voix (juste) de l'Europe de l'après-guerre. Par le choix de ce titre, Sartre opposait à l'image sociale, sinon la subjectivité du vécu, du moins son image à lui[1]. La référence historique aurait pu, en principe, compliquer les choses, mais elle ne pesait pas lourd, car le nom du roi, débordant le personnage et son histoire, était devenu figure. Et le titre que Michelet avait donné au chapitre consacré au frère du grand roi Richard – « La ruine de Jean » – aidait peut-être à une identification ironique, ou du moins représentait une suggestion de plus.

Jean-Paul Sartre qui se peint en Jean sans terre, donc. Si ce n'est pas un anagramme, c'est bien un programme : celui d'un autoportrait d'abord, auquel il donnait un titre ; et celui d'un autoportrait parodique, axé sur l'absence : absence de biens, de racines, de place au monde.

A Simone de Beauvoir qui l'interroge sur la signification de ce titre, Sartre répondra laconiquement, en 1974 : « Sans terre, ça voulait dire : sans héritage, sans possession. Ça voulait dire ce que j'étais. »[2] C'est l'image sur laquelle le texte s'achève, une fois qu'elle a été supprimée dans le titre : « Rien dans les mains, rien dans les poches »[3]. Et c'est l'image qui ressort tout naturellement des autoportraits esquissés dans les *Carnets*, où, cependant, comme nous l'avons vu, elle déborde l'absence de biens matériels. En l'assumant pour se peindre, l'auteur de *La Nausée*, de *L'Être et le Néant*, des *Mouches*, des *Mains sales*, du *Diable et le Bon Dieu*, choisissait d'emblée de donner l'image d'une a-topie, que d'ailleurs le syntagme lui-même suggère. Dans un énigmatique feuillet (Inv. 12, F ITEM 54), une note rapide contient une citation de Mallarmé :

> Mourir ignoré
> Rien n'aura eu lieu que le lieu

Mais ce n'est pas un hasard si Sartre ne l'a ni développée ni retenue ; car, pour lui, c'est le lieu, justement, qui fait défaut. « Sans terre » est le point de départ d'une chaîne sémantique allant vers « sans racines » et « sans attaches », jusqu'à l' « être de trop » et à la contingence. L'intérêt des

1. Simone de Beauvoir faisait de même, choisissant de se représenter (mais au passé) en « jeune fille rangée ».
2. *La Cérémonie des adieux* (1981), Gallimard, « Folio », 1987, p 305.
3. *Les Mots*, « Folio », 1991, p. 214.

avant-textes sur ce point réside dans l'exploitation complète de la polysémie du syntagme ; au point qu'à eux seuls, ils justifieraient que l'on parle d'une image germinale.

« L'être de trop » fait l'objet d'une des rares fiches thématiques qui nous soient parvenues jusqu'à présent (Inv. 5, fiche 3), où il est traité comme un élément constitutif, l'expérience d'être « de trop » étant placée à la base de la notion philosophique de contingence et de son corollaire : la mélancolie. Le style est celui de la notation, mais le portrait est cohérent, et il est formulé, uniquement à la forme négative, en des termes qui montrent bien le glissement sémantique :

> *De trop*
> *Contingence – Ennui*
> Fils unique. Pas de camarades.
> Héritier de *rien*. Pas de tradition.
> Je ne possède rien. Je ne pèse pas.
> Je ne suis pas enraciné. Je ne me
> retrouve pas aliéné en mon père.
> Pas de sur-moi. Et pas de Dieu
> pour m'avoir mis sur terre par
> dessein. Je n'ai certes pas senti
> métaphysiquement le délaissement
> au monde de l'homme. Mais
> j'ai senti que je n'étais pas justifié
> mieux encore je ne me suis pas senti
> justifié. A 18 ans la découverte
> de la contingence fut une illumina-
> tion. C'est que je l'avais toujours
> sentie. Et je la sens encore. Facticité.

L'attrape

Le thème est développé dans un feuillet (Inv. 12, F ITEM 82), où il aboutit à un « portrait en pied » tel que l'avaient défini les *Carnets*, et complémentaire de celui qu'ils avaient réalisé. C'est une représentation de soi-même en termes de « légèreté » : « une sorte de légèreté essentielle » serait le trait constitutif dérivé de la situation initiale. L'évocation de celle-ci, suivie de celle de certaines expériences adultes comme l'internat à l'ENS, le service militaire, l'hôtel du Havre, amène d'abord à la conclusion : « Je n'ai donc jamais eu ni foyer ni propriété. » Mais le fait d'avoir grandi d'abord chez le grand-père, puis chez le beau-père, devient aussi responsable des attributs de légèreté et de « recul idéaliste par rapport au monde », voire du choix de se faire refléter « par *les livres*, c'est-à-dire par des significations très désincarnées, par des signes, par des œuvres collectives ». Toute idée de souffrance et de tragique est bien sûr repoussée ; ce n'est peut-être que pour affirmer sur un ton péremptoire : « De là m'est venue sans aucun doute une première impression : être de trop. » Enfin, dans la même page, la chaîne sémantique s'étend jusqu'à inclure l' « imposteur » et l'image de « l'attrape », dernières touches à l'autoportrait :

> [...] j'étais, me semblait-il, une sorte d'attrape. Un faux fils, un imposteur. Cela m'amusait. C'est un sentiment que j'ai gardé toute ma vie[1].

On a là une condensation de deux thèmes qui avaient été traités séparément dans les fiches, où, de toute façon, « le sentiment d'une imposture » est assumé au passé et dans son rapport (hypothétique) à la pratique enfantine du mensonge avec les grandes personnes : « J'ai toujours eu le sentiment d'une imposture quand on me traitait avec considération. Probablement vieux souvenir : j'étais imposteur avec les grandes personnes quand j'avais six ans » (Inv. 5, fiche 1).

Un lot de feuillets antécédent le premier dactylogramme et qui présente, sous le chiffre romain I, une rédaction suivie se terminant en notes (Inv. 10, f^os^ ITEM 5-15) permet de formuler l'hypothèse d'un projet d'*incipit* axé sur l'image de l' « enfant imaginaire », se développant en celle du « chevalier errant ». Les deux images demeurent, bien sûr, mais le passage (enrichi et épuré, nous le verrons) est placé dans un cotexte qui en fait un temps du récit et une étape de l'histoire : l'acte IV, ou des « Comédies secondaires », dans l'articulation de la structure du livre mise en évidence par Philippe Lejeune[2]. Et ce, depuis le premier dactylogramme (Inv. 3, p. 35-44) jusqu'au ms « Vian » (Inv. 8, f^os^ MV 189-235) et à l'édition (Folio, p. 94-112). Émergeant du récit, l' « enfant imaginaire » est plongé dans une double histoire aux coordonnées spatio-temporelles bien définies : celle de la France déchristianisée d'après 1880, et celle de la famille Schweitzer, alsacienne, bouleversée par le pâle météore que fut Jean-Baptiste Sartre.

Une fois cette solution adoptée[3], les changements sont minimes : les 15 premières pages du dactylogramme – correspondant à l'acte I, « Situation et Liberté », et au premier volet de la « Comédie familiale », c'est-à-dire au portrait de l'enfant en clerc (« Petit-fils de clerc, je suis, dès l'enfance un clerc : j'ai l'onction des princes d'Église, un enjouement sacerdotal. »)[4] – parcourent presque indemnes les dix années qui les séparent de l'édition. Quant au travail pour parvenir à cette solution, il n'offre

1. Une autre rédaction de ce passage, moins développée, est contenue dans le f° ITEM 82 du même lot.
2. P. Lejeune, ouvr. cité, p. 211.
3. Un stade intermédiaire dans la construction de l'incipit est peut-être représenté par le feuillet 1 Inv. 4, qui parodie le modèle rhétorique traditionnel de l'histoire des origines, mais ne fait aucune allusion à l'Histoire.
4. Voir Inv. 3, p. 16 ; Inv. 8, f° MV 18 ; Inv. 14, f° SdB 17.

aucune trace de l'élaboration du premier cadre qui, établi brillamment avec l'analepse initiale, traverse et structure le récit, le faisant pivoter autour de la métaphore du *clerc*. Tout ce que l'on peut dire, c'est qu'il n'est pas sans rappeler le début de l'essai inachevé sur Mallarmé, auquel Sartre avait travaillé en 1952, et qui est d'ailleurs repris presque mot à mot dans un passage raturé du ms « Beauvoir » : « Mon grand-père était un attardé. Quand il portait encore des culottes courtes, vers le milieu du siècle dernier, l'Europe avait appris une stupéfiante nouvelle : Dieu était mort, intestat. A l'ouverture de la succession, ce fut la panique : le disparu ne laissait que des hasards ; l'homme en était un » (Inv. 14, f° SdB 51 ; Inv. 8, f° MV 79, raturé)[1].

Le travail autour du cadre familial est par contre attesté, quoique de façon fragmentaire ; le f° ITEM 2 de l'Inv. 4 nous plonge d'emblée dans une fabrication au galop, suivie de la mort du père et de la perte d'un foyer ; à quoi vient s'ajouter le malaise chez le beau-père. La condensation des éléments de la fable – nous les retrouvons tous dans le texte définitif – produit une certaine tension dramatique et fixe l'image de deux êtres, la mère et l'enfant, superflus, à la merci des adultes.

Mais c'est sur l' « être de trop », avec son corollaire de l'imposture, que s'achève encore, et avec insistance, la première partie du dactylogramme. Le thème de la contingence y est développé dans l'évocation du rapport avec un corps ressenti comme excédentaire, puis dans le souvenir d'une hantise de la mort. « Qui s'étonnera ? », demande l'écrivain en conclusion. Et il récapitule les manques originaires – « Sans Dieu, sans père et sans biens » –, avant de clore sur un autoportrait lapidaire en termes d'inconsistance :

> J'ai cinquante ans et je ne crains plus la mort mais je suis resté tel. Public et inaccessible (Inv. 3, p. 33-34).

D'autres passages, corrigés ou non retenus, assez nombreux, attestent la force avec laquelle était posée l'anomalie initiale, et le travail qui a été fait dans la direction d'une plus grande densité de l'écriture, mais aussi d'une image plus nuancée. L'image de l' « attrape »[2] est remplacée déjà dans le premier dactylogramme par celles, moins visuelles et plus culturelles, de l' « enfant imaginaire », de l' « enfant du miracle », du « don de la Providence ». Celle de la « lézarde » dans la constitution de son propre

1. Cf. « 1848 : la chute de la monarchie prive la bourgeoisie de sa "couverture" ; du coup la Poésie perd ses deux thèmes traditionnels : l'Homme et Dieu.

Dieu d'abord : l'Europe venait d'apprendre une stupéfiante nouvelle, aujourd'hui contestée par quelques-uns : "Dieu mort. Stop. Intestat." A l'ouverture de la succession ce fut la panique : que laissait-il, le Disparu ? Des hasards ; l'homme en était un », *Mallarmé. La lucidité et sa face d'ombre,* texte établi et annoté par Arlette Elkaïm-Sartre, Paris, Gallimard, 1986, p. 15.

2. Inv. 12, f^os ITEM 79, 81, 82 ; cf. *supra*, p. 331.

caractère est formulée en ces termes dans un feuillet isolée (Inv. 11, f° ITEM 81) :

> Bref l'enfant sage d'un siècle qui débutait bien sagement. Mais le siècle avait une faille, comme on sait et j'étais un enfant lézardé. La première forme de la lézarde : c'est que je n'étais pas chez moi.

Le premier dactylogramme (Inv. 3, f° 22) et le ms « Beauvoir » (Inv. 14, f° SdB 98) ne la retiennent que dans la forme affaiblie de l'adjectif, pour conclure le récit des échecs scolaires :

> En ce temps, la France mourait d'asphyxie : j'étais l'enfant sage d'un siècle bien pensant. Heureusement le siècle avait des fissures ; il allait bientôt craquer. Et l'enfant était lézardé.

Dans le ms « Vian » (Inv. 8, f° MV 134) l'image est biffée, pour ne plus réapparaître.

Ajoutons à cela que le titre de « Jean sans terre » attirait sur ces images, ainsi que sur celle du « chevalier errant », une attention déjà orientée, et suggérait l'idée d'une perte de ses « fiefs »[1] – d'un chez soi – dont la mort du père serait responsable ; avec l'idée d'une lutte aussi constante que vaine pour conquérir sa place.

La place des mots

Cette place cherchée sera trouvée dans les mots. Sartre a été tenté de l'expliciter ; dans un passage biffé qui clôt la première partie dans le ms « Beauvoir », on peut lire :

> Et voici qu'on me la donnait tout d'un coup, sans préavis, la place que je prenais de force dans mes rêves et que je mendiais dans les jardins. Ma *vraie* place : par la bouche de Mme Picard et par celle de mon grand-père la Providence m'avait assigné un office (Inv. 14, f° SdB 198).

Le ton est ironique, mais aussi mimétique du plaisir enfantin. Après la biffure et à des années de distance, le narrateur revient sur l'image, à un autre endroit ; cette fois c'est pour dire le dégoût de l'enfant, et le ton est chargé de mépris :

> Casé ! On avait la bonté de me donner un avenir : je proclamai ma gratitude mais sournoisement je l'abominai (Inv. 8, f° MV 282, biffé)

Les ratures laissent au récit la tâche de créer l'effet d'un aboutissement, qui a la double forme de l'installation dans l'imaginaire et de l'intégration dans la famille des écrivains. Dans ses grandes lignes, ce trajet est

1. Image qui sera retenue, depuis le premier dactylogramme jusqu'au texte final, non pas pour indiquer le bien perdu, mais pour identifier l'orphelin : « J'étais un fief du soleil, mon grand-père pouvait jouir de moi sans me posséder » (Inv. 3, p. 10 ; Folio, p. 22).

présent depuis les premiers témoignages du projet autobiographique, et il n'est que la traduction en termes spatio-temporels de l'être « ligoté au désir d'écrire » déjà analysé dans les *Carnets*.

Le nouveau titre – *Les Mots* – nous met d'emblée sur le terrain de l'autobiographie d'un écrivain et de l'autoportrait littéraire, postulant deux questions, l'une chronologique : « comment suis-je devenu écrivain ? », l'autre topologique : « quelle est la place des mots dans ma vie ? » Par là il traduit mieux la tension interne du texte entre diachronie et fixité ; et, à son tour, il modifie l'image du narrateur, qui s'assume dans son identité sociale, dans l'autorité qui lui est conférée, dans son droit à se situer par rapport au renouveau des études linguistiques et au succès du structuralisme.

Ce titre, quoique suggéré peut-être de l'extérieur, apparaît, dans une perspective génétique, comme la conséquence logique d'un changement qui s'est opéré entre les premières rédactions et le texte livré aux *Temps modernes*. Ce qui a changé, c'est justement la place accordée aux mots et à leur pouvoir, en termes quantitatifs mais surtout stratégiques. Les développements du thème de la culture – prévus pour des étapes successives, au moment du premier dactylogramme –, en même temps qu'ils ajoutent des éléments à l'anamnèse et modifient l'image du passé, semblent répondre eux aussi à une exigence de mieux définir l'image du narrateur et de mieux contrôler son passé.

La section consacrée à la « comédie littéraire » dans le ms « Beauvoir » (Inv. 14, f^os^ SdB 18-88) est remarquablement remaniée et amplifiée dans le ms « Vian » (Inv. 8, f^os^ MV 31-125). Les feuilles ajoutées dans celui-ci (f^os^ MV 58-74) ne se limitent pas à développer l'opposition entre la « pensée inhumaine, inquiète » qui est celle de l'univers imaginaire, ou littéraire, et le « calme empire de la Raison » connotant l'univers familial. Ils introduisent, par l'intermédiaire d'Horace et Camille, le thème des rêveries incestueuses, sous forme de souvenirs mais aussi d'autoportrait :

> Frère, en tout cas, j'eusse été incestueux. J'y rêvais. [...] Aujourd'hui, encore – 1963 – [...] (Inv. 8, f° MV 67 = Folio, p. 47).

L'aveu n'est qu'un prétexte à interprétations : le crime d'Horace est la source d'un antimilitarisme que les lecteurs connaissent bien ; le rêve d'inceste avec une sœur imaginaire cache peut-être celui de l'inceste avec la mère. Ce sont des retouches à l'autoportrait de l'écrivain, qui joue d'astuce avec ses lecteurs et ses interprètes, qui recourt au langage psychanalytique pour devancer une interprétation psychanalytique, qui en dit davantage pour pouvoir mieux contrôler ce qu'il dit.

Cette tendance est confirmée par le développement d'un autre passage du dactylogramme, consacré aux « méchants » qui, d'une façon ou de l'autre, contredisent la « comédie familiale » : Louise, les Prussiens, M. Barrault. Les quelques pages réécrites au sujet de la grand-mère

(Inv. 3, f° 17) dans le ms « Vian » (f^os^ MV 20-25), après la suppression du passage dans le ms « Beauvoir », introduisent un souvenir et une réflexion qui déplacent la question des rapports avec Louise sur le plan du langage : c'est le « Karlémami », aboutissant à la reprise explicite du leitmotiv du pouvoir des mots. Tout en insistant sur le jeu de complicité et de tromperie à l'intérieur de la cellule familiale, et sur le portrait de l'enfant opportuniste et conservateur, cet ajout permet aussi d'attaquer, avec l'idéologie familialiste, l'idéologie nominaliste.

Tout cela introduit un élément d'unité fondamentale du texte : le dévoilement d'une névrose, ainsi que celui d'une mystification culturelle de l'époque (les deux se tiennent), est réalisé grâce à une focalisation sur l'erreur idéaliste consistant à fonder le monde sur les mots. Par l'histoire de sa vocation, l'auteur de la *Critique de la raison dialectique* réactualise l'opération entreprise par Marx dans *L'Idéologie allemande*, et montre les conséquences ultimes de cette erreur idéaliste : la négation de la vie sous forme d'une vie à l'envers, où le temps réel de l'existence est tué par le mirage qui fait voir l'avenir comme plus réel que le présent.

A ce stade de la réélaboration du texte – en 1963 – Sartre récupère les images du « sans terre » et de la « légèreté » – qui devient « irrésistible », annonçant Milan Kundera – pour signifier le sens de sa vocation et pour réaliser un (auto)portrait de l'écrivain (Inv. 8, f^os^ MV 80-83 ; Folio, p. 51-52). Le thème de la religion de la culture est traité en jouant sur les oppositions haut/bas, ciel/terre, légèreté/pesanteur. Celles-ci sont à leur tour réalisées par un processus de métaphorisation axé sur la référence à des objets matériels et à des situations concrètes : le perchoir, l'arbre, le sixième étage, les vallées et les sables, les pigeonniers, les montgolfières, les semelles de plomb (évoquant, par contraste, les « semelles de vent » de Rimbaud), le ludion et le scaphandrier[1]. Mais en même temps, elles suggèrent, dans leur ensemble, une image de Jean sans terre qui est en quelque sorte dématérialisée, car elle ne renvoie plus à l'absence de biens, de père et d'héritage, mais à une volonté de « vivre au milieu des Mots, simulacres aériens des choses » (Inv. 8, f° 80, biffé). Ces pages – qui préludent à la conclusion, résumant une histoire, annonçant une conversion et déclarant les limites de celle-ci – opèrent une véritable transition du titre initial vers *Les Mots*. Elles s'achèvent sur une image de l'écrivain quinquagénaire présenté en hybride : « Pour finir, mon altimètre s'est détraqué, je suis tantôt ludion, tantôt scaphandrier, souvent les deux ensemble comme il convient dans notre partie : j'habite en l'air par habitude et je fouine en bas sans trop d'espoir. »

1. L'image du « perchoir » était présente, avec la même valeur métaphorique, depuis le premier dactylogramme, dans le passage déjà mentionné qui conclut le portrait de l'enfant dans la comédie familiale : « Je me tiens sur un petit perchoir marginal [...] ni au-dessous, ni au-dessus, ailleurs » (Inv. 3, p. 16 = Inv. 14, f° sdB 17 = Inv. 8, f° MV 18 = Folio, p. 29).

3

MÉTAMORPHOSES

Abel

Jean sans terre était d'abord un Abel. Par ce nom faisant image, Sartre fixait les éléments du portrait de l'enfant. Par là, il signalait la prise de distance ironique, voire le jeu du paradoxe. Dans son rapport avec le titre du livre et avec la division de celui-ci en parties, cet intertitre, marquant le début, suggérait aussi l'idée d'une substitution ou d'une métamorphose. Dès son seuil, le texte se chargeait d'illustrer les deux images : de montrer la forme de l' « absence de racines » et de raconter la quête, peut-être la conquête, d'une place ; de dessiner le visage de cet Abel, et de raconter comment celui-ci avait disparu.

Au premier abord moins sartrien que le titre, cet intertitre se situe dans un réseau intertextuel, dont les origines attestées remontent (encore une fois) aux années de la guerre. Le couple Caïn-Abel est en effet évoqué dans *L'Age de raison* pour donner plus de relief à l'opposition des deux personnages principaux, Daniel et Mathieu, ou plus exactement à la façon dont l'un d'eux vit son rapport à l'autre. Dans son ivresse d'abjection, au moment où il envisage la possibilité de gâcher la vie de son ami (en le forçant à se marier), Daniel identifie Mathieu, qui ignore la méchanceté et qui « a sa conscience pour lui », à « la race d'Abel ». Et il poursuit par là son identification à Caïn[1].

Un fragment du projet de livre précédant la première rédaction de « Jean sans terre » ajoute d'autres connotations à l'image. *La Reine Albemarle ou le dernier touriste* (auquel Sartre travaillait entre 1951 et 1952) avait l'ambition (entre autres) de réaliser, avec une écriture très littéraire, une analyse subjective-objective de l'Italie. Les fragments publiés posthumes, autant que son inachèvement, témoignent du rôle qu'il a joué dans la genèse du projet autobiographique[2]. Je me limiterai ici à signaler que l'appellation d' « Abel » y est réservée à des marins américains accroupis autour d'un guide, comme dans une mêlée de rugby, sous le portique du Panthéon, à Rome. La description suggère l'idée de l'hermaphrodite :

> Ces marins sont des jeunes filles : ils ont la cuisse longue, et la fesse petite, les hanches étroites, les joues en fleur. Ils s'ouvrent en éventail, glissent sur les dalles comme des girls [...] Le tourisme est une fleur du Mal. Mais ces Abel blonds, butés dans la haine d'un seul Caïn, ne croient pas au Mal[3].

1. *L'Age de raison,* dans *Œuvres romanesques* (édition établie par M. Contat et M. Rybalka avec la collaboration de G. Idt et de G. H. Bauer), Gallimard, « Bibliothèque de la Pléiade », 1981, p. 558-559 ; et *Le Sursis, ibid.*, p. 907-909.

2. J'ai abordé la question dans deux études : « Venise. La ville et le fantasme », *Les Temps modernes,* n° 531-533, vol. 2, p. 760-774 ; « Sulla genesi dell'autobiografia sartriana : smarrimenti del soggetto e costruzione di un'immagine di sé », dans *Il testo autobiografico nel Novecento* (R. Klein et R. Bonadei éd.), Milano, Guerini, 1993, p. 147-158.

3. *La Reine Albemarle ou le dernier touriste* (fragments), texte établi et annoté par Arlette Elkaïm-Sartre, Gallimard, 1991, p 41-44.

Abel, donc, comme figure de l'indétermination, précédant la différenciation masculin/féminin ; et de l'ignorance du mal. Dans l'autobiographie, l'indétermination est suggérée dès le premier dactylogramme, dans le portrait de l'enfant d'après une photo – « je suis rose et blond, avec des boucles, j'ai la joue ronde [...] » (Inv. 3, fº 13 = Inv. 8, fº MV 15 = Folio, p. 26). Ensuite, le thème est développé dans le ms « Vian » à plusieurs reprises : par l'assimilation de l'enfant à Lucette Moreau, la petite voisine « qui avait mon âge, mes boucles blondes et ma jeune féminité » (Inv. 8, fº MV 80 = Folio, p. 51) ; par le récit de la coupe des cheveux d'où la « fillette » sort transformée en « garçonnet », la « petite merveille » en un « crapaud » (fos MV 176-179 ; Folio, p. 86-87) ; par le rôle capital qui lui est assigné dans la récapitulation des effets de la situation familiale (« féminisé par la tendresse maternelle », fº MV 188, Folio, p. 93). La conclusion, enfin, évoque la dissolution de « l'enfant merveilleux » produite par la découverte de la laideur (« Je raconterai plus tard quels acides ont rongé les transparences déformantes qui m'enveloppaient, quand et comment j'ai [...] découvert ma laideur – qui fut longtemps mon principe négatif, la chaux vive où l'enfant merveilleux s'est dissous », Inv. 8, fº MV 445) ; une laideur déjà annoncée par le chagrin maternel lorsque disparaissent les « belles anglaises » qui la cachaient, en même temps qu'elles laissaient indéfini le sexe de l'enfant.

Cette dernière image n'est pas sans rappeler, à son tour, « l'enfant mélodieux mort en moi bien avant que me tranche la hache », qui donne le titre au premier chapitre de *Saint Genet*, réitérant l'annonce d'une métamorphose. Il s'agit d'une citation ; et elle déclare d'emblée que Sartre va puiser les images de son discours dans l'écriture de Genet, autant qu'à la sienne. Le rapport entre les deux écrivains est dialogique, à l'intérieur de la biographie ; il l'est aussi entre celle-ci et l'autobiographie. Les affinités et les retours linguistiques dans le portrait de l'enfant sont révélateurs d'une contiguïté des deux entreprises qui dépasse le niveau méthodologique : au départ, c'est le même « enfant sage » et « surnuméraire », qui vit dans le malaise le rapport à son corps et qui est voué à se changer en « vermine » ; le même « enfant du miracle » ou « faux enfant », auquel « la possession des choses » est interdite et qui est condamné à une « insuffisance d'être ».

Deux feuillets des avant-textes témoignent de l'exigence de démarquer la part de l'identité et de la différence. A propos de l'absence de possession de biens, se lit ceci :

> J'étais une attrape. Il y a des gens qui ont l'impression d'être exclus : Genet. D'autres, dont je suis [sont co] se considèrent comme *en fraude* dans la société (Inv. 12, F ITEM 82).
>
> Je n'ai jamais eu ce contact direct avec les choses qu'on nomme la propriété. Cela peut développer un sentiment de <pur abandon> – comme chez Genet – mais cela peut aussi donner plutôt une espèce de recul idéaliste par rapport au monde (Inv. 12, F ITEM 85).

Mais déjà la biographie introduisait la comparaison et annonçait le changement de ton : « J'admire profondément cet enfant qui s'est *voulu* sans défaillance à l'âge où nous n'étions occupés qu'à bouffonner servilement pour plaire. »[1] L'autoportrait sera une autoparodie, « l'enfant merveilleux » une parodie de « l'enfant mélodieux », le « comédien » sera dégradé au rang d'un « cabotin » dans la « bouffonnerie quotidienne ».

Les intersections entre les deux portraits se prolongent en retournements symétriques. « Sans mère ni héritage », Genet est le « mal-aimé », l' « inopportun » ; « sans père ni héritage », Poulou est le trop aimé, le « don de la Providence ». La folie, qui est l'issue exclue pour l'autre, devient la notion fondamentale pour expliquer – sur le mode du paradoxe – son propre projet d'être écrivain ; la révolte, qui motive la conversion de Genet au Mal, devient à son tour l'issue interdite à Poulou. Le choix d' « Abel » pour le premier intertitre du récit autobiographique se plaçait dans ce mouvement. Absent de *Saint Genet comédien et martyr*, il était engendré par l'intertitre de « Caïn » donné au portrait de Genet adolescent. Faisant écho à Baudelaire, « Abel » évoquait l'opposition de deux « races », et rangeait le portrait de l'enfant hors de l'univers de la souffrance, de la détresse, de la violence du besoin et des appétits, de la révolte. Il remplaçait ce qui aurait pu être un exergue :

> Race d'Abel, dors, bois et mange ;
> Dieu te sourit complaisamment.
> (*Les Fleurs du Mal*, « Abel et Caïn », CXIX.)

L'ange

Les avant-textes témoignent d'un travail considérable, requis par des exigences de style, mais aussi par quelque hésitation à faire un choix dans la pluralité d'images venant sous la plume.

Abel se doublait de l'image de « l'ange », dont les occurrences à travers les différentes rédactions ont une histoire qui n'est pas sans intérêt. Dans le premier dactylogramme, elle revient quatre fois pour désigner l'enfant de la comédie familiale. Elle fait son apparition dans un contexte qui visualise cette comédie, et elle est attribuée au public extasié devant l'enfant en « longue robe de mousseline bleu » qui passe d'un invité à l'autre, offrant des mandarines dans une corbeille, au cours de la fête de l'Institut des langues vivantes fondé par Charles Schweitzer : « C'est *réel-*

1. *Saint Genet*, p. 63.

lement un ange ! » (Inv. 3, p. 19). Puis, elle est reprise à la première personne, dans une scansion de l'histoire en étapes :

1 / Pour opposer à la comédie familiale le malaise de l'enfant s'apercevant qu'il joue un « faux-beau-rôle » :

> [...] L'esprit adulte me traversait de part en part, me façonnait : par lui, j'étais un ange ; en dehors de lui, je n'étais rien ; et pourtant il n'était pas *moi*. Je vivais dans le malaise (Inv. 3, p. 24).

2 / Pour marquer la fin de la gloire et le passage à une période d'échecs ; ce qui produit l'apparition de la « bête » au moment de la « dissolution » du visage dans le miroir :

> Tout est là : l'ange était hanté par une bête stupéfaite (Inv. 3, p. 30).

3 / Pour clore le volet de la comédie familiale et passer à la recherche d'un salut par l'imagination ; nous retrouvons le couple ange/bête :

> [...] il ne s'agissait pas de plaire, mais de mériter ; rassasié d'attitudes et de gestes, je fis de vrais actes en rêve. J'oubliai l'ange : c'était la bête que je voulais justifier (Inv. 3, p. 36).

Seule la première occurrence résiste jusqu'au texte imprimé (Inv. 14, f° SdB 95 ; Inv. 8, f° MV 28 ; Folio, p. 34). Les autres sont biffées dans le ms « Beauvoir » (f° 100, 124, 155).

La tendance n'est cependant pas tout à fait linéaire, l'épuration ne va pas sans quelque hésitation : une feuille du même manuscrit (Inv. 14, f° SdB 119) introduit une nouvelle occurrence du mot et de l'image qu'il évoque :

> [...] dans la comédie familiale, je me faisais poudre d'or, ange équilibriste. Mais le poudroiement s'effaçait, l'ange révélait son inconsistance.

Le ms « Vian » ne retient pas ce passage. Par contre, le texte imprimé nous réserve la surprise d'un recours ultérieur à l'image de l'ange, quoique sous la forme atténuée d'une locution familière ; et cette fois c'est pour une connotation sexuelle de l'enfant :

> Anne-Marie eût aimé, je pense, que je fusse une fille pour de vrai [...] Le Ciel ne l'ayant pas exaucée, elle s'arrangea : j'aurais le sexe des anges, indéterminé mais féminin sur les bords (Folio, p. 86).

L'image de l'ange absorbe celle d'Abel, au moment où celle-ci disparaît sous la rature.

Une fois l'opposition ange/bête supprimée, l'image du double demeure sous la forme d' « un autre moi-même » ou « mon frère noir », dont on dirait qu'elle remplace la première ; cela se fait avec un glissement de plan et une réduction de sens. Le passage sur la religion est l'un des plus remaniés par rapport à la version du premier dactylogramme (Inv. 3, p. 31-32) ; l'ampleur qu'il acquiert en modifie le sens : ce qui était un détail dans le portrait du milieu familial devient « l'histoire d'une vocation manquée » (Inv. 12, f^os^ SdB 133-146 ; Inv. 8, f^os^ MV 162-175 ; Folio, p. 81-86). Or, c'est dans ce travail que Sartre introduit et contient le thème d' « un autre moi-même, mon frère noir ». En dehors des trois rédactions suivies, nous disposons d'un seul avant-texte : une feuille avec trois rédactions différentes (et le début d'une quatrième) du même passage, ce qui est singulier dans notre corpus (Inv. 4, f° ITEM 4). Voici la première version, et celle du ms « Beauvoir » (f^os^ SdB 143-144), reprise dans le ms « Vian » (Inv. 8, f^os^ MV 172-173) et dans le texte imprimé (Folio, p. 84) :

J'étais protestant et catholique ; les Dogmes qu'on m'enseignait, un autre moi-même, mon frère noir, les contrefaisait aussitôt.

[...] Le débat [se poursuivait dans ma tête : dès que j'apprenais] se poursuivait dans ma tête, [en s'affaiblissant] +affaibli+ : un autre moi-même, mon frère noir, contestait languissamment tous les articles de foi ; j'étais catholique et protestant, je joignais l'esprit critique à l'esprit de soumission.

Cet « autre moi-même », nous l'apprenons dans la même page, n'est que la voix du voltairien Charles Schweitzer :

> [...] Pourtant je ne détestais pas les prêtres [...] C'était mon grand-père qui les détestait en moi[1].

L'image du « frère noir », qui ne peut qu'évoquer la figure de Caïn dans un texte ayant pour titre « Abel », apparaît ici – par rapport au cotexte, au ton du discours, à la contradiction secondaire qu'elle désigne – décidément déplacée. Mais cette disproportion même trahit la force d'un automatisme et d'une tentation. L'écrivain Sartre perçoit le risque qu'il y a à procéder par termes opposés, et il y échappe grâce à des biffures courageuses : celle de l' « ange » dans le couple ange/bête, celle d'Abel dans l'association avec son « frère noir », et, auparavant, celle d'un « Caïn » qui avait glissé sous sa plume.

C'est toujours dans le passage sur la religion et dans le ms « Beauvoir » qu'il se peint en Caïn, en racontant sa révolte contre le regard de Dieu sur l'enfant qui a brûlé un tapis :

> L'indignation me sauva : je me mis en fureur contre une indiscrétion si grossière, [j'étais Caïn lançant des flèches aux étoiles,] je blasphémai, je murmurai comme mon grand-père : « Sacré nom [...] » (Inv. 14, f° SdB 145).

Ce Caïn refusant à Dieu le droit de regard n'évoque que par opposition celui de *Saint Genet* qui « fuit sous l'œil de Dieu »[2], symbole de l'exilé et du

1. Corrigé en « par moi » au folio qui suit (f° SdB 145).
2. *Saint Genet*, p. 346.

Méchant, au sens fort de celui qui *fait* le Mal. Par contre, il est le frère jumeau du « Lucifer ferraillant contre Dieu » – symbole de l'orgueil, lui – d'un texte de Jean Genet cité par Sartre[1]. Tout l'épisode, d'ailleurs, fait écho au passage de *Notre-Dame des Fleurs* où Genet raconte un défi de Culafroy à Dieu se résolvant en preuve que celui-ci n'existe pas. Mais les rôles sont inversés : à l'enfant résolu au sacrilège pour solliciter une réaction de Dieu qui n'a pas lieu, s'oppose un enfant que Dieu surprend en faute et qui se débarrasse de cette présence importune en s'identifiant à son grand-père.

Ni exilé ni méchant, le Caïn de « Jean sans terre » était une figure de l'orgueil, revendiquant la liberté et la responsabilité humaines ; Camus venait d'ailleurs d'en proposer à nouveau le mythe, en en faisant le symbole de la révolte métaphysique[2]. Or, la révolte joue un rôle fondamental dans la conversion au Mal de Genet : « Enfant sans mère, effet sans cause, Genet réalise dans la révolte, dans l'orgueil, dans le malheur le superbe projet d'être cause de soi. »[3] Mais dans la construction d'une image de soi, Sartre ne fait à la révolte aucune place ; et si, malgré tout, il lui fait jouer un rôle important, c'est par son exclusion. Au départ, celle-ci était explicite, ainsi qu'en témoigne une remarque non retenue de la rédaction du « jeu du cinéma » dans le premier dactylogramme :

> Pour me délivrer de la Comédie, il eût été plus simple et plus efficace de briser des potiches, de mettre le feu à la maison. Mais je n'avais pas le courage ni l'envie de prendre de vrais risques : je ne concevais même pas qu'on pût mettre le Bien en question et je craignais de nuire à ma réputation. Loin de renoncer aux éloges, je voulais leur rendre du prix (Inv. 3, f° 43)[4].

Le rapport au portrait de Genet est encore spéculaire. « [...] cet enfant est trop droit, trop réel, trop "volontaire" pour s'accommoder d'évasions imaginaires : il n'acceptera ni de déplacer la culpabilité sur d'autres objets, ni de compenser le conflit originel par des idées de grandeur ni de s'enfuir dans un univers rêvé : la folie ne paie pas. »[5] Poulou, qui, au contraire, est imposteur, imaginaire et passif, est destiné à s'accommoder d'évasions imaginaires, et à compenser le sentiment de son néant par des idées de grandeur ; bref, à tomber dans la folie.

Les plus anciens avant-textes témoignent d'un travail autour des deux images opposées, du révolté et du grand homme. Le lot de feuillets déjà

1. *Ibid.*, p. 346.
2. *L'Homme révolté*, Gallimard, 1952 ; voir « Les fils de Caïn ».
3. *Saint Genet*, p. 85.
4. Voir aussi Inv. 13, F ITEM 6. Les six feuillets de ce lot, non consécutifs, présentent un texte lacunaire, et le dernier laisse la phrase en suspens ; mais ils correspondent exactement à la version du premier dactylogramme, qui s'achève sur la conclusion de ce passage. On peut supposer qu'ils appartiennent à un manuscrit mis au point pour la dactylographie.
5. *Saint Genet*, p. 59.

mentionné (Inv. 10, FITEM 5-15) peint l'enfant dans ses traits les plus marquants : enfant imaginaire et chevalier errant, comédien et séducteur, extasié par la lecture et fasciné par les grands sentiments. « Nul n'était moins révolté que moi », lit-on, au beau milieu d'une déclaration d' « amour de la grandeur » (FITEM 11 ; voir la transcription complète de cet avant-texte dans la contribution de Geneviève Idt au présent volume, p. 129 et s.). Ce dernier point fait ensuite l'objet d'une analyse – du rôle joué par Charles et par « l'atmosphère de spiritualité de la famille », de l'identification de l'enfant au grand homme (« Ersatz de Dieu. Au fond c'est lui qui me manquait »), des connotations de celui-ci –, aboutissant déjà à la conclusion : « C'est là que le passage de la comédie au mandat s'opère ». Génial, lucide, généreux, méconnu, le grand homme (dont le portrait n'est retenu dans aucun des trois états du texte) « n'était jamais un révolté », la révolte appartenant aux gueux, et non pas au prince.

Le prince

La folie de l' « enfant prodige » consiste à devenir « un grand homme en proie à l'enfance », à se faire « prince ». Pour cette image aussi, les trois états du texte témoignent d'une élaboration qui va dans le sens de l'épuration, mais encore une fois le mouvement n'est pas linéaire. Sa présence est accusée dans le ms « Beauvoir », qui la propose à trois occasions différentes, dont les deux premières préludent à l'anecdote du prince-cordonnier. La première occurrence est biffée dans le ms « Vian » :

> [...] j'ai pris le langage pour le Monde et j'eusse été fort capable de dire comme ce prince fameux, à l'astronome qui venait de découvrir une étoile : « Comment s'appelle-t-elle ? » J'étais prisonnier des Lumières ; pour m'avoir entouré de livres, on fit de la pensée humaine mon cachot (Inv. 14, f° SdB 44).

La seconde est retenue jusqu'au texte imprimé :

> en ma personne, l'Alsace-Lorraine persécutée entrerait à l'École normale supérieure, passerait brillamment le concours d'agrégation, deviendrait ce prince : un professeur de lettres (Inv. 14, f° SdB 236 ; Inv. 8, f° MV 272 ; Folio, p. 128).

Quant à l'identification au malade de Sainte-Anne qui est prince et cordonnier (Inv. 14, F SdB 476), elle disparaît de la rédaction du ms « Vian » (Inv. 8, f° MV 391-392), pour être réintroduite ensuite (*Les Temps modernes*, p. 808)[1]. L'exclusion de la révolte est donc complémentaire du thème de la

1. Je cite le texte de l'édition Folio (p. 69-170) : « A Sainte-Anne, un malade criait de son lit : "Je suis prince ! Qu'on mette le Grand-Duc aux arrêts." On s'approchait, on lui disait à l'oreille : "Mouche-toi !" et il se mouchait ; on lui demandait : "Quel est ton métier ?", il répondait doucement : "Cordonnier" et repartait à crier. Nous ressemblons tous à cet homme, j'imagine ; en tout cas, moi, au début de ma neuvième année, je lui ressemblais : j'étais prince et cordonnier. »

folie, celle-ci consistant à se transformer en Dieu. Un long passage du ms « Vian » (Inv. 8, f^os^ MV 185-188 = Folio, p. 92-94), ajouté au manuscrit précédant, rend explicite l'opposition de l'orgueil à la révolte :

> Je me jetai dans l'orgueil et le sadisme, autrement dit dans la générosité. Celle-ci, comme l'avarice ou le racisme, n'est qu'un baume sécrété pour guérir nos plaies intérieures et qui finit par nous empoisonner : pour échapper au délaissement de la créature, je me préparais la plus irrémédiable solitude bourgeoise : celle du créateur. On ne confondra pas ce coup de barre avec une véritable révolte : on se rebelle contre un bourreau et je n'avais que des bienfaiteurs. Je restai long[temps leur[s] complice et je ne faisais d'ailleurs qu'employer à d'autres fins les instruments qu'ils m'avaient donnés : c'étaient eux qui avaient prétendu voir en moi, les premiers, un don de la providence]temps leur complice. Du reste, c'étaient eux qui m'avaient baptisé, les premiers, don de la providence : je ne fis qu'employer à d'autres fins les instruments dont je disposais[1].

De toute façon, à ce stade de la rédaction du texte, la question de l'impossibilité de la révolte est résolue à sa racine : c'est Freud lui-même qui en fait foi : pas de père, un Œdipe « fort incomplet », pas de Sur-moi, point d'agressivité non plus : « Contre qui, contre quoi me serais-je révolté ? J'étais roi », corrigé en : « Contre qui, contre quoi me serais-je révolté : jamais le caprice d'un autre ne s'était prétendu ma loi » (Inv. 8, f^o MV 13 ; Folio, p. 24).

Incapable de révolte, acculé à l'orgueil, l'enfant Poulou ne succombe pas sous les coups d'un frère noir, jaloux et révolté ; il devient l'Orgueilleux. Voilà la métamorphose annoncée par la structure du récit et par son premier intertitre. Mais ce n'est pas à partir d'Abel que se fait cette métamorphose, c'est plutôt à partir de l' « ange ». Là encore, Sartre exploite toute la richesse sémantique du terme. Nous avons vu que celui-ci est d'abord introduit comme une métaphore banale du langage des adultes, avec la double fonction de connoter ce langage autant que l'enfant de la comédie. Mais, se l'appropriant, l'écrivain récupère, et tourne en parodie, le sens étymologique du mot, celui qui l'avait frappé dans les textes de Genet et qu'il avait retenu : « Un ange, un ἄγγελος, quelqu'un l'a envoyé à Genet. »[2] Ce n'est pas Abel, mais l'enfant qui « prophétise », l'ange-

1. Le mot « créateur » remplace ici le mot « Dieu » d'un passage raturé du ms « Beauvoir » (f^o sdB 152) ; ailleurs, avec majuscule (Inv. 6, F ITEM 69). Cet ajout entraîne que soit modifiée une précision déjà formulée dans un avant-texte du premier dactylogramme, reprise dans celui-ci et dans le ms « Beauvoir » : « J'inventai un univers difficile et mortel : ignorant les besoins et les travaux, je mis à leur place des dangers. Je n'ai jamais été plus éloigné de la révolte : assuré d'habiter le meilleur des mondes, j'avais pour tâche de le purger de ses monstres. Je me mis, sans le savoir, du parti de l'Ordre moral ; je me fis flic et lyncheur » (Inv. 7, f^o ITEM 3 = Inv. 3, p. 36 = Inv. 14, f^o sdB 155).

« [...] J'inventai un univers difficile et mortel – celui de Cri-Cri, de l'Épatant, de Paul d'Ivoi – ; à la place du besoin et du travail, que j'ignorais, je mis le danger. Jamais je ne fus plus éloigné de contester l'ordre établi : assuré d'habiter le meilleur des mondes, je me donnai pour office de le purger de ses monstres ; flic et lyncheur j'offrais en sacrifice une bande de brigands chaque soir » (Inv. 8, f^o MV 189).

2. *Saint Genet*, p. 287.

messager de Dieu qui se métamorphose, retournant par un acte d'orgueil et de superbe la proposition « Dieu parle par ma bouche » en « par les mots je me ferai Dieu ». L'image que cette métamorphose évoque n'est pas celle de Caïn, mais, encore une fois, celle de Lucifer, le porteur de lumière, la bête, le Séducteur (διάβολοσ). La chaîne – associative cette fois –, qui s'établit à partir d' « Abel » et de l'image du couple qu'il évoque, passe par le « frère noir », « l'ange/la bête », « la chute », « l'orgueilleux », « le séducteur », « écrire ».

Les modifications dans l'énonciation du changement et dans le découpage des parties confirment ce sens du mouvement. Le changement est d'abord mis en relation avec l'émergence de l'autre face de l' « ange » : sa laideur et ses échecs dans la comédie ; mais les formulations successives sont de moins en moins péremptoires, la datation moins précise. Voici quatre rédactions du même passage :

1.

> C'est vers six ou sept ans que j'ai connu la gloire ; à huit ans tout changea. Un jour mon grand-père me prit par la main [...] (Inv. 3, p. 27).

2.

> [partir de ma septième année, écueils et naufrages se multiplièrent.] Un jour, mon grand-père me prit par la main [...] (Inv. 6, f° ITEM 60).

3.

> A partir de ma huitième année, obstacles et chutes se multiplièrent. Un jour, mon grand-père me prit par la main [...] (Inv. 14, f° SdB 120).

4.

> [...] Pourtant mes affaires allaient de mal en pis. Mon grand-père s'agaçait de ma longue chevelure [...] (Inv. 8, f° MV 176 = Folio, p. 86).

La césure entre la première et la seconde partie coïncide dans le premier dactylogramme avec la postulation d'une issue par l'imagination, c'est-à-dire avec le projet de « justifier la bête » par le « mérite » (Inv. 3, f°s 35-36). Elle signale une métamorphose qui, suivant le modèle de *Saint Genet*, n'était peut-être que la première ; c'est le fameux :

> Enfant imaginaire, je me défendis par l'imagination ; comédien j'arrachais la comédie aux grandes personnes pour me la donner à moi seul ; généreux par momerie, je voulais trouver ma raison d'être dans l'exercice de la générosité. Je ne sais quand l'idée me vint de m'inventer des lettres de créance : il n'y a jamais de commencement (Inv. 3, f° 35 ; voir Inv. 14, f^os SdB 152-153 ; Inv. 8, f° MV 189 = Folio, p. 94).

A partir du ms « Beauvoir », la césure est repoussée à l'intervention de Charles reconnaissant la vocation de l'écrivain, et elle coïncide avec l'énonciation *du* changement :

> Je fus sauvé par l'excès de mes bouffonneries : Charles Schweitzer me jeta étourdiment dans une imposture nouvelle qui changea ma vie (Inv. 14, f° SdB 199).

L'*explicit* de la première partie va demeurer à peu près inchangé (*cf.* Inv. 8, fº MV 235 ; Folio, p. 112), même si le mot de « métamorphose », utilisé à un autre endroit du manuscrit (Inv. 14, fº SdB 352 : « Voilà le fond, voilà le cœur obscur de la métamorphose ») n'est pas retenu dans le remaniement du ms « Vian », qui le remplace par la déclaration répétée : « Ma vocation changea tout » (Inv. 8, fº MV 358 = Folio, p. 158).

« Lire » vient remplacer « Abel » et indiquer non seulement deux étapes dans une chronologie, mais aussi la voie qui mène à écrire : l'univers imaginaire créé par les mots. Le nouvel intertitre parachève l'épuration, le mouvement d'abstraction, dans le portrait de l'écrivain ; ce mouvement auquel le titre *Les Mots* mettra le point final, tout en établissant une cohérence avec les deux parties et entre elles.

Le sexe et la littérature

Entre-temps, Sartre rature les passages qui associaient littérature et sexualité. Les avant-textes dont nous disposons nous permettent de distinguer quatre variations du thème.

1 / Assimilation des exercices d'écriture enfantins à la masturbation :

[Et puis il faut avouer que j'étais un auteur encore [trop] +très+ ignoré et qui se consolait comme il pouvait de son obscurité. Nul n'avait encore pris connaissance de mes œuvres, pas même moi qui détestais me relire : [je me jetais à mon pupitre et je m'adonnais à ma tâche clandestine, proche de la masturbation, ma] plume allait si vite que j'avais mal au poignet les cahiers remplis, je les jetais sur le parquet, je les oubliais [...] (Inv. 12, fº ITEM 14)

[...] Et puis il faut bien reconnaître que j'étais un auteur très ignoré : personne n'avait pris connaissance de mes œuvres, pas même moi qui détestais me relire : ma plume allait si vite que j'avais mal au poignet ; je jetais sur le parquet les cahiers remplis, je les oubliais, ils finissaient par disparaître [...] (Inv. 14, fºs SdB 333-334 ; Inv. 8, fº MV 334 ; Folio, p. 148-149).[...]

Je me sentis mystifié : je croyais travailler dans un domaine à part, ni vrai ni faux, surréel et, tout d'un coup, l'on me démasquait : j'étais menteur et fou, je racontais des sornettes que personne ne croirait, on me renvoyait aux fantasmes honteux, à la puérile solitude de la masturbation [...] (Inv. 6, fº ITEM 393 (fº Ryb be)

Je me sentis mystifié : j'étais un imposteur, je racontais des sornettes que personne ne voudrait croire ; bref je découvris l'imagination (*Temps modernes*, p. 811 ; Folio, p. 174)[1].

1. « [...] les grandes personnes avaient surpris mes innocentes masturbations [...] », lit-on encore dans un passage qu'aucun manuscrit ne retient (Inv. 6, fº ITEM 15) ; et : « mais ces masturbations avaient lieu sans témoin », dans le ms « Beauvoir » (Inv. 14, fº SdB 400).

2 / Assimilation de soi-même écrivain à la femme ; la diversité des contextes produit une variété de personnages féminins.

a) La petite fille jouant avec ses poupées (Inv. 12, fº ITEM 14), et à la marchande (Inv. 6, fº SdB 211), Pippa, le personnage d'un poème de Robert Browning (Inv. 6, fº SdB 152), associées à la générosité et à la simulation.

b) La Vénus de Botticelli, au moment d'expliquer l'expérience de la création littéraire :

> [...] c'était cela pour moi, la Beauté. C'était cette naissance de Vénus, quand <l'eau s'apaise>, le vent tombe, le paysage prend un charme étrange : quelque chose peut seul paraître, juste cela. Et voilà : c'est tout à coup cette femme nue debout dans une conque, Vénus. Bref, chacun a sa crise qu'il recommence toute sa vie. Moi c'est celle-là que j'ai quand j'écris. Surtout au théâtre (Inv. 12, fº ITEM 68).

c) La femme froide poursuivant l'orgasme, pour expliquer l'ambiguïté entre simulation et sincérité dans la tentative d'intérioriser la vocation. C'est une image qui est développée dans le ms « Beauvoir », où elle est précédée de l'image de la putain et où elle structure le discours ; au moment de la réécriture de ce long passage dans le ms « Vian » (Inv. 8, fºs MV 398-402), l'image est retenue une seule fois, et quelque peu atténuée :

> [...] Je faisais la putain pour séduire mes juges, j'envoyais des baisers à la postérité [...] [je me retrouvais à la fin tel que j'étais au commencement des simagrées, n'ayant rien gagné sauf quelques voluptés acides et quelques beaux énervements. [...] Je voulais le voir. Je m'ouvrais, je béais, je faisais mes exercices pour provoquer une intuition [...]
> J'étais une femme froide qui se débat sous les hommes et dont les convulsions sollicitent puis tentent de remplacer la jouissance qui *[mot ill.]* la fuit ; est-elle truqueuse, simulatrice ou juste un peu trop appliquée ? De toute façon je n'obtenais rien ; impassible, close, hors d'atteinte, l'idée restait en moi : elle me voyait, je ne la voyais pas [...]. Mes convulsions se firent de plus en plus rares aux environs de ma dixième année elles avaient entièrement disparu sauf quelques spasmes dont je reparlerai bientôt (Inv. 14, fºs SdB 399-404) [1].

> [...] Je béais, je me contorsionnais pour provoquer l'intuition qui m'eût comblé, j'étais une femme froide dont les convulsions sollicitent puis tentent de remplacer [la jouissance] +l'orgasme+. La dira-t-on simulatrice ou juste un peu trop appliquée ? De toute façon je n'obtenais rien, j'étais toujours avant ou après l'impossible vision qui m'eût découvert à moi-même et je me retrouvais, à la fin de mes exercices, douteux et n'ayant rien gagné sauf quelques beaux énervements (Inv. 8, fº MV 391 ; Folio, p. 169).

1. Je signale la variante, raturée, au folio 405 du même manuscrit : « [Je m'agitais, je m'ouvrais, je béais dans l'attente d'une intuition toujours refusée, comme une femme froide se débat sous son amant et remplace par des convulsions la jouissance qui la fuit.

« Mes convulsions se firent de plus en plus rares et de plus en plus brèves lorsque j'en eus compris la vanité. Elles avaient tout à fait disparu aux environs de ma dixième année, sauf quelques spasmes dont je parlerai plus loin.] »

3 / Assimilation du livre au sexe féminin, implicite dans la comparaison à l'huître ; elle revient deux fois dans le ms « Beauvoir ». Seule la première est reprise dans le ms « Vian », et même en termes plus explicites :

[...] Quelquefois je m'approchais, pour observer ces minéraux qui se fendaient comme des huîtres ; je découvrais leur nudité : des feuilles blêmes et moisies, légèrement boursouflées, couvertes de dessins noirs, qui buvaient l'encre et sentaient le champignon] (Inv. 14, f° SdB 19).

Quelquefois je m'approchais pour observer ces boîtes qui se fendaient comme des huîtres et je découvrais la nudité de leurs organes intérieurs, des feuilles blêmes et moisies, légèrement boursouflées, couvertes de [lignes] veinules noires qui buvaient l'encre et sentaient le champignon (Inv. 8, f° MV 33 = Folio, p. 36).

Mais l'image revenait dans le ms « Beauvoir » pour illustrer le mélange de désolation et de consentement avec lequel est accepté le verdict de Charles reconnaissant la vocation :

> [...] je connaissais la cuisine : un écrivain, cela s'ouvre comme une huître, cela se pose à plat sur la table et cela se regarde de haut (Inv. 14, f° SdB 254).

4 / Assimilation de la littérature à la femme, toujours dans le même passage faisant suite à la décision de Charles de reconnaître la vocation de l'enfant. L'opposition entre deux séries de lexèmes – bretteur, athlète, Pardaillan, héros, épée *vs* Corneille, moi, espèce inférieure, bétail ordinaire – s'y prolongeait en une réflexion socio-historique aboutissant à l'évocation des angoisses sexuelles de l'enfant :

> [...] En ce temps-là, l'Armée, c'était le membre + [viril] + de la France ; les officiers de carrière en accaparant toute la virilité de la Nation provoquaient une castration généralisée du corps social. A l'ombre de cette droite colonne, les civils alanguis se découvraient des appâts, riaient de la gorge sur le passage des régiments ; les industriels, les châtelains, les grands commis célébraient leurs noces mystiques, avec les chasseurs d'Afrique, avec les zouaves. Ma profession semblait la plus atteinte : les poètes parlaient chiffon, les académiciens se couchaient devant les militaires. Cela n'échappait à personne, pas même aux enfants : je sentais que la littérature était devenue femme. L'angoisse me prit : et si je changeais de sexe, moi aussi ? (Inv. 14, f^os SdB 236-247).

4
TRAVESTISSEMENTS

Le schéma Grisélidis

Éliminé des titres, le procédé consistant à exploiter le pouvoir signifiant des noms propres garde une présence considérable dans le texte. L'importance de son rôle est mise en évidence par ce cortège hétéroclite – Grisélidis,

Pardaillan, Michel Strogoff, Philoctète – convoqué au moment de quitter le lecteur et de lui livrer l'autoportrait. La fonction de ces noms propres est explicite : après la déclaration que « Usés, effacés, humiliés, rencognés, passés sous silence, tous les traits de l'enfant sont restés chez le quinquagénaire », ils résument en style lapidaire et en images frappantes les traits du caractère, tout en soulignant sa constitution dans l'enfance : « Grisélidis pas morte. Pardaillan m'habite encore. Et Strogoff » (Folio, p. 205-206).

Il est difficile d'établir si la constellation Grisélidis-Strogoff-Pardaillan a été conçue comme telle dès le début. Ce qui paraît sûr, c'est que le dispositif a été mis en place très tôt, et qu'il y a eu quelque hésitation sur l'image à donner (et donc sur le rôle à attribuer dans la chaîne chronologique et logique) à certains des personnages eux-mêmes.

Des deux avant-textes du passage « Enfant imaginaire, je me défendis par l'imagination », déjà mentionnés (Inv. 10), le premier (dans la foliotation ITEM) contient une référence à Pardaillan, mais les connotations de celui-ci sont différentes de l'image que nous connaissons :

> Plus tard j'adorais Pardaillan, +le héros+ de Michel Zévaco, veuf sombre et narquois, aimé de toutes mais soigneusement inconsolable (Inv. 10, f° ITEM 4).

Dans l'autre rédaction, plus longue et s'achevant en notations, Pardaillan est remplacé par Grisélidis, qui est nommée trois fois et qui est déjà un paradigme. Les deux premières occurrences (dont la seconde suit le récit d'un souvenir d'enfance sur lequel je reviendrai) sont dans un cotexte que nous retrouvons, réélaboré, à la fin du « jeu du cinéma », pour expliquer l'identification au héros méconnu :

> [...] Je me racontais des histoires en goûtant. J'y étais toujours méconnu. L'histoire de Grisélidis m'avait fait une impression profonde. Pourtant je n'étais guère masochiste. Ce qui m'amusait, c'était que mon abjection rendait ma gloire plus éclatante. Méconnu, inconnu, je glissais incognito. J'adorais l'incognito. C'était pour rendre un peu plus difficile l'admiration qui dans la vie courante m'était dispensée si abondamment. Je la trouvais à vil prix. J'imaginais des souffrances, il me fallait des mérites. Et toujours renvoyer à plus tard le moment de la reconnaissance universelle. Ce schéma enfantin ne m'a pas quitté. Il devi+e+nt l'idée d'une apothéose très lointaine après des années difficiles. Je justifiai un présent morose par un avenir très éloigné (Inv. 10, f^os ITEM 7 et 8).

> Le sens de toutes ces fictions (la vie imaginaire était si intense que c'était presque de la schizophrénie) : inconnu puis méconnu. Grisélidis. Je n'étais pourtant pas masochiste. Mais lassé d'être reconnu d'avance. Je voulais mériter. C'était un effort pour essayer de retrouver la réalité. Effort voué comme le reste à l'imaginaire (Inv. 10, f° ITEM 9).

[...] J'avais lu vingt fois, avec passion, l'histoire de Grisélidis : pourtant je n'aimais pas souffrir et mes premiers troubles ont été sadiques ; le défenseur de tant de princesses ne se gênait pas, de temps à autre pour fouetter en esprit sa petite voisine de palier. Ce qui me plaisait dans ce récit peu recommandable, c'était l'inflexible vertu de la victime qui, pour finir, forçait l'estime de son bourreau. Moi aussi, je voulais arracher à des juges inconnus un acquittement avec félicitations du jury. Tels sont les paradoxes de l'éducation : l'adoration de mon grand-père, la bonté de ma mère, huit ans de félicité n'avaient abouti qu'à me donner le goût du martyre (Inv. 3, f° 43).

[...] J'avais lu vingt fois, dans la passion, l'histoire de Grisélidis ; pourtant je n'aimais pas souffrir et mes premiers désirs furent cruels : le défenseur de tant de princesses ne se gênait pas pour [fouetter] +fesser+ en esprit sa petite voisine de palier. Ce qui me plaisait dans ce récit peu recommandable, c'était le sadisme de la victime et cette inflexible vertu qui forçait enfin l'estime de son bourreau. Moi aussi je voulais arracher à des juges inconnus un acquittement avec félicitations (Inv. 14, f° sdB 186).

La réécriture du ms Vian (Inv. 8, f° MV 221) introduit une seule variante, très efficace d'ailleurs : l'inflexible vertu de la victime « finit par jeter à genoux le mari bourreau ».

L'histoire de Grisélidis fournit donc le schéma des histoires imaginaires ; d'abord des histoires d'aventures, et ensuite de l'image de l'écrivain. Ce dernier point est précisé dans la feuille déjà citée de l'Inv. 10 (f° ITEM 14), où le « schéma Grisélidis » intervient pour définir une image opposée à celle du révolté[1]. Entre un Pardaillan veuf inconsolable et une Grisélidis victime à l'implacable vertu, Sartre opte décidément pour celle-ci ; mais l'identification s'accompagne d'une modification progressive des traits de Grisélidis, qui, tout en demeurant le symbole du héros « méconnu », devient à la fin « sadique ». Toute attache avec le personnage des nouvelles de Boccace (*Decamerone,* X, 10) et de Perrault (*Contes de ma mère L'oye,* « La marquise de Sallusses ou La Patience de Griselidis ») est brisée.

Le portrait de l'enfant en Grisélidis a pour fonction de nuancer et d'enrichir l'identification au « mousquetaire » dans le jeu du cinéma (Inv. 10, f°s ITEM 2 et 5 ; Inv. 3, p. 41 ; Inv. 14, f° SdB 176 ; Inv. 8, f° MV 211 ; Folio, p. 104). Le premier dactylogramme ne fait aucune mention de Michel Strogoff, ni de Pardaillan, que l'on rencontre à partir du ms « Beauvoir ». Reprenant son texte, l'écrivain décide d'exploiter le procédé consistant à se peindre par l'intermédiaire de quelques personnages célèbres de ses lectures enfantines. Michel Strogoff et Pardaillan interviennent donc avec une fonction opposée et complémentaire par rapport à Grisélidis, char-

1. La même idée revient dans un passage raturé du ms « Beauvoir » (f° sdB 56) : « Je tenais les hommes de lettres pour les Grisélidis du genre humain ».

gés d'incarner les « deux mystiques contradictoires » que recouvre l'image du chevalier : le mandat et l'indépendance (f° SdB 281-282).

L'image du mousquetaire – fixée, comme nous l'avons vu, dès le départ – s'était cependant prolongée dans l'évocation de D'Artagnan, dont un seul feuillet garde la trace, dans un passage qui nous est parvenu hors de tout contexte : « Je pouvais [unir] +réconcilier+ Michel Strogoff et D'Artagnan. » (Inv. 12, FITEM 46). S'agit-il d'un lapsus, ou bien Sartre avait-il pensé d'abord au célèbre mousquetaire pour rendre l'image du preux généreux et indépendant ? Le jeune « chercheur d'aventures », sans biens et sans le sou, maladroit et méconnu au départ, mais doté d'une bravoure insolente et d'une ténacité qui forcent l'estime, se prêtait assez bien à la besogne. N'oublions pas que nous avons rencontré un Pardaillan malheureux, qui revient d'ailleurs dans un passage raturé du ms « Beauvoir », au beau milieu de l'autoreprésentation ironique en écrivain-martyr (f° SdB 336) :

> [...] L'humanité dormait, c'était la nuit, ma femme et mes enfants dormaient à moins qu'ils ne fussent morts, ma logeuse dormait ; dans toutes les mémoires, le sommeil m'avait aboli. Quelle solitude : deux milliards d'hommes en long et moi, au-dessus d'eux, seule vigie.
>
> Le Saint-Esprit me regardait. Il venait justement de prendre la décision de remonter au Ciel et d'abandonner les hommes ; je n'avais que le temps de m'offrir [en holocauste], je lui montrais les plaies de mon âme, les larmes qui trempaient mon papier, il lisait par dessus [mon épaule et sa colère tombait. Je ne voulais pas trop me demander ce qui l'avait apaisé, de la magnificence de mes œuvres ou de la profondeur de mes souffrances : mais je sais aujourd'hui que les souffrances comptaient seules. Les souffrances et l'esprit de sacrifice : l'homme de lettres, comme l'ancien homme d'épée, cachait un martyr tyrannique qui [sauvait] rachetait les hommes pour les asservir. Bien entendu, il fallait que l'œuvre fût belle : mais la beauté n'émanerait pas de mon désespoir, elle ne l'exprimerait pas : je la voyais descendre du Ciel sur mon chant comme une récompense].
>
> Ce n'était pas la force de Pardaillan, c'était son sacrifice qui assurait.

Sartre pourrait avoir envisagé de faire de D'Artagnan l'emblème du chevalier, et l'aurait ensuite remplacé par un héros populaire plus nettement opposé à Michel Strogoff ; surtout après avoir décidé que Grisélidis incarnait beaucoup mieux que Pardaillan la figure du martyr. Ce choix va d'ailleurs lui permettre de traduire en images et en récit la crise de l'unité de sens « écrivain-chevalier », imputée à la lecture de *Pardaillan et Fausta.* Le récit met en scène la « confrontation déplaisante » entre le chevalier et l'écrivain sous les déguisements en Pardaillan et Cervantès, dont le dernier décide que Pardaillan va lui servir de modèle pour son Don Quichotte. Cette opération n'aurait pas été possible avec D'Artagnan, qui, dans le portrait qu'en fait Dumas, est assimilé à Don Quichotte : il est même « une copie exacte du héros de Cervantès »[1].

1. A. Dumas, *Les Trois mousquetaires,* « Bibliothèque de la Pléiade », 1962, p. 10.

Travestissements et repentirs

Cet aspect labile des traits constitutifs des personnages utilisés pour se travestir ne fait que confirmer la tendance générale qui préside à la réalisation de l'autoportrait : les éléments sont donnés d'avance, ils n'ont pas changé par rapport aux analyses des *Carnets* ; l'entreprise autobiographique consiste à les distribuer sur les quelques points de repère offerts au lecteur – noms, métaphores, souvenirs – afin de les rendre vivants et vraisemblables, voire de créer un effet de production de l'image et du sens. Ces points de repère sont à leur tour susceptibles de modification et d'adaptation au rôle qui leur est confié, c'est-à-dire à l'image qui est en train de se constituer.

Philippe Lejeune a déjà montré les métamorphoses que subissent certains souvenirs d'enfance en passant des pages des *Carnets* à celles de l'autobiographie[1]. Je ne reviendrai pas là-dessus, sinon pour souligner que leur utilisation, accompagnée d'un changement de cotexte et d'un retournement de sens, est subordonnée à la construction d'une image de soi : montrer en action les attributs qu'on se prête. L'association messe-vertu (*Carnets*, 1er décembre, p. 266-267) fournit l'occasion de renchérir sur l'image du petit comédien, accusé d'être doublement imposteur : dans la vertu, et dans la simulation de la tentation du mal (Folio, p. 25). La « jouissance » pour la médaille d'argent décernée par l'Institution Dibildos à une composition sur un sujet religieux (*Carnets*, p. 265-266) se transforme en « déception » l'enfonçant dans l'impiété (Folio, p. 85). Et des trois souvenirs évoqués pour illustrer les échecs dans la comédie familiale – la coupe des cheveux, la représentation à Noirétable, le cahier de Mme Picard –, les deux derniers reprennent deux souvenirs notés dans le premier carnet, en en inversant le signe, de positif en négatif. Placés à l'intérieur d'une analyse de son propre rapport à la guerre au cours de laquelle (3 octobre) Sartre se reconnaît, entre 1914 et 1915, « quelque docilité de comédien à même les grands sentiments » étalés par Charles, ils sont déjà exemplaires de la vocation de l'enfant à jouer la comédie avec les adultes, et de la séduction qu'exerce sur lui la comédie de Charles forçant vers le sublime. Mais en 1939, le jeu de Poulou est « si réussi » qu'il lui vaut d'être immortalisé dans une aquarelle par le conservateur de la cathédrale de Reims ; à partir du premier dactylogramme de « Jean sans terre », le même geste – connoté ici d'hypocrisie : « cachant ma joue de prélat dans le creux de mon épaule » – et les mêmes mots trahissent l'application et annoncent la débâcle de l'ange. De façon analogue, la réponse

1. Voir « Les enfances de Sartre », dans l'ouvr. cité et, dans le présent ouvrage, p. 76.

aux questions du cahier de Mme Picard, d'abord accueillie avec félicitations et baisers, devient, dans le récit autobiographique, la cause d'une humiliation dont l'enfant croit mourir (Inv. 3, f°s 28-29 ; Inv. 8, f^os^ MV 180-182 ; Folio, p. 88-90)[1].

Quant aux suppressions de souvenirs, si elles ne tendent pas à noircir les traits de l'enfant, elles répondent à un souci de ne pas contredire l'image d'une enfance morose et solitaire. Les plus anciens avant-textes sont parsemés de références à des moments heureux et à des expériences gratifiantes, mais le texte évite de les retenir. Le cas le plus éclatant est celui du « montreur de marionnettes » au Luxembourg, un souvenir déjà noté dans les *Carnets* (28 février 1940, p. 502) et repris dans les feuillets que j'ai mentionnés à propos de Grisélidis (Inv. 10, F ITEM 8 et 9). La réflexion sur le « schéma enfantin » consistant à imaginer des souffrances pour pouvoir mériter une reconnaissance toujours remise à plus tard, encadre ici le récit d'une occasion de succès ; un succès dans la réalité et non pas dans l'imaginaire, auprès d'enfants du même âge : « Cependant je connus de bonne heure un vrai public. Je me fis montreur de marionnettes [...] » (voir ci-dessus, p. 73). Lié à l'attrait pour l'incognito, donc en quelque sorte complémentaire de l'histoire de Grisélidis (dans la mesure où l'incognito est associé à l'idée de la vertu méconnue), mais en même temps introduit par un adverbe qui marque une opposition, ce souvenir finit par introduire un autre schéma, à côté du « schéma Grisélidis » : celui du séducteur. C'est pourquoi il n'est retenu dans aucun des trois états du texte ; par contre, à partir du ms « Beauvoir » (f^os^ SdB 196-199) le Luxembourg devient le lieu d'une condamnation sans appel à l'exclusion. Le décor est le même, les personnages aussi – ou peu s'en faut – mais les rôles sont renversés : le séducteur est remplacé par un « gamin chétif et maladroit », auquel personne ne prend garde ; les enfants, d'abord effarouchés, qui approchent et constituent « un vrai public », sont devenus des « juges ». Plus de trace de marionnettes, ni de Guignol ; la scène est occupée par les jeux bruyants et joyeux d'une bande de gamins – des « héros de chair et d'os » – devant lesquels Poulou se découvre « ni merveille ni Pardaillan ni méduse : un gringalet qui n'intéressait personne » (Inv. 8, f^o^ MV 229 ; corrigé en : « ni merveille ni preux ni méduse » ; l'imprimé ne retient que « ni merveille ni méduse » ; voir *Les Temps modernes,* p. 649 et Folio, p. 111).

Dans le récit autobiographique, d'ailleurs, Poulou ne joue jamais, ni avec d'autres enfants, ni tout seul. Il est si déréalisé, si « imaginaire », qu'on ne lui connaît aucun des passe-temps ni des jouets qui peuplent la vie d'un

1. Un passage intermédiaire entre les deux versions est attesté par un feuillet où ce souvenir est évoqué sans qu'aucune allusion ne soit faite aux réactions des adultes, mais où, par glissement, il sert à illustrer le thème de l'enfant « pourri » (Inv. 12, f^o^ ITEM 81).

enfant. Et pourtant, il en avait, malgré son snobisme : au moins un cinéscope (Inv. 10, f° ITEM 2) et un Meccano (Inv. 14, f° ITEM 110). Il avait aussi des « fiancées », dont une nommée Nicole (Inv. 10, f^{os} ITEM 9 et 11) ; et tout en se passionnant pour le cinéma, il s'amusait « follement » au théâtre (Inv. 3, f° 39). Mais au fur et à mesure qu'il avance dans son portrait, Sartre rejette tout ce qui pourrait le contredire ou le nuancer.

Il biffe aussi des éléments d'autoportrait qui le rattachaient à Charles, comme la maladresse (« Je ne connaissais rien de plus élégant que la maladresse de mon grand-père et je l'imitais si bien qu'elle m'est restée », Inv. 14, f° ITEM 110, biffé) ; de même qu'il revient sur un aveu auquel il s'était laissé aller, au beau milieu du portrait du grand comédien : « N'importe : il jouait bien : Je lui dois une enfance très heureuse et la fascination que les coups de théâtre exercent encore sur moi » (Inv. 11, f° ITEM 81).

Un jeu de prestige

La primauté du sens et le souci d'une cohérence interne du texte l'emportent sur la vérité aussi bien que sur le plaisir narcissique de s'attarder sur des souvenirs enfantins. Ceux-ci n'ont pas pour fonction d'introduire à la reconstruction du passé ; autant que les personnages mythologiques, littéraires ou imaginaires, ils sont parcourus et manipulés pour satisfaire aux exigences du présent. En même temps, le renvoi à ces personnages médiatise le rapport avec l'enfant et, tout en évoquant son univers, le tient à distance. Le théâtre de la mémoire cède la place à une scène sur laquelle Poulou évolue au milieu d'une foule de figures, dans un tourbillon de travestissements et de retournements.

L'analyse des avant-textes ne fait que confirmer et renforcer l'impression produite par la lecture du texte, d'un jeu de prestige réalisé par un « montreur de marionnettes » qui prend ses précautions pour se cacher du public. Et qui se veut montreur de marionnettes, quoiqu'il soit obligé de se rabattre sur le Guignol, parce qu'il est fasciné par « ces bouts de boi[t]s, ces têtes rondes, de bois, ces bras en allumette, ensorcelés par une âme » (Inv. 10, f° ITEM 8). Même s'il lui arrive de dévoiler son rôle : « On m'a vu, travesti en Pardaillan », lit-on dans un passage du ms « Beauvoir » (Inv. 14, f° SdB 353) ; mais le passage n'est pas retenu.

Les avant-textes révèlent le travail auquel se livre l'écrivain pour maîtriser le tourbillon des figures – comparaisons, métaphores, allégories – dont il nourrit ses analyses et ses explications, et derrière lesquelles il se cache. Le mouvement d'amplification est suivi d'un mouvement opposé, de ratures et d'éliminations, qui va parfois dans le sens de l'autocensure, mais qui poursuit surtout la conquête d'un équilibre entre l'abstraction et l'image, et qui tend à privilégier des figures désincarnées, proches du fantôme évoqué par les marionnettes, « enfin délivré de la chair, propre et net comme un os, avec les délicieux mouvements saccadés dont la grâce n'emprunte rien à nos rondeurs » (Inv. 10, F ITEM 8).

Les personnages dans lesquels l'enfant se travestit/est travesti absorbent d'autres assimilations, redondantes et triviales. Voici un exemple : dans le ms « Beauvoir », le passage qui explique la reprise du mandat grâce à l'identification de l'écrivain au héros contient d'abord une comparaison avec le platane (« J'étais écrivain-chevalier comme le platane est platane, comme Charles Schweitzer était grand-père : de naissance et pour toujours » ; F ITEM 280), à laquelle fait écho, quelques lignes plus loin, l'assimilation à un dattier, remise de page en page et de rature en rature, au fur et à mesure que le texte s'amplifie : « +Dans+ [Au] +le+ désert, quand la caravane meurt de soif, de faim, les chameliers favorisés des djinns font apparaître des dattiers : il me suffisait d'être un de ces dattiers-là et de ployer délicieusement sous le poids de mes dattes » (f^{o} SdB 280, 283, 284). Allégorie et comparaison disparaissent dans le remaniement du ms « Vian », où Michel Strogoff et Pardaillan sont évoqués de nouveau pour clore le passage, résumant deux mystiques opposées mais compatibles, et pour enchaîner sur une nouvelle contradiction (Inv. 8, f^{os} MV 308-313 ; Folio, p. 140-142).

A partir de Grisélidis, donc, et dans un développement dialectique, un réseau se constitue, récupérant Pardaillan, intégrant Strogoff, Chantecler et, au passage, Parsifal, aspirant Corneille, exerçant sa force d'attraction sur Pellico, Chénier, Dolet, Byron, Voltaire et Rousseau, Hugo, Zola... L'enfant Poulou, lui aussi, est « pris au piège de la nomination » (Folio, p. 117) ; et l'écrivain sourit de ce jeu d'identifications parodiques. Son ton moqueur, déjà, signale la distance. Mais le changement est aussi proclamé de façon nette.

La difficulté, apparemment, consiste à établir ce qui, de l'enfant, demeure chez l'adulte ; et à dater ce changement, qui a autant de peine à se situer que la métamorphose d'Abel. Un feuillet précédant le manuscrit folioté par Simone de Beauvoir le met en relation avec les expériences traumatisantes de l'adolescent :

> J'ai changé. Ceux qui me connaissent aujourd'hui ne me reconnaîtront pas j'espère dans ce portrait. Parmi les facteurs de changement, je compte par ordre chronologique : le premier contact avec d'autres (6e Henri IV), le second mariage de ma mère, la découverte de la violence – je fus souffre-douleur à La Rochelle – et celle de ma laideur vue par les autres. Le masochisme *[mot ill.]* <s'il prenait> a disparu. Restent beaucoup de choses (Inv. 6, F ITEM 414, Ryb by).

Ce passage n'est pas retenu dans le ms « Beauvoir », qui proclame, à son tour : « C'est fini, à présent : j'ai trop vieilli. » La fin de la folie optimiste est datée ici beaucoup plus tard : « Voilà bien vingt ans que je ne crois plus au progrès. » Puis la datation est biffée, deux fois (fos SdB 453-454), laissant dans l'indéterminé la prise de conscience : « Naturellement je ne suis pas dupe ; je vois bien que nous nous répétons+.+ [sans cesse] Mais cette connaissance plus récemment acquise s'est ajoutée à mes vieilles évidences sans les troubler ». L'arrogance, par contre, est ici assumée au présent ; mais le passage est considérablement remanié dans le ms « Vian », qui la rejette au passé :

Cette arrogance ne m'a jamais entièrement quitté ; elle est sournoise et n'exclut pas l'humilité ; toutefois, quand la fatigue et la passion me font tomber au-dessous du niveau ordinaire, je ne la comprends même plus, j'en fais la croyance la plus banale et la plus dangereuse : tout me réussira, je me jette hardiment dans une entreprise qui dépasse mes forces : il est écrit qu'elle tournera bien. J'en sors étrillé mais corrigé ; je retourne ma veste : le Ciel exigeait ma [déconfiture] +défaite+, elle portera des fruits. Bref, tantôt jouant le jeu commun et tantôt à qui perd gagne, je m'arrange toujours pour sentir le mouvement de ma vie comme une impulsion irrésistible qui me contraint sans cesse, en dépit de moi-même, à faire de nouveaux progrès (Inv. 14, fos SdB 432-433).

Cette arrogance n'excluait pas l'humilité : je me croyais faillible d'autant plus volontiers que mes défaillances étaient forcément le chemin le plus court pour aller au Bien. Je m'arrangeais pour sentir dans le mouvement de ma vie une irrésistible attraction qui me contraignait sans cesse, fût-ce en dépit de moi-même, à faire de nouveaux progrès (Inv. 8, fo MV 400 ; Folio, p. 190).

Au printemps 1963, la déclaration péremptoire que « c'est fini » est raturée ; et les arguments à l'appui de la thèse : « Je devins traître et je le suis resté », vont dans le sens contraire, c'est-à-dire dans le sens de l'autoportrait (Inv. 8, fos MV 405-411). Mais la conclusion qui suit revient sur la question du changement, auquel elle donne, cette fois, l'ampleur d'une conversion :

> J'ai changé [« Qu'est-ce qui s'est passé ? La vie. »] Je raconterai plus tard quels acides ont rongé les transparences déformantes [qui m'ont rongé, comment j'ai pensé systématiquement contre moi-même [<et>] c'est-à-dire contre les dispositifs que j'avais mis en place dès l'enfance et qui me servaient de tuteur, qui m'enveloppaient, quand et comment j'ai fait l'apprentissage de la violence, découvert ma laideur – qui fut longtemps mon principe négatif, la chaux vive où l'enfant merveilleux s'est dissout – par quelle raison je fus amené à penser systématique[ment contre moi-même, au point d'identifier l'évidence d'une idée avec le dép] idée et le déplaisir qu'elle me ca] [idée au déplaisir qu'elle me causait. Martyre, salut, immortalité, tout s'est délabré, l'illusion rétrospective est en ruines, j'ai <décou] [vert>]ment contre moi-même au point de mesurer l'évidence d'une idée au

déplaisir qu'elle me causait. L'illusion rétrospective est en miettes ; martyre, salut, +*[ill.]*+ immortalité, tout se délabre, l'édifice tombe en ruines, le Dieu qui s'y cachait je l'ai pincé dans les caves et expulsé ; l'athéisme est une entreprise cruelle et de longue haleine : je crois l'avoir menée jusqu'au bout. Je vois clair, je suis désabusé, je connais mes vraies tâches, je mérite sûrement un prix de civisme (Inv. 8, f[os] MV 444-446).

L'ironie de cette chute, le passage à une autre tonalité du discours, l'incongruité de l'image, ne trahiraient-ils pas quelque gêne pour ce qui va suivre ? Ayant gagné en radicalité, le changement est repoussé à une époque coïncidant à peu près avec la formulation du projet autobiographique : « Depuis à peu près dix ans je suis un homme qui s'éveille. » La folie, qui s'est constituée dans l'enfance par une sorte de précipitation de la névrose littéraire, et qui consiste à se vivre posthume, à croire à un mandat, à vouloir se sauver et sauver le monde par la littérature, cette folie aurait résisté au changement poursuivi pendant la guerre et enregistré dans les *Carnets*. Celui-ci n'était donc qu'une illusion, ou, au mieux, la condition nécessaire pour qu'un « réveil » ait lieu treize ans plus tard. Le portrait de l'enfant est aussi le portrait de l'écrivain des années trente et de l'intellectuel engagé de l'après-guerre :

Longtemps j'ai pris ma plume pour une épée : [Pardaillan m'habitait encore] A présent je connais notre impuissance (Inv. 8, f[os] MV 446-447).

Le travestissement en Pardaillan n'est plus réservé au petit orphelin à la tête épique, il s'étend à l'écrivain qui est devenu le symbole de la littérature engagée. L'autoparodie allait-elle déteindre sur le militant, après avoir détruit le clerc ? La biffure maintient cette transition à l'implicite et à l'allusif.

En passant de l'imparfait au présent et en recomposant le trio, un peu plus loin, au moment de prendre congé du lecteur, Sartre réalise enfin, avec ses travestissements, un autoportrait au sens fort d'image de son « caractère ». Il renonce à la distinction qu'il avait opérée en 1956, entre « caractère » et « protocaractère » : « Donc ma névrose devint mon caractère. Ou plutôt mon “protocaractère”, car il est en ruines aujourd'hui, démantelé par quarante années de bombardements et d'assauts » (Inv. 14, f[o] SdB 416). Ruineux, le « vieux bâtiment » n'est plus démantelé. Le « schéma Grisélidis », déjà noté et abandonné dans un feuillet lointain dans le temps, est assumé ; et, avec lui, la chaîne d'images qu'il avait fait surgir. Grisélidis, Strogoff, Pardaillan : l'écrivain nommé Jean-Paul Sartre les endosse tous, laissant tomber Chantecler, comme il avait épargné à l'enfant l'assimilation au platane et au dattier.

Mais l'amateur du théâtre de figures ne résiste pas au plaisir d'en faire paraître une autre, toute neuve celle-là, et inattendue : « Je suis Philoctète, magnifique et puant », écrit-il de premier jet ; puis il rature, et nuance : « En ce cas je serais Philoctète » (Inv. 8, f^os^ MV 451-452). Ce serait le cas de celui qui joue à qui perd gagne, celui de Genet. L'hypothèse (« et je me demande parfois si je ne joue pas à qui perd gagne ») n'est que la reprise de la conclusion du passage sur l'arrogance dans la rédaction du ms « Beauvoir » ; mais la forme en est atténuée, surtout par rapport à la version, biffée, qu'en donne la même page : « Bref, tantôt jouant le jeu commun et tantôt à qui perd gagne, je me suis toujours arrangé pour rafler la mise : il faut dire que j'étais mon seul partenaire » (Inv. 12, f° SdB 432).

La trivialité de l'image du rafleur est remplacée par l'aura qui entoure un personnage de l'épopée et de la tragédie grecques[1].

Mais, de même que la patience de Grisélidis a été retournée en « sadisme de la victime », la générosité et la fierté dans le délaissement de Philoctète, abandonné des hommes et oublié des dieux, sont ici soupçonnées de calcul. L'identification se fait encore au prix d'un noircissement des traits ; et cette fois l'auteur n'hésite pas à s'arroger le droit d'une lecture tendancieuse : « Magnifique et puant, cet infirme à donné jusqu'à son arc sans condition ; mais, souterrainement, on peut être sûr qu'il attend sa récompense. »

Sartre, nous l'avons vu, n'a aucun souci du respect d'une vérité philologique, historique ou biographique. Armé de son orgueil et de sa lucidité, animé par sa passion de séduire et de capter le sens du monde par la phrase esthétique, ligoté à son désir d'écrire, il crée sa vérité par une accumulation d'analyses, images, anecdotes, assertions, questions rhétoriques, preuves et contre-preuves, autour de quelques noyaux qu'il considère comme un acquis. Les traits du caractère passent dans l'écriture, à commencer par le « refus d'intimité avec soi-même » qui le définit dans un des premiers avant-textes, un feuillet thématique (Inv. 5, F ITEM 3). Si le mandat est devenu le caractère, celui-ci, à son tour, est devenu style.

Le feu d'artifice final, où les métaphores épousent l'hyperbole, ne fait que livrer au lecteur ébahi une image de l'écrivain qui s'est imposée à force de coups de théâtre, depuis l'étonnant lever de rideau sur un tourbillon de figures. Les coups de théâtre marquent aussi la genèse du texte, révélatrice de l'obstination et de la difficulté à se frayer une voie dans le langage, à se faire langage. Là se trouve la véritable construction d'une image de soi que Sartre poursuit, dans cette trituration des histoires et dans leur agencement, dans ce corps à corps avec les mots ; pour être, se perdre, renaître dans les mots. « Rien dans les mains, rien dans les poches », nous rappelle-t-il, en se congédiant, avec un clin d'œil.

1. Le Philoctète de Gide est déjà évoqué dans les *Cahiers pour une morale*, Gallimard, 1983, p. 383.

Le travail de la censure de « Jean sans terre » aux *Mots*

JOSETTE PACALY

La lecture des avant-textes des *Mots* dont nous disposons actuellement vient apporter un surcroît d'éclairage aux hypothèses que j'avais faites lors d'un précédent travail[1]. J'avais alors conclu, malgré Sartre, à la prédominance de la problématique narcissique sur la problématique œdipienne[2]. Rappelons en quelques mots forcément schématiques ce qui caractérise ces deux positions subjectives : entrer dans l'Œdipe (et en sortir) suppose l'abandon de la toute-puissance, la reconnaissance de la différence des sexes, l'acceptation de la succession des générations et donc de la finitude. Narcisse au contraire n'a pas accès à l'autre mais chérit le même, n'admet pas le manque et cajole son fantasme d'immortalité. Si Sartre se voit dans *Les Mots* « gratifié » d'un « Œdipe » même « fort incomplet »[3], à la question : « Suis-je donc un Narcisse ? », il répond avec assurance : « Pas même »[4], « même pas »[5] ou tout simplement « Non »[6], dans la première apparition que nous avons de ce passage. Je me permettrai de n'être pas de son avis : l'étude des manuscrits fait apparaître de multiples « visiteurs du moi »[7] qui se sont vu interdire l'accès au texte définitif ; ces identifications prestigieuses (héros mythiques, divinités, grands écrivains) nous ramèneront constamment (l'inconscient est monotone) aux divers traits qui caractérisent la position du sujet narcissique. Avec Caïn, on mettra l'accent sur la mégalomanie ; avec Persée on soulignera l'impossibilité d'accéder à la différence des sexes, impossibilité que l'on retrouvera dans les variations bouffonnes sur l'inver-

1. Voir *Sartre au miroir,* une lecture psychanalytique de ses écrits biographiques, Klincksieck, 1980.
2. Voir *Sartre au miroir,* p. 67, 115, 309-311, 430, 451. D'autre part, les fantasmes de Poulou bretteur tels que Sartre les raconte se veulent dans le registre œdipien de la rivalité. J'ai montré à propos de Gœtz qu'ils appartiennent en fait au registre narcissique : voir « Le narcissisme dans *Le Diable et le Bon Dieu* », *Études sartriennes I, Cahiers de sémiotique textuelle,* n° 2, Université Paris X, 1984.
3. *Les Mots* (éd. Folio, 1991), p. 24.
4. *Ibid.,* p. 35 et f° 30 du ms « Vian ».
5. Ms « Vian », f° 19.
6. *Ibid.,* f° 18.
7. J'emprunte cette expression au beau titre d'Alain de Mijolla *Les Visiteurs du moi,* Les Belles Lettres, coll. « Confluents psychanalytiques », 1981.

sion des sexes ; dans la naissance de Vénus, je lirai un fantasme d'autocréation qui permet d'éviter la représentation de la scène primitive (représentation qui implique la reconnaissance de la sexualité et de la mort). Le « moment royal » de la rencontre entre Elle et lui, *alias* George Sand et Musset, en présence de l'enfant Sartre, mettra en lumière, non le triangle œdipien mais l'attachement à l'objet archaïque, an-œdipien : véritable « moment royal » en effet, où l'omnipotence domine, où le sujet et l'objet encore indistincts risquent de s'absorber dans la fusion, où le risque encouru va nourrir après coup le fantasme « un enfant est mangé ». Enfin nous retrouverons l'affolement devant la différence avec le massacre qui suit, dans le manuscrit, ce qui deviendra l'*excipit* du texte définitif.

Avant d'aborder cet ensemble de suppressions, revenons à une autre forme de censure, le déplacement : nous le trouvons à l'œuvre dans les différentes places qu'occupe justement la question : « Suis-je donc un Narcisse ? » Le lecteur rencontre cette question dans le texte des *Mots* à la page 35, au début d'un paragraphe isolé[1] typographiquement par l'alinéa qui le précède et le blanc qui le suit. Sartre justifie sa réponse négative à la question posée par le fait qu'occupé à plaire, il s'oublie. C'est méconnaître Narcisse dans le portrait même que Sartre fait là d'un enfant totalement assujetti à l'image que les adultes ont de lui[2]. Rappelons que ce paragraphe de la page 35, véritable petit pavé défensif, clôt un développement sur les mutins (la grand-mère) et les vrais méchants (les Prussiens) et que Sartre pour introduire la question du narcissisme déploie toutes les ressources de la rationalisation[3] : Poulou « déteste les Allemands, parbleu, mais sans conviction »[4], car il ne connaît ni l'amour ni la haine, *puisqu'*il est occupé à plaire et *puisqu'*il est occupé à plaire, il s'oublie, *donc* il n'est pas Narcisse, c.q.f.d. Quelques feuilles plus haut dans le manuscrit « Vian », Sartre ne se donne pas tant de peine : la question : « Suis-je donc un Narcisse ? » et sa réponse négative viennent à la fin du paragraphe qui figure dans les *Mots* à la page 30 : il n'est pas encore fait mention des Prussiens, le grand-père règne en maître : « Mon grand-père croit au Progrès ; moi aussi : le Progrès, ce long chemin ardu qui mène jusqu'à moi. » La question du narcissisme semble se poser là tout naturellement à la suite d'une phrase qui s'achève sur un moi triomphant. Et pourtant cette question nous la voyons surgir pour la première fois non du pronom personnel ni *a fortiori* d'une rationalisation après coup, mais d'une image : le folio 18 du manuscrit « Vian » nous

1. Sur le mécanisme de défense que constitue l'isolation, voir *Vocabulaire de la psychanalyse,* J. Laplanche et J.-B. Pontalis, PUF, 1968.

2. Sur la manière dont Sartre se débarrasse du narcissisme en l'escamotant, voir *Sartre au miroir,* p. 72, n. 34 et p. 310.

3. Voir la définition du *Vocabulaire de la psychanalyse,* « Procédé par lequel le sujet cherche à donner une explication cohérente du point de vue logique, ou acceptable du point de vue moral, à une attitude, une action, une idée, un sentiment, etc., dont les motifs véritables ne sont pas aperçus. »

4. *Les Mots,* p. 33 ; ms « Vian », f° 27.

donne à voir la représentation qui a fait naître la question. On peut y lire : « Petit-fils de clerc, je suis, dès l'enfance, un clerc ; j'ai l'onction des chefs d'Église, un enjouement sacerdotal. Suis-je donc un Narcisse ? Non. » Ce qui surgit là, entre les deux phrases, c'est un texte sous le texte[1], le charmant évêque d'Agde, en robe violette et surplis de dentelles, s'exerçant gravement à donner des bénédictions dans un « magnifique miroir » et qui laisse Julien Sorel séduit et stupéfait[2].

Je me garderai donc de suivre Sartre dans son déni du narcissisme et j'aborderai maintenant les identifications flatteuses (Caïn, Persée, Vénus) qui ont succombé à la censure. Avec Caïn qui se mesure à Dieu, un des aspects du narcissisme est particulièrement lisible, la mégalomanie. Elle trouve son expression la plus naïve dans une remarque que Sartre a soin de gommer à propos de la vie éternelle : « Elle ne m'amusait pas : on m'offrait de contempler Dieu à n'en plus finir quand je souhaitais qu'on me contemplât »[3]. Dans ce registre de la toute-puissance, l'autre est réduit au même et le même devient vite gênant : comment supporter de n'être pas unique[4] ? Dans le passage des *Mots* où Poulou règle définitivement ses comptes avec Dieu (c'est l'épisode du petit tapis brûlé[5]), l'enfant sent le regard de Dieu sur lui. Revenons au texte de « Jean sans terre » : « J'entre en fureur, je voudrais l'éborgner, je blasphème »[6] ; texte du manuscrit « Vian » : « Je tournoyai dans la salle de bain, horriblement visible, une cible vivante. L'indignation me sauva : je me mis en fureur contre une indiscrétion si grossière, j'étais Caïn lançant des flèches aux étoiles. Je blasphémais »[7]. « J'étais Caïn lançant des flèches aux étoiles » a été barré. Il vient du poème de Hugo, « La conscience », dans *La Légende des siècles* où les compagnons de Caïn tentent de le défendre contre l'œil de Dieu :

> « Et l'on crevait les yeux à quiconque passait ;
> Et, le soir, on lançait des flèches aux étoiles »,

geste prêté à Poulou rêvant d'éborgner Dieu. Sartre efface la trace du fantasme archaïque, sa démesure sans doute le gêne. Il le renverse en son contraire, suivant en cela les procédés classiques du processus primaire : c'est Poulou qui devient cible vivante[8]. Le geste premier laisse pourtant

1. Évoquant Stendhal, je m'appuie sur mes propres associations et je m'autorise de la communication de Michel Contat, au Colloque de Lyon : « Pourquoi Sartre n'a pas écrit sur son écrivain préféré : Stendhal », *in* Claude Burgelin (éd.), *Lectures de Sartre,* PUL, 1986, p. 139-160.
2. Je verrai personnellement une trace du jeune évêque d'Agde dans un des premiers essais poétiques de Sartre sur la violette au miroir, voir *Sartre au miroir,* p. 147.
3. Ensemble « Bost », F ITEM 407 (F Ryb bs, lignes 19-20).
4. Voir Lacan, *Écrits,* p. 116 : « La notion d'une agressivité comme tension corrélative de la structure narcissique. »
5. *Les Mots,* p. 85-86.
6. Tapuscrit « Jean sans terre », p. 32.
7. Ms « Vian », f° 174.
8. Sur la jouissance attachée à la représentation de saint Sébastien, voir *Sartre au miroir,* p. 106.

une trace dans un autre avant-texte : dans l'ensemble « Bost » on lit : « Je dresserais une cathédrale de paroles sous l'œil inanimé du ciel », qui devient : « sous l'œil inanimé du mot ciel »[1], puis dans le texte définitif : « sous l'œil bleu du mot ciel »[2]. L'opération première, passée au bleu, a évidemment pu alimenter inconsciemment les fantasmes liés au « même dans le noir je pourrais écrire »[3]. On peut aussi rapprocher cet « œil inanimé », censuré, de l'œil droit de l'enfant entrant « dans le crépuscule »[4] et penser qu' « éborgner » Dieu ne peut subsister dans un texte qui précise : « Depuis quelque temps, je porte sur l'œil droit la taie qui me rendra borgne et louche »[5]. Disparaît aussi Caïn : on ne le trouve semble-t-il qu'en cet endroit (barré) dans les manuscrits dont nous disposons et cela est d'autant plus curieux qu'Abel figure en sous-titre de la première division de « Jean sans terre » et n'a pas de pendant. La disparition du couple Caïn-Abel s'explique sans doute, au niveau où nous analysons le texte[6], par la prévalence des conduites de soumission sur les conduites de révolte, à partir du moment où Sartre abandonne l'idée de poursuivre le récit d'enfance et d'aborder l'adolescence ; mais si Sartre écrit dans *Les Mots* : « Je ne suis venu, plus tard, à la rébellion que pour avoir poussé la soumission à l'extrême »[7], on peut tout aussi bien affirmer à la vue de ce Caïn raturé et compte tenu de la violence de l'image qui lui est associée, qu'il y avait dans la soumission de l'enfant une réaction protectrice contre les risques de sa propre violence interne, archaïquement projetée sur l'autre tout-puissant.

Autre grande figure mythique disparue de la version définitive, la Gorgone, que l'on trouvait dans la scène où Poulou humilié va grimacer devant la glace : « Éliacin prenait le rôle de Quasimodo [...] Je me vitriolais pour effacer mes anciens sourires ». Le paragraphe s'arrête là dans *Les Mots*[8] ; il se poursuivait ainsi dans « Jean sans terre » : « J'arrachais ma face humaine et je la mettais sous verre ; quant à moi, libre, invisible, mon pur regard clouait au mur cette tête coupée de Gorgone. »[9] On comprend que l'écrivain classique que Sartre portait en lui en écrivant *Les Mots* ait supprimé ces lignes à la fois confuses et forcenées. Essayons de démêler cette étrange surimpression d'images : premier mouvement : arracher sa face humaine, c'est-à-dire celle d'Éliacin,

1. Ensemble « Bost », F ITEM 204 (f° sdB 330).
2. *Les Mots*, p. 150.
3. *Les Mots*, p. 167.
4. *Les Mots*, p. 87.
5. *Les Mots*, p. 26. Sur le complexe de castration, patent dans ce borgne éborgneur, voir *Sartre au miroir, passim.*
6. Bien d'autres raisons peuvent évidemment justifier cet abandon : le choix de l'auto-ironie, l'usure du mythe de Caïn dans la littérature, etc.
7. *Les Mots*, p. 137.
8. *Les Mots*, p. 91.
9. « Jean sans terre », p. 30.

le petit garçon qui a écrit sur le carnet de cuir rouge la phrase malencontreuse : « Être un soldat et venger les morts »[1]. Cet enfant tente là de s'identifier au « petit officier aux yeux candides »[2] dont il a vu, quelques années, le portrait au-dessus de son lit, identification humanisante à la figure paternelle rendue impossible par la réaction négative de « ces dames » qui « n'avaient personne au front »[3]. La face humaine est mise sous verre et neutralisée, gelée, comme celle du père et comme celle de Bénard le camarade de classe mort prématurément[4]. A la face humaine se substitue cette tête coupée de Gorgone comme à Éliacin se superpose en transparence Quasimodo le monstre. Il y a un héros caché sous cette scène, c'est évidemment Persée qui tranche, grâce au miroir, la tête de la Gorgone : « Le miroir m'était d'un grand secours »[5], écrit Sartre. Rappelons que la Gorgone louche ; le nouveau Persée combat sa propre image et dit par là l'identification impossible au sexe masculin. Innommé, les sonorités de son nom résonnent dans l'œuvre : la tête de Gorgone est clouée au mur : percée. Ici Persée est actif mais tout familier des textes sartriens connaît les occurrences d'un « percé » passif, où Persée se révèle être cette grand-mère qui l'a « percé à jour »[6]. *Per se* pourrait aussi être la devise latine de celui qui voulait ne se devoir qu'à lui-même : « Rien dans les mains, rien dans les poches. »[7] Ajoutons que Persée avec sa désinence féminine et son sens (percée) évoque le sexe féminin en même temps qu'il le nie par l'héroïsme du sauveur de jeunes filles, tueur de monstre. Au fond, comme la Gorgone, il est le mal et le remède : la Gorgone, image du sexe féminin, conjure, on le sait[8], la menace de castration qu'elle évoque, par la multitude des serpents qui forment sa chevelure et par la pétrification phallique que produit son regard. La suite du texte de « Jean sans terre » (repris dans *Les Mots*) glisse de la tête de la Gorgone à une version bénigne de la tête de Méduse : sa réapparition sous la forme d'une méduse, image du moi, « fadeur étonnée », heurtant les parois du miroir-aquarium[9].

Enfin comment ne pas être sensible aux échos qu'éveille chez le lecteur de Sartre la légende de Persée : ce fils de Jupiter est né de Danaé, une vierge-mère ; il ignore l'interdit de l'inceste, veut garder sa mère pour lui et en refuse la possession à son époux. Cette position du sujet qui nie l'interdit et exclut le rapport sexuel est amplement favorisée

1. *Les Mots*, p. 90.
2. *Les Mots*, p. 19.
3. *Les Mots*, p. 90.
4. Voir *Sartre au miroir*, p. 291.
5. *Les Mots*, p. 91.
6. « Jean sans terre », p. 17 ; *Les Mots*, p. 31.
7. *Les Mots*, p. 206.
8. Voir Freud, « La tête de Méduse », *Résultats, idées, problèmes II*, PUF, 1985.
9. *Les Mots*, p. 91.

dans le cas de Sartre par sa mère. Un des feuillets de l'avant-texte la fait parler : « Ton oncle est déjà très gentil de s'occuper de toi »[1]. C'est M. Mancy, le beau-père, qui est ainsi appelé ; or on sait que pour Poulou, les oncles sont d'abord, pendant toute la petite enfance, les frères de la mère. Le déni de la fonction paternelle, très sensible dans *Les Mots* (les « quelques gouttes de sperme qui font le prix ordinaire d'un enfant »[2] se retrouvant dans la violence et la rupture de ton du « personne, à commencer par moi, ne savait ce que j'étais venu foutre sur terre »)[3], ce déni est amplifié par la bouffonnerie dans les brouillons : « combien j'en ai connu qu'on a fabriqués d'urgence, au cours d'une nuit mémorable parce qu'une grande administration les avait réclamés »[4]. Bref, un homme et une femme ne peuvent se désirer. Un feuillet isolé des avant-textes livre là-dessus un véritable symptôme phobique : « Je déteste rencontrer les autres chez eux [...] j'étouffe je m'égare [...] Le même couple, si je les vois au café ou au restaurant la gêne disparaît »[5]. L'incohérence temporelle surprend : « Il me revient des conseils d'enfance : ne touche à rien, ne *casse* rien, ne laisse pas tomber ta cendre sur les tapis. » Sartre rationalise : sa gêne viendrait de ce qu'il n'a jamais rien eu à lui, de ce qu'il n'a jamais été chez lui. Le rapport aux choses, ici, fait écran au rapport aux autres : étouffer, s'égarer parce qu'on risque de casser ou de salir (ce qui révèle la force de la pulsion réprimée) signale l'impossibilité de supporter que l'autre ait une vie privée et la hantise de sentir naître le désir entre les partenaires d'un couple.

L'évitement de la scène primitive se lit aussi dans des métaphores bouffonnes : « Je suis l'enfant que mon grand-père a fait à la culture française »[6] ; à quoi répond pour boucler le circuit incestueux : « Aux gardiens de la Culture je me suis donné »[7]. Le brouillage des générations va de pair avec cet ensemble de traits : une des phrases les plus connues du début des *Mots* : « J'ai laissé derrière moi un jeune mort qui n'eut pas le temps d'être mon père et qui pourrait être aujourd'hui mon fils »[8] n'est corrigée qu'*in extremis*[9] : un lapsus a été repris et reporté d'avant-texte en avant-texte : on lit dans « Jean sans terre » : « J'ai laissé derrière moi l'en-

1. Inv. 4, f° ITEM 2.
2. *Les Mots*, p. 22.
3. *Les Mots*, p. 73.
4. Ensemble « Bost », F ITEM 42 (f° sdB 103) ; « Jean sans terre », p. 31.
5. Inv. 10, f° ITEM 17, feuillet isolé.
6. Inv. 12, f° ITEM 20.
7. « Jean sans terre », p. 16 ; sur la soumission homosexuelle à la figure paternelle imaginée toute-puissante, voir *Sartre au miroir, passim.*
8. *Les Mots*, p. 18-19.
9. Ms « Vian », f° 7.

fant mort qui n'eut pas le temps d'être mon père. »[1] A la difficulté de percevoir et d'accepter la succession des générations s'ajoute la difficulté d'accepter réellement la différence des sexes : *Les Mots* le disent : « J'aurais le sexe des anges indéterminé mais féminin sur les bords. »[2] Or on sait que ce féminin lui-même était fort peu différent du masculin pour l'enfant et même pour l'adolescent Sartre[3]. Les brouillons soulignent la constance de l'identification à la petite fille : Pippa[4], la petite fille qui joue à la marchande[5], celle qui « fait à ses poupées tout ce que lui fait sa mère »[6].

Mais ce qui change sensiblement des avant-textes aux *Mots*, c'est la présentation de la famille : la labilité fait place à une certaine sédimentation, l'impression première, spontanée, au désir de séduire le lecteur en accentuant certains traits. Ainsi, le grand-père n'est d'abord qu' « un peu comédien »[7] ; on sait ce qu'il deviendra. Il mâche les histoires qu'il raconte et les fait passer de sa bouche à celle de son petit-fils[8] : le voilà un peu père-mère, du côté du sémiotique plus que du symbolique[9] ; l'image disparaît au profit de la *doxa* psychanalytique. Pour la grand-mère, c'est la vulgate familiale ordinaire qui l'emporte : Sartre atténuera l'agressivité de cette « femme de neige »[10], mais la première page que nous ayons sur elle accumule en quelques lignes[11] deux fois le verbe détester, trois fois le mot haine et s'achève sur « je crois bien qu'elle ne pouvait pas me souffrir ». Dans *Les Mots*, il y a une « voix enregistrée » du grand-père à l'intérieur de son petit-fils. Dans les brouillons, on peut être plus sensible au pouvoir de la grand-mère : c'est elle qui impose la vision exclusive du grand-père comme comédien ; un des schèmes fondamentaux de l'imaginaire sartrien vient d'elle : « elle avait cet orgueil à vif et avide qui s'acharne à ne vouloir être rien faute de pouvoir être tout »[12], à quoi répond : « Je jouais à n'être rien pour devenir tout. »[13] Le personnage de la mère est, lui aussi, rendu plus conforme à l'attente idéalisante du lecteur : une page du manuscrit « Vian » insiste sur l' « énergie » de l'attaque des phrases chez cette « femme autoritaire »[14].

1. « Jean sans terre », p. 7.
2. *Les Mots*, p. 86.
3. « Jean-Paul Sartre et les femmes », *Le Nouvel Observateur,* 31 janvier 1977, p. 76.
4. Ensemble « Bost », f° ITEM 67 (f° SdB 152).
5. Ensemble « Bost », F ITEM 91 (f° SdB 211)
6. Inv. 12, F ITEM 14.
7. Inv. 4, f° ITEM 2.
8. Ensemble « Bost », f° ITEM 230 (f° SdB 373). Les fables qu'il raconte sont des « conneries » car les malheurs du monde y sont faits pour donner naissance à l'art et à la littérature.
9. Pour emprunter à Julia Kristeva sa distinction entre ce qui appartient aux pulsions et ce qui est au niveau de la phrase.
10. *Les Mots*, p. 13.
11. Inv. 4, F ITEM 1.
12. Inv. 12, F ITEM 77
13. Inv. 12, F ITEM 19
14. Ms. « Vian », f° 28 (f° SdB 41)

A travers ces exemples, on voit un texte mouvant se figer, des traits s'accuser pour aboutir à des stéréotypes rassurants : une grand-mère ne saurait haïr son petit-fils, une mère usurper l'autorité de son père. Va dans ce sens l'effacement de traces que Sartre a renoncé à élaborer sans doute parce qu'elles ne s'accordaient pas avec son parti pris d'unité (intrication de la comédie familiale et de la comédie littéraire) ; le choix de faire une œuvre classique imposait le sacrifice de la disparate, du flottement, de la coexistence des contraires : d'où la disparition du petit garçon qui aime et admire simplement et vraiment son grand-père parce qu'il est beau[1] (et l'on peut dire aussi qu'il le trouve beau parce qu'il l'aime tout simplement). Disparu aussi le petit garçon qui met en mots non seulement le buvard du grand-père mais les « guimpes et les satins »[2] de la grand-mère. Il y a dans cette suppression quelque chose qui ressemble à de la « protestation virile »[3], comme une peur de se retrouver du côté de la féminité. Le risque de glissement vers la femme est tenu à distance dans les brouillons par des variations bouffonnes sur l'inversion des sexes : « J'avais l'œil clair du scout et de la femme d'officier »[4], ou encore : « En ce temps-là, l'Armée, c'était le membre viril de la France ; les officiers de carrière accaparant toute la virilité de la nation provoquaient une castration généralisée du corps social. A l'ombre de cette droite colonne, les civils se découvraient des appâts, riaient de la gorge sur le passage des régiments. »[5] On aura noté, dans le jeu de l'inversion du masculin et du féminin que c'est *l'*armée qui porte *le* membre viril et *le* corps social *la* castration. Remarquons aussi que ce mot, banni du texte définitif, n'est jamais employé[6] dans son sens freudien où il signale la théorie enfantine de la différence des sexes qui accompagne la *perception* du sexe féminin dans sa réalité biologique. La répugnance à représenter le féminin est évidente dans la correction de « profondeur » velue en « masse » velue[7]. Il s'agit pour Poulou de savoir pourquoi les amants veulent dormir dans le même lit et non, comme sa mère et lui, dans des lits jumeaux : « Je ne savais rien de plus mais sous la surface lumineuse de l'idée je pressentais une [profondeur] velue. » « Surface » attire par opposition « profondeur », mais « profondeur velue » a l'obscénité du réel. Notons que comme par compensation ou pour faire bonne mesure, Sartre a cherché à atténuer l'exubérance phallique de son texte : ainsi, il supprime le « hérissement dolomitique »[8]

1. Inv. 4, f° 2.
2. Ms « Vian », f° 57 (f° sdB 44).
3. Pour reprendre les termes d'Adler, « protestation » ramenée par Freud au complexe de castration.
4. Ensemble « Bost », F ITEM 260 (f° sdB 405).
5. Ensemble « Bost », F ITEM 124 (f° sdB 246).
6. Voir *Sartre au miroir*, p. 323, 325, 342.
7. Ms « Vian », f° 67.
8. « Jean sans terre », p. 31.

des obligations et des entêtements qui donnent sa consistance à l'âme des héritiers. Ce hérissement essaime dans le texte définitif et se disperse dans le « paysage tourmenté » que forment les goûts de M. Simonnot : « massif granitique », « pics », « crêtes », « obstinations droites comme des falaises »[1]. Cela dit, cette substitution des pluriels concrets à la force de l'abstrait singulier paraît avant tout esthétique : il fallait ne pas trop surcharger l'horizon pour préparer le surgissement de Simonnot en colonne de diamant[2] et voilà derechef assurée la toute-puissance du phallus[3].

C'est elle encore que Sartre déguise *nolens volens*, dans le commentaire sur la naissance de Vénus de Botticelli. La naissance de Vénus figure sur une feuille isolée appartenant à l'ensemble « Orléans » ; c'est un premier jet, les mots ne se détachent pas toujours les uns des autres comme lorsque Sartre écrit vite : « l'inattendu attendu[4] [...] c'était cela pour moi la Beauté [...] quand l'eau s'apaise, le vent tombe, le paysage prend un charme étrange [...] Et voilà : c'est tout à coup cette femme nue debout sur une conque, Vénus. Bref, chacun a sa crise qu'il recommence toute sa vie. Moi c'est celle-là que j'ai quand j'écris [...] On a un schème. Je me trouve pleurer pour un rien [...] c'est le mythe de ma naissance. Je me suis recommencé. Finalement c'est le monde entier qu'il faut produire dans l'imaginaire comme si une liberté l'avait produit, c'est-à-dire dans sa nécessité avec moi dedans »[5]. Au centre du tableau, l'artiste en femme nue se dresse, parfaite image du phallus : elle l'est et on peut même supposer qu'elle l'a puisque, dans le geste pudique qu'elle hérite de la statuaire antique, elle retient devant son sexe une magnifique gerbe de cheveux. On mesure ici la distance de l'œuvre et de l'analyse : sur le divan, ce type d'association est élaboré ; la règle fondamentale est de laisser venir le puéril, l'incongru, le ridicule, parfois plus difficile à supporter, surtout aujourd'hui, que l'obscène. Écrivant son autobiographie, Sartre écarte sa représentation en Vénus anadyomène : il veut bien faire rire et parfois même à ses dépens, mais pas sur cette question cruelle de la Beauté qui le ramène forcément à sa laideur[6]. Nous saisissons ici, à l'état naissant, la démesure narcissique de ce mythe des origines. Pas de scène primitive mais autocréation ; Sartre ajoute en biais au bas de la feuille : « Tous les artistes veulent une nouvelle naissance. Nabot je voulais m'engendrer créant et découvrir cette attente ignorée où l'on était de moi. C'est l'être. » Cette idée, nous la trouvons partout

1. *Les Mots*, p. 76.
2. *Les Mots*, p. 77-78.
3. Voir sur ce point *Sartre au miroir*, p. 371.
4. Belle définition de l'émotion esthétique, quand la rencontre avec l'œuvre d'art vient combler la démesure du désir inconscient.
5. Inv. 12, f° ITEM 68.
6. On sait que la promesse faite à la fin des *Mots* (p. 204) d'aborder le sujet (la découverte de sa laideur) n'a pas été tenue.

dans l'œuvre de Sartre, mais le schème qui la sous tend n'apparaît qu'ici. Il nous permet de retrouver le support fantasmatique de la pensée. Il est d'ailleurs possible de remonter de l'écran culturel du tableau à l'idiotisme de la photographie : je vois personnellement le même schème dans la naissance de Vénus et dans la photographie du petit garçon aux boucles blondes accostant au rivage, debout, à la proue d'une barque[1]. On remarquera les mêmes vaguelettes au premier plan et la mer apaisée au loin ; il y a un arrondi remontant des planches de la barque qui n'est pas sans évoquer la volute du coquillage où Vénus a le pied posé. N'oublions pas le « On me dit que je suis beau et je le crois [...] On tire de moi cent photos que ma mère retouche avec des crayons de couleur »[2]. D'où le choc de la laideur, révélée brutalement à douze ans[3], « chaux vive où l'enfant merveilleux s'est dissout »[4]. Fantasmatiquement, cet enfant est toujours là, jaillissant chaque fois de l'écume avec Vénus.

Il est fascinant de suivre dans les brouillons les traces du tableau de Botticelli : Vénus disparaît, il ne reste plus que le décor. Les lignes que nous allons citer auraient pu faire partie de l'ensemble où Sartre évoque, dans *Les Mots*, ses rêveries de futur écrivain méconnu : des femmes parlent de son œuvre, au Balzar ; elles donneraient des années de leur vie pour lui, il sort sans se faire reconnaître ; « J'ai passé beaucoup de temps à fignoler cet épisode et cent autres que j'épargne au lecteur »[5]. Voici donc un de ces cent épisodes : « [...] de beaux yeux se mouillent, l'une des jeunes femmes soupire : "Mon Dieu ! Quand je pense qu'il a écrit ça à Nevers, au buffet de la gare." "Au buffet de la gare !" s'écrie l'autre, encore bouleversée par le passage sublime et célèbre entre tous. "Au buffet de la gare. Hélène venait de le quitter, ils s'adoraient, ils savaient qu'ils ne se reverraient jamais. Il a longtemps agité son mouchoir, il a senti que son cœur se brisait alors il est entré au buffet et s'est mis à écrire. Sur le comptoir." Bien entendu la page fascinante ne parle ni d'Hélène, ni de Nevers, ni de moi : elle relate une promenade en mer ; mais sa beauté reflue sur le buffet, sur la caissière, sur le petit homme moustachu qui se penche sur le zinc : tout est transfiguré ; la fameuse description de la tempête [...] raconte en langage chiffré la séparation de Nevers. »[6] Sur un autre feuillet, d'une écriture plus maîtrisée, on lit : « Ce paragraphe fameux sur les vagues de l'océan, déjà reproduit dans cinquante-sept anthologies, prend

1. Voir *Sartre, images d'une vie*, Gallimard, 1978, par Liliane Sendyk-Siegel, commentaire de Simone de Beauvoir, p. 7.
2. *Les Mots*, p. 26.
3. *Les Mots*, p. 87.
4. *Les Mots*, p. 204.
5. *Les Mots*, p. 155.
6. Inv. 12, f° ITEM 27.

un double sens : en clair, il ne fait que décrire la houle au large d'Arcachon, en chiffre il raconte la séparation de Nevers »[1].

Il ne subsiste de la scène originelle que la montée des larmes, la beauté et la houle. Sous le paysage, une autre scène dont *Les Mots* offrent une variante : « Un veuvage, une plaie inguérissable : à cause, à cause d'une femme mais non point par sa faute ; cela me permettait de repousser les avances de toutes les autres. A creuser. »[2] La scène de la séparation d'avec Hélène préserve aussi le narcissisme : grandes orgues de la passion, idéalisation de l'amour, rupture qui évite l'épreuve du réel. Nevers, qui fait avec humour pendant à Arcachon, intrigue les sartriens. Peut-être est-il simplement l'écho du *never more*... Hélène est à la fois la beauté et la sœur[3]. Il ne reste dans le texte définitif que deux traces de la « fameuse description de la tempête » : « J'écrirais un nouveau livre : sur la mer ou sur la montagne »[4] et « Jean-Paul Sartre, l'écrivain masqué, le chantre d'Aurillac, le poète de la mer »[5].

Un autre brouillon porte la marque du paysage originaire : « Avant le typhon, le vent tombe et le paysage s'aplatit. »[6] Rappelons le décor de la naissance de Vénus : « l'eau s'apaise, le vent tombe ». Ce « moment royal », c'est celui de la première rencontre entre Musset et George Sand. On peut évidemment penser que Sartre l'a supprimé parce qu'il avait assez d'exemples d'illusion rétrospective : *Enfance des hommes illustres*[7], vie de Robespierre : « Dans les salons d'Arras, un jeune avocat froid et minaudier porte sa tête sous son bras [...], cette tête dégoutte de sang mais ne tache pas le tapis »[8]. L'effet de surimpression y est suffisamment saisissant pour ne pas le rééditer plus faiblement : « En vain l'auteur ajoutait par scrupule que Musset, à moitié ivre, n'avait pas regardé sa future maîtresse : le mal fut fait [...] Dans le silence patent de cet homme pris de boisson, je voyais un grand suspens tragique [...] quel moment royal ! Une douleur de feu le déchirait, il ne l'éprouvait pas ; des gondoles glissaient devant son fauteuil, frôlaient ses genoux, il ne les voyait pas ; une voix qui serait un jour la sienne murmurait des vers immortels, il ne l'entendait pas. »[9] Mais il y a sans doute d'autres raisons à la suppression de ce passage que le désir de ne pas abuser de l'effet de transparence.

1. Inv. 12, F ITEM 35.
2. *Les Mots*, p. 153.
3. Hélène, sœur de Simone de Beauvoir, elle-même sœur jumelle comme la mère, qui subsiste dans le poème de la mer.
4. *Les Mots*, p. 154.
5. *Ibid.*
6. Ensemble « Bost », F ITEM 249 (f° sdB 394, ligne 21).
7. *Les Mots*, p. 164.
8. *Les Mots*, p. 163.
9. Ensemble « Bost », f^os ITEM 249 et 249 *bis* (f° sdB 394, lignes 12-13-14, 22-23, 27-28-29-30).

Relisons les lignes qui précèdent celles que nous venons de citer : « Projeté dans un clair salon plein de rire, je me trouvais entre Elle et lui, je voyais de profil une mante religieuse sous les apparences d'une petite femme en redingote et, de face, *tout un poète*, de la mort à la naissance, avec cet amour noir au centre de sa vie. » Là aussi, comme dans la naissance de Vénus, il me semble que ce qui est censuré c'est l'archaïque, le caractère enfantin de cette scène primitive idéale où l'écrivain futur assiste en tiers à la rencontre de deux grands écrivains. Une première mise à distance se fait par l'humour, dans la reprise du titre de George Sand : « je me trouvais entre Elle et lui », dans le cliché kitsch de la mante religieuse en redingote. C'est sans doute le caractère archaïque du fantasme sous-jacent qui le fait écarter : dans cette scène, un homme est mangé[1]. On peut d'ailleurs aussi entendre « un enfant est happé », comme effet de la lecture biographique : « Je répétai à mi-voix : "Ce soir-là...", je crus tomber dans ces trois mots. »[2] Ce fantasme où se lit la jouissance subsiste dans le texte définitif mais hors de son contexte de séduction sexuelle : « On *me* parle, je suis dans toutes les bouches. »[3] Quant à la page sur la houle dans le bassin d'Arcachon elle commence par [quiconque] « veut les lire doit m'avaler, connaître mon goût, je suis le bonheur des affamés »[4] et se termine sur « Ce style [...] est mon corps », pastiche de l'institution par le Christ de l'Eucharistie. Le fantasme a trouvé sa version supportable dans le langage religieux : un Dieu est consommé[5].

Il est des suppressions fâcheuses : je regrette personnellement que Sartre n'ait pas pu ou voulu intégrer aux *Mots* son incarnation émouvante en Vénus ou son surgissement à Venise entre Elle et lui. Mais je ne sais si j'irai jusqu'à déplorer l'absence des lignes qui suivent, dans le manuscrit « Vian », ce qui est maintenant la dernière phrase des *Mots*, malgré l'eau qu'elles apportent à mon moulin interprétatif. J'ai déjà dit pourquoi la dernière phrase des *Mots* me paraissait suspecte dans sa frappe, son martèlement, dans la persistance de la question « qu'est-ce que je vaux ? »[6]. Elle est suivie dans le manuscrit par ces lignes soigneusement barrées : « Je ne me sens de supériorité que sur les hommes supérieurs, ces grands mutilés : ils prétendent nous enseigner le monde au nom de leur bras coupé, de leurs jambes sectionnées, des mutilations qui les font *autres* : autres qu'eux-mêmes, autre que nous, et qu'ils nomment

1. Au risque de castration orale dû à la trop grande proximité de la mère est opposée l'affirmation de l'intégrité : « Tout un poète. » Sur le tic sartrien du « tout un homme », voir *Sartre au miroir*, p. 85.
2. Ensemble « Bost », F ITEM 249 (f° sdB 394, lignes 9 et 10).
3. *Les Mots*, p. 159.
4. Inv. 12, f° ITEM 27.
5. De l'avant-texte au texte on suit les relais qui aménagent le fantasme et le rendent tolérable. On passe de : « je suis mangé par la mère » à : « je suis happé par la lecture » et enfin à : « je suis consommé par le lecteur ».
6. Voir *Sartre au miroir*, p. 92, 299, 300.

leur exquise singularité. Pour moi, à moins de parler au nom de tous, je ne saurais parler en mon nom. »[1]

On est fort loin ici de la fin d'une analyse[2] où accepter ses limites permet justement de se borner à parler en son nom et de supporter que l'autre existe, différent. Sartre croit dans *Les Mots* s'être guéri de sa démesure, être passé du « comme personne » au « comme tout le monde » ; mais son acharnement à penser « tous pareils », à traquer l'originalité, la singularité, montre que la position subjective originaire ne s'est pas vraiment modifiée. Témoins ces lignes d'une autre page de brouillon : « Mon cavalier s'enflait, son front touchait aux étoiles ; qu'il eût été simple pourtant de le dégonfler : il eût fallu me plaire à moi-même, sans excès, cultiver de petites vanités, accepter et même quêter les éloges, nourrir des ambitions limitées, vouloir faire quelque chose pour devenir quelqu'un. Oui, c'était simple. Simple et tout à fait impossible : je m'étais jeté dans le sens contraire »[3]. On voit que l'homme « aux ambitions limitées » (le véritable n'importe qui) est très vite déconsidéré par son culte narcissique des petites différences ; même agressivité à l'égard du grand-père lui aussi modeste à sa manière : « Son orgueil puissant et limité jouissait pleinement de la considération qu'on témoigne à l'honnêteté, à la culture, à la vieillesse, à la beauté, mais je ne pense pas qu'il ait, même adolescent, souhaité d'avoir du génie : il se contentait de soigner son originalité. »[4] Il rejoint ces « hommes supérieurs » du manuscrit « Vian » dont Sartre fait de grands mutilés et qu'il châtre à plaisir parce qu'il ne peut les supposer qu'arrogants. « Bras coupé », « jambes sectionnées » : ce massacre fait penser à ce que dit J.-B. Pontalis de ce qui l'a d'abord frappé chez Sartre : le ton tranchant[5]. Sartre est ici dans la castration imaginaire faute d'accéder à la castration symbolique qui est acceptation du manque. Dès l'origine la singularité est ressentie comme manque intolérable : « N'être jamais que moi, quelle désolation ! »[6] Ou encore : « [...] dans la prison sans barreaux de la singularité. N'être jamais que moi, quelle modestie ! »[7] Aussi l'identification au n'importe qui est-elle loin, comme Sartre le laisse entendre à la fin des *Mots*, d'être une position modeste : « Déjà l'écolier appliqué avait l'orgueil immense de vouloir être tout le monde, de se prendre pour n'importe qui. »[8]

1. Ms. « Vian », f° 452.
2. La comparaison ne s'impose pas entre analyse et auto-analyse, travail sur le divan et travail de l'œuvre. Si je la fais c'est que Sartre les rapproche souvent. Sur le rapport de rivalité de Sartre à la psychanalyse, voir *Sartre au miroir,* p. 49.
3. Inv. 12, f° ITEM 19.
4. Ensemble « Bost », F ITEM 26 (f° sdB 74).
5. Voir J.-B. Pontalis, *L'amour des commencements,* Gallimard, 1986, p. 43-45.
6. Ms. « Vian », f° 343.
7. Ms. « Vian », f° 344.
8. Ms. « Vian », f° 343.

Narcisse, épouvanté par la différence, incapable de quitter son reflet pour rencontrer l'autre, pense pour nous : « chercher à dégager en moi qui suis tout homme en étant tout l'homme ce que tous les hommes pouvaient penser »[1] – et même vit pour nous : « ma vie que j'ai vécue pour tous au jour le jour, que nul n'a plus besoin de vivre, qu'il suffit de raconter, qui est devenue la plus belle des histoires et dont le genre humain s'est fait dépositaire et gardien »[2].

Un universel vraiment singulier, irremplaçable[3].

1. Ensemble « Bost », F ITEM 397, F Ryb bi.
2. Inv. 12, f° ITEM 27.
3. Le jeune Gide dans son journal (année 1893) – journal que Sartre a lu avec l'intérêt que l'on sait en captivité – s'inspirant du « perpétuel renversement du pour au contre » de la dialectique pascalienne, écrivait plus naïvement sa démesure : « Morale. Originalité ; premier degré. J'omets le degré inférieur, qui n'est que banalité ; où l'homme n'est qu'ensemble (il fait la foule). Donc : originalité, consiste à se priver de certaines choses. La personnalité s'affirme par ses limites. Mais, au-dessus, il est un état supérieur, où Goethe arrive, olympien. Il comprend qu'originalité limite ; qu'en étant personnel il n'est plus que quelqu'un. Et se laissant vivre en les choses, comme Pan, partout, il écarte de lui toutes limites ; jusqu'à n'avoir plus que celles mêmes du monde. Il devient banal, supérieurement » (Gide, *Journal, 1889-1939,* Bibliothèque de la Pléiade, p. 42).

Écrire l'universel singulier

JEAN-FRANÇOIS LOUETTE

In memoriam Albert Declercq.

Qu'est-ce que l'universel singulier ? Autant le dire brutalement, quitte à s'expliquer ensuite : à la fois une, voire *la* contradiction centrale de l'œuvre sartrienne, un défi jeté à la dialectique, et un principe d'écriture.

1
LA CONTRADICTION CENTRALE

Retracer une vie afin de « retrouver l'évolution assez curieuse d'une génération », et pour se définir « par rapport à la situation historique » ; ou bien éviter l'anecdotique, chercher cependant à « retrouver un sens du vécu, tel qu'il m'est apparu quand je le vivais »[1] – les déclarations de Sartre tournent, on le voit, autour d'un concept clé, qui régit l'anthropologie nouvelle dans le cadre de laquelle son projet autobiographique veut s'élaborer : tout homme est un universel singulier.

Ne croyons pas pour autant que *Les Mots* viennent purement et simplement illustrer une philosophie au préalable définie, bref appliquer une théorie ; si le présent travail a un enjeu, c'est (notamment) de montrer que l'autobiographie, loin d'avoir un statut secondaire, est un moment indispensable dans la philosophie sartrienne de l'existence.

C'est *L'Idiot de la famille* qui, de l'homme en tant qu'universel singulier, donne la définition ultime (mais quelque peu énigmatique par brièveté) : « Totalisé et, par là même, universalisé par son époque, il la retotalise en se reproduisant en elle comme singularité. »[2]

1. Interviews par H. Magnan, *Le Monde*, 1er juin 1955, et par O. Todd, *The Listener*, 6 juin 1957.
2. J.-P. Sartre, *L'Idiot de la famille*, t. 1, Gallimard, 1971, p. 7.

Je m'interrogerai ici sur les origines un peu obscures, puis sur le sens de cette idée paradoxale ; et enfin sur son lien à la polygraphie sartrienne.

En termes d'histoire littéraire, on doit probablement voir dans l'idée d'universel singulier le dernier avatar d'une rêverie narcissique qui brode autour du thème romantique (et au premier chef, hugolien) de l'homme-siècle[1] ; illusion, sans doute, mais qui détermine une écriture. Quant à l'origine philosophique du concept, elle n'est pas très claire : s'agit-il de la conscience malheureuse hégélienne, que Sartre décrit, dans « Aller et retour »[2] (titre significatif), comme oscillation entre le singulier et l'universel, puis sacrifice du premier au second ? Ou bien de la tradition herméneutique : Schleiermacher, Dilthey[3] ? Ce qui pourrait faire pencher la balance du côté de Hegel, c'est qu'il s'agit non d'un concept, à dire vrai, mais d'une notion. Une notion, pour Sartre, c'est une pensée qui introduit le temps en soi[4] ; une pensée qui s'applique à un objet temporel est elle-même mouvement temporel (dialectique) et ne se comprend que dialectiquement (sur un plan à la fois philosophique et esthétique). Or de la *notion* Sartre propose bien avant *L'Idiot* une analyse hégélienne : la science est faite de concepts, mais « la notion, pour Hegel, organise et fond ensemble les concepts dans l'unité organique et vivante de la réalité concrète »[5]. C'est cette même unité mobile que vise la pensée de l'universel singulier.

Dans cette exacte formulation, l'alliance de termes *universel singulier* ne se repère pas chez Sartre, sauf erreur, avant la Conférence d'avril 1964 sur Kierkegaard ; mais la notion paraît sous-jacente à toute l'œuvre sartrienne, au moins depuis le déclenchement de la guerre[6], et c'est dire à quel point elle fait l'objet d'une longue élaboration. En 1939-1940, plusieurs thèmes décisifs viennent au jour. La guerre mène d'abord Sartre à éprouver un orgueil (le sien) fondé sur le sentiment de supporter le monde (de le faire advenir à l'être, selon la leçon tirée de Husserl), orgueil qui oscille « entre la singularité de chaque conscience et la généralité de la

1. Voir les remarques de Philippe Lejeune, dans le présent volume.

2. Texte de 1944, repris dans *Situations I,* Gallimard, 1980. Dans le même sens, voir *Sartre,* un film réalisé par Alexandre Astruc et Michel Contat, Gallimard, 1977, p. 125.

3. Sartre mentionne Dilthey dans les *Cahiers pour une morale* (Gallimard, 1983, p. 142), mais ne l'aurait connu qu'à travers des ouvrages de vulgarisation – voir G. Idt, « Préhistoire de Sartre biographe d'après les *Carnets de la drôle de guerre* », *in* H. Harth et V. Roloff (éd.), *Literarische Diskurse des Existentialismus,* Tübingen, Stauffenburg Verlag, 1986, p. 57-73. Une riche bibliographie en langue allemande existe sur cette question : voir M. Frank, *Das Individuelle Allgemeine,* Frankfurt am/Main : Suhrkamp Verlag, 1977 ; C. Miething, *Saint-Sartre oder der autobiographische Gott,* Heidelberg : Carl Winter, 1983 (le couple diltheyen *Erlebnis/Erlebbarkeit* préparerait la dualité sartrienne vie/projet) ; E. Maler, *Sartres Individualhermeneutik,* München : Wilhelm Fink Verlag, 1986 ; M. Schulten, *Jean-Paul Sartres* L'Idiot de la Famille, *ein methodisches Modell der Dichterbiographie,* Frankfurt am/Main, Peter Lang, 1990.

4. J.-P. Sartre, *Situations X,* Gallimard, 1976, p. 95.

5. J.-P. Sartre, *Situations III,* Gallimard, 1977, p. 153.

6. Au moins depuis la Libération, estimait G. Idt, « Les modèles d'écriture dans *Les Chemins de la liberté* », *Études sartriennes,* I : *Cahiers de sémiotique textuelle,* n° 2, Paris X, 1984, p. 75-92. La lecture du premier Carnet *(Journal de guerre)* permet de remonter encore dans le temps.

condition humaine »[1]. Le conflit conduit aussi le philosophe devenu soldat à sentir que plus sa vie est incarnée et relative à une époque, plus elle est « libre et absolue »[2]. Un troisième motif procède d'une interrogation sur l'idée de situation : en mars 1940, il s'agit de penser le renvoi réciproque qui lie individu et situation, envisagé comme une « synthèse de significations »[3] Les notes de ce chapitre se réfèrent à cette édition. unies dans le projet d'une réalité-humaine. Certes, ni l'idée de dialectique ni le syntagme *universel singulier* n'apparaissent littéralement – et pas plus dans *L'Être et le Néant*. La « Présentation des *Temps modernes* » retient toujours, en octobre 1945, comme critère de sélection pour des documents bruts à publier, qu'ils montrent « avec clarté l'implication réciproque du collectif et de la personne »[4]. Il faut attendre les *Cahiers pour une morale* pour voir thématisée la dialectique, et lire que l'Histoire est « universel dans le singulier ; singulier dans l'universel »[5] (Sartre reprend alors l'exemple de Guillaume II, abordé dans les *Carnets de la drôle de guerre*).

Cette interrogation sur la date de naissance exacte de « l'universel singulier » est probablement un peu vaine – j'ai l'impression d'aborder, de biais et naïvement, un sujet de dissertation comparable à celui dont s'amusaient les normaliens de la promotion de Sartre : « Différence entre la notion de concept et le concept de notion »[6]... Car l'idée, après tout, est là *avant* le baptême ; mieux vaut en venir à son contenu.

Paradoxalement, l'implication du singulier et de l'universel se donne d'abord comme un écart des termes, une double préservation. La « Présentation des *Temps modernes* » assigne pour but à la revue de « défendre l'autonomie et les droits de la personne »[7]. Sartre raisonne en fonction de l'opposition Hegel *vs* Kierkegaard : les *Carnets* mentionnent, dès 1939, cette « ambiguïté »[8] que le Danois fait valoir contre l'Allemand. Vingt années durant[9], un même plaidoyer pour la négativité, un même refus de

1. J.-P. Sartre, *Carnets de la drôle de guerre,* Gallimard, 1995, p. 128. Les notes de ce chapitre se réfèrent à cette édition.
2. *Op. cit.,* p. 88.
3. *Op. cit.,* p. 228 et 585.
4. J.-P. Sartre, *Situations II,* Gallimard, 1980, p. 29.
5. J.-P. Sartre, *Cahiers pour une morale,* Gallimard, 1983, p. 51.
6. Comme le rapporte S. de Beauvoir, *Mémoires d'une jeune fille rangée,* Gallimard, « Folio », 1980, p. 437.
7. *Situations.II,* p. 28
8. *Carnets de la drôle de guerre,* p. 329.
9. Un rapide inventaire : en 1943, un pas de plus contre Hegel, accusé de penser de façon trop abstraite l'être des consciences ; la référence à Kierkegaard permet alors à Sartre de rappeler les revendications de l'individu comme tel : dans une perspective intersubjective (celle de la reconnaissance réciproque) il faut souligner que l'universel, fondé par le particulier, existe « à dessein de l'individuel » (*L'Être et le Néant,* Gallimard, 1971, p. 296). En 1947-1948, dans les *Cahiers pour une morale,* Sartre s'explique à nouveau avec Hegel et sa conception de l'individualité : elle ne saurait être, comme le veut ce dernier, la négation de la particularité animale, par le langage et l'action, vers l'universel, mais « l'au-delà perpétuel de l'universel », en l'homme une « négativité qui brise toutes les formes où il s'enferme » (p. 74-78). Trois pages de *Questions de méthode,* en 1957, réécriront l'affrontement germano-danois, dont traite encore, j'y reviens pour finir, en 1964, la conférence intitulée « L'universel singulier » (reprise dans *Situations IX*).

dissoudre la subjectivité dans l'universalité, qu'illustreraient aussi bien les textes politiques ou romanesques de Sartre (c'est un des sens de *Drôle d'amitié* et de *La Dernière Chance* : indiquer comment un *moi* advient, en dehors du Parti communiste, à Brunet). Ce plaidoyer et ce refus forment une revendication essentielle, qui, aux yeux de Sartre, préserve également la spécificité de l'existentialisme face au marxisme.

Défense du singulier contre l'universel donc. Pourtant, il est absolument impossible d'échapper à l'universel : ne serait-ce que parce que l'on parle, et que le langage, est-il concédé à Hegel, est bel et bien « le règne de l'universel »[1]. Impossible aussi en vertu de notre historicité : nul n'ignore que l'itinéraire de Mathieu, dans *Les Chemins de la liberté*, est d'aller vers l'universel, vers un engagement (même inabouti) dans l'Histoire. Impossible d'échapper à l'universel, et pas souhaitable : Sartre rejette la « singularité irrationnelle de l'individu »[2] que défend Kierkegaard, volontiers considérée comme « la subjectivité vide d'une petite-bourgeoisie puritaine et mystifiée »[3] ; Kierkegaard a pensé unilatéralement et manqué l'Histoire, il s'est enfermé dans la conscience malheureuse de celui qui, comme Méphisto et la grand-mère des *Mots*, toujours nie. Dans le champ de l'autobiographie littéraire, cette position (il me coûte de le dire) semble pour Sartre représentée par Stendhal, qui n'aurait cherché à se comprendre que comme *individu*, c'est-à-dire comme « molécule sans histoire »[4]. A propos de Gorz on retrouvera cette définition négative : « Une succession d'accidents lui a donné une individualité définie qui se distingue des autres par des niaiseries »[5]. L'individu, c'est l'atome qui refuse de s'en sortir (de lui ; de l'aliénation). Écrite contre l'individu, l'autobiographie sartrienne se veut, à un premier niveau d'analyse (si l'on oublie... le style), *une anti-autobiographie*[6]. A lire les feuillets manuscrits isolés qui sont peut-être à l'origine des *Mots*, on est frappé par cette préoccupation immédiate : le moi imposteur ne saurait que déplaire, l'important est dans la recherche des explications, des médiations, le refus de la complicité avec soi-même ; et la fin du manuscrit « Vian » reprend, en toute modestie, le même thème, qui préfigure la chute de la version publiée : « A moins de parler au nom de tous, je ne saurais parler en mon nom. »

L'implication réciproque semble ainsi se résoudre en opposition tranchée – non dialectique. Peut-elle être surmontée ? Et d'abord, pourquoi l'existentialisme ne saurait-il abandonner ce niais d'individu ? Autrement

1. *Cahiers pour une morale*, p. 75.
2. J.-P. Sartre, *Questions de méthode*, in *Critique de la raison dialectique*, t. 1, Gallimard, 1980, p. 108.
3. *Questions de méthode*, p. 21.
4. J.-P. Sartre, *Situations IV*, Gallimard, 1980, p. 265 et 284.
5. *Situations IV*, p. 66.
6. Point que souligne J. Sturrock, « A farewell to fine writing : Sartre's *Les Mots* », *Scripsi*, vol. 3, n° 4, décembre 1985, p. 179-198.

dit : quel est cet irréductible que la singularité enferme ? Et y a-t-il un bon usage de la singularité ? Le texte de *Situations IV* sur les niaiseries de l'individu est suivi du récit d'une marche à Brooklyn où Sartre se découvre « singulier, irréductible », à la fois « défaut de l'être » et « accident brut »[1] – le passage assimile implicitement singularité et contingence qui, on s'en souvient et on ne pourra pas l'oublier, demeure, selon *La Nausée*, l'essentiel. Entre 1950 et 1953, alors que *Les Mots* vont naître, la convergence est frappante des textes qui réfléchissent sur cet irréductible : selon *Saint Genet,* contre la loi, Dieu, l'universalité du langage, mais aussi contre le dépassement du particulier hégélien par l'universel, Genet dresse, tel un nouveau Kierkegaard, « le Moi singulier qui est sans commune mesure avec l'universel et le particulier », Moi non conceptualisable, « subjectivité impensable », ou encore « l'unique et l'ineffable »[2]. Reprise certes d'une distinction traditionnelle entre le particulier, subsumable sous l'universel, et l'irréductible singulier. Mais cette révolte de Genet ne relève pas de l'idiosyncrasie pure, elle révèle une vérité historique : la structure de la civilisation bourgeoise en fait « une *civilisation de solitude* »[3]. De là, note Sartre en 1950, dans la classe bourgeoise, le cri éploré de Gide qui marquerait la naissance de son Moi (je ne suis pas comme les autres) ; et, dans la classe ouvrière, une autre solitude produite, celle de la masse où règne « l'extériorité des particules »[4]. De façon générale, notre solitude est liée à l'existence même de l'autre : « C'est la façon dont nous ressentons dans notre subjectivité et à l'occasion d'un échec notre objectivité pour autrui. »[5] La souffrance ou la déchéance, une ignorance de nous-même, éternelle ou provisoire, *font* notre solitude et pour le moment sont un état de choses (d'hommes) absolument constitutif de notre singularité, et irréductible à l'abstraction.

Ces sentiments douloureux, Sartre en localise la prise de conscience dans l'enfance – lors des fameuses *chutes* dont on lit les récits dans « L'Enfance d'un chef », *Baudelaire*, *Saint Genet.* Autant de textes qui pour Sartre jalonnent un mouvement de réappropriation de son enfance : trouvera-t-on l'équivalent de ces chutes dans *Les Mots* ?

En tout cas, le paradoxe à ce point est net : en vertu de l'aliénation, « il n'est permis à personne de dire ces simples mots : je suis moi »[6] – mais (du coup) le singulier existe, irréductiblement. Au défaut de la société et du langage, l'amère victoire du Moi – et de la Littérature,

1. *Situations IV,* p. 68-69.
2. J.-P. Sartre, *Saint Genet, comédien et martyr,* Gallimard, 1978, p. 210-211 et 267.
3. J.-P. Sartre, *Situations VI,* Gallimard, 1975, p. 10.
4. J.-P. Sartre, *Situations VII,* Gallimard, 1980, p. 8.
5. *Saint Genet,* p. 651 ; on lit un peu plus loin qu'il s'agit d'une « expérience universelle et incommunicable ».
6. *Saint Genet,* p. 100.

dont la définition la plus éprouvée fait « un moyen de proclamer sa solitude ».

Pourtant, seconde caractéristique, le singulier n'est pas défini seulement par l'irréductibilité de la contingence et de l'incommunicable (sinon il resterait le pur atome, l'individuel). A dire vrai, le singulier n'est pas donné *a priori* (comme le croit à tort un Bataille), il se fait, c'est un mouvement : le Moi « a besoin du temps pour se réaliser »[1]. Il faut opposer, à la singularité irrationnelle de Kierkegaard, la singularité indépassable de l'*aventure* humaine[2] : indépassable parce que projet, aventure et non repli. Tel est le bon usage de la singularité, dynamiquement fondatrice.

Cette fondation dynamique est d'une part labeur sur soi, dépassement de soi : il convient de « *se travailler* »[3], écho du volontarisme affiché dès les premières lettres de Sartre, mais également transposition sur le plan de la conscience de la célèbre catégorie marxiste. C'est aussi bien le grand mérite de Gide vivant : avoir accompli dans le sillage de Nietzsche le travail de l'athéisme[4]. *Les Mots* tenteront de faire un travail analogue (penser contre soi, briser des os en son propre crâne). D'autre part, et quoi qu'en ait, pour le coup, pensé Marx, la singularité active demeure fondatrice en tant que moteur de l'Histoire : « Le grand ressort de l'Histoire est la liberté comme négativité. »[5]

Mais que vise ce double travail du singulier ? A se nouer avec l'universel – c'est le projet qu'indiquent, outre les *Carnets* et les *Cahiers*, une note de *Qu'est-ce que la littérature ?*[6], ou bien la fin de *Saint Genet* (« par un dernier effort, réconcilier l'objet et le sujet »). Quels que soient les liens de la littérature avec la singularité (lyrique et douloureuse...), Sartre a compris qu'il faut tenter de les distendre, pour échapper au reproche de *courte vue* qui guette l'existentialisme[7]. Une page décisive de *Qu'est-ce que la littérature ?*[8], anticipant elle aussi sur la fin des *Mots*, indique les conséquences qu'aurait sur la littérature l'avènement d'une société sans classes :

> « Du coup l'antinomie littéraire de la subjectivité lyrique et du témoignage objectif se trouverait dépassée. Engagé dans la même aventure que ses lecteurs et situé comme eux dans une collectivité sans clivages, l'écrivain, en parlant d'eux, parlerait de lui-même, en parlant de lui-même, il parlerait d'eux. »

1. *Situations I*, p. 148 et 152.
2. Voir *Questions de méthode*, p. 108.
3. *Questions de méthode*, p. 20.
4. « Gide vivant », *Situations IV*.
5. *Cahiers pour une morale*, p. 123. Ou, dans *Questions de méthode* : il faut « voir le mouvement dialectique originel dans l'individu », et, plus brutalement : « sans hommes vivants, pas d'histoire » (p. 100 et 85).
6. La dialectique objective, universelle, est pénétrée « par une sorte d'antidialectique, pourtant dialectique encore » (Gallimard, coll. « Idées », p. 46).
7. Gracq, en 1950 *(Le Surréalisme et la littérature contemporaine)* : « L'humanisme de Sartre n'est plus guère, après les cataclysmes de la dernière guerre, qu'une position de repli chagrine et réprouvée. »
8. *Situations II*, p. 194.

Tel est *l'horizon* (où la littérature rejoindrait son essence) du travail d'écriture que Sartre conduit : difficile de ne pas y reconnaître l'indication d'une *alliance* heureuse du singulier avec l'universel – si parfaite que le singulier comme tel y est, virtuellement, effacé...

Mais en attendant ? L'œuvre sartrienne est régie par une *tension* entre le singulier et l'universel, deux bornes que représentent respectivement, je le dis trop vite[1], cinéma (art du temps vécu, de l'identification pleine au héros, des effets de présence d'un corps et d'un décor, moments, pour Poulou, de l'intimité vécue avec la mère) et philosophie (par la nature même de ses outils, des concepts, et de son écriture, sans prétentions au style).

Entre ces bornes l'axe est parcouru par deux tensions contraires. « De l'universel vers le singulier » donnerait[2] la formule des textes romanesques. Ils supposent un donné universel, fait des langages de la tradition littéraire et de l'époque historique, des lieux communs, aussi bien, d'une société ou d'une culture ; mais l'écriture romanesque est régie (souvenir de Hemingway) par un principe de focalisation interne – Sartre s'en prit vivement à Mauriac qui surplombait ses héros au lieu de voir par leurs yeux – et par une esthétique du collage, volontiers satirique, qui fait, par le pastiche et la parodie, dont Sartre est grand virtuose, s'entre-déchirer les langages brassés[3], afin de donner à sentir un goût singulier, voire indicible : goût de la contingence dans *La Nausée*, de la découverte de l'Histoire par la guerre, puis du groupe humain dans *Les Chemins de la liberté* (goûts qui renvoient aux expériences du sujet Sartre). Ce dernier roman met en œuvre, si j'ose dire, le fantasme du légionnaire (d'autant plus que le soldat Sartre, dans son premier Carnet de guerre, formulait déjà cette expérience d'un anonymat interchangeable) : « L'ubiquité m'eût sauvé : il fallait être légion [...], cela seul m'eût permis d'être n'importe quel promeneur dans n'importe quelle rue de Brooklyn. »[4] Cette quête de « l'impersonnelle ubiquité »[5] dans laquelle une vie est à la fois partout et quelque part, ma vie et aussi bien toutes les vies, *Les Chemins de la liberté* en sont l'expression romanesque (et au premier chef, comme on sait, *Le Sursis*, par sa technique d'écriture). Solution insatisfaisante, cependant, pour écrire l'universel singulier : du côté de l'universel, en raison de l'extrême difficulté[6] que présente l'écriture d'un roman de groupe (le groupe, cette

1. Car je développe ailleurs cette présentation de l'œuvre sartrienne selon l'universel singulier : voir « Le prix de Sartre », in *Silences de Sartre*, Presses Universitaires du Mirail, 1995, p. 75-81. Je me permets d'en reprendre ici quelques phrases.

2. En simplifiant, et en projetant avant-guerre une notion qui ne paraît qu'avec la guerre. Mais *La Nausée* lie déjà aventure d'ordre autobiographique et témoignage sur une époque.

3. Sur ce brassage sartrien des langages, voir les beaux travaux de G. Idt.

4. *Situations IV*, p. 68.

5. J.-P. Sartre, *Les Chemins de la liberté, Œuvres romanesques*, Gallimard, « La Pléiade », 1981, p. 1275. L'expression est mise dans la bouche de Mathieu.

6. Signalée par Denis Hollier dans *Politique de la prose*, Gallimard, 1982.

force historique sartrienne) ; du côté du singulier, parce qu'il ne s'articule (sans doute) pas toujours assez profondément, dans le roman, à la politique[1]. Les choses étaient plus faciles pour la période de l'homme seul *(La Nausée, Le Mur)*, où l'Histoire (certes présente) n'impliquait pas de position politique assurée ou exhibée.

Le théâtre sartrien se déploie quant à lui en sens inverse, du singulier vers l'universel. C'est le mouvement qui règle la relation que Sartre dramaturge veut établir entre le spectateur et le spectacle : l'identification initiale, sur un modèle aristotélicien, à un univers distant (l'essence du théâtre, pour Sartre), mais encore familier (souvent démarqué du Boulevard), et à un héros singulier, doit peu à peu céder la place à la conscience critique (comme chez Brecht, et, estime Sartre perfidement, comme dans le théâtre classique) ; conscience que c'est de notre condition d'hommes qu'il est question. Mouvement encore du singulier vers l'universel pour définir le sujet d'une pièce : Sartre choisit un problème historiquement situé et l'élève vers le mythe (au sens de récit qui vaille pour tous) – *Les Séquestrés d'Altona* traitent ainsi de la torture nazie, mais aussi bien française en Algérie, soviétique dans les camps – bref, de la violence humaine dans l'Histoire. C'est enfin selon le même mouvement que Sartre se transforme, ou transforme ses héros, en individus exemplaires tant de leur époque que de l'humanité : si le mythe de la violence est l'un des piliers du théâtre de Sartre, l'autre est le mythe du Fils *de l'Homme*, Titan nietzschéen et humble à la fois, nouveau Christ[2], existentialiste et donc laïcisé, fondateur d'une vraie communauté humaine, au prix de son martyre d'écrivain, à la fois sacrifice du bouc émissaire qui rêve de prendre sur lui le mal dans l'Histoire, et témoignage qui éclate en cette clameur de bronze que peut, au théâtre, devenir une voix : ce que Sartre nomme sa première pièce « sérieuse » s'intitule *Bariona ou le Fils du Tonnerre*...

Avec la biographie et l'autobiographie on aborde les terres périlleuses de la fusion entre littérature, politique et philosophie existentialistes, fusion *approchée* aussi, plutôt que tension, de l'universel et du singulier. Ce qui est en jeu, pour l'autobiographie, c'est, grossièrement dit, un dépassement de la psychologie et du narcissisme vers l'acte politique. Dans *Une défaite* déjà, la « notion » était donnée comme le moyen de penser dans le temps l'individuel, puisque le jeune héros, Frédéric, souhaite « arriver à ce que Leibniz appelle une *notion* de Cosima, une sorte de concept où serait enfermé tout son caractère »[3] ; mais la notion *d'universel singulier*

1. Michel Contat propose ainsi, dans la notice de la Pléiade consacrée à ce roman, une convaincante interprétation politique de l'inachèvement des *Chemins de la liberté*.

2. Irréparable est la perte, que l'on connaît par *Les Mots*, d'une composition française sur la Passion du Christ, écrite par Sartre avant l'âge de dix ans.

3. *Écrits de jeunesse*, édités par M. Contat et M. Rybalka, Gallimard, 1990, p. 266.

visera avant tout à dépasser cette question du caractère pour servir un projet explicitement politique. Le moyen indispensable, ici, c'est *la dialectique*[1], qui doit permettre de nouer le plus étroitement possible l'universel et le singulier.

2
LES TRAVAUX DE LA DIALECTIQUE

L'universel singulier exige une triple démarche dialectique : de fondation, entreprise du philosophe ; d'analyse, labeur de l'intellectuel ; d'expression, tâche de l'autobiographe styliste.

1 / Le philosophe qu'est Sartre a depuis la guerre peu à peu construit son chemin – sa méthode : l'analyse du singulier comme moteur de l'Histoire passe par l'accomplissement d'une « expérience critique » qui sert à fonder la Raison dialectique ; or la dialectique n'étant rien d'autre que « l'universel singularisé »[2], fonder la raison dialectique, c'est aussi fonder philosophiquement l'universel singulier.

Le mouvement de l'expérience consiste à partir de sa propre vie, *praxis* immédiate et donc abstraite ; et à commencer par en nier la détermination singulière, dans un élan qui fait « sauter de sa vie singulière à l'Histoire »[3]. A ce stade bondissant, le *je* disparaît comme singulier irréductible, comme sujet d'une vie dotée d'un contenu, pour ne subsister que comme support des « liens synthétiques de l'Histoire »[4]. Il y a là une rupture, un coup de force, qui fait assister à une double dissolution du *je*, synchronique et diachronique. Qu'est-ce en effet que se saisir comme moment du tout historique, sinon chercher à comprendre, à partir de ses propres relations humaines, « la totalité de ses liens pratiques avec les autres »[5], la nature de l'appartenance vécue aux différents ensembles humains. Dissolution donc sur le plan synchronique ; mais aussi dissolution diachronique : totalisant ma culture, « je me totalise à partir d'une histoire millénaire » et « ma vie même est millénaire »[6]. Ainsi est ouvert le rapport de tout homme au passé, dont le sujet se fait le miroir de concentration et de là, sans doute, le goût de Sartre pour

1. Que Sartre commence à élaborer dans les *Cahiers pour une morale*. J'en ai dit un mot dans « La dialectique dans la biographie », *Les Temps modernes*, n° 531-533, « Témoins de Sartre », octobre-décembre 1990, p. 721-759.
2. *Critique de la raison dialectique*, p. 141.
3. *Ibid.*, p. 143. Ou encore : « Saisir à travers sa propre vie réelle (conçue comme expression du tout) le moment de la totalisation historique » (p. 142).
4. *Ibid.*, p. 146.
5. *Ibid.*, p. 143.
6. *Ibid.*, p. 144.

les jeux intertextuels ; mais se déploie aussi la relation au futur, et de là l'ultime théorie sartrienne de la gloire : tant que vivra l'humanité, Sartre, qui d'elle fut hanté, comme tout homme la hantera.

Pourquoi parler de double dissolution, plutôt que d'un double triomphe du Moi ? C'est que l'expérience, explique Sartre, est certes « la vie même du chercheur en tant qu'elle se critique elle-même réflexivement », mais que de surcroît, ce questionneur-questionné « c'est moi et ce n'est personne » : sujet interchangeable, « n'importe quel autre individu »[1] faisant aussi bien l'affaire. N'importe qui : l'argument vaut ce qu'il vaut (on aura lu ce qu'en pense Philippe Lejeune), mais la présence de ce Moi formel, qui produit l'expérience critique à partir d'une vie, met face à ce qu'on pourrait nommer autobiographie philosophique ou (si la chose a un sens) autobiographie vide[2] : toute la *Critique* peut ainsi passer pour une description de la vie de Sartre en tant qu'il est un n'importe qui social, pour un *Discours de la méthode* devenu bien plus anonyme. Il reste que la philosophie ici ne se développe pas sans un *je* expérimentateur, même réduit à une forme vide, et qu'elle s'écrit comme le récit de l'expérience qu'il assume – c'est là une « philosophie narrée » dont il faudrait aussi étudier les procédés d'écriture[3].

Ce *Je* demeure trop abstrait, sans doute, pour qu'on doive employer le mot d'autobiographie. Mais le lien entre philosophie et autobiographie peut être resserré : l'autobiographie véritable exerce une fonction d'auto-purification[4] utile au travail philosophique et politique. Elle se présente alors comme un cas particulier de la tâche de l'intellectuel, qui accompagne, en allant de l'universalité abstraite à l'universalité concrète, le cheminement du philosophe.

2 / Ce travail de l'intellectuel, on l'a compris, doit d'abord porter sur soi. C'est le mouvement d'une « universalisation lente qui se réalise par l'affirmation et le dépassement du particulier »[5]. Dans ce trajet où la lenteur est une vertu essentielle[6], on distingue trois étapes. Le singulier tout d'abord s'ignore, ou se dégoûte (péché, précisément, d'intellectuel, dit Sartre à propos de Gorz) ; il veut se faire universel très vite et trop tôt ;

1. *Ibid.*, p. 142-143.

2. A propos de *L'Être et le Néant,* déjà, M. Contat et M. Rybalka parlent d'une « autobiographie abstraite » (*Œuvres romanesques,* p. 1944) ; E. Morot-Sir – dans « Philosophy and auto(bio)graphy : The exemplary case of Jean-Paul Sartre », *in* B. Cazelles et R. Girard (éd.), *Alphonse Juilland, d'une passion l'autre,* Saratoga, California, Stanford French and Italian Studies, 1987, p. 128-149 – se demande si la *Critique* n'est pas « la seule autobiographie possible et justifiable de l'Humanité »...

3. Comme H. Weinrich a entrepris de le faire à propos, notamment, du *Discours de la méthode* (voir *Le Temps,* Seuil, coll. « Poétique », 1973, p. 220-224).

4. Voir l'interview accordée à J. Piatier (*Le Monde,* 18 avril 1964) : « C'est ainsi qu'il faut penser : se soulever contre tout ce qu'on peut avoir d'*inculqué* en soi. »

5. *Situations IV,* p. 80.

6. Brunet explique ainsi à Mathieu, dans *Les Chemins de la liberté,* qu'il faut du temps pour se nettoyer de sa bourgeoisie, puis aller vers le Parti – plus encore lorsqu'on vise, comme Sartre, un compagnonnage critique.

mais il ne trouve alors que l'universel abstrait, « la fausse universalité bourgeoise »[1], l'humanisme, ou, par une mauvaise surprise, soi-même : Gorz croit avoir écrit un traité de philosophie, mais c'est du Gorz tout craché (et Sartre dans *L'Être et le Néant* ?). Tout se passe ici comme si l'aliénation subie était dans un premier temps perversement *reprise* par l'intellectuel dans l'effort même accompli pour s'en débarrasser. Il faut au rebours (c'est la deuxième étape) s'efforcer de tourner le dos à l'universel, se saisir, en tant qu'intellectuel, comme « universalité *singulière* »[2], que détermine notamment une enfance, débuter en se prenant pour fin (à la fois cible de l'analyse, et terme d'une histoire) ; l'objectif est non point de se préférer mais de s'admettre, et de savoir qu'on n'a « jamais d'autre tremplin que soi »[3] » : bref de s'accepter pour pouvoir s'inventer. D'où un double mouvement indissociable : le moment de l'affirmation de soi, du retour, à partir du faux universel, sur sa singularité, qui n'est point vaine fascination sur une personne insignifiante, mais volonté de dénombrer, grâce aux sciences humaines, ses « obstinations particulières »[4], de se situer au regard de l'Histoire, de se démystifier – travail amorcé dès les *Carnets*. Ce moment devient par son effort même celui de la dissolution ou du dépassement de soi. Bref, « s'affirmer et se dissoudre sans cesse »[5] – régression et va-et-vient, disait *Questions de méthode*. Ce qui est visé, c'est (ultime étape) l'homme à faire : il faut inventer l'homme comme « universel concret »[6], c'est-à-dire l'homme d'après l'aliénation, que définiront, je le répète, des « relations humaines de réciprocité » »[7] plus stables que celles qui régissent un groupe en fusion. Tel est le terme du mouvement d'universalisation lente. La dimension historique privilégiée est ici celle du futur, où l'universel concret fera à la fois advenir la littérature (en tant qu'elle rejoindrait enfin son essence)[8], et un autre humanisme : Sartre veut, ni plus ni moins, « arracher aux bourgeois l'humanisme »[9]. C'est en ce sens, et uniquement en ce sens, que l'existentialisme est un humanisme.

Le mouvement, le travail de réflexion qu'accomplit l'intellectuel dans l'autobiographie, est donc à comprendre à la fois au regard de la philosophie et de la politique. Politiquement, c'est un acte : acte sur soi, qui per-

1. J.-P. Sartre, *Plaidoyer pour les intellectuels,* Gallimard, « Idées », 1978, p. 49.
2. *Plaidoyer pour les intellectuels,* p. 48. Je souligne.
3. « Des rats et des hommes », *Situations IV,* p. 77.
4. *Ibid.,* p. 70.
5. *Ibid.,* p. 77.
6. *Ibid.,* p. 66. Concept hégélien, que Sartre emploie dès les *Cahiers pour une morale* (ainsi p. 14, p. 152) ; selon P. Verstraeten, la notion d'universel singulier lui est « identique dans l'ambition » (« Un double destin de la liberté, Hegel et Sartre », *Obliques,* n° 18-19, 1979, p. 203).
7. *Plaidoyer pour les intellectuels,* p. 51.
8. *Situations II,* p. 197.
9. *Situations IV,* p. 220. – La position sartrienne sur la question de l'humanisme est pour le moins ambiguë : voir M. Clemot (« Existentialisme et humanisme : *Les Mots* de Sartre », *Moderna Sprak,* vol. 59, n° 4, 1965, p. 203-233), et J. Derrida, « Les fins de l'homme », in *Marges de la philosophie,* Minuit, 1972.

met de conquérir un *je*, une subjectivité, on l'aura senti, qui ait pris ses propres mesures pour retrouver le concret au-delà du faux universel intellectualiste. Retrouver le concret : cela signifie fonder sur une lucidité gagnée ses relations avec autrui et avec l'action. L'acte d'un *je* devient alors (et alors seulement) possible : il faut « se défaire par la parole pour pouvoir un jour se faire par des actes »[1]. Acte sur soi donc, pour des actes politiques visés ; mais aussi acte pour autrui : il y a une valeur exemplaire[2] de ce travail ; cette vie que revit le lecteur, ce sont autant de pièges et d'issues dévoilées sur le chemin vers l'universel concret ; c'est aussi la preuve que l'invention totalisante de soi est possible, c'est surtout la pratique d'une *politique* – individualiste ? anarchiste ? – *de la transparence* (ou plutôt, j'y reviens à l'instant, de la transparence oblique), où mesurer, défaire, exposer son moi par l'analyse doit rapprocher d'autrui. En tant simplement qu'acte de langage, l'autobiographie est enfin un appel à la liberté d'un lecteur, qui n'est plus figuré par la corne du taureau cher à Leiris, mais doit devenir à son tour, dans les arènes de son propre Moi, *torero* de l'aliénation par l'universel abstrait, s'il veut peu à peu progresser vers une maturité collective.

L'autobiographie, et de là découle sa vertu philosophique, est ainsi le lieu d'une expérience où l'auteur, le lecteur et le livre se font l'un par l'autre, dans une lente purification. Pour Leiris, dont Sartre fut un lecteur attentif, et qui parlait lui aussi de *catharsis*, nécessaire afin de parvenir à l'âge d'homme, il s'agissait avant tout de liquider diverses choses oppressantes en les sertissant dans une formule fascinante pour autrui[3] ; et même s'il dit viser l'affranchissement de tous, Leiris avoue souffrir du « caractère trop personnel »[4] de *La Règle du jeu*. Chez Sartre la *catharsis* autobiographique est différente, car moins orientée vers les prestiges de la fascination, et plus dépendante d'une investigation socio-historique : certes, comme toute écriture aux yeux de Sartre, cette *catharsis* tend à clarifier et à intensifier un vécu brouillé et estompé[5], mais elle sert avant tout à définir, pour mieux l'éliminer ensuite, par l'écriture puis par l'action, un coefficient de subjectivité qu'implique la notion même de situation. Si cette notion fait le fond de tout projet, le projet d'écrire *L'Être et le Néant* s'explique *aussi* par la situation de Sartre : toute philosophie est ancrée, et exige, pour que sa validité devienne mesurable, qu'une autobiographie rende compte de ce sujet en situation qui philosophe[6], grâce à divers démontages critiques

1. « Des rats et des hommes », *Situations IV*, p. 77.
2. Ce qui est le contraire d'édifiante, lit-on dans *Situations IV*, p. 172.
3. Voir M. Leiris, *L'Age d'homme*, Gallimard, « Folio », 1986, p. 41, et *Biffures*, Gallimard, 1988, p. 186.
4. Respectivement dans *L'Age d'homme*, p. 24, et dans *Fibrilles*, Gallimard, 1984, p. 168.
5. Voir J.-P. Sartre, *Situations IX*, p. 39.
6. Ce point a été bien vu par J. Huertas-Jourda, « The place of *Les Mots* in Sartre's philosophy », *Review of Metaphysics*, n° 21, 1967-1968, p. 203-233.

(dans *Les Mots*, ils porteront, par exemple, sur la notion de cléricature littéraire, héritée, notamment, de Renan, ou sur la perdurance d'un modèle régalien sous la République, transmis par les structures familiales, comme l'indique la généalogie parodique qui ouvre le livre, etc.).

3 / De quel type d'autobiographie s'agit-il, cependant, jusqu'ici ? On le sait : de l'autobiographie d'un intellectuel. C'est-à-dire, d'une part, de l'écriture de quelqu'un qui ne pourra dire *je* qu'au moment où il arrivera à dire *nous*[1] – l'écrivain quant à lui, à tort ou à raison, *commence* par « dire *je* ». D'une écriture sans style, d'autre part : « *Le Traître* n'est pas une œuvre d'art », et donc, en lisant Gorz, cet intellectuel, « n'attendez pas ce *geste* qu'est le style »[2], attendez plutôt un acte, qui de l'écriture veut se servir. Plus précisément, chez Gorz, écrit Sartre dans la même page, « l'impossibilité radicale du style devient à la longue un dépassement de tous les styles connus » ; n'est-ce pas l'exact opposé des *Mots*, où le dépassement de tous les styles connus cherche à manifester une impossibilité du style, un adieu à la littérature, en une autobiographie de grand style, autobiographie d'écrivain...

Pourquoi l'autobiographie en style reste-t-elle nécessaire ? Ce qui revient à se demander : qu'est-ce qui justifie pour Sartre la qualité littéraire des *Mots* ? Le fait est que seul le style peut exprimer pleinement l'universel *singulier* – et non point *concret*, bref se plier à la situation *actuelle* de l'écrivain, pour qui écrire, c'est encore « communiquer cet incommunicable : l'universalité singulière »[3]. Les hommes sont aujourd'hui encore séparés des hommes, l'âge des petits pois (des atomes) n'est pas révolu, nul ne peut encore abattre toutes ses cartes, faire directement voir la nudité de son moi ; et donc pas d'effort vers la transparence sans écriture oblique[4], c'est-à-dire pas d'autobiographie sans ce que Sartre nomme le style. Dans *Les Mots*, bon gré mal gré, *la politique de la transparence ne peut qu'en passer par l'oblique du style.*

Mais comment réussir, pratiquement, cette entreprise paradoxale qui consiste aussi bien (c'est la même chose) à écrire l'universel singulier ? Désespérante question, une des clefs, sans doute, de toute l'œuvre sartrienne... Puisqu'il s'agit de l'autobiographie, je ferai d'abord un (rapide) détour par les propos de Sartre sur les grands autobiographes ou autoportraitistes, ses modèles possibles. (Je négligerai la référence à Renan, qui me paraît – même si Sartre ne dit quasiment rien des *Souvenirs d'enfance et de jeunesse*[5] – essentielle, mais sur un plan thématique et non formel).

1. « Des rats et des hommes », *Situations IV*, p. 80.
2. *Ibid., Situations IV*, p. 46.
3. Définition de 1967, dans un texte sur Carlo Levi intitulé *L'universel singulier*, cité par M. Contat et M. Rybalka, *Les Écrits de Sartre*, Gallimard, 1970, p. 456.
4. Sur cet enchaînement, voir « Autoportrait à soixante-dix ans », *Situations X*, et le travail (« Sartre, la littérature et les petits pois ») que j'ai proposé dans *Les Temps modernes*, n° 513, avril 1989, p. 29-52, puis repris dans *Silences de Sartre*, ouvr. cité.
5. Néanmoins évoqués dans le cinquième des *Carnets de la drôle de guerre*.

Ces devanciers auraient pratiqué deux formes d'écriture : écriture kaléidoscopique, écriture du mélange. Soit André Gide : il se serait tenu dans la tradition de l'humanisme aristotélicien, redéfini, dans *Situations I* à propos de Giraudoux : croyance en une essence de l'homme. C'est, selon *Les Faux-Monnayeurs*, en se faisant le plus particulier qu'on devient le plus universel, et qu'on réalise cette essence, d'où l'intérêt de l'autobiographie ; mais ce particulier, Gide est soupçonnable, sinon dans sa vie, du moins dans ses écrits, de l'avoir entendu non point comme national et historique, mais (pas moins !) comme « subjectivisme idéaliste »[1]. De toute façon la stratégie d'écriture gidienne, figurée par le kaléidoscope »[2], n'est pas recevable : entre les couleurs, un tel instrument, indique Sartre, établit des relations subies, surajoutées, discontinues – facettes appauvries d'un moi éclaté. Non, un « papillotement de kaléidoscope[3], voilà qui ne saurait fournir l'unité réclamée (et conférée) par la dialectique.

Montaigne (à la différence de Genet) se peint « dans sa singularité mais pour les autres et avec l'intention de communiquer »[4] ; il a voulu se comprendre comme un « mélange incomparable de particulier et d'universel »[5]. Louable projet, et loué ; mais un mélange, ce n'est pas le type d'unité *temporellement dynamique* que l'on peut attendre de l'universel singulier. Et puis Montaigne ne pouvait penser la notion d'universel singulier : il faut qu'elle se soit, en même temps que la dialectique, produite à travers les philosophies de Hegel et de Marx, c'est-à-dire à travers les philosophies de l'Histoire[6] ; de là l'écart entre autoportrait chez Montaigne, autobiographie chez Sartre ; si Sartre choisit le second genre, c'est bien sûr qu'il le juge plus à même d'articuler mouvement de l'Histoire et mouvement d'une vie, de se faire le lieu d'une progression dialectique.

Montaigne a cependant ouvert (à moins que ce ne soit Pascal) une tradition, celle de « l'essai-martyre »[7] ; Sartre y place *Les Pensées, Les Confessions, L'Expérience intérieure*, et *L'Age d'homme*, dont la lecture fut l'un des facteurs qui menèrent à l'autoportrait des *Carnets*[8]. Qu'est-ce qu'un essai-martyre ? Une géométrie passionnée où l'auteur se montre pour prouver, souffrance et témoignage à la fois, « mélange des preuves et du drame »[9]. Mais la loi de ce

1. *Situations VII*, p. 325. On a vu que le même reproche valait *(grosso modo)* pour l'anamnèse stendhalienne.
2. Voir le début de *Si le grain ne meurt*, et Ph. Lejeune, *Le Pacte autobiographique*, Seuil, coll. « Poétique », 1975, p. 192.
3. *Carnets de la drôle de guerre*, p. 197. Pour cette théorie sartrienne du kaléidoscope, voir aussi *Situations VII*, p. 49, et *Œuvres romanesques*, p. 1273 : les verres du kaléidoscope forment une image de la lucidité inactive que Mathieu se reproche.
4. *Saint Genet*, p. 646.
5. *Situations IV*, p. 265.
6. *Critique de la raison dialectique*, p. 141.
7. *Situations I*, p. 134.
8. *Carnets de la drôle de guerre*, p. 351.
9. *Situations I*, p. 140.

mélange semble être, non sans paradoxe, l'alternance : on rencontre, dit Sartre à propos de Bataille, tantôt l'homme, tantôt le raisonnement, tantôt un style étranglé, tantôt des périodes balancées. C'est ce que montrerait, malgré toute l'admiration que Sartre a pour ce livre, *L'Age d'homme*, déchiré par une tension entre le singulier (découvrir aux mots « une face subjective, qui nous les approprie plus sûrement »[1], au risque cependant de se couper du lecteur) et l'universel (produire des mythes psychologiques où se révèle pour tous, dit Leiris, « quelque chose d'homophone à ce fond qui [lui] était découvert », mais en redoutant alors que ces thèmes ne deviennent « inconsistants et arbitraires »[2] par rapport à la confusion interne du Moi). Il manque toujours et quelqu'un et quelque chose, pour passer du kaléidoscope, du mélange, ou de l'alternance déchirée, à la progression et à la fusion : Sartre et la dialectique.

La définition spécifique de l'autobiographie de grand écrivain (avant Sartre) est donc négativement la suivante : ignorance de la dialectique ; mais positivement, Montaigne, Rousseau[3], Stendhal, Gide, Leiris partagent deux caractères. Chacun d'entre eux est, d'une part, un « enfant défunt qui se préfère à tout »[4] – autobiographes tournés non vers un *nous* futur (*je* et *vous*, frères humains), mais vers le passé : vers *moi* enfant ; ou bien peut-être vers un autre *nous* : *je* et *tu*, Montaigne et La Boétie, Stendhal, ou Sartre, et leurs mères respectives, dans une intersubjectivité non point politiquement construite mais qui se nomme *d'immanence*[5]. Cet enfant défunt qu'est l'écrivain *se* préfère, il vit non dans l'espoir de l'universel concret mais dans la haine du genre humain : l'autobiographie doit l'exprimer comme incommunicable irréductibilité, d'où la nécessité du style – tel est le second caractère partagé, et attendu : c'est le style, l'écriture comme singularité, qui « nous emporte vers le passé de l'auteur »[6], à toute vitesse et, notamment, au moins chez Sartre, *par* la vitesse (j'y reviendrai).

Sartre veut quant à lui être le premier « grand écrivain » à ne pas ignorer le futur (de l'intersubjectivité) et la dialectique, le premier (le seul ?) à unir, dans l'autobiographie, dialectique et style. Cette union correspond, sur le plan formel, au contenu dynamique : une autobiographie de grand écrivain devenant simple intellectuel, essayant, comme Rimbaud selon Mallarmé, de s'opérer vivant de l'écriture : et pour cela, il faut, estime Sartre, l'exhiber[7].

1. *Situations I,* p. 232.
2. *L'Age d'homme,* p. 21 et 128.
3. Voir *Situations IX,* p. 67.
4. *Situations IV,* p. 40.
5. Voir *Situations IV,* p. 183 ; page d'où vient aussi le syntagme « grand écrivain ».
6. *Situations IV,* p. 40.
7. Afin, comme on sait, de parodier les Belles-Lettres : piège à bourgeois, mise en garde pour les autres – comme le rappelle M. Contat (dans le présent volume) qui cite *Situations IV,* p. 175 : « Quand la mer chante, n'y sautez pas. »

L'écriture de l'universel singulier renvoie donc (on pouvait s'en douter) à deux moyens : la dialectique, le style. La question fondamentale devient la suivante : pour être associés, qu'ont-ils en commun ?

En ce qui concerne la dialectique, l'arrière-plan théorique le plus précis est fourni par *Questions de méthode* – pensons, par exemple, aux analyses de la famille : Rousseau ou Stendhal avaient déjà insisté sur son rôle, évident, dans une enfance ; mais Sartre veut la penser comme un objet théorique, préciser sa fonction de médiation entre la classe et l'individu ; le début des *Mots* doit beaucoup[1] (parodie comprise) à cet effort, dont le sens général est de chercher à adapter les sciences humaines à l'anthropologie existentialiste. J'ajouterai qu'un des objectifs essentiels de *Questions de méthode*, et qui prépare très directement *Les Mots*, est de réintroduire l'imaginaire dans la dialectique – sous la forme de la « comédie subjective », c'est-à-dire de « l'action imaginaire en chacun comme doublet, à la fois, et matrice de l'action réelle et objective »[2]. Un des deux exemples sur lesquels Sartre réfléchit (celui d'un acteur jouant Hamlet, et traversant la chambre de sa mère pour tuer Polonius caché) révèle par avance un des objectifs qu'on s'accorde à reconnaître aux *Mots* : par-delà le grand-père, s'en prendre au beau-père qui a violé la chambre maternelle[3]. C'est le grand mérite d'une analyse qui fit date[4] que d'avoir su tenir compte de cette dimension fondamentale de l'imaginaire dans une lecture de l'ordre dialectique propre aux *Mots*. On peut la compléter sur des points secondaires[5], ou la pousser plus loin à propos de tel ou tel passage, puisque Philippe Lejeune admet lui-même ne pas pouvoir rendre compte du détail et de toute la complexité du cheminement dialectique. On rencontre là une difficulté dont Sartre était bien conscient (et heureux), et qui infirme en un sens la possibilité même d'une lecture globale de la dialectique des *Mots*.

Comment en effet définir la dialectique ? Si l'on pose qu'elle est « une logique de la temporalité »[6], alors une lecture globale de l'ordre du récit est fondée, qui insiste sur la *reconstruction orientée* d'une histoire singulière par un homme soucieux de démonter, exemplairement, sa névrose d'écri-

1. Voir M. Bensimon, « D'un mythe à l'autre : essai sur *Les Mots* de J.-P. Sartre », *Revue des sciences humaines*, vol. 30, n° 119, juillet-septembre 1965, p. 415-430, et J. Lecarme, « *Les Mots* de Sartre : un cas limite de l'autobiographie ? », *Revue d'Histoire littéraire de la France*, novembre-décembre 1975, n° 6, p. 1047-1061.

2. *Questions de méthode*, suivi de *Critique de la raison dialectique*, 1960, p. 39.

3. On se souvient du résumé d'*Hamlet* selon *Kean* : « Un homme qui n'a qu'un geste à faire pour tuer son beau-père et qui met cinq actes à s'y décider ! » (Gallimard, 1954, p. 14). Il y aurait à dire sur le mélange d'*Hamlet* et d'*Othello* qui paraît dans la pièce.

4. Ph. Lejeune, « L'ordre du récit dans *Les Mots* de Sartre », *Le Pacte autobiographique*.

5. Il se peut ainsi que la trilogie héros, écrivain, saint doive quelque chose à tel passage de Leiris (*Fourbis* – 1955 –, Gallimard, 1984, p. 177-178) ; mais c'est plus probablement un lieu commun du XIXe siècle que Sartre réaménage.

6. *Situations IV*, p. 209.

vain. En ce sens, *Les Mots* s'oppose à la *Vie de Henry Brulard* comme une autobiographie faite à une autobiographie se faisant : l'intellectuel (au sens sartrien) contre l'archéologue, si l'on veut.

Mais si l'on conçoit la dialectique comme « le contrôle de l'analyse au nom d'une totalité »[1], la tâche du critique se complique. Car par totalité Sartre entend une forme d'unité très particulière qui n'est point unification d'un divers mais « unité originelle et synthétique qui se diversifie sans jamais cesser d'être une »[2], unité à la fois immanente à chaque partie (la partie exprime le tout) et transcendante (la totalité déborde « de son infinité » les parties – ce qui ne revient pas au truisme selon lequel le tout est plus grand que la partie : la transcendance de la totalité signifie au rebours qu'elle ne se réduit pas à la somme des parties). Modèle, dirais-je, de la *pars totalis* débordée[3]. Or son implication est que « l'unité totalisante est trop riche et complexe pour tenir en une formule et qu'on ne peut que la *vivre* imaginairement en s'irréalisant dans la lecture ». Si la dialectique d'un projet peut être parfaitement décrite, plutôt que revécue dans la lecture, c'est qu'elle a manqué la totalité ; à la hauteur de ses ambitions, elle est en droit indescriptible. On retrouve un paradoxe bien connu[4] : l'extra-systémique dans la vie (le singulier) ne s'indique dans l'art qu'en tant que polysystémique ; ou, pour reprendre plutôt une formule de Mauss que Sartre avait pu lire dans l'*Essai sur le don* : le concret, c'est le complet – c'est-à-dire l'infini[5].

Il reste que les vies, chez Sartre, se peuvent écrire. Pour une raison bien simple : vie et texte se laissent penser tous deux grâce au modèle paradoxal de la *pars totalis* débordée. Une réflexion décisive l'indique bien : le projet humain, inscrit dans l'Histoire et à inscrire dans l'autobiographie, installe un

> « système complexe de renvois qui fait entrer un fragment quelconque de mon passé dans une organisation hiérarchisée et plurivalente où, *comme dans l'œuvre d'art*, chaque structure partielle indique, de diverses manières, diverses autres structures partielles et la structure totale »[6].

Bref, projet et œuvre d'art fonctionnent tous deux selon la loi d'unité se diversifiant qui sera redécrite dans *L'Idiot*. Penser la dialectique d'un projet, c'est faire du sens avec une vie, ce qui conduit à la faire signifier comme un texte, c'est-à-dire non linéairement, mais, sur le modèle susdit, infiniment et dans tous les sens.

1. *Situations IX*, p. 76.
2. Pour cette citation et les suivantes, voir *L'Idiot de la famille*, t. 1, p. 971-972.
3. Ce modèle concerne, dans son contexte, la conception flaubertienne de l'œuvre d'art, mais est assumé par Sartre, comme l'indique l'entretien avec Michel Sicard publié en 1979 (*Obliques*, n° 18-19).
4. I. Lotman, *La Structure du texte artistique*, Gallimard, 1973.
5. « La vérité reste toujours à trouver parce qu'elle est infinie » (*Situations X*, Gallimard, 1976, p. 148).
6. *L'Être et le Néant*, p. 581. Je souligne.

Le style est, lui aussi, à la fois jeu de l'universel singulier (comme façon d'individualiser le langage, selon des modalités qu'explique longuement le *Plaidoyer pour les intellectuels*) et, en tant que moment de l'œuvre d'art, ouverture de la partie au tout, lequel lui est à la fois immanent et transcendant. Immanent : c'est par le style que le tout se fait immanent à la partie, comme on sait bien :

> « le travail du style ne consiste pas tant à ciseler une phrase qu'à conserver en permanence dans son esprit la totalité de la scène, du chapitre, et au-delà, du livre entier »[1].

Mais en même temps, par le style, la totalité du sens se donne comme transcendante à la somme des parties du livre : en littérature, on ne peut dire la pensée qu'on a, on doit « l'écrire par côté, la faire entrer dans une totalité fermée qui [...] la fera comprendre sans la nommer », et ce langage « qui ne dit pas ce dont il parle, c'est du *style* »[2].

Le même modèle de la *pars totalis* débordée vaut ainsi pour une vie, un projet, la dialectique qui les décrit, leur écriture en style, l'œuvre d'art qui en résulte. On est donc invité aussi bien à limiter son *corpus* – à choisir par exemple, comme objet d'étude, un seul texte des *Mots* – qu'à déplier cette partie vers la totalité : totalité de la dialectique autobiographique, du livre, voire du style et de l'œuvre sartriens. Pour lire en ce sens le travail dialectique et stylistique par lequel s'écrit l'universel singulier, je m'interrogerai sur la scène des Fées.

3

LA SCÈNE DES FÉES

Une scène relativement courte[3], soit ; pourquoi *cette* scène ? Après tout, en vertu de la loi *pars totalis*, n'importe quelle scène se prête à l'analyse de la dialectique... Cette raison est fort sérieuse : si l'universel singulier s'écrit, il doit s'écrire selon cette loi de la dialectique : toute partie (d'une vie, d'un texte) est en rapport intime avec la totalité. N'importe quelle scène, donc ; une scène unique cependant : dans l'autobiographie d'un écrivain, la découverte du langage des livres n'est pas chose indifférente. Mais avant tout, *cette scène est au cœur de la problématique de l'universel singulier*, qu'elle traite thématiquement, structurellement, stylistiquement ; point

1. *Situations X,* p. 138.
2. Voir pour les deux citations de ce paragraphe : *Obliques,* n° 18-19, p. 22 et 25.
3. *Les Mots,* Gallimard, coll. « Blanche », 1980, p. 33-35 ; coll. « Folio », 1991, p. 40-41.

qui est resté tout à fait inaperçu, quoique le passage ait souvent retenu l'attention des critiques[1].

La longue analyse de Christoph Miething mérite un examen plus précis, à la fois masque de respect et amorce de discussion. Je résumerai les résultats essentiels de son interprétation en trois thèses.

1 / On aurait avec cette page le seul point fixe qui échapperait à l'ironie sartrienne ; c'est grâce à elle que *Les Mots* ne formeraient pas le jeu d'une ironie autiste *(ein autistisches Ironiespiel)*. En effet le contenu de la scène est celui d'une double liaison existentielle : à la condition humaine, puisqu'ici Sartre laisserait involontairement paraître son angoisse de la mort ; à la mère, puisque cette scène, qui compense l'absence de récit du remariage maternel, exprime à la fois sa perte, et l'amour éprouvé pour elle, le véritable (plutôt que l'autocréation) principe positif en Sartre.

2 / Du point de vue de la forme, la scène obéit à une esthétique qu'elle thématise en même temps. Les deux langages (celui du couple formé par la mère et l'enfant, et celui du livre) sont autoréférentiels ; l'idéal artistique de Sartre serait celui d'une autonomie de la langue et de l'art ; le désir qu'a l'enfant de s'identifier aux livres indique celui de s'identifier à la langue absolue, au livre total, désir d'autodivinisation par le Livre (majuscule mallarméenne ou leirissienne !). Un tel Ego, absolu parce que se confondant avec le Livre, ne saurait être présenté par l'écriture sans déchéance. Admettons que l'image originelle (*Urbild*, ou, dirai-je, pour reprendre un mot de Sartre qui tombe à pic, « l'image-mère »)[2] soit le bonheur du couple formé par la mère et son enfant. Jamais ce bonheur ne devient visible comme tel : mais il fait l'objet de deux idéalisations qui « sacrifient le réalisme de l'image (la possibilité de reconnaître l'enfant) à l'idéal de l'art » ; d'abord une idéalisation esthétique, par la langue du conte de fées, image dérivée, « hypostase »[3] ou première *Abbild*, première négation de l'image-mère ; puis une idéalisation iconoclaste : seconde *Abbild* (le savon profane), négation de la première négation, et production d'une image plus exacte, plus réaliste, mais encore insatisfaisante, et qu'il faudrait à son tour détruire pour préserver l'invisibilité du bonheur originel et du Moi libre. Telle est pour Miething, ni plus ni moins, « l'*hybris* iconoclaste de l'esthétique sartrienne ». Est-ce à dire qu'il faille renoncer à toute forme de présence du Moi ? Non : le Moi se met délibérément en scène sous une forme aliénée : celle du livre qui parle, chosification du Moi (troisième *Abbild*) et figuration de l'idéal d'autonomie. Par un para-

1. Voir E. Morot-Sir, *Les Mots de Jean-Paul Sartre,* Hachette, 1975 (p. 58-60 et p. 63-64) ; F. George, *Deux études sur Sartre,* Bourgois, 1976 (p. 386) ; C. Miething, *Saint Sartre oder der autobiographische Gott, op. cit.,* p. 101-141 ; J. Sturrock, art. cité, p. 183-185 ; M.-G. Murat, « Jean-Paul Sartre, un enfant séquestré », *Les Temps modernes,* n° 498, janvier 1988, p. 128-149.

2. *Situations IX,* p. 308.

3. *Situations IX,* p. 308.

doxe essentiel, la chosification de soi devient moyen de préserver son statut d'absolu, et « la présence vivante du Moi n'est plus réalisée que comme fiction négative », comme il en va pour le Dieu caché de certains.

3 / Échapper aux hypostases ou simulacres revient à échapper au temps, à maîtriser la mort ; c'est le thème de la contemporanéité entre vie et mort, laquelle forme le contenu du savoir absolu visé à travers ou dans le Livre par l'autobiographe. Thème que le texte présente grâce à un détail : la distinction, qui serait faite par un enfant de quatre ans, entre syllabes, diphtongues, et consonnes, provient d'un savoir qui ne peut qu'être celui du narrateur âgé, presque devenu le grand-père.

Les thèses de Miething, séduisantes et contestables, m'ont servi de tremplin, dette que je reconnais bien volontiers ; ma critique de sa lecture n'a d'intérêt que si elle mène à une vision neuve d'une scène décisive. Je proposerai une analyse portant sur les deux dimensions du texte, qui correspondent au double statut des *Mots* (autobiographie d'intellectuel, autobiographie de grand écrivain) : dialectique et anthropologie, dialectique et esthétique.

Dialectique et anthropologie

L'épisode des Fées apparaît dans le manuscrit « Simone de Beauvoir » (qui date sans doute de 1956) et il est retravaillé dans le manuscrit « Vian »[1]. Rien ne dit en fait que des esquisses n'en aient point été écrites auparavant, dont nous ne disposons pas, en l'état actuel (lacunaire) du dossier génétique. Un autre texte aurait pu fournir quantité de variantes (ici, celles du second temps de la scène n'affectent que des mots isolés) ; on eût plus appris sur l'élaboration dans les manuscrits, mais moins sur l'universel singulier.

Le mouvement de l'écriture sartrienne à ce point de la rédaction des *Mots* est d'introduire des *scènes* (au double sens de la narratologie et de l'intensité), de dramatiser un texte qu'il jugeait peut-être trop exclusivement composé de sommaires (c'est l'un des buts, par exemple, que vise l'épisode de la fête à l'Institut des Langues vivantes). Fonctionnellement, le texte des Fées semble jouer le rôle assigné dans « Jean sans terre »[2] à un passage comparable mais moins brillant, la lecture de « l'appellation infâme » (« le père Barrault est un con »), passage qui dans le texte définitif deviendra postérieur à la scène des Fées (indice de cette parenté, on trouve dans les deux cas la même métaphore des mots insectes). Il s'agit en effet avec la scène des Fées de l'instant qui fait de Poulou, selon une

1. Inv. 8, ms « Vian », f^{os} MV 40-47 (= f^{os} sdB 27, 28, 29 [les feuillets 30 et 31 manquent] 32, 33, 34).
2. Le tapuscrit, Inventaire n° 3, p. 21.

belle expression qui disparaîtra dans le texte publié, un « enfant [...] lézardé »[1].

De la dialectique mise au point pour penser l'universel singulier, et qui fonctionne évidemment dans cette scène, une analyse régressive permet d'isoler les catégories ; leur mouvement synthétique décrit la prise de conscience d'un intellectuel, et, progressivement, constitue une double scène primitive.

Analyse : catégories de l'universel singulier

Je déplierai cinq dimensions constitutives de la dialectique sartrienne : la comédie, la sexualité, la mort, l'aliénation, le langage.

1 / La *scène* est un moyen privilégié dans un récit dominé par la thématique de la comédie. On serait dans ce qui fut nommé le deuxième acte, celui des comédies primaires[2] ; il s'agit ici de la comédie littéraire – ou plus exactement de l'articulation, sur la comédie familiale, de la comédie littéraire, du point de bascule entre les deux. On pourrait sursauter en voyant le terme de comédie appliqué à la relation mère-enfant[3] ; et de fait cette « histoire [...] familière » des Fées renvoie, dans le premier paragraphe, à l'histoire de famille la plus intime, au bonheur du poupon (ou quasi-poupon) dans les bras de sa mère. Il y règne une indistinction de l'intérieur et de l'extérieur, ou de l'homme et de la nature, symbolisée par l'identification à « deux biches au bois ». Pourtant le mot d'enfant (« Les Fées, c'est *là-dedans ?* »), suspect pour tout lecteur des *Mots*, puisque Poulou devenu Sartre y dit avoir *appris* à en faire, indique qu'on est malgré tout dans cet espace de la « comédie subjective » qui selon *Questions de méthode* double une « action réelle et objective », le bain. A l'enfant lui-même est prêté le sentiment de cette dualité, obscure conscience d'une comédie : il vit la relation avec sa mère à la fois comme merveilleuse (féerique) et profane. Bonheur et comédie, réel et imaginaire sont initialement confondus ; le choix d'un conte merveilleux comme support de la scène n'est pas innocent.

2 / Cette première partie de l'épisode laisse lire une autre détermination essentielle de la dialectique de l'universel singulier : la sexualité, au cœur de l'entreprise de Leiris, souvent effacée des *Mots*, bien que *Questions de méthode* en ait souligné l'importance. Ici, « loin des hommes », et donc de toute sexualité rivale, s'établit un lien qu'éclaire la gradation des noms donnés à la mère (« ma mère », « Anne-Marie », puis « cette jeune

1. *Ibid.*, p. 21.
2. Voir Ph. Lejeune, étude citée.
3. C. Miething refuse ainsi de l'employer.

fille ») ; le manuscrit indique avec quel soin Sartre choisit ces vocables[1]. A la douceur incestueuse[2] se noue un léger sadisme (Poulou voyeur, Poulou réduisant en « servitude »). Du manuscrit au texte publié, Sartre rajeunit et féminise sa mère[3], érotise le tête-à-tête ; la voix « troublée » de la mère s'adresse à un enfant troublé[4] – mais, peut-être, troublant lui aussi, et qui ferait d'Anne-Marie une « mère désirante »[5].

Dans une perspective lacanienne, on sait l'importance de la voix maternelle, objet partiel fortement investi ; le manuscrit sartrien parle sans détour de « sa voix, qui n'était que son corps ». Perdue, cette voix va se constituer en *objet a*, objet originel manquant. C'est le sens du second temps, dont on dira sans peine qu'il vaut, avec l'apparition d'une voix masculine (« durcie », puis d'un « éditeur »), pour une interdiction de l'inceste, ou même qu'il suscite une angoisse de castration (marquée par le thème de la décollation : « je perdis la tête »...). La relation de domination s'inverse alors, dès le début du second paragraphe (on revient de « Anne-Marie » à « ma mère ») : l'enfant est mis à distance (« en face d'elle ») et minimisé (« sur ma petite chaise »). Ne reculons pas : pour Flaubert, « l'*organe* [...], c'est sa voix de bronze, qu'il saisit comme phallus érigé »[6] ; c'est bien d'une telle voix, « de plâtre », *durcie*, que la mère, statue érigée, dispose ici. On en conclura que la scène des Fées relate « le fantasme – très répandu [...] – de la virilité maternelle », soit le « désir de se faire prendre, homme féminin, par une femme virilisée, déesse-mère, qui le soumettrait à la rigidité de son phallus imaginaire »[7]. Fantasme d'homosexualité, donc, mais, ajoute la même page, « indirecte et secondaire »...

3 / Le sommeil puis l'absence de la mère valent, par euphémisme, pour sa mort. « Ce visage de statue » (avec le démonstratif d'éloignement), la « voix de plâtre », et cet « air d'aveugle extralucide » composent un corps en effet peu troublant, qui prend une posture de Pythie, de Gorgone ou de Sphinx[8] ; or, on l'a lu un peu plus haut dans *Les Mots*,

1. C'est ainsi qu'une version antérieure (« Anne-Marie s'était absentée »), qui indiquait encore, au mauvais moment, la proximité, devient celle, à la tonalité plus officielle, du texte publié : « ma mère », etc. De façon comparable, un peu plus loin, « ma mère aussi, c'était une autre », est réécrit, pour le texte définitif, en « Anne-Marie, aussi, c'était une autre », où le prénom, pour le coup, a un effet bien plus dramatique !

2. Voir F. George, ouvr. cité.

3. Notamment en supprimant ceci : force et déroute liées dans la voix « reflétaient le caractère de ma mère, femme autoritaire dont vingt-cinq ans d'esclavage avaient brisé l'énergie ». Karl esclavagiste ? Ou déjà confondu avec le beau-père haï...

4. Hypallage dont l'idée est suggérée par J. Pacaly, *Sartre au miroir,* Klincksieck, 1980, p. 79.

5. Voir M.-G. Murat, art. cité. Un détail significatif de cette proximité charnelle : le manuscrit évoque « son odeur nette d'eau de Cologne » – odeur de la mère, à quoi se substitue pour finir le liquide de la friction. Les Fées, ou comment se (re)baigner en sa mère.

6. *L'Idiot de la famille,* t. 2, p. 1274. L'érection de la voix (et par la voix !) est aussi un thème de *La Nausée* : voir *Œuvres romanesques,* p. 29.

7. *L'Idiot de la famille,* t. 2, p. 1318.

8. Voir M.-G. Murat, art. cité.

« toutes les pythies sont des mortes », et les enfants des « miroirs de mort ». Absence, mort symbolique de la mère, qui lit Bouchor, mais dont la bouche n'est plus d'or, bouche de mort bien plutôt. Livre de mort aussi, dont les lettres grouillantes font songer aux « yeux grouillants de vers »[1] de Nizan, ce cadavre vivant ; livre dont les phrases roulent, plutôt que vers un banal « point final »[2], vers leur « fin » tragique. Mort de l'enfant, en dernier lieu, qui *perd la tête* et la voix, pauvre exilé que le livre dédaigne et exécute (« sans me faire grâce »), en même temps qu'enfant *stupéfait* (« sans dire merci ») – on sait les liens que Freud établissait entre silence et mort[3]. C'est la première fois que ce thème funèbre paraît, sur le plan du personnage enfantin, dans *Les Mots* (le narrateur, lui, a déjà rapporté la comédie du grand-père à l'angoisse de la mort) ; thème essentiel, comme l'annonçait *Questions de méthode* (« le lien de la mort à l'enfance est si étroit, si fréquent chez tous »[4]), et qui engage une écriture fantastique, de l'inquiétante étrangeté, signifiée ici par l'*exil* de l'enfant.

4 / La mort, c'est « le triomphe du point de vue d'autrui sur le point de vue *que je suis* sur moi-même »[5]. La scène marque donc un paroxysme de l'aliénation ; c'est le moment de la chute : « Mon être-pour-autrui est une chute à travers le vide absolu vers l'objectivité. »[6] Un tiers en effet apparaît qui brise le couple et isole l'enfant. Tiers anonyme (« on », « quelqu'un », dit notre texte) qui se donne sous une triple forme.

— L'intrus revêt d'abord la forme d'une « voix de plâtre », qui est, en la mère, la voix d'un autrui mâle, tout aussi *pétrifiant* que pétrifié en plâtre : le beau-père détesté peut-être, masqué par le grand-père. Une rapide superposition de textes l'indique : ici Anne-Marie « se pencha » pour faire entendre cette voix de plâtre, ailleurs Karl « s'incline, lève un doigt bagué d'or, parle »[7]. Inclination dominatrice, doigt/voix qui s'érige : dans ses instants d'autorité, Karl use lui aussi d'une « voix asséchée, *durcie* », que Poulou prit « pour celle de l'absent qui m'avait donné le jour »[8]. Père absent, mère absentée, mais hantée par un Sur-moi viril... Touchant ce vol de la voix, thème fréquent dans l'œuvre sartrienne[9], la

1. *Les Mots*, p. 165.
2. Version du manuscrit « Vian », f° sdB 32, f° MV 45.
3. Voir « Le motif du choix des trois coffrets », *L'Inquiétante étrangeté*, Gallimard, Connaissance de l'inconscient, 1985 (première parution en français en 1933) : « Il faut comprendre le mutisme comme une figuration de la mort » ; et encore ceci, qui éclaire étrangement, on le verra, toute la scène : « C'est en vain que le vieil homme cherche à ressaisir l'amour de la femme, tel qu'il l'a d'abord reçu de la mère ; c'est seulement la troisième des femmes du destin, la silencieuse déesse de la mort, qui le prendra dans ses bras. »
4. *Questions de méthode*, p. 74.
5. *L'Être et le Néant*, p. 624.
6. *L'Être et le Néant*, p. 333-334.
7. *Les Mots*, p. 16 = 23.
8. *Les Mots*, p. 130 = 129. Je souligne.
9. Voir par exemple *Les Chemins de la liberté*, *Œuvres romanesques*, p. 1424 et 1492 ; et *Les Séquestrés d'Altona*.

lecture des manuscrits fait ressortir un net effet de masquage : dans le manuscrit « Beauvoir », c'était le grand-père qui « me racontait l'Oiseau Bleu, le Chat Botté » et « ma mère le relayait »[1] ; il y a ici à la fois inversion et superposition des rôles, qui permet des effets complexes (d'ordre sexuel – dire le fantasme de la virilité maternelle – et dramatique : inscrire obliquement le souvenir de la rupture entre mère et enfant).

— Le sommeil maternel et la métamorphose en statue réintroduisent, après les hommes, Dieu, cette « quintessence d'autrui »[2], puisqu'à l'Église où « tout le monde a l'air de dormir [...] je me change en statue »[3] ; de là, bien sûr, le lexique du sacré[4].

— Le couple du premier paragraphe était « loin des hommes, des dieux et des prêtres » : dans le second, hommes et dieux ayant désormais réapparu, il ne manque plus que les prêtres. Le texte y renvoie en évoquant les clercs de la culture. L'école est en effet doublement présente dans le texte : par la médiation des catégories de la rhétorique la plus simple (« qui racontait ? quoi ? et à qui ? »), par celle des questions moralisantes de l'éditeur. On rencontre ici une dimension historique du récit (l'écho du développement d'une éducation laïque, avec ses publications spécialisées, qui cherchent à faire pièce à la tradition du catéchisme...), et en même temps le travail, habituel à Sartre, sur des modèles tout faits d'écriture, singularisation d'une forme d'universel : ainsi de ce mot d'éditeur (« exercer la jeune intelligence de ses lecteurs ») qu'on verrait bien dans une préface, mais que le contexte frappe d'ironie.

Au terme de ce triple mouvement d'aliénation l'enfant se sent (on le comprend) « devenir un autre » – j'y reviendrai, me contentant pour l'instant de souligner que le récit de l'aliénation est chose essentielle, puisque « l'anthropologie ne méritera son nom que si elle substitue à l'étude des objets humains, celle des différents processus du devenir-objet »[5]. *Les Mots*, ou comment fonder en acte, à nouveaux et justes frais, l'anthropologie.

5 / La scène enfin montre la découverte de la dimension universelle du langage, si importante chez Hegel, et analysée, par exemple, dans *Questions de méthode*, à propos de Sade, à qui le terme de *Nature* vole sa pensée. *Les Mots* proposent plus loin une formule décisive : « On parle dans sa propre langue, on écrit en langue étrangère. »[6] Décisive mais pas définitive : on verra qu'il existe, par chance, des remèdes. Son heureuse relation à sa mère avait conduit Stendhal à l'individualisme et à

1. Inv. 6, F ITEM 68, (F sdB 153).
2. *L'Être et le Néant*, p. 288.
3. *Les Mots*, p. 18 = 25.
4. « Endimanchés », « rites », « cérémonies ».
5. *Questions de méthode*, p. 107.
6. *Les Mots*, p. 136 = 135.

l'égotisme[1] ; la rupture de langage entre mère et enfant interdit désormais à Sartre cette solution, et la contradiction est nette ici entre le propre, le singulier, et l'étranger, autrui, l'universel : « J'étais l'enfant de toutes les mères [...] elle était la mère de tous les enfants. » L'épisode, dramatiquement, succède à un passage qui culminait avec l'interrogation « suis-je donc un Narcisse ? » : celui qui se voyait un pur singulier se heurte ici à l'universel. Comme la promenade à Brooklyn de *Situations III*, la scène des Fées dramatise la problématique de l'universel singulier.

Progression synthétique

Synthétiquement, la progression du texte se décrit selon deux axes : comme la prise de conscience d'un intellectuel, comme la confusion de *deux* (eh oui !) scènes primitives.

1. *Prise de conscience d'un intellectuel.* — La contradiction vécue par Poulou est aussi celle qui définit *l'intellectuel* : la réalité du technicien du savoir pratique est « la contestation permanente et réciproque de l'universel et du particulier »[2] ; s'il arrive à en prendre conscience, alors il devient un intellectuel. On a pu lire dans la scène des Fées l'accession à l'ordre du Symbolique[3] ; *L'Idiot* le disait nettement, qui montre comment la Chute transforme Flaubert non en ange déchu, mais en « bête acculturée ; la culture est la Chute, il le pressent »[4]. De même Poulou cesse ici d'être une *biche* pour se faire (petit) homme – la preuve en est qu'on sollicite son « intelligence ».

C'est bien d'une *prise de conscience* qu'il faut parler[5]. Le premier paragraphe décrirait un moment situé presque en-deçà de la conscience (comme un en-soi de bonheur). L'exil du *je* s'indique ensuite par des formules (« je perdis la tête », « cet enfant n'était pas moi ») qui renvoient à l'apparition de la conscience *irréfléchie*, dans la mesure où elle se définit comme « spontanéité individuée et impersonnelle »[6] ; en effet, le livre fatal qui obnubile l'esprit de l'enfant présente ces trois mêmes traits qui font la conscience irréfléchie : il est, comme elle, impersonnel (« qui racontait ? »), et cependant individualisé (personnifié), spontanément actif

1. Voir *L'Idiot de la famille,* t. 1, p. 81, et t. 2, p. 1483.
2. *Plaidoyer pour les intellectuels,* p. 36.
3. M.-G. Murat, art. cité.
4. *L'Idiot de la famille,* t. 1, p. 357.
5. En elle Miething distingue deux moments (*op. cit.,* p. 144) : le premier paragraphe serait celui de l'intériorité et donc de la conscience, autonome et irréfléchie ; le second, celui de la réflexivité qui constitue un Ego chosifié (le Livre). Il me semble qu'on doit en distinguer trois.
6. *La Transcendance de l'Ego,* Vrin, 1978, p. 78.

enfin (il parle comme de lui-même). Dans un troisième temps naît la conscience *réflexive*, au moment où « je me sentis devenir un autre » : Sartre, commentant le célèbre mot de Rimbaud, y voit en effet la définition même de l'attitude réflexive ; le *je* de la réflexivité n'est par définition pas la conscience spontanée – mais un autre, une apparition qui intervient plus tard[1]. La prise de conscience est dédoublement et donc aliénation.

Aliénation aussi parce que l'on assiste à la naissance d'*un* intellectuel. L'objet de la (lente) prise de conscience, selon le *Plaidoyer*, c'est avant tout le particularisme de classe inculqué dès l'enfance. Un des éléments de ce particularisme, je l'ai dit, est la solitude de l'homme réduit à l'état d'atome par la société bourgeoise ; c'est une des significations que cache dans le texte (ou qu'écrit obliquement) le thème de la mort, puisque l'expression de « mort bourgeoise » définit la solitude[2]. On voit alors que cette mort-solitude n'est pas seulement une loi de l'espèce : c'est également l'impensable ou « l'incompréhensible singularité »[3], l'incommunicable – comment communiquerais-je, alors que je ne m'appartiens plus, affolé d'aliénation ?

La scène des Fées réécrit à sa façon l'affrontement entre Hegel et Kierkegaard : dans la mesure où elle présente la douleur même, la souffrance de la mort de la mère, qui est à coup sûr métaphore de l'accès à l'existence séparée, elle a pour thème une réalité brute qui ne peut être ni dépassée ni changée par le savoir[4]. Si la bête est « définissable, classable même par la plénitude d'un concept qui la résume toute », et du coup la rend « semblable à toutes celles de l'espèce »[5], l'enfant-homme cessant d'être biche devient ici l'indéfinissable, l'unique.

2. *Scènes primitives.* — La scène des Fées ne doit pas être seulement lue au regard des textes théoriques de Sartre sur l'universel singulier ; mais aussi à l'aide des essais biographiques qui concrètement mettent en œuvre la même notion. On saisit alors qu'elle constitue la *scène primitive* des *Mots*[6]. Sartre

1. *La Transcendance de l'Ego, loc. cit.* ; Miething cite à ce point un texte qui éclaire l'exil de Poulou : parfois la conscience se saisit « comme échappant à l'Ego de toutes parts », dans une « angoisse absolue et sans remèdes, cette peur de soi, qui nous paraît constitutive de la conscience pure » (*La Transcendance de l'Ego*, Vrin, 1978, p. 83). Qu'il y ait débordement de la réflexivité par l'angoisse est incontestable ; mais on ne peut traduire avec Miething *angoisse* par *Todesangst*. Rien ne justifie cette traduction heideggérienne, et angoisse chez Sartre renvoie toujours à l'angoisse devant la liberté ou le néant qui nous sépare des choses.

2. *Questions de méthode*, p. 46.

3. *Situations IV*, p. 151.

4. Voir *Questions de méthode*, p. 19-20.

5. *L'Idiot de la famille*, t. 1, p. 357.

6. La critique a jusqu'ici soutenu soit que *Les Mots* n'offraient pas de scène primitive, mais étalaient le récit du choix d'écrire, soit que l'épisode des boucles coupées en tenait lieu. Mon argument décisif (peut-être...) est l'analogie structurelle de l'épisode des Fées avec la scène initiale de « L'Enfance d'un chef » et les débuts de *Baudelaire* et *Saint Genet* : voir J.-F. Louette, « La dialectique dans "L'Enfance d'un chef", *Études sartriennes*, IV, 1990, p. 125-152, repris dans *Silences de Sartre*, ouvr. cité, et « La dialectique dans la biographie », art. cité.

nomme « scène primitive »[1] une chute sous le regard d'autrui, qui se présente aussi comme une comédie défaillante, et renvoie un enfant au choix entre soumission à autrui et affirmation de sa liberté. Le schéma en est donc nettement ternaire ; il constitue un universel du développement humain selon l'anthropologie sartrienne, qui se particularise à l'occasion de chaque vie, et, corrélativement, de chaque exploration dialectique d'un individu.

Ici le premier paragraphe (« au bain ») constitue la comédie heureuse ; elle forme ce que j'ai, en lisant « L'Enfance d'un chef », proposé d'appeler *moment zéro*, ce que Sartre nomme *aussi* « scène primitive »[2] et définit par le bonheur du poupon passif, la proximité charnelle entre la mère et l'enfant. Dans la première version du manuscrit, la situation était toute différente : l'histoire des Fées, « ma mère me la contait souvent [...], en s'interrompant pour surveiller le rôti, pour donner des ordres à la bonne » – *horresco referens* ! Il était indispensable d'éliminer la bonne pour assurer l'intimité duelle de la scène ; et de rayer ce trivial rôti pour se mettre au bain de la scène primitive.

Puis, avec le livre, la comédie défaille – *moment numéro un* –, l'accord initial se défait, c'est la chute qui divise l'en-soi et fait paraître le pour-soi. Le livre des Fées est ici l'équivalent du « mot vertigineux » qui frappa Baudelaire, Flaubert, Genet. Dans les *Carnets*, Sartre mentionne un mot de son beau-père, qui le « marqua au fer rouge »[3] : « Il ne saura jamais parler aux femmes. » Ici la formule serait : je (Poulou) ne saurai plus jamais parler à ma mère, qui par la faute du livre s'exprime dans un langage douloureusement autre.

Tout d'abord – *moment numéro deux* – l'intériorité accueille l'extériorité : l'aliénation affecte la conduite (répondre malgré sa peur), la charnière du corporel et du psychique (la voix qui se perd), l'intériorité (sentiment de soi : je me sentis devenir un autre). C'est le moment d'une soumission à autrui, vécue dans le malaise du trouble d'identité.

Il est probable que cette soumission enferme déjà une esquisse de rébellion (« j'avais peur de répondre », c'est-à-dire que je ne m'y résolvais pas), et sans doute doit-on ici voir, en réponse à un premier ensemble de pages, que le manuscrit de « Jean sans terre » titrait « Abel », l'apparition d'un moment qui se nommerait « Caïn ». Aussi bien, dans le texte définitif, la scène des Fées appartient-elle à un ensemble isolé par le premier double blanc du volume. Quoi qu'il en soit de ces arguments typographiques, la coexistence de la soumission et de la rébellion est ce qui caractérise Genet tel que le présente, dans la récapitulation d'un portrait, le chapitre de *Saint Genet* intitulé « Caïn ».

1. *L'Idiot de la famille,* t. 3, Gallimard, 1972, p. 597.
2. *L'Idiot de la famille,* t. 1, p. 846.
3. *Carnets de la drôle de guerre,* p. 509.

Cette coexistence est un bel exemple de « dialectique décapitée », ce « carrousel de l'être et de l'existence »[1]. Si Poulou en répondant s'aliène, comme Genet s'est pétrifié sous le regard du Juste, il est bel et bien, de même que Genet, un nouveau Caïn. Et cette aliénation n'est rien que le mandat imposé par autrui : Poulou n'a pas choisi sa vocation, à travers Anne-Marie parlent, comme on sait, le père et le grand-père. Mission reçue, et pourtant, en même temps, voulue : « Mon mandat me semblait sacré parce que je le croyais délivré par les autres, mais c'était moi qui me le donnais. »[2] Sartre enfant, pas plus que Genet-Caïn ne saurait, comme un vulgaire Abel, simplement se résigner : le malaise est déjà amorce de révolte, de défi. Cette hypothèse d'une ambiguïté me semble appuyée par le fait qu'on ne sait pas ce que Poulou répond : laquelle des deux sœurs préfère-t-il en vérité ? La bonne (Abel) ou la mauvaise (Caïn) ? Soumission, ou rébellion ? De plus, les questions moralisantes ne se trouvent pas dans les transcriptions de Perrault par Bouchor[3] que j'ai pu consulter : sans doute viennent-elles de telle anthologie scolaire ; mais l'on est tenté de penser que Sartre en les mentionnant fait coup double : derrière la satire de Bouchor pédagogue, il dissimule sa propre transformation du conte de Perrault en une réécriture de l'épisode biblique, et donc, d'Abel à Caïn, une articulation dialectique fondamentale de son récit.

D'Abel à Cain le passage finit de s'accomplir, et la différence absolue se marque par rapport à Lucien de « L'Enfance d'un chef », dans la dernière phrase, laquelle indique le choix de la rébellion : *moment trois*, de la colère ou de la rage (« vivement »), de la transgression (« sans dire merci ») – on retrouve le Pour-soi, l'affirmation de la liberté, de la singularité (définie précisément comme « rébellion »[4]). Une phrase postérieure des *Mots* résume ce qui se passe : « Les prouesses remplacèrent la féerie » ; à l'horizon (lointain) se profile l'héroïque décision d'édifier une philosophie qui pense à coups d'épée, une philosophie de la liberté produite par un Descartes-Pardaillan.

Chapitre récapitulatif, « Caïn » est aussi, dans *Saint Genet,* un chapitre d'articulation, qui montre comment Genet fait le choix de vivre dans l'imaginaire (passage à l'esthétisme) et, à terme, d'écrire. De même ici : la réaction ultime de l'enfant n'est pas seulement un refus qui préserverait une singularité vide ; le sommeil de la mère produit un réveil de l'enfant – un choix, un moment exceptionnel où l'on prononce des serments enfantins[5], où l'on parie, comme Mathieu, qu'on sera libre certes, mais aussi qu'on fera son salut – qu'on écrira ? Choix, ou acquiescement forcené,

1. *Situations IV,* p. 270.
2. Inv. n° 6, f°s 156 et 157.
3. *Contes,* transcrits par Maurice Bouchor, A. Colin, éditions de 1901 et 1911.
4. *Baudelaire,* Gallimard, « Idées », 1980, p. 89.
5. Voir *Les Chemins de la liberté, Œuvres romanesques,* p. 444 et 623.

aux livres, au mandat. D'ailleurs, l'irréductible singularité éprouvée dans la souffrance réclamait le style, dont on voit, *a priori*, qu'il ne saurait être pure soumission aux styles d'autrui. La dialectique doit désormais être confrontée à l'esthétique.

Dialectique et esthétique

Paradoxe et solution

Je forme donc l'hypothèse que dès cette scène Poulou choisit confusément d'écrire, de se réapproprier le langage – *il emporte les livres*, et, comme le nouvel Érostrate, il pourrait dire : « J'aurais voulu des mots à moi. Mais ceux dont je dispose ont traîné dans je ne sais combien de consciences. »[1] L'ambiguïté, chez Sartre, du thème de la voix appuie cette idée ; la voix qui parle par la mère symbolise, en effet, deux choses opposées : l'objectivité anonyme, l'universel comme aliénation – mais aussi le cri de l'individu, l'apparition d'un autre moi que moi, la subjectivité qui fonde le style, « voix perfide, inconnue »[2]. Cette voix, Poulou va chercher à se l'approprier : quand, dans la scène symétrique à celle des Fées, il s'imagine grand écrivain, le but singulier (égocentrique, diront certains) est clair : « On *me* lit, je saute aux yeux ; on *me* parle, je suis dans toutes les bouches »[3] ; ce n'est plus le langage d'autrui qui l'habite, mais lui qui habite le langage d'autrui.

On saisit alors le nœud du problème : dès la première lecture de la scène, la contradiction est manifeste entre le singulier et l'universel, entre l'enfant et le livre ; en un sens, la scène des Fées fait entendre le grand cri de l'enfant qui se préfère : « et moi ! où suis-je dans tout cela ? » ; en termes lacaniens[4], on dirait que l'accès à l'ordre symbolique et au langage ne se fait qu'au prix de ne pouvoir y être soi-même représenté. La scène repose donc sur un paradoxe (pas très neuf, mais ce n'est qu'un point de départ) : si le langage fait de force entrer dans l'ordre de l'universel, comment une autobiographie est-elle possible ? – mais en même temps elle fournit les éléments d'une solution : si l'accès au symbolique est perte, il est aussi découverte du moyen d'assumer la distance, par le langage. Après tout, le livre de Bouchor est écrit (même médiocrement) en style par un autre *je*, donc un universel singulier lui aussi, un (modeste) exemple possible pour le futur écrivain ; mais il faudrait surtout que le second langage, celui des livres, loin d'être uniquement aliénant, présente

1. « Érostrate », *Œuvres romanesques*, p. 271.
2. *Situations VI*, p. 47.
3. *Les Mots*, p. 163 = 159.
4. Sartre évoque l'analyse lacanienne de la structure narcissique du Moi dans les *Cahiers pour une morale*, p. 380 – à l'occasion, précisément, d'une réflexion sur l'aliénation chez l'enfant.

aussi des ressemblances avec le premier, celui du couple, réservé à l'enfant et sa mère.

Qu'il en soit bien ainsi, je vais tenter de le montrer ; quoi qu'il en advienne cependant, on peut d'emblée se demander si vouloir écrire, ce n'est pas simplement s'employer à viser le langage premier (duel et pourtant singulier) par le langage second (d'autrui), à rabattre celui-ci sur celui-là. Sartre s'assigne un but double : devenir « langue universelle et singulière »[1], soit, à la fois, être dans toutes les bouches, se faire universel – mais en essayant de retrouver ce qui, à l'écoute du livre d'autrui, manque, évidemment : *son* singulier ; c'est cela, le travail du grand écrivain, le travail du style, qui est nécessairement un « style de vie »[2].

Cette définition du style n'a rien de très original ; ce sont les moyens qui importent : comment Sartre entend-il produire, comment pouvons-nous décoder cette individualisation ?

Réflexivité

Une telle question semble sans portée car trop vaste : ne renvoie-t-elle pas à l'ensemble des ressources littéraires de Sartre ? Et pourtant la scène des Fées fournit une réponse, dans la mesure où, sans constituer une mise en abyme au sens strict (quoique Sartre en l'occurrence, et Gide, n'y regardent sans doute pas de si près), elle repose tout entière sur la réflexivité d'une écriture qui se décrit au moment même où elle se donne à lire. « Nous vivons à une époque de réflexion et [...] le roman est en train de réfléchir sur lui-même », écrit Sartre, en 1957 (époque où *Les Mots* s'élaborent), dans la préface à *Portrait d'un inconnu* ; on pourrait en dire autant de l'autobiographie sartrienne.

1 / Bref détour : on sait l'importance du texte où Gide en 1893 propose une analyse de ce qu'il nomme mise en abyme. Cette page du *Journal* gidien invite, si on la lit de près, à distinguer, quant au récit (et non quant à d'éventuels objets emblématiques, comme on en trouve au début des *Faux-Monnayeurs*), trois sens du terme. Le premier est héraldique (écu dans l'écu), et désigne un phénomène définissable par quatre traits : statisme (un objet qui d'emblée offre tout ce qu'il y a en lui à voir) ; clôture esthétique (un objet incluant, pense Gide, sa propre représentation) ; entre tout et partie, d'une part, démarcation (par le bord de l'écu mis en abyme), analogie d'autre part (quasi parfaite pour le blason)[3].

1. *Les Mots*, p. 162 = 159.
2. *Plaidoyer pour les intellectuels*, p. 109.
3. Gide croit, à tort, qu'est toujours mise en abyme une réduction de *tout* l'écu.

Le deuxième sens de la notion de mise en abyme apparaît quand on transpose ce modèle à la littérature : le premier trait s'efface (le texte se développe dans le temps), les autres sont conservés si le texte envisagé présente tout et partie sur deux niveaux narratifs irréductibles (telle est la transformation du troisième trait, de démarcation) : c'est le cas, par exemple, de *La Tentative amoureuse*, qui distingue récit au *je* d'un narrateur, et récit au *je* d'un personnage (Luc), mais de contenu analogue (quatrième trait). La scène des Fées ne met en œuvre qu'un seul niveau narratif : récit oral et lecture sont résumés, présentés par leurs effets, mais pas rapportés, cités ; si l'on tient à préserver un critère démarcatif fort, qui signale la mise en abyme, il interdit clairement de nommer ainsi cette page des *Mots*. On sait enfin que Gide ajoute une précision essentielle : il faut (cinquième trait) que le récit enchâssé influe sur l'énonciateur du récit enchâssant. On en comprend l'importance quand Gide précise encore (sixième et dernier trait) que le narrateur de *La Tentative amoureuse* (le premier *je*) se confond, dans un espace autobiographique, avec lui-même. Du coup, un troisième sens du terme *mise en abyme* paraît : les traits de démarcation intratextuelle (2) et de clôture esthétique (3) peuvent s'effacer (c'est la référence à la peinture qui permet « d'ouvrir » le modèle héraldique : Gide pense à des tableaux qui incluent un renvoi à la pièce où le peintre peint) ; la mise en abyme existe dès que la relation d'un auteur à son texte a pour image (trait 4) celle d'un personnage à un acte (le plus souvent narratif), et que la rétroaction (traits 5 + 6) se produit de la narration intratextuelle au producteur du texte. Dans la scène des Fées, la relation de Sartre à l'écriture a pour image celle de Poulou au double récit (raconté puis lu) ; et la rétroaction de l'extrait sur l'écrivain est nette : il faut lire cette scène comme un aveu difficile, qui porte sur l'origine de l'écriture, et participe donc du mouvement de *catharsis* (se défaire d'une névrose) dans lequel Sartre, on l'a vu, se lance en écrivant *Les Mots*. Analogie entre Sartre écrivain et Poulou auditeur, aveu masqué mais libérateur : il reste à faire valoir mes arguments pour cette lecture.

Partons de l'analyse que Sartre donne de la *réflexivité*. On peut la ramener à quatre idées : 1 / La réflexivité est intéressante, dit Sartre, dans « Un nouveau mystique », à propos de Gide et Bataille, d'un point de vue générique, dans la mesure où elle peut être un outil pour l'écriture de cet « essai-martyre » qui est « mélange des preuves et du drame » : la formule s'applique exactement aux *Mots*, dialectique récit d'enfance. 2 / Le procédé sert chez Sarraute à écrire un roman qui se conteste lui-même – il servira chez Sartre à contester l'autobiographie par la théorie : dans la scène des Fées, on va voir que le récit d'enfance est en même temps art poétique, et que la réflexivité contribue ainsi au fameux adieu à la littérature, puisqu'elle en dénude les ressources durant leur mise en œuvre même. 3 / En 1970, dans sa Préface pour *L'Inachevé*, Sartre inscrit le procédé dans le cadre du réalisme critique projeté par Puig, qui vise à exprimer des « totalisations détotalisées »[1]. Sartre dans cette préface prend le terme de mise en abyme au deuxième des trois sens distingués : Puig souhaite rendre compte de la temporalisation d'un homme, Georges, le « héros » du livre, qui est lui-même à la recherche des moyens d'exprimer les temporalités de ses personnages ; il y a donc relation spéculaire entre l'activité scripturale du narrateur et celle de son héros. La mise en abyme remplit dans *L'Inachevé*, selon Sartre, deux fonctions. D'une part, il s'agit de présenter simultanément des durées incommensurables : de même, dans l'épisode des Fées, la réflexivité sert à écrire simultanément les durées du narrateur et de l'enfant ; la présence du procédé révèle qu'il ne s'agit pas de fuir le temps, en confondant *puer* et *senex*, mais de l'écrire dans ses dimensions multiples. La réflexivité permet aussi d'échapper à un risque, celui du glissement vers l'autoportrait, risque que des interventions multipliées du narrateur ferait courir au mouvement dialectique. D'autre part – et c'est aussi le point 4 / de l'analyse sartrienne –, la mise en abyme chez Puig sert à pluraliser un « indisable événement »[2] en le réfléchissant dans différents miroirs qui se contestent réciproquement pour y renvoyer. Quel est dans la scène des Fées cet indisable événement que l'écriture de l'universel singulier se doit de présenter ou plutôt de « faire sentir »[3] ? Rien de moins que *l'origine – ou plutôt une des origines – du désir d'écrire, qui est aussi la naissance du sentiment du style*, et je suis tenté d'ajouter que le procédé de la réflexivité, moyen d'écrire l'universel singulier, est lui-même un universel singulier : il donne les lois (universel) d'un style (singulier).

2 / Mais quelle réflexivité enfin ? Non pas réflexion de l'énoncé (la scène des Fées n'est pas un résumé de l'histoire narrée dans *Les Mots*, comme l'apologue de Roquentin résume grossièrement *La Nausée*). Pour être un peu plus précis, dans un domaine où la chose est difficile, puisque le procédé repose sur la perception d'analogies, je reprendrai la distinction, devenue classique, entre trois objets possibles de la réflexivité : l'énonciation, le code du texte, l'origine de l'écriture[4].

La réflexivité qui touche l'énonciation serait présente sous deux formes. D'une part, le mélange du merveilleux, du fantastique, et d'un réalisme lié à la vraisemblance quotidienne du bain, de la lecture, renvoie au processus même du souvenir, fondateur dans la *production* d'une autobiographie, et ainsi défini : « Toute évocation du temps perdu est au car-

1. *Situations IX*, p. 314. (En ce sens une telle technique relève bien de l'écriture de l'universel – totalisation – singulier – détotalisée –, ce que confirme le souhait final de Sartre : que Puig trouve des moyens formels aptes à restituer des événements collectifs – toujours le problème d'un roman de groupe !).
2. *Situations IX*, p. 311.
3. Comme on lit dans le « Carnet Dupuis » à propos de la contingence, *Œuvres romanesques*, p. 1685.
4. Je m'inspire de la typologie de L. Dällenbach, *Le Récit spéculaire*, Seuil, coll. « Poétique », 1977.

refour du réel et de l'imaginaire. »[1] Mais la même argumentation vaudrait pour presque toute page des *Mots*... En revanche la *réception* de l'autobiographie fait ici l'objet d'un traitement narratif remarquable : elle est, certes, mise en évidence comme telle par les deux écoutes de l'enfant, et de fait, nous lisons *Les Mots* comme un texte à la fois merveilleux et vertigineux (sidérant) ; mais surtout, une phrase du texte présente une réflexion que Sartre ne peut avoir écrite sans songer qu'il décrivait par avance la réaction du lecteur sceptique : « Je n'arrivais pas à croire qu'on eût composé tout un livre pour y faire figurer cet épisode de notre vie profane qui sentait le savon et l'eau de Cologne. » Ce lecteur sceptique cesse de l'être s'il comprend que ce clin d'œil, ce « signe de connivence », discret, l'invite à décoder la scène comme travaillée par la réflexivité.

Ce qui semble alors décisif, c'est la réflexivité qui affecte le code textuel ; elle se manifeste par une thématique qui évoque très directement la loi de composition du texte, son art poétique, et s'y soumet en même temps. *Le récit oral et le livre lu sont décrits en des termes qui synthétisent l'esthétique ailleurs explicitée par Sartre.* Cette thématique définit le texte et le style sartriens comme corps, silence et musique (dans le premier paragraphe), puis comme aliénation-sacralisation, silence et musique (dans le second).

§ 1 / Dans le premier paragraphe, le langage du couple formé par la mère et l'enfant est double : discursif et corporel.

Comme *discours*, il présente les caractéristiques suivantes :

— C'est un déni de communication verbale : récit interrompu, et « phrases inachevées », « voix troublée » et mots en retard, bref un langage hanté par le « silence »[2]. Langage non adressé de plus : car en ces « soliloques », l'enfant et la mère ne font qu'un, les mots ne sont ici pour eux que « le bruissement de leur vie intérieure »[3]. Or le silence est un concept décisif dans l'esthétique sartrienne : la littérature « se définit pour nous comme une herméneutique du silence », « le langage qui ne dit pas ce dont il parle, c'est du *style* », et « mystique, je tentai de dévoiler le silence de l'être par un bruissement contrarié de mots »[4].

— Le langage maternel est aussi un discours à la vitesse variable : « mots toujours en retard, brusque assurance », etc. Or le style se décrit comme

> « souplesse, dureté, vivacité foudroyante de l'attaque ou, au contraire, lents démarrages, préparations savantes, aboutissant à de brusques raccourcis, etc. »[5].

1. *L'Idiot de la famille,* t. 2, p. 1526.
2. On croirait lire une description, poétisée, de la rhétorique du silence dans *La Nausée,* telle qu'elle est, par exemple, à l'œuvre dans la conversation du couple qu'écoute Roquentin en lisant *Eugénie Grandet.*
3. Inv. 12, f° ITEM 75.
4. Successivement : *L'Idiot de la famille,* t. 3, p. 29 ; *Obliques,* n° 18-19, p. 24 ; *Les Mots,* p. 209 = p. 203.
5. *Plaidoyer pour les intellectuels,* p. 109.

Le style a une « vitesse illusoire »[1], peut-être parce qu'il procède d'un être (Poulou, Sartre) qui fuit à toute allure de comédie en comédie, vitesse non pas fausse donc, mais imaginaire – c'est précisément le sort de l'écrivain : « Toutes les phrases de la prose ont des vitesses ; on passe à l'imaginaire dès qu'on se prête au mouvement. »[2]

— Le terme de silence appartient à une seconde série sémantique, celle de la musique (un « effilochement mélodieux »). Nouvelle absence de langage, selon *Qu'est-ce que la littérature ?*, puisque la musique est art non signifiant. Or le style recherche « l'harmonie des termes [...], la construction d'une réalité musicale »[3].

— Silence et musique font songer à cet autre art que *Qu'est-ce que la littérature ?* dit non signifiant (mais, évidemment, tout sauf insignifiant) : la poésie. Elle est présente en filigrane ici : « La poésie, c'est qui perd gagne »[4], et d'Anne-Marie l'assurance « défaite » devient « déroute » pour, selon le même schème, enfin « se recomposer ». Sans doute y a-t-il une tentation poétique du style chez Sartre, qui à trente-cinq ans s'écriera : « J'enrage de n'être pas poète. »[5]

Ce moment de bonheur, moment de silence, moment poétique, n'est aucunement rupture de la communication dans la mesure où *les corps* en contact parlent : « L'homme parle avec tout son corps. »[6] Poulou n'a même pas besoin d'ouvrir la bouche pour que sa mère comprenne qu'il veut une lecture. Or le style, on l'a vu, est toujours *style de vie*, il est l'expression d'un corps ; un des feuillets manuscrits le dit sans fard : « Une fois de plus, mon style est mon corps. »[7] Pas plus que le corps, la musique n'est silence de séparation : avec ces héros affligés d'un « incurable mutisme » qu'offrait le cinéma naissant, Poulou rappelle que « nous communiquions par la musique »[8]. Le langage se tait, le non-linguistique communique : deux formes de silence, deux formes de bonheur, une indistinction de la vie et du récit, marquée par l'expression « cet épisode de notre vie ». Si le grand écrivain autobiographe est bien cet enfant défunt qui se préfère à tout, ce qu'il cherchera à écrire doit aussi être ce moment heureux – et son langage muet. Il faudra user avec art de la connivence (l'envers de l'exil), et des réticences – leçon tirée, aussi bien, de Stendhal...

1. *Situations IV,* p. 40.
2. *L'Idiot de la famille,* t. 1, p. 930-931. Sur le rôle de la vitesse dans l'écriture sartrienne, voir (après d'autres...) J.-F. Louette, « Sartre, la littérature et les petits pois », et « *La Nausée,* roman du silence », tous deux repris dans *Silences de Sartre,* ouvr. cité.
3. *Obliques,* n° 18-19, 1979, p. 23.
4. *Qu'est-ce que la littérature ?,* p. 47.
5. *Carnets de la drôle de guerre,* p. 564.
6. *Situations III,* p. 290.
7. Inv. 12, f° ITEM 27.
8. *Les Mots,* p. 101 = 102.

§ 2 / Le second paragraphe s'ouvre par l'effacement du corps maternel : sommeil, pétrification, « pas un sourire, pas un signe de connivence ». Le langage adulte, qui est l'élément de l'écrivain, apparaît, dans une ébauche d'œuvre d'art (Bouchor n'est que Bouchor), mais sous les aspects qui, théorisés ailleurs, sont eux aussi part de l'esthétique sartrienne. Le livre *lu* donne ainsi à entendre plusieurs langages.

— Langage-instrument, puisque les mille-pattes font songer au langage-outil, « notre carapace et nos antennes », le « prolongement de nos sens », manœuvré du dedans « contre les autres »[1]. Or le langage commun est la base de tout effort stylistique (en littérature, presque pas de néologismes chez Sartre).

— Mais les mêmes mille-pattes renvoient à l'idée d'un langage matière ou à tout le moins à une présence matérielle du langage : « Elles grouillaient de syllabes et de lettres, étiraient leurs diphtongues, faisaient vibrer les doubles consonnes. » Or le style doit « attirer l'attention sur la matérialité du mot »[2], en vertu de la confusion, décrite dans *Les Mots*, des choses et des noms.

— L'insecte sartrien est figure de l'inhumain ; le livre lu donne à entendre un langage-aliénation : il n'y a plus continuité entre le livre et la vie : « Cet enfant n'était pas moi. » Les mots sont toujours déjà usés, et en ce sens usent de vous, vous volent votre pensée : « Je grouillais de mots avant de savoir parler. »[3] Le langage-insecte est du côté du grand-père, donc de la Culture sédimentée : son exemplaire de *Colomba* à l'usage des Allemands est affligé d'un « grouillement de mots germaniques »[4] ; d'ailleurs, « l'alsacien, c'est ce bruissement continu et naturel de feuillage sous le vent »[5] : de feuillage, ou d'ailes d'insecte. Inquiétant grouillement. Cependant, le style sartrien use volontiers à son tour, en tant qu'écriture dialogique, du déjà-parlé ou du déjà-écrit ; impossible d'y échapper, donc il faut en jouer : toute page sartrienne se définit une « fourmilière de mots »[6] : mots-insectes, donc déjà usés. L'expression déjà rencontrée de « bruissement contrarié de mots » révèle métaphoriquement cette dimension dialogique constitutive du style.

— Langage sacralisé : un livre, c'est une histoire « endimanchée », des actions transformées en « rites » et des événements en « cérémonies ». L'écriture est chose sacrée ; croyance que tout le livre dénonce, mais qui a des implications stylistiques : « Mon style est mon corps » se doit lire alors comme une définition christique de l'écriture en tant qu'épiphanie, et

1. *Qu'est-ce que la littérature ?*, p. 27.
2. *Plaidoyer pour les intellectuels*, p. 106.
3. Inv. 12, f° ITEM 3.
4. Inv. 6 (ms Bost), F ITEM 20 (F SdB 69).
5. *Les Chemins de la liberté*, *Œuvres romanesques*, p. 1418.
6. Inv. 12, f° ITEM 27.

« mystique, je tentai de dévoiler le silence de l'être par un bruissement contrarié de mots » retiendra l'attention dès l'apposition initiale, qui oriente vers une rhétorique négative.

— Langage qui tend à l'autonomie : c'est, on s'en souvient peut-être, la thèse de Miething, appuyée sur le fait que les phrases « s'enchantaient d'elles-mêmes ». En règle générale, la théorie sartrienne du style refuse de céder l'initiative aux mots : il y a une idée vague avant l'écriture, dans l'écriture a lieu une analyse (mais non un décentrement, une disparition élocutoire de l'écrivain), travail qui est l'inspiration[1] ; *Vérité et Existence* nie que la nécessité du vers fasse, comme le soutenait Valéry, toute la pensée. Avec *Les Séquestrés d'Altona*, où le langage, d'admirable façon, s'affole, ce sont pourtant *Les Mots* qui vont le plus loin sur le chemin de l'autonomie du langage : Sartre en parle comme d'un texte rempli « presque de jeux de mots »[2] – l'adverbe garde, néanmoins, son importance.

— Langage qui est totalité, et nécessité inexorable : les phrases closes sur elles-mêmes continuaient, en leurs méandres, « de rouler noblement vers leur fin sans me faire grâce d'une virgule » ; or la beauté que vise le style est « l'unité et la nécessité dans le cours du temps [...], un écoulement réglé vers sa fin »[3] : la métaphore du fleuve, commune aux *Carnets* et à notre page, renvoie à la même détermination esthétique.

— Il reste que le langage (adulte) du livre lu n'est pas absolument hétérogène au récit oral (enfantin) : il est en effet lui aussi langage-silence (des phrases « coupées de pauses et de soupirs »), et langage-musique (« pauses », « soupirs », « vibrer », « chantantes », « s'enchantaient »). Langage-vitesse encore : les phrases sont tantôt trop rapides pour être comprises, tantôt nobles, c'est-à-dire aussi, majestueusement lentes (mais le parallélisme est ici moins net : comme si la vitesse était la vertu la plus singulière de Sartre, difficilement prêtée, même à un Bouchor).

Cette *intersection entre les deux langages* est essentielle ; elle est confirmée par les manuscrits : « Quant aux silences, ils étaient compris dans le discours [...], c'était cela le silence : une manière de parler. »[4] On comprend alors pourquoi Sartre se déclare « convaincu que tout pouvait être dit »[5], même le silence (*surtout* le silence !) ; sans cette intersection, sans le fait que le silence est langage, et le langage capable de produire du silence, il serait impossible de rabattre le langage adulte vers le langage enfantin.

Dès lors qu'on admet que cette volonté est motrice dans l'écriture sartrienne, on comprend que la scène repose sur une réflexivité transcendantale, puisqu'elle métaphorise les conditions de possibilité d'une autobio-

1. *Obliques*, n° 18-19, p. 24.
2. *Entretiens avec Jean-Paul Sartre*, in *La Cérémonie des adieux*, Gallimard, 1981, p. 276.
3. *Carnets de la drôle de guerre*, p. 525-526.
4. Inv. 12, f° ITEM 20.
5. Inv. 6 (ms Bost), F ITEM 198 (f° sdB 323).

graphie de grand écrivain et sa finalité ; elle présente l'*archè* et le *télos* de l'écriture. Elle fonctionne comme un modèle réduit de l'une des deux visées des *Mots* : dire comment Sartre en est venu à écrire (l'autre visée est bien sûr de dire en quoi il s'est abusé sur l'écriture). Le rapport de Sartre narrateur (comme grand écrivain, et non seulement comme intellectuel) à l'écriture est bel et bien à l'image du rapport de Poulou au livre, lequel définit au moins trois raisons d'écrire en style :

— Un silence initial, langage du corps et de la musique, perdu douloureusement, doit être retrouvé, au-delà d'une multitude de voix autres, par le style où se confondent sens et silence. C'est ce qu'indiquent très nettement les manuscrits : « Je souhaitai perdre la parole et vivre en musique »[1] ; c'est ce que suggère aussi un détail, à la fin de cette scène : une fois sa faible voix perdue, Poulou part « sans dire merci », en silence.

— Au silence Dante assignait pour origine la mélancolie (les *accidiosi* voient les mots leur rester dans la gorge)[2] ; et la mélancolie est par Freud rapportée à l'impossibilité de faire son deuil de la perte de la mère ; la scène des Fées inscrit ce que *La Nausée* et les *Carnets* avaient révélé de l'origine mélancolique de l'écriture chez Sartre : loin d'être dévalorisée à compter du funeste remariage maternel[3], la littérature *commence* pour Poulou, et révèle toute sa nécessité, avec la mort symbolique de cette mère aimée. Ce lien entre mélancolie et recherche de la beauté par l'écriture est régi par le schème du *Qui perd gagne*, présent dans le premier paragraphe (défaite/recomposition) ; et Sartre en est fort conscient : « Tombé au fond du désespoir parce qu'il n'est pas musicien, il exhale tout uniment sa souffrance et *justement* sa souffrance devient musique. »[4] C'est là presque un résumé de la scène des Fées : désespoir du héros, mais, ou donc, musique du narrateur, compensation par le style. Écrire, c'est alors se donner une voix de séduction pour retrouver la relation singulière à la mère. D'où je conclus que la scène des Fées esquisse l'aveu de ce qu'il y a peut-être de plus intime pour un écrivain : l'identité d'un de ses destinataires premiers, originaire et privilégié. Il fallait que cela fût obliquement indiqué pour que Sartre puisse espérer en une quelconque *catharsis* autobiographique. Pas non plus de rétroaction, en termes gidiens, sans cet aveu, voilé, mais... pas trop.

Je n'ai, en effet, pas l'impression de percer un grand secret : n'oublions pas ce que Sartre dit, dans *Situations IX*, des romans sceptiques ou critiques, informés des sciences humaines, qui sont par exemple ceux de Gombrowicz. Coïncidence : le *Scénario Freud* est conçu alors que *Les Mots* s'éla-

1. Inv. 3 (tapuscrit « Jean sans terre »), p. 41, même chose dans 12, f° ITEM 75 ; seule l'édition Folio porte, par erreur, « prendre la parole ».
2. *La Divine Comédie : Enfer,* VII, v. 109-127.
3. Voir A. Buisine, *Laideurs de Sartre,* Presses Universitaires de Lille, 1986, p. 45.
4. *Carnets de la drôle de guerre,* p. 574-575.

borent, et la conférence où Freud expose son explication des névroses par une séduction sexuelle infantile, Sartre la présente comme accueillie par ces mots : « Conte de fées scientifique – Et quelles fées ! »... L'autobiographie sartrienne me semble ainsi ménager *à dessein* la place pour des déchiffrements comme celui que je viens de tenter[1].

— Il serait en tout cas réducteur de voir en Anne-Marie le seul objet possible des séductions littéraires menées par Poulou : les *Carnets* le présentent en montreur de marionnettes, séducteur, au jardin du Luxembourg, de jeunes filles égayées ; puis il y aura le Castor – à elle aussi[2], tout ce qu'il vit, Sartre prétend le lui dire dans l'immédiateté, c'est le sens de leur correspondance ; et il y aura encore... quelques autres. Ce qui importe, c'est ceci : quelle que soit la Belle de cette géniale Bête[3], il s'agira de compenser la laideur, de n'être pas un crapaud[4] qui parle, mais de se faire diamant aux yeux d'autrui. On voit la force topique du conte de Perrault et Bouchor : l'écriture sartrienne est un conflit de voix[5], féminine et masculine, universelle et singulière, coassante – à la note métallique, comme la voix de Sartre en chair et en os... – ou diamantine. La métaphore du diamant est essentielle chez Sartre : elle désigne à la fois la voix *de l'écrivain*[6], la nécessité que conférerait la gloire[7], le bonheur du couple[8] ; bref l'écriture, la transfiguration qu'elle produit, et la féminité d'essence de son destinataire[9].

Il reste, pour finir, à voir comment la scène des Fées met en œuvre cette théorie du style qu'elle résume, la pratique au moment même où elle l'énonce, obéit à l'art poétique qu'elle définit.

1. Voir *Le Scénario Freud,* Gallimard, 1984, p. 341 et 564. Christina Howells a une opinion analogue sur les ruses sartriennes (*Sartre : the necessity of freedom,* Cambridge University Press, 1988, p. 185-188). – Je développe ce point de vue dans *Jean-Paul Sartre,* Hachette, 1993, essayant de montrer que *tous* les membres du cercle familial de Poulou sont, tour à tour, présentés comme les agents de sa vocation.

2. « Je lui disais tout » définit les plus heureuses années de la connivence entre Poulou et sa mère : *Les Mots,* p. 180 = 176.

3. C'est sur ce thème que Sartre à seize ans écrivait un conte : voir les *Carnets de la drôle de guerre,* p. 504. « Une défaite » montre Frédéric, lui aussi, en conteur.

4. *Les Mots,* p. 85 = 87.

5. Voir *Les Mots,* p. 181 = 177 : « Je crus avoir deux voix... », etc. – l'une s'adresse à Anne-Marie, l'autre, qui *dicte,* est analogue à la voix enregistrée du grand-père, métaphore de la vocation et de la Culture transmise.

6. *Kean,* p. 147 (il s'agit de la voix de Kean, l'acteur – l'écrivain sartrien est un acteur lui aussi, en mal d'un acte, comme on sait). Pensons encore à l'aiguille à *saphir* de *La Nausée,* où la musique décrit aussi bien l'écriture rêvée (*Œuvres romanesques,* p. 29).

7. *Les Mots,* p. 79 = 77. Manquant, attendu de tous, M. Simonnot « gardait la transparence incompressible du diamant ». C'est ce type d'être que vise la névrose de l'écrivain.

8. « La vie en couple me rendait dur et transparent comme un *diamant* » (*Carnets de la drôle de guerre,* p. 511. Je souligne – conscient du fait que les diamants sont d'une transparence discutable).

9. Que Sartre conçoive son public comme féminin, *Situations II* l'indique assez.

Écrire en style

Écrire en style, pour Sartre, c'est à la fois exprimer un corps, noter de la musique, surpasser l'aliénation. Dans les trois cas il s'agit de se taire avec les mots, de renvoyer par-delà les mots ou entre eux à un sens-silence.

1. *Style et corps : le « bruissement contrarié de mots »*. — Nous étions « deux biches au bois, avec ces autres biches, les Fées » : ici le style-Terreur (même pour traiter de la douceur) impose de curieuses équivalences par « ellipse, syncope, saut de puce, fausse connivence »[1] – bruissement de mots mystifiant et mythologisant, excès de style, que vient contrarier ironiquement une seconde formulation, chute de paragraphe et de dignité, défaut de style, délibérément opposée : « Cet épisode de notre vie profane qui sentait le savon et l'eau de Cologne. » Au style noble succède le style dru[2] ; les deux se détruisent : non point la seconde formulation se substituant à la première, et pour laisser s'échapper hors du temps un Moi divinisé, mais destruction réciproque et parce qu'il y a certaines choses (et notamment l'amour de la mère, la fusion avec le corps maternel) qu'on ne peut dire qu'en style, obliquement, par-delà les mots. Si le « bruissement » grouillant est du côté de l'universel, le fait de le « contrarier », en ayant notamment recours aux formes rhétoriques de la contradiction, est moyen de singulariser le langage. La même analyse vaudrait pour un chiasme (« j'étais l'enfant de toutes les mères [...] elle était la mère de tous les enfants »), où le style vient maîtriser et indiquer l'émotion de la perte, grâce à un bel incendie d'Érostrate styliste (« nous voulons que les mots se brûlent », dit Sartre à Beauvoir, fassent effet non à la relecture, comme souhaiterait un classique – un Gide –, mais « à la première lecture »[3]). Le syntagme *universel singulier* obéit dans sa formulation même à cette loi de contradiction – dont il est peut-être l'origine profonde.

Le langage heureux des corps trouve à s'exprimer par l'incendie verbal ; on pourrait aussi analyser en quoi la vitesse (parataxe asyndétique, ponctuation, rythmes) transmet cet élan qui est le *style de vie* ou de corps sartrien et fait dire : *c'est du Sartre*. Et puis la vitesse sert le passage à l'imaginaire, qui est bien nécessaire dans ce récit merveilleux par son thème (un conte) et son ton (nous étions « deux biches au bois »), même s'il n'est pas dépourvu d'ironie. Mais ce rythme n'épuise pas la musique du texte.

1. *Situations IV*, p. 40. On se souvient, comme Sartre très certainement, que Mme d'Aulnoye est l'auteur d'un conte célèbre intitulé « La biche au bois ». Référence de connivence culturelle, mais « fausse », car elle masque un renvoi bien plus important à Stendhal, on le verra.
2. Selon les heureuses formules de J. Lecarme, art. cité.
3. Lettre du 22 octobre 1939 (publiée dans les *Lettres au Castor et à quelques autres*, Gallimard, 1983).

2. *Style et musique : circularité et périodicité.* — Le texte reprend des procédés d'ordre musical. Musicalité mimologique, certes, des phrases qui ont pour thème la musique : le jeu des sons (« défaite, déroute, disparaître ») forme lui-même la gradation descendante d'un « effilochement mélodieux », les rythmes sont ternaires dans le moment euphorique (« je n'avais d'yeux », « je n'avais d'oreilles », « je me plaisais » / à « ses phrases » – « ses mots » – « son assurance » / elle-même se tournant en déroute, disparaissant, se recomposant)[1].

C'est plutôt à des phénomènes d'ordre structurel que je m'intéresserai, en partant d'une des définitions sartriennes de la beauté, à laquelle j'ai déjà fait allusion, et qui insiste sur la circularité (entre expression du début et de la fin) et la périodicité, bref le rythme[2]. Qu'en est-il dans le texte ? La circularité globale est évidente : la clôture de l'épisode est très forte (« au bord des larmes » / « sans dire merci » ; prière / violence ; livres posés / livres repris ; mère qui se dispose à lire / mère cessant de lire). A l'intérieur de ce cercle règne la périodicité, le retour des mêmes éléments : les deux paragraphes sont construits sur une structure identique :

— *situation :* au bain, contact / à distance, « sur ma petite chaise » ;
— *« discours »* (le son) : se succèdent voix (« troublée » / « de plâtre »), phrases (« inachevées » / effrayantes), mots (« récit trop connu » / « mots inconnus »), assurance (« vivement défaite » / « où prenait-elle cette assurance »[3]) ;
— *« l'histoire »* (le sens) : « par-dessus le marché » (la familiarité de l'expression écrit le caractère familier, usuel et intime du récit oral) / « endimanchée » (solennelle) ;
— *nombre des personnages :* bonheur d'une solitude à deux / intervention d'un tiers (quelqu'un) et scission du couple (le texte traite de l'aliénation de Poulou, puis de celle d'Anne-Marie, de leur relation impersonnelle enfin).

On peut pousser encore l'analyse : le chiasme, figure circulaire s'il en est, est si fréquent qu'il devient presque un principe de composition pour chacune des deux parties. Qu'on lise dans le premier paragraphe la succession « eau de Cologne, savon, j'écoutais distraitement / l'histoire venait par-dessus le marché, savon, eau de Cologne », ou, dans le second para-

1. Cette recherche de la musicalité est très sensible à lire le manuscrit : Sartre débute par des formulations moins euphoniques : « phrases qui commençaient dans l'énergie et s'achevaient dans la déroute » ; « je reportais mon attention [...] sur sa voix », etc.

2. La voici de nouveau : la beauté est avant tout « l'unité et la nécessité dans le cours du temps. Les rythmes, les retours de période ou de refrains me tirent des larmes, les formes les plus élémentaires de périodicité m'émeuvent. [...] Ces déroulements » se donnent comme « un écoulement réglé vers sa fin » (*Carnets de la drôle de guerre,* p. 525-526).

3. Avec ici une variation dans l'ordre, qui forme médiation entre les deux « discours » : « l'assurance » est le dernier élément au § 1, le premier au § 2.

graphe : « Ce visage de statue, je perdis la tête / ma faible voix se perdit, air d'aveugle extralucide » ; ou bien enfin « disparaissaient, comprendre / compris, continuaient ».

Ces figures de circularité et de périodicité correspondent certes au thème essentiel de l'illusion biographique, de la confusion entre vie et mort qui rabat la fin sur le début, et qui joue à plein dans cette scène où la mère meurt en lisant/vivant pour que le fils puisse mourir/vivre d'écrire. La structure portant sens, le cercle stylistique exprime la mort ; mais il y a plus : on l'a vu, si l'écrivain est un enfant défunt qui se préfère à tout, le « style [...] c'est la mort »[1], en vertu de sa fonction passéiste ; aussi Sartre cherche-t-il ici à rendre son écriture musicale, faite de résolutions et d'harmonies, à l'image du conte des origines, même si Perrault et Bouchor l'ont écrit en prose, *et surtout du passé sans dissonances.*

3. *Style et aliénation : mimologisme et dialogisme.* — Visant une présence matérielle, le style incarne la chose dans le mot par un travail sur la matérialité du signifiant. Problématique mimologique donc ; mais aussi moyen de se réapproprier le langage, puisque le corps sonore du mot sera travaillé en fonction de « certaines résonances obscures »[2] qu'il éveille chez l'écrivain et qu'il s'agit de faire se reproduire chez le lecteur : l'effort mimologique passe par une « imaginarisation du vocable »[3]. Un seul exemple, celui des mots-insectes : le ton n'est plus merveilleux comme dans le premier paragraphe, mais fantastique. Si le fantastique, « c'est la révolte des moyens contre les fins »[4], il exprime une forme d'aliénation : celle qu'induit ici la révolte des mots contre l'homme. Mais si l'énoncé décrit une perte du langage, le style au même moment se le réapproprie : usant massivement de l'assonance et de l'allitération, multipliant les redoublements et les entassements de consonnes et de voyelles, le texte tente phonétiquement et graphiquement de mimer un grouillement, de faire, en lui, entrer et s'ébattre un mille-pattes.

Le dialogisme sartrien implique, quant à lui, une multiplication de voix ou d'échos (Poulou et ses mots d'enfant ; le narrateur adulte ; Anne-Marie ; l'éditeur), mais aussi un constant usage de la parodie (transformation ludique de textes)[5]. L'intertextualité ici est vertigineuse, comme le montre, pour finir, un simple inventaire chronologique des textes que Sartre est susceptible de réécrire.

1. *Situations IV,* p. 40.
2. *Qu'est-ce que la littérature ?,* p. 48.
3. *L'Idiot de la famille,* t. 1, p. 932.
4. *Situations I,* p. 119.
5. Selon G. Genette, *Palimpsestes,* Seuil, coll. « Poétique », 1982, p. 36-37.

— Le point de départ est évidemment Perrault revu par Bouchor. Le conte de Perrault est, on l'aura senti, intéressant à plusieurs titres. Comme *histoire de famille* tout d'abord : Poulou, malgré son impolitesse finale, est la (gentille) sœur cadette, et Anne-Marie, constamment présentée comme la sœur de son fils, la méchante aînée ; si la cadette est selon Perrault « le vrai portrait de son Père »[1], Poulou est voué à l'écriture par la résurgence en sa mère d'une figure paternelle. Notons encore qu'un couple, formé d'une mère (ou marâtre) et d'un enfant, se défait tant dans le conte que dans l'autobiographie ; dans les deux cas un enfant est chassé loin de sa mère. Douloureuse rupture, mais la vie récompense l'exilé – schéma de *Qui perd gagne* s'il en est (le mariage du conte est – simplement... – remplacé par l'accès à l'écriture). Et s'il faut une morale (on sait combien Sartre l'a poursuivie...), souvenons-nous qu'une leçon du conte concernerait la nécessité d'étendre l'amour au-delà de la famille (ce que la méchante fille ne sait faire, ce pour quoi elle produit des crapauds en parlant...), et ainsi de savoir accepter les hommes : bref d'aller vers la fraternité de l'universel concret (!). *Histoires de voix*, d'autre part. J'ai assez dit quelle rêverie sur l'opposition de deux voix était suscitée par le conte ; peut-être s'agit-il aussi bien des deux usages du langage, commun et littéraire ; enfin, si le motif central reste chez Sartre celui d'une voix transformée, n'est-ce pas pour signaler, déplacé dans le temps de l'enfance, le passage à l'adolescence solitaire et à l'écriture, double tournant décisif. La scène des Fées suggère ceci : la vraie mue de la puberté sartrienne, ce serait le mouvement vers la littérature. *Histoires de destins* enfin : la version de Bouchor est précédée et suivie de quelques lignes de commentaire, qui imposent une interprétation moralisante et n'invitent à réfléchir que sur le pluriel du titre (on ne voit dans le conte qu'une seule et même fée). Sartre d'une part ajoute les questions nécessaires à son dessein (qui est de poser derrière le problème d'une réponse que donnerait l'enfant celui du choix existentiel) ; il assume, d'autre part, le pluriel du titre, construisant son texte sur l'embarrassante multiplication des fées[2], qu'elle soit explicite (Anne-Marie, transformée malgré elle en fée de la vocation littéraire, et hantée par une fée paternelle) ou implicite (les deux fées velues, Abel et Caïn, figures de deux destins possibles).

— Voilà pour Perrault et Bouchor ; Rousseau écrit quant à lui, au premier livre des *Confessions*, une admirable phrase qui lie apprentissage de la lecture et apparition de la conscience de soi ; mais le bonheur de Jean-Jacques se retourne ici en malheur de Jean-Paul.

1. Perrault, *Contes*, Gallimard, « Folio », 1981, p. 165.
2. « Je n'aimais pas les fées, il y en avait trop autour de moi » (*Les Mots*, p. 97 = 94).

— Qui fournit la métaphore des biches, pour désigner Poulou et Anne-Marie, sinon, peut-être, le Stendhal de *Henry Brulard*, amoureux lui aussi de sa mère[1] :

> « J'abhorrais mon père quand il venait interrompre nos baisers. [...] Un soir, comme par quelque hasard on m'avait mis coucher dans sa chambre par terre, sur un matelas, cette femme vive et légère comme une biche sauta par-dessus mon matelas pour atteindre plus vite à son lit. »

Une référence est ainsi obliquement disposée qui permet au lecteur féru de Stendhal (c'est-à-dire, disons-le tout net, au véritable amateur de littérature, pour Sartre) de comprendre quel est l'enjeu très charnel du passage.

— On a repéré l'intertexte rimbaldien ; le phénomène de la citation allusive (ni guillemets, ni source) marque, au terme d'une longue progression, l'apogée de l'aliénation, mais aussi l'éveil réflexif à l'écriture (« ça parle dans ma tête », s'inquiétera Poulou, citant Lacan, auprès de sa mère)[2]. Ce qui est dit par l'énoncé est rejoué sur le plan de l'énonciation : citer ainsi, c'est laisser l'autre parler en soi, mais pour le détourner à ses fins (dont la connivence avec le lecteur, qu'implique la parodie).

— Une scène des *Cahiers de Malte Laurids Brigge* constitue un intertexte moins connu, où la belle et énigmatique Abelone, lisant, fait entendre une voix qui est presque un chant ; mais loin de marquer comme ici un exil, la lecture permet une réconciliation avec Malte, laquelle s'effectue, dit ce dernier, « loin, au-dessus de moi »[3] – sur ce plan supérieur de la chose littéraire.

— Proust, autre enfant à qui sa mère faisait la lecture d'une voix mélodieuse, avec des lacunes également, qu'engendraient la distraction de Marcel et la censure de Maman, prend place dans cette série des heureuses découvertes du livre, que Sartre inverse : l'enfant ne retrouve pas le bonheur par la lecture, mais est chassé du paradis (et devient orphelin, comme... François le Champi).

— A Gide, dont *Les Faux-Monnayeurs* ont contribué à fournir l'idée de la réflexivité, c'est son père qui fait la lecture[4], et c'est de son côté que, par la littérature, l'enfant se place. Gide découvre sa singularité, comme Sartre sa conscience, dans un cri déjà cité, et dont *L'Idiot de la famille* se moque : Gustave « n'a pas grand-chose de commun avec les individua-

1. Sur les relations entre Sartre et Stendhal, voir M. Contat, « Pourquoi Sartre n'a pas écrit sur son écrivain préféré : Stendhal », *Lectures de Sartre,* Cl. Burgelin (éd.), PU de Lyon, 1986, p. 139-160, et J.-F. Louette, « Stendhal ou le refuge perdu de Jean-Paul Sartre », *Stendhal Club,* 15 avril 1993, puis *Silences de Sartre,* ouvr. cité, où j'ai proposé ce rapprochement entre biches. Les analogies de détail sont très nombreuses entre *Les Mots* et la *Vie de Henry Brulard.*

2. *Les Mots,* p. 181 = 177.

3. *Cahiers de Malte Laurids Brigge,* Le Seuil, « Points », 1980, p. 178. C'est l'un des intertextes les plus connus de *La Nausée.*

4. *Si le grain ne meurt,* Gallimard, « Folio », 1988, p. 15-16.

listes *fin de siècle* ; ce n'est pas lui qui se réfugierait dans les jupes de sa mère en criant comme André Gide : *je ne suis pas comme les autres* »[1]. Poulou l'impoli est du côté de Gustave : écrire pour sa mère, c'est le *substitut* du refuge, et cela ne va pas sans la recherche constante d'une virilité de la plume, violence dirigée contre les figures paternelles.

— Leiris enfin, à qui les boîtes de cacao[2] donnèrent et le sentiment de l'infini et la connaissance de la mise en abyme, ouvre *Biffures*, en 1948, par le chapitre « ... Reusement » qui oppose langages subjectif et objectif, individuel et social, singulier et universel.

Stendhal prétendait écrire une autobiographie faite uniquement avec sa mémoire, et non pas avec d'autres livres ; Sartre, quant à lui, cherche à réécrire le plus grand nombre possible de scènes décisives : pour les rendre illisibles, comme disait Céline[3] ? pour se faire place ? – pour prendre, à coup sûr, sur cet universel de la littérature donnée, sur cette Culture transmise, le point de vue de sa singularité. On a excellemment parlé, je l'ai rappelé, de « l'*hybris* iconoclaste de l'esthétique sartrienne »[4] ; il me semble qu'un mot, en français, réunirait au mieux les idées de livre, de liberté, de désir sans mesure ; oui, l'infini désir sartrien de confondre vie et livre, d'être un livre, mais aussi d'être libre contre les livres, bref de les aimer et de les brûler tout ensemble, il faudrait, n'ayons pas peur des mots, le nommer sa *libricité*[5].

1. *L'Idiot de la famille,* t. 1, p. 153.
2. *L'Age d'homme,* p. 36-37.
3. Voir J. Lecarme, art. cité, p. 1059.
4. Ch. Miething, *Saint Sartre, op. cit.,* p. 138.
5. Je reprends (comme dans *Jean-Paul Sartre, op. cit.,* chap. 2) ce néologisme à Charles Asselineau (*L'Enfer du bibliophile,* Éditions des cendres, 1985, p. 20), qui entend par là « sensualité littéraire » et « dévotion immodérée pour la chose imprimée ».

APPENDICES

I
CHOIX D'AVANT-TEXTES

On trouvera ci-dessous les passages principaux des avant-textes des Mots *auxquels se réfèrent les études contenues dans le présent ouvrage.*

Nous donnons la transcription linéarisée (sauf pour les fiches) de feuillets appartenant aux liasses d'avant-textes, feuillets isolés ou formant suite, chutes du manuscrit « Simone de Beauvoir ». La numérotation indique le numéro de l'inventaire puis, après la barre oblique, celui du feuillet (ex. : 7/5 indique que le feuillet appartient à la pièce 7 de l'inventaire et qu'il est folioté 5 par l'ITEM). Quand les feuillets peuvent s'enchaîner, même s'ils appartiennent à des liasses (de hasard) différentes, nous le faisons. Pour permettre aussi une lecture autonome de ces passages, nous les avons choisis en fonction de leur unité thématique ou narrative. Ils sont brièvement introduits quand cela nous a paru nécessaire et nous leur avons donné un titre, prenant ainsi, malgré les crochets indiquant que ce titre n'est jamais de Sartre, le risque d'orienter la lecture de ces passages – au lecteur donc de corriger mentalement cet effet du titrage, de même que l'effet de séquence. (Transcriptions et choix établis par Michel Contat.)

RAPPEL DES SIGLES UTILISÉS POUR LES TRANSCRIPTIONS

[ ]	suppression
+ +	ajout
< >	lecture conjecturale
[manque]	commentaire d'éditeur

FICHES

Inventaire pièce 5

5 fiches thématiques sur papier quadrillé non foliotées par l'auteur

[Fiche 1 a]

1 *Imposture*
2 J'ai toujours eu le sentiment
3 d'une imposture quand on me
4 traitait avec considération. Probable-
5 ment vieux souvenir : j'étais imposteur
6 avec les grandes personnes quand j'avais
7 six ans.

[Fiche 2 a]

1 *Enfant seul* (fils unique)
2
3 Joue la comédie aux grandes
4 personnes. *Leur* comédie. Décalage
5 entre ce qu'il sent et ce qu'il joue.
6 Les 2 ne s'unissent pas. <D'où> sentiment
7 nu d'ennui et une comédie sociale

[Fiche 3 a]

1 *De trop*
2 *Contingence – Ennui*
3 Fils unique. Pas de camarades.
4 Héritier de *rien.* Pas de tradition.
5 Je ne possède rien. Je ne pèse pas.
6 Je ne suis pas enraciné. Je ne me
7 retrouve pas aliéné en mon père.
8 Pas de sur-moi. Et pas de Dieu
9 pour m'avoir mis sur terre par
10 dessein. Je n'ai certes pas senti
11 métaphysiquement le délaissement
12 au monde de l'homme. Mais
13 j'ai senti que je n'étais pas justifié
14 mieux encore je ne me suis pas senti

[verso :]

1 justifié. A 18 ans la découverte
2 de la contingence fut une illumina-
3 tion. C'est que je l'avais toujours
4 sentie. Et je la sens encore. Facticité.

[Fiche 4 b]

1
2 L'élite et la médiocrité
3 c'est la même chose. Il faut être
4 tous ou un seul et c'est pareil.
5 (n'importe qui). Mon désir de sortir
6 de la classe moyenne qui fournit l'élite.
7 Refus d'*être* un moyen et d'avoir
8 des moyens : la fin. Être un +une+ [moyen] fin
9 absolue, avoir une fin absolue, en
10 proposer une absolue.
11 Prendre les notes morales sur la
12 médiocrité. Montrer que je ne
13 haïssais pas encore la bourgeoisie
14 comme groupe concret d'oppression
15 mais comme *moyen* sans fin. Par

[verso :]

là je rejoignais l'idée de totalité
sans voir que l'homme seul et tous
ne font qu'une même totalité.

[Fiche 5 b]

La littérature comme praxis
Dès le départ. Je dénigrais l'action
(contre moi – j'en rêvais sur le terrain
de l'aventure – terrain politique. Je n'en
étais pas capable). Je réservais l'action
aux histoires d'amour. Ainsi croyais-
je réaliser l'équilibre : littérature – amour ;
intellect – action. Mais ce n'était que jeu.
Mais je comprenais toutes les formes de la
joie au travail, j'étais un *travailleur*
(travailleur manuel). Je refusais le don.
Je voyais la littérature comme *poïèsis*
et praxis.

[Un incipit]

Un feuillet qui pourrait être le début d'un chapitre qui aurait suivi dans la première rédaction de « Jean sans terre » le chapitre introductif sur la famille.

4/1

[Écrit en biais, en ajout :] Mon grand-père qui avait demandé sa retraite reprit du service le plus discrètement possible pour nourrir les intrus !

+En 1903,+ Un officier de marine périgourdin saisit ma mère, +l'épousa,+ lui fit un enfant au galop et se réfugia dans la mort ; cet insolent trépas désobligea ma famille maternelle. Ma mère était coupable de ne l'avoir ni prévu ni empêché. Elle avait fait le mauvais choix. Une conduite sans reproche lui avait acquis le droit de porter ses voiles noirs en plein jour : mais si les familles préfèrent encore les veuves aux filles mères, c'est de justesse. Pourtant avec l'Ariane séduite et délaissée qui revint tête basse à Meudon en me portant dans ses bras, tout le monde fut parfait : ma grand-mère elle-même eut le triomphe discret. On devine si ma mère fut pénétrée de reconnaissance : elle s'ingénia à se faire pardonner, se fit gouvernante, économe, secrétaire, dame de compagnie sans pouvoir désarmer l'agacement muet de sa mère. Cette vieille femme cynique et charmante pensait droit et mal par cette unique raison que son mari pensait bien ; par ressentiment contre mon grand-père, elle poursuivait le cabotinage de sa haine jusque chez les enfants mais je crois qu'elle détestait la comédie de la vertu plus encore par haine de la vertu que par haine de la comédie. J'étais un enfant sage : vertueux et comédien, et je crois bien qu'elle ne pouvait pas me souffrir.

[un blanc]

[Sur le thème du non-propriétaire, de l'usufruitier]

Deux feuillets qui forment suite, provenant de liasses séparées

12/78
et bel homme à barbe blanche, si photogénique, qui marchait en maître de ballet [pouvait servir de représentation commod] ressemblait à Dieu et ne l'ignorait pas. Un jour qu'il était entré +par la sacristie+ dans une église de campagne les fidèles le découvrirent à la droite de l'autel et crurent à un miracle. [Il aimait les attitudes et les coups de théâtre.] Toujours entre deux coups de théâtre. Attitudes figées de tableau vivant. C'est ce qu'il aimait dans ses rapports avec moi : il se campait et me tendait les bras, du plus loin qu'il me voyait, jouant le rôle du grand-père ; je jouais celui du petit-fils et courais m'y jeter. N'importe : il jouait bien. Je lui dois une enfance très heureuse et la fascination ambiguë que les coups de théâtre exercent encore sur moi : à la scène ils me transportent et me mouillent les yeux, à la ville je ne puis les souffrir ; j'en peuple mes pièces mais dans la vie j'ai choisi la comédie du naturel. Je dirai plus loin combien je fus choyé, combien l'attention de ces grandes personnes me pénétra de bonne heure du sentiment de mon importance : « Gaté ? Non, disait ma bonne. Il est pourri. » Si je rencontrais aujourd'hui l'enfant que j'étais, je crois que je ne l'aimerais guère. J'étais agressivement bien pensant. Mais non par terreur ou conformisme : avec le sentiment souriant, satisfait, +bénisseur+, presque malicieux d'être de connivence avec Dieu le père. En 1915, une amie de la famille m'apporte un +de ces+ cahiers, alors à la mode, où l'on inscrivait des réponses devant des questions visant à définir par les goûts et les désirs. Je voulus le remplir séance tenante. « Quel est, demandait-on, votre vœu le plus cher. » Je répondis : « Être un soldat et venger les morts. » Bref l'enfant sage d'un siècle qui débutait bien sagement. Mais le siècle avait une faille, comme on sait et j'étais un enfant lézardé. La première forme de la lézarde : c'est que je n'étais pas chez moi. Mon grand-père était à la retraite : pour nous nourrir, il dut fonder un Institut d'études germaniques. Il gagna gros mais il [avait] faisait en somme le travail de ce père qui n'avait *[7/5]* pas su vivre. Nous ne manquions de rien mais rien ne nous appartenait : nous tenions tout de la générosité. Je n'ai jamais manqué de jouets mais ma mère n'avait pas d'argent de poche. Je tenais tout du Dieu d'amour. Je ne sais s'il *[ill.]* ma gêne à accepter un cadeau. J'appris à jouir sans posséder. Protégé du Seigneur à barbe blanche, il me semblait que la jouissance était mon droit absolu. Mais je ne possédais rien. Je n'ai jamais été propriétaire : tout juste un usufruitier.

Plus tard, ce fut encore plus net. Ma mère se remaria +et suivit son mari à La Rochelle+. Mon beau-père s'était engagé à me traiter comme un fils : il tint parole, essaya même de m'aimer. Mais à force de m'entendre dire qu'il me <traite> *comme* un fils, je finis par me prendre pour un faux-semblant. Nos rapports furent tout de cérémonie et de malentendus. Ma mère me passait la main sur les cheveux : « Ton oncle est déjà si gentil de s'occuper de toi, ne lui rend pas la tâche trop difficile. » Une fois – est-ce le jour où je tailladais le fauteuil avec le rasoir ? – elle me dit : « Voyons, tu sais bien que rien n'est à nous. » Je ne me plains pas : ce qui me frappe au contraire c'est l'aisance avec laquelle je m'accommodai de cette idée. De 1916 à 1920 j'ai vécu [chez] un autre. Par la suite, pensionnaire puis demi-pensionnaire à Paris, interne à l'ENS, étudiant à la Cité universitaire, soldat, j'ai changé la propriété privée par la propriété collective. Bref : un usufruitier du monde. Les ustensiles m'étaient donnés par l'amour des particuliers ou concédés par la société. Ils ne m'ont jamais renvoyé mon image particulière mais celle d'un autre ou les traits généraux de la société. J'y ai gagné une sorte de légèreté, d'étourderie pour tout dire et en même temps une sensibilité assez socialisée déjà. Ce recul idéaliste vis-à-vis des choses : je les contemplais. J'étais *à côté* d'elles. Elles ne se prolongeaient pas en moi ni moi en elles. Cette sourde participation à ses meubles et ses terres qui fait du propriétaire un homme-<fort>, un homme de bois, de fer, etc., <elle m'>était refusée.

Deux feuillets qui forment suite, provenant de liasses séparées

4/2

J'avais dix-huit mois quand mon père mourut, laissant ma mère sans un sou. Elle revint habiter chez ses parents. A vrai dire elle les avait peu quittés puisqu'elle habitait un appartement en dessous du leur et qu'elle vivait pratiquement avec eux pendant les absences de mon père. Elle avait si peu vu mon père que c'était, plus qu'une jeune femme, une jeune fille avec un enfant. Ce foyer n'était pas le nôtre. L'imperceptible agacement de ma grand-mère, toujours malade et que tout fatiguait, le faisait sentir. La jeune veuve était très « tenue » : s'il lui arrivait d'aller dîner chez des amis, mon grand-père exigeait qu'elle fût rentrée à 9 h 30, heure de son coucher. Quand elle était en retard, il se promenait dans sa chambre, en chemise de nuit. Elle finit par décliner toutes les invitations. Ce qui légitimait notre présence, c'était l'affection de mon grand-père. Il m'adorait. M'adorait-il ? Ce grand et bel homme, un peu comédien, si photogénique, devait trouver seyant d'être grand-père. De toute façon la légitimation se faisait par les liens du cœur. Nous ne possédions rien, nous étions tolérés. Les objets, tout autour de nous, n'étaient pas nôtres. Plus tard ma mère se remaria. Mon beau-père tint à faire tout son devoir : il assura ma vie, mon instruction, il essaya de m'aimer. J'ai dû décourager son affection et puis nous étions trop dissemblables : il demeura entre nous des liens de respect et de courtoisie. Il me disait tu, je lui disais vous. Mon second foyer n'était pas non plus le mien. Bien qu'il n'en fît jamais la réflexion et qu'il tentait de me traiter comme son fils, ma mère craignait qu'il ne fût lassé par ma mauvaise volonté : elle m'imposait à lui, en somme. Quelques observations discrètes : « Ton oncle est déjà très gentil de s'occuper de toi, ne lui rends pas la tâche trop difficile », une ombre de cérémonie dans nos rapports contribuèrent à me faire comprendre *[12/82]* que j'étais encore chez autrui. Par la suite, j'ai vécu quatre ans d'internat +à l'École normale+ à la Cité universitaire puis tout naturellement après le service militaire, comme tant de célibataires fonctionnaires dans un hôtel du Havre. Je n'ai donc jamais eu ni foyer, ni propriété, fût*[-ce]* des meubles. Je ne voudrais pas qu'on croie que j'en ai souffert. Tout au contraire. Et d'ailleurs, je me sentais en un sens – chez mon grand-père comme chez mon beau-père – *chez moi.* Non : c'est plutôt, au contraire, une sorte de légèreté essentielle que ça m'a donné. Je n'ai jamais eu ce contact direct avec les choses qu'on nomme la propriété. Cela peut développer un sentiment de pur abandon – comme chez Genet – mais cela peut aussi donner plutôt une espèce de recul idéaliste par rapport au monde. Je dirais volontiers : fils de fonctionnaires, petit-fils de fonctionnaires, j'étais déjà passablement *socialisé* : le rapport avec les choses a toujours été pour moi par l'intermédiaire des autres ou alors collectif. Jamais je n'ai *choisi* mon mobilier, jamais <une terre>, des meubles ne m'ont reflété mon image. Il y a une certaine lourdeur de l'être pour ceux que les pierres et le bois reflètent qui n'a jamais existé. Plus tard je me suis fait refléter par *les livres*, c'est-à-dire par des significations presque désincarnées. <Livresques.> Cas des œuvres collectives. Du <déjeuner> chez mon grand-père, chez mon beau-père au déjeuner au restaurant il y avait un passage. Je suis un usufruitier du monde. De là est venu sans aucun doute une première impression : être de trop. Car enfin nous étions de trop chez mon grand-père (ma grand-mère nous le faisait sentir) et j'étais de trop chez mon beau-père quoi qu'il ne me l'ait jamais dit ni peut-être même senti. Mais je ne sentais pas ce sentiment comme tragique. Car enfin je n'étais privé ni d'affection ni de biens. Simplement j'étais, me semblait-il, une sorte d'attrape. Un faux fils, un imposteur. Cela m'amusait. C'est un sentiment que j'ai gardé toute ma vie. Il me semble que je suis une attrape. Quand on me parlait (élèves) avec respect, <lecteurs> avec polites

[Sur la générosité]

Un feuillet isolé

12/14

[mûr ; ensuite je me battais contre ces petits reîtres noirs, contre ces rats, les mots. La dernière page achevée, il y avait de la joie au Ciel mais la Terre restait dans l'ignorance ; j'avais accompli mon exploit dans la nuit obscure d'une ruelle, dans la forêt profonde, à la cave ; quand le génie humain osait ouvrir les yeux, il ne voyait rien qu'un livre de plus sur un rayon de bibliothèque.] On trouvera ces sentiments coupables : ils le sont ; j'ai mis longtemps à me défier de la générosité, aujourd'hui je sais ce qu'elle vaut : jamais elle ne naît d'un besoin ressenti en commun, c'est la marque voulue de la toute-puissance et rien ne sépare plus que le geste du don. Mais j'ai quelques excuses : mon goût pour les exploits solitaires reflétait la solitude de mon enfance ; faute de compagnon, je ne savais ni demander ni partager ni recevoir. Enfant je recevais tout de mon grand-père et je savais que je n'avais droit à rien, je devais mon bonheur à sa bonté ; cette dépendance m'égarait : une petite fille fait à ses poupées tout ce que lui fait sa mère ; moi je déversais sur des opprimés imaginaires l'insupportable générosité familiale ; accablé de présents, j'eus la rage de donner, cette rage m'a fait épique. La première fois que je vis de vrais enfants, sur la terrasse de Meudon, je leur fis cadeau de tous mes jouets : retrouvant le potlatch des indigènes. Tout ce faste cachait l'humble désir de me faire accepter. [Et puis il faut avouer que j'étais un auteur encore [trop] +très+ ignoré et qui se consolait comme il pouvait de son obscurité. Nul n'avait encore pris connaissance de mes œuvres, pas même moi qui détestais me relire : je me jetais à mon pupitre et je m'adonnais à ma tâche clandestine, proche de la masturbation, ma plume allait si vite que j'avais mal au poignet ; les cahiers remplis, je les jetais sur le parquet, je les oubliais, ils [se perdaient, déjà j'en prenais un autre] disparaissaient ; jamais je n'achevais un roman : à quoi bon ? quand j'arrivais au milieu de l'histoire, le commencement s'était perdu.]

Feuillet isolé, appartenant sans doute à la première campagne d'écriture

10/16

Par contre il y avait un recul esthétique, un décrochage contemplatif : l'objet était là pour qu'on se réjouisse de son être. Je conçus de bonne heure une appropriation éminente. Plaisir que me fait la théorie d'Aristote du nous <pollutéon>. Je pensais à une communication de surface entre moi et les choses. Bref, les significations. Posséder c'était saisir par les significations. Une théorie de l'intuition achève tout. Posséder par la vue. Avec une distance. Peut-être la seule <gêne> positive de n'avoir jamais rien eu à moi : je déteste rencontrer les autres chez eux. Sauf pour deux ou trois amis dont le logement m'a fasciné (Mme Morel et le Bd Raspail) chez un homme entouré de ses objets personnels j'étouffe et je m'égare. Je déteste qu'il me fasse goûter à des plats faits dans sa cuisine, je déteste m'asseoir dans ses fauteuils. Il me revient des conseils d'enfance : ne touche à rien, ne casse rien, ne laisse pas tomber ta cendre sur les tapis. Le même couple, si je les vois au café ou au restaurant, la gêne disparaît.

[en biais :]

Je n'étais ni consistant ni +<imperméable> ni+
permanent ni justifié.
Qu'étais-je ? Une vague rêverie

Mais la position d'un usufruitier est incomparablement moins forte que celle d'un possédant. Les objets qui appartiennent aux autres sont lisses et glissants. Je ne pouvais m'accrocher à eux [ni me pénétrer de leur permanence]. En face de leur impénétrabilité massive, je me sentais [poreux et malléable] +mon inconsistance+.

Ils apprennent aux propriétaires ce qu'il est *[sic]* ; ils m'enseignaient ce que je n'étais pas.

[Sur la religion]

Un feuillet isolé, appartenant probablement à la première campagne d'écriture

4/4

J'étais protestant et catholique ; les Dogmes qu'on m'enseignait, un autre moi-même, mon frère noir, les contrefaisait aussitôt. Ces disputes secrètes me conduisirent à l'indifférence religieuse. Je croyais, pourtant ; tous les soirs, en chemise, à genoux sur le lit, mains jointes, je faisais ma prière : c'était un rite parmi d'autres. Je suivis des cours d'Instruction religieuse à l'Institution du P. Dibildos. Mon grand-père avait si bien fait que je regardais l'instructeur, un jeune prêtre, avec amusement, avec surprise. J'étais étonné et flatté d'être au milieu des curés. Je remis

Ces disputes se poursuivaient en moi ; dès que j'apprenais un Dogme, un autre moi-même, mon frère noir, le contestait. J'étais protestant et catholique à la fois. Mais je voyais bien que ces débats n'étaient pas sérieux : ce ne fut pas la contestation qui me conduisit à l'indifférence, ce fut

Ces débats se poursuivaient dans ma tête : dès que j'apprenais un Dogme, un autre moi-même, mon frère noir le contestait ; j'étais protestant et catholique à la fois. Mais tout se passait sans chaleur : ce qui me conduisit à l'indifférence ce ne fut pas le conflit des confessions mais la commune indifférence de mes grands-parents. Je croyais pourtant : en chemise, à genoux sur le lit, mains jointes, je faisais tous les soirs ma prière :

Ces feintes disputes de mes grands-parents mais leur indifférence commune

Deux feuillets appartenant à la campagne d'écriture qui précède le manuscrit ensuite dactylographié « Jean sans terre »

12/55

de croire. J'ai dit par quelle raison je n'avais pas profité de ce conseil : cela n'empêchait pas que je fusse [chrétien] +baptisé+ ni que je fréquentasse les cours d'instruction religieuse. Cédant à l'amitié toute profane qui [l'unissait à mon grand-père, l'abbé Dibildos m'avait accueilli dans son institution mais je suis sûr qu'il avait mis ses élèves en garde contre moi : j']

7/2
l'unissait à Charles Schweitzer, l'abbé Dibildos avait eu la bonté d'accueillir [dans son institution] un petit-fils d'hérétique mais il avait jugé prudent d'avertir les élèves : ces enfants me considéraient de loin avec une morgue effrayée. Pour moi je ne pouvais jamais les regarder sans [m'ébahir : la fermeté modeste de leur maintien montrait assez qu'ils avaient pris conscience de leur destination]

Un feuillet isolé appartenant probablement à la première campagne d'écriture

4/5
Et voici l'autre excuse : c'était ma classe, au fond, qui m'intimait l'ordre de me prétendre bourgeois de droit divin. Je lui obéissais tant bien que mal, avec les moyens du bord. Les petits croyants de mon âge, peut-être s'étonnaient-ils parfois de leurs âmes vaguelettes et de leurs corps si naturels ; pas longtemps : Dieu les avait fabriqués un à un, tout exprès, il réservait à chacun sa part dans le concert universel, il leur ménageait des épreuves et les surveillait sans défaillance, il les conduisait vers sa Gloire et l'Immortalité. Chacun se sentait l'objet d'un décret particulier, d'une grâce spéciale ; et quelle responsabilité, quelle importance : s'il n'est pas sage, l'enfant fait pleurer Dieu ! Belles larmes absolues qui roulez dans la transparence du ciel, comment penser à vous sans <horreur> et sans envie ? Bien sûr Dieu n'avantage personne : sa bienveillance s'étend à tous les baptisés ; tous les enfants sont élus. Mais je ne demandais rien d'autre et je n'ai jamais souhaité différer des autres ou l'emporter sur eux – j'y reviendrai. Il s'agissait pour moi d'établir que j'avais le droit d'exister et que mon existence était un absolu. Pourtant l'enfant chrétien n'est pas particulièrement orgueilleux : ou plutôt cela ne dépend pas de sa foi : c'est qu'il trouve en naissant des justifications toutes préparées ; elles l'attendent et sa soumission dissimule ce formidable orgueil collectif qui fait de l'homme un Absolu. Cet orgueil n'est plus à personne, c'est l'air du temps, chacun en vit sans même le voir et le plus humble se sent, comme ses frères, confortablement sacré. Ils étaient sacrés tous les bons petits écoliers sacrés du cours Dibildos. Ils se lavaient les mains pour Dieu. Et que faisais-je de

Dactylographie « Jean sans terre »

3/31
Ma mère se garde bien d'intervenir : elle a « son Dieu à elle » et ne lui demande guère que de *[3/32]* la consoler en secret. Pour moi, Il devint vite un thème de réthorique. Tous les soirs, en chemise, à genoux sur le lit, mains jointes, je fais ma prière. C'est un joli geste : sur un livre d'image, j'ai vu des chevaliers en cotte de maille. Ils avaient la même attitude ; je me glisse en eux, je revêts leur cotte, leurs soucis, leur naïveté pieuse, j'adopte leur siècle, je m'amuse beaucoup. Et puis c'est une coutume hygiénique, comme celle de se brosser les dents. Les enfants qui ne se lavent pas, on me dit qu'ils sentent mauvais ; ceux qui ne prient pas, il paraît qu'ils ont de la peine à s'endormir. Je mets donc à prier cette sagesse recueillie que j'apporte à tout et puis, pour être tout à fait sûr de gagner le sommeil, je demande à ma mère une cuillerée d'eau de fleur d'oranger. « Avec du sucre, mon chéri ? » Non : je ne veux pas de sucre. « Sans sucre ? mais cela sera très amer ; comme tu es drôle ! » Je suis ravi d'être drôle, d'aimer l'amertume à la face du Ciel ; c'est mon originalité. Voilà Dieu : un bon sommeil, un parfum doux-amer d'oranger, une musique d'orgue à l'église, un beau vitrail, une gravure dans un livre pieux. Bref, c'est la spiritualité. On m'enseigne le catéchisme à l'Institution religieuse du P. Dibildos. Je remets à l'instructeur une composition française sur la Pas-

sion ; elle a fait les délices de ma famille et ma mère l'a recopiée de sa main ; elle n'obtient qu'une médaille d'argent. Ce déni de justice m'enfonce dans l'impiété : pendant plusieurs années encore, j'entretiens des relations publiques avec le Tout-puissant ; dans le privé, je cesse de le fréquenter. Une fois, une seule fois, j'ai le désagréable sentiment qu'Il existe : j'ai joué avec des allumettes et brûlé, je crois, un petit tapis ; je tente de maquiller mon forfait, soudain Dieu me voit, je sens Son regard à l'intérieur de ma tête. J'entre en fureur, je voudrais L'éborgner, je blasphème : par la suite, il ne recommencera plus jamais.

[Sur la contingence et l'ennui]

Dactylographie originale de « Jean sans terre »

F 33

Je suis un chien : je baille, les larmes roulent, je les sens rouler. Je suis un arbre, le vent s'accroche à mes branches et m'agite vaguement. Je suis une mouche, je grimpe le long d'une vitre poussiéreuse, je dégringole et recommence à grimper. Je connais le pur ennui de vivre ; quelquefois, je sens le temps qui passe et me caresse ; d'autres fois, je le sens qui ne passe pas ; de toute manière, il se perd : je vis sans passé. Sans avenir non plus. De tremblantes minutes s'affalent, m'engloutissent et n'en finissent pas de mourir ; croupies mais encore vives on les balaye, d'autres les remplacent, plus fraîches, tout aussi vaines.

Il y a des corps exubérants qui se risquent, des corps inassouvis qui veulent se remplir : chacun d'eux s'ignore ; l'acte et le besoin nous chassent de nous-même. Mon corps à moi, sans désir et sans force, ne s'oublie jamais : fragile et trop plein, il déborde sans cesse, je le connais surtout par ses régurgitations. Plus tard, quand je serai grand, on me donnera peut-être la permission d'en user. Pour le moment, il faut attendre. Il faut l'attendre. J'attends que cette grosse confidence susurrée consente à se taire, j'attends que cette surabondance se résorbe. J'ai *trop* mangé : je suis une digestion laborieuse ; j'ai *trop* chaud : je suis une chaleur moite. J'ai *trop* mal à la gorge : je suis une déglutition douloureuse et sucrée. En ces moments-là, je me tourne et retourne dans mon lit : je ne tiens pas en place. C'est qu'il n'y a plus de place pour moi dans l'univers. Je suis *de trop*. La maladie, c'est la conscience d'être surnuméraire. On me fait la lecture à haute voix pour me distraire de mes organes : de temps à autre cela « prend », je cours dans la forêt avec le malin petit tailleur, j'ai faim et soif avec le héros de « Sans Famille » ; mais je retrouve vite mon incongruité. Le pis, c'est que je ne déteste pas la maladie : c'est l'occasion d'une comédie où je tiens le rôle principal : on me fait des visites, on chuchote, les baisers m'effleurent à peine et les regards sont appuyés ; je remercie tout le monde et je prononce des paroles élevées tout comme si j'allais mourir, on s'attendrit, on me fait signe de me taire : « Qu'il est gentil ! Mais ne te fatigue pas, mon petit chéri. » Quelle surprise d'être dans *[f° 34]* le même temps ce haut personnage et cette viande excédentaire. Je crus connaître la vie : c'était la perpétuation indéfinie de ces malaises douillets.

A six ans, je vois la mort partout. Nous rendons visite à un compositeur tuberculeux. A peine la porte fermée, mon grand-père se penche et nous confie de sa haute voix basse : « Il est condamné, il n'en n'a plus pour longtemps ! » Ce musicien n'est autre que la mort. On m'a laissé jouer dans le jardin de sa ville, j'ai découvert une trappe qui s'ouvrait sur la lave : la mort est aussi ce trou noir. Quand je me couche face au mur, sur le côté gauche, un squelette apparaît ; pour le faire disparaître, il suffit de me tourner sur l'autre côté : mais *précisément*, je déteste dormir sur le côté droit ; j'attends, je

sens battre mon cœur, traversé d'horribles tentations jusqu'à ce que le sommeil me prenne malgré moi. Qui s'étonnera ? Moins la vie offre de sens, d'autant plus la mort paraît redoutable ; ma terreur de mourir n'était que l'autre face de mon ennui de vivre. Sans Dieu, sans père et sans biens, que pouvais-je faire ? Ébahi d'être là sans raison d'être, je me sentais horriblement naturel. Je m'en tirais par des singeries : je me donnais à tous sans cesser d'être seul, je me réfugiais dans les scintillements de la surface pour oublier les mousses et les polypes des profondeurs. J'ai cinquante ans et je ne crains plus la mort mais je suis resté tel. Public et inaccessible.
[f° 35]

II

Ces dégoûts avaient volé le nom et les apparences du bonheur ; je ne pouvais que le sentir et lutter en aveugle contre eux. Enfant imaginaire, je me défendis par l'imagination ; comédien j'arrachais la comédie aux grandes personnes pour me la donner à moi seul ; généreux par momerie, je voulais trouver ma raison d'être dans l'exercice de la générosité. Je ne sais quand l'idée me vint de m'inventer des lettres de créance : il n'y a jamais de commencement. Mon grand-père me racontait les aventures de l'Oiseau Bleu, du Petit Poucet, du Chat Botté.

J'en vins de bonne heure à me passer de lui : mes premières histoires se racontent en moi d'elle-même ; elles n'étaient guère que la répétition des siennes et je n'y intervenais pas. Plus tard, j'y apportai quelques retouches puis j'y entrai, j'osai m'y donner le principal rôle. Elles changèrent de nature ; je n'aimais pas les fées, il y en avait trop autour de moi : l'héroïsme remplaça la féerie.

Mes récits secrets offraient l'ordonnance et la fixité d'une cérémonie : je faisais mon salut. Dans ma famille, sauvé, d'avance, j'étais perdu ; je le savais : j'abandonnai ma famille jamais mon grand-père ni ma mère ne figurèrent dans la fantasmagorie ; c'étaient les autres que j'avais à cœur de convaincre : je me jetai, seul, en haute mer. Je dépouillai mes charmes *[f° 36]* : il ne s'agissait pas de plaire, mais de mériter ; rassasié d'attitudes et de gestes, je fis de vrais actes en rêve. J'oubliai l'ange : c'était la bête que je voulais justifier. *[...]*

[Sur le langage et le silence]

Deux feuillets successifs, probables chutes du manuscrit « Beauvoir ». Nous imprimons en gras le texte non barré dans le manuscrit.

7/6

J'ai confondu le désordre de mes expériences livresques avec le cours hasardeux des événements réels. De là vint cet idéalisme dont j'ai mis trente ans à me défaire.

Un de mes amis se souvient d'avoir été berger dans son enfance, un autre revoit encore sa mère, petite et râblée comme un homme, porter sur son dos les sacs de farine ; d'autres sont nés dans la misère, de parents illettrés. Tous, ils ont connu d'abord le silence – celui de la terre et des bêtes, celui du froid et de la faim – leurs joies et leurs peines ne savaient [même pas qu'elles portaient des noms ; [ces gens ne sont pas de mon espèce :] <le> langage leur est venu d'abord comme un tumulte, comme un brouhaha passager de jurons, d'insultes, de commandements et de plaintes ; <ils> ont appris les 500 mots dont usait leur entourage et leur enfance muette [roulait] +s'est perdue+ entre ces [grosses planètes] gros repères fixes, séparés par des distances infinies. Quelquefois [pourtant] il fallait parler : mais leurs phrases essoufflées n'étaient qu'un modelage grossier du silence ; c'était par le silence qu'on se comprenait. Aujourd'hui, ce sont des hommes, des bourgeois ; ils écrivent. Mieux que moi. En tout cas, autrement. Ils traitent le verbe avec prudence ; ils s'en défient : ce qu'ils sentent <ne collera> pas à ce qu'ils disent ; [on leur a donné trop tard] le vocabulaire innombrable dont ils disposent, on le leur a donné trop tard, quand il y avait trop de silence dans leurs têtes. Ces exclus veulent s'intégrer à la classe dirigeante ; ils ont décidé d'écrire pour prouver qu'ils ont des droits sur la langue ; ils se contraignent à faire de belles phrases parce qu'on leur a persuadé] *[7/4]* **pas qu'elles portaient des noms ; ensuite le langage leur est venu comme un tumulte, comme un charivari de jurons, d'insultes, de commandements et de plaintes ; ils ont appris les cinq cents mots dont disposait leur entourage et leur enfance muette s'est perdue entre ces gros repères fixes et trop éloignés : entre les mots, entre les mots et les êtres, il y avait un vide que rien ne pouvait combler.**

Quelquefois, pourtant, il fallait parler : mais leurs phrases essoufflées n'étaient qu'un modelage grossier du Silence ; c'est par le Silence qu'on se comprenait. Aujourd'hui, ces enfants sont devenus des hommes. Des bourgeois. Ils écrivent. Mieux que moi. En tout cas, autrement. Ils traitent le Verbe avec prudence, ils le flattent et s'en défient ; le vocabulaire innombrable dont ils disposent, on le leur a donné trop tard, quand il y avait trop de silence dans leur tête : ils ne perdront jamais conscience des distances qui séparent ce qu'ils sentent de ce qu'ils disent. Ces exclus veulent s'intégrer à la classe dirigeante ; [mais l'instrument dont ils usent, la langue, est l'image de leur exclusion :]

[Sur la littérature comme don]

Un feuillet isolé appartenant au manuscrit ensuite dactylographié « Jean sans terre »

7/3

J'inventai un univers difficile et mortel : ignorant les besoins et les travaux, je mis à leur place des dangers. Je n'ai jamais été plus éloigné de la révolte : assuré d'habiter le meilleur des mondes [possibles], j'avais pour tâche de le purger de ses monstres. Je me mis, sans le savoir, du parti de l'ordre moral : je me fis flic et lyncheur. Pour légitimer ma vie, je faisais chaque soir un sacrifice à rebours : au milieu des incendies, des inondations, des séismes, sous une pluie de flèches, de sagaies, dans la cage aux lions, dans l'antre des brigands, j'arrachais une vie à la mort.

[trait continu]

Un feuillet isolé appartenant probablement à la première campagne d'écriture

4/3

Moi aussi, on m'attendait : j'en étais sûr puisque j'avais mandat d'écrire. Je serais la faim et la satiété de mes contemporains. Nul n'osait encore m'espérer ni me prévoir ; bel objet d'un désir qui s'ignorait encore, on doutait encore de ma venue quand, déjà, j'étais sur terre. Mon enfance n'était qu'un *incognito*, il fallait la prendre en patience, la vivre malicieusement : je riais sous cape quand j'apercevais, pensives sous leurs voilettes, les mains dans leurs manchons, de longues dames en quête de l'auteur inconnu qui les guérirait : leurs yeux le cherchaient à hauteur d'homme ; quel choc, si tout d'un coup, un doigt montrait l'enfant qu'elles n'avaient pas même aperçu : « C'est lui. » Elles me regarderaient d'un air changé et moi, je leur clignerais de l'œil.

Tout à coup, je découvris l'évidence que je cherchais : pour être si hautement remercié, il fallait que l'écrivain rendît à la Société des services éminents ; mieux encore – car on n'acclame ni les médecins ni les ingénieurs – c'était un preux, un redresseur de torts qui risquait sa vie chaque jour pour protéger les hommes. Je franchis ce pas dangereux, guidé par un grand mort, par Hugo : j'appartiens sans doute à la dernière génération qu'il ait directement influencé. Mon grand-père, qui s'adorait en lui, s'était fait son hagiographe : le vieillard sublime, enfermé dans son île, avait de sa seule plume renversé l'Empire. J'écoutais, l'œil rond : c'était donc un paladin ! Une plume, cela peut donc remplacer une rapière ? Et voilà justement qu'il avait écrit *La Légende des siècles*, une épopée. Je confondis l'auteur et ses personnages : quand on me racontait qu'il avait, proscrit, septuagénaire, éteint un incendie à Luxembourg, je le voyais sous les traits de Jean Valjean. Mais

[La séparation de Nevers]

Un feuillet de chute probable du manuscrit « Beauvoir »

12/27
veut les lire doit m'avaler, connaître mon goût, je suis le bonheur des affamés, la grâce qui les pénètre, la gratitude qui les suffoque. Ma vie descend dans les cœurs, intime, absente pourtant, offerte et refusée, ma vie que j'ai vécue pour tous au jour le jour, que nul n'a plus besoin de vivre, qu'il suffit de raconter, qui est devenue la plus belle des histoires et dont le genre humain s'est fait dépositaire et gardien *[ici un trait sépare les lignes suivantes qui sont barrées]* [Deux têtes se relèvent, de beaux yeux se mouillent, l'une des jeunes femmes soupire : « Mon Dieu ! quand je pense qu'il a écrit ça à Nevers, au buffet de la gare. » « Au buffet de la gare ! » s'écrie l'autre, encore bouleversée par le passage sublime et célèbre entre tous. « Au buffet de la gare. Hélène venait de le quitter, ils s'adoraient, ils savaient qu'ils ne se reverraient jamais. Il a longtemps agité son mouchoir, il a senti que son cœur se brisait alors il est entré au buffet et s'est mis à écrire. Sur le comptoir. » La page fascinante ne parle ni d'Hélène, ni de Nevers, ni de moi : elle relate une promenade en mer ; mais sa beauté reflue sur le buffet, sur la caissière, sur le petit homme moustachu qui se penche sur le zinc : tout est transfiguré ; la fameuse description de la tempête [semble un texte chiffré] raconte en langage chiffré la séparation de Nevers, la rigueur de mon style semble n'avoir d'autre fin que donner à ma vie la nécessité d'un roman. Pour le Saint-Esprit, pour lui seul, cette fourmilière de mots remplit un autre office : elle révèle un certain air des choses, un certain sourire que nul n'avait encore vu dans le <ciel> du soir, une vérité sensible qui échappe aux lecteurs mais qui s'incorpore à la culture et sauve les hommes une fois de plus. Ce style est mon corps, cette vie légendaire est mon cœur, ce sourire est mon âme immortelle.]

[La mort]
[la séparation de Nevers ; la comtesse]

Deux feuillets consécutifs, chutes probables du manuscrit « Beauvoir »

12/35
moustachu, transfigure tout, donne, à toute la scène l'amère nécessité d'un roman qui finit mal ; le paragraphe fameux dans les vagues de l'Océan, déjà reproduit dans cinquante-sept anthologies, prend un double sens : en clair, il ne fait que d'écrire la houle au large d'Arcachon, en chiffre il raconte la séparation de Nevers. Inachevée, toujours

future, mon œuvre était le sens de ma vie ; défunte, à jamais disparue, ma vie devient le sens de mon œuvre.

Oui, voilà ce que je souhaitais : couler ma babillarde, ma conscience, dans des inscriptions ineffaçables, remplacer ma chair par un style et les molles spirales du temps par l'éternité ; apparaître au Saint-Esprit comme un précipité de langage, devenir un mirage pour l'espèce, obséder nos arrière-neveux, être *autre*, surtout : autre que moi, autre que les autres, autre que [tout, mort. Je sais ce qu'on peut me dire : réclamer les privilèges d'un mort] *[12/1]* tout, mort. Je sais ce qu'on dira : un enfant peut jalouser les privilèges des morts sans avoir envie de mourir. C'est vrai : seulement, moi, j'en avais envie. Oh ! Je n'étais pas pressé. J'attendrais le temps qu'il faudrait. Je remplirais consciencieusement ma tâche : mais je me vouais au trépas dès l'enfance et je ne croyais pas qu'on pût s'occuper à rien d'autre sur terre qu'à se préparer un bel enterrement. Tout cela, je ne me le disais pas : je le savais sans me le dire ; j'en ai cent preuves et je me rappelle avoir lu, par exemple, une anecdote qui me jeta dans un trouble significatif. C'est en Russie, au siècle dernier. Une halte sibérienne. Un écrivain fait les cent pas en attendant le train. Pas une âme en vue, pas une masure. Maigre et chétif, l'écrivain porte avec peine sa grosse tête morose. Il est myope, célibataire, grossier comme un moujik, toujours furieux ; il s'ennuie, il pense à ses dettes et à sa prostate. Or une jeune comtesse des environs passe dans son coupé sur la route qui longe les rails : elle reconnaît l'homme pour l'avoir vu en daguerréotype, saute de la voiture, court, lui prend la main droite et la baise. J'étais émerveillé que cet auteur bougon se trouvât des lectrices au beau milieu de la steppe et qu'une belle âme éparse se fut rassemblée pour l'accueillir : c'était naître. Mais c'était aussi mourir : un fils de moujik ne pouvait *de son vivant* recevoir d'une aristocrate une telle marque d'adoration. On lui disait en somme : « Seriez-vous [le séduisant officier qui chasse avec mon père ou même] le beau paysan qui travaille sous ma fenêtre, vous compteriez encore trop pour que je daigne seulement vous regarder. Si j'ai couru à [vous, si je vous ai touché, c'est que votre présence physique ne compte pas ni votre sexe, c'est que je me moque de ce que vous pouvez penser, c'est en un mot que vous êtes à mes yeux la puissance nue de faire les livres que vous avez faits. » Tué par un baise-main ! A trois mille verstes de Saint-Pétersbourg, à cinquante-cinq]

[La création de soi]
[(la naissance de Vénus)]

Un feuillet appartenant, semble-t-il, à la première campagne d'écriture

12/65

dans des conditions nécessaires : l'inattendu attendu, l'inespéré qui tout à coup nous fait comprendre qu'on l'espérait depuis toujours ; c'était cela pour moi, la Beauté. C'était cette naissance de Vénus, quand l'eau s'apaise, le vent tombe, le paysage prend un charme étrange : quelque chose peut seul paraître, juste cela. Et voilà : c'est tout à coup cette femme nue debout dans une conque, Vénus. Bref, chacun a sa crise qu'il recommence toute sa vie. Moi c'est celle-là que j'ai quand j'écris. Surtout au théâtre. Et chez les autres. Même quand c'est mauvais. On a un schème. Je me trouve pleurer pour un rien, pour une imbécillité : c'est le mythe de ma naissance. Je me suis recommencé. +Tous les artistes veulent une nouvelle naissance. Nabot, je voulais m'engendrer <créant> et découvrir à tous cette attente ignorée où l'on était de moi. C'est *l'être.*+ Finalement c'est le monde entier qu'il faut produire dans l'imaginaire comme si une liberté l'avait produit, c'est-à-dire dans sa nécessité avec moi dedans.

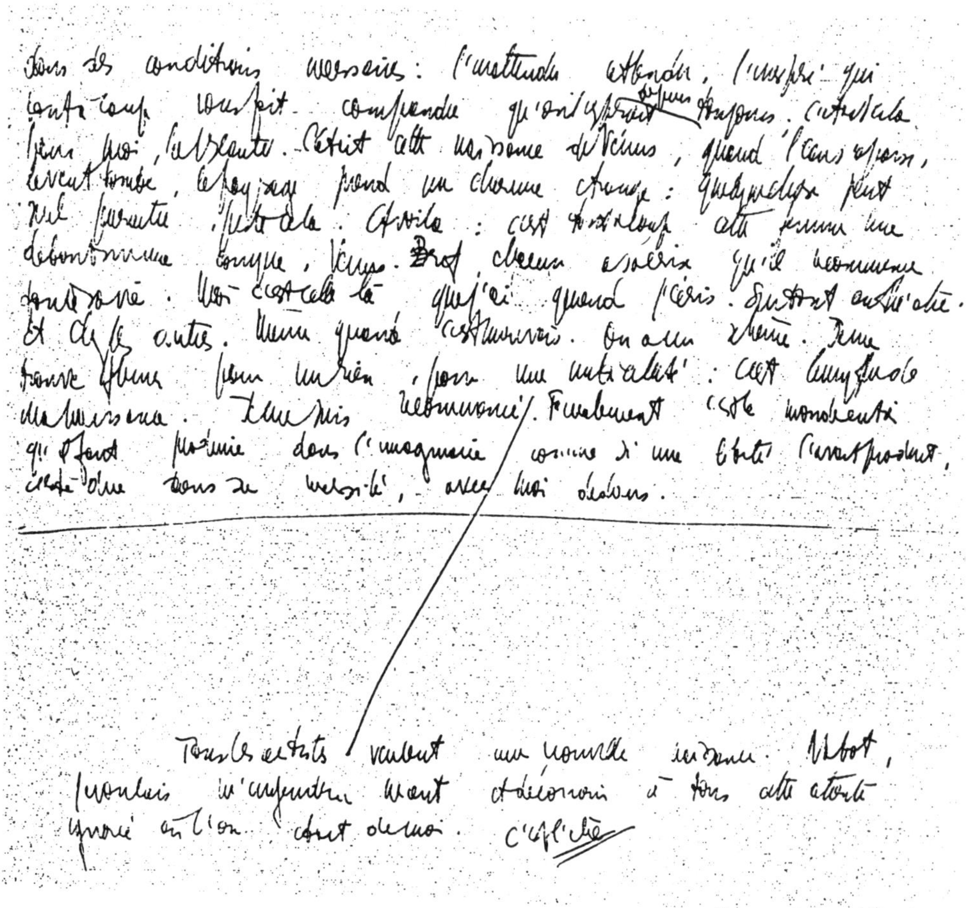

[Le délire nécrologique]

Sept feuillets du manuscrit « Beauvoir » que Sartre resserrera dans le passage des Mots *qui se résume dans la formule « Je devins ma notice nécrologique » (p. 167-168). Nous imprimons en gras le texte non barré dans le manuscrit.*

14/SdB 391

a écrit dans les ténèbres. »

Je paradais devant des enfants à naître : je me tirais des larmes en évoquant celles que je leur ferais verser et je poussais l'excitation jusqu'à ne plus savoir si mes pleurs mouillaient leurs yeux ou les miens ; je tins mon ennui si quotidien pour le pur effet de mon ignorance, l'insaisissable émotion de mes descendants pour ma vérité ; déjà passée, déjà mythique pour mes

survivants, ma mort fut la [qualité secrète de chaque instant : c'était me mettre chaque jour un peu plus dans la dépendance d'autrui. Je voulus davanta] *[SdB 392]* **qualité secrète de chaque instant : je me mis chaque jour un peu plus dans la dépendance d'autrui. Cela ne me suffit pas : je voulus jouir tout de suite de toute ma vie, épicer mon fade présent par le pressentiment de mes grandes amours futures. Un jour, j'ouvris une biogra**[phie de Musset ; je connaissais le personnage, ses vers ; mon grand-père m'avait conté son existence agitée, ses malheurs. Tout à coup] *[SdB 393]* **phie de Musset ; je connaissais le personnage, je pouvais réciter par cœur certains de ses poèmes, mon grand-père m'avait raconté son existence traversée. Tout d'un coup ma gorge se noua ; j'avais lu cette phrase au bas d'une page : « Ce soir-là, Musset fit la connaissance de George Sand. » Je répétai à mi-voix : « Ce soir-là... » Dans ces trois mots je fis tenir tout ce que je savais : Venise, le déluge de larmes, les Nuits.** *[SdB 394]* **En vain l'auteur ajoutait par scrupule que Musset, à moitié ivre, n'avait pas même regardé sa future maîtresse : le mal était fait ; projeté dans un clair salon plein de rires, je me trouvais entre Elle et lui, je voyais de profil une mante religieuse sous les apparences d'une petite femme en redingote et, de face, tout un poète, de la mort à la naissance, avec cet amour noir au centre de sa vie : on ne me ferait pas confondre son noble aveuglement avec l'inattention vulgaire. Il n'avait pas regardé son amante ? C'était donc qu'il fallait cette froideur pour rendre sa passion plus soudaine : avant le typhon, le vent tombe et la mer s'aplatit ; c'est le moment où les marins ont peur. Dans le silence patent de cet homme pris de boisson, je voyais un grand suspens tragique, le cœur ténébreux et calme de la souffrance ; l'inconscience de Musset me semblait prophétique : dix ans d'amour, de désespoir, de génie, d'alcoolisme et d'enfer prenaient la précaution de se faire d'abord indifférence. Quel moment royal ! Une douleur de feu le déchirait, il ne l'éprouvait pas ; des gondoles glissaient devant son fauteuil, frôlaient ses genoux, il ne les voyait pas ; une voix qui serait un jour la sienne murmurait des vers immortels, il ne l'entendait** *[SdB 395]* **pas ; mais – de cela j'étais sûr – il se sentait sacré sans comprendre pourquoi. Je fermai le livre : qu'avais-je à faire de Musset ? Je le valais bien, lui et tous les autres ; moi aussi, je me sentirais sacré, je connaîtrais ces moments extraordinaires qui ramassent toute une vie dans un instant ; je les connaissais déjà ; j'en vivais un à la minute même : quelque chose allait mourir, quelque chose allait** [naître ; je ne savais quoi. Je devins entièrement posthume : je vivais pour faire mon œuvre,] *[SdB 396]* **naître, je ne savais quoi. Je vécus dans une ignorance dirigée. Jusque dans mes coliques je voulus voir l'incarnation d'une future trouvaille littéraire ; je me les rappellerais plus tard et j'en ferais jaillir** [l'adjectif qui qualifierait pour toujours la douleur physique] *[SdB 397]* **une page célèbre : en même temps que je les subissais, je me les racontais au passé.**

Après avoir lu ce qui précède, un ami me considéra d'un air inquiet : « Eh bien ! dit-il, vous étiez beaucoup plus atteint que je n'imaginais ! » Les lecteurs partageront-ils cette opinion ? Je ne sais pas : mon délire *[SdB 398]* **est trop manifestement travaillé ; ils se demanderont plutôt si j'étais sincère. Non, je ne l'étais pas ; ce mot veut trop dire ou trop peu. Au début, je restais en deçà de la sincérité ; ensuite j'allai bien au-delà d'elle.**

[La polémique]

Extrait du manuscrit « Beauvoir », un passage qui montre bien le ton que Sartre a adouci pour Les Mots *et qui était celui des « Communistes et la paix ».*

6/SdB 300

Elles n'étaient pas jeunes, ces idées. Ni bonnes : elles puaient le ressentiment ; des opprimés réduits à l'impuissance s'en étaient souvent servi pour faire à leurs maîtres ce qu'on pourrait appeler le coup de l'agressive humilité. Au temps de la Réforme allemande, les clercs et certains bourgeois, n'osant attaquer de front la noblesse, s'étaient avisés de la frapper par ricochet en dépréciant [la nature humaine. Feignant de ne s'en prendre qu'à eux-mêmes, ils montrèrent le Mal partout : si l'aristocratie se reconnaissait dans le miroir qu'on se donnait l'air de lui] *[6/SdB 301]* **la Nature humaine : ils feignirent de ne s'en prendre qu'à eux-mêmes et montrèrent le Mal partout ; si l'Aristocratie se fût reconnue dans le miroir qu'on lui tendait en se donnant l'air de le lui cacher, c'en eût été fait des vertus qui fondaient ses privilèges : un instant fascinée, on sait qu'elle se reprit, qu'elle massacra tout le monde ; la ruse avait échoué, on l'oublia pendant plusieurs siècles. Mais quand le pouvoir fût tombé entre les mains des industriels et des banquiers, quand Badinguet, leur homme de main exécré de mon grand-père, eut bâillonné la littérature, la misanthropie ressuscita chez les clercs. Suspect, réduit à la gêne, solidaire malgré tout d'un régime qui le nourrissait, l'écrivain voulut se venger des riches sans toucher à l'ordre établi : pour les écœurer d'eux-mêmes, il leur découvrit une fois de plus la faiblesse et la malignité du cœur humain. Le monde était la proie du Mal ; il n'y avait qu'un salut : mourir à soi, à la terre et contempler, au fond de l'éternel naufrage, les impossibles Idées, <les formes pures>, toutes les** [étoiles dont les clercs s'étaient faits les gardiens] *[6/SdB 302]* **étoiles ; comme on n'y pouvait réussir sans un entraînement difficile et dangereux, mieux valait s'adresser à un corps de spécialistes.** [les clercs prendraient l'humanité en charge et la sauveraient par la réversibilité des mérites : pendant que les mortels continueraient à s'entre-tuer, la cléricature] *[6/SdB 303]* **La cléricature offrait de prendre l'humanité en charge et de la sauver par la réversibilité des mérites : le monde irait son train ; les fauves du temporel, grands et petits, auraient tout loisir de s'entre-tuer si les nouveaux anachorètes regardaient pour tout le monde le Beau, le Vrai, le Bien. Le Beau surtout**[1(a)]**. Les lettres et les Arts se proposaient en somme d'asseoir leur dictature sur l'abaissement du genre humain.**

Pour leur malheur, ces clercs avaient affaire à une bourgeoisie déjà misanthrope. Les Anciens Nobles trouvaient la Nature bonne : c'était elle qui les distinguait du vulgaire ; en leur démontrant qu'elle était universellement *[6/SdB 304]* **mauvaise**[1(b)]**, on courait la chance de les démoraliser. Aux bourgeois du siècle dernier, elle faisait horreur, au contraire, parce qu'elle était commune à tous et qu'elle donnait aux pauvres des appétits. Pour s'élever au-dessus des généralités vagues de la vie, pour se distinguer de leurs indésirables égaux, les notables brimaient le pauvre qui était en eux, leurs corps jugulaient ses besoins, fondaient leurs privilèges sur les contraintes qu'ils s'imposaient : les corsets, l'empois des plastrons, la hauteur des cols trahissent encore, dans les musées, dans les albums de famille, la haine que**

l'homme [portait à l'homme : c'était l'époque où de jeunes dames prenaient une collation quand elles dînaient en ville, pour manifester publiquement qu'elles avaient triomphé de la faim ; il fallait ne pas se nourrir, ne pas jouir ; il fallait ne pas vivre ; les bourgeois constipés et leurs frigides épouses versèrent dans une manière de catharisme qu'ils nommaient entre eux la distinction. [Et comme chacun voulait se distinguer des autres, rien ne rapprocha plus les poètes] *[6/SdB 305]* **portait à l'homme ; de jeunes demoiselles, des dames faisaient collation en privé, les jours de dîners priés, avant d'aller manifester publiquement qu'elles avaient triomphé de la faim ; il fallait ne pas se nourrir, ne pas jouir. Les bourgeois constipés et leurs frigides épouses versèrent dans une manière de catharisme qu'ils nommaient entre eux la distinction.**

Poètes infortunés ! Puisque chacun d'eux voulait se distinguer de tous, ils se rapprochèrent de la classe détestée par l'effort qu'ils faisaient pour se distinguer d'elle. Distingué, Baudelaire ; distingués les Goncourt et Huysmans ; distingué, hélas ! même le grand Mallarmé. L'ère de la [négation commençait : la bourgeoisie s'amputait de ses désirs, les écrivains, trop discrets pour se tuer,] *[6/SdB 306]* **négation commençait : les notables s'amputèrent de leurs désirs ou les assouvirent en cachette ; trop discrets pour se tuer, les écrivains se tinrent pour morts ; sur leur visage ils mirent de l'âme, c'est-à-dire une absence visible : « la concierge est dans l'escalier ». Renseignements pris, la bourgeoisie daigna user d'eux : c'étaient des prêtres, en quelque sorte. Dieu disparu, elle se raccrochait au Divin, sa dernière couverture ; mais, tant qu'il** [restait abstrait, ce principe n'avait pas d'influence] *[6/SdB 307]* **restait abstrait, ce principe ne risquait pas d'influencer la plèbe : il fallait l'incarner. Pourquoi pas dans les Arts, dans le Beau, dans l'Idée ? L'essentiel, c'était qu'on pût convaincre l'homme de se préférer quelque chose, n'importe quoi. L'échec des clercs était complet : ils avaient tenté de désespérer le riche ; désespéré d'avance, le riche les paya pour désespérer le pauvre. Ils devinrent méchants : qu'est-ce qu'ils ont passé à leur semblable, du 2 décembre à l'attentat de Sarajevo. Quelque temps avant ma naissance, Gide résumait leurs travaux antérieurs par cette bourde fameuse : « Je n'aime pas l'homme, j'aime ce qui le dévore. » Il y a cinq ou six ans, Montherlant, plus naïf** [plaçait cette merde entre] *[6/SdB 308]* **posait cet étron sur la langue d'un antiquaire : « Les objets sont insignes mais les hommes sont hideux. » Entre ces deux aphorismes tient un demi-siècle de clabauderies**[1(c)]**.**

Pour une fois, Charles marchait avec son temps. Par malentendu. Comblé par la Nature et par la Société cet homme superbe ignorait le ressentiment. L'estime de ses pairs, l'adoration de ses élèves, les faveurs de quelques femmes mûres lui masquaient l'indifférence et le dédain des autres milieux. Il croyait que la primauté du spirituel était universellement reconnue. L'argent, bien sûr, il n'en avait pas ; mais il s'en moquait puisque son frère Auguste avait gagné des millions : besogne de cadet. Il connut par la lecture, par son commerce avec des universitaires plus mondains les mythes compensateurs qui traînaient dans les salons littéraires ; il les adopta par innocence, pour décorer sa profession et [sans avoir jamais éprouvé les dégoûts] *[6/SdB 308 bis] [6/F SdB 309]* **sans avoir jamais essuyé les dégoûts qui les avaient engendrés. Sûr de retrouver Dieu au moment de la mort, il L'avait éloigné de sa vie ; sous l'influence de Loisy, de Renan, il n'était pas loin de tenir Jésus pour** [un mortel] *[6/SdB 310]* **un homme ; mais ce pasteur manqué voulait res-**

ter fidèle aux volontés de son père : il garda le Divin et, tout comme les poètes, il le versa dans la Culture. De cet amalgame était né le Saint-Esprit, souffle sacré, attribut

1 *[a]* **Pour la contemplation du Vrai, il y avait un volontaire : Renan. Il ne fut pas écouté.** [Pas plus que son disciple d'aujourd'hui, Raymond Aron.] **Reste que les dîners Magny peuvent passer pour une conspiration de Mandarins : Taine et Renan, les Goncourt, Gautier se crurent appelés à gouverner la France parce qu'on leur servait des biftecks pendant le siège de Paris. Je le dis sans fard : ces hommes-là sont notre honte. Ils méritaient le poteau ; mais le sort fut plus cruel qu'une cour martiale : il les fit mourir dans leur lit.**

1 *[b]* [Ou, ce qui revient au même, universellement bonne. Quand la bourgeoisie se sentit assez forte, au XVIIIe siècle, elle renversa la vapeur et fit aux privilégiés le coup de l'humanisme destructeur. Pour un [bon] Sauvage d'Amérique, elle comptait bien désespérer 20 aristocrates. La Nature redevint déplorable quand les industriels et les marchands eurent le pouvoir.] *[6/SdB 304 bis]* **Ou, ce qui revient exactement au même, universellement bonne. Au XVIIIe siècle, la bourgeoisie se sentit assez forte pour renverser la vapeur et faire aux privilégiés le coup de l'optimisme empoisonné : tous les hommes sont excellents ; les nobles aussi, bien sûr : ni plus ni moins que leurs paysans. Pour un bon Sauvage, on espérait le suicide de vingt aristocrates. Cette fois, les circonstances furent favorables : cette ruse eut quelque influence sur les événements ; sur la nuit du 4 août, en particulier. Mais dès qu'ils eurent décapité leurs maîtres, les industriels et les marchands redevinrent pessimistes. J'espère qu'on nous racontera un jour les avatars qui ont conduit la Nature humaine de l'humanisme de l'âge baroque et rococo au *struggle for life* darwinien – ou comment, si l'on préfère, le génie de la classe dirigeante a retrouvé la différence sélective au sein de l'universelle égalité.**

1 *[c]* **Et cela continue en province. Voyez plutôt Ghelderode : « Je demande aux objets ce que les hommes ne peuvent me donner... Ils contiennent une perfection immuable. Ce sont des signes... Ils offrent toujours et ne demandent jamais rien. Je vis avec la matière. Les objets émettent des ondes, des préférences, des humeurs... » J'aime son talent, je sais qu'il vit austèrement, qu'il n'a rien à lui sauf quelques masques, quelques poupées dans une chambre d'hôtel. Pourquoi faut-il qu'un obscur ressentiment le fasse nous resservir cette philosophie de propriétaire qui se transforme lui-même en chose dans** *[6/SdB 6308 ter]* **la mesure où sa propriété vole les qualités humaines ? Nous n'avons pas quitté le cimetière à chiens : préférer un fauteuil, préférer un caniche, c'est tout un. Et pourquoi nous raconter qu'il vit avec la matière ? Il s'est mis en ménage avec des caricatures de l'homme, avec de l'humain pétrifié. Bien entendu la matière devient « signe » : un idéalisme bénisseur noie cette très réelle tentative d'envoûtement.**

[La scène des « Fées »]

*Pour cette « scène » (*Les Mots*, p. 33-35), étudiée par Jean-François Louette, nous donnons le fac-similé des huit feuillets du manuscrit « Vian » qui correspondent au texte final, et qui montrent que Sartre les a insérés dans la première version de « Jean sans terre », au moment de la constitution du manuscrit « Beauvoir ». Ces feuillets manuscrits, facilement lisibles, illustrent mieux que ne le fait une description abstraite ce que nous avons appelé « le traitement de texte » de Sartre pour l'élaboration des* Mots.

SdB 27 / MV 40

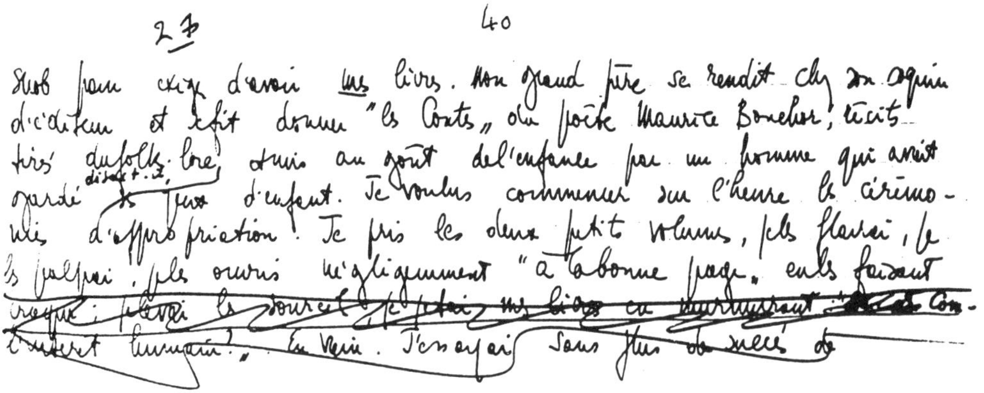
27
40
snob pour exiger d'avoir mes livres. Mon grand père se rendit chez son aquin
d'éditeur et se fit donner "les Contes" du poète Maurice Bouchor, récits
tirés du folklore, et mis au goût de l'enfance par un homme qui avait
gardé disait-il ses yeux d'enfant. Je voulus commencer sur l'heure les cérémo-
nies d'appropriation. Je pris les deux petits volumes, je les flairai, je
les palpai, je les ouvris négligemment "à la bonne page" en les faisant

SdB 28 / MV 41

28 41

~~l'objet humain~~ crayon. En vain : je n'avais pas le sentiment de la possé[der]. J'essayai sans plus de succès de la traiter en poupée, de la bercer, de l'embrasser, de la battre. Au bord des larmes, je finis par la poser sur les genoux de ma mère. Elle leva les yeux de son ouvrage : « Qu'est-ce que tu veux que je te lise, mon chéri ? Les Fées ? » Je demandai, incrédule : « Les Fées, c'est là-dedans ? » Cette histoire m'était familière : ma mère ~~me la contait souvent~~, avec des oublis, des distractions, des redites, en s'interrompant pour surveiller le rôti, pour donner des ordres à la bonne. Est-ce que la peine de faire tout un livre pour y emprisonner un récit sans apparat ? Les histoires que me contait ma mère, c'était tout le contraire d'une cérémonie : elles étaient faites de mots quotidiens, tantôt étirés et diffluents, tantôt [admis] mangés, qui faisaient attendre, de phrases qui commençaient dans l'emphase et s'achevaient dans la déroute ; à travers le récit je retrouvais ma mère, cette jeune fille de tous les jours, [illegible] qui n'était que sourire, [illegible] à mes oreilles, son odeur mêlée d'eau de Cologne ; [illegible] qui me regardait [illegible] à [illegible] de paroles. C'était un petit événement laïc, simple [illegible] à des jours, à des bains.

Ce n'était pas digne de figurer dans un livre : ma mère me la contait souvent avec des oublis, des distractions, des redites, en s'interrompant pour surveiller le rôti, pour faire [illegible] avec la bonne. C'était ~~tout le~~ contraire d'une cérémonie : elle était faite de mots profanes ~~tantôt étirés~~ tantôt étirés et diffluents, tantôt mangés par nervosité, souvent entendus ou trop [illegible], parfois impropres, de phrases qu'elle attaquait ~~dans~~ crânement et qui s'achevaient en déroute. Elles effaçaient le caractère féminin, femme autoritaire dont [illegible] ou d'éclairage avait fixé l'image. Ce débit évanescent et plein de mésententes, ce fading »

SdB 29 / MV 42

29 42

familière ; ma mère me la racontait souvent, quand elle me débarbouillait, en s'interrompant pour me frictionner à l'eau de Cologne, pour ramasser dans la baignoire le savon qui lui avait glissé des mains. ~~le récit trop connu, je l'écoutais d'une oreille distraite : je reportais mon attention sur Anne-Marie, cette jeune fille de tous mes matins, sur sa voix troublée par un perpétuel "fading", sur son débit plein de sursauts énergiques et d'effarouchements, sur~~

MV 43

43

glissé des mains. J'écoutais distraitement le récit trop connu ; Je n'avais d'yeux que pour Anne-Marie, cette jeune fille de tous ~~mes matins, je n'avais d'oreilles que pour sa voix troublée par la servitude, [illegible] de hardiesse aussitôt défaits et d'envols~~

mes matins, je n'avais d'oreilles que pour sa voix troublée par la servitude, je me plaisais à ses phrases inachevées, à ses mots toujours en retard, à sa brusque assurance, vivement défaite et qui se tournait en déroute pour disparaître dans un effilochement mélodieux et se recomposer après un silence. ~~Tout le temps qu'elle parlait, nous étions seuls et~~ L'histoire, ça venait par dessus le marché : c'était l'élixir de ses soliloques. Tout le temps qu'elle parlait nous étions seuls et

MV 44

44

clandestins loin des hommes, des dieux et des prêtres, deux biches au bois, avec ces autres biches, les fées ; je n'arrivais ~~pas~~ croire qu'on eût composé tout un livre pour y faire figurer cet épisode de notre vie profane, qui sentait le savon et l'eau de Cologne.

Anne-Marie me fit asseoir en face d'elle, sur ma petite chaise ; elle se pencha, baissa les paupières, s'endormit. De ce visage de statue

SdB 32 / MV 45

32 45

sortit une voix de plâtre. Je perdis la tête : qui racontait ? quoi ? et à qui ? ~~Anne-Marie~~ ma mère s'était absentée : pas un sourire, pas un signe de connivence, j'étais en exil. Et puis je ne reconnaissais pas son langage. Où prenait-elle cette assurance ? Au bout d'un instant j'avais compris : c'était le livre qui parlait. Des phrases en sortaient qui ~~me~~ faisaient peur : c'étaient de vrais mille-pattes, elles grouillaient de syllabes et de lettres, étiraient leurs diphtongues, faisaient vibrer les doubles consonnes ; chantantes, nasales, coupées de pauses et de soupirs, riches en mots inconnus, elles s'enchantaient d'elles-mêmes et de leurs méandres sans se soucier de moi : quelquefois elles disparaissaient avant que j'eusse pu les comprendre, d'autres fois j'avais compris ~~d'avance~~ d'avance ~~et~~ elles continuaient de rouler ~~noblement~~ ~~inflexiblement~~ vers le point final sans me faire grâce d'une virgule.

SdB 33 / MV 46

33 46

noblement
vers leur fin sans me faire grâce d'une virgule. Assurément, ce discours ne m'était pas destiné. Quant à l'histoire, elle s'était endimanchée : le bucheron, la bucheronne et leurs filles, la fée, toutes ces petites gens, nos semblables, avaient pris de la majesté ; on parlait de leurs guenilles avec magnificence ~~quelle se dessinait~~, les mots déteignaient sur les choses, transformant les actions en gestes et les événements en cérémonies. Quelqu'un se mit à poser des questions : l'éditeur de mon grand père, spécialisé dans la publication d'ouvrages ~~scolaires, ne voulait pas perdre l'~~

SdB 34 / MV 47

34 47

scolaires, ne perdait aucune occasion d'exercer la jeune intelligence de ses lecteurs. Il me sembla qu'on interrogeait un enfant : à la place du bucheron, qu'eût il fait ? laquelle des deux sœurs préférait-il ? pourquoi ? approuvait il le chatiment de Babette ? Mais cet enfant n'était pas tout à fait moi et j'avais peur de répondre. Je répondis pourtant, ma faible voix se perdit et je me sentis devenir un autre. Anne-Marie aussi, c'était une autre, avec son air d'aveugle extra-lucide : il me semblait que j'étais l'enfant de toutes les mères, qu'elle était la mère de tous les enfants. Quand elle cessa de lire, je lui repris vivement les livres et les emportai sous mon bras sans dire merci.

A la longue je pris plaisir à ce déclic qui m'arrachait de moi-~~même : le poète s'adressait à l'enfance~~

[L'excipit]

Voici les cinq feuillets finaux du manuscrit « Vian » :

MV 449

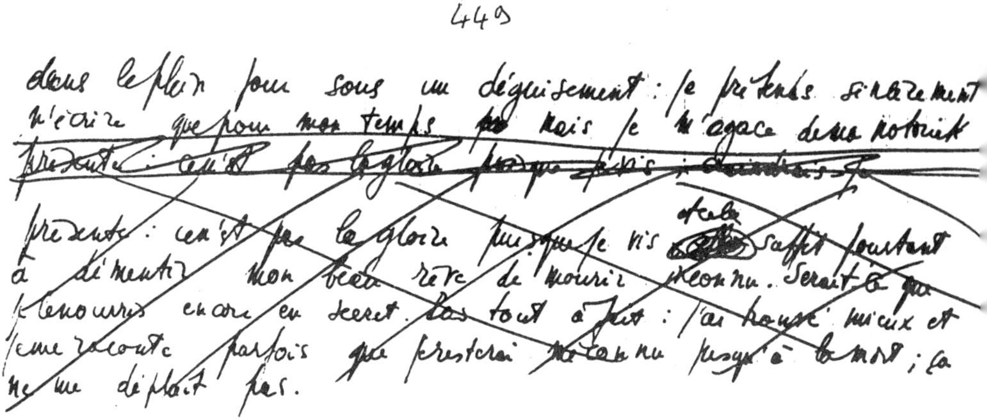
449

dans le plein jour sous un déguisement : je prétends sincèrement n'écrire que pour mon temps mais je m'agace de ma notoriété présente : ce n'est pas la gloire puisque je vis ;

présente : ce n'est pas la gloire puisque je vis et cela suffit pourtant à démentir mon beau rêve de mourir méconnu. Serait-ce que je le nourris encore en secret. Pas tout à fait : j'ai trouvé mieux et je me raconte parfois que je resterai méconnu jusqu'à la mort ; ça ne me déplaît pas.

MV 450

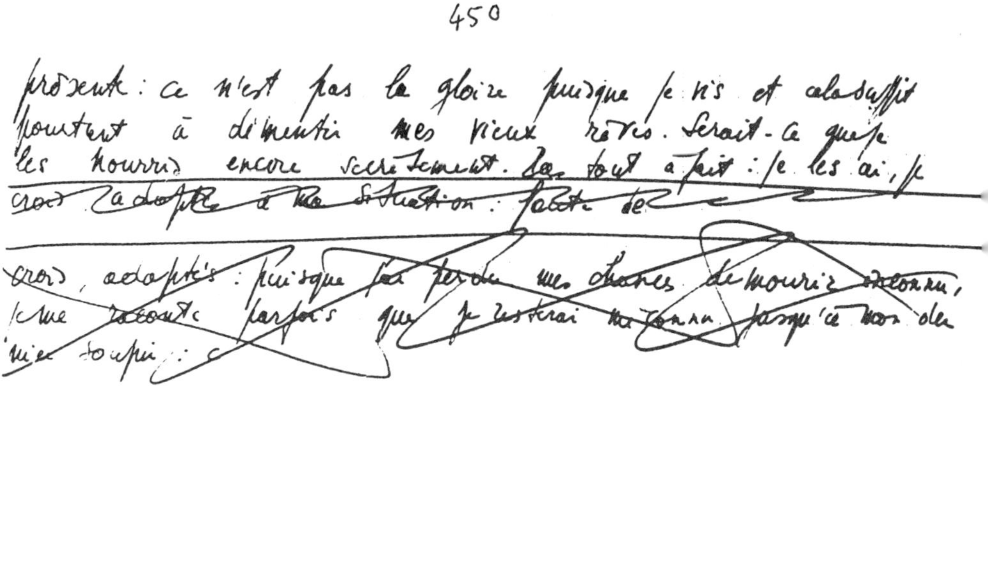
450

présente : ce n'est pas la gloire puisque je vis et cela suffit pourtant à démentir mes vieux rêves. Serait-ce que je les nourris encore secrètement. Pas tout à fait : je les ai, je crois, adaptés à ma situation : faute de

crois, adaptés : puisque j'ai perdu mes chances de mourir méconnu, je me raconte parfois que je resterai méconnu jusqu'à mon dernier soupir : c

MV 451

451

crois, adaptés : puisque j'ai perdu mes chances de mourir inconnu, je me flatte quelquefois d'être méconnu et me plais à penser que je le resterai jusqu'au dernier soupir. Grisélidis pas morte. Pardaillan m'habite encore, souterrainement. Et Strogoff. Je ne relève que d'eux qui ne relèvent que de Dieu et je ne crois pas en Dieu. Allez vous y reconnaître. Pour ma part, je ne m'y reconnais pas et je me demande parfois si je ne joue pas à qui perd gagne et ne m'applique à tout piétiner pour ~~que tout me soit rendu. Je suis Philoctète, magnifique et puant, j'ai donné mon arc et/exis dans un confortable dénuement~~ : mais

MV 452

452

~~que tout me soit rendu au centuple. Je serais Philoctète~~

que tout me soit rendu au centuple. En ce cas je serais Philoctète : magnifique et puant, cet infirme a donné jusqu'à son arc sans condition : mais, souterrainement, on peut être sûr qu'il attend sa récompense.

Laissons cela. Mamie dirait : « Glissez, mortels, n'appuyez pas. » Ce que j'aime en ma folie, c'est qu'elle m'a protégé, du premier jour, contre les séductions de « l'élite » : jamais je ne me suis cru l'heureux propriétaire d'un « talent » : ma seule affaire était de me sauver – rien dans les mains, rien dans les poches – par le travail et l'espérance. Du coup ma pure option ne m'élevait au-dessus de personne. Sans équipement, sans outillage je me suis mis tout entier à l'œuvre pour me sauver tout entier. Si je range l'impossible Salut au magasin des accessoires, que reste-t-il ? Tout un homme, fait de tous les hommes et qui les vaut tous et que vaut n'importe qui. ~~Je ne me sens de supériorité que sur les hommes supérieurs : les grands martyrs : ils prétendent nous enseigner le monde au nom de leurs bras coupés, de leurs jambes sectionnées, des mutilations qui les font autres : autres qu'eux-mêmes, autres que nous, et qu'ils nomment leur exquise singularité. Pour moi, à moins de parler au nom de tous, je ne voulais parler en mon nom.~~

Ms Vian [non folioté]

: Sans équipement, sans outillage, je me suis mis tout entier à ~~l'ouvrage~~ l'œuvre pour me sauver tout entier. Si je range l'impossible Salut au magasin des accessoires, que reste-t-il ? Tout un homme, fait de tous les hommes et qui les vaut tous et que vaut n'importe qui.

II
SARTRE ET QUELQUES AUTRES SUR SON AUTOBIOGRAPHIE PARATEXTE, DOCUMENTS ET TÉMOIGNAGES

PRÉSENTÉS PAR PHILIPPE LEJEUNE

Gérard Genette appelle *paratexte* l'ensemble des messages liés directement ou indirectement à un texte publié, émanant de l'auteur ou de l'éditeur, et conditionnant sa lecture.

Il distingue les messages physiquement liés au texte lui même, disposés à sa périphérie (titre, sous-titre, collection, graphisme de la couverture, dédicace, citations en exergue, préface, postface, page 4 de couverture, etc.), qu'il appelle *péritexte*, et les messages extérieurs au livre, soit publics (interviews), soit privés (métadiscours sur l'œuvre dans textes intimes ou lettres), qu'il appelle *épitexte*.

Le péritexte des *Mots* est des plus réduit. Le titre n'est accompagné d'aucun sous-titre générique. Ce sera au lecteur de deviner qu'il s'agit d'un texte autobiographique, ce n'est annoncé nulle part. Il n'y a pas de préface. La prépublication dans *Les Temps modernes* entre en résonance avec un éventuel aspect « littérature engagée », la publication dans la collection blanche de Gallimard avec l'aspect « performance littéraire haut de gamme ». Le lecteur de la collection blanche (qui a acheté un exemplaire ordinaire) est aimablement informé, selon l'usage, qu'il a été tiré de l'édition originale 15 exemplaires sur Japon impérial, 45 sur vélin de Hollande et 125 sur vélin pur fil Lafuma-Navarre ! C'est aussi un sentiment d'exclusion, mais d'un ordre différent, qu'inspire la dédicace « à Madame Z. ». La formulation est étrange : le cérémonieux « Madame » contraste avec la discrétion de l'initiale, qui suggère une relation intime. Discrétion bien relative, puisqu'en France les patronymes en Z ne sont pas légion... Si on retourne le livre, on trouve (c'est habituel, mais cela prend ici une résonance particulière) la liste serrée des innombrables livres de Jean-Paul Sartre, classés par genre (Romans, Nouvelles, Théâtre, Littérature, Philosophie). Le lecteur peut se demander dans quelle catégorie sera rangé le livre qu'il a entre les mains, quand il figurera sur la page 4 de couverture du livre suivant. On est jeté dans le texte sans plus d'information. La bande publicitaire, à la sortie du livre, portait la simple indication : « Une enfance ».

Sartre a réservé aux lecteurs russes les explications qu'on donne ordinairement au début d'une autobiographie. On lira ci-dessous le texte intégral de la Préface écrite en 1964 pour la traduction des *Mots*. C'était le premier livre de Sartre traduit en russe. La traductrice était Lena Zonina, l'interprète de Sartre lors de ses séjours à Moscou, devenue sa maîtresse. C'est à elle, bien sûr, que le livre est dédié. Sartre a rédigé cette préface pour prendre contact avec un public nouveau, s'excuser et s'expliquer. Le caractère elliptique du péritexte dans la version originale française est lié à la fois à la notoriété de Sartre, et la complicité qu'il se sent avec un public supposé partager sa culture et son histoire.

On verra dans le dossier ci-dessous les rares éléments d'information que nous avons sur l'histoire de ce péritexte. L'autobiographie de Sartre s'est appelée *Jean sans terre* jusqu'en 1963. Le titre *Les Mots* a été choisi *in extremis*, après que Sartre eut d'abord envisagé « *L'Alphabet* ».

Le dossier qui suit a été constitué pour combler ce manque d'information. Il rassemble l'épitexte et une série de témoignages.

L'épitexte comprend toutes les déclarations faites par Sartre dans des interviews à des journaux ou lors d'entretiens biographiques enregistrés. Il doit être interprété avec la plus grande prudence. Pendant la période de rédaction (1953-1963), les allusions à l'autobiographie sont souvent faites en appendice d'interviews portant sur autre chose. Il faut faire la part de l'improvisation. Sartre a tendance à parler de ses intentions plutôt que de la réalité de son travail. Au moment de la sortie des *Mots*, une seule interview a été accordée, à Jacqueline Piatier. Cette interview a fonctionné, aux yeux de nombreux lecteurs, comme une sorte de postface. Sartre s'y explique sur l'histoire de son projet autobiographique, et sur le sens du livre. Les déclarations postérieures à la publication, dans lesquelles le livre est évalué et la suite du projet autobiographique évoquée, sont presque toutes faites à l'intérieur d'entretiens qui s'inscrivent eux-mêmes dans une nouvelle stratégie d'autobiographie parlée.

Beaucoup de questions, après lecture de l'épitexte, restaient malgré tout sans réponse. J'ai donc essayé, en 1986, de m'informer directement auprès de l'entourage de Sartre. Les témoignages que j'ai recueillis apportent une information très riche et passionnante, même si, tributaires des aléas de la mémoire, ils peuvent avoir leur failles ou leurs incertitudes. Ils sont surtout limités par la discrétion que Sartre lui-même observait sur son travail autobiographique. Je remercie vivement tous ceux qui ont accepté de répondre à mes questions et ont autorisé la publication de leur témoignage. Certains contacts que j'avais essayé de prendre, notamment avec Jean Cau et Francis Jeanson, n'ont pas abouti. L'ensemble permettra néanmoins de mieux suivre la genèse de l'autobiographie, resituée, grâce à l'écho de ces témoignages, dans un réseau de relations intellectuelles et affectives vécues.

1
L'ÉPITEXTE

Avant la publication des **Mots**

1. *Combat*, 31 octobre - 1er novembre 1953, interview par Serge Montigny sur *L'Affaire Henri Martin*. Quatrième question :

— *Qu'écrivez-vous en ce moment ?*

— Une autobiographie. Mais qui ne cherche pas à retracer ma vie sous son aspect individuel. J'essaierai plutôt de m'y définir en tant que membre de cette génération qui a vécu la guerre de 1914, l'entre-deux-guerres, l'occupation et l'après-guerre. Je travaille aussi à mon « Traité de morale » qui se rattachera à mes précédents ouvrages philosophiques, et notamment à *L'Être et le Néant*.

2. *Libération*, 4 novembre 1953, interview sur *Kean* par Paul Morelle. Question finale :

— *Quels sont, à part Kean, vos projets ?*

— Une autobiographie, mais plutôt sociale et politique qu'individuelle, sur l'évolution des gens de ma génération, de 1905 à la Libération, en passant par 1914, 1936, 1940. A travers mon histoire, c'est celle de mon époque que je veux transcrire.

3. *Le Monde*, 1er juin 1955, interview sur *Nekrassov* par H. Magnan, qui l'interroge aussi sur ses autres travaux. Sartre achève *Les Communistes et la paix...*

— [...] et je rédige en même temps une autobiographie qu'il m'importe et me plaît bien d'écrire. C'est l'histoire – la mienne – d'un homme de cinquante ans, fils de petits-bourgeois et qui avait neuf ans à la veille de 1914 et se trouvait déjà marqué par ce premier avant-guerre. Entre les deux guerres il a poussé ses études assez loin, mais n'a vécu pourtant qu'en se trompant totalement sur le sens de la vie. Il fut le jouet d'une mystification jusqu'au moment de découvrir que l'on pouvait devenir le jouet des circonstances : un matin de 1939 où vous tombent sur les épaules un uniforme, un numéro matricule et l'obligation de remplir un « engagement » que d'autres auront signé pour lui. Dès lors, il décidera de s'engager tout seul...

— *De quoi remplir de gros bouquins, non ?*

— Non. Un épais volume ou deux au maximum. Je voudrais éviter le romanesque, l'anecdotique même dans la mesure où il n'aurait pas d'importance. Ce seront plutôt des mémoires où me définir par rapport à la situation historique en utilisant comme système d'investigation aussi bien une certaine psychanalyse que la méthode marxiste. Il m'importe beaucoup d'expliquer ce pour quoi j'écris. C'était la préoccupation de Kafka lorsqu'il disait : « J'ai un mandat, mais personne ne me l'a donné. » Je voudrais expliquer dans cet ouvrage où pouvoir mettre presque tout de moi-même comment, il se fait que j'ai voulu continuer d'écrire selon une certaine forme esthétique donnée, mais participant désormais à l'événement social : comment j'ai... éclaté.

4. *The Listener*, 6 juin 1957, an interview with Olivier Todd, « Jean-Paul Sartre on his Autobiography », p. 915-916. Olivier Todd a publié dans *Un Fils rebelle* (Grasset, 1981, p. 161-171) le script en français que la BBC avait établi de cette interview, avant de la traduire. C'est le texte que nous suivrons. Le début et la fin portent sur le projet autobiographique.

— *Vous êtes en train d'écrire votre biographie. Dans la mesure* (on attrapait facilement les tics sartriens !) *où il ne s'agit pas d'une entreprise anecdotique, de quelque chose qui rappellerait le Journal intime, pourquoi éprouvez-vous le besoin de le faire maintenant ?*

— J.-P. S. : D'abord, c'est un essai de méthode. Parce que j'ai écrit un certain nombre d'ouvrages où j'ai essayé de déterminer le sens d'une vie et le projet qui l'habite, avec les modifications qu'ils subissent à l'expérience – par exemple sur Genet, sur Baudelaire, et d'autres études qui n'ont pas été publiées. On m'a reproché... que cette manière de reconstituer du dehors, sur les absents, sur les morts, exclut une espèce de sympathie. Il devrait y avoir dans la méthode une espèce de sympathie. On ne pourrait certainement pas reprocher à un auteur de se trouver sympathique lui-même. Par conséquent, je pourrais bénéficier en appliquant ma méthode sur moi-même du minimum de sympathie que je peux avoir pour mes propres projets.

— *Éprouvez-vous beaucoup de sympathie pour vous-même à toutes les époques de votre existence ?*

— J.-P. S. : Il y a certainement des transformations. Il y a des époques que je n'aime pas. Mais, enfin, il y a certaines continuités. Du moment que ce sont des continuités, du moment que je peux retrouver aujourd'hui chez moi des désirs ou des volontés que j'avais il y a quinze ou vingt ans, je peux penser que je ne risque pas d'être trop injuste. Je dis trop injuste parce que, si je parlais simplement de moi, je pourrais risquer de tomber dans le défaut commun de tous les gens qui parlent de soi, c'est-à-dire d'être trop indulgent pour moi. Mais, comme la méthode elle-même est très sévère, j'imagine qu'il doit y avoir une sorte de correction. Autrement dit, il s'agit de retrouver un sens du vécu, tel qu'il m'est apparu quand je le vivais, puisque le reproche qu'on m'a fait, c'est que ce sens du vécu-là a pu m'échapper quand j'ai travaillé sur d'autres que moi.

— *Même s'il y a continuité dans votre vie telle que vous la voyez, n'y a-t-il pas aussi des ruptures assez nettes, qu'on peut retrouver dans vos livres ? Ce qui me frappe dans les articles et les livres vous concernant, c'est que les critiques ne soulignent pas la rupture entre des préoccupations subjectives et d'autres objectives, comme la politique.*

— J.-P. S. : C'est la seconde raison pour laquelle j'écris cette biographie et pour laquelle je l'écris maintenant. Parce qu'il y a deux manières de concevoir ce qu'on écrit. Ce que personne ne sent et ne pense : c'est de l'aristocratie littéraire. On peut, au contraire, penser qu'on écrit ce que tout le monde pense, simplement parce qu'on est comme tout le monde. C'est mon deuxième point de vue, un point de vue démocratique. Dans ces conditions, il me semble que ma propre expérience peut être significative dans la mesure où elle peut être celle d'une foule de gens qui me ressemblent. Mettons, par exemple, des intellectuels français de la IIIe et de la IVe République. C'est ce passage du subjectif à l'objectivité qui me paraît frappant, non pas seulement dans ma biographie, mais dans celle d'une foule de gens que je connais. Aussi bien chez d'anciens surréalistes que d'anciens analystes ou chez beaucoup d'autres qui ont à peu près le même âge. Ce qui m'intéresse quand j'écris cette biographie, ce n'est pas seulement de retrouver le sens propre d'une vie parmi d'autres, mais de retrouver l'évolution assez curieuse d'une génération. C'est-à-dire que je suis né en 1905 dans un milieu de petits-bourgeois intellectuels et que je me suis développé dans une époque où les maîtres étaient malgré tout Gide et Proust, dans une époque, en effet, de subjectivisme et d'esthétisme. Nous étions tous pareils, à cette époque-là. Nous nous retrouvons aujourd'hui avec pour préoccupation majeure le rapport avec des thèses, des thèmes politiques objectifs et des idéologies objectives comme le marxisme. C'est une curieuse modification. Et qui a pour effet, en particulier, je pourrais dire de disqualifier à nos propres yeux certains épisodes de notre vie. Je prends, mettons, l'ensemble des événements intimes de ma vie subjective et privée entre 1930 et 1939. Ce sont des événements semblables à ceux de toutes les vies, mais auxquels je devrais attacher une certaine importance, une certaine tendresse, comme tous les gens qui vieillissent devant l'âge de leur jeunesse, de leur maturité. Eh bien, précisément, parce que, à mon point de vue, nous avons tous une sorte de dissolution de l'objectivité ! Dans ce que vous voyez comme quelque chose de riche, d'original, je suis contraint de ne plus voir qu'une manifestation parmi d'autres d'un certain genre d'intellectuel d'un certain type. Des relations auxquelles je tenais, auxquelles je trouvais une certaine originalité, ne m'apparaissent maintenant plus que dans un certain cadre qui, lui, est beaucoup plus intéressant, qui est le cadre d'une époque. De cette époque qui se figure qu'elle glisse vers une idée perpétuelle, mais qui, en réalité, n'est qu'un résidu d'une guerre qui se prépare à l'autre.

Autrement dit, ce que je voudrais essayer de rendre, c'est l'évolution d'une génération qui avait entre dix et quinze ans pendant la première guerre, et qui, donc, l'a connue à travers ses parents, mais qui n'avait pas l'âge de la faire, qui a abordé la seconde encore avec l'âge de la faire, mais déjà parmi les plus âgés de ceux qui la faisaient... Pour cette génération-là je crois bien que la rupture s'est faite en 1940, d'abord au moment précis où on a constaté que nous avions vécu une époque totalement truquée, puisque, justement, nous la voyions comme une espèce de progrès un peu indéfini vers la paix. Nous la visions comme telle. Nous considérions ce que nous faisions comme une espèce d'apport minime, puisque ce sont des apports personnels – chacun le sien – à cette évolution pacifique. Nous retrouvions donc l'espèce d'optimisme progressiste que les marxistes attribuent aux bourgeois. Et pendant que nous visions cela, en fait, tous nos actes appartenaient à une autre réalité, la vraie, qui était une réalité qui devait conduire à cette guerre à la fois militaire et civile qu'a été la guerre de 1939. De sorte que nous avons été les dupes, en un certain sens. En même temps, en 1940, nous avons senti que nous avons vécu une situation de violence, de contradictions et de conflits qui est une situation proprement marxiste dans son allure, comme une situation progressive relativement douce et modérée. C'est à partir de ce moment-là qu'il y a eu changement chez tous ceux de mon espèce, c'est-à-dire tous ceux qui ont environ cinquante ans...

[Olivier Todd interroge alors Sartre sur ce qu'est son « marxisme ». Il lui demande en particulier comment ce marxisme peut s'articuler avec la psychanalyse existentielle. Sartre répond très longuement et prend pour exemple les vies de Flaubert et de Mirabeau.]

— *N'y a-t-il pas plus de contradictions quand on écrit une autobiographie que dans la rédaction d'une biographie : parce que, dans le premier cas, on chasse les significations d'une vie qui sont transformées dans la chasse même ?*

— J.-P. S. : Oui. Mais c'est pour cela qu'à mon avis il y a des moments où l'on peut le faire. Ce sont les moments où l'on est soit à un point de crise ou à un point de rupture ou à un point d'arrivée, ce qui est plus rare. Ou à un nouveau point de départ. C'est le moment où le changement d'une situation amène la brusque découverte de sa vie sous un nouvel aspect. Naturellement vous me diriez : pourquoi cet aspect serait-il plus vrai que l'aspect qu'elle avait auparavant ? Je vais essayer de vous le dire : c'est que l'autobiographie doit viser l'individu et le regarder presque comme un objet en même temps que comme un sujet. Mais, pour se regarder soi-même comme objet, il ne faut pas croire qu'il suffise de diriger le regard de la réflexion sur soi-même. En fait, on tourne en rond...

La première chose que je dois essayer d'expliquer dans une autobiographie, c'est pourquoi j'écris. Enfin, j'aurais pu choisir un autre métier. J'aurais pu être peintre ou j'aurais pu faire des affaires. Le problème est là : pourquoi est-ce que j'ai préféré ce mode d'activité à tous les autres ? Or, je n'ai pas été capable de le savoir avant les trois ou quatre dernières années. Pourquoi ? C'est parce que je tenais tellement à ce projet d'écrire que tout ce que je pouvais me dire sur lui, c'étaient des choses qui m'étaient dictées par lui-même. Il ne pouvait pas être lui-même mon objet, alors que je pouvais m'analyser comme un autre, concernant mes sentiments, mes déceptions, mes petites mesquineries ou mes enthousiasmes. Ça, c'était très facile à analyser, comme chez tout le monde. Mais ce qui me constituait, moi, et qui donnait son sens à tout le reste, j'étais parfaitement incapable de le comprendre. D'ailleurs, je vivais sans me donner d'explications. Le résultat, c'est qu'au fond j'avais deux pensées – des pensées qui s'exprimaient en tenant pour tout à fait contingent le fait d'écrire, de s'adresser à tout le monde. Et puis, une pensée derrière qui me dictait tout cela et qui était quand même que j'écrivais. Je n'étais pas encore retourné sur moi-même. Vous voyez ce que je veux dire...

— *Et maintenant ?*

— J.-P. S. : Eh bien... C'est aussi ça qui me paraît un enseignement marxiste : pour pouvoir prendre un recul mental par rapport à certaines données de votre vie, il faut un déplacement réel et matériel de la personne par rapport à la condition antérieure dans laquelle ces données existaient. Mais dans la mesure, justement, où la politique m'a entraîné à prendre des positions de plus en plus objectives et à me rapprocher de plus en plus de la gauche, de l'extrême gauche, c'est dans cette mesure même qu'un beau jour, me saisissant et étant saisi par les autres comme un homme d'une certaine espèce, j'ai pu comprendre ce que représentait pour moi le choix très ancien d'écrire. Après tout j'avais huit ans quand je pris la décision !

[Après avoir cité in extenso, *en 1981, cette interview, Olivier Todd ajoute un souvenir, et un commentaire : « Sartre, il me le répéta à la sortie du studio de la BBC, avant de reprendre un taxi, voulait rédiger une autobiographie qui le mènerait bien au-delà de la période couverte par* Les Mots. *On le sent ici. Mais, plutôt qu'une autobiographie étalée et saupoudrée de considérations théoriques plus ou moins démontrables, mieux vaut avoir eu* Les Mots. *Tant mieux pour la littérature, tant pis pour une certaine philosophie. »]*

5. *Welt am Sonntag* (Hambourg), 6 octobre 1957. Titre de l'interview : « Gespräch mit Jean-Paul Sartre. Der französische Dichter-Philosoph und Madame de Beauvoir schreiben ihre Autobiographien ».

— *[...] Und das vierte Buch ?*

— ... ist meine Autobiographie.

— *Ein unbescheidener Einwand : Ist das nicht sehr früh ?*

— Ja und nein. Im Grunde ist es immer zu früh, solange man lebt. Sehen Sie, ich bin heute 52 und führe den ersten Band nur bis zu meinem 20. Jahr. Da hat man schon Distanz. Ich bin im Klima eines realistischen Kleinbürgerstums aufgewachsen. Dann kam der Krieg, das Leben der Welt in Irrtümern, das Tun-als-ob und als-sei-nichts-geschehen...

Das Gespräch nähert sich wiederum der Politik. Sartre wird schweigsam, und vorsichtshalber wechsele ich das Thema.

— Madame de Beauvoir ? Auch sie schreibt an ihrer Autobiographie, auch bis zu ihrem 20. Jahr [...]

6. *Le Monde*, 17 septembre 1959, interview par Claude Sarraute au moment de la sortie des *Séquestrés d'Altona* :

— *Cl. S. : A propos d'expérience personnelle, on a dit que vous aviez renoncé à écrire des romans sous prétexte d'en manquer.*

— J.-P. S. : C'est un peu vrai, oui. Et ce n'est vrai que pour le roman. Au théâtre c'est différent. Le théâtre est un mythe, je l'ai dit [...]. Il en va tout autrement pour le roman [...]. Dans ce domaine l'expérience est indispensable. Je vous accorde qu'il n'en faut pas beaucoup. Il en faut tout de même un peu. C'est à partir de petits faits vrais qu'on invente de petits faits faux.

— *Cl. S. : Est-ce à ces scrupules que nous devrons de lire bientôt votre autobiographie ?*

— J.-P. S. : Je l'ai commencée, oui. Je voudrais montrer ce que sont les hommes entre cinquante et soixante ans qui ont vécu comme moi tout ce demi-siècle. Je suis né à peu près avec l'auto, j'ai connu les premiers balbutiements du cinéma, le vol de Blériot au-dessus de la Manche. C'était une époque à peu près tranquille, esthétisante. Et puis il y a eu les deux guerres, la révolution soviétique, aujourd'hui ces deux monstres face à face. Enfin, l'autre soir, en sortant d'une répétition de ce théâtre au cadre un peu vieillot, le Lunik ! Tout cela n'a pas toujours été facile à encaisser, croyez-moi.

7. Entretien avec Madeleine Chapsal, réalisé le 5 janvier 1960 chez Sartre rue Bonaparte. Le manuscrit, résultant d'une sténotypie, a été soumis à Sartre, qui y a apporté des corrections. Publié en 1960 par Madeleine Chapsal dans *Les Écrivains en personne* (Julliard), et en 1984, en version abrégée, dans *Envoyez la petite musique* (Grasset)[1]. Repris éga-

1. Dans ce livre, Madeleine Chapsal indique erronément la date 5 janvier 1959 pour cet entretien et affirme qu'il a été publié précédemment dans *L'Express* (information qui était donnée aussi, sans référence, dans *Les Écrits de Sartre*). La mémoire de M. Chapsal, sur ce point, la trompait. On trouvera le texte complet dans *Situations IX*, sous le titre « Les écrivains en personne ».

lement en tête de *Situations IX* en 1972. Dans la version publiée de cet entretien, Sartre ne mentionne pas le fait qu'il a entrepris une autobiographie. Mais pour la première fois il *parle* son autobiographie. On trouvera ci-dessous trois passages de cet entretien (*Situations IX*, p. 32-33, 28, et 38-39), où Sartre évoque son enfance (la vocation littéraire), son adolescence (la violence à La Rochelle), sa position actuelle devant l'écriture...

— *[...] N'est-ce pas un drôle de métier que celui d'écrivain ? Il exige de l'énergie, bien sûr, mais ne repose-t-il pas aussi sur une sorte de faiblesse ?*

— Moi, je l'ai choisi contre la mort et parce que je n'avais pas la foi : ça représente bien une sorte de faiblesse.

A sept ou huit ans, je vivais avec ma mère, qui était veuve, entre une grand-mère catholique et un grand-père protestant. A table, chacun se moquait de la religion de l'autre. C'était sans méchanceté : une tradition familiale. Mais un enfant raisonne droit : j'en conclus qu'aucune des deux confessions n'avait de valeur. Bien qu'on ait cru devoir me donner la religion catholique, cela n'a jamais compté.

Or, vers le même âge, la mort m'a fait très peur. Pourquoi ? Peut-être, justement, parce que je n'avais pas le mythe bienfaisant (pour les enfants) de la survie. J'écrivais déjà, comme font les gosses. J'ai versé dans mon goût d'écrire, mon désir de survie. De survie littéraire, bien entendu. Cette idée de survie littéraire, que j'ai bien abandonnée depuis, a sûrement été au départ le centre de mes investissements.

Le chrétien, en principe, ne craint pas la mort parce qu'il lui faut mourir pour commencer la vie véritable. La vie terrestre est une période d'épreuves pour mériter la gloire céleste. Cela suppose des obligations précises, des rites à observer, il y a des vœux aussi : obéissance, chasteté, pauvreté. Je prenais tout cela et je transposais tout en termes de littérature : je serais méconnu toute mon existence, mais je mériterais la vie éternelle par mon application à écrire et par ma pureté professionnelle. Ma gloire d'écrivain commencerait le jour de ma mort. J'avais de graves débats de conscience : fallait-il tout connaître, pour pouvoir écrire de tout ? Ou vivre comme un moine pour consacrer tout mon temps à polir mes phrases ? De toute façon, ce qui était en question, c'était tout. La vie littéraire fut calquée, dans mon imagination, sur la vie religieuse. Je ne songeais plus qu'à faire mon salut...

Tout cela, je l'ai ignoré jusqu'à quarante ans : simplement parce que je ne m'interrogeais jamais sur mes motifs d'écrire. Je contestais tout : sauf ma profession. Si bien qu'un jour, en écrivant des considérations sur la morale, je me suis aperçu que je faisais une éthique d'écrivain pour des écrivains, en prétendant parler à ceux qui n'écrivaient pas ! C'est ce qui m'a contraint à remonter aux sources de cette attitude bizarre et à chercher les présuppositions – ou, si l'on préfère, les investissements de mon enfance. A présent, je suis sûr que c'est cela. D'autant plus que des écrivains un peu plus âgés que moi – à peine – ont eu la même évolution : c'est l'époque qui formait ses futurs auteurs.

Donc, en effet, c'est, sans aucun doute, une fuite, une faiblesse. « Moi, ça m'est égal parce que j'écris *Paludes*... »

[...]

— Nous avons connu – nous, les gens de mon âge – deux violences sacrées, entre l'enfance et l'adolescence. En 1914, la guerre : on nous a dit qu'elle était juste et que Dieu était pour nous. En 1917, la révolution russe. Entre-temps, en effet, nous avions été un peu démystifiés et, vers 1919, nous avions reporté nos espoirs en elle. N'allez pas croire que je confonds une guerre capitaliste et la révolte de Leningrad. Je peux aujourd'hui croire que le mois d'octobre 1917 a transformé le monde irréversiblement. Mais je vous parle des enfants que nous étions. Nous étions pénétrés par la violence de nos pères. Entre 1914 et 1918, j'ai vécu à La Rochelle : les enfants étaient au pouvoir, ils se croyaient au front ; un de mes camarades poursuivit sa mère un couteau à la main parce qu'elle lui avait servi des pommes de terre et qu'il n'aimait pas ça. Par ailleurs, c'étaient des garçons fort raisonnables. Mais ces événements leur avaient un peu chauffé la tête, parce qu'on leur demandait en somme *d'intérioriser* cette violence sacrée. Ils l'ont fait, et, dégoûtés, beaucoup – dont j'étais – n'ont eu aucune peine à remplacer cette fameuse guerre sainte par la sainte révolution. Quand je suis entré à l'École normale, personne – même un thala – n'eût osé dire qu'il fallait refuser la violence. Nous nous inquiétions surtout de la canaliser, de la limiter. Une violence de bonne tenue et de rapport. Nous étions, pour la plupart, fort doux et pourtant nous étions devenus des êtres de violence puisque l'un de nos problèmes était : tel ou tel acte est-il un acte de violence révolutionnaire ou bien dépasse-t-il la violence justifiable pour la révolution ? Ce problème est resté le nôtre : nous ne le dépasserons pas.

[...]

J'ai perdu bien des illusions littéraires : que la littérature ait une valeur absolue, qu'elle puisse sauver un homme ou simplement changer des hommes (sauf en des circonstances spéciales), tout cela me paraît aujourd'hui périmé : l'écrivain continue à écrire, une fois ces illusions perdues, parce qu'il a, comme disent les psychanalystes, tout investi dans l'écriture. Comme on continue à vivre avec des gens auxquels on ne tient plus, auxquels on tient autrement : parce que c'est la famille. Mais il me reste une conviction, une seule, dont je ne démordrai pas : écrire est un besoin pour chacun. C'est la forme la plus haute du besoin de communication.

— *Alors, ceux qui ont pris pour métier d'écrire devraient être les plus heureux, ne font-ils pas tout le temps ce que les autres rêvent de faire ?*

— Non, puisque c'est leur *métier*. Je vous dis : il s'agit pour chacun d'arracher, de son vivant, sa propre vie à toutes les formes de la Nuit.

— *Faut-il un lecteur ?*

— Bien sûr. Le « cri écrit », comme dit Cocteau, ne devient un absolu que si des mémoires le conservent, que si d'autres peuvent l'intégrer à *l'esprit objectif*. Bien entendu, il y a un décalage entre le public visé (qui peut être imaginaire) et le public réel. Mais, peut-être, celui-ci se substitue-t-il à celui-là.

— *Être écrivain serait donc le plus profond désir de chacun ?*

— Oui et non. Un écrivain s'aliène à son écriture : c'est fâcheux. A huit ans, je pensais que la Nature elle-même n'était pas insensible à la production d'un bon livre : quand l'auteur traçait le mot « Fin », une étoile filante devait dégringoler dans le ciel ! Aujourd'hui, je pense que c'est, en tant que métier, une activité qui en vaut une autre. Mais, je vous le répète, ce n'est pas l'important : ce que les gens désirent tous – quelques-uns à leur insu – c'est d'être témoins de leur temps, témoins de leur vie, c'est d'être, devant tous, leurs propres témoins. Et puis, aussi, voilà : les sentiments et les conduites sont ambigus, brouillés : il y a des réactions internes qui les stoppent dans leur développement, des craquements parasitaires. On ne vit pas tragiquement le tragique, ni le plaisir avec plaisir. En voulant écrire, ce qu'on tente, c'est une purification.

En revanche, dans la version « brute » et inédite de cet entretien réalisé pour *L'Express* mais que l'hebdomadaire n'a pas publié (nous remercions Madeleine Chapsal de nous avoir communiqué la transcription intégrale et autorisé à reproduire le passage qui nous intéresse), Sartre est plus explicite sur son travail :

L'Express. — Depuis quand écrivez-vous votre autobiographie ?

M. Sartre. — Je ne l'écris pas en ce moment. Il y a longtemps que je n'y ai pas touché. Mais je voudrais essayer d'expliquer pas du tout ce qui m'est arrivé au point de vue individuel – j'en parlerai bien entendu, mais cela ne me paraît pas particulièrement passionnant – mais plutôt d'expliquer ce qu'il y a de commun à moi et à tous ceux qui sont nés en 1905, c'est-à-dire l'évolution : 1914, 1917, 1939, 1945...

L'Express. — Cela va recouper un peu ce que fait Simone de Beauvoir ?

M. Sartre. — Non, parce que moi, je vais le faire par thèmes. Pour donner un exemple, j'étudierai beaucoup plus la violence, et je me raconterai par rapport à ce thème de la violence dans un chapitre séparé. Cela ressemblera beaucoup plus à ce qu'avait fait Leiris avec ses mots clés ; il y aura plutôt des idées ou des thèmes clés, et c'est seulement par rapport à ces thèmes que je raconterai les choses. Par ailleurs, il est certain que Simone de Beauvoir raconte beaucoup de choses qui nous sont communes, forcément.

L'Express. — Pourquoi avez-vous interrompu cette autobiographie ?

M. Sartre. — Parce que j'ai d'autres choses à faire. J'écris sur commande. Actuellement j'écris encore sur commande, mais c'est pour de l'argent : je fais un scénario sur Freud. Par conséquent, j'attends en ce moment (il n'y a pas de mystère, là encore), j'attends tout simplement que les dernières pages de ce scénario soient finies pour reprendre le second volume de philosophie [la *Critique de la raison dialectique*].

L'Express. — C'est cela qui est le plus pressant pour vous.

M. Sartre. — Il faut s'en débarrasser. Après cela, il faut que je fasse le « Tintoret » pour Gallimard. Ensuite je ferai le « Flaubert » ; et après je continuerai l'autobiographie. Je la reprendrai et la continuerai. C'est un travail assez long.

L'Express. — Elle ira jusqu'à maintenant ?

M. Sartre. — Oui, parce que si je prends des thèmes, il n'y a aucune raison de ne pas sauter dix ans dans un chapitre et de ne pas arriver là. Si je parle de la violence, je peux aussi bien m'arrêter à des considérations de 1946 ou 1947, et puis filer à des considérations de 1959 en parlant de ces jeunes garçons qu'on voit maintenant.

L'Express. — Vous avez déjà fait quelques chapitres ?

M. Sartre. — J'ai fait un seul chapitre : pourquoi j'écris. J'ai essayé de raconter ce que je vous ai dit rapidement, cette espèce de substitution [de la religion par la littérature] ...

8. *Tribune étudiante*, nº 5-6, janvier-février 1962, interview par J.-P. Naury [pseudonyme de Michel-Antoine Burnier]. A la fin de l'interview, on demande à Sartre : « Nous aimerions vous poser une question plus personnelle. Où en sont les différents ouvrages que vous avez mis en chantier ? Le livre sur Cuba, par exemple. » Sartre explique pourquoi il a abandonné ce livre. L'interviewer le lance alors sur la *Raison dialectique* :

TE. — Et le deuxième tome de la Raison dialectique *?*

J.-P. S. — Il paraîtra dans quelque temps. J'attends de voir comment les événements vont tourner, car ce n'est pas indifférent. C'est de l'Histoire qu'il s'agit. Et nous sommes engagés dans une histoire.

Pour l'instant j'ai quelque chose qui est presque un travail d'évasion : une étude sur Flaubert. Non pas que j'aie envie de m'évader. Mais d'une certaine façon ce sujet ne touche rien de ce qui se passe en ce moment. C'est un livre d'histoire : la Révolution de 1848, etc. Le point de vue sur cela est fixe, quoi qu'il arrive.

Simone de Beauvoir a des difficultés pour continuer ses mémoires, car là le point de vue n'est pas fixe : on ne sait plus de quel point de vue prendre une vie, quand on arrive à un certain âge et que les événements sont en mouvement. D'une certaine manière, il importe de savoir ce qui va arriver. Et qu'arrivera-t-il ? La paix ? Et après la paix ?

J'ai pensé écrire une œuvre de fiction. Mais là encore, il faudrait pouvoir prendre un certain point de vue. Alors on verra bien avec Flaubert.

TE. — Et quant à la vie de Freud...

J.-P. S. — C'est une histoire impossible [...].

Au moment de la publication des Mots

1. Interview accordée à Jacqueline Piatier, *Le Monde*, 18 avril 1964[1].

Jean-Paul Sartre s'explique sur *Les Mots*
« Je ne suis pas désespéré et ne renie pas mon œuvre antérieure »

Ramené cet hiver au premier plan de la scène littéraire par la publication du premier volume de son autobiographie, Jean-Paul Sartre n'a fait précéder Les Mots *d'aucun commentaire. Il n'aime guère l'interview. L'ouvrage a fait le bruit que l'on sait, dans un concert d'applaudissements qui se sont plus adressés à la forme qu'au fond. Or ce livre étincelant est d'abord, comme tous les livres de Sartre, l'œuvre d'un philosophe qui n'a peut-être jamais été plus éloigné de la pure délectation littéraire et de l'art pour l'art. Cette méprise assez générale et quelques erreurs commises sur certaines de ses positions l'ont incité à préciser ses intentions, à dissiper des obscurités, et, débordant sur les livres à venir, à définir sa position actuelle, qui, on le verra, n'est pas des plus aisées : celle d'un écrivain qui ne croit plus au caractère sacré de la littérature et se préoccupe de plus en plus des rapports de celle-ci avec l'action.*

— Des contradictions, il y en a dans *Les Mots*, d'ordre chronologique. On a eu raison de les souligner. Elles viennent de ce que le gros de l'ouvrage a été écrit en 1954 puis retouché, nuancé dix ans plus tard dans les mois qui ont précédé sa publication. Je n'ai pas unifié les dates.

— *Quand vous dites : « Depuis dix ans que je suis un homme qui s'éveille d'une longue, amère et douce folie », c'est bien à 1954 qu'il faut faire remonter ce changement ?*

— Oui. A ce moment-là, à la suite d'événements politiques, mes rapports avec le parti communiste m'ont vivement préoccupé. Jeté dans l'atmosphère de l'action, j'ai soudain vu clair dans l'espèce de névrose qui dominait toute mon œuvre antérieure. Je n'avais pas pu la reconnaître auparavant : j'étais dedans. Simone de Beauvoir avait deviné ses raisons avant moi. Le propre de toute névrose c'est de se donner pour naturelle. J'envisageais tranquillement que j'étais fait pour écrire. Par besoin de justifier mon existence, j'avais fait de la littérature un absolu. Il m'a fallu trente ans pour me défaire de cet état d'esprit.

1. Cette interview a été réalisée sur l'initiative de Jacqueline Piatier elle-même, dans les circonstances suivantes, recueillies de sa bouche le 18 mars 1994 : « *Le Monde* avait publié le compte rendu des *Mots* par Pierre-Henri Simon dans le "feuilleton" de celui-ci, le 22 janvier 1964. A l'époque il n'était pas question de publier des "doublons", nous manquions par trop de place. Cependant le livre de Sartre me troublait profondément : comment un écrivain qui avait transporté l'idée de Salut dans la littérature pouvait-il renoncer à celle-ci ? J'avais du culot alors, j'ai appelé le secrétaire de Sartre et j'ai demandé un entretien. Sartre a dit oui, je suis allé le voir, au 222, bd Raspail, avec Josée Doyère, ma collaboratrice à l'époque, devenue ensuite rédactrice au journal. Sartre ne voulait pas d'un magnétophone, c'était alors un gros instrument dont la présence l'aurait paralysé. J'ai pris quelques notes et J. Doyère en a pris davantage, moitié en sténo et en abréviations. Sartre a parlé avec une telle liberté de ton que je me suis rendu compte tout de suite que cet entretien serait pour moi une date marquante. Et, de fait, il reste dans mon souvenir comme une des rencontres qui ont compté, de même que celle avec de Gaulle. J'ai rédigé l'interview d'après la transcription que nous avons faite aussitôt rentrées au journal, il a paru le 18 avril, et il a fait du bruit. » Les deux transcriptions, celle dictée par J. Piatier (5 ff) et celle de J. Doyère (15 ff) ont été conservées par cette dernière, qui a bien voulu nous les communiquer. Elles contiennent une information intéressante du point de vue du projet autobiographique. Sartre dit : « Je n'ai plus rien de mes écrits de jeunesse. J'ai des pages écrites à seize ans, mais ce sont des pensées philosophiques, dont je me servirai pour la suite, pour l'adolescence. [...] Je termine actuellement un *Flaubert* qui, lui, n'aura aucun style. Ah ! les gens seront contents ! [...] Ensuite je passe au second tome de la *Raison dialectique* et enfin à la suite de mon autobiographie. »

Quand mes relations avec le parti communiste m'ont donné le recul nécessaire, j'ai décidé d'écrire mon autobiographie. Je voulais montrer comment un homme peut passer de la littérature considérée comme sacrée à une action qui reste néanmoins celle d'un intellectuel.

« J'avais rêvé ma vie pendant cinquante ans »

— Dans *Les Mots* j'explique l'origine de ma folie, de ma névrose. Cette analyse peut aider les jeunes qui rêvent d'écrire. Cette aspiration est tout de même assez étrange et ne va pas sans une fêlure. Le gosse qui rêve d'être champion de boxe, ou amiral, ou astronaute, choisit le réel. Si l'écrivain choisit l'imaginaire, c'est qu'il confond ces deux domaines.

— *On dirait, à vous lire, que vous regrettez d'avoir été contraint de choisir la littérature.*

— Le fait est qu'en 1954 j'étais très près de le regretter. J'étais néophyte dans un autre monde. J'avais rêvé ma vie pendant près de cinquante ans (je vais en avoir cinquante-neuf). Mais, voyez-vous, il y a deux tons dans *Les Mots* : l'écho de cette condamnation et une atténuation de cette sévérité. Si je n'ai pas publié cette autobiographie plus tôt et dans sa forme la plus radicale, c'est que je la jugeais excessive. Il n'y a pas de raison de traîner un malheureux dans la boue parce qu'il écrit. D'ailleurs, entre-temps, je m'étais rendu compte que l'action aussi a ses difficultés et qu'on peut y être conduit par la névrose.

On n'est pas plus sauvé par la politique que par la littérature.

L'absolu parti, restent des tâches

— *On est sauvé par quoi ?*

— Par rien. Il n'y a de salut nulle part. L'idée de salut implique l'idée d'un absolu. Pendant quarante ans j'ai été mobilisé par l'absolu, la névrose. L'absolu est parti. Restent des tâches, innombrables, parmi lesquelles la littérature n'est aucunement privilégiée. C'est ainsi qu'il faut comprendre le « Je ne sais plus que faire de ma vie. » On s'est trompé sur le sens de cette phrase où l'on a perçu un cri de désespoir comme dans le « Je suis flouée » de Simone de Beauvoir. Quand elle emploie ce mot c'est pour signifier qu'elle a réclamé dans la vie un absolu qu'elle ne peut y trouver. Nous avons le même point de vue. Pas plus qu'elle je ne suis désespéré. J'ai d'ailleurs toujours été optimiste. Je ne l'ai même été que trop...

[...]

— *Vous allez, je pense, poursuivre votre autobiographie ?*

— Sans doute, mais pas tout de suite. Je termine actuellement un *Flaubert.*

— *Pourquoi Flaubert ?*

— Parce qu'il est à l'opposé de ce que je suis. On a besoin de se frotter à ce qui vous conteste. « J'ai souvent pensé contre moi-même », ai-je écrit dans *Les Mots.* Cette phrase-là non plus n'a pas été comprise. On y a vu un aveu de masochisme. Mais c'est ainsi qu'il faut penser : se soulever contre tout ce qu'on peut avoir d' « inculqué » en soi.

— *Alors : malaise, mise en cause, contestation, révolte, authenticité, libération... Vous n'avez pas tellement changé.*

— J'ai changé comme tout le monde : à l'intérieur d'une permanence.

2. Préface écrite par Sartre pour la traduction en russe des *Mots*, publiée par la revue *Novyi Mir* en octobre et novembre 1964. Cette préface n'a pas été reprise dans l'édition en volume (1966) où elle est remplacée par une longue introduction de M. Bakhan (cf. *Les Écrits de Sartre*, p. 388). Le texte reproduit ci-dessous est le texte original de Sartre (manuscrit inédit).

Grâce à *Novyi Mir* j'entre pour la première fois en contact avec le lecteur soviétique. Je m'en réjouis et je souhaite vivement que ce contact ne me soit pas défavorable. D'autant que, depuis des années, je viens en URSS presque tous les ans et que je crois pouvoir y compter de bons amis. *Les Mots* risquent pourtant de déplaire : j'y raconte une enfance qui paraîtra sans doute fort étrangère aux hommes de mon âge, c'est-à-dire aux sexagénaires, et, aux plus jeunes, proprement exotique ou impensable. Mes contemporains soviétiques sont nés au moment de la première Révolution russe, ils avaient douze ans en 1917. Ces premières années, prises entre deux grands mouvements de masse, dont le premier faisait pressentir l'autre, ils ne les ont certainement pas vécues comme nous. La période qui va de 1900 à 1914, la France bourgeoise, aujourd'hui encore, l'appelle avec regret « la Belle Époque ». Et certes, elle n'était pas belle du tout – au moins pour les classes travailleuses – mais le gouvernement et la presse cachaient la situation réelle et la petite bourgeoisie se bouchait les yeux. Or je raconte une enfance bourgeoise : fils et petit-fils d'intellectuels petit-bourgeois, je croyais voir ce qu'on me montrait : un monde en ordre, et je vivais sans histoire, dans le bonheur et dans l'ennui, ces dures années qui nous conduisaient à la boucherie de 1914. Alors, direz-vous, pourquoi raconter ce songe vide et menteur ? Par deux raisons.

D'abord je voudrais retracer le long chemin sinueux qu'ont suivi les Français de mon âge, quelles catastrophes et quels bouleversements ont déchiré leur optimisme faussement candide et leur idéalisme ; je voudrais dire comment beaucoup d'entre eux – j'en suis – en sont venus à rejoindre le camp des exploités et des opprimés, à travailler, dans la mesure de leurs moyens, pour l'avènement du socialisme. La grande affaire de notre vie aura été votre Révolution ; nous ne l'avons pas vécue directement mais de loin, avec retard, avec un certain provincialisme mais cette confrontation permanente des hommes de l'Occident avec les grands événements de l'URSS suffit à prouver que le monde n'a qu'une seule histoire, qui révèle à chacun l'une ou l'autre de ses faces mais qui nous unit tous dans la mesure même où elle divise et oppose. Par cette première raison je crois pouvoir proposer mon livre au public soviétique : sans doute il s'arrête aux environs de 1915 mais d'autres suivront, qui retraceront ma vie entière. Pour l'instant il fallait montrer de quels enfants sont faits les hommes que nous sommes devenus. Dans une vie le premier âge compte plus que les autres : on s'en dégage lentement mais on ne le quitte jamais tout à fait.

L'autre raison n'a pas toujours été comprise : des critiques m'ont reproché d'être trop dur pour cet enfant que j'ai été. On aime que les Mémoires montrent quelque complaisance, que l'auteur, en s'attendrissant, invite le lecteur à s'attendrir sur soi. En vérité je ne suis ni dur ni tendre et ce n'est pas au petit garçon que j'en ai mais au milieu, à l'époque qui le formèrent et surtout au mythe de l'enfance, tel que les adultes l'ont forgé. Je demande qu'on prenne ce petit livre pour ce qu'il est : une entreprise de démystification.

Après la publication des **Mots**

1. Déclarations sur *Les Mots* dans l'entretien sur *L'Idiot de la famille*, recueilli par Michel Contat et Michel Rybalka (*Le Monde*, 14 mai 1971 ; reproduit dans *Situations X* ; les deux passages ci-dessous y figurent p. 94 et 103).

— [...] Le sens du style dans *Les Mots*, c'est que le livre est un adieu à la littérature : un objet qui se conteste soi-même doit être écrit le mieux possible. Si le *Flaubert* ressemble aux *Mots* par endroits, c'est parce qu'après cinquante ans d'écriture, on finit par être imbu de son propre style et que certaines formules viennent spontanément, sans aucun travail.

— [...] *Est-ce parce que cette totalisation est possible pour le XIXe siècle et qu'elle ne l'est pas pour notre époque que vous n'avez pas entrepris sur vous-même le travail d'élucidation que vous opérez sur Flaubert ?*

— Pour une part, oui. Pour l'autre, la raison est que je n'ai pas d'empathie pour moi-même. On a toujours un peu de sympathie ou d'antipathie dans les rapports à soi. Mais l'empathie ne s'adresse qu'à l'autre. On adhère à soi. C'est une expression excellente d'une graphologue. Elle avait décrit sa personnalité à une dame qui lui a répondu qu'elle la flattait énormément : « Mais c'est parce que vous adhérez à vous. Je vous dis des choses que je pense exactes et vous les trouvez favorables : c'est parce que vous le voulez. Cela ne veut pas dire du tout qu'au nom d'autres critères ce soit tellement favorable. » Je pense qu'on peut faire un effort pour se désadhérer de soi et aller vers l'objectivité et l'empathie, mais il y a des choses en nous que nous considérons comme « valables » et qui en réalité, vues d'un autre point de vue, peuvent être des tares, des défauts, des complaisances. Alors je ne pense pas qu'il soit donné de se comprendre soi-même par empathie. Par exemple, *Les Mots*, ce n'était pas du tout ça.

— *Pourtant le projet du Flaubert est lié à celui de votre autobiographie, si l'on considère les dates. La découverte de la névrose de Flaubert ne correspond-elle pas un peu à celle de votre propre névrose ?*

— Non, je ne pense pas qu'il y ait un intérêt à dire que je me découvre dans Flaubert comme on l'avait dit pour Genet. C'était peut-être plus vrai pour Genet parce qu'il est plus proche de moi sur beaucoup de plans. Mais j'ai très peu de points communs avec Flaubert.

2. Déclarations sur *Les Mots* dans le film *Sartre par lui-même* (tourné en 1972 par Alexandre Astruc et Michel Contat). Le film est sorti en 1976. La transcription de la bande-son a été éditée sous le titre *Sartre, un film* chez Gallimard en 1977. L'extrait ci-dessous est tiré de cette transcription, p. 110-113.

Sartre. — L'essentiel des *Mots* a été écrit en 1953. C'est quand j'ai fait tout ce travail sur moi-même. Enfin, vous savez, il faut voir les circonstances : donc nous avons une tension entre les États-Unis et l'URSS, de 1950 à 1952, assez violente ; l'épisode de la manifestation contre la venue de Ridgway en France, qui implique des changements chez moi, un désir de revoir le marxisme, un sens de la lutte des classes qui ne m'a plus quitté, et, par la suite, je me mets du côté des communistes, je deviens un compagnon de route. A ce moment-là, des tas de modifications se sont faites chez moi, et en particulier j'ai constaté que j'avais vécu dans une véritable névrose, depuis le moment où j'ai commencé à écrire, même avant, depuis neuf ans, jusqu'à 1950. La névrose étant au fond que – comme le faisait d'ailleurs Flaubert par exemple à son époque – je considérais que rien n'était plus beau ni supérieur au fait d'écrire, qu'écrire c'était créer des œuvres qui devaient rester et que la vie d'un écrivain devait se comprendre à partir de son écriture. A ce moment-là, en 1953, j'ai compris que c'était une vue absolument bourgeoise, qu'il y avait bien d'autres choses que l'écriture ; donc, elle s'est trouvée se placer à un tout autre niveau que je ne croyais. De ce point de vue, j'ai été guéri de ma névrose, tout de suite, là, vers 1953-1954. Alors j'ai eu envie de la comprendre, de comprendre qu'est-ce qui avait pu faire qu'un garçon de neuf ans se mette dans cette névrose de littérature alors que d'autres sont normaux. Alors j'ai écrit en gros *Les Mots*, et puis une suite, même, qui ne sera jamais publiée, enfin je voulais faire toute ma vie jusqu'à ce moment-là. C'est là que s'est placée cette autobiographie. Qui m'intéresse moins actuellement, enfin ce problème m'intéresse moins. Ce qui m'intéresse c'est plutôt l'autobiographie telle qu'on la présente dans ce film, c'est-à-dire le trajet d'un intellectuel qui est né en 1905, jusqu'en 1972 actuellement. Mais le trajet d'*un* intellectuel.

Bost. — Quand vous avez écrit *Les Mots*, vous avez quand même, comment dirais-je, essayé de l'écrire dans la plus belle prose possible, pour que ça soit un – j'ai horreur de ce mot – un objet d'art, enfin disons un livre qui ait un pouvoir et qui...

Sartre. — Oui, parce que je voulais que ce soit agaçant, ce livre, je voulais que ça soit un adieu à la littérature qui se fasse en bel écrit. C'est-à-dire, je voulais que les gens qui lisent ça se trouvent entraînés dans une espèce de contestation de la littérature par la littérature elle-même, voilà. Alors je l'ai fait comme ça. Mais les choses que j'écrivais avant, comme par exemple « Les Communistes et la Paix », qui sont à peu près de cette époque-là, ne sont pas écrits comme ça. *Les Mots*, j'ai voulu que ce soit ça.

Astruc. — Et c'est à la suite des *Mots* pratiquement, ou en tout cas c'est vers la même époque, que vous avez reçu le prix Nobel.

Sartre. — C'est ça, c'est deux ans après la publication, je pense. C'est toujours pareil : il s'agissait d'une œuvre que l'on considérait comme un désengagement – ce qui était une erreur grossière, elle signifiait tout autre chose – et puisque j'étais désengagé, la société bourgeoise voulait bien ne pas tenir compte de mes erreurs passées, elle voyait là un aveu, et elle me donnait le prix Goncourt... le prix Nobel. Elle me pardonnait et elle considérait que j'avais droit au prix Nobel, ce qui me paraissait monstrueux. Et le mot « pardonné » a été prononcé, ou en tout cas « ne tiendra pas rigueur » ; dans un article du *Figaro littéraire* on disait : « Il semble bien que M. Sartre sera nommé prix Nobel, on ne lui tiendra pas rigueur à cause des *Mots*... » Ils font toujours comme ça, d'ailleurs, il y a toujours un livre qui doit être le dernier signe de vie de l'auteur et puis après ça on le tue avec le Nobel et c'est bien fini. Ils sont tous morts d'ailleurs, les prix Nobel, assez rapidement. Sauf Mauriac, qui a duré longtemps. Moi je pense que je vis encore parce que j'ai refusé.

3. Déclarations sur *Les Mots* dans les entretiens avec Simone de Beauvoir (1974), publiés dans *La Cérémonie des adieux* (1981). Les extraits ci-dessous y figurent p. 274-277.

S. de B. — On n'a pas beaucoup parlé des Mots, *on pourrait y revenir un peu. C'est un livre que vous avez mis dix ans à écrire. Comment est-ce venu la première idée des* Mots *et puis pourquoi est-ce que c'est resté en rade ?*

J.-P. S. — J'ai toujours eu l'idée, à dix-huit ans, vingt ans, d'écrire sur ma vie quand je l'aurais faite, c'est-à-dire à cinquante ans.

S. de B. — Vous avez toujours pensé à écrire sur vous.

J.-P. S. — Oui.

S. de B. — Et alors vers 52 ?

J.-P. S. — Eh bien je me suis dit : voilà, je vais écrire.

S. de B. — Mais pourquoi vous êtes-vous dit ça justement en 1952 ?

J.-P. S. — Il y a eu une grosse modification en 1952...

S. de B. — Oui, ça je le sais. Mais justement c'était une modification qui vous a politisé. Alors pourquoi ça se fait que ça vous a amené à écrire sur votre enfance ?

J.-P. S. — C'est parce que je voulais écrire toute ma vie d'un point de vue politique, c'est-à-dire mon enfance, ma jeunesse et mon âge mûr, en lui donnant ce sens politique d'arrivée au communisme. Et quand j'ai écrit *Les Mots*, dans sa première version, je n'ai pas du tout écrit l'enfance que je voulais, j'ai commencé un livre qui aurait continué ; après on aurait vu mon beau-père épouser ma mère, etc. Puis j'ai arrêté à ce moment-là, parce que j'ai eu d'autres préoccupations.

S. de B. — Parlez-moi de cette première version ; personne ne la connaît.

J.-P. S. — C'est sur elle que j'ai travaillé... la seconde. Elle était plus méchante que la seconde, sur moi et sur mon milieu. Je voulais me montrer constamment pressé de changer, mal dans ma peau, mal avec les autres et puis changeant et devenant enfin le communiste qu'il devait être au début. Mais, bien entendu, ce n'est pas vrai.

S. de B. — Vous l'aviez appelé Jean-sans-terre, *n'est-ce pas ? Qu'est-ce que cela signifiait ce titre ?*

J.-P. S. — Sans terre, ça voulait dire : sans héritage, sans possession. Ça voulait dire ce que j'étais.

S. de B. — Et vous l'avez écrit jusqu'à quel moment de votre vie ?

J.-P. S. — Comme *Les Mots*.

S. de B. — En somme, c'était vraiment une première version des Mots.

J.-P. S. — Une première version des *Mots*, mais une version qui devait continuer.

S. de B. — Et quand vous l'avez repris, c'était combien de temps plus tard ?

J.-P. S. — C'était... en 1961, non ?

S. de B. — Oui, je crois.

J.-P. S. — Je l'ai repris parce que je n'avais plus d'argent et j'en ai emprunté à Gallimard, comme avance.

S. de B. — Un Anglais voulait un texte inédit de vous et finalement vous l'avez donné à Gallimard. Vous l'avez repris et vous avez beaucoup changé.

J.-P. S. — J'ai voulu qu'il soit plus littéraire que les autres, parce que j'estimais que c'était en quelque sorte une manière de dire adieu à une certaine littérature et qu'il fallait à la fois la réaliser, l'expliquer, prendre congé d'elle. J'ai voulu être littéraire pour montrer l'erreur d'être littéraire.

S. de B. — Je ne comprends pas très bien. Quel genre de littérature pensiez-vous enterrer avec Les Mots *?*

J.-P. S. — La littérature que j'avais poursuivie dans ma jeunesse et puis dans mes romans, dans mes nouvelles. Je voulais indiquer que c'était fini ; et je voulais le marquer en écrivant un livre très littéraire sur ma jeunesse.

S. de B. — Qu'est-ce que vous vouliez faire après ? Puisque vous ne vouliez plus faire de la littérature comme avant.

J.-P. S. — De la littérature engagée et politique.

S. de B. — Vous aviez déjà fait de la littérature engagée avant.

J.-P. S. — Oui, mais politique, plus particulièrement politique.

S. de B. — C'est drôle parce que finalement ce que vous avez fait après, ça a été le Flaubert et pas spécialement de la littérature politique.

J.-P. S. — Un petit peu quand même.

S. de B. — Pas beaucoup. Enfin, revenez là-dessus : qu'est-ce que vous appelez une œuvre plus littéraire qu'une autre ? Comment y a-t-il des degrés en littérature ?

J.-P. S. — Par exemple, le style, on peut y travailler davantage ; *Les Mots* sont très travaillés, ce sont parmi les phrases les plus travaillées que j'aie écrites.

S. de B. — Oui.

J.-P. S. — Et j'y mettais du temps. Je voulais qu'il y ait des sous-entendus dans chaque phrase, un ou deux sous-entendus, par conséquent que ça frappe les gens à un niveau ou à un autre. Et puis je voulais présenter les choses, les gens, chacun d'une certaine manière. C'est très travaillé *Les Mots*.

S. de B. — Oui, ça je sais et c'est très réussi. Mais je voulais vous faire préciser ce que vous entendez par « littéraire ».

J.-P. S. — C'était plein de trucs, d'astuces, d'art d'écrire, presque de jeux de mots.

S. de B. — C'est-à-dire que le souci de la séduction du lecteur par les mots, par la tournure des phrases est plus important que dans aucune autre de vos œuvres ?

J.-P. S. — Voilà, c'est ça.

S. de B. — C'est ça que vous appelez « littéraire ». Mais on ne peut pas concevoir, d'après tout ce que vous avez dit, une œuvre qui n'aurait pas un souci de séduction.

J.-P. S. — Oui, j'ai toujours eu ce souci ; quand j'ai l'impression d'y avoir réussi, alors ça fait une chose pour laquelle j'ai une tendresse ou une estime particulière.

S. de B. — Et vous avez de l'estime et de l'affection pour Les Mots *?*

J.-P. S. — Oui.

S. de B. — Et aujourd'hui, comment voyez-vous la littérature ?

J.-P. S. — Aujourd'hui j'ai fini ; je suis de l'autre côté de la porte.

S. de B. — Oui, mais qu'est-ce que vous en pensez ?

J.-P. S. — J'en pense que j'ai fait ce que j'ai fait, voilà.

4. Déclarations sur *Les Mots* dans « Autoportrait à soixante-dix ans », propos recueillis par Michel Contat (*Le Nouvel Observateur*, 23 et 30 juin, 7 juillet 1975 ; *Situations X*, p. 137-138, et 145-146).

— [...] Pour moi, le style – qui n'exclut pas la simplicité, au contraire – est d'abord une manière de dire trois ou quatre choses en une. Il y a la phrase simple, avec son sens immédiat, et puis, dessous, simultanément, des sens différents qui s'ordonnent en profondeur. Si l'on n'est pas capable de faire rendre au langage cette pluralité de sens, ce n'est pas la peine d'écrire.

Ce qui distingue la littérature de la communication scientifique, par exemple, c'est qu'elle n'est pas univoque ; l'artiste du langage est celui qui dispose les mots de telle manière que, selon l'éclairage qu'il ménage sur eux, le poids qu'il leur donne, ils signifient une chose, et une autre, et encore une autre, chaque fois à des niveaux différents.

— *Vos manuscrits philosophiques sont écrits au fil de la plume, presque sans ratures ; vos manuscrits littéraires, au contraire, sont extrêmement travaillés, épurés. Pourquoi cette différence ?*

— C'est la différence des objets : en philosophie, chaque phrase ne doit avoir qu'un sens. Le travail que j'ai fait sur *Les Mots*, par exemple, en essayant de donner à chaque phrase des sens multiples et superposés, serait du mauvais travail en philosophie. Si j'ai à expliquer ce qu'est, mettons, le pour-soi et l'en-soi, cela peut être difficile, je peux utiliser différentes comparaisons, différentes démonstrations pour y arriver, mais il faut en rester à des idées qui doivent pouvoir se refermer : ce n'est pas à ce niveau-là que se trouve le sens complet – qui, lui, peut et doit être pluriel au niveau de l'ouvrage complet —, je ne veux pas dire, en effet, que la philosophie, comme la communication scientifique, soit univoque.

En littérature, qui a toujours, d'une certaine façon, affaire au *vécu*, rien de ce que je dis n'est totalement exprimé par ce que je dis. Une même réalité peut s'exprimer d'un nombre de façons pratiquement infini. Et c'est le livre entier qui indique le type de lecture que chaque phrase requiert, et jusqu'au ton de voix que cette lecture à son tour requiert, qu'on lise à haute voix ou non.

Une phrase de type purement objectif, comme on en rencontre souvent chez Stendhal, laisse forcément tomber une foule de choses, mais cette phrase comprend en elle toutes les autres et contient donc un ensemble de significations que l'auteur doit avoir constamment à l'esprit pour qu'elles passent toutes. Par conséquent, le travail du style ne consiste pas tant à ciseler une phrase qu'à conserver en permanence dans son esprit la totalité de la scène, du chapitre et, au-delà, du livre entier. Si vous avez cette totalité, vous écrivez la bonne phrase. Si vous ne l'avez pas, votre phrase détonnera ou paraîtra gratuite.

[...]

— *Vous m'avez dit, une fois, vers 1971 : « Il serait temps que je dise enfin la vérité. » Vous aviez ajouté : « Mais je ne pourrai la dire que dans une œuvre de fiction. » Pourquoi cela ?*

— Je projetais alors d'écrire une nouvelle dans laquelle j'aurais voulu faire passer de manière indirecte tout ce que je pensais précédemment dire dans une sorte de testament politique qui aurait été la suite de mon autobiographie, et dont j'avais abandonné le projet. L'élément de fiction aurait été très mince ; j'aurais créé un personnage dont il aurait fallu que le lecteur pût dire : « Cet homme dont il est question, c'est Sartre. » Ce qui ne signifie pas que, pour le lecteur, il aurait dû y avoir coïncidence du personnage et de l'auteur, mais que la meilleure manière de comprendre le personnage aurait été d'y chercher ce qui lui venait de moi. C'est ça que j'aurais voulu écrire : une fiction qui n'en soit pas une. Cela représente simplement ce qu'est écrire aujourd'hui. Nous nous connaissons peu, et nous ne pouvons pas encore nous donner nous-mêmes jusqu'au bout. La vérité de l'écriture, ce serait que je dise : « Je prends la plume, je m'appelle Sartre, voici ce que je pense. »

— *Une vérité ne peut-elle s'énoncer indépendamment de celui qui l'exprime ?*

— Ce n'est plus intéressant. C'est supprimer l'individu et la personne du monde dans lequel nous vivons et s'en tenir aux vérités objectives. On peut arriver à des vérités objectives sans penser sa propre vérité. Mais, s'il s'agit de parler à la fois de l'objectivité qu'on est, et de la subjectivité qui est derrière cette objectivité, et qui fait partie de l'homme au même titre que son objectivité, à ce moment-là, il faut écrire : « Moi, Sartre. » Et, comme cela n'est pas possible à l'heure actuelle, parce que nous ne nous connaissons pas suffisamment, le détour par la fiction permet d'approcher mieux cette totalité objectivité-subjectivité.

— *Diriez-vous alors que vous avez davantage approché votre vérité à travers Roquentin ou Mathieu qu'en écrivant* Les Mots ?

— Probablement, ou plutôt, je pense que *Les Mots* n'est pas plus vrai que *La Nausée* ou *Les Chemins de la liberté.* Non pas que les faits que j'y rapporte ne soient pas vrais, mais *Les Mots* est une espèce de roman aussi, un roman auquel je crois, mais qui reste malgré tout un roman.

— *Quand vous disiez que le temps était venu de dire enfin la vérité, on aurait pu comprendre aussi que, jusqu'à présent, vous n'aviez fait que mentir.*

— Non, pas mentir, mais dire ce qui n'est qu'à moitié vrai, qu'au quart vrai... Par exemple, je n'ai pas décrit les rapports sexuels et érotiques de ma vie. Je ne vois d'ailleurs pas de raisons pour le faire, sinon dans une autre société où tout le monde jouerait cartes sur table.

— *Mais vous-même, êtes-vous sûr de savoir tout de vous ? N'avez-vous jamais été tenté de faire une psychanalyse ?*

— Si, mais pas du tout pour tirer au clair des choses que je n'aurais pas comprises moi-même. Au moment où j'ai repris *Les Mots*, dont j'avais écrit une première version vers 1954 et que j'ai ensuite repris vers 1963, j'ai demandé à un ami psychanalyste, Pontalis, s'il voulait entreprendre une analyse avec moi, plus par curiosité intellectuelle pour la méthode psychanalytique elle-même que pour mieux me comprendre. Il a estimé avec raison qu'étant donné les relations que nous avions depuis vingt ans, ça lui était impossible. Ce n'était d'ailleurs pour moi qu'une idée un peu en l'air, et je n'y ai plus repensé.

2
TÉMOIGNAGES

Simone de Beauvoir

1. Dans ses Mémoires.

Simone de Beauvoir mentionne pour la première fois l'activité autobiographique de Sartre à propos de l'année 1954, juste après son retour d'URSS : « En Italie où il alla se reposer avec Michelle, il commença une autobiographie ; mais il n'arrivait pas, m'écrivit-il, à joindre deux idées » (*La Force des Choses,* Gallimard, 1968, p. 331. Et quand elle le retrouve fin août il est encore très mal en point : « La littérature, m'a-t-il déclaré, c'est de la merde », et pendant tout le repas il a exhalé son dégoût ; écrire lui demandait un tel effort qu'il n'y trouvait plus aucun sens « (*ibid.*, p. 50).

Elle y fait allusion une seconde fois pour 1956. Sartre s'est mis à travailler à son étude sur Flaubert... « Il poursuivait aussi son autobiographie, cherchant à travers son enfance les raisons qui l'avaient poussé à écrire » (*ibid.*, p. 98).

Le récit de *La Force des choses* s'arrête à l'été 1962. La publication des *Mots* est racontée dans *Tout compte fait* (Gallimard, 1972, p. 54-55 et 107) :

« Quelque temps auparavant [avant le Nobel], Sartre avait publié *Les Mots*, ouvrage qu'il avait ébauché depuis longtemps sous le nom de *Jean sans terre*. Je ne découvre jamais ses livres dans leur fraîcheur, j'en ai lu des brouillons. Cependant au bout de deux ou trois ans ils redeviennent neufs. Celui-ci m'a paru très familier, très étranger. Je connaissais cette enfance et les gens qui y furent mêlés. Ce que j'ignorais – comme l'auteur lui-même avant de les raconter par écrit – c'est sa distance actuelle par rapport à ces anciens temps. Parlant de soi, tour à tour et simultanément au passé et au présent, il a créé, à travers l'invention du langage, ce rapport de l'adulte à l'enfant qui fait l'originalité du récit et son prix. J'ai saisi ici sur le vif le passage d'une histoire contingente à l'intemporelle nécessité d'un texte. J'ai vu se substituer à un individu de chair et d'os le personnage imaginaire – le vampire – qui guide la main de l'écrivain. »

Plus loin, Simone de Beauvoir raconte comme Mme Mancy accueillit le livre :

« La parution des *Mots* fut pour elle une grande joie. Le portrait que Sartre avait tracé de M. Schweitzer la choqua et elle ne reconnut pas son fils dans le petit garçon qu'il peignait. « Il n'a rien compris à son enfance », dit-elle à une amie. Mais elle fut touchée par la manière dont il la décrivait et par l'évocation de leurs rapports passés. Elle prévoyait qu'en revanche le volume suivant, où il parlerait de son beau-père, ne lui serait pas agréable. Il ne l'écrivit pas : elle pensait qu'il le ferait après sa mort. Elle savait bien que son remariage avait brisé quelque chose entre eux ; souvent elle m'expliqua quelles raisons l'y avaient poussée ; j'avais beau l'assurer que Sartre les comprenait, elle demeurait inquiète.

Elle eut désormais une nouvelle occupation : pour compléter *Les Mots* elle entreprit de raconter sa propre histoire et l'enfance de Sartre telle qu'elle l'avait elle-même vécue. Pendant des mois elle couvrit des pages : "C'est drôle, je pensais que nous étions une famille très unie", nous dit-elle. "Je nous revois le soir, rassemblés sous la lampe, mes parents mes frères et moi. Mais je me rends compte qu'en fait, on ne se parlait pas. Chacun était tout seul". »

2. Correspondance avec Simone de Beauvoir.

Je lui ai écrit le 20 février 1986 en lui posant les trois questions suivantes :

— *L'origine et le développement de* Jean sans terre. *Sartre parle pour la première fois de cette autobiographie qu'il a commencée dans des interviews d'octobre-novembre 1953. Il ne reste actuellement de ce projet que 44 pages dactylographiées, et aucun manuscrit. Parlait-il de ce texte au moment où il le composait ? Quand l'a-t-il abandonné. L'a-t-il d'ailleurs vraiment abandonné. Était-il conscient dès le début des raisons qui l'empêcheraient de le mener à son terme ? Vous avait-il lu ce qu'il avait écrit de* Jean sans terre *?*

— *Y a-t-il eu des échanges et conversations sur les problèmes de l'autobiographie au moment où vous-même étiez en train de composer les* Mémoires d'une jeune fille rangée *?*

— *Comment et quand a été choisi le titre* Les Mots *?*

Elle m'a adressé la réponse suivante le 5 mars 1986 :

Cher Monsieur,

J'aimerais vous aider dans votre beau travail sur l'autobiographie, mais j'ai peu à dire. Sûrement nous avons parlé en 1953 de *Jean sans terre*, sûrement je l'ai lu mais c'était du tout venant et je n'en ai aucun souvenir précis. Je ne pense pas que Sartre l'ait vraiment abandonné mais qu'il s'est trouvé quelque chose de plus urgent à faire.

Nous n'avons jamais discuté sur les problèmes de l'autobiographie ; pour nous, il n'y avait pas de problème ; chacun s'écrivait comme il en avait envie.

Je ne me rappelle pas du tout quand Sartre a choisi le titre *Les Mots*.

Je regrette beaucoup de ne pouvoir mieux vous renseigner.

Un livre sur « Jean sans terre » a paru aux Presses de Lyon. Je ne l'ai pas lu et je ne me rappelle pas le nom de l'auteur[1].

En toute sympathie,

S. de Beauvoir.

Anonyme

Dans *Sartre 1905-1980*, p. 18-19 et 565, Annie Cohen-Solal évoque un voyage que Sartre aurait fait à Périgueux en 1960 pour retrouver des traces de sa famille paternelle. Elle ne dit pas d'où lui vient cette information.

« En 1960, pourtant, en pleine période d'indifférence affichée, l'écrivain Jean-Paul Sartre, alors âgé de cinquante-cinq ans, travaillait à un livre autobiographique – son plus beau livre, peut-être – qui serait publié trois ans plus tard : *Les Mots*. Brusquement, et sans juger utile d'en informer qui que ce soit dans son entourage, Sartre prit le train gare d'Austerlitz et descendit à Périgueux. Il se souvenait vaguement que son père y avait une sœur, la tante Hélène Lannes, qui demeurait jadis rue Saint-Front, perpendiculaire à la cathédrale. Jean-Paul Sartre sonna au 7 de la rue Saint-Front ; c'était une maison bourgeoise, face à l'ancien bâtiment maintenant délabré qui avait été le centre de la franc-maçonnerie à Périgueux. Pas de réponse. Il sonna de nouveau. Rien. Puis il descendit chez l'antiquaire du rez-de-chaussée et s'enquit de Mme Lannes. « Mme Lannes ? Elle est morte depuis peu, trois mois peut-être... » Cela faisait plus de trente ans qu'il avait rompu tout contact avec cette tante qu'il n'aimait pas et qui était le dernier survivant de la famille paternelle. Elle avait terminé sa vie en « vieille belle », racontent encore ses voisins, en vieille dame un peu cocasse, qui forçait sur le rouge à lèvres et le rouge à joues, et se promenait dans Périgueux, hiver comme été, en tailleur noir, portant autour du cou un renard argenté miteux sur lequel était piquée une rose rouge. Un de ses voisins, sans penser à mal, l'avait un jour surnommée « Madame-de-Rentre-en-Ville ». Derrière cette porte close, pourtant, il y avait encore, le jour où Sartre sonnait, un coffre bourré de lettres, de photographies et de souvenirs qui serait récupéré, plus tard, par le propriétaire de l'immeuble. L'écrivain n'eut donc, malgré ce sursaut de curiosité, rien de bien flambant à raconter sur Jean-Baptiste et se contenta pour *Les Mots* d'étouffer encore un peu plus ses quelques souvenirs indigents. Ce coffre, ces lettres, ces photos et tant d'autres souvenirs de Jean-Baptiste furent retrouvés en 1984 dans les dédales rocambolesques d'une enquête sur

1. Il est probable que Simone de Beauvoir se réfère ici au texte de Claude Burgelin : « Jean sans terre, ou les mots pour ne pas le dire » *in* Jean Guillaumin (éd.), *Corps création. Entre lettres et psychanalyse*, Lyon, Presses Universitaires de Lyon, 1980, p. 39-52.

la famille. Prélude à sa biographie, voici donc, pour cet enfant sans père, sous forme de livre dans le livre, le récit de ce que fut Jean-Baptiste et quelques-unes de ces informations que Jean-Paul Sartre, écrivain, était allé chercher à Périgueux... »

[...]

« Personne, par exemple, parmi ses proches n'eut vent du voyage qu'il fit, seul, à Périgueux en 1960, pour rechercher sa tante, Mme Lannes, dans cet appartement où elle avait terminé ses jours, en « vieille belle », disaient ses voisins. »

Arlette Elkaïm-Sartre

1. Entretien, le 4 février 1986.

Elle craint d'avoir peu de choses à me dire sur l'époque où Sartre écrivait *Les Mots*. D'abord parce qu'elle n'a pas une grande mémoire des dates et qu'elle n'a jamais eu l'idée de prendre des notes sur ce que disait ou faisait Sartre – comme quelques personnes le croient ; et aussi parce que, d'une manière générale, ce n'était pas le genre de Sartre de parler de son enfance, à moins qu'on ne l'y incite par des questions. Il parlait énormément du Flaubert pendant qu'il y travaillait, mais elle ne se souvient guère de conversations sur son autobiographie. Elle se souvient simplement qu'il disait n'avoir pas l'intention d'aller plus loin avant longtemps, à cause de sa mère.

Qu'en est-il du voyage à Périgueux fait « en cachette » à la recherche de son père, évoqué par Annie Cohen-Solal ?

Elle n'en sait rien : elle l'a appris en lisant le livre, l'information ne vient pas d'elle. Il faut demander à A. Cohen-Solal elle-même. Ceci dit, ça l'a un peu étonnée, laissée légèrement incrédule. Il lui semble qu'on l'aurait su. Il voyageait rarement seul. Peut-être est-il passé par la Dordogne en traversant la France en voiture avec le Castor, pour aller en Italie – ils auraient pu faire un crochet. C'est sans doute à Périgueux même qu'A. Cohen-Solal a eu cette information (l'antiquaire cité p. 18 ?). En revanche Arlette Elkaïm-Sartre me confirme l'exactitude de l'anecdote racontée p. 37 : c'est elle qui l'a racontée à A. Cohen-Solal.

Les lettres retrouvées, dont je regrette qu'il n'y ait que des extraits ? – Selon Arlette Elkaïm-Sartre, A. Cohen-Solal en a cité l'essentiel. Les lettres dont Arlette E.-S. a connaissance, de Jean-Baptiste marié, sont peu nombreuses : les allusions au bébé Sartre ou à la vie du couple sont toutes dans la biographie. Annie Cohen-Solal a relevé aussi les seules allusions à l'enfant et à Anne-Marie, dans les lettres de la grand-mère.

Qu'en est-il de ce carnet de rêves, cité p. 566 ? – L'idée de noter les rêves de Sartre ne vient pas de Sartre, mais d'Arlette. A cette époque-là elle s'intéressait de près à la psychanalyse, donc aux rêves, et il lui arrivait de noter les siens. Sartre, lui, mettait une sorte de fierté à affirmer : « Je ne rêve jamais. » D'après elle, ce n'était pas bien étonnant, étant donné les doses phénoménales de somnifères qu'il prenait chaque soir. Tous deux avaient eu l'occasion de parler de psychanalyse assez souvent depuis le scénario du *Freud* (1958-1960). Et elle avait la vague idée, en l'interrogeant sur ses rêves, qu'ils pourraient lui apprendre quelque chose d'autre sur lui-même (ou simplement qu'il pouvait y avoir une autre épaisseur) et donc l'aider au travail des *Mots*. Elle se souvient de conversations sur l'inconscient. Il lui semblait (pour aller vite) qu'on pouvait avoir une intuition directe d'une certaine vérité de la psychanalyse à travers l'interprétation des rêves. Sans être convaincu, Sartre était à cette époque un peu intéressé à tout ce qui pouvait casser ou contester la connaissance qu'il croyait avoir de lui-même. Elle croit se souvenir qu'à la même époque la femme de Jean Pouillon lui avait proposé de se soumettre au test de Rorschach, elle ne sait plus si cela s'est fait.

Les rêves de Sartre étaient rares. La plupart, une ou deux images sans lien. Arlette Elkaïm-Sartre commente : « Il était décourageant ! ». Elle a arrêté assez vite. Elle signale aussi que les quelques autres rêves du carnet ne sont pas à première vue liés à la gloire, que vers cette époque il sentait bien que la corydrane qui lui permettait d'écrire vite le rendait parfois trop prolixe ; le problème de maîtriser ce qu'il écrivait et de la compréhension de ses lecteurs, commente-t-elle, est autant présent que la postérité dans les rêves cités (la *Critique*, t. 1, venait de sortir : le souci du destin de l'œuvre n'était donc pas si étonnant).

Elle donne quelques précisions à propos du rêve cité p. 566 (« Je devais faire une conférence... ») : Annie Cohen-Solal n'a pas relevé les circonstances du rêve, mentionnées dans le carnet : l'après-midi même du 7 décembre 1960, Sartre avait eu une conversation avec Pontalis sur son autobiographie ; Sartre fait aussi le rapprochement avec ses conférences de l'été précédent au Brésil (dont il avait eu une indigestion). Le rêve se terminait ainsi (texte de Annie Cohen-Solal légèrement inexact) : « Je me demandais si l'on avait compris ce que je voulais dire, ou si l'on s'était aperçu que je n'avais pas terminé. »

Nous parlons un peu du *Freud*, de la liberté avec laquelle Sartre recompose sa vie. En relisant la *Sciences des rêves* et d'autres écrits de Freud, elle glanait pour Sartre des éléments biographiques, notamment dans les éléments de contexte que Freud donne chaque fois qu'il raconte un de ses propres rêves[1]. Sartre y mêlait audacieusement des éléments de sa vie à lui. Un exemple : dans une scène de rue où Martha et Freud assistent au spectacle d'un camelot qui manœuvre de manière invisible des marionnettes, Martha reste en arrière pour regarder les marionnettes (*Le Scénario Freud*, p. 52-53). C'est la reproduction d'une scène que lui et Arlette venaient de vivre à Venise.

Sur la composition même des *Mots*, elle n'a guère de souvenirs. Elle n'a lu le texte qu'à la publication. Elle ne se souvient pas quand le titre *Les Mots* s'est imposé à Sartre mais qu'il lui a demandé un jour ce qu'elle pensait de « Jean sans terre ». Elle trouvait ce titre pompeux et coquet. Il en convenait mais il gardait une affection pour sa trouvaille, faite quelques années plus tôt. Cependant ce titre ne devait plus être de saison lorsqu'il lui a posé cette question puisque de toute façon il ne convenait que si la biographie était poursuivie jusqu'à l'âge adulte.

Quant aux *Carnets de la drôle de guerre,* elle ne pense pas que Sartre y ait mis le nez pendant la rédaction des *Mots* : elle n'est même pas sûre qu'il se souvenait qu'il les avait. C'est elle qui les a sauvés sans le savoir, c'est-à-dire ramenés du « 42 » dans la période où l'appartement était en vente : Sartre l'y envoyait chercher tel manuscrit ou livre dont il avait besoin. Pour ne pas se tromper, souvent elle en ramenait plus que ce qu'il avait demandé. Je lui demande s'il est possible qu'il y en ait eu d'autres au « 42 », qu'elle aurait laissés. Bien sûr, elle n'en sait rien, mais elle ne le pense pas : les carnets devaient être réunis ensemble. D'où venaient ces carnets ? Elle n'en sait rien. Elle se demande s'ils ne seraient pas ceux qu'aurait renvoyés le médecin du Jura (?), ou bien alors ceux qui n'auraient pas été perdus... Elle-même n'a pris connaissance de ces carnets qu'après la mort de Sartre.

Enfin pour l'épisode de l'éditeur anglais, elle me conseille d'interroger Robert Gallimard. Sartre avait été étonné de la surprise et de la consternation de Gallimard, il ne se rendait pas compte de l'importance de ce livre pour son éditeur...

1. Le dossier concernant le *Scénario Freud* à la Bibliothèque nationale comporte un bon nombre de notes de la main d'Arlette Elkaïm-Sartre.

2. Trois rêves de Sartre notés par Arlette Elkaïm-Sartre sur son petit carnet.

Nuit du 21 décembre [1960]

J'étais dans un banquet appartenant à une université. J'avais parlé le matin ou la veille. Mon voisin (recteur ou doyen) m'a dit en confidence : « On a voté des crédits pour élever votre statue dans le jardin (je le savais) mais ça n'aura jamais lieu d'abord parce que nous n'avons pas d'argent et puis pour une autre raison...

« Je sais (dis-je) : dans quelques années je serai oublié, ou bien trop connu et alors ce ne sera pas la peine (par politesse. Effort de raisonnement)

« Ce n'est pas ça mais... »

Je me suis réveillé, ou bien autre chose mais ça a disparu.

Nuit du 12 janvier 1961

Un musicien noir que j'écoutais, célèbre, répétait la même mesure 162 ou 152 fois. On me dit : il faut qu'il tienne son public pour pouvoir faire ça.

J'étais contre. (Je n'étais pas pour faire tant de fois la même mesure).

(Peut-être – mais sans plus – en rapport avec une discussion à propos de mon article sur Antonioni. Sartre avait commencé une explication sur le « trou » que faisait le personnage d'Anna dans le film, avec quelques paradoxes à la manière de *L'Être et le Néant*. Je l'avais plaisanté en lui disant que s'il continuait il allait refaire la *Critique de la Raison dialectique* en entier).

Vendredi 10 février matin

Je devais rejoindre Arlette dans une espèce d'hôpital pour acteurs mutilés (par la guerre par ex.), où elle était infirmière bénévole. C'était Delattre qui l'avait envoyée là ; tout ceci se passait à la campagne où elle avait une activité révolutionnaire en faveur des paysans.

J'étais au coin de la rue Jacob et de la rue Bonaparte. Je devais prendre la rue de l'Université qui me mènerait à cet endroit, mais j'avais oublié quelque chose, des gants peut-être, chez moi, et je dus reprendre la rue Bonaparte et me diriger vers la maison. Tout à coup il s'est mis à pleuvoir à verse. Tonnerre, tempête. Je ne sentais pas la pluie, mais tout ça se traduisait par une nuit totale. On ne voyait rien. Derrière moi marchait un ouvrier, dont je me méfiai, qui me dit :

« On n'y voit rien. Quel orage !

« Je répondais quelque chose comme oui alors ! bien que sachant que moi je pouvais voir au moins le porche de ma propre maison.

« Puis je me suis réveillé. »

Robert Gallimard

Lettre du 13 mars 1986.

J'aimerais pouvoir répondre avec précision aux questions que vous me posez mais j'en suis malheureusement incapable, n'ayant gardé aucune trace écrite pouvant me donner l'assurance de la date à laquelle Jean-Paul Sartre m'a parlé pour la première fois du livre qu'il a ensuite publié sous le titre *Les Mots*. Mais j'ai tout lieu de penser que cela s'est passé dans le courant du printemps 1963, à la suite d'un déjeuner que nous avions partagé. Il m'avait en effet à l'époque fait part de la proposition d'un éditeur anglais et je l'avais convaincu, sans beaucoup de difficulté je l'avoue, de nous confier la publication de ce livre. La rédaction devait en être déjà largement avancée puisque j'ai pu prendre connaissance du manuscrit à l'automne de cette même année et que je crois me souvenir que *Les Mots* ont fait l'objet de plusieurs rédactions successives. Je n'ai toujours connu que ce titre et Sartre ne m'en a jamais parlé d'un autre.

Michelle Vian

1. Entretien, le 18 février 1986.

Selon elle, le projet autobiographique de Sartre est lié étroitement à un autre projet, celui de *La Reine Albemarle ou le Dernier touriste.* Sartre avait été absorbé en 1950-1951 par la rédaction du *Genet.* Ensuite son engagement politique lui a donné l'envie de faire ses adieux au tourisme et à la littérature. Adieux paradoxaux qui étaient en même temps des « retours à », puisque *La Reine Albemarle* aurait été aussi à sa manière un livre sur Rome et sur l'Italie, et que l'autobiographie a été dès le départ conçue comme devant être écrite avec le plus de style possible. Le projet de la Reine Albemarle s'est finalement perdu dans les sables, mais a donné naissance indirectement aux différents textes que Sartre a consacrés à l'Italie (Le Tintoret, etc.). Quant à l'autobiographie, il lui avait trouvé tout de suite son titre-programme, « Jean sans terre », – celui qui n'*a* rien, qui est déshérité, ou plutôt qui ne désire rien posséder.

Est-ce Michelle Vian elle-même qui a tapé le texte de 44 pages intitulé *Jean sans terre* ? Quand ? – Elle ne se souvient plus précisément. Elle pense que ça date des années 1953, 1954, 1955 ? Peut-être en retrouvera-t-elle la trace en consultant ses agendas de l'époque. – Le texte a-t-il été tapé à Rome, ou à Paris ? – A Paris. Elle n'emportait jamais de machine à écrire à Rome. Sartre aimait avoir sous la main la totalité du manuscrit sur lequel il travaillait, quand il l'emportait en voyage. Peut-être lui a-t-il fait taper ce début de *Jean sans terre* parce qu'il devait le communiquer (? ?) – Avait-il écrit un texte plus long, dont ceci ne serait que le début ? – Non, ce qui est tapé est tout ce qui existait, au moment où cela a été tapé.

Dès le début il savait qu'il ne pourrait pas publier son récit entier du vivant de sa mère. Le projet a donc été abandonné pendant plusieurs années, et repris seulement dans les années 60. – Comment a été choisi le nouveau titre ? – Michelle Vian me conseille de demander plutôt cela à Simone de Beauvoir. Le titre a été choisi tout à fait à la fin. Elle se souvient que Sartre avait eu d'abord l'idée d'appeler le livre *L'Alphabet*, titre auquel il a renoncé parce que trop « puéril » et mal adapté (renvoyant plus à l'apprentissage élémentaire de la lecture qu'à l'écriture), qu'ils auraient ensuite pensé à des formules comme *Les Livres* avant d'arriver à *Les Mots.*

2. Entretien téléphonique, le 25 février 1986.

Elle est d'accord avec le compte rendu ci-dessus. Mais, en y réfléchissant, elle se demande si c'est bien elle qui a tapé les 44 pages de *Jean sans terre.* Au fond, elle n'en est pas sûre. Il faudrait qu'elle voie la dactylographie chez Arlette. Elle reconnaîtrait immédiatement si c'est sa manière de taper.

Non, elle n'a pas regardé ses agendas.

3. Entretien téléphonique, le 13 mars 1986.

Elle n'a pas eu l'occasion de passer chez Arlette. Ni le courage de se replonger dans ses agendas.

J.-B. Pontalis

1. Préface du *Scénario Freud*, de Sartre (Gallimard, 1984, p. 19-20).

Je ne pense pas – le lecteur jugera – que Sartre propose avec son scénario une « interprétation » personnelle, originale, de Freud. En revanche, j'aimerais croire que Freud, même si, comme c'est le cas ici, il se voit découpé à grands traits (« découpage » cinématographique oblige), a *interprété* Sartre. N'est-ce pas après sa fréquentation de Freud que Sartre entreprend une autobiographie dont nous ne connaissons pour l'instant que le titre (*Jean sans terre*, Jean sans père...). De ce projet, une fois encore inachevé, dériveront *Les Mots* puis, par une voie plus indirecte, *L'Idiot de la famille*. Je me souviens que, pour mener à bien l'autobiographie qui tournait à l' « auto-analyse », Sartre décida de noter ses rêves, lui, l'homme du jour, de passer des tests projectifs, lui, l'homme du « projet » ; qu'il envisagea même, pendant le temps, il est vrai, d'une très brève conversation, de commencer une analyse. Que représentait pour lui la psychanalyse ? Un instrument de connaissance utile, indispensable sans doute, mais un *instrument* qu'il réussirait, une fois qu'il se serait mis à l'ouvrage, à s'approprier. Transfert, connais pas ! Le transfert, c'est-à-dire la nécessité, pour laisser venir en soi l'inconnu, de s'adresser à un destinataire inconnu à cette adresse, définitivement absent, presque introuvable.

Sans vouloir forcer la note, on peut faire l'hypothèse que le scénario sur Freud fut aussi pour Sartre un *scénario Freud* où il tint son rôle (jamais il ne déprécie Freud, il expose honnêtement ses premières conceptions) ; que, d'abord envisagé comme un divertissement par rapport au travail dans lequel il allait s'engager tout entier – *La Critique*, *L'Idiot* – le scénario le divertit aussi de son propre programme. Peut-être, un temps, consentit-il, mais en riant sous cape, à s'accepter, comme nous tous, fils de Freud. Mais un fils infatigable et bien résolu à ne pas porter trop longtemps cet Anchise-là sur son dos.

2. Entretien avec Annie Cohen-Solal, le 29 avril 1985, utilisé dans le passage suivant de *Sartre 1905-1980*, Gallimard, 1985, p. 565-566 :

Ce qui échappait à tous, dans cette publication apparemment si élégante et si aisée ? Que le manuscrit des *Mots*, retaillé, remâché, retravaillé, avait fait l'objet de pages et de pages de brouillons, de pages et de pages de ratures, de reprises, d'ourlets, de pièces, de soudures et de corydrane, dans un patient travail d'artisan qu'il n'avait jamais auparavant, qu'il n'aura jamais plus tard, consacré à aucune autre de ses œuvres. Que Sartre, mesurant alors les limites de sa propre entreprise d'auto-analyse, avait, un jour, après une réunion du comité de rédaction des *Temps modernes*, lancé à Pontalis : « Vous savez, J.-B., que j'écris en ce moment mon autobiographie, *Jean sans terre* : je note mes rêves, j'essaie de les analyser, mais je me rends compte maintenant que je ne peux pas aller assez loin tout seul. Je me suis demandé si je n'aurais pas besoin d'entreprendre... une psychanalyse... avec vous, peut-être... » C'était dit en passant, avec l'air de ne pas y toucher, et sans vraiment beaucoup d'insistance : vingt secondes, tout au plus, et entre deux portes. « Je ne crois pas que ce soit possible avec moi », répondit fort civilement Pontalis. « Je vous connais trop, Sartre... » L'affaire en resta là.

3. Entretien, le 20 mars 1986.

Première question : qu'en est-il de cette conversation avec Sartre, évoquant la possibilité d'une analyse ? – J.-B. Pontalis avait pratiquement oublié cet épisode et c'est la mention que Sartre en fait dans « Autoportrait à soixante-dix ans » (1975) qui le lui a ramené à la mémoire. Tout ce qu'il va me dire là-dessus est sujet à caution : on sait ce que c'est que la mémoire... Cette conversation a eu lieu chez lui Pontalis, dans son appartement de

Montparnasse (donc c'est en 1960 au plus tôt, ou après), à l'occasion d'un comité des *Temps modernes* (donc c'est postérieur à son entrée au comité constitué officiellement à partir du numéro de février 1961). Et bien sûr antérieur à la publication des *Mots*, dont il me fait repréciser la date. Donc sans doute 1961 ou 1962. Sartre avait déjà parlé plusieurs fois à Pontalis de son travail autobiographique, lui disant qu'il notait des rêves, qu'il essayait même de noter des associations. Reprenant ce thème ce jour-là, il aurait dit quelque chose comme : « Je m'aperçois que je ne peux pas aller bien loin, je me demande si je ne pourrais pas avec une analyse aller un peu plus loin, est-ce que je pourrais faire avec vous une analyse, ou est-ce qu'on pourrait faire une analyse », ou quelque chose de ce genre. Et Pontalis aurait répondu rapidement que, avec lui, ce n'était pas possible.

Je lui lis le récit de cette scène telle qu'elle figure dans le *Sartre* d'Annie Cohen-Solal, d'après un entretien avec lui (voir ci-dessus). Bien sûr, c'est une conversation enjolivée par la biographe. Deux détails : jamais Sartre n'a appelé Pontalis « J.-B. ». Il l'appelait simplement « Pontalis ». D'autre part Pontalis est sûr qu'il n'a nullement appelé son autobiographie ce jour-là « Jean sans terre ».

Selon lui, l'autobiographie de Sartre était à ce moment dans une impasse, dont il voulait sortir, et dont il n'a pu sortir. Sartre aurait donc, après cela, été amené à abandonner cette première autobiographie, et aurait écrit à la place *Les Mots*. Nous avons une petite discussion là-dessus. Je lui dis ce qu'on sait actuellement du travail autobiographique de Sartre entre 1953 et 1963, en particulier que *Jean sans terre* et *Les Mots* sont la transformation d'un même texte. De toute façon l'affirmation qu'on trouve dans la Préface du *Scénario Freud* (p. 19), selon laquelle Sartre aurait entrepris son autobiographie *après* sa fréquentation de Freud (donc après 1958-1960) est contredite par toutes les déclarations de Sartre, de Simone de Beauvoir et de Michelle Vian. Il convient que c'était une affirmation peut-être imprudente.

Il se demande si, à l'origine de ce projet autobiographique, il n'y a pas aussi *L'Age d'homme* de Michel Leiris. Pontalis a été l'élève de Sartre en 1941-1942, et après, pendant la guerre, c'est Sartre qui lui a fait lire *L'Age d'homme*.

Seconde question : qu'en est-il de cette conversation Sartre-Pontalis, qui aurait eu lieu le 7 décembre 1960, et dont parle Arlette Elkaïm ? Il n'en sait rien. Sartre lui a parlé plusieurs fois de son autobiographie, mais cette date n'évoque rien pour lui. Il faudrait redemander à Arlette Elkaïm. Il me confirme que, de toute façon, Sartre a très peu parlé de son autobiographie, alors qu'il parlait à perte de vue sur le *Freud* pendant qu'il le faisait.

Troisième question : qui est l'éminent psychanalyste[1] de la page 19 (éd. Folio) ? – Ce n'est pas lui ! Et il n'en sait rien... Qui cela pourrait-il être ? Lagache ?... Le plus probable est qu'il s'agit d'une invention de Sartre[2]... A moins que ce soit simplement

1. L'éminent psychanalyste est présent dès le dactylogramme « Jean sans terre » (p. 9), donc vers 1955, selon nos hypothèses.

2. L'hypothèse de J.-B. Pontalis paraît vraisemblable quand on suit les transformations, dans les manuscrits, d'un autre épisode analogue, celui de l'analyste de ses amis qui diagnostique une névrose caractérielle (Folio, p. 193). Dans le manuscrit « Beauvoir » (f° 515), la chose est présentée comme une simple hypothèse, et le médecin est psychiatre : « Un psychiatre parlerait aujourd'hui de "névrose caractérielle" : il n'aurait pas tort. » Dans le manuscrit « Vian » (f° 394), c'est un fait vécu, le propos est tenu par un analyste de ses amis, et Sartre surenchérit : « [...] mon mandat devint mon caractère ; par cette raison un analyste de mes amis m'attribue volontiers une "névrose caractérielle". Névrose ? Il est poli ; c'est psychose qu'il devrait dire ; mon délire a quitté ma tête pour se couler dans mes os. » Dans le texte définitif, la mise en scène de la surenchère est gommée, mais sa réalité reste, puisque Sartre continue à décrire en termes de psychose ce que l'ami analyste appelle névrose. Ces transformations montrent le désir de prendre la place de l'analyste. Mais il est vrai que le passage de l'hypothèse au fait pourrait s'interpréter autrement : le propos aurait bel et bien été tenu, mais dans un premier temps, Sartre l'aurait voilé en le transposant en hypothèse... Allez savoir...

l'écho d'une boutade ? Au fond, Pontalis se voit très bien, dans la conversation, dire à Sartre en manière de plaisanterie : « Dites donc, vous, on dirait que vous n'avez pas de surmoi ! » Lui, ou un autre, a pu dire cela à Sartre... Mais en fait, il n'en sait rien.

En revanche, en relisant la réplique de l'ami de la page 174 (« Vous étiez, me dit-il, encore plus atteint que je n'imaginais »), il a tout de suite une suggestion : ça ressemble à une phrase de Bost. Il se met à m'imiter la manière dont Bost prononcerait cette phrase ; et me suggère de lui poser la question.

L'ami de la page 174 est fatalement quelqu'un qui a lu *Les Mots* en manuscrit (il faudra vérifier si cette phrase se trouve déjà dans le manuscrit « Vian », et sur la dactylographie), ce qui oriente aussi vers Bost[1].

Quand Pontalis a-t-il lu *Les Mots* ? Il a lu la dactylographie, quand le texte circulait dans l'entourage sartrien, et au fond, il croit que c'est bien lui et Bost qui ont eu l'idée d'une prépublication dans les *Temps modernes.* Ce serait aussi à vérifier en demandant à Bost.

Pour revenir à la phrase de l'ami, il me fait remarquer qu'elle ressemble à la phrase qu'il a entendu Sartre proférer sur Freud : « Mais dites-moi, votre Freud, il était névrosé jusqu'à la moelle » (*Scénario Freud*, p. 16).

Michel Contat

Lettre du 17 mars 1986.

La question et la réponse sur la psychanalyse qui figurent dans *Situations X*, p. 145-146, ne sont pas enregistrées sur la bande de l'interview qui a servi de canevas au texte « Autoportrait à 70 ans », ni dans la transcription que j'ai faite à la main dans les jours qui ont suivi. Ce qui veut dire que j'ai ajouté lors de la rédaction en dactylographie cette question et cette réponse, comme d'autres, d'après le souvenir que je gardais de conversations précédentes avec Sartre. Je ne peux donc en aucune façon, onze ans après, garantir l'authenticité de la formulation « j'ai demandé à un ami psychanalyste, Pontalis, s'il voulait entreprendre une analyse avec moi ». Il se peut fort bien que j'aie mis, d'une façon tout à fait irréfléchie, Sartre dans la position de l'analyste en lui prêtant ces mots. Dans ce cas, c'est simplement (?) mon transfert sur Sartre qui est en cause. Mais il est fort possible aussi – et, pour ma part, je dirais : probable – que Sartre ait effectivement employé cette formulation et que ce soit son caractère de « lapsus » qui l'ait imprimée dans ma mémoire. La seule chose certaine c'est que ni Sartre, ni Simone de Beauvoir, ni Bost, ni Arlette, ni Pierre Bénichou, qui sont les seules personnes à avoir pris connaissance de la dactylographie de l'interview avant impression, n'ont relevé ce lapsus. Si ma mémoire ne me trompe pas, la première fois que j'ai été rendu attentif à l'étrangeté psychanalytique de cette formule, ce fut en juin 1984, lors de la réunion du Groupe d'études sartriennes, à laquelle participait Pontalis. Quelqu'un a-t-il fait observer à Sartre l'étrangeté de cette formule et ce qu'elle pouvait sembler signifier sur ses rapports avec Pontalis et avec l'analyse ? Je n'en sais rien. Je suppose que cela l'aurait bien amusé et pas le moins du monde troublé. Quant à moi, je suis bien forcé d'admettre que, dans cette formulation, il y a pour le moins deux incons-

1. De fait, cette phrase est présente dès le manuscrit « Beauvoir » (f° 397), donc pourrait dater, selon nos hypothèses, d'autour de 1956... Mais il est fort possible aussi que ce soit son condisciple Daniel Lagache qui, dès les années d'École normale, lui ait dit, en plaisantant plus ou moins, qu'il semblait de ne pas avoir de surmoi, ce qui correspondrait assez à l'impression qu'il donnait à ses amis de ne pas avoir eu de parents. Ainsi « l'éminent psychanalyste » serait un signe de connivence que Sartre adresserait à son ancien ami Lagache, devenu en effet éminent, alors que Pontalis ne l'était certes pas encore en 1956.

cients en cause. Ne pouvant assumer celui de Sartre, je conclus que cette formule est douteuse. Ce qui rejoint notre conclusion générale (et vague) sur les interviews : elles sont plutôt du côté de l'apocryphe que de l'écrit quand on veut les interpréter.

Pour ce qui concerne la datation des *Mots*, le caractère semi-apocryphe de ce passage ne permet pas non plus de se fonder sur lui. « Vers 1954 » pour la première version et « vers 1963 » pour la « demande » à Pontalis correspondent à ce que je croyais savoir à l'époque. Le témoignage de Pontalis permettra peut-être de préciser la date (1961 ?) où Sartre est repris par le projet d' « auto-analyse » et se rend (?) à Périgueux. Mais, à lire le présent témoignage, je crains plutôt que le mystère ne s'épaississe. Les lettres de Sartre à Lena Zonina peuvent contenir des éléments d'information sur la rédaction des *Mots*. Ce sont les seules sources écrites possibles dont je connaisse l'existence[1]. Pour la rédaction de *Jean sans terre*, la principale source possible d'informations est sans doute Jean Cau.

Jean Pouillon

1. Entretien téléphonique, le 27 février 1986.

Oui, l'information donnée par Arlette Elkaïm-Sartre est exacte. Sartre a bien fait un test de Rorschach avec Mme Denise Pouillon *[cf. ci-après]*.

Par ailleurs, Jean Pouillon ne se souvient pas avoir entendu Sartre parler de son travail autobiographique. Il parlait beaucoup du *Freud* pendant qu'il y travaillait, mais de l'autobiographie, non.

2. Lettre de Denise Pouillon, juillet 1995.

... Oui, j'ai été amenée à « faire passer » le Rorschach à Sartre[2] : pour lui, cette expression est bien curieuse mais c'est celle que l'on emploie couramment. Nous étions en 1960. Il m'en avait entendu parler, et a lui-même demandé à s'y soumettre, mais peut-être voulait-il tester le test ?

Le test de Rorschach se compose d'une série de feuilles cartonnées sur lesquelles sont reproduites des taches d'encre. On les présente au sujet dans un ordre toujours le même et on lui demande de dire « ce qu'il voit, ce à quoi elles le font penser, ce que pour lui elles représentent ».

Le mérite de Rorschach fut de comprendre qu'il ne s'agissait pas d'un test d'imagination mais d'un test faisant appel à la profondeur de la personnalité. Rorschach était médecin et psychiatre, et il a donné à sa découverte un nom qui montre qu'il en avait parfaitement saisi l'ampleur : « psychodiagnostic ». Vous vous doutez que le Rorschach de Sartre n'en a pas manqué non plus, d'ampleur !

En moyenne, les gens donnent une trentaine de réponses en vingt minutes environ. Sartre en a donné une bonne centaine et nous sommes restés ensemble, dans le studio de Simone de Beauvoir, penchés sur les planches de Rorschach pendant trois heures.

L'amusant, c'est que Sartre croyait avoir trouvé toutes les réponses possibles. En fait, elles ne sont pas prédéterminées et on pourrait donc en donner bien d'autres. J'ai vu, dans une bibliothèque à New York, un ouvrage épais comme un des volumes des gros dictionnaires Larousse, où toutes celles alors connues étaient répertoriées. Sartre croyait avoir épuisé le test et avoir été, non seulement un brillant élève, mais le plus

1. Pour les lettres à Zonina, voir dans le présent ouvrage, les notes 2 et 3, p. 31-32.
2. Je reprends dans cette lettre l'intervention que j'ai faite au Colloque *Sartre et la philosophie* (Maison de la Culture du Havre, décembre 1990). *(Notes de Denise Pouillon.)*

brillant de tous, bien sûr – encore que le Rorschach ne se mesure pas à la quantité ! –, il croyait avoir formulé l'ensemble des réponses, avoir opéré leur « totalisation », et surtout, puisque comme il nous le dit à la fin des *Mots*, tous les hommes se valent, avoir été à lui seul tous les hommes. Il n'en revint pas quand, après s'être jeté sur les manuels de Rorschach, il dut s'apercevoir qu'il n'en était rien.

Mais la remarque que je veux faire est la suivante. Supposons que j'aie pris le test « à l'aveugle » comme l'on dit, sans savoir de qui il était. En l'analysant, j'aurais pensé à un homme supérieurement intelligent, sans aucun doute à un génie. Sartre, qui voyait très mal, trouvait et associait – et cela dans d'infimes détails que personne n'avait jamais remarqués, et surtout pas regroupés et interprétés de cette manière – des formes, des couleurs, des nuances, des objets, des animaux et des êtres en mouvement ; il faisait surgir de véritables scènes et créait tout un monde à partir de ces quelques taches d'encre. J'aurais pensé à un écrivain extraordinairement doué et pouvant aussi bien écrire des nouvelles, des romans, que des pièces de théâtre sûrement, des biographies peut-être et, pourquoi pas – si j'avais été, moi, une rorschachienne de génie – son autobiographie. Mais le Rorschach révélait une créativité prenant sa source dans les affects, les émotions, plutôt que dans la froide logique ou la seule réflexion et je n'aurais pas songé à une construction purement philosophique.

Personnellement je n'ai pas fait de philosophie depuis mon bachot, et encore à cette époque avais-je fait ce qu'on appelait alors « math-élém ». C'est pourquoi, ne connaissant pas ou si peu la philosophie, je m'en faisais une idée d'abstraction et de sécheresse qui ne lui est peut-être pas consubstantielle. Aussi, devant ce déferlement quasi inlassable d'évocations, d'émotions, souvent d'ailleurs admirablement mises en place mais dont l'expression était parfois intarissable, comme incontrôlée – n'oublions pas que Sartre avait cinquante-six ans et que sa santé commençait à s'altérer – je me demandais comment celui qui en était le siège parvenait dans la vie à en être le maître ; il était visible que pour Sartre, l'émotion n'était pas un état passager mais le tissu même de la vie.

En passant le test de Rorschach, on parcourt une vaste gamme de sentiments authentiques et Sartre, bien évidemment, n'échappa pas à ce parcours, à cette histoire. Il racontait la sienne, se lançant – comme on sait que cela lui arrivait parfois – dans des digressions, dans des développements répétitifs qui l'emportaient assez loin du test.

Comme beaucoup de grands artistes, il créait de l'art à partir de ses propres difficultés et ainsi en devenait victorieux ; je pense, en particulier, à toute son œuvre littéraire et théâtrale, mais j'avais compté sans son génie grâce auquel il a pu transformer en une véritable théorie philosophique ce qui sans cela aurait peut-être risqué de le submerger.

Aussi, pour terminer, je voudrais rappeler quelques lignes de son *Esquisse d'une théorie des émotions*. Pour moi, qui ai eu le privilège de recueillir son Rorschach, elles ont quelque chose de particulièrement émouvant : « L'émotion n'est pas un désordre de la conscience : elle a son essence, ses structures particulières, ses lois d'application, sa signification. Elle ne saurait venir du dehors de la réalité humaine. C'est l'homme au contraire qui assume son émotion et par conséquent l'émotion est une forme organisée de l'expérience humaine. »

3. Lettre de Jean Pouillon, 31 mars 1986.

[...] Bost m'a de nouveau confirmé que Sartre ne parlait guère de « Jean sans terre », et le Castor m'a dit la même chose, bien qu'elle se souvienne en avoir lu des passages. Après tout, cela est bien normal : peut-on parler de son autobiographie en cours ?

Au sujet des Carnets perdus : Bost les avait (tous ? quelques-uns ? il ne sait pas) avec lui en mai 1940. Dès le début de l'offensive allemande, il fut blessé et évacué aussitôt (ce qui lui évita d'être prisonnier) mais sans le sac qu'il avait laissé dans un camion dont il ne sait quelle fut l'odyssée. En 1947 ou 1948, Sartre fut l'objet d'un chantage : quelqu'un avait retrouvé ces carnets (sans indiquer où et comment) et vint lui dire (en substance) : donnez-moi de l'argent ou je publie les passages concernant les dames, sans changer les noms. Sartre le mit à la porte et n'en entendit plus parler. J'avais connu une autre version : l'homme affirmait qu'un riche collectionneur lui avait proposé une forte somme pour ces Carnets, mais ajoutait qu'il donnerait la préférence à Sartre si celui-ci payait le même prix. Et Sartre de s'esclaffer : payer pour me lire ! D'une version à l'autre, on passe de la banalité vulgaire à la scène de comédie.

Vous le voyez, l'oralité, c'est la pluralité des versions...

4. Lettre de Jean Pouillon, 24 mai 1986.

[...] Bost ne se souvient pas d'avoir prononcé cette phrase, mais je pense comme Pontalis qu'elle est tout à fait dans son style. D'ailleurs il ne la dément pas. Simplement, il n'en a plus souvenir.

Comment j'ai pris connaissance des *Mots* ? A l'époque, aux *Temps modernes*, la confection des numéros était assurée par équipes de deux, se relayant tous les deux ou trois mois. En général Pontalis et moi étions associés. Alors que nous étions ainsi en charge de la revue, nous avons demandé à Sartre s'il n'avait pas quelque chose à nous donner pour « nos » numéros. Il hésita, puis « pourquoi pas ? », et le soir même je lisais *Les Mots*.

Claude Faux

Lettre du 6 avril 1986.

Je me suis fait une règle de ne pas parler de la période pendant laquelle j'ai été le secrétaire de Sartre. D'autres bavardent suffisamment et je leur en laisse le plaisir et la responsabilité.

Au reste, je crois que *Les Mots* avaient été commencés bien avant mon « temps » chez Sartre et s'il les a vraiment écrits à ce moment (58-63) je n'en ai rien su, aussi étonnant que cela paraisse.

Désolé de ne pouvoir vous aider mais en vous souhaitant bon travail...

Bibliographie

NB. — *Il n'existe aucune étude prenant en compte les manuscrits des* Mots. *La plupart des études générales sur Sartre traitent des* Mots. *Voir les bibliographies de R. Wilcocks (1975), F. Lapointe (1981) et M. Rybalka et M. Contat (1993) et les suppléments de cette dernière bibliographie dans le* Bulletin d'information des études sartriennes. *Nous donnons ici une liste d'articles et de travaux qui nous paraissent utiles pour l'étude du texte des* Mots. *Nous la faisons précéder d'une courte bibliographie d'initiation aux études génétiques.*

Bibliographie sélective de critique génétique

Bellemin-Noël (Jean), *Le Texte et l'avant-texte*, Paris, Larousse, 1972, 144 p.

Contat (Michel) (éd.), *Cahiers de textologie*, n° 2, « Problèmes de l'édition critique », Minard, 1988, 168 p.

Contat (Michel) (éd.), *L'Auteur et le manuscrit*, Paris, PUF, coll. « Perspectives critiques », 1991, 198 p.

Debray-Genette (Raymonde), *Métamorphoses du récit*, Seuil, coll. « Poétique », 1988, 310 p.

Grésillon (Almuth) et Werner (Michael) (éd.), *Leçons d'écriture. Ce que disent les manuscrits*, Paris, Minard, 1985, 362 p.

Grésillon (Almuth) (éd.), *De la genèse du texte littéraire. Manuscrit, auteur, texte, critique*, Tusson, Du Lérot, 1988, 196 p.

Grésillon (Almuth), *Éléments de critique génétique. Lire les manuscrits modernes*, Paris, PUF, 1994, 258 p.

Hay (Louis) (éd.), *Essais de critique génétique*, Paris, Flammarion, 1979, 236 p.

Hay (Louis) et Nagy (Péter) (éd.), *Avant-texte, texte, après-texte*, Budapest, Éditions du CNRS, Akademiai Kiado, 1982, 218 p.

Hay (Louis) (éd.), *Le Manuscrit inachevé. Écriture, création, communication*, Paris, Éditions du CNRS, 1986, 166 p.

Hay (Louis) (éd.), *La Naissance du texte*, Paris, Corti, 1989, 224 p.

Hay (Louis) (éd.), *Les Manuscrits des écrivains*, Paris, CNRS Éditions, Hachette, 1993, 260 p.

Lejeune (Philippe), *La Mémoire et l'Oblique, Georges Perec autobiographe*, Paris, POL, 1991, 252 p.

Robinson-Valéry (Judith), *The Study and Development of Creative Thinking*, Parkville (Melbourne), Australian Academy of Technological Sciences and Engineering, 1988, 64 p.

Revue *Genesis*, n° 6, « Enjeux critiques », Jean-Michel Place, 1994.

Articles

Biasi (Pierre-Marc de), « L'analyse des manuscrits et la genèse de l'œuvre », *Encyclopædia Universalis,* Symposium, 1990 ; « L'avant-texte », *Le Grand Atlas des littératures,* Encyclopædia Universalis France SA, 1990, p. 24-25, coll. « Les Grands Atlas universalis » ; « La critique génétique », *Introduction aux méthodes critiques pour l'analyse littéraire* (Bergez Daniel, éd.), Paris, Bordas, 1990, p. 5-40.

Compagnon (Antoine), « Réflexion sur le retour d'un souci historique après la nouvelle critique », *L'Histoire littéraire, théories, méthodes, pratiques* (Clément Moisan, éd.), Québec, Presses de l'Université Laval, 1989.

Espagne (Michel), « Les enjeux de la genèse », *Études françaises,* 20-2, 1984, p. 103-121 ; « Pour une épistémanalyse des études génétiques », *Études françaises,* 28-1, « Les leçons du manuscrit, questions de génétique textuelle », 1992, p. 29-48.

Grésillon (Almuth) et Guidis (Odile de), « Bibliographie de travaux génétiques 1988-1991 », *Genesis, Manuscrits, recherche, invention,* n° 1, 1992, p. 167-184.

Guidis (Odile de), « Bibliographie de travaux génétiques, décembre 1991 -décembre 1992 », *Genesis, Manuscrits, recherche, invention,* n° 3, 1992, p. 179-185 ; « Bibliographie de travaux génétiques, décembre 1992 - décembre 1993 », *Genesis, Manuscrits, recherche, invention,* n° 5, 1994, p. 191-198.

Hay (Louis), « Le texte n'existe pas », *Poétique,* n° 62, avril 1985, p. 147-158. Repris dans *Edition et Manuscrits, Probleme der Prosa-Edition* (Michael Werner et Winfried Woesler éd.), Frankfurt/Main, Peter Lang, 1987 p. 147-156 ; « Genetic Editing, Past and Future, A Few Reflections by a User », *Text,* n° 3, New York, 1987, p. 187-133 ; « Nouvelles notes de critique génétique, la troisième dimension de la littérature », *Texte,* 5/6, Toronto, 1986/1987, p. 313-328 ; « Histoire ou genèse ? », *Études françaises,* 28-1, « Les leçons du manuscrit : questions de génétique textuelle », 1992, p. 11-27 ; « Manuscriptologie : une nouvelle discipline ? », *Nationalismes, féminismes, exclusions,* Frankfurt/Main, Peter Lang, 1994, p. 633-639.

Lebrave (Jean-Louis), « Lecture et analyse des brouillons », *Langages,* n° 69, mars 1993, p. 11-23 ; « L'écriture interrompue : quelques problèmes théoriques », *Le Manuscrit inachevé. Écriture, création, communication,* Paris, Éditions du CNRS, 1986, p. 127-165 ; « La critique génétique : une discipline nouvelle ou un avatar moderne de la philologie ? », *Genesis, Manuscrits, recherche, invention,* n° 1, 1992, p. 33-72.

Lejeune (Philippe), « L'atelier autobiographique de Sartre », *Autobiography in French Literature,* French Literature Series, n° 12, 1985, Columbia SC, p. 129-144 ; « The genetic study of autobiographical texts [Perec, Sarraute, Sartre] », *Biography,* vol. 14, n° 1, Winter 1991, p. 1-11.

Neefs (Jacques), « Critique génétique et histoire littéraire », *L'Histoire littéraire aujourd'hui* (Béhar Henri, Fayolle Roger éd.), Paris, Armand Colin, 1990, p. 23-30.

Bibliographie sélective sur Les Mots

1964

Audry (Colette), « La vie d'un philosophe », *L'Express,* 11 mars 1964, p. 34.

Cranston (Maurice), « The formation of an intellectual », *The Listener,* n° 1833, May 14, 1964, p. 793-795.

Frank (Bernard), « Allez donc vous y reconnaître », *France-Observateur,* n° 720, 20 février 1964, p. 20.

Kanters (Robert), « Moi, dis-je et c'est assez », *Revue de Paris,* février 1964, p. 115-123.

Man (Paul de), « Sartre's Confessions. *The Words* by Jean-Paul Sartre », *The New York Review of Books,* n° 7, November 5, 1964, p. 10-13.

O'Brien (Justin), « Sartre Resartus » dans son volume *The French Literary Horizon*, New Brunswick, New Jersey, Rutgers Univ. Press, 1967, p. 317-320. [Publié dans *The Reporter*, n° 5, November 1964, p. 47-48.]

Paci (Enzo), « *Le Parole* », *Aut Aut*, n° 82, juillet 1964, p. 7-17.

Picon (Gaëtan), « Sur *Les Mots* », *Mercure de France*, n° 1212, octobre 1964, p. 313-316.

Raillard (Georges), « Jean-Paul Sartre, *Les Mots* », *Le Français dans le monde*, n° 26, juillet-août 1964, p. 20-21.

Roy (Claude), « Sartre ou le prix des mots », *France-Observateur*, 29 octobre 1964, p. 17-18.

Simon (Pierre-Henri), « *Les Mots* de Jean-Paul Sartre », *Le Monde*, 22 janvier 1964.

Weightman (John), « Sartre on Sartre, *Les Mots* by Jean-Paul Sartre », *The Observer*, n° 9009, March 1, 1964, p. 26.

1965

Andersch (Alfred), « Sartres Kritik an einem Kinde », *Merkur*, vol. XIX, n° 205, 1965, p. 386-389. [Repris dans *Die Blindheit des Kunstswerks und andere Aufsätze*, Frankfurt am Main, Suhrkamp, 1965, p. 139-145.]

Bensimon (Marc), « D'un mythe à l'autre : essai sur *Les Mots* de Jean-Paul Sartre », *Revue des sciences humaines*, vol. XXX, n° 119, juillet-septembre 1965, p. 415-430.

Girard (René), « L'anti-héros et les salauds », *Mercure de France*, n° 1217, mars 1965, p. 442-449.

Gold (Herbert), « Saint Sartre : The Spaces between the Words, *The Words* by Jean-Paul Sartre », *The Hudson Review*, vol. XVII, n° 11, Winter 1964-1965, p. 580-586.

Kaiser (Joachim), « Jean-Paul Sartres Autobiographie », *Universitas*, vol. XX, April 1965, p. 361-365.

Molnar (Thomas), « The Manichaean Marxist, *The Words* by Jean-Paul Sartre », *Modern Age*, vol. IX, n° 3, Summer 1965, p. 319-322.

Rosenberg (Harold), « From Play-Acting to Self, *The Words* », *The New Yorker*, February 6, 1965, p. 131-136. [Repris dans son volume *Art and the Actor : Making of the Self*, Cleveland, World Pub. Co., 1970, p. 126-133.]

Weber (Werner), « Abschliessend eine Untersuchung über J.-P. Sartres *Les Mots* » dans son ouvrage *Tagebuch eines Lesers. Bemerkungen auf Aufsätze zur Literatur*, Olten und Freiburg, Walter-Verlag, 1965, p. 322-332.

1966

Jeanson (Francis), *Sartre*, Paris, Desclée de Brouwer, 1966, 142 p. [Plusieurs passages consacrés aux *Mots*.]

1967

Anzieu (Didier), « Le moment de l'apocalypse », *La Nef*, n° 31, juillet-octobre 1967, p. 127-132.

Brombert (Victor), « Sartre et la biographie impossible », *Cahiers de l'Association des études françaises*, vol. VII, 1967, p. 155-167.

1968

Fell (Joseph P.), « Sartre's Words : an Existential Self-Analysis », *Psychoanalytic Review*, vol. LV, n° 3, 1968, p. 425-441.

Huertas-Jourda (José), « The place of *Les Mots* in Sartre's Philosophy », *Review of Metaphysics*, vol. XXI, June 1968, p. 724-744.

Shapiro (Stephen A.), « The Dark Continent of Literature : Autobiography », *Comparative Literature Studies*, vol. V, December 1968, p. 421-454.

Söll (Ludwig), « Der Doppelpunkt als Stilphänomen und Übersetzungsproblem. Bermerkungen zu *Les Mots* von J.-P. Sartre », *Germanische romanische Monatsschrift*, vol. XVIII, 1968, p. 422-431.

1969

Deguise (Pierre), « Stendhal et Sartre. Du naturel à l'authentique », *French Review*, vol. XLII, n° 4, mars 1969, p. 540-547. [Comparaison entre *Henry Brulard* et *Les Mots*.]

Maquet (Albert), « Jean-Paul Sartre et les deux points », *Vie et langage*, n° 210, septembre 1969, p. 497-500.

Thody (Philip), « Sartre's Autobiography : existential psychoanalysis or self-denial ? », *The Southern Review*, vol. 5, n° 4, automne 1969, p. 1030-1044.

1970

Blumel (Adolf), « Selbstporträt und Antriebserlebnis. Zum Motiv des Zuges in der Autobiographie bei R. Rolland und J.-P. Sartre », *Die Neueren Sprachen*, n° 2, février 1970, p. 59-79.

Contat (Michel), Rybalka (Michel), *Les Écrits de Sartre, chronologie, bibliographie commentée*, Paris, Gallimard, 1970. [Sur *Les Mots*, p. 385-388.]

1971

Elmquist (Claire), « Lucien, Jean-Paul et la mauvaise foi. Une étude sur Sartre », *Orbis Literarum*, n° 3, 1971, p. 220-231. *[L'Enfance d'un chef, Les Mots.]*

Hyppolite (Jean), « Sur *Les Mots* de Jean-Paul Sartre », dans son volume *Figures de la pensée philosophique : Écrits 1931-1968*, vol. II, Paris, PUF, 1971, p. 807-813.

Keen (Ernest), « The Psychologies of Freud and Sartre », *The Psychoanalytic Review*, vol. LVIII, n° 2, Summer-Fall 1971, p. 183-188.

Lejeune (Philippe), *L'Autobiographie en France*, Paris, Armand Colin, 1971.

Rétif (André), « Sartre et le dictionnaire », *Vie et langage*, n° 232, juillet 1971, p. 375-384.

Thody (Philip), *Sartre. A Biographical Introduction*, London, Studio Vista, 1971, 160 p.

1972

Mayer (Hans), « Sartre erzählt seine Kindheit : *Die Wörter* », dans son volume *Anmerkungen zu Sartre*, Pfullingen, Günther Neske, 1972, p. 45-52.

1973

Arnold (James A.) et Piriou (Jean-Pierre), *Genèse et critique d'une autobiographie. « Les Mots » de Jean-Paul Sartre*, Paris, Minard (« Archives des Lettres modernes », n° 144), 1973, 64 p.

Idt (Geneviève), « *Les Mots*, sans les choses, sans les mots, *La Nausée* », *Degrés*, vol. 1, n° 3, juillet 1973, p. 111-117.

Lecarme (Jacques) (éd.), *Les Critiques de notre temps et Sartre*, Paris, Garnier, 1973, 192 p. [Article de Philippe Lejeune, « Rapport de la chronologie et de la dialectique dans *Les Mots* », p. 136-143.]

Moravcevich (June) « *La Nausée* and *Les Mots*, Vision and Revision », *Studies in Philology*, vol. LXX, 1973, p. 222-232.

1974

Lejeune (Philippe), « L'ordre du récit dans *Les Mots* de Sartre », in *De quelques discours*, Paris, PUF, 1974, p. 7-54. [Numéro spécial de *Scolies : Cahiers de recherches de l'École normale supérieure*, n° 3-4, 1973-1974.] Repris dans son ouvrage *Le Pacte autobiographique*, Paris, Éd. du Seuil, 1975, p. 179-243. [Le texte a été traduit en italien, 1986, anglais, 1989, japonais, 1993.]

Mehlman (Jeffrey), *A Structural Study of Autobiography, Proust, Leiris, Sartre, Lévi-Strauss,* Ithaca and London, Cornell Univ. Press, 1974. [« Sartre and his other », p. 151-186.]

1975

Lecarme (Jacques), « *Les Mots* de Sartre, un cas limite de l'autobiographie », *Revue d'histoire littéraire de la France,* novembre-décembre 1975, p. 1045-1061.

Morot-Sir (Édouard), *« Les Mots »* de Jean-Paul Sartre, présenté par Édouard Morot-Sir, Paris, Hachette, 1975, 96 p.

Wilcocks (Robert), *Jean-Paul Sartre : A Bibliography of International Criticism,* Edmonton, The University of Alberta Press, 1975. [Sur *Les Mots,* p. 667-683.]

1976

George (François), *Deux études sur Sartre,* Paris, Christian Bourgeois, 1976. [Sur *Les Mots,* p. 12.]

Idt (Geneviève), « L'autoparodie dans *Les Mots* de Sartre », *Cahiers du vingtième siècle,* n° 6, 1976, p. 53-86.

1977

Gauger (Hans-Martin), « Der Mann im Kind. Notizen zu Sartres *Les Mots* », in *Festgabe für Julius Wilhelm zum 80 Geburtstag,* Hugo Laitenberg (éd.), Wiesbaden, Steiner, 1977, p. 17-39.

1978

LaCapra (Dominick), *A Preface to Sartre,* Ithaca, NY, Cornell University Press, 1978. [Chap. 5, « Autobiography and Biography : Self and Other », p. 169-218.]

Lejeune (Philippe), « Ça s'est fait comme ça », *Poétique,* n° 35, p. 269-304. [Sur une séquence du film *Sartre par lui-même.*]

Papadia (Alessandra), « In margine ad una lettura di *Les Mots,* Sartre e gli eroi della letteratura infantile », *Micromegas,* vol. V, n° 1, gennaio-aprile 1978, p. 75-93.

Picard (Hans Rudolf), « Sartres Autobiographie *Les Mots* als gattungscharakteristiches Instrument der existentiellen Psychoanalyse », in *Autobiographie in Frankreich,* München, Fink, 1978, p. 139-151.

Saraiva (Maria Manuela), « Filosofia e psicanalise (sobre uma passagem de *Les Mots* de Sartre) », *Revista portuguesa di filosofia,* vol. XXXIV, 1978, p. 157-182.

Thody (P. M. W.), « Sartre's *Les Mots,* A defense of normality », in *Phenomenology and Education. Self-Conciousness and its Development,* Bernard Curtis and Wolfe Mays (éd.), London, Methuen, 1978, p. 104-118.

1979

Idt (Genviève), « Modèles scolaires dans l'écriture sartrienne », *Revue des sciences humaines,* n° 174, 1979-2, p. 83-103. [Sur *La Nausée* et *Les Mots.*]

1980

Bothorel (Nicole), « Le livre et l'image du livre dans *Les Mots* », *Interférences,* n° 12, juillet-décembre 1980, p. 79-97.

Burgelin (Claude), « *Jean sans terre,* ou les mots pour ne pas le dire », dans Jean Guillaumin (éd.), *Corps création. Entre lettres et philosophie,* Lyon, Presses Universitaires de Lyon, 1980, p. 39-52.

Pacaly (Josette), *Sartre au miroir. Une lecture psychanalytique de ses écrits biographiques*, Klincksieck, 1980. [Chap. II : « L'enfant des Mots », p. 66-94, chap. III : « L'enfance d'un chef », p. 95-122, et *passim.*]

Teroni Menzella (Sandra), « *Les Mots*. Artifici di un discorso plurale », *Linguistica e Letteratura*, vol. 5, 1980, p. 61-91.

Tompkins (Jane P.), « Sartre *resartus* : A reading of *Les Mots* », *Romanic Review*, vol. 71, n° 1, January 1980, p. 47-56.

Wolff (Reinhold), « Der Mythos von der Geburt des Helden, Jean-Paul Sartres oder *Les Mots* als *Familienroman* », *Lendemains*, vol. 5, n° 17-18, Juni 1980, p. 139-153. [Avec un résumé en français p. 153.]

1981

Pilling (John), « Jean-Paul Sartre, *Les Mots* », dans son volume *Autobiography and Imagination*, London, Routledge & Kegan Paul, 1981, p. 81-102.

Sallager (Edgar), « Sprachzweifel und Sprache des Zweifels in Sartres *Les Mots* », *in* Wolfgang Pockl (éd.), *Europaïsche Mehrsprachigkeit. Festschrift zum 70. Geburtstag von Mario Wandruszka*, Tübingen, Niemeyer, 1981, p. 443-448.

1982

Hollier (Denis), *Politique de la prose : Jean-Paul Sartre et l'an quarante*, Paris, Gallimard, 1982, 320 p.

Idt (Geneviève), « Des *Mots* à *L'Enfance d'un chef* : autobiographie et psychanalyse », *in* Michael Issacharoff et Jean-Claude Vilquin (éd.), *Sartre et la mise en signe*, Paris, Klincksieck ; Lexington, KY, French Forum, 1982, p. 11-30.

1983

Miething (Christoph), *Saint Sartre oder der autobiographische Gott*, Heidelberg, Carl Winter/Universitätsverlag, 1983.

1984

Boak (Denis), « The genesis of *Les Mots* », *Essays in French Literature*, vol. 21, 1984, p. 81-88.

Gordon (Felicia), « A parodic strategy : Sartre's *Les Mots* », *Nottingham French Studies*, vol. 23, n° 1, 1984, p. 51-68.

Smith (André), « Sartre : *Les Mots* sous l'éclairage des *Lettres au Castor* », *Études littéraires* [Québec], vol. 17, n° 2, automne 1984, p. 333-355.

Vesper (Elke), « Der Philosoph des Existentialismus erzählt sein Leben, *Les Mots* von Jean-Paul Sartre », dans son ouvrage *Existentialismus und sozialisticher Realismus in der Modernen französischen Autobiographie*, Köln, Pahl Rugenstein Verlag, 1984, p. 57-140.

1985

Davies (Howard), « *Les Mots* as essai sur le don : Contribution to an origin myth », *Yale French Studies*, n° 68, « Sartre after Sartre », 1985, p. 57-72.

Eakin (John Paul), « Sartre, the boy who wanted to be a book », dans son volume *Fictions in Autobiography. Studies in the Art of Self-Invention*, Princeton, Princeton University Press, 1985, p. 126-180.

Sturrock (John), « A farewell to fine writing : Sartre's *Les Mots* », *Scripsi*, December 1985, p. 179-198.

1986

Buisine (Alain), « *Les Mots* et les morts », *in* Claude Burgelin (éd.), *Lectures de Sartre*, Lyon, Presses Universitaires de Lyon, 1986, p. 17-38.

Lejeune (Philippe), « Les souvenirs de lectures d'enfance de Sartre », *in* Claude Burgelin (éd.), *Lectures de Sartre*, Lyon, Presses Universitaires de Lyon, 1986, p. 51-88. [Index, Annexes.] [On trouvera, p. 69-84, un précieux index des lectures d'enfance de Sartre, et, p. 84-87, le texte d'Edmond Jaloux, « Le vent dans les arbres », dont il est question dans *Les Mots*.]

Lejeune (Philippe), « Les enfances de Sartre », dans son volume *Moi aussi*, Seuil, coll. « Poétique », 1986, p. 117-163.

Miething (Christoph), « La subjectivité idéale. Skizze einer Theorie des autobiographischen », *in* Helen Harth et Volker Roloff (éd.), *Literarische Diskurse des Existentialismus*, Tübingen, Stauffenberg Verlag, 1986, p. 75-91.

Schneider (Manfred), « Inquisition der *Wörter* », dans son volume *Die erzählte Herzenschrift : Der autobiographische Text im 20. Jahrhundert*, München/Wien, Hanser, 1986, p. 151-197. [Sur *Les Mots*.]

Trèves (Nicole), « Échanges et fonctions hyperréels dans *Les Mots* », *Dalhousie French Studies*, 1986, p. 31-41.

1987

Boak (Denis), *Sartre :* Les Mots, London, Grant & Cutler, Critical Guides to French Texts, n° 66, 1987, 80 p.

Morot-Sir (Édouard), « Philosophy and auto(bio)graphy : The exemplary case of Jean-Paul Sartre », *in* B. Cazelles et R. Girard (éd.), *Alphonse Juilland, d'une passion l'autre*, Saratoga, CA, Stanford French and Italian Studies, 1987, p. 128-149.

Stalloni (Yves), « L'apprentissage de "l'homme des livres", Sartre dans *Les Mots* », *L'École des Lettres*, 15 mars 1987, p. 25-34.

1988

Murat (Marie-Germaine), « Jean-Paul Sartre, un enfant séquestré », *Les Temps modernes*, n° 498, janvier 1988, p. 128-149. [Lecture lacanienne des *Mots*.]

Neppi (Enzo), « La figure maternelle dans *Les Mots* de Jean-Paul Sartre », *Études Art et Littérature/Hebrew Studies in Literature and the Arts* [Jérusalem], vol. 15, automne 1988, p. 78-93.

Villani (Jacqueline), « L'homme et les choses dans *Les Mots* de Sartre », *L'Information littéraire*, 40e année, n° 1, janvier-février 1988, p. 34-40.

1989

Doubrovsky (Serge), *Le Livre brisé*, Paris, Grasset, 1989. [Ce roman autobiographique fait une large place à Sartre. Voir p. 105-122 sur *Les Mots*.]

Lejeune (Philippe), « The order of narrative in Sartre's *Les Mots* », dans son volume *On Autobiography*. Foreword by Paul John Eakin. Translated by Katherine Leary, Minneapolis, University of Minnesota Press, 1989, p. 70-108. [Il y a d'autres références à Sartre dans ce volume qui reprend les principaux textes de Lejeune sur l'autobiographie.]

Pauly (Rebecca M.), « Sartre et Barthes de la chambre claire de l'imaginaire à l'émiettement du moi dans la bibliothèque », dans son volume *Le Berceau et la bibliothèque : le paradoxe de l'écriture autobiographique*, Saratoga, CA, Anma Libri, 1989, p. 63-87. [Étudie, à travers des textes très différents, de Stendhal à Robbe-Grillet, la « transformation de la vie en texte », le passage du berceau à la bibliothèque, et situe la thématique des *Mots* dans un contexte culturel plus large.]

1990

Neppi (Enzo), « L'ammonizione paterna ne *Les Mots* », *Rivista di Letterature moderne e comparate*, vol. 43, n° 4, ott.-dic. 1990, p. 411-424.

Neppi (Enzo), « Le père retrouvé. Commentaire de "L'Universel singulier" », *Études sartriennes IV*, Cahiers de Sémiotique textuelle n° 18, 1990, p. 187-208.

1991

Grotzer (Peter), « Stationen auf dem Weg zur Selbstaufgabe und zur Selbstfindung. Zu Sartre's "L'Enfance d'un chef" und *Les Mots* », dans son volume *Die zweite Geburt. Figuren des Jugendlichen in der Literatur des 20. Jahrhunderts*, t. 1, Zürich, Ammann, 1991, p. 99-126.

Lejeune (Philippe), « L'oubli. Étude génétique des récits d'enfance », *Ikon. Richerche sulla comunicazione* [Milano, Franco Angeli], n° 22, 1992, p. 57-70. [Parallèle entre les récits d'enfance de Sartre et de Perec.]

White (Richard), « Autobiography against itself », *Philosophy Today*, vol. 35, n° 3, Fall 1991, p. 291-303. [*Ecce homo* de Nietzsche et *Les Mots*.]

1992

Green (André), « Des *Mouches* aux *Mots* », dans son volume *La Déliaison. Psychanalyse, anthropologie et littérature*, Paris, Les Belles Lettres, 1992, p. 340-370. [Le texte est daté de 1985.]

1993

Berg (Walter Bruno), « La voix des autres. Écriture autobiographique dans *Les Mots* de J.-P. Sartre », *Mémoires et autobiographie. Actes du Colloque de Fribourg, 1990*, « Recherches et travaux », hors série 11, Grenoble, Université Stendhal, 1993, p. 115-128.

Carofiglio (Vito), « La scrittura di diario dai *Mots* ai *Carnets* », *in* Giovanni Invitto et Aniello Montano (éd.), *Gli scritti postumi di Sartre*, Genova, Marietti, 1993, p. 109-119.

Chiantaretto (Jean-François), « Changement et autothéorisation. Un point de vue psychanalytique sur quelques enjeux de l'autobiographie chez Sartre », *Tangence*, n° 42, décembre 1993, p. 80-99.

Herschberg-Pierrot (Anne), [Analyse d'un extrait des *Mots*], dans son volume *Stylistique de la prose*, Paris, Belin, 1993, p. 287-296. [L'extrait se trouve à la page 19 de l'édition Folio et va de : « Il n'y a pas de bon père, c'est la règle », jusqu'à : « Je m'étonne du peu que je sais de lui. »]

Louette (Jean-François), « *Les Mots*, le style de Sartre selon l'épisode des Fées », *Recherches et travaux*, n° 45, 1994, p. 213-235.

Louette (Jean-François), *Jean-Paul Sartre*, Hachette, coll. « Portraits littéraires », 1993.

Sheringham (Michael), « Existentialist Autobiography », dans son volume *French Autobiography, Devices and Desires. Rousseau to Perec*, Oxford, Oxford University Press, 1993, p. 202-245. [Sur *Journal du voleur*, de Jean Genet ; *Le Traître*, d'André Gorz ; *La Bâtarde*, de Violette Leduc ; *Mémoires d'une jeune fille rangée*, de S. de Beauvoir ; *Les Mots*.]

Sturrock (John), « Sartre », dans son volume *The Language of Autobiography. Studies in the First Person Singular*, Cambridge, Cambridge University Press, 1993, p. 244-255. [*Les Mots*.]

1994

Burgelin (Claude), Les Mots *de Jean-Paul Sartre*, Paris, Gallimard, « Foliothèque » n° 35, 1994, 212 p.

Deguy (Jacques), « Sartre écrivain du Mal : de *L'Ange du morbide* aux *Mots* », *in* André Séailles (éd.), *Mauriac devant le problème du Mal*, Actes du colloque du Collège de France, 1992, Paris, Klincksieck, 1994, p. 141-154.

Holm (Helge Vidar), « Autobiographie romanesque ou roman autobiographique ? Le cas des *Mots* de Sartre », *in* Gerhard Boysen (éd.), *Actes du XIIe Congrès des Romanistes scandinaves, Aalborg, 11-15 août 1993*, vol. 1, Aalborg [Norvège], Aalborg University Press, 1994, p. 189-197.

Lecarme (Jacques), « Le récit d'enfance d'Albert Camus », *La Faute à Rousseau*, journal de l'Association pour l'autobiographie et le patrimoine autobiographique (10, rue A.-Bonnet, 01500 Ambérieu-en-Bugey), n° 7, octobre 1994, p. 8-10. [Parallèle qui s'impose entre *Le Premier Homme* et *Les Mots*.]

1995

Smyth (Edmund), « Contingency, selfhood : A reading of *Les Mots* », *in* Keefe, Terry & Smyth, Edmund J., eds., *Autobiography and the Existential Self : Studies in Modern French Writing*, New York, St. Martin's Press ; Liverpool, Liverpool University Press, 1995.

Chiantaretto (Jean-François), « *Les Mots*, une lecture psychanalytique », dans son volume *De l'acte autobiographique. Le psychanalyste et l'écriture autobiographique*, Paris, Champ-Vallon, 1995, p. 181-236.

1996

Deguy (Jacques), *Sartre. Les Mots*, Paris, Hatier, « Profil d'une œuvre », n° 194, 1996, 79 p.

NB. — Il existe un enregistrement du texte intégral des *Mots*, lu par Michel Bouquet, avec une bonne introduction parlée d'Arlette Elkaïm-Sartre [1988] (Audilivre, 5 audiocassettes, Z 129, durée 6 h 30, distr. Auvidis).

Index des noms[1]

1. Les index donnent en italique les pages où un nom ou un titre sont cités par Sartre et en romain celles où les références sont faites par les auteurs. La bibliographie n'est pas indexée, ni les notes où sont données les références qui se trouvent dans cette bibliographie. Les index ont été établis par Danièle Calvot.

Index des titres

Index des titres de Sartre

Imprimé en France
Imprimerie des Presses Universitaires de France
73, avenue Ronsard, 41100 Vendôme
Octobre 1996 — N° 42 670